KB070484

譯註 禮記集說大全
喪大記

編　陳澔(元)

附　正義・訓纂・集解

譯註 禮記集說大全

喪大記

編　陳澔（元）

附　正義·訓纂·集解

鄭秉燮 譯

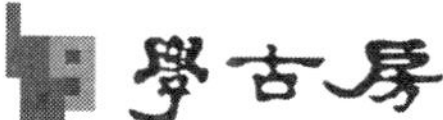

역자서문

「상대기」편은 상례 중에서도 초상(初喪)으로부터 장례(葬禮)를 치르는 기간까지의 절차와 각종 제도들을 수록한 문헌이다. 기술 방식에 있어서 해당 절차에 대해 각 계층에 따른 차등적 제도를 기술하고, 다음 절차를 연이어 기술하고 있어서, 『예기』에 수록된 편들 중에서도 상당히 체계적으로 편집된 문헌이다. 내용에 있어서 『의례』「사상례(士喪禮)」편과 관련이 깊은데, 아마도 이 내용은 「사상례」편을 기준으로 사(士) 이외의 계층에게 적용되는 각종 기록들을 수집하여 편찬한 것 같다. 또 『예기』「잡기(雜記)」편 및 「단궁(檀弓)」편과 관련된 사안들이 기록되어 있는데, 구체적 제도에 있어서는 동일한 점도 있지만 약간의 차이를 보이기도 한다. 이것을 통해 『의례』의 내용을 확장하여, 다른 계층의 예제를 만드는 과정 중 다양한 이설들이 존재했었고, 그 기록들 중 일부가 『예기』의 상례 관련 기록들로 편입되었음을 알 수 있다. 따라서 이 문헌은 「단궁」·「잡기」 등의 편들과 함께 고대중국의 상례제도를 연구하는데 있어서 매우 중요한 기록이다.

「상대기」편을 통해 다시 한 권의 책을 세상에 내놓는다. 번역은 매번 느끼는 것이지만 어렵다. 또 들인 시간과 노력에 비해 돌아오는 성과 자체가 없다. 돈을 목적으로 한다거나 외부 평가를 목적으로 한다면, 번역은 시도조차 할 수 없다. 유학의 발전에 일조하겠다는 숭고한 의지가 있다면, 번역의 어려움에 대해서 고민을 할 필요가 없겠지만, 나처럼 범범한 일반인이 그러한 숭고함을 가지기란 불가능한 일이다. 나는 그저 가만히 있는 것이 두렵고, 두렵기 때문에 끊임없이 번역을 하고, 번역을 하면서 내 만족을 느끼는 것일 뿐이다. 그것이 속되더라도 나로서는 최소한의 양심상 그것을 허울 좋은 이름으로 꾸밀 수 없다. 이러한 무책임한 마음으로 번역을 해나가는 것이 이 책을 읽는 분들께 죄송할 따름이다. 매번 노력을 한다고 하지만, 역자의 부끄러운 실력으로 인해 부족한 결과물을 내놓는다. 오역은 결국 역자의 실력이 부족하기 때문이다. 다만 이 책을 발판으로 더 좋은 번역서와 연구서가 나왔으면 하는 바람이다. 혹여 오역과 역자의 부족함에 대해 일갈을 해주실 분들이 있다면, bbaja@nate.com 으로 연락을 주시거나 출판사에 제 연락처를 문의하셔서 가르침을 주신다면, 부족한 실력이지만 가르침을 받도록 최선을 다할 것이다.

역자는 성균관 대학교에서 유교철학(儒教哲學)을 전공했으며, 예악학(禮樂學) 전공으로 박사논문을 작성했다. 역자가 처음 『예기』를 접한 것은 경서연구회(經書硏究會)의 오경강독을 통해서이다. 이 모임을 만들어 후배들에게 경전에 대한 이해를 넓혀주신 임옥균 선생님, 경서연구회 역대 회장님인 김동민, 원용준, 김종석, 길훈섭 선배님께도 감사를 드리고, 현재 함께 경서연구회를 하고 있는 김회숙, 손정민, 김아랑, 임용균, 박대성 회원님께도 감사를 드린다. 끝으로 「상대기」편을 출판할 수 있도록 허락해주신 학고방의 하운근 사장님께도 감사를 전한다.

일러두기 ⋙

1. 본 책은 역주서(譯註書)로써, 『예기집설대전(禮記集說大全)』의 「상대기(喪大記)」편을 완역하고, 자세한 주석을 첨부했다. 송대(宋代) 이전의 주석을 포함하고자 하여, 『예기정의(禮記正義)』를 함께 수록하였다. 그리고 송대 이후의 주석인 청대(淸代)의 주석을 포함하고자 하여 『예기훈찬(禮記訓纂)』과 『예기집해(禮記集解)』를 함께 수록하였다.

2. 『예기』 경문(經文)의 경우, 의역으로만 번역하면 문장을 번역한 방식을 확인하기 어렵고, 보충 설명 없이 직역으로만 번역하면 내용을 이해하기 힘들다. 따라서 경문에 한하여 직역과 의역을 함께 수록하였다. 나머지 주석들에 대해서는 의역을 위주로 번역하였다.

3. 『예기』 경문에 대한 해석은 진호의 『예기집설』 주석에 근거하였다. 경문 해석에 있어서, 『예기정의』, 『예기훈찬』, 『예기집해』마다 이견(異見)이 많다. 『예기집섭대전』의 소주(小註) 또한 진호의 주장과 이견을 보이는 곳이 있고, 소주 사이에도 이견이 많다. 따라서 『예기』 경문 해석의 표준은 진호의 『예기집설』 주석에 근거했으며, 진호가 설명하지 않은 부분들은 『대전』의 소주를 참고하였다. 또한 경문 해석에 있어서 『예기정의』, 『예기훈찬』, 『예기집해』에 나타나는 이견들은 특별한 경우를 제외하고는 각각의 문장을 읽어보면, 경문에 대한 이견을 알 수 있기 때문에, 이러한 경우에는 주석처리를 하지 않았다.

4. 본 역서가 저본으로 삼은 책은 다음과 같다.
- 『禮記』, 서울 : 保景文化社, 초판 1984 (5판 1995)
- 『禮記正義』 1~4(전4권, 『十三經注疏 整理本』 12~15), 北京 : 北京大學出版社, 초판 2000
- 朱彬 撰, 『禮記訓纂』 上·下(전2권), 北京 : 中華書局, 초판 1996 (2쇄 1998)
- 孫希旦 撰, 『禮記集解』 上·中·下(전3권), 北京 : 中華書局, 초판 1989 (4쇄 2007)

5. 본 책은 『예기』의 경문, 진호의 『집설』, 호광 등이 찬정한 『대전』의 세주, 정현의 주, 육덕명의 『경전석문』, 공영달의 소, 주빈(朱彬)의 『훈찬』, 손희단(孫希旦)의 『집해』 순으로 번역하였다.

6. 본래 『예기』「상대기」편은 목차가 없으며, 내용 구분에 있어서도 학자들마다 의견차이가 있다. 또한 내용의 연관성으로 인하여, 장과 절을 나누기가 애매한 부분이 많다. 본 책의 목차는 역자가 임의대로 나눈 것이며, 세세하게 분절하여, 독자들이 관련내용들을 찾아보기 쉽게 하였다.

7. 본 책의 뒷부분에는 《喪大記 人名 및 用語 辭典》을 수록하였다. 본문에 처음으로 등장하는 용어 및 인명에 대해서는 주석처리를 하였다. 이후에 같은 용어가 등장할 때마다 동일한 주석처리를 할 수 없어서, 뒷부분에 사전으로 수록한 것이다. 가나다순으로 기록하여, 번역문을 읽는 도중 앞부분에서 설명했던 고유명사나 인명 등에 대해서 쉽게 찾아볼 수 있도록 하였다.

【526a】

疾病, 外內皆埽. 君大夫徹縣, 士去琴瑟.

【526a】 등과 같이 【 】 안에 숫자가 기입되어 있는 것은 『예기』의 '경문'을 뜻한다. '526'은 보경문화사(保景文化社)판본의 페이지를 말한다. 'a'는 a단에 기록되어 있다는 표시이다. 밑의 그림은 보경문화사판본의 한 페이지 단락을 구분한 표시이다.

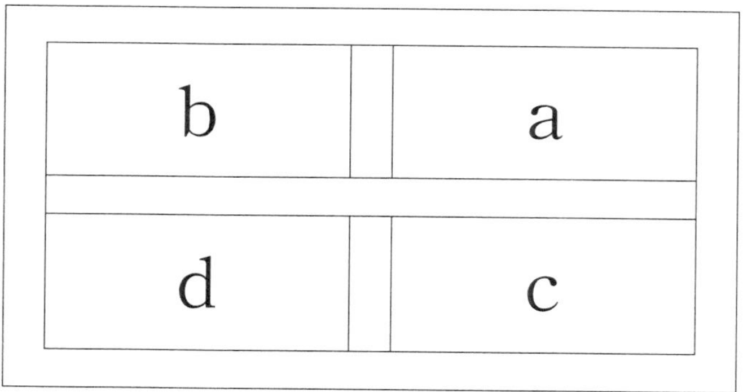

◆ **集說** 病, 疾之甚也. 以賓客將來候問, 故埽潔所居之內外.

"**集說**"로 표시된 것은 진호(陳澔)의 『예기집설(禮記集說)』 주석을 뜻한다.

◆ **大全** 金華應氏曰: 埽庭及堂, 正家之常道.

"**大全**"으로 표시된 것은 호광(胡廣) 등이 찬정(撰定)한 『예기집설대전』의 세주(細註)를 뜻한다.

◆ **鄭注** 爲賓客將來問病也. 疾困曰病.

"**鄭注**"로 표시된 것은 『예기정의(禮記正義)』에 수록된 정현(鄭玄)의 주(注)를 뜻한다.

◆ **釋文** 埽, 悉報反. 爲, 于僞反, 下"爲其"·"爲賓"·"爲主人"皆同.

"**釋文**"으로 표시된 것은 『예기정의』에 수록된 육덕명(陸德明)의 『경전석문(經典釋文)』을 뜻한다. 『경전석문』의 내용은 글자들의 음을 설명하고, 간략한 풀이를 한 것인데, 육덕명 당시의 음가로 기록이 되었기 때문에, 현재의 음과는 맞지 않는 부분이 많다. 단순히 참고만 하기 바란다.

◆ **孔疏** ●"外內皆埽"者, 爲賓客來問病者, 以尋常每日皆埽.

"**孔疏**"로 표시된 것은 『예기정의』에 수록된 공영달(孔穎達)의 소(疏)를 뜻한다. 공영달의 주석은 경문과 정현의 주에 대해서 세분화하여 기록되어 있다. 따라서 '●'으로 표시된 부분은 공영달이 경문에 대해 주석을 한 부분이고, '◎'으로 표시된 부분은 정현의 주에 대해 주석을 한 부분이다. 한편 '○'으로 표시된 부분은 공영달의 주석 부분이다.

◆ **訓纂** 彬按: 春秋成十八年穀梁傳, "男子不絶婦人之手, 以齊終也."

"**訓纂**"으로 표시된 것은 『예기훈찬(禮記訓纂)』에 수록된 주석이다. 『예기훈찬』 또한 기존 주석들을 종합한 책이므로, 『예기집설대전』 및 『예기정의』와 중복되는 부분은 생략하였다.

◆ **集解** 敖氏繼公曰: 埽者, 爲將有事也.

"**集解**"로 표시된 것은 『예기집해(禮記集解)』에 수록된 주석이다. 『예기집해』 또한 기존 주석들을 종합한 책이므로, 『예기집설대전』 및 『예기정의』와 중복되는 부분은 생략하였다.

◆ 원문 및 번역문 중 '▼'로 표시된 부분은 한글로 표기할 수 없는 한자를 기록한 부분이다. 예를 들어 '▼(囧/皿)'의 경우 맹(盟)자의 이체자인데, '明'자 대신 '囧'자가 들어간 한자를 프로그램상 삽입할 수가 없어서, '▼(囧/皿)'으로 표시한 것이다. 즉 '▼(A/B)'의 형식으로 기록된 경우, A에 해당하는 글자가 한 글자의 상단 부분에 해당하고, B에 해당하는 글자가 한 글자의 하단 부분에 해당한다는 표시이다. 또한 '▼(A+B)'의 형식으로 기록된 경우, A에 해당하는 글자가 한 글자의 좌측 부분에 해당하고, B에 해당하는 글자가 한 글자의 우측 부분에 해당한다는 표시이다. 또한 '▼((A-B)/C)'의 형식으로 기록된 경우, A에 해당하는 글자에서 B 부분을 뺀 글자가 한 글자의 상단 부분에 해당하고, C에 해당하는 글자가 한 글자의 하단 부분에 해당한다는 표시이다.

목차

그림목차

경문목차

【526a】

禮記集說大全卷之二十一 /『예기집설대전』 제21권
喪大記 第二十二 /「상대기」 제22편

大全 嚴陵方氏曰: 孟子曰, 養生者不足以當大事, 唯送死可以當大事, 周官以喪禮哀死亡, 則喪無非大事也. 然禮有小大, 此篇所記, 以大者爲主, 故名曰喪大記.

번역 엄릉방씨[1]가 말하길, 맹자는 "산 자를 봉양하는 것은 대사(大事)에 해당할 수 없고, 오직 죽은 자를 전송하는 일만이 대사에 해당한다."[2]라고 했고, 『주례』에서는 "상례에 따라서 죽은 자를 애도한다."[3]라고 했으니, 상사(喪事)에는 중대한 일이 아닌 것이 없다. 그러나 예법에는 크고 작은 차이가 있는데, 이곳 편에서 기록한 내용은 중대한 일을 위주로 하고 있다. 그렇기 때문에 편명을 '상대기(喪大記)'라고 정했다.

孔疏 陸曰: 鄭云"以其記人君以下始死·小斂·大斂·殯葬之大事", 故以大記爲名.

번역 육덕명[4]이 말하길, 정현[5]은 "군주로부터 그 이하의 계층에 있어

1) 엄릉방씨(嚴陵方氏, ?~?) : =방각(方慤)·방씨(方氏)·방성부(方性夫). 송대(宋代)의 유학자이다. 이름은 각(慤)이다. 자(字)는 성부(性夫)이다. 『예기집해(禮記集解)』를 지었고, 『예기집설대전(禮記集說大全)』에는 그의 주장이 많이 인용되고 있다.

2) 『맹자』「이루하(離婁下)」: 孟子曰, "養生者不足以當大事, 惟送死可以當大事."

3) 『주례』「춘관(春官)·대종백(大宗伯)」: 以凶禮哀邦國之憂. 以喪禮哀死亡. 以荒禮哀凶札. 以弔禮哀禍災. 以禬禮哀圍敗. 以恤禮哀寇亂.

4) 육덕명(陸德明, A.D.550~A.D.630) : =육원랑(陸元朗). 당대(唐代)의 경학자이다. 이름은 원랑(元朗)이고, 자(字)는 덕명(德明)이다. 훈고학에 뛰어났으며, 『경전석문(經典釋文)』 등을 남겼다.

5) 정현(鄭玄, A.D.127~A.D.200) : =정강성(鄭康成)·정씨(鄭氏). 한대(漢代)의

서, 처음 죽었을 때, 소렴(小斂)[6], 대렴(大斂)[7], 빈소를 만들고 장례를 치르는 중대한 사안을 기록했기 때문이다."라고 했다. 그렇기 때문에 '상대기(喪大記)'라고 편명을 정했다.

孔疏 正義曰: 按鄭目錄云: "名曰喪大記者, 以其記人君以下始死·小斂·大斂·殯葬之事, 此於別錄屬喪服." 喪大記者, 劉元云"記謂之大者, 言其委曲·詳備·繁多, 故云大."

번역 『정의』[8]에서 말하길, 정현의 『목록』[9]을 살펴보면, "편명을 '상대기(喪大記)'라고 정한 것은 군주로부터 그 이하의 계층에 있어서, 처음 죽었을 때, 소렴(小斂), 대렴(大斂), 빈소를 만들고 장례를 치르는 중대한 사안을 기록했기 때문이며, 「상대기」편을 『별록』[10]에서는 '상복(喪服)' 항목에 포함시켰다."라고 했다. '상대기(喪大記)'에 대해서 유원은 "기문(記文)

유학자이다. 자(字)는 강성(康成)이다. 『주역(周易)』, 『상서(尙書)』, 『모시(毛詩)』, 『주례(周禮)』, 『의례(儀禮)』, 『예기(禮記)』, 『논어(論語)』, 『효경(孝經)』 등에 주석을 하였다.

6) 소렴(小斂)은 상례(喪禮) 절차 중 하나이다. 죽은 자의 시신을 목욕시키고, 의복을 착용시키며, 그 위에 이불 등으로 감싸는 절차를 뜻한다.

7) 대렴(大斂)은 상례(喪禮) 절차 중 하나이다. 소렴(小斂)을 끝낸 뒤에, 시신을 관에 안치하는 절차이다.

8) 『정의(正義)』는 『예기정의(禮記正義)』 또는 『예기주소(禮記注疏)』를 뜻한다. 당(唐)나라 때에는 태종(太宗)이 공영달(孔穎達) 등을 시켜서 『오경정의(五經正義)』를 편찬하였는데, 이때 『예기정의』에는 정현(鄭玄)의 주(注)와 공영달의 소(疏)가 수록되었다. 송대(宋代)에는 『오경정의』와 다른 경전(經典)에 대한 주석서를 포함한 『십삼경주소(十三經注疏)』가 편찬되어, 『예기주소』라는 명칭이 되었다.

9) 『목록(目錄)』은 정현이 찬술했다고 전해지는 『삼례목록(三禮目錄)』을 가리킨다. 『십삼경주소(十三經注疏)』에서 인용되고 있지만, 이 책은 『수서(隋書)』가 편찬될 당시에 이미 일실되어 존재하지 않았다. 『수서』「경적지(經籍志)」편에는 "三禮目錄一卷, 鄭玄撰, 梁有陶弘景注一卷, 亡."이라는 기록이 있다.

10) 『별록(別錄)』은 후한(後漢) 때 유향(劉向)이 찬(撰)했다고 전해지는 책이다. 현재는 일실되어 존재하지 않으며, 『한서(漢書)』「예문지(藝文志)」편을 통해서 대략적인 내용만을 추측해볼 수 있다.

에 대해서 '대(大)'자를 붙여서 부른 것은 세부적이고 자세하며 많은 내용을 언급하고 있기 때문에, '대(大)'자를 붙여서 부르는 것이다."라고 했다.

集解 愚謂: 士喪禮有記, 專記士喪禮之所未備者也. 此所記兼有君·大夫·士之禮, 所記廣大, 故曰喪大記.

번역 내가 생각하기에, 『의례』「사상례」편에도 기문(記文)이 수록되어 있는데, 전적으로 「사상례」편에서 언급하지 않은 내용을 기록하고 있다. 이곳의 기록은 군주·대부·사의 예법까지도 함께 기술하고 있으니, 기술하는 범위가 광대하므로, '상대기(喪大記)'라고 부르는 것이다.

• 제 1 절 •

병이 위중해졌을 때

【526a】

疾病, 外內皆埽. 君大夫徹縣, 士去琴瑟. 寢東首於北牖下. 廢牀, 徹褻衣, 加新衣, 體一人. 男女改服. 屬纊以俟絶氣. 男子不死於婦人之手, 婦人不死於男子之手.

직역 疾病이면, 外內를 皆히 埽한다. 君과 大夫는 縣을 徹하고, 士는 琴瑟을 去한다. 寢에서는 北牖의 下에서 首를 東한다. 牀을 廢하고, 褻衣를 徹하며, 新衣를 加하니, 體에 一人한다. 男女가 服을 改한다. 纊을 屬하여 氣가 絶함을 俟한다. 男子는 婦人의 手에서 不死하고, 婦人은 男子의 手에서 不死한다.

의역 병이 위독하게 되면, 그 집의 사람들은 그가 거처하는 곳 안팎을 모두 청소한다. 위독한 자가 군주나 대부의 경우라면, 걸어두는 악기들을 치우고, 사의 경우라면, 금슬(琴瑟)을 치운다. 침(寢)에서는 북쪽 들창 아래에 병자를 옮겨두는데, 땅바닥에 두며 머리를 동쪽으로 둔다. 그가 거의 죽을 지경이 되면, 침상을 치우고, 속옷을 치우며, 새로운 복장을 입히는데, 사지를 들 때 양팔과 양다리를 각각 한 사람씩 붙잡는다. 집안의 남자들은 모두 복장을 갈아입는다. 병자의 입과 코에 솜을 대서 그의 숨이 끊어지는 것을 살핀다. 남자는 여자의 손에서 죽지 않고, 여자는 남자의 손에서 죽지 않는다.

集說 病, 疾之甚也. 以賓客將來候問, 故埽潔所居之內外. 若君與大夫之病, 則徹去樂縣, 士則去琴瑟. 東首於北牖下者, 東首, 向生氣也. 按儀禮宮廟圖無北牖, 而西北隅謂之屋漏, 以天光漏入而得名. 或者北牖指此乎. 古人病將死, 則廢牀而置病者於地, 以始生在地, 庶其生氣復反而得活. 及死, 則復擧尸而置之牀上. 手足爲四體, 各一人持之, 爲其不能自屈伸也. 男女皆改服, 亦擬賓客之來也. 貴者朝服, 庶人深衣. 纊, 新綿也. 屬之口鼻, 觀其動否, 以驗氣之有無也. 男子不死於婦人之手, 婦人不死於男子之手, 惡其褻也.

번역 '병(病)'은 질(疾) 중에서도 심각한 것이다. 빈객이 찾아와서 병문안을 하게 되므로, 그가 거처하는 곳 안팎을 청소한다. 만약 군주와 대부의 병이 위독하다면, 걸어둔 악기를 치워두고, 사의 경우라면 금슬(琴瑟)을 치워둔다. "북쪽 들창 아래에서 머리를 동쪽으로 둔다."고 했는데, 머리를 동쪽으로 두는 것은 생기(生氣)를 향하도록 하기 때문이다. 「의례궁묘도」를 살펴보면 북쪽 들창이 없고, 서북쪽 모퉁이를 '옥루(屋漏)'라고 부르니, 하늘의 빛이 그곳으로 흘러 들어와서 이러한 명칭을 얻은 것이다. 어떤 자는 북쪽 들창이 바로 이곳을 뜻할 것이라고 했다. 고대인은 병이 위독하여 죽을 지경에 이르면, 침상을 치우고 바닥에 병자를 내려놓았으니, 처음 생겨나는 것들은 땅에 달려 있어서, 생기가 다시 회복되어 살아나기를 바라는 것이다. 그가 거의 죽을 지경에 이르면 재차 시신을 들어서 침상 위에 올려둔다. 양손과 양발은 사지가 되는데, 각각 한 사람씩 그 부분을 잡게 되니, 그가 직접 몸을 굽히거나 펼 수 없기 때문이다. 집안의 남자와 여자들이 모두 복장을 갈아입는 것은 또한 빈객이 찾아오는 것을 대비하기 때문이다. 신분이 존귀한 자는 조복(朝服)[1]을 착용하고, 서인들은 심의(深衣)[2]를 착용한다. '광(纊)'은 새로 뽑은 솜이다. 그것을 입과 귀에 대서 움직이는지의 여부를 살피니, 숨을 쉬고 있는지를 가늠할 수 있기 때문이다. 남자는 여자의 손에서 죽지 않고, 여자도 남자의 손에서 죽지 않는 것은 남녀 사이에서는 너무 친밀하게 대하는 것을 꺼려하기 때문이다.

---

1) 조복(朝服)은 군주와 신하가 조회를 열 때 착용하는 복장을 뜻한다. 중요한 의식을 치를 때 착용하는 예복(禮服)을 가리키기도 한다.

2) 심의(深衣)는 일반적으로 상의와 하의가 서로 연결된 옷을 뜻한다. 제후, 대부(大夫), 사(士)들이 평상시 집안에 거처할 때 착용하던 복장이기도 하며, 서인(庶人)에게는 길복(吉服)에 해당하기도 한다. 순색에 채색을 가미하기도 했다.

大全 金華應氏曰: 埽庭及堂, 正家之常道. 今於此, 又皆埽者, 肅外內以謹變, 致潔敬以謹終也. 樂縣琴瑟, 自其疾卽不作, 則聲音固已久閟於耳矣. 徹而去之, 亦不欲接於目也.

번역 금화응씨[3]가 말하길, 마당 및 당(堂)을 청소하는 것은 집을 깨끗이 하는 일반적 도리이다. 그런데 이러한 상황에 재차 모두 청소를 하는 것은 내외를 엄숙하게 만들어서 변고에 신중히 대처하고, 청결과 공경함을 지극히 해서 임종을 신중히 대처하기 위해서이다. 걸어둔 악기와 금슬(琴瑟) 등은 그가 병에 걸렸을 때부터 연주를 하지 않는다면, 음악소리가 이미 귀에 들리지 않은지 오래된 것이다. 치워서 보이지 않게 두는 것 또한 눈에 띄지 않게끔 하기 위해서이다.

大全 李氏曰: 東首所以歸魂于陽, 北牖下所以反魄于陰, 使之各歸其眞宅而已. 男子不死於婦人之手, 婦人不死于男子之手, 以齊終也.

번역 이씨가 말하길, 머리를 동쪽으로 두는 것은 양(陽)에 해당하는 장소에서 혼(魂)을 되돌리기 위해서이며, 북쪽 들창 아래에 두는 것은 음(陰)에 해당하는 장소에서 백(魄)을 되돌리기 위해서이니, 그것들로 하여금 각각 현실세계로 되돌아오게끔 하는 것이다. 남자가 여자의 손에서 죽지 않고, 여자가 남자의 손에서 죽지 않는 것은 임종을 엄숙하게 대하기 때문이다.

大全 馬氏曰: 君子於其生也, 欲內外之有別, 於其死也, 欲始終之不褻, 則男女之分明, 夫婦之化興. 昔者, 曾子寢疾, 病, 樂正子春坐於牀下, 曾元曾申坐於足, 童子隅坐而執燭. 論語亦云, 召門弟子曰, 啓予足, 啓予手, 則曾子之死, 唯弟子與子侍側而已.

3) 금화응씨(金華應氏, ?~?) : =응용(應鏞)·응씨(應氏)·응자화(應子和). 이름은 용(鏞)이다. 자(字)는 자화(子和)이다. 『예기찬의(禮記纂義)』를 지었다.

번역 마씨[4]가 말하길, 군자가 삶에 있어서 내외에 구별을 두고자 하며, 죽음에 있어서 시종일관 추잡하지 않고자 한다면, 남녀의 구분이 명백해지고 부부의 조화가 흥성하게 된다. 예전에 증자가 병환으로 침상에 누워 있었는데, 병이 위독해졌다. 그때 제자였던 악정자춘은 침상 아래에 앉아 있었으며, 아들인 증원과 증신은 증자의 발이 있는 곳에 앉아 있었고, 동자(童子)는 방구석에 앉아서 등불을 잡고 있었다고 했다.[5] 그리고 『논어』에서도 "제자들을 불러서 '이불을 걷어 나의 손과 발을 살펴보아라.'"[6]라고 했으니, 증자가 죽었을 때, 오직 제자와 자식만이 그 옆에서 시중을 들었을 따름이다.

鄭注 爲賓客將來問病也. 疾困曰病. 聲音動人, 病者欲靜也. 凡樂器, 天子宮縣, 諸侯軒縣, 大夫判縣, 士特縣. 去琴瑟者, 不命之士. 謂君來視之時也, 病者恒居牖北下, 或爲北牖下. 廢, 去也, 人始生在地, 去牀庶其生氣反. 徹褻衣, 則所加者新朝服矣, 互言之也. 加朝服者, 明其終於正也. 體, 手足也, 四人持之, 爲其不能自屈伸也. 爲賓客來問病, 亦朝服也, 庶人深衣. 纊, 今之新綿, 易動搖, 置口鼻之上以爲候. 君子重終, 爲其相褻.

번역 청소를 하는 이유는 빈객이 찾아와서 병문안을 하게 되기 때문이다. 질(疾)이 심각해지면 '병(病)'이라고 부른다. 음악소리는 사람을 동요시키는데, 병이 위독한 자는 고요하게 있고자 한다. 무릇 악기에 있어서 천자는 궁현(宮縣)[7]이며, 제후는 헌현(軒縣)이고, 대부는 판현(判縣)이며, 사는

---

4) 마희맹(馬晞孟, ?~?) : =마씨(馬氏)・마언순(馬彦醇). 자(字)는 언순(彦醇)이다. 『예기해(禮記解)』를 찬술했다.

5) 『예기』「단궁상(檀弓上)」【75b】 : 曾子寢疾, 病, 樂正子春坐於牀下, 曾元・曾申坐於足, 童子隅坐而執燭.

6) 『논어』「태백(泰伯)」 : 曾子有疾, 召門弟子曰, "啓予足! 啓予手! 詩云, '戰戰兢兢, 如臨深淵, 如履薄冰.' 而今而後, 吾知免夫! 小子!"

7) 궁현(宮縣)은 악기를 설치할 때 4방면으로 설치하는 것을 뜻한다. 천자는 4방면에 모두 악기를 설치하는데, 이것을 '궁현'이라고 부른다. 참고적으로 제후가 악기를 설치하는 방식은 헌현(軒縣)이라고 하며, 3면에 악기들을 설치하는 것이고, 경(卿)이나 대부(大夫)가 악기를 설치하는 방식은 판현(判縣)이라고 하며, 2면에 악기들을 설치하는 것이고, 대부(大夫) 또는 사(士)가 악기

특현(特縣)이다. "금슬(琴瑟)을 제거한다."는 말은 명(命)의 등급을 받지 못한 사 계층에 대한 내용이다. 머리를 동쪽으로 둔다는 말은 군주가 찾아와서 살펴볼 때의 내용으로, 병자는 항상 들창의 북쪽 아래에 있게 되는데, 어떤 판본에서는 '북유하(北牖下)'라고 기록하기도 한다. '폐(廢)'자는 "제거하다[去]."는 뜻이니, 사람이 태어났을 때에는 땅에 있게 되어, 침상을 제거하고 생기가 되돌아오기를 기대하는 것이다. 속옷을 치운다면, 입히게 되는 옷이 새로 마련한 조복(朝服)임을 알 수 있으니, 상호 그 뜻을 나타내도록 기록한 것이다. 조복을 입히는 것은 그가 올바름에 따라 생을 마감했음을 드러내는 것이다. '체(體)'는 손과 발을 뜻하니, 네 사람이 양손과 양발을 드는 것은 그가 스스로 굽히거나 펼 수 없기 때문이다. 남녀가 옷을 갈아입는 것은 빈객들이 찾아와서 병문안을 하기 때문이니, 이때에도 조복으로 갈아입는데, 서인의 경우에는 심의(深衣)를 착용한다. '광(纊)'은 새로 뽑은 솜으로, 작은 바람에도 쉽게 움직이니, 입과 코 위에 두어서 숨을 쉬는가를 살피는 것이다. 남자가 여자의 손에서 죽지 않는다는 말은 군자는 생의 마감을 중시하니, 남녀가 서로의 손에서 죽는 것은 너무 친근하여 분별없이 행동하는 것이 되기 때문이다.

釋文 埽, 悉報反. 爲, 于僞反, 下"爲其"·"爲賓"·"爲主人"皆同. 縣音玄, 注同. 去, 起呂反, 注及下注同. 首, 手又反, 下注"南首"同. 牖音酉, 舊音容, 下注"牖下"放此. 墉音容. 牀, 仕良反, 本或作床字. 褻, 息列反. 新朝, 直遙反, 後"朝服"皆同. 屬音蜀. 纊音曠, 一音古曠反. 易, 以豉反.

번역 '埽'자는 '悉(실)'자와 '報(보)'자의 반절음이다. '爲'자는 '于(우)'자와 '僞(위)'자의 반절음이며, 아래문장에 나오는 '爲其'·'爲賓'·'爲主人'에서의 '爲'자도 모두 그 음이 이와 같다. '縣'자의 음은 '玄(현)'이며, 정현의 주에 나오는 글자도 그 음이 이와 같다. '去'자는 '起(기)'자와 '呂(려)'자의 반절음이고, 정현의 주 및 아래 정현의 주에 나오는 글자도 그 음이 이와

를 설치하는 방식을 (特縣)이라고 부른다.

같다. '首'자는 '手(수)'자오 '又(우)'자의 반절음이고, 아래 정현의 주에 나오는 '南首'에서의 '首'자도 그 음이 이와 같다. '牖'자의 음은 '酉(유)'이며, 구음(舊音)은 '容(용)'이고, 아래 정현의 주에 나오는 '牖下'에서의 '牖'자는 그 음이 모두 이에 따른다. '墉'자의 음은 '容(용)'이다. '牀'자는 '仕(사)'자와 '良(량)'자의 반절음이며, 판본에 따라서는 또한 '床'자로도 기록한다. '褻'자는 '息(식)'자와 '列(렬)'자의 반절음이다. '新朝'에서의 '朝'자는 그 음이 '直(직)'자와 '遙(요)'자의 반절음이고, 이후에 나오는 '朝服'에서의 '朝'자는 모두 그 음이 이와 같다. '屬'자의 음은 '蜀(촉)'이다. '纊'자의 음은 '曠(광)'이며, 다른 음은 '古(고)'자와 '曠(광)'자의 반절음이다. '易'자는 '以(이)'자와 '豉(시)'자의 반절음이다.

孔疏 ●"外內皆埽"者, 爲賓客來問病者, 以尋常每日皆埽, 按內則云"雞初鳴, 咸盥漱, 酒埽室堂"者, 此是平生無事時, 每日恒埽. 今旣疾病, 不應更有華飾, 故知埽者, 爲賓客來也.

번역 ●經文: "外內皆埽". ○빈객이 찾아와서 병문안을 하기 때문에, 평상시처럼 매일 청소를 하니, 『예기』「내칙(內則)」편을 살펴보면, "닭이 처음 울면, 모두 일어나서 손을 씻고 양치질을 하고, 실(室)과 당(堂)에 물을 뿌려서 쓴다."[8]라고 했는데, 이것은 평상시 특별한 일이 없을 때에도 매일 청소를 한다는 뜻을 나타낸다. 현재는 이미 중병에 걸린 자가 있으므로, 마땅히 화려한 치장을 할 수 없다. 그렇기 때문에 청소를 하는 것이 빈객이 찾아오는 것을 대비하기 위함임을 알 수 있다.

孔疏 ◎注"疾病曰困". ○正義曰: 按旣夕禮云有疾病者齊. 乃云疾病內外皆埽. 是疾困曰病, 此對文耳, 散則通也. 檀弓云"孔子寢疾, 七日而沒", 是也.

---

8) 『예기』「내칙(內則)」【348a】: 凡內外, 鷄初鳴, 咸盥漱, 衣服, 斂枕簟, 灑埽室堂及庭, 布席, 各從其事. 孺子蚤寢晏起, 唯所欲, 食無時.

번역 ◎鄭注: "疾病曰困". ○『의례』「기석례(旣夕禮)」편을 살펴보면, 중병에 걸린 자가 있다면 재계를 한다고 했다. 그리고 곧 중병이 걸린 자가 머문 곳 안팎을 모두 청소한다고 했다.[9] 여기에서는 질(疾)이 심해진 것을 '병(病)'이라고 부른다고 했는데, 이것은 질(疾)과 병(病)을 대비해서 쓴 기록일 뿐이며, 범범하게 말하면 두 글자는 통용된다. 『예기』「단궁(檀弓)」편에서는 "공자가 질(疾)로 침상에 있기를 7일 동안 한 뒤 죽었다."[10]라고 했다.

孔疏 ●"君大"至"之手". ○正義曰: 此明君及大夫等疾困去樂之事. 君, 謂諸侯也, 及大夫等徹縣, 知不包天子者, 以此篇所記, 皆據諸侯以下也.

번역 ●經文: "君大"~"之手". ○이곳 문장은 군주와 대부 등이 중병에 들어서 악기를 제거하는 사안을 나타내고 있다. '군(君)'자는 제후를 뜻하고, 대부 등과 함께 걸어둔 악기를 제거한다고 했는데, 천자의 경우를 포함하지 않는다는 사실을 알 수 있는 이유는 이곳 「상대기」편에서 기록한 내용은 모두 제후로부터 그 이하의 계층에 대한 것에 기준을 두었기 때문이다.

孔疏 ◎注"天子"至"之事". ○正義曰: 按周禮·小胥"王宮縣, 諸侯軒縣, 卿大夫判縣, 士特縣". 鄭云: "宮縣, 四面象宮室. 軒縣去其一面, 判縣又去其一面, 特縣又去其一面. 縣於東方, 或於階間而已." 又云"凡縣鍾磬, 半爲堵, 全爲肆". 鄭云: "諸侯之大夫半, 天子之大夫西縣鐘, 東縣磬. 士亦半, 天子之士縣磬而已." 按典命: "子·男之卿再命, 其大夫壹命, 其士不命." 此云不命之士, 謂子·男之士.

---

9) 『의례』「기석례(旣夕禮)」: 有疾, 疾者齊. 養者皆齊, 徹琴瑟. 疾病, 外內皆掃, 徹褻衣, 加新衣.

10) 『예기』「단궁상(檀弓上)」【85a】: 夫子曰: "賜! 爾來何遲也? 夏后氏殯於東階之上, 則猶在阼也. 殷人殯於兩楹之間, 則與賓主夾之也. 周人殯於西階之上, 則猶賓之也. 而丘也, 殷人也. 予疇昔之夜, 夢坐奠於兩楹之間. 夫明王不興, 而天下其孰能宗予? 予殆將死也!" <u>蓋寢疾七日而沒</u>.

번역 ◎鄭注: "天子"~"之事". ○『주례』「소서(小胥)」편을 살펴보면, "천자는 궁현(宮縣)이며, 제후는 헌현(軒縣)이고, 경과 대부는 판현(判縣)이며, 사는 특현(特縣)이다."[11]라고 했고, 정현의 주에서는 "'궁현(宮縣)'은 네 방면에 악기를 걸어두니, 궁실의 사면에 담장이 둘러져 있는 것을 상징한다. '헌현(軒縣)'은 그 중에서 한쪽 면을 제거하는 것이며, '판현(判縣)'은 재차 한쪽 면을 제거하는 것이고, 특현(特縣)은 재차 한쪽 면을 제거하는 것이다. 동쪽 방면에 악기를 걸어두었을 것이며, 혹은 양쪽 계단 사이에 걸어두었을 따름이다."라고 했다. 또 "무릇 종과 석경을 걸어둘 때 반만큼 거는 것은 '도(堵)'가 되고, 전체를 걸어두는 것은 '사(肆)'가 된다."[12]라고 했고, 정현의 주에서는 "제후에게 소속된 대부는 반만 걸고, 천자에게 소속된 대부는 서쪽 방면에 종을 걸고 동쪽 방면에 석경을 건다. 사 또한 반만 걸게 되는데, 천자에게 소속된 사는 석경을 걸어둘 따름이다."라고 했다. 『주례』「전명(典命)」편을 살펴보면, "자작과 남작에게 소속된 경은 2명(命)의 등급이고, 대부는 1명(命)의 등급이며, 사는 명(命)의 등급이 없다."[13]라고 했다. 이곳 주석에서는 '명(命)의 등급을 받지 못한 사'라고 했는데, 이들은 자작과 남작에게 소속된 사를 뜻한다.

孔疏 ◎注"謂君"至"牖下". ○正義曰: 知"謂君來視之時也"者, 按論語・鄉黨云"疾, 君視之, 東首, 加朝服". 此云東首, 故知是君來視之時也. 以東方生長, 故東首鄉生氣. 云"病者恒居北牖下"者, 士喪下篇云"東首于北墉[14]下",

---

11) 『주례』「춘관(春官)・소서(小胥)」: 正樂縣之位, 王宮縣, 諸侯軒縣, 卿大夫判縣, 士特縣, 辨其聲.

12) 『주례』「춘관(春官)・소서(小胥)」: 凡縣鍾磬, 半爲堵, 全爲肆.

13) 『주례』「춘관(春官)・전명(典命)」: 公之孤四命, 以皮帛視小國之君, 其卿三命, 其大夫再命, 其士一命, 其宮室・車旗・衣服・禮儀, 各視其命之數. 侯伯之卿大夫士亦如之. 子男之卿再命, 其大夫一命, 其士不命, 其宮室・車旗・衣服・禮儀, 各視其命之數.

14) '용(墉)'자에 대하여. '용'자는 본래 '유(牖)'자로 기록되어 있었는데, 완원(阮元)의 『교감기(校勘記)』에서는 "『민본(閩本)』・『감본(監本)』에는 '용'자로 기록되어 있고, 혜동(惠棟)의 『교송본(校宋本)』에도 동일하게 기록되어 있으

是恒在北牖下也. 若君不視之時, 則不恒東首, 隨病者所宜, 此熊氏所說也. 今謂病者雖恒在北牖下, 若君來視之時, 則暫時移嚮南墉下, 東首, 令君得南面而視之.

번역 ◎鄭注: "謂君"～"牖下". ○정현이 "군주가 찾아와서 살펴볼 때의 내용이다."라고 했는데, 이 말이 사실임을 알 수 있는 이유는 『논어』「향당(鄕黨)」편을 살펴보면, "병이 들었을 때, 군주가 찾아오면 머리를 동쪽으로 두었고, 조복(朝服)을 착용했다."[15]라고 했기 때문이다. 이곳에서는 "머리를 동쪽으로 둔다."라고 했다. 그렇기 때문에 군주가 찾아와서 살펴볼 때에 해당함을 알 수 있다. 동쪽은 생장하는 방위에 해당한다. 그렇기 때문에 머리를 동쪽으로 두는 것은 생기를 향하도록 하는 것이다. 정현이 "병자는 항상 북쪽 들창 아래에 있게 된다."라고 했는데, 『의례』「사상례(士喪禮)」하편에서는 "북쪽 담장의 아래에서 머리를 동쪽으로 둔다."[16]라고 했으니, 이것은 항상 북쪽 들창 아래에 있게 됨을 나타낸다. 만약 군주가 찾아오지 않았을 때라면, 머리를 항상 동쪽으로 두는 것은 아니며, 병자에게 적합한 방향에 따르게 되는데, 이것은 웅안생[17]의 주장이다. 현재 병자가 비록 북쪽 들창 아래에 항상 있게 된다고 하더라도, 만약 군주가 찾아와 살펴보는 때라면, 잠시 담장 아래에서 남쪽을 향하도록 이동을 시킨다는 것을 뜻하는데, 머리를 동쪽으로 두는 것은 군주가 남쪽을 바라보았을 때, 그를 살펴볼 수 있게끔 하기 위해서이다.

니, 이곳 판본은 '용'자를 '유'자로 잘못 기록한 것이다."라고 했다.

15) 『논어』「향당(鄕黨)」: 疾, 君視之, 東首, 加朝服, 拖紳.

16) 『의례』「기석례(旣夕禮)」: 記. 士處適寢, 寢東首于北墉下.

17) 웅안생(熊安生, ?～A.D.578): =웅씨(熊氏). 북조(北朝) 때의 경학자이다. 자(字)는 식지(植之)이다. 『주례(周禮)』, 『예기(禮記)』, 『효경(孝經)』 등 많은 전적에 의소(義疏)를 남겼지만, 모두 산일되어 남아 있지 않다. 현재 마국한(馬國翰)의 『옥함산방집일서(玉函山房輯佚書)』에 『예기웅씨의소(禮記熊氏義疏)』 4권이 남아 있다.

孔疏 ◎注"廢去"至"伸也". ○正義曰: "人始生在地, 去牀庶其生氣反"者, 釋所以病困而除牀取地義也. 人初生時在地, 今病困而反在地, 冀生氣還反, 得活如初生時也. 云"徹褻衣, 則所加者新朝服矣, 互言之也"者, 上云"徹褻衣", 則知所加者正也. 下云"加新衣", 則知所徹者褻衣, 故云互也. 朝服云衣素裳也, 云加朝服者, 明其終於正也者, 解所以加朝服義也. 明君子雖卒, 必以正自處也.

번역 ◎鄭注: "廢去"～"伸也". ○정현이 "사람이 태어났을 때에는 땅에 있게 되어, 침상을 제거하고 생기가 되돌아오기를 기대하는 것이다."라고 했는데, 이것은 병이 심각해졌을 때, 침상을 제거하고 땅에 내려놓는 뜻을 풀이한 것이다. 사람이 처음 태어났을 때에는 땅에 있었고, 현재 병이 심각해져서 다시 땅에 내려놓는 것은 생기가 되돌아와서 처음 생겨났을 때처럼 살아나기를 기대하기 때문이다. 정현이 "속옷을 치운다면, 입히게 되는 옷이 새로 마련한 조복(朝服)임을 알 수 있으니, 상호 그 뜻을 나타내도록 기록한 것이다."라고 했는데, 앞 문장에서는 "속옷을 치운다."라고 했으니, 입히는 옷이 정식 복장임을 알 수 있다. 아래문장에서는 "새로운 옷을 입힌다."라고 했으니, 치우는 것은 속옷이 됨을 알 수 있다. 그렇기 때문에 상호 나타낸다고 말한 것이다. 여기에서 말한 '조복(朝服)'은 검은색의 상의[玄衣]와 흰색의 하의[素裳]를 뜻하는데, "조복을 입히는 것은 그가 올바름에 따라 생을 마감했음을 드러내는 것이다."라는 말은 조복을 입히는 뜻을 풀이한 말이다. 군자는 비록 죽더라도 반드시 올바름에 따라 대처해야 함을 나타낸다.

孔疏 ◎注"爲賓"至"服也". ○正義曰: 按旣夕禮云"養者皆齊". 按文王世子云"則世子親齊玄而養", 至病困易之以朝服, 故檀弓云"親始死, 羔裘玄冠者, 易之而已". 易羔裘玄冠, 卽朝服也.

번역 ◎鄭注: "爲賓"～"服也". ○『의례』「기석례(旣夕禮)」편을 살펴보면, "돌보는 자는 모두 재계를 한다."[18]라고 했다. 『예기』「문왕세자(文王世

子)」편을 살펴보면, “세자는 직접 제현(齊玄)[19]의 복장을 착용하고서 부왕을 봉양한다.”[20]라고 했으니, 병이 깊어지면 조복(朝服)으로 갈아입는다. 그렇기 때문에 『예기』「단궁(檀弓)」편에서는 “부모가 이제 막 돌아가시게 되면, 새끼양의 가죽으로 만든 갖옷과 현관(玄冠)의 복식은 바꿀 따름이다.”[21]라고 한 것이다. 새끼양의 가죽으로 만든 갖옷과 현관을 바꾼다는 것은 곧 조복을 바꾼다는 뜻이다.

訓纂 儀禮既夕禮注云: 爲其氣微難節也.

번역 『의례』「기석례(既夕禮)」편에 대한 정현의 주에서 말하길, 솜을 대는 것은 숨이 미세하여 살펴보기 어렵기 때문이다.

訓纂 彬按: 春秋成十八年穀梁傳, “男子不絕婦人之手, 以齊終也.”

번역 내가 생각하기에, 『춘추』 성공(成公) 18년에 대한 『곡량전』에서는 “남자는 여자의 손에서 생을 마감하지 않으니, 생의 마침을 엄숙히 하기 위해서이다.”[22]라고 했다.

集解 敖氏繼公曰: 埽者, 爲將有事也.

번역 오계공[23]이 말하길, 청소를 하는 것은 앞으로 해당 의례를 치러야

---

18) 『의례』「기석례(既夕禮)」: 養者皆齊, 徹琴瑟. 疾病, 外內皆掃, 徹褻衣, 加新衣.
19) 제현(齊玄)은 재계를 할 때 착용하는 검은색의 복장이다.
20) 『예기』「문왕세자(文王世子)」【264b~c】: 朝夕之食上, 世子必在視寒暖之節. 食下, 問所膳羞, 必知所進, 以命膳宰, 然後退. 若內豎言疾, 則世子親齊玄而養.
21) 『예기』「단궁상(檀弓上)」【98d】: 夫子曰: “始死, 羔裘·玄冠者, 易之而已.” 羔裘·玄冠, 夫子不以弔.
22) 『춘추곡량전』「성공(成公) 18년」: 己丑, 公薨于路寢, 路寢, 正也, 男子不絕婦人之手, 以齊終也.
23) 오계공(敖繼公, ?~?): 원(元)나라 때의 학자이다. 자(字)는 군선(君善)·군

하기 때문이다.

集解 愚謂: 爲將死不用, 且妨於喪事也. 大夫士賜樂者乃有縣, 士賜樂者少, 而琴瑟其所常御, 故言去琴瑟.

번역 내가 생각하기에, 어떤 자가 죽음에 이르게 될 때 악기를 사용하지 않는 것은 또한 상사에 방해가 되기 때문이다. 대부와 사 중 악기를 하사받은 자라면 걸어두는 악기가 있는데, 사 중에 악기를 하사받은 자는 적고, 금슬(琴瑟)은 항상 연주하던 것이므로, "금슬을 제거한다."라고 말한 것이다.

集解 今按: 室北無牖, 作"墉"爲是. 士喪禮正作"墉".

번역 현재 살펴보니, 실(室)의 북쪽에는 들창[牖]이 없으니, 담장을 뜻하는 '용(墉)'자로 기록하는 것이 옳다. 『의례』「사상례(士喪禮)」편에서도 '용(墉)'자로 기록하였다.

集解 愚謂: 疾者居正寢北墉下也. 玉藻"君子寢必東首", 所以受生氣也. 又室南近牖戶而光明, 北則深靜, 於寢處爲宜. 是東首於北墉下者, 平時寢處之常也. 嫌疾病時或異平時, 故特明之. 至君視之, 則其東首雖同, 而當遷於南牖下矣. 鄭氏以此爲君來視之時, 則是臣處北墉下, 君乃當北面視之, 其說非是, 故孔疏駁正之.

번역 내가 생각하기에, 병에 걸린 자는 정침(正寢)[24]의 북쪽 담당 아래

수(君壽)이다. 이름이 계옹(繼翁)이었다고 하기도 한다. 저서로는 『의례집설(儀禮集說)』 등이 있다.

24) 정침(正寢)은 노침(路寢)과 같은 말이다. 또한 정전(正殿)이라고도 불렀다. 군주가 정무를 처리하던 장소이다. 천자에게는 6개의 침(寢)이 있었는데, 가장 앞쪽에 있는 1개의 침이 바로 정침(正寢)이 되고, 나머지는 5개의 침은 연침(燕寢)이 된다.

에서 기거를 한다. 『예기』「옥조(玉藻)」편에서 "군자는 침(寢)에서 반드시 머리를 동쪽으로 둔다."[25]라고 했는데, 생기를 받아들이기 위해서이다. 또 실(室)의 남쪽은 들창 및 방문과 가까워서 밝지만, 북쪽의 경우에는 어둡고 조용하여, 침소에서 머물러 있기에 적합한 장소이다. 이곳에서 "북쪽 담장 아래에서 머리를 동쪽으로 둔다."라고 한 말은 평상시 침소에 머물 때 일상적으로 지키는 규범이다. 중병이 걸렸을 때 혹여 평상시와 다르게 행동해야 한다고 오해할 것을 염려했기 때문에 특별히 명시를 한 것이다. 군주가 찾아와서 살펴보게 된다면, 머리를 동쪽으로 두는 것은 동일하지만, 마땅히 남쪽 들창 밑으로 옮겨야 한다. 정현은 이것이 군주가 찾아와서 살펴보는 때라고 여겼는데, 신하가 북쪽 담장 아래에 있게 되면 군주는 마땅히 북쪽을 바라보며 그를 살펴야 하므로, 그 주장은 잘못되었다. 그렇기 때문에 공영달의 소에서 바로잡은 것이다.

集解 敖氏繼公曰: 褻衣, 死衣也. 必易之者, 爲其不可服故衣以死也. 衣云"褻", 見其非上衣. 然則新者亦非上衣矣. 上衣者, 朝服玄端之類. 不加上衣者, 爲其後有襲·斂等事, 皆用上衣, 故於此略之.

번역 오계공이 말하길, '설의(褻衣)'는 죽은 자가 입었던 옷을 뜻한다. 그것을 기어코 바꾸는 이유는 이전에 입던 옷을 입혀서 죽음을 맞이하게 할 수 없기 때문이다. 옷에 대해서 '설(褻)'이라고 부른 이유는 그것이 상등의 복장이 아니라는 뜻을 나타낸 것이다. 그렇다면 '신의(新衣)'라는 옷 또한 상등의 복장이 아니다. 상등의 복장은 조복(朝服)이나 현단(玄端) 등의 부류이다. 상등의 복장을 입히지 않는 이유는 이후에 염(斂)이나 습(襲) 등의 절차를 치르면서, 모두 상등의 복장을 사용하기 때문에, 이러한 절차에서는 생략하는 것이다.

---

25) 『예기』「옥조(玉藻)」【374c】: 君子之居恒當戶, <u>寢恒東首</u>. 若有疾風迅雷甚雨, 則必變, 雖夜必興, 衣服冠而坐.

集解 愚謂: 人之魂魄聚則生, 散則死. 魂陽而魄陰, 人死則魂升於天, 而魄降於地. 始死體僵者, 魄之散也, 故廢牀而以尸就地, 冀魄之依之而還也. 旣而氣絶者, 魂之散也, 故使人持衣而復, 欲魂之識之而返也. 廢牀與復, 同一義也. 褻衣, 裘・葛・袍・繭・絅・褶之屬也. 上言"褻", 下言"新", 互見之也. 然則非朝服明矣. 自此以至於沐浴之前, 皆用人持手足, 至綴足用燕几, 則御者一人坐持其足, 而持手者猶二人也.

번역 내가 생각하기에, 사람은 혼(魂)과 백(魄)이 모여서 생겨나고 흩어지면 죽는다. 혼은 양(陽)에 해당하고 백은 음(陰)에 해당하는데, 사람이 죽게 되면, 혼은 하늘로 올라가고 백은 땅으로 내려간다. 어떤 자가 이제 막 죽었을 때, 그 몸이 뻣뻣해지는 것은 백이 흩어졌기 때문이다. 그래서 침상을 치우고 시신을 땅에 내려두는 것은 백이 그것에 의지하여 되돌아오기를 기대하기 때문이다. 이미 숨이 끊어진 것은 혼이 흩어진 것이다. 그렇기 때문에 다른 사람을 시켜서 옷을 들고 초혼을 하여, 혼이 그것을 알아보고 되돌아오기를 바란다. 침상을 치우고 초혼을 하는 것은 동일한 의미이다. '설의(褻衣)'는 속옷으로 입는 갓옷[裘]・갈옷[葛]・포(袍)・견(繭)[26]・경(絅)[27]・습(褶) 등의 부류이다. 앞에서는 '설(褻)'이라고 했고 뒤에서는 '신(新)'이라고 했는데, 상호 그 뜻을 나타내도록 기록한 것이다. 그렇다면 이러한 복장은 조복(朝服)이 아니라는 사실이 명백하다. 이 시점부터 시신을 목욕시키기 이전까지는 모두 사람을 시켜서 손과 발을 들게 하는데, 연궤(燕几)[28]를 이용해 발을 고정시키게 되면, 시중을 드는 자 1명만이 그 발을 잡게 되지만, 손을 잡게 되는 자는 여전히 두 사람이 있게 된다.

集解 愚謂: 男女改服者, 男子笄・纚深衣, 婦人斬衰者去笄而深衣, 齊衰者骨笄而深衣也. 檀弓曰, "始死, 羔裘・玄冠者, 易之而已." 問喪曰, "親死,

26) 견(繭)은 새로 뽑은 솜을 넣어서 만든 옷이다.
27) 경(絅)은 겉감만 있고 안감이 없는 옷이다.
28) 연궤(燕几)는 휴식을 취할 때 몸을 기댈 수 있도록 만든 안석이다.

笄·纚, 徒跣, 扱上衽, 交手哭." 此卽下文"始卒, 主人啼, 兄弟哭"之節也. 衽, 深衣之衽也. 始死云"扱上衽", 則前此已服深衣, 而至此第扱其衽, 則深衣爲改服所服無疑也. 蓋疾時養者玄端, 非養或朝服或玄端, 婦人則纚·笄·總·玄綃衣. 此皆吉服, 非可施於始死, 而由吉趨凶, 必有其漸, 深衣在吉凶之間, 故總服之, 其所以改服者, 固非爲賓客來問疾, 而其服亦非朝服也. 士喪記註以爲深衣者雖得之, 而以爲但主人服此, 則亦未爲得也.

번역 내가 생각하기에, "남녀가 복장을 바꾼다."는 말은 남자는 비녀를 꼽고 머리싸개를 하며 심의(深衣)를 착용하고, 여자 중 참최복(斬衰服)을 착용하는 자는 비녀를 제거하고 심의를 착용하며, 자최복(齊衰服)을 착용하는 자는 골계(骨笄)를 꼽고 심의를 착용한다. 『예기』「단궁(檀弓)」편에서 "어떤 자가 이제 막 죽게 되면, 새끼양의 가죽으로 만든 갓옷과 현관(玄冠)의 복식은 바꿀 따름이다."[29]라고 했고, 『예기』「문상(問喪)」편에서는 "부모가 돌아가시게 되면 비녀를 꼽고 머리싸개를 하며, 맨발을 하고, 상의의 옷섶을 꼽고, 두 손을 교차한 뒤에 곡(哭)을 한다."[30]라고 했는데, 이것은 아래문장에서 "이제 막 돌아가셨을 때, 주인은 울부짖으며 형제들은 곡을 한다."는 절차에 해당한다. '임(衽)'은 심의의 옷섶이다. 어떤 자가 이제 막 죽었을 때, "상의의 옷섶을 꼽는다."라고 했으니, 그 이전에 이미 심의를 착용한 것이며, 이러한 시기가 되면 그 옷섶을 꼽게 되니, 심의가 복장을 바꿔서 갈아입게 되는 옷임은 의심할 수 없다. 무릇 어떤 자가 병이 들었을 때 보살피는 자는 현단(玄端)을 착용하고, 보살피는 자가 아니라면 조복(朝服)이나 현단을 착용한다. 여자의 경우에는 머리싸개와 비녀를 꼽고 머리를 쌀 때 고정시키는 총(總)을 하고 현초의(玄綃衣)[31]를 착용한다. 이러한 복장은 모두 길복(吉服)[32]에 해당하니, 어떤 자가 이제 막 죽었을 때 착용

29) 『예기』「단궁상(檀弓上)」【98d】: 夫子曰: "始死, 羔裘·玄冠者, 易之而已." 羔裘·玄冠, 夫子不以弔.

30) 『예기』「문상(問喪)」【657d】: 親始死, 雞斯, 徒跣, 扱上衽, 交手哭. 惻怛之心, 痛疾之意, 傷腎, 乾肝, 焦肺, 水漿不入口, 三日不擧火, 故鄰里爲之糜粥以飮食之. 夫悲哀在中, 故形變於外也. 痛疾在心, 故口不甘味, 身不安美也.

31) 현초의(玄綃衣)는 생사를 검은색으로 염색하여 만든 옷이다.

할 수 있는 것이 아니지만, 길한 시기로부터 흉한 시기로 넘어갈 때에는 반드시 점진적으로 변화해야 하는 점이 있고, 심의는 길복과 흉복 사이에 있기 때문에 총괄적으로 그 복장을 착용하는 것이며, 복장을 갈아입는 이유는 진실로 병문안을 위해 찾아오는 빈객들 때문이 아니며, 그때의 복장 또한 조복이 아니다. 『의례』「사상례(士喪禮)」편에 대한 정현의 주에서 심의라고 여긴 것은 비록 옳지만, 이것을 두고 주인만이 이 복장을 착용한다고 여겼으니, 이 또한 옳은 설명이 아니다.

集解 愚謂: 復以氣絶爲節, 氣絶然後遷尸於牀而復.

번역 내가 생각하기에, 초혼은 숨이 끊어졌을 때 시행하는 절차인데, 숨이 끊어진 뒤에는 침상으로 시신을 옮기고서 초혼을 한다.

集解 愚謂: 死, 謂氣絶也. 男子不死於婦人之手者, 謂所使持四體・屬纊之人, 皆以男子, 而不以婦人也.

번역 내가 생각하기에, '사(死)'자는 숨이 끊어졌다는 뜻이다. 남자는 여자의 손에서 죽지 않는다고 했는데, 사지를 들게 하고 솜을 대보도록 하는 자는 모두 남자를 시키며, 여자를 시키지 않는다는 뜻이다.

---

32) 길복(吉服)에는 두 가지 뜻이 있다. 첫 번째는 제사 때 입는 복장인 제복(祭服)을 뜻한다. 제사(祭祀)는 길례(吉禮)에 해당하므로, 그때 착용하는 복장을 '길복'이라고 부르는 것이다. 두 번째는 예의를 갖출 때 입는 예복(禮服)을 범칭하는 말이다.

그림 1-1 금(琴)과 슬(瑟)

瑟

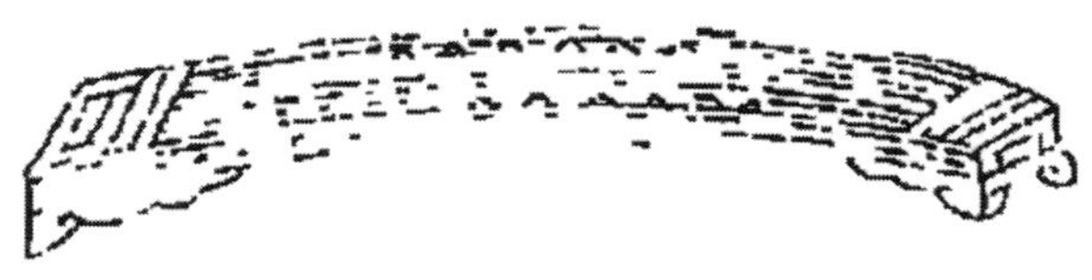

※ 출처: 『삼례도집주(三禮圖集注)』 5권

그림 1-2 사의 침(寢) 구조

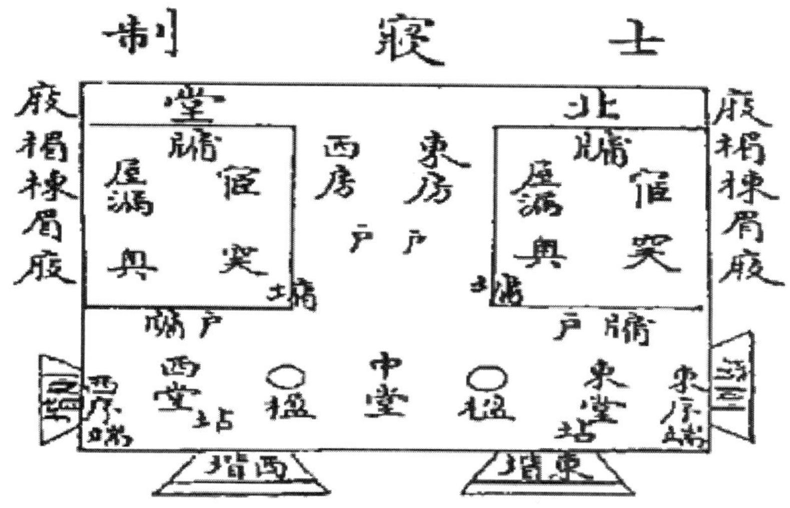

※ **출처:** 『삼례도(三禮圖)』 2권

그림 1-3 제후의 조복(朝服)

※ **출처:**『삼례도집주(三禮圖集注)』 1권

그림 1-4 심의(深衣)

深衣即中衣麻衣長衣註見本章

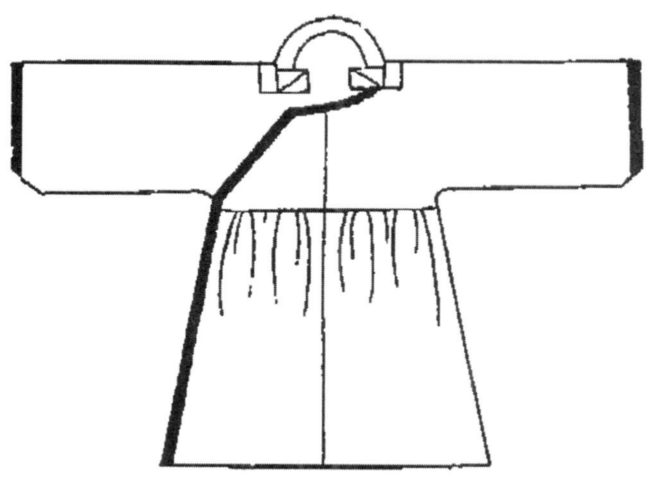

※ **출처:** 『삼례도집주(三禮圖集注)』 3권

그림 1-5 신하들의 명(命) 등급

	천자(天子) 신하	대국(大國) 신하	차국(次國) 신하	소국(小國) 신하
9명(九命)	상공(上公=二伯) 하(夏)의 후손 은(殷)의 후손			
8명(八命)	삼공(三公) 주목(州牧)			
7명(七命)	후작[侯] 백작[伯]			
6명(六命)	경(卿)			
5명(五命)	자작[子] 남작[男]			
4명(四命)	부용군(附庸君) 대부(大夫)	고(孤)		
3명(三命)	원사(元士=上士)	경(卿)	경(卿)	
2명(再命)	중사(中士)	대부(大夫)	대부(大夫)	경(卿)
1명(一命)	하사(下士)	사(士)	사(士)	대부(大夫)
0명(不命)				사(士)

※ **참조:** 『주례』「춘관(春官)·전명(典命)」 및 『예기』「왕제(王制)」

◎ 『예기』와 『주례』의 기록에는 다소 차이가 있다.

그림 1-6 종(鐘)과 경(磬)

※ 출처: 『삼례도집주(三禮圖集注)』 5권

그림 1-7 사의 현단복(玄端服)

玄端

※ **출처:**『삼례도집주(三禮圖集注)』1권

그림 1-8 연궤(燕几)

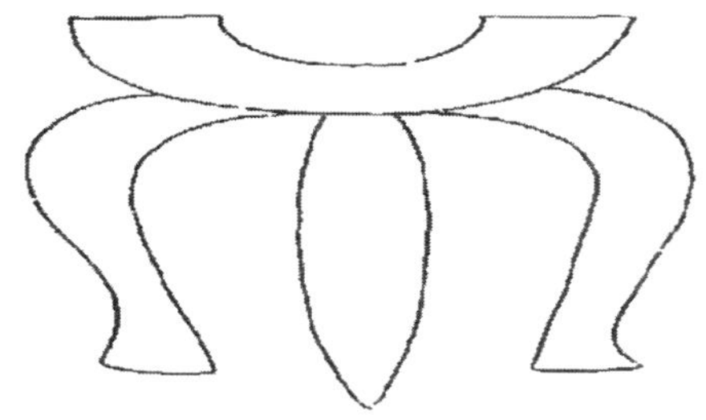

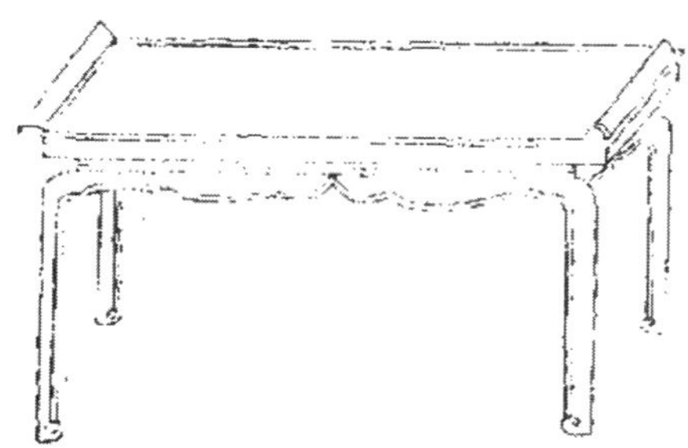

※ **출처:** 상단-『삼례도(三禮圖)』 3권
하단-『삼재도회(三才圖會)』「기용(器用)」 12권

그림 1-9 계(笄)와 리(纚)

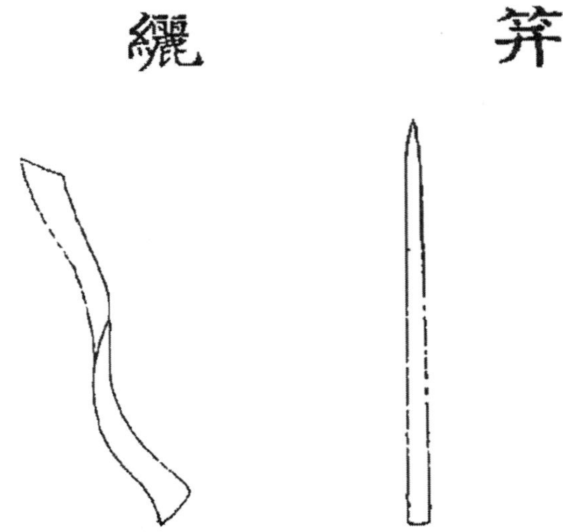

※ 출처: 『삼례도집주(三禮圖集注)』 3권

그림 1-10 참최복(斬衰服) 착용 모습

※ 출처: 『삼재도회(三才圖會)』「의복(衣服)」 3권

그림 1-11 자최복(齊衰服) 착용 모습

※ **출처:** 『삼재도회(三才圖會)』「의복(衣服)」 3권

그림 1-12 쇄(縰)와 총(總)

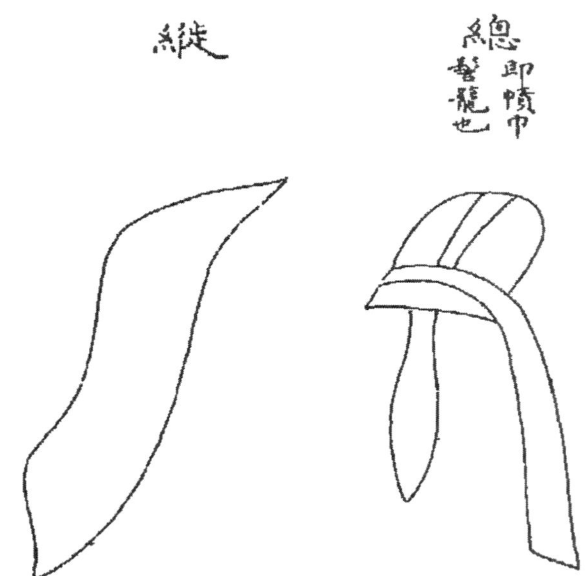

※ **출처:** 『삼례도(三禮圖)』 2권

• 제 2 절 •

졸(卒)의 장소

【526c】

君夫人卒於路寢. 大夫世婦, 卒於適寢. 內子未命, 則死於下室, 遷尸于寢. 士[1]之妻, 皆死于寢.

직역 君과 夫人은 路寢에서 卒하고, 大夫와 世婦는 適寢에서 卒한다. 內子가 未命이라면, 下室에서 死하고, 寢으로 尸를 遷한다. 士의 妻는 皆히 寢에서 死한다.

의역 제후와 그의 부인은 죽을 때 노침(路寢)에서 생을 마감하고, 대부와 그의 아내는 적침(適寢)에서 생을 마감한다. 경의 아내 중 아직 명령을 받아 정식 부인으로 허락을 받지 못한 여자라면, 하실(下室)에서 생을 마감하고, 죽은 이후 시신을 침(寢)으로 옮긴다. 사와 그의 아내는 모두 침(寢)에서 생을 마감한다.

集說 諸侯與夫人皆有三寢, 君正者曰路寢, 餘二曰小寢. 夫人一正寢, 二小寢, 卒當於正處也. 大夫妻曰命婦, 而云世婦者, 世婦乃國君之次婦, 其尊卑與命婦等, 故兼言之. 內子, 卿妻也. 下室, 燕處之所. 又燕寢亦曰下室也. 士之妻

1) '사(士)'자에 대하여. 『십삼경주소(十三經注疏)』 북경대 출판본에서는 "'사'자는 본래 중복 기록되지 않았었는데, 완원(阮元)의 『교감기(校勘記)』에서는 '『석경(石經)』에는 '사사(士士)'라고 기록되어 있다. 단옥재(段玉裁)는 『당석경(唐石經)』에는 사사(士士)라고 기록되어 있는데 그 기록이 옳다고 했고, 각각의 판본에는 사(士)자 하나가 누락되었다고 했다. 『정의』를 살펴보니, 『정의』가 기록된 판본의 경문에도 두 개의 사(士)자가 기록되어 있었음을 알 수 있다."라고 했다.

皆死于寢, 謂士與其妻, 故云皆也. 士喪禮云死于適室, 此云寢, 寢室通名也.

번역 제후와 그의 부인은 모두 3개의 침(寢)을 가지게 되는데, 군주의 정침을 '노침(路寢)'[2]이라고 부르고, 나머지 2개는 '소침(小寢)'[3]이라고 부른다. 부인도 1개의 정침과 2개의 소침을 가지는데, 죽을 때에는 정침에서 죽게 된다. 대부의 아내는 명부(命婦)[4]라고 부르는데, '세부(世婦)'라고 말한 이유는 세부는 곧 제후에게 있는 첩 중 정부인 다음 서열이 되어, 신분이 명부와 동일하기 때문에 그 둘을 포함해서 말한 것이다. '내자(內子)'는 경의 처이다. '하실(下室)'은 한가롭게 머무는 장소이다. 또한 연침(燕寢)을 '하실(下室)'이라고도 부른다. '사지처(士之妻)'는 모두 침(寢)에서 죽는다고 했는데, 사와 그의 처에게 해당하기 때문에 '모두[皆]'라고 말한 것이다. 『의례』「사상례(士喪禮)」편에서는 "적실(適室)에서 죽는다."[5]라고 했는데, 이곳에서는 '침(寢)'이라고 했으니, 침(寢)과 실(室)은 통용되는 명칭이다.

大全 臨川吳氏曰: 此記止是記君大夫士與其正妻死處, 不及其次妻. 世婦, 謂大夫之正妻, 非言諸侯次婦, 以其名稱與諸侯次婦同, 故注疏因而言其死處也. 天子適后之次稱夫人, 故諸侯以天子之次婦爲適妻之稱, 諸侯適夫人之次

---

2) 노침(路寢)은 천자나 제후가 정무를 처리하던 정전(正殿)이다. 『시』「노송(魯頌)·민궁(閟宮)」편에는 "松桷有舄, 路寢孔碩."이라는 기록이 있는데, 이에 대한 모전(毛傳)에서는 "路寢, 正寢也."라고 풀이했고, 『문선(文選)』에 수록된 장형(張衡)의 '서경부(西京賦)'에는 "正殿路寢, 用朝群辟."이라는 기록이 있는데, 이에 대한 설종(薛綜)의 주에서는"周曰路寢, 漢曰正殿."이라고 하여, 주(周)나라에서는 '정전'을 '노침'으로 불렀다고 풀이했다.

3) 소침(小寢)은 '연침(燕寢)'을 뜻한다. '연침'은 천자 및 제후들이 휴식을 취하던 장소를 가리킨다. 천자에게는 6개의 침(寢)이 있었는데, 앞쪽에 있는 1개의 침은 정전(正寢)으로 노침(路寢)이라고 부르며, 뒤쪽에 있는 다섯 개의 침을 통칭하여 '연침'이라고 부른다.

4) 명부(命婦)는 고대 봉호(封號)를 부여받은 여자들을 뜻한다. 궁중에 머물며 비(妃)나 빈(嬪)의 신분을 가진 여자들은 내명부(內命婦)라고 부르고, 신하의 처가 된 자들은 외명부(外命婦)라고 부른다.

5) 『의례』「사상례(士喪禮)」: 士喪禮. 死于適室, 幠用斂衾.

稱世婦, 故大夫以諸侯之次婦爲適妻之稱, 遞降一等也. 內子, 卽大夫之正妻, 未受夫人所命, 則未可稱世婦, 故但稱內子. 內子, 蓋已命未命之通稱, 世婦亦內子也.

번역 임천오씨[6]가 말하길, 이곳 기록에서는 단지 제후·대부·사 및 그들의 정부인에 대해서 죽는 장소만을 기록했고, 그들의 첩에 대해서는 언급을 하지 않았다. 따라서 '세부(世婦)'는 대부의 정부인을 뜻하는 말이며 제후의 첩을 뜻하는 말이 아닌데, 그 명칭은 제후의 첩과 통용이 되기 때문에, 정현의 주와 공영달의 소에서 그에 따라 그녀들의 죽는 장소까지도 언급한 것이다. 천자의 정부인 다음 서열의 첩은 '부인(夫人)'이라고 부르기 때문에, 제후의 경우에는 천자의 첩에 대한 명칭으로 정부인에 대한 칭호로 삼는 것이고, 제후의 정부인 다음 서열의 첩은 '세부(世婦)'라고 부르기 때문에, 대부는 제후의 첩에 대한 명칭으로 정부인에 대한 칭호로 삼는 것이니, 차례대로 한 등급씩 낮춘 것이다. '내자(內子)'는 대부의 정처를 뜻하는데, 아직 부인으로부터 정식 명령을 받지 못했다면 '세부(世婦)'라고 지칭할 수 없기 때문에 단지 내자(內子)라고 부르는 것이다. '내자(內子)'는 아마도 이미 명령을 받았거나 아직 명령을 받지 못했을 때 통용되는 명칭일 것이니, 세부(世婦) 또한 내자(內子)가 된다.

大全 嚴陵方氏曰: 路寢, 謂之路, 猶路車謂之路, 以大言之也. 適寢, 謂之適, 猶適子謂之適, 以正言之也. 言正則以別他下室及燕處也. 寢, 卽正寢也. 士與其妻, 皆死于寢, 則以賤而無嫌故也.

번역 엄릉방씨가 말하길, '노침(路寢)'에 대해서 '노(路)'자를 붙여서 부르는 이유는 노거(路車)[7]에 대해서 '노(路)'자를 붙여서 부르는 경우와 같

6) 오징(吳澄, A.D.1249~A.D.1333) : =임천오씨(臨川吳氏)·오유청(吳幼淸). 송원대(宋元代)의 유학자이다. 이름은 징(澄)이다. 자(字)는 유청(幼淸)이다. 저서로 『예기해(禮記解)』가 있다.

7) 노거(路車)는 천자 및 제후 등이 타는 수레이다. 후대에는 귀족들이 타는 수

으니, 크다는 뜻에서 말했기 때문이다. '적침(適寢)'에 대해서 '적(適)'자를 붙여서 부르는 이유는 적자(嫡子)에 대해서 '적(適)'자를 붙여서 부르는 경우와 같으니, 정통이라는 뜻에서 말했기 때문이다. 정통에 대해서 말을 했다면, 기타 하실(下室) 및 한가롭게 머무는 장소와는 구별이 된다. '침(寢)'은 정침(正寢)을 뜻한다. 사와 그의 아내는 모두 정침에서 죽으니, 그들은 신분이 미천하므로, 상등의 예법을 따라도 혐의를 받지 않기 때문이다.

鄭注 言死者必皆於正處也. 寢·室通耳. 其尊者所不燕焉. 君謂之路寢, 大夫謂之適寢, 士或謂之適室. 此變命婦言世婦者, 明尊卑同也. 世婦以君下寢之上爲適寢. 內子, 卿之妻也. 下室, 其燕處也.

번역 죽은 자는 반드시 모두 정식으로 거처하는 장소에서 죽는다는 뜻이다. '침(寢)'자와 '실(室)'자는 통용되는 명칭일 따름이다. 존귀하게 여기는 장소는 한가롭게 머물지 않는 곳이다. 군주의 정식 거처를 '노침(路寢)'이라고 부르고, 대부의 정식 거처를 '적침(適寢)'이라고 부르는데, 사에 대해서는 간혹 '적실(適室)'이라고도 부른다. 이곳에서는 '명부(命婦)'라는 말을 바꿔서 '세부(世婦)'라고 지칭했는데, 신분의 서열이 동일함을 나타내기 위해서이다. 세부는 제후가 사용하는 노침 이외의 침(寢) 중에서 상등의 장소를 적침으로 삼는다. '내자(內子)'는 경의 처이다. '하실(下室)'은 한가롭게 머무는 장소이다.

釋文 適, 丁歷反, 注同. 處, 昌慮反, 下同.

레까지도 지칭하는 용어로 사용되었다. '노거'의 '노(路)'자는 그 뜻이 크다[大]는 의미이다. 따라서 군주가 이용하거나 머무는 장소에 '노'자를 붙여서 부르게 된 것이다. 『춘추좌씨전』「환공(桓公) 2년」편에는 "大路越席."이라는 기록이 있는데, 이에 대한 공영달(孔穎達)의 소(疏)에서는 "路, 訓大也. 君之所在以大爲號, 門曰路門, 寢曰路寢, 車曰路車, 故人君之車, 通以路爲名也."라고 풀이했다.

번역 '適'자는 '丁(정)'자와 '歷(력)'자의 반절음이며, 정현의 주에 나오는 글자도 그 음이 이와 같다. '處'자는 '昌(창)'자와 '慮(려)'자의 반절음이며, 아래문장에 나오는 글자도 그 음이 이와 같다.

孔疏 ●"君夫"至"于寢". ○正義曰: 此一經明貴賤死寢不同也. 君, 謂諸侯也, 諸侯三寢, 一正者曰路寢, 餘二曰小寢, 卒歸於正, 故在路寢也. 夫人亦有三寢, 一正二小, 亦卒正者也.

번역 ●經文: "君夫"~"于寢". ○이곳 경문은 신분의 차이에 따라 죽는 장소가 다르다는 사실을 나타내고 있다. '군(君)'자는 제후를 뜻하는데, 제후는 3개의 침(寢)을 가지고 있으며, 1개의 정식 침을 '노침(路寢)'이라고 부르고, 나머지 두 개의 침을 '소침(小寢)'이라고 부르는데, 죽을 때에는 정침에서 죽는다. 그렇기 때문에 노침에 있게 된다. 부인 또한 3개의 침을 갖게 되며, 1개는 정식 침으로 삼고 나머지 2개는 소침으로 삼으며, 또한 죽을 때에는 정침에서 죽게 된다.

孔疏 ●"大夫世婦卒於適寢"者, 適寢, 猶今聽事處也, 其制異諸侯也. 大夫死適寢, 其妻亦死適寢也. 大夫妻曰命婦, 而云"世婦", 世婦是諸侯之次婦, 今旣明諸侯世婦尊與命婦敵, 故互言見義. 今命婦死於正寢, 則世婦死女君次寢之上也.

번역 ●經文: "大夫世婦卒於適寢". ○'적침(適寢)'은 현재 정무를 처리하는 장소와 같은데, 그 제도는 제후와는 다르다. 대부는 적침(適寢)에서 죽고, 그의 아내 또한 적침에서 죽는다. 대부의 아내를 '명부(命婦)'라고 하는데, '세부(世婦)'라고 부른 이유는 세부는 제후의 정부인 다음 서열이 되는 첩이고, 제후의 세부 신분과 명부의 신분이 대등하다는 사실을 나타냈기 때문에 상호 그 뜻을 나타내도록 말한 것이다. 현재 명부는 정침(正寢)에서 죽는다고 했으니, 세부가 죽을 때에는 제후의 부인이 사용하는 정침

이외의 침 중 상등의 침에서 죽게 된다.

孔疏 ●"內子未命, 則死於下室, 遷尸於寢"者, 內子, 卿妻也. 若未爲夫人所命, 則初死在下室, 至小斂後遷尸, 乃復還其正寢也.

번역 ●經文: "內子未命, 則死於下室, 遷尸於寢". ○'내자(內子)'는 경의 아내를 뜻한다. 만약 제후의 부인으로부터 아직 명령을 받아 정식 허락이 내려지지 않았다면, 최초 죽을 때 하실(下室)에 있게 되고, 소렴(小斂)을 하게 된 이후에야 시신을 옮겨서, 곧 정침으로 되돌려 놓는다.

孔疏 ●"士之妻皆死于寢"者, 亦各死其正室也, 夫妻俱然, 故云皆也.

번역 ●經文: "士之妻皆死于寢". ○이 또한 각각 그들이 사용하는 정실(正室)에서 죽는다는 뜻을 나타내니, 남편과 부인이 모두 그렇다는 의미이다. 그렇기 때문에 '모두[皆]'라고 말했다.

孔疏 ◎注"言死"至"處也". ○正義曰: "寢·室通耳"者, 按士喪禮云"死于適室", 此云卒於適寢, 是寢·室通也. 云"其尊者所不燕焉"者, 謂尊嚴之處, 不就而燕息焉. 云"君謂之路寢, 大夫謂之適寢, 士或謂之適室"者, 此云士死於寢, 士喪禮云"死于適室", 故云"或"也. 云"世婦以君下寢之上爲適寢"者, 皇氏云"君謂女君, 而世婦以夫人下寢之上爲適寢". 熊氏云"諸侯夫人·大夫妻及士之妻卒, 皆於夫之正寢", 解此"世婦以君下寢之上爲適寢"者, 夫人卒於君之正寢, 世婦卒於君之下寢之上者, 與皇氏異. 雖卒夫寢, 皆婦人供視之, 是亦婦人不死男子之手也. 按服虔注左傳義與皇氏同. 夫人之卒在於夫人路寢, 比君路寢爲小寢, 故僖八年: 夫人不薨于寢, 則不殯于廟. 服虔注云"寢, 謂小寢也". 皇氏·熊氏, 其說各異, 未知孰是, 故兩存焉. 知死正寢者, 按春秋成公薨於路寢道也. 僖公薨於小寢, 譏卽安, 謂就[8]夫人寢也. 隱公薨, 不書地, 失其

---

8) '취(就)'자에 대하여. '취'자는 본래 없던 글자인데, 완원(阮元)의 『교감기(校

所. 文公薨於臺下, 襄公薨於楚宮, 定公薨于高寢, 皆非禮也. 按莊公二[9]十二年公羊傳何休注云: "天子諸侯皆有三寢, 一曰高寢, 二曰路寢, 三曰小寢. 孫從王父之寢." 按周禮掌正之六寢之修, 何休云: 天子三寢, 與周禮違, 不可用.

번역 ◎鄭注: "言死"~"處也". ○정현이 "'침(寢)'자와 '실(室)'자는 통용되는 명칭일 따름이다."라고 했는데, 『의례』「사상례(士喪禮)」편을 살펴보면, "적실(適室)에서 죽는다."라고 했고, 이곳에서는 "적침(適寢)에서 죽는다."라고 했으니, 이것은 '침(寢)'자와 '실(室)'자가 통용됨을 나타낸다. 정현이 "존귀하게 여기는 장소는 한가롭게 머물지 않는 곳이다."라고 했는데, 존엄한 장소에 대해서는 그곳에 나아가서 한가롭게 휴식을 취하지 않는다는 뜻이다. 정현이 "군주의 정식 거처를 '노침(路寢)'이라고 부르고, 대부의 정식 거처를 '적침(適寢)'이라고 부르는데, 사에 대해서는 간혹 '적실(適室)'이라고도 부른다."라고 했는데, 이곳에서 사는 침(寢)에서 죽는다고 했고, 「사상례」편에서는 "적실(適室)에서 죽는다."라고 했다. 그렇기 때문에 '간혹[或]'이라고 말한 것이다. 정현이 "세부(世婦)는 제후가 사용하는 노침 이외의 침(寢) 중에서 상등의 장소를 적침(適寢)으로 삼는다."라고 했는데, 황간[10]은 "'군(君)'자는 여군(女君)을 뜻하니, 세부는 제후의 부인이 사용하는 정침 이외에 상등의 침을 적침으로 삼는다."라고 했다. 웅안생은 "제후

勘記)』에서는 "혜동(惠棟)의 『교송본(校宋本)』에는 '취'자가 기록되어 있고, 위씨(衛氏)의 『집설(集說)』에도 동일하게 기록되어 있으니, 이곳 판본에는 '취'자가 누락된 것이고, 『민본(閩本)』·『감본(監本)』·『모본(毛本)』도 동일하게 누락되어 있다."라고 했다.

9) '이(二)'에 대하여. '이(二)'자는 본래 '삼(三)'자로 기록되어 있었는데, 완원(阮元)의 『교감기(校勘記)』에서는 "『감본(監本)』에는 '이'자로 기록되어 있고, 『고문(考文_』에서 인용하고 있는 송나라 때의 판본에도 동일하게 기록되어 있으니, 이곳 판본은 '이'자를 잘못하여 '삼'자로 기록한 것이고, 『민본(閩本)』·『모본(毛本)』도 동일하게 잘못 기록하였다."라고 했다.

10) 황간(皇侃, A.D.488~A.D.545) : =황씨(皇氏). 남조(南朝) 때 양(梁)나라의 경학자이다. 『주례(周禮)』, 『의례(儀禮)』, 『예기(禮記)』 등에 해박하여, 『상복문구의소(喪服文句義疏)』, 『예기의소(禮記義疏)』, 『예기강소(禮記講疏)』 등을 지었지만, 현재는 전해지지 않는다. 그 일부가 마국한(馬國翰)의 『옥함산방집일서(玉函山房輯佚書)』에 수록되어 있다.

의 부인과 대부의 처 및 사의 처는 죽을 때 모두 남편의 정침(正寢)에서 죽는다."라고 했는데, 이곳에서 "세부는 군의 하침(下寢) 중에서도 상등의 것을 적침으로 삼는다."는 뜻을 풀이한 말이니, 부인은 군주의 정침에서 죽고, 세부는 군주의 하침 중에서도 상등의 침에서 죽는다는 뜻이 되어, 황간의 주장과는 달라진다. 비록 남편의 침(寢)에서 죽는다고 하지만, 이 모든 경우에 부인들이 그 일을 돕고 살피니, 이것은 또한 여자는 남자의 손에서 죽지 않는다는 뜻에 해당한다. 『좌전』에 대한 복건[11]의 주장을 살펴보면 황간의 주장과 동일한데, 부인이 죽을 때에는 부인의 노침(路寢)에 있게 되니, 이것은 제후의 노침(路寢)과 비교를 해보면 소침(小寢)이 된다. 그렇기 때문에 희공(僖公) 8년의 기록에서, 부인이 침(寢)에서 죽지 않았으니, 묘(廟)에 빈소를 마련하지 않는다고 했고,[12] 복건의 주에서는 "침(寢)은 소침(小寢)이다."라고 말한 것이다. 황간과 웅안생의 주장이 각각 다른데, 어느 것이 옳은지 모르겠으므로 두 주장을 모두 수록해둔다. 죽을 때 정침(正寢)에서 죽는다는 사실을 알 수 있는 이유는 『춘추』를 살펴보면 성공(成公)은 노침(路寢)에서 죽었다고 했는데, 그것이 도리에 맞다고 했다.[13] 반면 희공(僖公)은 소침(小寢)에서 죽었는데, 편안히 여기는 장소에서 죽은 것을 기롱했으니,[14] 부인이 사용하는 침(寢)에 가서 죽었다는 뜻이다. 은공(隱公)이 죽었을 때에는 그 장소를 기록하지 않았는데, 잘못된 장소에서 죽었기 때문이다. 문공(文公)은 대(臺) 밑에서 죽었다고 했고,[15] 양공(襄公)은 초궁(楚宮)에서 죽었다고 했으며,[16] 정공(定公)은 고침(高寢)

---

11) 복건(服虔, ?~?) : 후한대(後漢代)의 유학자이다. 자(字)는 자신(子愼)이다. 초명은 중(重)이었으며, 기(祇)라고도 불렀다. 후에 이름을 건(虔)으로 고쳤다. 『춘추좌씨전(春秋左氏傳)』에 주석을 남겼지만, 산일되어 전해지지 않는다. 현재는 『좌전가복주집술(左傳賈服注輯述)』로 일집본이 편찬되었다.

12) 『춘추좌씨전』「희공(僖公) 8년」 : 凡夫人, 不薨于寢, 不殯于廟, 不赴于同, 不祔于姑, 則弗致也.

13) 『춘추좌씨전』「성공(成公) 18년」 : 己丑, 公薨于路寢, 言道也.

14) 『춘추좌씨전』「희공(僖公) 33년」 : 冬, 公如齊朝, 且弔有狄師也. 反, 薨于小寢, 卽安也.

15) 『춘추』「문공(文公) 18년」 : 十有八年, 春, 王二月, 丁丑, 公薨于臺下.

16) 『춘추』「양공(襄公) 31년」 : 夏, 六月, 辛巳, 公薨于楚宮.

에서 죽었다고 했는데,[17] 이 모두는 비례에 해당한다. 장공(莊公) 22년에 대한 『공양전』의 기록을 살펴보면, 하휴[18]의 주에서는 "천자와 제후는 모두 3개의 침(寢)을 가지고 있는데, 첫 번째 침은 '고침(高寢)'이라고 부르고, 두 번째 침은 '노침(路寢)'이라고 부르며, 세 번째 침은 '소침(小寢)'이라고 부른다. 손자가 죽게 되면 조부의 침에서 한다."[19]라고 했다. 『주례』를 살펴보면 천자의 육침(六寢)에 대한 보수를 담당한다고 했는데,[20] 하휴는 천자는 3개의 침(寢)을 가지고 있다고 하여, 『주례』의 기록과 위배되므로, 그 주장을 따를 수 없다.

集解 愚謂: 熊氏之說是也. 凡妻之死, 皆與夫同處. 君夫人, 謂君之夫人也. 大夫世婦, 謂大夫之世婦也. 內子, 卿之妻也. 曰"路寢", 曰"適寢", 曰"寢", 皆其夫之正寢也. 凡婦人從其夫之爵位, 內子未命, 謂其夫未受爵命於太廟也. 君於卿大夫, 年五十乃假祖廟而命之. 下室, 謂妻之寢也. 士喪禮旣卒, "設牀第, 當牖"而"遷尸", 遷而後行復事. 遷尸於寢, 由下室而遷於夫正寢之牖下, 旣遷尸乃復也. 內子未命者如此, 則世婦可知. 蓋喪事有卿大夫之位, 君夫人則天子諸侯弔焉, 大夫士之妻則君夫人·卿·大夫弔焉, 皆不可於婦人之寢褻之, 故其死必皆於夫寢也. 內子未命者旣死而遷尸, 則凡卒於夫寢者皆於疾病而已遷矣. 不言男子死處者, 死於適室, 士喪禮有明文, 則大夫以上亦從可知. 惟婦人之禮未顯, 故特言之.

---

17) 『춘추』「정공(定公) 15년」: 壬申, 公薨于高寢.

18) 하휴(何休, A.D.129~A.D.182): 전한(前漢) 때의 금문경학자(今文經學者)이다. 자(字)는 소공(邵公)이다. 『춘추공양전해고(春秋公羊傳解詁)』를 지었으며, 『효경(孝經)』, 『논어(論語)』 등에 대해서도 주를 달았고, 『춘추한의(春秋漢議)』를 짓기도 하였다.

19) 이 문장은 『춘추공양전』「장공(莊公) 32년」의 "八月, 癸亥, 公薨于路寢, 路寢者何? 正寢也."라는 기록에 대한 하휴(何休)의 주이다.

20) 『주례』「천관(天官)·궁인(宮人)」: 宮人, 掌王之六寢之脩. 爲其井匽, 除其不蠲, 去其惡臭.

번역 내가 생각하기에, 웅안생의 주장이 옳다. 무릇 아내가 죽었을 때에는 모두 남편과 동일한 장소에서 죽는다. '군부인(君夫人)'은 제후의 부인을 뜻한다. '대부세부(大夫世婦)'는 대부의 세부를 뜻한다. '내자(內子)'는 경의 처를 뜻한다. '노침(路寢)'이라고 말하고, '적침(適寢)'이라고 말하며, '침(寢)'이라고 말했는데, 이 장소들은 모두 그녀들의 남편이 사용하는 정침(正寢)을 뜻한다. 무릇 부인들은 모두 그녀의 남편 작위에 따르는데, "내자가 아직 명(命)을 받지 못했다."는 말은 그녀의 남편이 아직 태묘(太廟)에서 작위에 대한 명령을 받지 못했다는 뜻이다. 제후는 경과 대부에 대해서 그들의 나이가 50세가 되면, 조묘(祖廟)에 가서 그들에게 명령을 내려 작위를 하사한다. '하실(下室)'은 처의 침(寢)을 뜻한다. 『의례』「사상례(士喪禮)」편에서는 죽은 뒤에 "침상을 설치하며 담장에 붙도록 한다."라고 했고, "시신을 옮긴다."라고 했으며, 시신을 옮긴 이후 초혼의 의례를 시행한다고 했다.[21] 침(寢)으로 시신을 옮길 때에는 하실로부터 남편이 사용하는 정침의 담장 밑으로 옮기고, 시신을 옮기는 일이 끝나면 초혼을 한다. 내자(內子) 중 아직 그녀의 남편이 작위의 명령을 받지 못한 경우에도 이처럼 한다면, 세부에 대해서도 이처럼 하게 된다는 사실을 알 수 있다. 무릇 상을 치를 때 경과 대부의 자리가 있게 되는데, 제후의 부인이 죽게 되면 천자와 제후가 조문을 하게 되고, 대부와 사의 아내가 죽었을 때에는 제후의 부인 및 경과 대부가 조문을 하게 되니, 이 모두에 대해서는 부인의 침소처럼 개인적인 공간에서 치를 수 없다. 그렇기 때문에 그녀들이 죽을 때에는 반드시 남편의 침(寢)에서 죽게 된다. 내자 중 남편이 작위의 명령을 받지 못했을 때, 죽은 뒤에 시신을 옮기게 된다면, 무릇 남편의 침(寢)에서 죽은 경우에는 모두 병이 위중해져서 이미 그 장소로 옮긴 것이 된다. 남자에 대해서 죽는 장소를 언급하지 않은 것은 적실(適室)에서 죽기 때문인데, 「사상례」편에 명확한 경문 기록이 있으니, 대부로부터 그 이상의 계급 또한 이처럼 따르게 됨을 알 수 있다. 다만 부인들에 대한 예법은 명확히 드러

---

21) 『의례』「기석례(旣夕禮)」: <u>設牀第當牖</u>, 衽下莞上簟, 設枕. <u>遷尸. 復者</u>朝服, 左執領, 右執要, 招而左.

나지 않았기 때문에 특별히 이곳에서 언급한 것이다.

集解 愚謂: 天子之次婦曰三夫人, 諸侯之適妻亦曰夫人, 諸侯之次婦曰世婦, 大夫之適妻亦曰世婦, 皆以其尊相當也. 此篇所言"世婦", 有指大夫之適妻者: "大夫世婦卒於適寢." 復, "世婦以襢衣", 內子"爲世婦之命授人杖", 士"於大夫世婦之命如大夫", 是也. 有指諸侯之次婦者: "君之喪", "五日授世婦杖", "夫人·世婦在其次則杖", "夫人·世婦·諸妻皆疏食水飮", "君於大夫·世婦, 大斂焉", "夫人於世婦, 大斂焉", 是也. 鄭氏似以此"世婦"爲兼言君之世婦, 非也. "君夫人"·"大夫世婦"與下"士之妻"一例, 不得兼言君之世婦也. 且君之下室, 固無適寢之稱, 而世婦之喪, 君所不主, 其赴告不及於鄰國, 其治喪蓋卽於其寢耳.

번역 내가 생각하기에, 천자의 정부인 다음 서열인 첩은 '삼부인(三夫人)'이라고 부르고, 제후의 정부인 또한 '부인(夫人)'이라고 부르며, 제후의 정부인 다음 서열인 첩은 '세부(世婦)'라고 부르고, 대부의 정부인 또한 '세부(世婦)'라고 부르니, 모두 신분의 등급이 동등하기 때문이다. 이곳 「상대기」편에서 '세부(世婦)'라고 말한 경우에는 대부의 정부인을 가리키는 경우가 있으니, 그러한 경우에는 "대부의 세부가 적침(適寢)에서 죽는다."라고 했고, 초혼을 할 때에는 "세부에 대해서는 단의(襢衣)를 이용한다."라고 했으며, 내자(內子)에 대해서는 "세부로부터 명령을 받을 때에는 남에게 지팡이를 맡긴다."라고 했고, 사에 대해서는 "대부의 세부가 명령을 내린 것에 대해서는 대부에 대한 경우와 동일하게 한다."라고 했다. 또 제후의 차부(次婦)를 가리키는 경우가 있으니, "제후의 상이다."라고 했고, "5일째가 되면 세부에게 지팡이를 준다."라고 했으며, "부인과 세부는 차(次)에 있으면 지팡이를 잡는다."라고 했고, "부인과 세부 및 여러 처들은 모두 조악한 밥을 먹고 물을 마신다."라고 했으며, "제후는 대부 및 세부에 대해서 대렴(大斂)을 한다."라고 했고, "부인은 세부에 대해서 대렴을 한다."라고 했다. 정현은 아마도 이곳에 나온 '세부(世婦)'가 제후의 세부까지도 함께 언급한 것이라고 여긴 것 같은데, 잘못된 해석이다. '군부인(君夫人)'과 '대부세부

(大夫世婦)'는 '사지처(士之妻)'와 동일한 용례가 되니, 군주의 세부까지도 함께 포함해서 말할 수 없다. 또 군주의 하실(下室)에는 진실로 적침(適寢)이라는 칭호가 없고, 세부의 상에 대해서는 군주가 주관하는 것도 아니며, 그녀에 대해 부고를 알릴 때에도 이웃 나라까지 알리지 않으니, 그녀에 대해 상을 치를 때에는 아마도 그녀의 침(寢)에서 했기 때문일 것이다.

그림 2-1 천자의 육침(六寢)

制 寢 宮

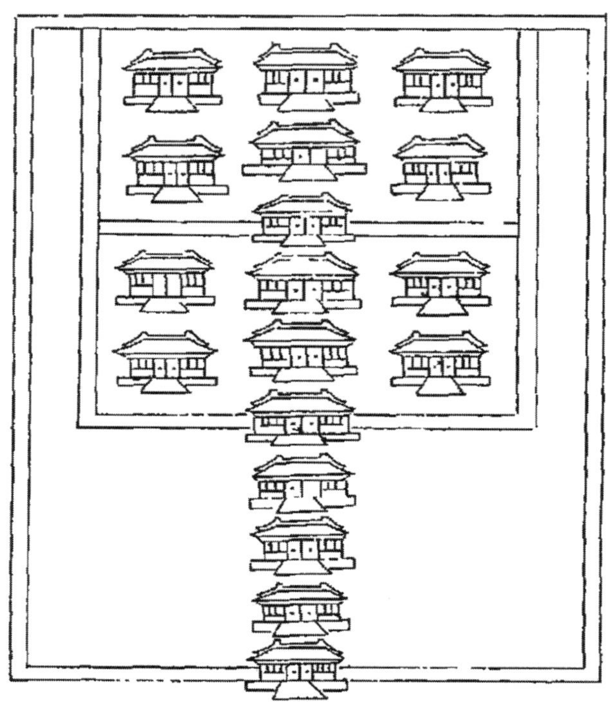

※ **출처:** 『삼례도집주(三禮圖集注)』 4권

◎ 가장 위쪽의 육침(六寢)은 왕후(王后)의 육침

• 제3절 •

초혼[復]

【527a】

復, 有林麓, 則虞人設階, 無林麓則狄人設階.

직역 復에, 林麓이 有하면, 虞人이 階를 設하고, 林麓이 無라면 狄人이 階를 設한다.

의역 초혼을 할 때, 죽은 자가 산림을 소유한 경우라면 우인(虞人)을 시켜서 사다리를 설치하고, 산림이 없는 경우라면 적인(狄人)을 시켜서 사다리를 설치한다.

集說 復, 始死升屋招魂也. 虞人, 掌林麓之官. 階, 梯也. 狄人, 樂吏之賤者. 死者封疆內若有林麓, 則使虞人設梯以升屋. 其官職卑下不合有林麓者, 則使狄人設之. 以其掌設簨簴, 或便於此.

번역 '복(復)'은 어떤 자가 이제 막 죽었을 때 지붕에 올라가서 초혼을 한다는 뜻이다. '우인(虞人)'은 산림을 관장하는 관리이다. '계(階)'는 사다리를 뜻한다. '적인(狄人)'은 음악을 담당하는 관리 중에서도 신분이 낮은 자이다. 죽은 자가 받은 영지 안에 산림이 있는 경우라면, 우인을 시켜서 사다리를 설치하여 지붕에 올라가게 된다. 그가 맡은 관직과 직무가 낮아서 산림을 소유하기에 적합하지 않다면, 적인을 시켜서 설치한다. 그는 악기를 매다는 틀인 순거(簨簴)[1]를 담당하니, 아마도 이러한 일을 처리하는

---

1) 순거(簨簴)는 종(鍾)이나 경(磬)을 매다는 도구이다. 가로로 받치는 것을 순(簨)이라고 부르며, 비늘을 가진 짐승으로 장식을 한다. 세로로 받치는 것을

데 유용했기 때문일 것이다.

大全 嚴陵方氏曰: 設階, 必以虞人者, 以階之材, 必取諸林麓, 而虞人, 則掌林麓之官也. 無林麓, 則無虞人, 故以樂吏之賤者代之.

번역 엄릉방씨가 말하길, 사다리를 설치할 때, 반드시 우인(虞人)을 시키는 이유는 사다리를 만드는 재료는 반드시 산림에서 취하게 되어 있고, 우인은 산림을 담당하는 관리이기 때문이다. 산림이 없는 경우라면 우인도 없기 때문에 악관 중에서도 미천한 자를 대신 부리게 된다.

鄭注 復, 招魂復魄也. 階, 所乘以升屋者. 虞人, 主林麓之官也. 狄人, 樂吏之賤者. 階, 梯也, 簨虡之類.

번역 '복(復)'은 혼(魂)과 백(魄)에 대해서 부르고 되돌아오게 한다는 뜻이다. '계(階)'는 지붕에 오를 때 사용하는 것이다. '우인(虞人)'은 산림을 담당하는 관리이다. '적인(狄人)'은 악관 중에서도 미천한 자이다. '계(階)'는 사다리를 뜻하니, 악기를 매다는 틀인 순거(簨虡)의 부류가 된다.

釋文 麓音鹿. 梯, 他兮反. 簨, 恤尹反. 虡音巨.

번역 '麓'자의 음은 '鹿(록)'이다. '梯'자는 '他(타)'자와 '兮(혜)'자의 반절음이다. '簨'자는 '恤(휼)'자와 '尹(윤)'자의 반절음이다. '虡'자의 음은 '巨(거)'이다.

거(虡)라고 부르며, 털이 짧은 짐승이나 깃털을 가진 짐승으로 장식을 한다. 순(簨)은 큰 나무판으로 만들게 되어, '업(業)'이라고도 부른다. 『예기』「명당위(明堂位)」편에는 "夏后氏之龍簨簴, 殷之崇牙, 周之壁翣."이라는 기록이 있고, 이에 대한 정현의 주에서는 "簨虡, 所以縣鍾·磬也. 橫曰簨, 飾之以鱗屬; 植曰虡, 飾之以贏屬·羽屬. 簨以大版爲之, 謂之業."이라고 풀이했다.

孔疏 ○正義曰: 自此至“復而後行死事”, 明復是招魂之禮也.

번역 ○이곳 문장부터 “초혼을 한 이후에 장례의 절차를 치른다.”라고 한 문장까지는 ‘복(復)’이 초혼의 의례에 해당한다는 사실을 나타내고 있다.

孔疏 ●“復, 有林麓則虞人設階”者, 復, 謂升屋招魂, 其死者所封內若有林麓, 則所主林麓虞人設階梯而升屋.

번역 ●經文: “復, 有林麓則虞人設階”. ○‘복(復)’은 지붕에 올라가서 초혼을 한다는 뜻인데, 죽은 자가 받은 봉지 안에 산림이 있다면, 산림을 주관하는 우인(虞人)이 사다리를 설치하여 지붕에 올라가게 된다는 의미이다.

孔疏 ●“無林麓則狄人設階”者, 謂官職卑小, 不合有林麓, 無虞人可使. 狄人是家之樂吏之賤者, 掌設簨虡, 簨虡, 階梯之類, 故狄人設階也.

번역 ●經文: “無林麓則狄人設階”. ○관직과 직무가 미천하여, 산림을 소유하기에 적합하지 않아서, 시킬 수 있는 우인(虞人)이 없는 자를 뜻한다. 적인(狄人)은 가(家)에 소속된 악관 중 미천한 자이니, 순거(簨虡)의 설치를 담당하는데, 순거(簨虡)는 계단의 부류가 된다. 그렇기 때문에 적인이 계단을 설치한다.

訓纂 說文: 林, 平土有叢木曰林. 麓, 守山林吏也. 一曰, 林屬於山爲麓.

번역 『설문』[2]에서 말하길, 평지에 나무들이 울창하게 모여 있는 곳을 ‘임(林)’이라고 부른다. ‘녹(麓)’은 산림을 지키는 관리이다. 한편으로는 임(林) 중에 산에 있는 것을 ‘녹(麓)’이라고 부른다고도 한다.

---

2) 『설문해자(說文解字)』는 후한(後漢) 때의 학자인 허신(許愼)이 찬(撰)했다고 전해지는 자서(字書)이다. 『설문(說文)』이라고도 칭해진다. A.D.100년경에 완성되었다고 전해진다. 글자의 형태, 뜻, 음운(音韻)을 수록하고 있다.

訓纂 彬按: 士喪禮疏, "有林麓, 謂君與夫人有國有采地者; 無林麓, 謂大夫士無采地者.

번역 내가 생각하기에, 『의례』「사상례(士喪禮)」편에 대한 공영달의 소에서는 "산림을 갖춘 자는 제후 및 부인 중 국가와 채지를 갖춘 자를 뜻하며, 산림이 없는 자는 대부 및 사 중에서 채지가 없는 자를 뜻한다."[3]라고 했다.

集解 愚謂: 此謂人君之禮也. 有林麓, 謂其地與林麓近也. 使虞人設階者, 以其常升山陵, 於設階之事習也. 無林麓, 謂其地與林麓遠也. 狄人, 蓋冬官之屬. 鄭氏以狄人爲樂吏, 蓋據祭統而言. 然此篇言"狄人設階", 又言"狄人出壺", 書顧命云"狄設黼扆·綴衣", 此其事皆與樂官無與, 疑冬官別有狄人, 非祭統所言也. 大夫士之復, 其設階蓋私臣隸子弟之屬爲之.

번역 내가 생각하기에, 이 문장의 내용은 군주의 예법을 뜻한다. 산림을 갖췄다는 말은 그 땅이 산림과 가까운 곳에 있다는 뜻이다. 우인(虞人)으로 하여금 사다리를 설치하게 하는 것은 그는 평상시 산과 구릉에 오르내리므로, 계단을 설치하는 일에 있어서도 익숙하기 때문이다. 산림이 없다는 말은 그 땅이 산림과 멀리 떨어져 있다는 뜻이다. '적인(狄人)'은 아마도 동관(冬官)에 소속된 하위 관리일 것이다. 정현은 적인을 악관으로 여겼는데, 아마도 『예기』「제통(祭統)」편의 기록에 근거해서 한 말 같다.[4] 그러나 이

---

3) 이 문장은 『의례』「사상례(士喪禮)」편의 "升自前東榮, 中屋, 北面招以衣, 曰: '皐某復!' 三. 降衣于前."이라는 기록에 대한 공영달의 소이다.

4) 『예기』「제통(祭統)」【583c~d】에는 "夫祭有畀煇·胞·翟·閽者, 惠下之道也. 唯有德之君爲能行此, 明足以見之, 仁足以與之. 畀之爲言與也, 能以其餘畀其下者也. 煇者, 甲吏之賤者也; 胞者, 肉吏之賤者也; 翟者, 樂吏之賤者也; 閽者, 守門之賤者也, 古者不使刑人守門. 此四守者, 吏之至賤者也. 尸又至尊, 以至尊旣祭之末而不忘至賤, 而以其餘畀之, 是故明君在上, 則竟內之民無凍餒者矣. 此之謂上下之際."라는 기록이 있다. "십륜(十倫) 중 열 번째는 다음과 같다. 무릇 제사에서는 휘(煇)·포(胞)·적(翟)·혼(閽)과 같은 자들에게도 나눠줌이 있으니, 이것은 아랫사람에게도 은혜를 베푸는 도이다. 오직 덕을 갖

곳에서는 "적인이 사다리를 설치한다."라고 했고, 또 "적인은 물을 담는 호(壺)를 공출한다."[5]고 했으며, 『서』「고명(顧命)」편에서는 "적(狄)이 보의(黼扆)[6]와 철의(綴衣)[7]를 설치한다."[8]라고 했으니, 이러한 기록들에 나타나는 그의 직무는 모두 악관이 담당하는 일과 관련이 없으므로, 아마도 동관에는 별도로 적인이라는 관리가 있었을 것이니, 「제통」편에서 언급한 자가 아니다. 대부와 사에 대해서 초혼을 할 때, 계단을 설치하는 자는 아마도 개인이 소유한 가신·종·자제 등이 했을 것이다.

춘 군주여야만 이처럼 시행할 수 있어서, 밝게 그들의 사정을 살피고, 인자하게 그들에게 줄 수 있는 것이다. '비(畀)'라는 말은 남에게 준다는 뜻이니, 자신에게 남는 것을 아랫사람에게 줄 수 있다는 뜻이다. '휘(煇)'는 가죽을 다루는 미천한 관리이다. '포(胞)'는 고기를 담당하는 미천한 관리이다. '적(翟)'은 음악을 담당하는 미천한 관리이다. '혼(閽)'은 문을 지키는 미천한 관리이다. 고대에는 형벌을 받은 자로 하여금 문을 지키도록 하지 않았다. 이처럼 네 가지 일을 담당하고 있는 자들은 하급관리들 중에서도 매우 미천한 자이다. 시동은 또한 지극히 존귀한 자인데, 지극히 존귀한 자임에도 제사의 말미에 이르면, 매우 미천한 자들까지도 잊지 않고, 남은 것들을 그들에게 주니, 이러한 까닭으로 현명한 군주가 위정자의 자리에 있어야만, 그 나라의 백성들 중 얼어 죽거나 굶어죽는 자가 없게 된다. 이것은 상하계층의 사귐이라고 부른다."는 뜻이다. 이때 적(翟)자는 적(狄)자로 풀이한다. 그렇기 때문에 정현이 적인(狄人)을 음악을 담당하는 관리로 보았다는 뜻이다.

5) 『예기』「상대기」【530b】: 君喪, 虞人出木角, 狄人出壺, 雍人出鼎, 司馬縣之, 乃官代哭. 大夫官代哭不縣壺, 士代哭不以官.

6) 보의(黼扆)는 부의(斧依) 또는 부의(斧扆)라고도 부른다. 고대에는 제왕의 자리 뒤에 병풍을 설치했는데, 병풍에는 도끼 무늬를 새겼기 때문에 '보의' 또는 '부의'라고 부른다.

7) 철의(綴衣)는 고대 제왕이 사용하던 장막을 뜻한다. 제왕의 자리 위에 설치를 했으며, 임종 때 사용하기도 했다.

8) 『서』「주서(周書)·고명(顧命)」: 狄設黼扆綴衣. 牖間南嚮, 敷重篾席黼純, 華玉仍几.

그림 3-1 종거(鐘簴)와 경거(磬簴)

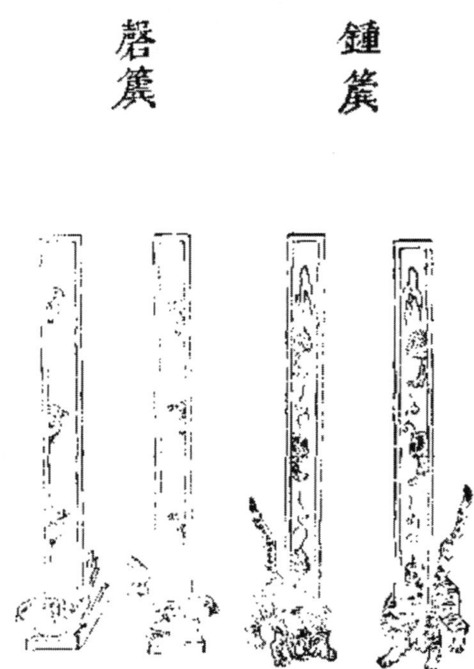

※ **출처:** 『삼재도회(三才圖會)』「기용(器用)」 3권

그림 3-2 종거(鐘簴)와 경거(磬簴)

※ **출처:** 『삼재도회(三才圖會)』「기용(器用)」 3권

그림 3-3 업(業)과 벽삽(璧翣)

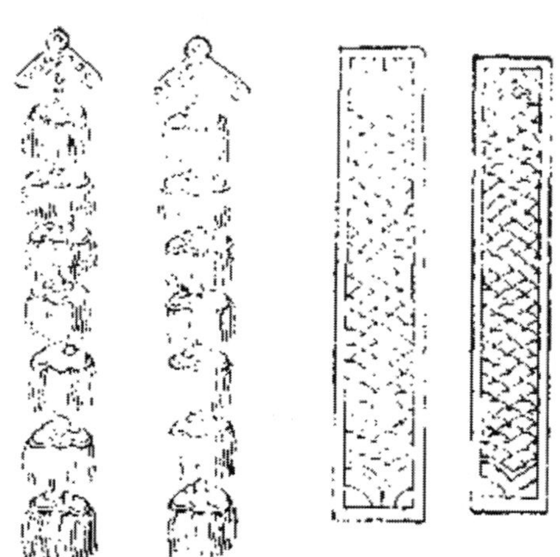

※ **출처:**『삼재도회(三才圖會)』「기용(器用)」 3권

그림 3-4 호(壺)

※ **출처:** 상좌-『삼재도회(三才圖會)』「기용(器用)」 1권 ; 상우-『삼례도집주(三禮圖集注)』 5권
하좌-『삼례도(三禮圖)』 4권 ; 하우-『육경도(六經圖)』 6권

【527a~b】

小臣復, 復者朝服. 君以卷, 夫人以屈狄, 大夫以玄赬, 世婦以禮衣, 士以爵弁, 士妻以稅衣, 皆升自東榮, 中屋履危, 北面三號, 捲衣投于前, 司服受之, 降自西北榮.

직역 小臣이 復하면, 復者는 朝服한다. 君은 卷으로써 하고, 夫人은 屈狄으로써 하며, 大夫는 玄赬으로써 하고, 世婦는 禮衣로써 하며, 士는 爵弁으로써 하고, 士妻는 稅衣로써 하며, 皆히 升하길 東榮으로 自하고, 屋에 中하고 危를 履하며, 北面하여 三號하고, 衣를 捲하여 前에 投하면, 司服가 受하고, 降하길 西北榮으로 自한다.

의역 주군을 가까이 모시는 자가 초혼을 하는데, 초혼을 하는 자는 조복(朝服)을 착용한다. 군주에 대해 초혼을 하면 곤복(卷服)을 사용해서 흔들고, 군주의 부인에 대해서는 굴적(屈狄)을 사용하며, 대부에 대해서는 현정(玄赬)을 사용하고, 세부(世婦)에 대해서는 단의(禮衣)를 사용하며, 사에 대해서는 작변(爵弁)을 사용하고, 사의 처에 대해서는 세의(稅衣)를 사용하는데, 모든 경우에 있어서 초혼을 하는 자는 동쪽 처마를 통해서 지붕으로 올라가고, 지붕에 올라가서는 지붕 중앙의 등마루를 밟고서, 북쪽을 향한 뒤 세 차례 부르게 되고, 그 일이 끝나면 옷을 말아서 앞으로 던지니, 사복(司服)이 밑에서 그 옷을 받으며, 초혼을 했던 자는 내려갈 때 서북쪽 처마를 통해서 내려간다.

集說 小臣, 君之近臣也. 君以衮, 謂上公用衮服也. 循其等而用之, 則侯伯用鷩冕之服, 子男用毳冕之服, 上公之夫人用禕衣, 侯伯夫人用揄狄, 子男夫人用屈狄. 此言君以衮, 擧上以見下也. 夫人以屈狄, 擧下以知上也. 赬, 赤色. 玄赬, 玄衣纁裳也. 世婦, 大夫妻, 言世婦者, 大夫妻與世婦同用禮衣也. 禕衣而下六服, 說見前篇. 爵弁, 指爵弁服而言, 非用弁也. 六冕則以衣名冠, 四弁則以冠名衣也. 榮, 屋翼也. 天子諸侯屋皆四注, 大夫以下, 但前簷後簷而已. 翼, 在屋之兩頭, 似翼, 故名屋翼也. 中屋, 當屋之中也. 履危, 立于高峻之處, 蓋屋之脊也. 三號者, 一號於上, 冀魂自天而來. 一號於下, 冀魂自地而來. 一號於中, 冀魂自天地四方之間而來. 其辭則皐某復也. 皐, 長聲也. 三號畢, 乃捲斂此衣自前投而下, 司服者以篋受之, 復之小臣, 卽自西北榮而下也.

번역 '소신(小臣)'은 군주를 가까이에서 모시는 신하이다. '군이곤(君以袞)'이라는 말은 상공(上公)9)에 대해서는 곤복(袞服)을 사용한다는 뜻이다. 그 등급에 따라서 사용을 한다면, 후작과 백작에 대해서는 별면(鷩冕)의 복장을 사용하고, 자작과 남작에 대해서는 취면(毳冕)의 복장을 사용하며, 상공의 부인에 대해서는 위의(褘衣)를 사용하고, 후작과 백작의 부인에 대해서는 유적(揄狄)을 사용하며, 자작과 남작의 부인에 대해서는 굴적(屈狄)을 사용한다. 이곳에서 "군주에 대해서 곤복을 사용한다."라고 한 말은 상위의 것을 제시하여 그 이하의 내용도 나타낸 것이다. 또 "부인에 대해서는 굴적을 사용한다."라고 한 말은 하위의 것을 제시하여 그 이상의 내용도 나타낸 것이다. '정(赬)'자는 적색을 뜻한다. '현정(玄赬)'은 현색의 상의와 분홍색의 하의를 뜻한다. '세부(世婦)'는 대부의 처인데, 세부(世婦)라고 말한 것은 대부의 처와 군주의 세부가 동일하게 단의(襢衣)를 사용하기 때문이다. 위의(褘衣) 이하의 여섯 가지 복식에 대해서는 앞 편에 그 설명이 나온다.10) '작변(爵弁)'은 작변복(爵弁服)을 가리켜서 한 말이니, 실제로 변

9) 상공(上公)은 주(周)나라 제도에 있었던 관직 등급이다. 본래 신하의 관직 등급은 8명(命)까지이다. 주나라 때에는 태사(太師), 태부(太傅), 태보(太保)와 같은 삼공(三公)들이 8명의 등급에 해당했다. 그런데 여기에 1명을 더하게 되면 9명이 되어, 특별직인 '상공'이 된다. 『주례』「춘관(春官)·전명(典命)」편에는 "上公九命爲伯, 其國家宮室車旗衣服禮儀, 皆以九爲節."이라는 기록이 있고, 이에 대한 정현의 주에서는 "上公, 謂王之三公有德者, 加命爲二伯. 二王之後亦爲上公."이라고 풀이하였다. 즉 '상공'은 삼공 중에서도 유덕(有德)한 자에게 1명을 더해주어, 제후들을 통솔하는 '두 명의 백(伯)[二伯]'으로 삼았다.

10) 『예기』「옥조(玉藻)」【386c】에는 "王后褘衣, 夫人揄狄, 君命屈狄."이라는 기록이 있는데, 이것은 "왕후(王后)는 위의(褘衣)를 착용하고, 부인(夫人)은 유적(揄狄)을 착용하며, 여군(女君)은 명령을 받아야만 굴적(屈狄)을 착용할 수 있다."는 뜻이다. 또 이에 대한 진호(陳澔)의 『집설(集說)』에서는 "褘衣色玄, 揄狄青, 屈狄赤. 六服皆衣裳相連. 褘, 讀爲翬. 揄狄, 讀爲搖翟. 翬·翟, 皆雉也. 二衣皆刻繒爲雉形而五采畫之. 屈, 讀爲闕. 刻形而不畫, 故云闕也."라고 풀이

(弁)을 사용한다는 뜻이 아니다. 육면(六冕)[11]에 대해서는 옷에 따라서 관(冠)의 명칭을 부르며, 사변(四弁)[12]에 대해서는 관(冠)에 따라서 옷의 명

했다. 즉 "위의(褘衣)의 색깔은 검은색이고, 유적(揄狄)은 청색이며, 굴적(屈狄)은 적색이다. 육복(六服)은 모두 상의와 하의가 서로 연결되어 있다. '위(褘)'자는 '휘(翬)'자로 풀이한다. '유적(揄狄)'은 '요적(搖翟)'으로 풀이한다. '휘(翬)'자와 '적(翟)'자는 모두 꿩[雉]을 뜻한다. 두 의복은 모두 무늬를 새겨서 꿩의 형상을 만들고, 다섯 가지 채색으로 그림을 그린다. '굴(屈)'자는 '궐(闕)'자로 풀이한다. 모양을 새기되 그림은 그리지 않는다. 그렇기 때문에 '궐(闕)'자를 붙여서 부르는 것이다."라는 뜻이다. 또 『예기』「옥조」【386c】에는 "再命褘衣, 一命襢衣, 士褖衣."라는 기록이 있는데, 이것은 "2명(命)의 신하들 처는 위의(褘衣)를 착용하고, 1명(命)의 신하들 처는 단의(襢衣)를 착용하며, 사(士)의 처는 단의(褖衣)를 착용한다."는 뜻이다. 또 이에 대한 진호의 『집설』에서는 "鞠衣黃, 襢衣白, 褘衣黑. 褘, 讀爲鞠. 鞠衣黃, 桑服也. 色如鞠塵, 象桑葉始生之色."이라고 풀이했다. 즉 "국의(鞠衣)는 황색이고, 단의(襢衣)는 백색이며, 위의(褘衣)는 흑색이다. '위(褘)'자는 '국(鞠)'자로 풀이한다. 국의는 황색으로 상복(桑服)을 뜻한다. 그 색깔은 국진(鞠塵)과 같으니, 뽕나무 잎이 처음 솟아날 때의 색깔을 본뜬 것이다."라는 뜻이다.

11) 육면(六冕)은 천자가 착용하는 여섯 종류의 면복(冕服)을 가리킨다. 호천(昊天) 및 오제(五帝)에게 제사지낼 때에는 대구(大裘)를 입고 면류관[冕]을 쓰며, 선왕(先王)에게 제사지낼 때에는 곤면(袞冕)을 착용하고, 선공(先公)에 대한 제사 및 향사례(饗射禮)를 시행할 때에는 별면(鷩冕)을 착용하며, 산천(山川) 등에 제사지낼 때에는 취면(毳冕)을 착용하고, 사직(社稷) 등에 제사지낼 때에는 희면(希冕: =絺冕)을 착용하며, 기타 여러 제사에는 현면(玄冕)을 착용한다. 『주례』「춘관(春官)·사복(司服)」편에는 "掌王之吉凶衣服, 辨其名物, 辨其用事. 王之吉服, 祀昊天上帝, 則服大裘而冕, 祀五帝亦如之. 享先王則袞冕. 享先公, 饗射則鷩冕. 祀四望山川則毳冕. 祭社稷五祀則希冕. 祭群小祀則玄冕."이라는 기록이 있다.

12) 사변(四弁)은 천자가 착용하는 여섯 종류의 변복(弁服)을 가리킨다. 전쟁이나 군대와 관련된 일을 처리할 때에는 위변복(韋弁服)을 착용하는데, 무두질한 가죽으로 변(弁) 및 상의와 하의를 만든 복장이다. 조정에 참관하여 신하들에게 정무를 보고받을 때에는 피변복(皮弁服)을 착용하는데, 가죽으로 만든 변(弁)과 15승(升)의 백색 포(布)로 만든 상의 및 흰색의 옷감에 주름을 잡아 만든 하의를 착용한다. 사냥과 관련된 일을 처리할 때에는 관변복(冠弁服)을 착용하는데, 관변(冠弁)은 위모(委貌)를 뜻하며, 치포(緇布)로 만든 상의와 흰색 옷감에 주름을 잡아 만든 하의를 착용한다. 흉사와 관련된 일에는 복변복(服弁服)을 착용하는데, 복변(服弁)은 상관(喪冠)을 뜻하며, 복장은 참최복(斬衰服)이나 자최복(齊衰服)에 해당한다. 『주례』「춘관(春官)·사복(司

칭을 부른다. '영(榮)'은 지붕에 날개처럼 달린 처마를 뜻한다. 천자와 제후의 궁실 지붕에는 모두 사면에 빗물을 흘러내리도록 하는 처마가 있고, 대부로부터 그 이하의 계층은 단지 앞과 뒤에만 처마가 있을 따름이다. '익(翼)'은 지붕의 양쪽 끝단에 있는데, 그 모습이 날개와 같기 때문에 '옥익(屋翼)'이라고 부른다. '중옥(中屋)'은 지붕 중에서도 가운데 있다는 뜻이다. '이위(履危)'는 가장 높은 곳에 서 있다는 뜻으로, 지붕의 등마루를 뜻한다. '삼호(三號)'라고 했는데, 위에 대해 한 차례 불러서 혼(魂)이 하늘로부터 다시 오기를 기대하는 것이다. 또 아래에 대해 한 차례 불러서 혼이 땅으로부터 다시 오기를 기대하는 것이다. 중간에 대해 한 차례 불러서 혼이 천지와 사방의 사이에서 다시 오기를 기대하는 것이다. 그때 하는 말에 있어서는 "아아! 아무개여 돌아오소서."[13]라고 한다. '고(皐)'자는 소리를 길게 내빼는 말이다. 세 차례 부르는 일이 끝나면, 사용한 옷을 말아서 앞으로 던져 밑으로 떨어지게 하고, 의복을 담당하는 사복(司服)이 상자를 이용해서 그것을 받고, 초혼을 했던 소신은 곧 서북쪽 처마를 통해서 밑으로 내려온다.

大全 馬氏曰: 始死者, 人以不忍之心, 而望其重生, 求生者, 人以必還之理, 而欲其不死, 故謂之復. 自君至於士, 自夫人至於士妻, 各以其祭服之至盛者招之, 庶其神之依是而來也. 中屋履危, 則求之上下之間, 北面三號, 則求諸幽陰之義, 及乎不知神之所在, 而卒不復也. 然後捲衣投于前而降焉, 蓋死矣滅矣不可以復生矣, 則自小斂以至於葬, 此所謂唯哭先復, 復而後行死事也. 然則死者不可以復生, 萬物自然之理也. 於死而必爲復, 既死而卒不能復, 聖人

服)」편에는 "凡兵事, 韋弁服. 眡朝, 則皮弁服. 凡甸, 冠弁服. 凡凶事, 服弁服." 이라는 기록이 있고, 이에 대한 정현의 주에서는 "韋弁, 以韎韋爲弁, 又以爲衣裳. …… 視朝, 視內外朝之事. 皮弁之服, 十五升白布衣, 積素以爲裳. …… 甸, 田獵也. 冠弁, 委貌, 其服緇布衣, 亦積素以爲裳. …… 服弁, 喪冠也. 其服, 斬衰·齊衰."라고 풀이했다.

13) 『의례』「사상례(士喪禮)」: 升自前東榮, 中屋, 北面, 招以衣, 曰, "皐某復!" / 『예기』「예운(禮運)」【269a】: 及其死也, 升屋而號, 告曰, "皐某復!" 然後飯腥而苴孰. 故天望而地藏也, 體魄則降, 知氣在上. 故死者北首, 生者南鄉, 皆從其初.

制此, 豈虛禮歟? 亦以謂禮義之經, 非從天降也, 非從地出也, 人情而已矣. 孝子之情, 苟可以生死, 而骨肉者, 無不爲已, 況於萬一有復生之道, 何憚而不設此禮哉?

번역 마씨가 말하길, 어떤 자가 이제 막 죽었을 때, 사람들은 차마 하지 못하는 마음으로 인해 그가 다시 살아나기를 기대하며, 살아나기를 기대하는 것은 사람에게는 반드시 되돌아가려는 이치가 있고 죽지 않고자 하기 때문에 '복(復)'이라고 부른 것이다. 군주로부터 사에 이르기까지, 또 군주의 부인으로부터 사의 처에 이르기까지는 각각 그들이 사용하는 제사 복장 중 가장 융성한 복장을 사용하여 그들에 대해 초혼을 하니, 신령이 그것에 의지하여 돌아오기를 기대하기 때문이다. 지붕 가운데에서 등마루를 밟는다면 상하 사이에서 찾는 것이며, 북쪽을 바라보고 세 차례 부른다면 그윽한 음(陰)의 세계에서 구하는 뜻이고, 신령이 있는 곳을 알 수 없는데 이르게 되면 끝내 다시 초혼을 하지 않는다. 그런 뒤에 옷을 말아서 앞으로 던지고서 내려오니, 아마도 죽고 없어진 자들은 다시 살아날 수 없기 때문이며, 소렴(小斂)으로부터 장례를 치르게 될 때까지는 바로 "오직 곡을 하며 먼저 초혼을 하고, 초혼을 한 뒤에는 장례에 대한 일을 치른다."는 뜻에 해당한다. 그런데 죽은 자가 다시 살아날 수 없는 것은 만물에 적용되는 자연의 이치이다. 죽은 자에 대해서 반드시 초혼을 하지만, 이미 죽어서 끝내 다시 불러올 수 없는데, 성인이 이러한 제도를 만든 것이 어떻게 허망된 예법이라고 할 수 있겠는가? 이 또한 "예의(禮義)에 따른 기준으로, 하늘에서 내려온 것도 아니며, 땅에서 솟아난 것도 아니고, 오직 인정일 따름이다."[14]는 뜻이다. 자식의 정감에 있어서는 진실로 죽은 자를 살리려고 하며, 골육지친은 그만둘 수 없을 따름인데, 하물며 만분의 일이라도 다시 살아날 수

---

14) 『예기』「문상(問喪)」【659d~660a】: 或問曰, "杖者, 何也?" 曰"竹桐一也, 故爲父苴杖, 苴杖, 竹也. 爲母削杖, 削杖, 桐也." 或問曰, "杖者以何爲也?" 曰, "孝子喪親, 哭泣無數, 服勤三年, 身病體羸, 以杖扶病也. 則父在不敢杖矣, 尊者在故也. 堂上不杖, 辟尊者之處也. 堂上不趨, 示不遽也. 此孝子之志也, 人情之實也, 禮義之經也. 非從天降也, 非從地出也, 人情而已矣."

있는 도가 있는데도 어떻게 꺼리며 이러한 의례를 시행하지 않을 수 있겠는가?

鄭注 小臣, 君之近臣也. 朝服而復, 所以事君之衣也. 用朝服而復之者, 敬也. 復用死者之祭服, 以其求於神也. 君以卷, 謂上公也. 夫人以屈狄, 互言耳. 上公以袞, 則夫人用褘衣; 而侯伯以鷩, 其夫人用褕狄; 子・男以毳, 其夫人乃用屈狄矣. 赬, 赤也. 玄衣赤裳, 所謂卿大夫自玄冕而下之服也, 其世婦亦以襢衣. 榮, 屋翼. 升東榮者, 謂卿・大夫・士也. 天子・諸侯言東霤. 危, 棟上也. 號, 若云"皐某復"也. 司服以篋待衣於堂前.

번역 '소신(小臣)'은 주군을 가까이에서 모시는 신하이다. 조복(朝服)을 착용하고 초혼을 하는 것은 군주를 섬길 때 착용하는 복장이기 때문이다. 조복을 착용하고 초혼을 하는 것은 공경스러운 태도이다. 초혼을 할 때 죽은 자의 제사 복장을 사용하는 것은 신령에게 돌아오기를 구하기 때문이다. '군이권(君以卷)'이라고 했을 때의 '군(君)'은 상공(上公)을 뜻한다. '부인이굴적(夫人以屈狄)'은 상호 그 뜻을 나타내도록 말한 것일 뿐이다. 상공에 대해서 곤면(袞冕)을 사용한다면, 그의 부인에 대해서는 위의(褘衣)를 사용하고, 후작과 백작에 대해서는 별면(鷩冕)을 사용하며, 그들의 부인에 대해서는 유적(褕狄)을 사용하고, 자작과 남작에 대해서는 취면(毳冕)을 사용하며, 그들의 부인에 대해서는 굴적(屈狄)을 사용한다. '정(赬)'자는 적색을 뜻한다. 현색의 상의와 적색의 하의는 경과 대부가 착용하는 현면(玄冕)으로부터 그 이하의 복장을 뜻하는데, 그들의 세부(世婦)에 대해서는 또한 단의(襢衣)를 사용한다. '영(榮)'은 지붕의 처마이다. 동쪽 처마로 오른다는 말은 경・대부・사에 대한 내용을 뜻한다. 천자와 제후에 대한 경우에는 동류(東霤)라고 했다. '위(危)'는 마룻대 위를 뜻한다. '호(號)'는 마치 "아아! 아무개여 돌아오소서."라고 말하는 경우와 같다. 사복(司服)은 상자를 이용해 당(堂) 앞에서 옷이 떨어지기를 기다린다.

釋文 卷, 本又作袞, 同古本反, 注同. 屈音闕, 注同. 赬, 敕貞反. 襢, 知彦反. 稅, 他亂反. 榮, 如字, 屋翼也, 劉昌宗音營. 號, 戶高反, 注同. 捲, 俱勉反, 徐紀阮反. 褘音輝. 鷩, 必列反. 榆音遙. 毳, 昌銳反. 霤, 力又反. 篋, 苦牒反.

번역 '卷'자는 판본에 따라서 또한 '袞'자로도 기록하는데, 두 글자는 모두 '古(고)'자와 '本(본)'자의 반절음이며, 정현의 주에 나오는 글자도 그 음이 이와 같다. '屈'자의 음은 '闕(궐)'이며, 정현의 주에 나오는 글자도 그 음이 이와 같다. '赬'자는 '敕(칙)'자와 '貞(정)'자의 반절음이다. '襢'자는 '知(지)'자와 '彦(언)'자의 반절음이다. '稅'자는 '他(타)'자와 '亂(란)'자의 반절음이다. '榮'자는 글자대로 읽으며, 지붕에 새의 날개처럼 달려 있는 처마를 뜻하는데, 유창종[15]은 그 음이 '營(영)'이라고 했다. '號'자는 '戶(호)'자와 '高(고)'자의 반절음이며, 정현의 주에 나오는 글자도 그 음이 이와 같다. '捲'자는 '俱(구)'자와 '勉(면)'자의 반절음이며, 서음(徐音)은 '紀(기)'자와 '阮(완)'자의 반절음이다. '褘'자의 음은 '輝(휘)'이다. '鷩'자는 '必(필)'자와 '列(렬)'자의 반절음이다. '榆'자의 음은 '遙(요)'이다. '毳'자는 '昌(창)'자와 '銳(예)'자의 반절음이다. '霤'자는 '力(력)'자와 '又(우)'자의 반절음이다. '篋'자는 '苦(고)'자와 '牒(첩)'자의 반절음이다.

孔疏 ●"小臣"至"而復". ○正義曰: 此一節明復時所用之衣及招魂升降之節.

번역 ●經文: "小臣"~"而復". ○이곳 문단은 초혼을 할 때 사용하는 옷 및 초혼을 하며 지붕에 오르고 내리는 규범을 나타내고 있다.

孔疏 ●"小臣復, 復者朝服"者, 此明諸侯小臣·君之近臣與君爲招魂復魄. 既是君之親近, 與君所爲招魂之時, 冀君魂神來依之, 則大夫士以下, 皆用近臣也. 所復之人, 皆著朝服, 奉事君之魂神, 故朝服.

---

15) 유창종(劉昌宗, ?~?) : 자세한 이력은 남아 있지 않다. 동진(東晋) 때의 학자이다. 삼례(三禮)에 대한 주를 달아서 이름을 떨쳤다.

번역 ●經文: "小臣復, 復者朝服". ○이 내용은 제후에게 소속된 소신(小臣) 및 주군을 가까이 섬기는 신하가 군주에 대해서 초혼을 한다는 뜻이다. 이미 군주와 가까운 관계인데, 군주가 계신 곳에서 초혼을 시행하여, 군주의 혼령이 되돌아와 의지하기를 바란다면, 대부와 사 이하의 계급은 모두 죽은 자를 가까이에서 섬겼던 신하를 사용한다. 초혼을 하는 자들은 모두 조복(朝服)을 착용하니, 군주의 혼령을 받들기 때문에 조복을 착용하는 것이다.

孔疏 ●"君以卷"者, 謂上公以袞冕而下.

번역 ●經文: "君以卷". ○상공(上公)에 대해서는 곤면(袞冕)으로부터 그 이하의 복장을 사용한다는 뜻이다.

孔疏 ●"夫人以屈狄"者, 謂子・男之夫人, 自屈狄而下.

번역 ●經文: "夫人以屈狄". ○자작과 남작의 부인에 대해서는 굴적(屈狄)으로부터 그 이하의 복장을 사용한다는 뜻이다.

孔疏 ●"大夫以玄赬"者, 玄纁也. 言大夫招魂用玄冕玄衣纁裳, 故云"玄赬"也.

번역 ●經文: "大夫以玄赬". ○현색과 분홍색의 옷을 뜻한다. 즉 대부에 대해서 초혼을 할 때에는 현면(玄冕), 현색의 상의, 분홍색의 하의를 사용한다는 뜻이다. 그렇기 때문에 '현정(玄赬)'이라고 말한 것이다.

孔疏 ●"世婦以襢衣"者, 世婦, 大夫妻也. 其上服唯襢衣, 故用招魂也. 言世婦者, 亦見君之世婦服與大夫妻同也.

번역 ●經文: "世婦以襢衣". ○'세부(世婦)'는 대부의 처를 뜻한다. 그녀가 착용하는 상등의 복장은 단의(襢衣)밖에 없다. 그렇기 때문에 그 옷을 이용해서 초혼을 한다. '세부(世婦)'라고 말한 것은 또한 군주의 세부에 대해 사용하는 복장이 대부의 처에 대해 사용하는 복장과 동일하다는 뜻을 나타내기 위해서이다.

孔疏 ●"士以爵弁"者, 士亦用助祭上服以招魂. 六冕則以衣名冠, 諸侯爵弁, 則以冠名衣. 今言爵弁者, 但用其衣, 不用其弁也.

번역 ●經文: "士以爵弁". ○사에 대해서도 제사를 도울 때 사용하는 상등의 복장을 이용해서 초혼을 한다. 육면(六冕)에 대해서는 옷에 따라 관(冠)의 명칭을 부르고, 제후의 작변(爵弁)은 관(冠)에 따라서 옷의 명칭을 부른 것이다. 현재 '작변(爵弁)'이라고 했는데, 단지 그 복장만 사용하고 변(弁)은 사용하지 않는다.

孔疏 ●"士妻以稅衣"者, 稅衣, 六衣之下也. 士妻得服之, 故死用以招魂也.

번역 ●經文: "士妻以稅衣". ○'세의(稅衣)'는 여섯 가지 복장 중에서도 가장 하등에 속하는 복장이다. 사의 처는 이 복장을 착용할 수 있기 때문에, 그녀가 죽었을 때에는 이 복장을 이용해서 초혼을 한다.

孔疏 ●"皆升自東榮"者, 此復者初上屋時也. 榮, 屋翼也. 天子·諸侯, 四注爲屋. 而大夫以下, 不得四注, 但南北二注, 而爲直頭, 頭卽屋翼也. 復者, 升東翼而上也. 賀瑒云: "以其體下於屋, 故謂上下在屋, 兩頭似翼. 故名屋翼也."

번역 ●經文: "皆升自東榮". ○이것은 초혼을 하는 자가 최초 지붕으로 올라가는 때를 뜻한다. '영(榮)'은 지붕에 달려 있는 날개처럼 생긴 처마이다. 천자와 제후의 경우에는 네 방면에 빗물이 흘러내리는 것을 대서 지붕을 만든다. 대부로부터 그 이하의 경우에는 네 방면에 모두 빗물이 내려가는 것을 둘 수 없고, 단지 남쪽과 북쪽 두 군데에만 달며, 두(頭)가 직선이 되도록 하는데, 두(頭)는 곧 옥익(屋翼)이 된다. 초혼을 하는 자는 동쪽 처마를 통해서 위로 올라간다. 하창[16]은 "그 몸체가 지붕보다 낮기 때문에 위아래가 지붕에 있다고 말한 것이고, 양쪽 두(頭)는 새의 날개와 유사하기 때문에 '옥익(屋翼)'이라고 부른다."라고 했다.

孔疏 ●"中屋履危"者, 中屋者, 當屋東西之中央. 履危者, 踐履屋棟上高危之處而復也.

번역 ●經文: "中屋履危". ○'중옥(中屋)'은 지붕에서도 동서 방향의 가운데에 있다는 뜻이다. '이위(履危)'는 지붕의 마룻대 위인 가장 높은 지점을 밟고 초혼을 한다는 뜻이다.

孔疏 ●"北面三號"者, 復者北面, 求陰之義也, 鬼神所嚮也. 三號, 號呼之聲三徧也. 必三者, 一號於上, 冀神在天而來也. 一號於下, 冀神在地而來也. 一號於中, 冀神在天地之間而來也. 號輒云"皐某復"矣. 鄭注士喪禮云: "皐, 長聲也."

번역 ●經文: "北面三號". ○초혼을 하는 자가 북쪽을 바라보는 것은 음(陰)에서 찾는다는 뜻에 해당하니, 귀신들이 향하는 곳이다. '삼호(三號)'는 부르짖는 소리를 세 차례 두루 외친다는 뜻이다. 반드시 세 차례 하는 것은 위에 대해 한 차례 불러서 신령이 하늘로부터 돌아오기를 기대하고, 아래에 대해 한 차례 불러서 신령이 땅으로부터 돌아오기를 기대하며, 중간에 대해 한 차례 불러서 신령이 천지 사이에서 돌아오기를 기대하기 때문이다. 부르짖을 때에는 한결같이 "아아! 아무개여 돌아오소서."라고 부른다. 『의

---

16) 하창(賀瑒, A.D.452~A.D.510) : 남조(南朝) 때의 학자이다. 남조의 제(齊)나라와 양(梁)나라에서 각각 활동하였다. 자(字)는 덕연(德璉)이다. 『예기신의소(禮記新義疏)』 등을 찬술하였다.

례』「사상례(士喪禮)」편에 대한 정현의 주에서는 "'고(皐)'자는 소리를 길게 빼는 것이다."[17]라고 했다.

孔疏 ●"捲衣投于前, 司服受之"者, 三招旣竟, 捲斂所復之衣, 從屋前投與司服之官, 司服以篋待衣於堂前也. 前謂陽生之道, 復是求生, 故云從生處來也. 然如雜記所言, 則應每衣三號也.

번역 ●經文: "捲衣投于前, 司服受之". ○세 차례 혼을 부르는 의식이 끝나면, 초혼을 하며 사용했던 옷을 접어서 지붕의 앞쪽으로 던져 사복(司服)의 관리에게 건네니, 사복은 상자를 이용해 당(堂) 앞에서 옷이 떨어지기를 기다린다. 앞은 양(陽)과 생장하는 도에 해당하고, 초혼은 살아나기를 구하는 것이다. 그렇기 때문에 생장하는 곳을 통해서 오도록 한다고 말한 것이다. 그런데 『예기』「잡기(雜記)」편의 기록에 따르면, 마땅히 매 옷마다 세 차례 부르짖어야 한다.

孔疏 ●"降自西北榮"者, 復者投衣畢, 而回往西北榮而下也. 初復是求生, 故升東榮而上. 求旣不得, 不忍虛從所求不得之道還, 故自陰幽而下也. 不正西而西北者, 因徹西北厞爲便也, 必徹西北厞者, 亦用陰殺之所也. 故鄭注士喪禮云"不由前降, 不以虛反也". 降因徹西北厞, 若云此室凶不可居然也.

번역 ●經文: "降自西北榮". ○초혼을 하는 자는 옷 던지는 일이 끝나면, 우회하여 서북쪽 처마로 가서 그곳으로 내려온다. 최초 초혼을 할 때에는 살아나기를 구하는 것이다. 그렇기 때문에 동쪽 처마를 통해서 올라간다. 그러나 살아나기를 구했는데도 얻지 못했으니, 차마 구한 것을 얻지 못했던 길을 통해 공허하게 되돌아올 수 없다. 그렇기 때문에 음(陰)과 그윽함에 해당하는 장소를 통해서 내려온다. 정서 방향이 아닌 서북 방향으로 내

---

17) 이 문장은 『의례』「사상례(士喪禮)」편의 "升自前東榮, 中屋, 北面招以衣, 曰: '皐某復!' 三. 降衣于前."이라는 기록에 대한 정현의 주이다.

려오는 것은 서북쪽은 저장해두었던 땔감을 꺼내서 내려가기에 편리하기 때문이며, 반드시 서북쪽에 저장해둔 땔감을 빼내는 것은 또한 음의 숙살하는 장소에 따르는 것이다. 그래서 『의례』「사상례(士喪禮)」편에 대한 정현의 주에서는 "앞을 통해 내려가지 않는 것은 허망하게 왔던 장소로 되돌아갈 수 없기 때문이다."[18]라고 말한 것이다. 내려올 때 서북쪽 땔감을 빼낸 곳을 이용하는 것은 마치 이 실(室)이 흉사를 치르게 되어 살아있는 자가 머물 수 없다고 말하는 것과 같다.

孔疏 ◎注"小臣"至"堂前". ○正義曰: "君以卷, 謂上公也, 夫人以屈狄, 互言耳"者, 男子擧上公, 婦人擧子男之妻, 男子擧上以見下, 婦人擧下以見上, 是互言也. 云"升東榮者, 謂卿大夫士也"者, 以鄕飮酒·鄕射是大夫·士之禮. 云設洗當東榮, 此云[19]東榮, 故知是卿·大夫·士禮. 今之兩下屋, 云"天子諸侯言東霤"者, 霤謂東西兩頭爲屋簷霤下. 按燕禮云: 設洗當東霤, 人君殿屋四注. 燕禮是諸侯禮, 明天子亦然也.

번역 ◎鄭注: "小臣"~"堂前". ○정현이 "'군이권(君以卷)'이라고 했을 때의 '군(君)'은 상공(上公)을 뜻한다. '부인이굴적(夫人以屈狄)'은 상호 그 뜻을 나타내도록 말한 것일 뿐이다."라고 했는데, 남자에 대해서는 상공을 제시하고 부인에 대해서는 자작과 남작의 처를 제시하였는데, 남자의 경우 위의 경우를 제시하여 그 아래의 경우도 나타낸 것이며, 부인의 경우 아래의 경우를 제시하여 그 위의 경우도 나타낸 것이니, 이것은 상호 그 뜻을 나타내도록 말한 것에 해당한다. 정현이 "동쪽 처마로 오른다는 말은 경·대부·사에 대한 내용을 뜻한다."라고 했는데, 향음주례 및 향사례는 대부

18) 이 문장은 『의례』「사상례(士喪禮)」편의 "復者降自後西榮."이라는 기록에 대한 정현의 주이다.

19) '운(云)'자에 대하여. '운'자는 본래 없던 글자인데, 완원(阮元)의 『교감기(校勘記)』에서는 "혜동(惠棟)의 『교송본(校宋本)』에는 '운'자가 기록되어 있으니, 이곳 판본에는 '운'자가 누락된 것이며, 『민본(閩本)』·『감본(監本)』·『모본(毛本)』도 동일하게 누락되어 있다."라고 했다.

와 사의 예법에 해당하기 때문이다. 그 기록들에서는 씻을 물을 동쪽 처마에 설치한다고 했고,[20] 이곳에서는 동쪽 처마라고 했다. 그렇기 때문에 이 내용이 경·대부·사의 예법에 해당함을 알 수 있다. 현재의 경우는 양쪽 끝이 지붕보다 낮기 때문에, "천자와 제후에 대한 경우에는 동류(東霤)라고 했다."라고 말한 것이니, '유(霤)'는 동서 방향으로 뻗은 양쪽 두(頭)가 지붕의 처마 중 물이 떨어지는 곳 밑이 된다는 뜻이다. 『의례』「연례(燕禮)」편을 살펴보면 씻을 물을 설치할 때 동류(東霤)에 둔다고 했는데,[21] 군주의 대궐 지붕에는 네 방면에 빗물이 떨어지도록 설치한다. 「연례」편의 내용은 제후의 예법에 해당하니, 이것은 천자 또한 이처럼 한다는 사실을 나타낸다.

訓纂 外傳: 人之精氣曰魂, 形體謂之魄, 合陰陽二氣而生也. 形勞則神逝, 死則難復生也. 孝子之心不能忍也, 故升屋而招其魂神也, 神智無涯也. 鬼者復于上, 氣絶而收其神, 使反復於體也.

번역 『외전』에서 말하길, 사람의 정기는 '혼(魂)'이라고 부르고 형체는 '백(魄)'이라고 부르는데, 음양의 두 기운이 합쳐서 생겨난다. 형체가 피로해지면 정신도 빠져나가는데, 죽게 되면 다시 살아나기가 어렵다. 자식의 마음으로는 참아낼 수 없기 때문에 지붕에 올라가서 혼과 신령을 부르는 것이니, 신령의 지모에는 한계가 없기 때문이다. 귀(鬼)는 위로 되돌아가는데, 숨이 끊어져서 그 신령을 거둬들여, 몸으로 다시 되돌아가게끔 하는 것이다.

集解 高氏閌曰: 今淮南風俗, 民有暴死, 使數人升其居屋及於路旁徧呼之, 有蘇活者, 豈復之遺意與?

---

20) 『의례』「향음주례(鄕飮酒禮)」: 設洗於阼階東南, 南北以堂深, 東西當東榮. / 『의례』「향사례(鄕射禮)」: 設洗于阼階東南, 南北以堂深, 東西當東榮.

21) 『의례』「연례(燕禮)」: 設洗·篚于阼階東南, 當東霤.

번역 고항[22]이 말하길, 현재 회남(淮南) 지역의 풍속에 있어서 백성들 중 갑작스럽게 죽은 자가 발생하면, 여러 사람을 시켜서 그 집의 지붕으로 올라가게 시키고 또 도로 측면에서 그를 부르짖게 하여, 다시 되살아나는 경우가 있으니, 어찌 초혼의 유풍이 아니겠는가?

集解 愚謂: 小臣復, 謂諸侯之禮也. 若大夫士復, 當亦私臣之親近者爲之, 而其服皆朝服也. 於君言上公之"卷", 擧上以見其下; 於夫人言子男之"屈狄", 擧下以見其上也. 不言"卿"與"內子"者, 文不具也. 爾雅, "一染謂之縓, 再染謂之赬, 三染謂之纁." 此於大夫不言"玄纁", 而曰"玄赬", 豈冕服之纁裳, 其色亦有淺深之差與? 三號者, 禮成於三也. 降自西北榮, 則升亦自東南榮, 蓋東西榮之中皆偏高, 不便於升降也. 若人君四注之屋, 則升降皆於東西霤也. 升自東南, 降自西北, 禮以相變爲敬也. 司服, 春官之屬. 司服受之, 亦諸侯之禮也. 此始言"小臣復", 中言"升自東榮", 末言"司服受之", 錯擧之, 皆所以互相備也. 按周禮夏采"復於大祖"及四郊, 祭僕"復於小廟", 隸僕"復於小寢・大寢", 此"小臣"蓋卽祭僕・隸僕之屬. 蓋以其聯職共事, 故皆得謂之小臣也. 周禮小臣四人, 而燕禮小臣相工四人, 又有辭賓下拜者, 請媵爵者, 皆小臣也. 則知小臣之名, 通於祭僕之屬矣. 天子大廟以夏采復, 諸侯兼官, 或大廟亦小臣之屬復與. 諸侯復於小寢・大寢・小祖・大祖・庫門・四郊, 士惟復於寢, 卿大夫當兼復於寢・廟. 然自人君四郊之外, 其復皆用此禮也.

번역 내가 생각하기에, "소신이 초혼을 한다."는 말은 제후의 예법을 뜻한다. 만약 대부와 사에 대해서 초혼을 한다면 마땅히 그들의 신하 중 가까운 자가 그 일을 시행하며, 그들의 복장은 모두 조복(朝服)이 된다. 군주에 대해서 상공(上公)이 착용하는 '곤(衮)'이라고 했으니, 위의 경우를 제시하여 그 아래의 내용도 나타낸 것이며, 부인에 대해서 자작과 남작의 부인이

---

22) 고항(高閌, A.D.1097~A.D.1153) : 남송(南宋) 때의 학자이다. 자(字)는 억숭(抑崇)이며, 시호(諡號)는 헌민(憲敏)이다. 저서로는 『춘추집주(春秋集註)』 등이 있다.

착용하는 '굴적(屈狄)'이라고 했으니, 아래의 경우를 제시하여 그 위의 경우도 나타낸 것이다. '경(卿)'이라고 말하지 않고 '내자(內子)'라고 말한 것은 문장을 자세히 기록하지 않았기 때문이다. 『이아』에서는 "한 차례 염색한 것을 '전(縓)'이라고 부르고, 두 차례 염색한 것을 '정(赬)'이라고 부르며, 세 차례 염색한 것을 '훈(纁)'이라고 부른다."[23]라고 했다. 이곳에서는 대부에 대해서 '현훈(玄纁)'이라고 말하지 않고 '현정(玄赬)'이라고 말했으니, 면복(冕服)에 착용하는 분홍색 하의에 있어서, 그 색깔에 또한 옅고 진한 차등이 있어서가 아니겠는가? "세 차례 부르짖는다."라고 했는데, 예법은 세 차례 하는 데에서 완성되기 때문이다. 내려갈 때 서북쪽 처마를 사용한다면 올라갈 때에는 또한 동남쪽 처마를 사용해야 하는데, 아마도 동서 방향의 처마 중간은 모두 높게 치솟아 있어서 오르고 내릴 때에는 불편하기 때문이다. 만약 군주의 경우라면 지붕의 네 방면은 빗물이 내려오도록 만들게 되니, 오르고 내릴 때에는 모두 동서쪽에 있는 유(霤)를 이용하게 된다. 올라갈 때 동남쪽을 이용하고 내려올 때 서북쪽을 이용하는 것은 예법에서는 상호 대비가 되도록 변화를 주는 것을 공경의 뜻으로 삼기 때문이다. '사복(司服)'은 춘관(春官)에 속한 관리이다.[24] 사복이 받는다고 한 말 또한 제후의 예법에 해당한다. 이곳에서는 처음에 "소신이 초혼을 한다."라고 했고, 중간에 "올라갈 때 동쪽 처마를 이용한다."라고 했으며, 끝에서는 "사복이 받는다."라고 했는데, 번갈아 제시한 것으로, 이 모두는 상호 그 뜻을 나타내도록 서술하는 방법이다. 『주례』「하채(夏采)」편을 살펴보면, "태조의 묘(廟)에서 초혼을 한다."라고 했고, 사방의 교외에서도 초혼을 한다고 했으며,[25] 「제복(祭僕)」편에서는 "소묘(小廟)[26]에서 초혼을 한다."[27]

---

23) 『이아』「석기(釋器)」: 一染謂之縓, 再染謂之赬, 三染謂之纁. 靑謂之蔥. 黑謂之黝. 斧謂之黼.

24) 『주례』「춘관종백(春官宗伯)」: 司服, 中士二人, 府二人, 史一人, 胥一人, 徒十人.

25) 『주례』「천관(天官)·하채(夏采)」: 夏采掌大喪以冕服復于大祖, 以乘車建綏復于四郊.

26) 소묘(小廟)는 태묘(太廟)와 상대되는 말이다. 제왕의 고조(高祖)로부터 그 이하의 조상들에 대한 묘(廟)를 뜻한다.

27) 『주례』「하관(夏官)·제복(祭僕)」: 既祭, 帥群有司而反命, 以王命勞之, 誅其

라고 했고, 「예복(隸僕)」편에서는 "소침(小寢)과 대침(大寢)[28]에서 초혼을 한다."[29]라고 했으니, 이곳에서 '소신(小臣)'이라고 한 자들은 아마도 제복(祭僕)이나 예복(隸僕) 등의 무리일 것이다. 그들은 관련된 직무에 따라 그 일을 돕기 때문에 이 모두에 대해서 '소신(小臣)'이라고 부를 수 있다. 『주례』에는 소신(小臣)을 담당하는 자가 4명이라고 했는데,[30] 『의례』「연례(燕禮)」편에서는 공인을 돕는 소신(小臣)이 4명이라고 했고,[31] 또 빈객이 내려와서 절을 하는 것에 대해 사양을 하는 자도 있으며,[32] 잉작(媵爵)[33]을 청하는 자도 있는데,[34] 이들은 모두 소신(小臣)에 해당한다. 따라서 '소신(小臣)'이라는 명칭이 제복(祭僕) 등의 하위 관료까지도 통용해서 쓸 수 있는 명칭임을 알 수 있다. 천자의 태묘에 대해서는 하채를 시켜서 초혼을 하는데, 제후는 관직을 겸직하도록 시키므로, 아마 태묘에 대해서도 또한 소신에 해당하는 관리를 시켜서 초혼을 했을 것이다. 제후는 소침(小寢)·대침(大寢)·소조(小祖)[35]·태조(太祖)·고문(庫門)[36] 및 사방의 교외에 대해

不敬者. 大喪, 復于小廟.

28) 대침(大寢)은 노침(路寢)을 뜻한다. 천자나 제후가 정무(政務)를 처리하던 곳이다. 『주례』「하관(夏官)·태복(太僕)」편에는 "建路鼓于大寢之門外, 而掌其政."이라는 기록이 있고, 이에 대한 정현의 주에서는 "大寢, 路寢也."라고 풀이했다.

29) 『주례』「하관(夏官)·예복(隸僕)」: 大喪, 復于小寢·大寢.

30) 『주례』「하관사마(夏官司馬)」: 小臣, 上士四人.

31) 『의례』「연례(燕禮)」: 小臣納工, 工四人, 二瑟. 小臣左何瑟, 面鼓, 執越, 內弦, 右手相. 入, 升自西階, 北面東上坐. 小臣坐授瑟, 乃降.

32) 『의례』「연례(燕禮)」: 公坐奠觶, 答再拜, 執觶興, 立卒觶. 賓下拜, 小臣辭. 賓升, 再拜稽首.

33) 잉작(媵爵)은 술을 따라주는 예법 절차 중 하나이다. 연례(燕禮)를 실시할 때, 술을 따라주는 절차가 끝나면, 재차 명령을 하여, 군주에게 술을 따르도록 시키는데, 이것을 '잉작'이라고 부른다. 또한 '잉작'의 시점을 서로 술을 따라서 주고받는 절차의 시작으로 삼기도 한다. 『의례』「연례(燕禮)」편에는 "小臣自阼階下, 請媵爵者, 公命長."이라는 기록이 있고, 호배휘(胡培翬)의 『정의(正義)』에서는 "李氏如圭云: 媵爵者, 獻酬禮成, 更擧酒於公, 以爲旅酬之始"라고 풀이했다.

34) 『의례』「연례(燕禮)」: 小臣又請媵爵者. 二大夫媵爵如初.

35) 소조(小祖)는 시조(始祖) 및 태조(太祖)를 제외한 고조(高祖)로부터 그 이하

서 초혼을 하는데, 사는 오직 침(寢)에서만 초혼을 하고, 경과 대부는 마땅히 침(寢)과 묘(廟)에서 초혼을 해야 한다. 그러나 군주가 사방 교외에서 초혼을 하는 것 외에는 그 초혼의 의식에서 모두 이러한 예법을 따르게 된다.

의 조상을 가리키며, 또 그 조상들의 신위가 있는 묘(廟)를 뜻한다.

36) 고문(庫門)에 대해서는 크게 두 가지 해설이 있다. 첫 번째는 치문(雉門)에 대한 해설처럼, 제후의 궁(宮)에 있는 문으로, 천자의 궁에 있는 고문(皐門)에 해당한다고 보는 의견이다. 이것은 치문과 마찬가지로 『예기』「명당위(明堂位)」편의 "大廟, 天子明堂. 庫門, 天子皐門. 雉門, 天子應門."이라는 기록에 근거한 해설이다. 손희단(孫希旦)의 『집해(集解)』에서는 이 문장 및 『시(詩)』, 『서(書)』, 『예(禮)』, 『춘추(春秋)』에 나타난 기록들을 근거로, 천자 및 제후는 실제로 3개의 문(門)만 설치했다고 풀이한다. 그러나 정현은 이 문장에 대해서, "言廟及門如天子之制也. 天子五門, 皐庫雉應路. 魯有庫雉路, 則諸侯三門與."라고 풀이하였다. 즉 종묘(宗廟) 및 문(門)에 대한 제도에서, 천자와 제후 사이에는 차등이 있다. 따라서 천자는 5개의 문을 궁에 설치하는데, 그 문들은 고문(皐門), 고문(庫門), 치문(雉門), 응문(應門), 노문(路門)이다. 제후의 경우에는 천자보다 적은 3개의 문을 궁에 설치하는데, 그 문들은 고문(庫門), 치문(雉門), 노문(路門)이다. 두 번째 설명은 천자의 궁에 설치된 문들 중에서, 치문(雉門) 밖에 설치하는 문으로 해석하는 의견이다. 즉 이때의 고문(庫門)은 치문과 고문(皐門) 사이에 설치하는 문이 된다. 『예기』「교특생(郊特牲)」편에는 "獻命庫門之內, 戒百官也."라는 기록이 있는데, 이에 대한 정현의 주에서는 "庫門, 在雉門之外. 入庫門則至廟門外矣."라고 풀이하고 있다.

그림 3-5 상공(上公)의 곤면(袞冕)

※ **출처:** 『삼례도집주(三禮圖集注)』 1권

그림 3-6 굴적(屈狄: =闕翟)

※ **출처:**『삼례도집주(三禮圖集注)』2권

그림 3-7 단의(襢衣: =展衣)

※ **출처:** 『삼례도집주(三禮圖集注)』 2권

그림 3-8 사의 작변복(爵弁服)

爵弁

※ **출처:**『삼례도집주(三禮圖集注)』1권

그림 3-9 세의(稅衣: =褖衣)

※ **출처:** 『삼례도집주(三禮圖集注)』 2권

그림 3-10 후작[侯]과 백작[伯]의 별면(鷩冕)

※ 출처: 『삼례도집주(三禮圖集注)』 1권

그림 3-11 자작[子]과 남작[男]의 취면(毳冕)

子男 毳冕

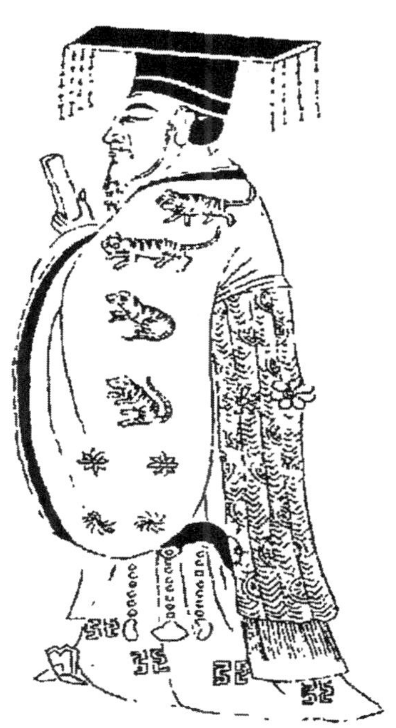

※ **출처:** 『삼례도집주(三禮圖集注)』 1권

그림 3-12 위의(褘衣)

※ **출처:** 『삼례도집주(三禮圖集注)』 2권

그림 3-13 유적(揄狄: =揄翟 · 搖狄)

※ **출처:** 『삼례도집주(三禮圖集注)』 2권

그림 3-14 면관[冕]과 변관[弁]

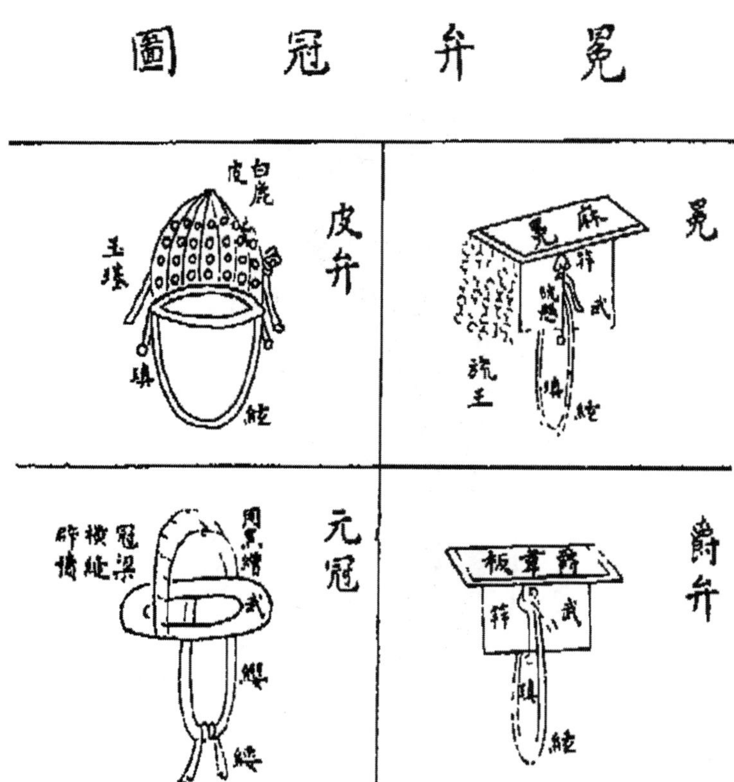

※ 출처:『향당도고(鄕黨圖考)』1권

그림 3-15 경과 대부의 현면(玄冕)

※ 출처: 『삼례도집주(三禮圖集注)』 1권

그림 3-16 천자오문삼조도(天子五門三朝圖)

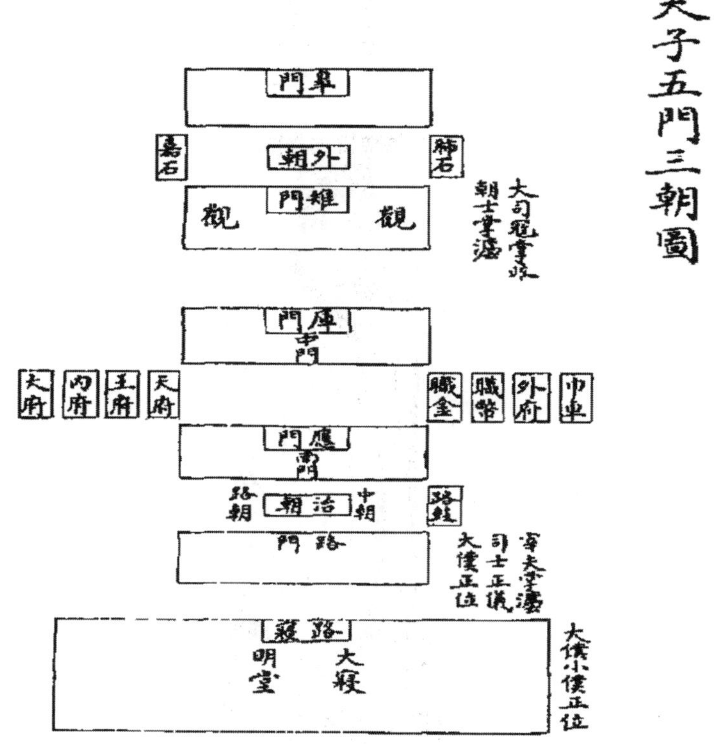

※ 출처: 『주례도설(周禮圖說)』 상권

【527d】

其爲賓, 則公館復, 私館不復. 其在野, 則升其乘車之左轂而復.

직역 그 賓이 爲하면, 公館에서는 復하고, 私館에서는 不復한다. 그 野에 在하면, 그 乘車의 左轂에 升하여 復한다.

의역 사신으로 온 자가 죽었을 경우, 그 자가 머문 숙소가 공관(公館)이라면 초혼을 하지만, 사관(私館)이라면 초혼을 하지 않는다. 만약 여정 중에 죽게 된다면, 그가 타고 갔던 수레의 좌측 수레바퀴 위에 올라가서 초혼을 한다.

集說 說見曾子問及雜記.

번역 자세한 설명은 『예기』「증자문(曾子問)」[37] 및 「잡기(雜記)」[38]편에

37) 『예기』「증자문(曾子問)」【244a~b】에는 "曾子問曰: 爲君使而卒於舍, 禮曰, 公館復, 私館不復, 凡所使之國, 有司所授舍, 則公館已, 何謂私館, 不復也. 孔子曰: 善乎, 問之也. 自卿大夫士之家曰私館, 公館與公所爲曰公館, 公館復, 此之謂也."라는 기록이 있다. 즉 "증자가 질문하기를, '군주를 명령을 받아서 다른 나라에 사신으로 가는 경우에, 그가 사신으로 찾아간 나라의 숙소에서 죽게 되었다면, 본래의 예법(禮法)에서는 그가 죽은 장소가 공관(公館)이라면 초혼(招魂)을 하고, 사관(私館)인 경우에는 초혼을 하지 않는다고 하였습니다. 그런데 사신으로 찾아간 그 나라의 유사(有司)가 사신에게 지정해줘서 머물게 된 숙소라면, 당연히 공관일 따름인데, 어찌하여 사관에서는 초혼을 하지 않는다고 말하는 것입니까?' 그러자 공자가 대답해주기를, '아주 좋은 질문이구나. 경(卿)으로부터 대부(大夫)나 사(士)에 이르기까지, 그들의 집을 모두 사관이라고 부르고, 본래부터 지정된 공관과 임시방편으로 군주가 명령을 내려서, 빈객(賓客) 등을 머물게 한 곳을 모두 공관이라고 부르니, 공관에서 초혼을 한다는 말은 바로 이것을 가리켜서 하는 말이다.'"라는 뜻이다. 또 이에 대한 진호(陳澔)의 『집설(集說)』에서는 "復, 死而招魂復魄也. 公館, 公家所造之館也. 與, 及也. 公所爲, 謂公所命停客之處, 卽是卿大夫之館, 但有公命, 故謂之公館也. 一說公所爲, 謂君所作離宮別館也."라고 풀이했다. 즉 "'복(復)'자는 어느 사람이 죽게 되면, 초혼(招魂)을 하여 혼백(魂魄)을 불러들이는 것이다. 공관(公館)은 공가(公家)에서 만든 숙소이다. '여(與)'자는 '~과[及]'라는 뜻이다. '공소위(公所爲)'는 군주가 명령을 내려서, 빈객(賓客)을

나온다.

鄭注 私館, 卿大夫之家也. 不於之復, 爲主人之惡.

번역 '사관(私館)'은 경과 대부의 집을 뜻한다. 그 장소에서 초혼을 하지 않는 것은 그 집의 주인이 꺼려하기 때문이다.

釋文 乘, 繩證反. 轂, 工木反. 惡, 烏路反.

번역 '乘'자는 '繩(승)'자와 '證(증)'자의 반절음이다. '轂'자는 '工(공)'자와 '木(목)'자의 반절음이다. '惡'자는 '烏(오)'자와 '路(로)'자의 반절음이다.

【528a】

復衣不以衣尸, 不以斂. 婦人復, 不以袡. 凡復男子稱名, 婦人稱字. 唯哭先復, 復而後行死事.

직역 復衣에는 이로써 尸에 衣함을 不하고, 이로써 斂을 不한다. 婦人의 復에는, 袡으로써 함을 不한다. 凡히 復에 男子는 名을 稱하고, 婦人은 字를 稱한다.

머물게 한 장소를 뜻하니, 곧 경(卿)·대부(大夫)의 집인 사관(私館)에 해당하지만, 다만 군주의 명령이 있었기 때문에, 그곳을 '공관'이라고 부르는 것이다. 일설(一說)에는 '공소위'를 군주가 본래의 궁실(宮室) 이외에, 사냥 등으로 궁실을 떠났을 때 잠시 머물기 위해 만든 이궁(離宮)인 별장[別館]을 뜻한다고 하였다."라는 뜻이다.

38) 『예기』「잡기상(雜記上)」【502c】에는 "爲君使而死, 公館復, 私舘不復. 公館者, 公宮與公所爲也. 私館者, 自卿大夫以下之家也."라는 기록이 있다. 즉 "군주를 위해 사신으로 다른 나라에 갔는데, 그곳에서 죽게 되면, 그 장소가 공관(公館)일 경우에는 초혼을 하지만, 사관(私舘)일 경우에는 초혼을 하지 않는다. '공관(公館)'이라는 것은 찾아간 나라의 제후가 궁실에 마련한 숙소와 군주가 궁실 밖에 별도로 마련한 숙소이다. '사관(私舘)'이라는 것은 경이나 대부로부터 그 이하의 계층이 소유한 집이다."라는 뜻이다.

唯히 哭하되 先히 復하고, 復을 한 後에 死事를 行한다.

의역 초혼을 했던 옷으로는 시신에 대해 습(襲)을 하지 않고, 염(斂)을 하지 않는다. 부인에 대해 초혼을 할 때에는 시집을 올 때 착용했던 복장을 사용하지 않는다. 무릇 초혼을 할 때 남자의 경우라면 이름을 부르고, 여자의 경우라면 자(字)를 부른다. 어떤 자가 죽었을 때에는 곡(哭)을 하지만 우선 초혼을 하고, 초혼을 끝낸 뒤에 장례를 치르는 절차로 넘어간다.

集說 士喪禮, "復衣初用以覆尸, 浴則去之." 此言不以衣尸, 謂不用以襲也. 以絳緣衣之下曰袡. 蓋嫁時盛服, 非事鬼神之衣, 故不用以復也.

번역 『의례』「사상례(士喪禮)」편에서는 "초혼을 할 때의 옷으로는 최초 그것을 사용하여 시신을 덮지만, 시신을 목욕시키게 되면 제거를 한다."라고 했다. 이곳에서는 이 옷을 시신에게 입히지 않는다고 했는데, 이 말은 이 옷을 사용하여 습(襲)[39]을 하지 않는다는 뜻이다. 진홍색으로 연의(緣衣)[40]의 하단을 만든 옷을 '염(袡)'이라고 부른다. 무릇 시집을 갈 때에는 융성한 복장을 착용하는데, 이것은 귀신을 섬기기 위해 착용하는 복장이 아니다. 그렇기 때문에 이 옷을 사용하여 초혼을 하지 않는 것이다.

大全 嚴陵方氏曰: 稅與袡, 皆謂之緣衣. 或以復, 或以不復者, 蓋祭之緣衣, 則謂之稅, 嫁之緣衣, 則謂之袡, 此其所以異. 復各以死者之祭服, 以其求於神故也.

---

39) 습(襲)은 시신에 옷을 입히는 의식 절차이다. 한편 시신에 입히는 옷 자체도 '습'이라고 불렀다.

40) 연의(緣衣)는 단의(褖衣)를 뜻한다. '단의'는 흑색의 천으로 상의와 하의를 만들고, 붉은색으로 가장자리에 단을 댄 옷이다. 『의례』「사상례(士喪禮)」편에는 '단의'가 기록되어 있는데, 이에 대한 정현의 주에서는 "黑衣裳赤緣謂之褖."이라고 풀이했다.

번역 엄릉방씨가 말하길, '세(稅)'와 '염(衻)'은 모두 '연의(緣衣)'라고 부른다. 어떤 경우에는 이 옷으로 초혼을 한다고 했고, 또 어떤 경우에는 이 옷으로 초혼을 하지 않는다고 했다. 그 이유는 제사 때의 연의를 '세(稅)'라고 부르고, 시집올 때의 연의를 '염(衻)'이라고 불렀기 때문이니, 이것이 차이를 보이는 이유이다. 초혼을 할 때에는 각각 죽은 자가 제사 때 착용했던 복장을 이용하니, 이 옷을 통해서 신령이 귀의하기를 바라기 때문이다.

鄭注 不以衣尸, 謂不以襲也. 復者, 庶其生也, 若以其衣襲斂, 是用生施死, 於義相反. 士喪禮云: "以衣衣尸, 浴而去之." 衻, 嫁時上服, 而非事鬼神之衣. 婦人不以名行. 氣絶則哭, 哭而復, 復而不蘇, 可以爲死事.

번역 "이것으로 시신에게 옷을 입히지 않는다."는 말은 이 옷으로 습(襲)을 하지 않는다는 뜻이다. 초혼을 하는 것은 그가 살아나기를 바라기 때문인데, 만약 이 옷으로 습(襲)과 염(斂)을 하게 된다면, 살아있는 자가 사용하는 것을 죽은 자에게 적용한 것이니, 도의에 위배된다. 『의례』「사상례(士喪禮)」편에서는 "이 옷으로 시신에게 입히지만, 목욕을 시키고 제거한다."라고 했다. '염(衻)'은 시집을 올 때 착용하는 상등의 복장인데, 귀신을 섬길 때 착용하는 옷이 아니다. 부인에 대해서는 이름으로 부르지 않는다. 숨이 끊어지면 곡(哭)을 하고, 곡(哭)을 한 뒤에는 초혼을 하며, 초혼을 했는데도 다시 소생하지 않으면, 장례의 절차를 진행할 수 있다.

釋文 衣尸, 於旣反, 注"衣尸"同. 斂, 力驗反, 後不出者皆同. 去, 起呂反. 衻, 而廉反, 婦人嫁時上服.

번역 '衣尸'에서의 '衣'자는 '於(어)'자와 '旣(기)'자의 반절음이며, 정현의 주에 나오는 '衣尸'에서의 '衣'자도 그 음이 이와 같다. '斂'자는 '力(력)'자와 '驗(험)'자의 반절음이며, 이후에 재차 설명하지 않은 경우에는 모두 그 음이 이와 같다. '去'자는 '起(기)'자와 '呂(려)'자의 반절음이다. '衻'자는 '而

(이)'자와 '廉(렴)'자의 반절음이며, 부인들이 시집을 올 때 착용하는 상등의 복장이다.

孔疏 ●"復衣不以衣"至"以斂". ○正義曰: 復是求生, 若用復衣而襲斂, 是用生施死, 於義爲反, 故不得將衣襲尸及斂也.

번역 ●經文: "復衣不以衣"~"以斂". ○초혼은 살아나기를 바라는 것인데, 만약 초혼에 사용한 복장을 이용하여 습(襲)과 염(斂)을 한다면, 이것은 살아있는 자가 사용하는 것을 죽은 자에게 적용한 것이니, 도의에 위배된다. 그렇기 때문에 이 옷으로 시신에게 습(襲)이나 염(斂)을 할 수 없다.

孔疏 ●"婦人復, 不以袡"者, 袡是嫁時上服, 乃是婦人之盛服, 而非是事神之衣, 故不用招魂也. 絳襈衣下曰袡.

번역 ●經文: "婦人復, 不以袡". ○'염(袡)'은 시집을 올 때 착용하는 상등의 복장이니, 곧 부인이 착용하는 융성한 복장이지만, 신을 섬기는 옷은 아니다. 그렇기 때문에 이 옷을 사용하여 초혼을 하지 않는다. 선의(襈衣)의 하단을 진홍색으로 만든 것을 '염(袡)'이라고 부른다.

孔疏 ●"凡復"至"稱字"者, 自殷以上, 貴賤復同呼名. 周則天子稱天子; 諸侯稱某甫, 且字矣; 大夫·士稱名. 而婦人並稱字.

번역 ●經文: "凡復"~"稱字". ○은나라로부터 그 이전에는 신분의 차이에 상관없이 초혼을 할 때 모두 이름을 불렀다. 주나라의 경우 천자에 대해서는 '천자(天子)'라고 불렀고, 제후에 대해서는 '아무개 보[某甫]'라고 불렀고 또 자(字)를 지칭했으며, 대부와 사에 대해서는 이름을 불렀다. 그러나 부인들에 대해서는 모두 자(字)를 지칭했다.

孔疏 ●"唯哭"至"死事"者, 唯哭先復者, 氣絶而孝子卽哭, 哭訖乃復, 故云"唯哭先復"也. "復而後行死事"者, 復而後望生, 若復而不生, 故得行於死事, 謂正尸於牀乃浴襲之屬也.

번역 ●經文: "唯哭"~"死事". ○'유곡선복(唯哭先復)'이라는 말은 숨이 끊어지면 자식은 곧바로 곡(哭)을 하고, 곡하는 일이 끝나면 초혼을 한다는 뜻이다. 그렇기 때문에 "오직 곡을 하고 우선 초혼을 한다."라고 말했다. 경문의 "復而後行死事"에 대하여. 초혼을 한 이후에는 살아나기를 바라는데, 초혼을 했는데도 다시 살아나지 못했기 때문에 장례의 절차를 시행할 수 있는 것이니, 시신을 침상으로 옮기고 목욕과 습(襲) 등의 절차를 시행한다는 뜻이다.

集解 愚謂: 此謂大夫士也. 曲禮, "天子曰天子復", "諸侯曰某甫復." 以此推之, 王后宜曰"王后復", 而諸侯夫人亦稱字與.

번역 내가 생각하기에, 이 내용은 대부와 사에 대한 예법이다. 『예기』「곡례(曲禮)」편에서는 "천자에 대해서는 '천자(天子)시여, 돌아오소서.'라고 부른다."[41]고 했고, "제후에 대해서는 '아무개 보(甫)여, 돌아오소서.'라고 부른다."[42]고 했다. 이를 통해 추론해보면, 왕후(王后)[43]에 대해서는 마땅히 "왕후여 돌아오소서."라고 말해야 하며, 제후의 부인에 대해서는 또한 자(字)를 지칭해야 할 것이다.

---

41) 『예기』「곡례하(曲禮下)」【54d】: 崩, 曰天王崩. 復, 曰天子復矣. 告喪, 曰天王登假. 措之廟, 立之主, 曰帝.

42) 『예기』「곡례하(曲禮下)」【58c】: 臨祭祀, 內事曰孝子某侯某, 外事曰曾孫某侯某. 死曰薨, 復曰某甫復矣.

43) 왕후(王后)는 천자의 본부인을 뜻한다. 후대에는 황후(皇后)라고 부르기도 하였다. 고대에는 천자(天子)를 왕(王)이라고 불렀기 때문에, 천자의 부인을 '왕후'라고 부른 것이다.

• 제4절 •

시졸(始卒)과 제(啼)·곡(哭)·용(踊)

【528a】

始卒, 主人啼, 兄弟哭, 婦人哭踊.

직역 始卒에, 主人은 啼하고, 兄弟는 哭하며, 婦人은 哭踊한다.

의역 어떤 자가 이제 막 죽었을 때, 상주는 울부짖고, 형제들은 곡(哭)을 하며, 부인은 곡(哭)과 용(踊)을 한다.

集說 啼者, 哀痛之甚, 嗚咽不能哭, 如嬰兒失母也. 兄弟情稍輕, 故哭有聲. 婦人之踊, 似雀之跳, 足不離地. 問喪篇云"爵踊", 是也.

번역 '제(啼)'는 애통함이 극심하여 목이 메어 곡(哭)을 할 수 없는 것이니, 마치 어린아이가 어미를 잃은 경우와 같다.[1] 형제는 그 정감이 보다 가볍기 때문에 곡(哭)을 하며 소리를 낼 수 있다. 부인들의 용(踊)은 마치 참새가 뛰는 것과 같아서, 다리가 지면에서 떨어지지 않는다. 『예기』「문상(問喪)」편에서 '작용(爵踊)'[2]이라고 한 말이 이것에 해당한다.

大全 山陰陸氏曰: 主人啼而不哭, 兄弟哭而不踊, 婦人哭踊, 殺於上矣. 蓋踊所以動體安心下氣也.

---

1) 『예기』「잡기하(雜記下)」【515b~c】: 曾申問於曾子曰, "哭父母有常聲乎?" 曰, "中路嬰兒失其母焉, 何常聲之有?"

2) 『예기』「문상(問喪)」【658b】: 婦人不宜袒, 故發胸擊心爵踊, 殷殷田田, 如壞牆然, 悲哀痛疾之至也. 故曰, "辟踊哭泣, 哀以送之, 送形而往, 迎精而反"也.

번역 산음육씨[3]가 말하길, 주인은 울부짖지만 곡(哭)을 하지 않고, 형제는 곡(哭)을 하지만 용(踊)을 하지 않으며, 부인은 곡(哭)과 용(踊)을 하니, 위로부터 줄이기 때문이다. 무릇 용(踊)이라는 것은 몸을 움직이고 마음을 안심시키며 기운을 가라앉히는 것이다.

鄭注 悲哀有深淺也. 若嬰兒中路失母, 能勿啼乎?

번역 비통함과 애통함에 차이가 있기 때문이다. 마치 어린아이가 길가에서 어미를 잃은 것과 같은데 울부짖지 않을 수 있겠는가?

釋文 啼, 大兮反.

번역 '啼'자는 '大(대)'자와 '兮(혜)'자의 반절음이다.

孔疏 ●"始卒"至"人哭踊". ○正義曰: 主人, 孝子男子女子也. 親始死, 孝子哀痛嗚咽不能哭, 如嬰兒失母, 故啼也.

번역 ●經文: "始卒"~"人哭踊". ○'주인(主人)'은 자식인 아들과 딸들을 뜻한다. 부모가 이제 막 돌아가시게 되면 자식은 애통함으로 인해 목이 메어 곡(哭)을 할 수 없으니, 마치 어린아이가 어미를 잃은 것과 같다. 그렇기 때문에 울부짖는다.

孔疏 ●"兄弟哭"者, 有聲曰哭, 兄弟情比主人爲輕, 故哭有聲也.

---

3) 산음육씨(山陰陸氏, A.D.1042~A.D.1102) : =육농사(陸農師)·육전(陸佃). 북송(北宋) 때의 유학자이다. 자(字)는 농사(農師)이며, 호(號)는 도산(陶山)이다. 어려서 집안이 매우 가난했다고 전해지며, 왕안석(王安石)에게 수학하였으나 왕안석의 신법에 대해서는 반대하였다. 저서로는 『비아(埤雅)』, 『춘추후전(春秋後傳)』, 『도산집(陶山集)』 등이 있다.

번역 ●經文: "兄弟哭". ○소리를 내어 우는 것을 '곡(哭)'이라고 부르는데, 형제들의 정감은 상주에 비해 낮기 때문에 곡(哭)을 하여 소리를 낼 수 있다.

孔疏 ●"婦人哭踊"者, 婦人, 衆婦也. 宗婦亦啼, 衆婦人輕, 則哭也. 然婦人雀踊, 而此云踊者, 通自上諸侯並踊也.

번역 ●經文: "婦人哭踊". ○'부인(婦人)'은 그 집안의 부인들을 뜻한다. 종부는 또한 울부짖는데, 여러 부인들은 그녀보다 정감의 수위가 낮으니, 곡(哭)을 한다. 그런데 부인들은 참새가 뛰는 것처럼 용(踊)을 하는데 이곳에서 '용(踊)'이라고 부른 이유는 그 위로 제후까지도 모두 용(踊)을 한다는 것을 통괄적으로 나타냈기 때문이다.

集解 愚謂: 始卒, 謂復前氣絶時也. 問喪曰, "親始死, 笄纚, 徒跣, 扱上衽, 交手哭", 謂此時也. 主人, 適子及衆子也. 兄弟, 期喪以下之親也. 婦人, 亦謂期喪以下者. 若死者之妻亦啼踊者, 主人兄弟婦人皆踊也.

번역 내가 생각하기에, '시졸(始卒)'은 초혼을 하기 이전 숨이 끊어졌을 때를 뜻한다. 『예기』「문상(問喪)」편에서는 "부모가 돌아가시게 되면 비녀를 꼽고 머리싸개를 하며, 맨발을 하고, 상의의 옷섶을 꼽고, 두 손을 교차한 뒤에 곡(哭)을 한다."[4]라고 했는데, 바로 이 시점을 뜻한다. '주인(主人)'은 적자와 나머지 아들들을 뜻한다. '형제(兄弟)'는 기년상(期年喪)으로부터 그 이하의 상을 치르는 친족을 뜻한다. '부인(婦人)' 또한 기년상으로부터 그 이하의 상을 치르는 여자들을 뜻한다. 만약 죽은 자의 아내인 경우라면 또한 울부짖으며 용(踊)을 하고, 주인과 그 형제의 부인들은 모두 용(踊)을 한다.

---

4) 『예기』「문상(問喪)」【657d】: 親始死, 雞斯, 徒跣, 扱上衽, 交手哭. 惻怛之心, 痛疾之意, 傷腎, 乾肝, 焦肺, 水漿不入口, 三日不舉火, 故鄰里爲之糜粥以飮食之. 夫悲哀在中, 故形變於外也. 痛疾在心, 故口不甘味, 身不安美也.

• 제 5 절 •

정시(正尸)와 곡위(哭位)

【528b】

旣正尸，子坐于東方，卿大夫父兄子姓立于東方，有司庶士哭于堂下北面，夫人坐于西方，內命婦姑姊妹子姓立于西方，外命婦率外宗哭于堂上北面.

직역 旣히 尸를 正하면, 子는 東方에 坐하고, 卿大夫와 父兄 및 子姓은 東方에 立하며, 有司와 庶士는 堂下에서 哭하며 北面하고, 夫人은 西方에 坐하며, 內命婦와 姑姊妹 및 子姓은 西方에 立하고, 外命婦는 外宗을 率하여 堂上에서 哭하고 北面한다.

의역 군주의 시신을 들창 아래로 옮기고 머리를 동쪽으로 두게 되면, 자식은 동쪽에 앉고, 경과 대부 및 부형과 그 자손들은 동쪽에 서 있으며, 유사(有司)와 여러 사들은 당하(堂下)에서 곡(哭)을 하며 북쪽을 바라보고, 부인(夫人)은 서쪽에 앉으며, 내명부 및 군주의 고모 및 자매와 여손자들은 서쪽에 서 있고, 외명부는 외종을 이끌고 당상(堂上)에서 곡(哭)을 하고 북쪽을 바라본다.

集說 此言國君之喪. 正尸, 遷尸於牖下南首也. 姓, 猶生也. 子姓, 子所生, 謂衆子孫也. 內命婦, 子婦世婦之屬. 姑姊妹, 君之姑姊妹也. 子姓, 君女孫也. 外命婦, 卿大夫之妻也. 外宗, 謂姑姊妹之女.

번역 이 내용은 제후의 상을 뜻한다. '정시(正尸)'는 들창 아래로 시신을 옮기고 머리를 동쪽으로 둔다는 뜻이다. '성(姓)'자는 "낳는다[生]."는 뜻이다. '자성(子姓)'은 자식이 낳은 대상으로, 뭇 자손들을 뜻한다. '내명부(內

命婦)'는 자식의 부인 및 세부(世婦) 등을 뜻한다. '고자매(姑姊妹)'는 군주의 고모 및 자매를 뜻한다. '자성(子姓)'은 군주의 여손자를 뜻한다. '외명부(外命婦)'는 경과 대부의 처를 뜻한다. '외종(外宗)'은 고모와 자매의 딸을 뜻한다.

大全 金華應氏曰: 男東女西, 陰陽之大分也. 喪遽哀迫, 人雜事叢, 先謹男女之辨, 而各以類從, 則紛糾雜亂者, 有倫矣. 主東賓西, 內外之大統也. 男主居東之上, 而內之家長, 雖若母, 亦在其西, 則示一國一家之有主, 而內外族姓之尊卑, 咸有所統攝矣.

번역 금화응씨가 말하길, 남자가 동쪽에 있고 여자가 서쪽에 있는 것은 음양에 따른 큰 구분이다. 상은 급작스럽고 애통함이 절박하며, 여러 사람이 뒤섞이고 그 일들도 번잡하게 섞이는데, 우선적으로 남녀에 대한 구별에 신중을 기해 각각 그 부류에 따른다면, 어지럽게 얽히고 뒤섞여 혼란스러운 것들에 질서가 생긴다. 주인들이 동쪽에 있고 빈객들이 서쪽에 있는 것은 내외의 구분에 따라 크게 통솔되는 점이 있기 때문이다. 남자 상주는 동쪽 끝에 위치하고 집안의 가장이 되니, 비록 모친인 경우라도 또한 그의 서쪽에 위치하는데, 이것은 한 나라와 한 집안에 주인이 있고, 신분의 차이가 있는 내외의 종족들에 대해 모두 통솔됨이 있음을 드러내는 것이다.

鄭注 正尸者, 謂遷尸牖下, 南首也. 子姓謂衆子孫也, 姓之言生也. 其男子立於主人後, 女子立於夫人後. 世婦爲內命婦, 卿大夫之妻爲外命婦. 外宗, 姑・姊妹之女.

번역 '정시(正尸)'는 들창 아래로 시신을 옮기고 머리를 남쪽으로 둔다는 뜻이다. '자성(子姓)'은 뭇 자손들을 뜻하니, '성(姓)'자는 "낳는다[生]."는 뜻이다. 남자들은 주인의 뒤에 서 있고, 여자들은 부인의 뒤에 서 있으며, 세부는 내명부가 되고, 경과 대부의 아내는 외명부가 된다. '외종(外宗)'은 고모와 자매의 딸을 뜻한다.

孔疏 ●"旣正"至"北面". ○正義曰: 此經明人君初喪, 子及夫人以下哭位也.

번역 ●經文: "旣正"~"北面". ○이곳 경문은 군주의 초상 때 자식 및 부인으로부터 그 이하의 사람들이 곡(哭)하는 위치를 나타내고 있다.

孔疏 ●"子坐于東方"者, 子謂世子, 世子尊, 故坐于東方, 謂室內尸東, 故士喪禮云"主人入坐于牀東", 是也.

번역 ●經文: "子坐于東方". ○'자(子)'는 세자를 뜻하니, 세자는 존귀하기 때문에 동쪽에 앉아있는 것으로, 실(室) 안에서도 시신의 동쪽을 뜻한다. 그렇기 때문에 『의례』「사상례(士喪禮)」편에서는 "주인은 들어가서 침상의 동쪽에 앉는다."[1]라고 했다.

孔疏 ●"卿·大夫·父·兄·子姓立于東方"者, 按士喪禮"衆主人在其後", 又云"親者在室", 鄭云: 謂大功以上依唯士禮, 父·兄·子姓大功以上, 正立于室內東方. 今此經總云卿·大夫·父·兄·子姓立于東方, 以士禮言之, 當在室內, 但諸侯以上位尊, 不可不正定世子之位, 故顧命康王之"入翼室, 恤宅宗", 不宜與卿·大夫·父·兄·子姓俱在室內也. 卿·大夫等或當在戶外之東方, 遙繼主人之後.

번역 ●經文: "卿·大夫·父·兄·子姓立于東方". ○『의례』「사상례(士喪禮)」편을 살펴보면, "뭇 주인들은 상주의 뒤에 있는다."라고 했고, "친족 중 가까운 자는 실(室)에 있는다."라고 했으며,[2] 정현은 대공복(大功服)으

---

1) 『의례』「사상례(士喪禮)」: 入, 坐于牀東. 衆主人在其後. 西面. 婦人俠牀, 東面. 親者在室. 衆婦人戶外北面, 衆兄弟堂下北面.

2) 『의례』「사상례(士喪禮)」: 入, 坐于牀東. 衆主人在其後. 西面. 婦人俠牀, 東面. 親者在室. 衆婦人戶外北面, 衆兄弟堂下北面.

로부터 그 이상의 상복을 착용하는 자들은 사의 예법에 따르며, 부친 항렬・형의 항렬・자손들 중 대공복 이상을 착용하는 자들은 방안의 동쪽에서 정렬하여 서 있다고 했다. 현재 이곳 경문에서는 총괄적으로 경・대부・부・형・자손들이 동쪽에 서 있다고 했는데, 사의 예법으로 말을 한다면, 마땅히 실내에 있는 것이다. 다만 제후로부터 그 이상의 계층은 지위가 존귀하여, 세자의 자리를 바로잡지 않을 수 없다. 그렇기 때문에 『서』「고명(顧命)」편에서는 강왕이 "익실(翼室)[3]에 들어가서 휼택(恤宅)의 종주가 되었다."[4]라고 했으니, 마땅히 경・대부・부・형・자손들과 함께 같은 실내에 있을 수 없다. 경과 대부 등은 아마도 방문 밖의 동쪽에 있었을 것이며, 상주의 뒤쪽에서 멀리 떨어져 있었을 것이다.

孔疏 ●"有司・庶士哭于堂下, 北面"者, 以其卑, 故在堂下北面, 不云東方稍近西而當戶, 以堂下西方無婦人位故也. 按士喪禮云小功以下, "衆兄弟堂下北面", 此經直云有司・庶士在堂下, 則諸父・兄・子姓等雖小功以下, 皆在堂上西面也.

번역 ●經文: "有司・庶士哭于堂下, 北面". ○신분이 미천하기 때문에 당하(堂下)에서 북쪽을 바라보고 있는 것이며, 동쪽에서 좀 더 서쪽으로 가까운 장소에 위치하여 방문쪽에 있다고 하지 않은 것은 당하의 서쪽에는 부인들의 자리가 없기 때문이다. 『의례』「사상례(士喪禮)」편을 살펴보면, 소공복(小功服)으로 그 이하의 상복을 착용하는 것에 대해서, "뭇 형제들은 당하에서 북쪽을 바라본다."[5]라고 했는데, 이곳 경문에서는 단지 유사와 뭇 사들이 당하에 있다고만 했으니, 여러 부친 및 형제 항렬과 자손들은 비록 소공복으로부터 그 이하의 상복을 착용하는 자라 하더라도 모두 당상

---

3) 익실(翼室)은 노침(路寢)의 좌우측에 있는 방을 뜻한다.

4) 『서』「주서(周書)・고명(顧命)」: 太保命仲桓南宮毛, 俾爰齊侯呂伋, 以二干戈, 虎賁百人逆子釗於南門之外. 延入翼室, 恤宅宗.

5) 『의례』「사상례(士喪禮)」: 入, 坐于牀東. 衆主人在其後. 西面. 婦人俠牀, 東面. 親者在室. 衆婦人戶外北面, 衆兄弟堂下北面.

(堂上)에서 서쪽을 바라보고 있게 된다.

孔疏 ●"夫人坐于西方"者, 亦近尸, 故士喪禮云"婦人俠牀東面", 但士禮略, 但言俠牀, 人君則當以帷鄣之也.

번역 ●經文: "夫人坐于西方". ○이 또한 시신과 가까운 위치에 있는 것이다. 그렇기 때문에 『의례』「사상례(士喪禮)」편에서는 "부인은 침상을 끼고 동쪽을 바라본다."[6]라고 했던 것인데, 다만 사의 예법은 간략하므로 침상을 낀다고 했던 것으로, 군주의 경우라면 마땅히 휘장으로 가리게 된다.

孔疏 ●"內命婦·姑·姊妹·子姓立于西方"者, 內命婦則子婦也. 姑·姊妹謂君姑·姊妹也. 子姓, 君女孫. 皆立于西方也.

번역 ●經文: "內命婦·姑·姊妹·子姓立于西方". ○'내명부(內命婦)'는 자식들의 부인을 뜻한다. 고모와 자매는 군주의 고모와 자매를 뜻한다. '자성(子姓)'은 군주의 여손자를 뜻한다. 이들은 모두 서쪽에 서 있게 된다.

孔疏 ●"外命婦率外宗哭于堂上, 北面"者, 外命婦謂卿大夫妻, 外宗謂姑·姊妹之女. 外命婦·外宗等疏於內命婦, 故在尸外. 婦人無堂下之位, 故皆堂上北面.

번역 ●經文: "外命婦率外宗哭于堂上, 北面". ○'외명부(外命婦)'는 경과 대부의 처를 뜻하며, '외종(外宗)'은 고모와 자매의 딸을 뜻한다. 외명부와 외종 등은 내명부의 여자들보다 관계가 소원하기 때문에, 시신의 바깥쪽에 있다. 부인들은 당하(堂下)에 자신의 자리가 없기 때문에, 모두 당상(堂上)에서 북쪽을 바라보게 된다.

---

6) 『의례』「사상례(士喪禮)」: 入, 坐于牀東. 衆主人在其後. 西面. 婦人俠牀, 東面. 親者在室. 衆婦人戶外北面, 衆兄弟堂下北面.

孔疏 ◎注"正尸"至"之女". ○正義曰: 知"正尸, 謂遷尸牖下, 南首也"者, 既夕禮云"設牀笫當牖, 及遷尸", 是也. 知"南首"者, 按士喪禮"將含之時, 商祝入, 當牖北面, 受貝奠于尸西". 鄭注云"如商祝之事位, 則尸南首明矣", 是也. 云"子姓, 謂衆子孫也"者, 謂子孫所生也. 云"其男子立於主人後, 女子立於夫人後"者, 約士喪禮文, 或諸侯位尊, 男子等當立于戶外東方, 已具前說. 云"世婦爲內命婦, 卿大夫之妻爲外命婦"者, 前文云大夫世婦, 則世婦與大夫妻相敵. 此經內命婦與外命婦相當, 故知內命婦是世婦也. 按喪服傳云命婦者大夫之妻, 故云外命婦卿大夫妻. 又周禮命及於士, 則其妻亦爲命婦, 故鄭注內宰云"士妻亦爲命婦", 士妻與女御相對, 俱褖衣, 則君之女御, 內命婦中兼之也. 云"外宗, 姑姊妹之女"者, 但姑·姊妹必嫁於外族, 其女是異姓所生, 故稱外宗. 按周禮"外宗, 外女之有爵者", 若其有爵則爲外命婦, 此別云"外宗", 容無爵者. 女之女亦是異姓所生, 而不云者, 則上文所謂子姓是也. 周禮有"內宗, 內女之有爵者", 此不言者, 則前文姑·姊妹是也. 但姑·姊妹已嫁國中, 則爲命婦, 別云姑·姊妹者, 容[7]在室女未嫁及嫁於他國, 或雖嫁國中, 從本親之位, 故別云姑·姊妹也. 不云舅之女及從母之女者, 外宗中兼之, 略可知也.

번역 ◎鄭注: "正尸"~"之女". ○정현이 "'정시(正尸)'는 들창 아래로 시신을 옮기고 머리를 남쪽으로 둔다는 뜻이다."라고 했는데, 『의례』「기석례(既夕禮)」편에서 "침상을 들창 쪽에 설치하고, 시신을 옮긴다."[8]라고 한 말에 해당한다. 정현이 "머리를 남쪽으로 둔다."라고 했는데, 이 말이 사실임을 알 수 있는 이유는 『의례』「사상례(士喪禮)」편을 살펴보면, "함(含)[9]을

7) '용(容)'자에 대하여. 『십삼경주소(十三經注疏)』 북경대 출판본에서는 "'용'자는 본래 '각(各)'자로 기록되어 있었는데, 완원(阮元)의 『교감기(校勘記)』에서는 '『고문(考文)』에서는 송나라 때의 판본에 각(各)자가 용(容)자로 기록되어 있었다고 했다. 이곳 판본에는 각(各)자로 기록되어 있으며, 『민본(閩本)』·『감본(監本)』·『모본(毛本)』에도 동일하게 기록되어 있다.'라고 했다. 살펴보니, 문맥에 따르면 '각'자로 기록하는 것이 옳으므로, 이 기록에 근거해서 글자를 수정하였다."라고 했다.

8) 『의례』「기석례(既夕禮)」: 設牀笫當牖, 衽下莞上簟, 設枕. 遷尸.

9) 함(含)은 부의를 보낸다는 뜻이며, 또한 부의로 보내는 특정 물건을 가리키기도 하다. '함'은 시신과 함께 매장하게 될 주옥(珠玉)을 부의로 보내는 것

하려고 할 때, 상축(商祝)[10]이 들어와서 들창에서 북쪽을 바라보고, 받은 화폐를 시신의 서쪽에 진설한다."[11]라고 했다. 그리고 정현의 주에서는 "만약 상축이 시행하는 자리와 같다면 시신은 남쪽으로 머리를 두는 것이 분명하다."라고 했기 때문이다. 정현이 "'자성(子姓)'은 뭇 자손들을 뜻한다."라고 했는데, 자손들이 낳은 자식들을 뜻한다. 정현이 "남자들은 주인의 뒤에 서 있고, 여자들은 부인의 뒤에 서 있다."라고 했는데, 이것은 「사상례」편의 기록을 요약한 것이며, 혹은 제후는 지위가 존귀하므로, 남자들은 마땅히 방문 밖의 동쪽에 서 있게 되는데, 이것과 관련해서는 이미 앞에서 설명을 했다. 정현이 "세부는 내명부가 되고, 경과 대부의 아내는 외명부가 된다."라고 했는데, 앞 문장에서는 대부와 세부를 언급했으니, 세부와 대부의 아내는 신분이 동등하다. 이곳 경문에서는 내명부와 외명부가 서로 대비가 되었으니, 내명부가 세부를 뜻한다는 사실을 알 수 있다. 『의례』「상복(喪服)」편의 전문(傳文)을 살펴보면, 명부(命婦)는 대부의 처라고 했다. 그렇기 때문에 외명부가 경 및 대부의 처가 된다고 말한 것이다. 또 『주례』에서는 명(命)의 등급이 사에게까지 내려진다고 했으니, 사의 아내 또한 명부가 된다. 그렇기 때문에 『주례』「내재(內宰)」편에 대한 정현의 주에서는 "사의 처 또한 명부가 된다."[12]라고 말한 것인데, 사의 아내는 군주에게 소속된 여어(女御)와 서로 대등하여, 모두 단의(褖衣)를 착용하니, 군주에게 소속된 여어는 내명부 속에 포함된 것이다. 정현이 "'외종(外宗)'은 고모와

이다. 『예기』「문왕세자(文王世子)」편에는 "族之相爲也, 宜弔不弔, 宜免不免, 有司罰之. 至于賵賻承含, 皆有正焉."이라는 기록이 있는데, 이에 대한 진호(陳澔)의 『집설(集說)』에서는 "含以珠玉."이라고 풀이했다. 또 '함'은 시신의 입에 곡식이나 화패 등을 넣는 것을 의미하기도 한다.

10) 상축(商祝)은 상(商)나라 즉 은(殷)나라 때의 예법을 익혀서, 제사를 돕는 자를 뜻한다. 『예기』「악기(樂記)」편에는 "商祝辨乎喪禮, 故後主人."이라는 기록이 있는데, 이에 대한 공영달(孔穎達)의 소(疏)에서는 "商祝, 謂習商禮而爲祝者."라고 풀이했다.

11) 『의례』「사상례(士喪禮)」: 商祝執巾從入, 當牖, 北面, 徹枕, 設巾, 徹楔, 受貝奠于尸西.

12) 이 문장은 『주례』「천관(天官)·내재(內宰)」편의 "凡喪事, 佐后使治外內命婦, 正其服位."라는 기록에 대한 정현의 주이다.

자매의 딸을 뜻한다."라고 했는데, 다만 고모와 자매들 중 외부 종족에게 시집을 가서, 그녀의 딸이 다른 성씨의 집안에서 태어난 경우이다. 그렇기 때문에 '외종(外宗)'이라고 부르는 것이다. 『주례』를 살펴보면, "외종(外宗)은 천자의 고모 및 자매의 딸 중에서 작위를 가진 여자를 뜻한다."[13]라고 했는데, 만약 그녀가 작위를 가지게 된다면 외명부가 된다. 이곳에서는 별도로 '외종(外宗)'이라고 했으니, 작위가 없는 여자들까지도 포함한다. 딸이 낳은 딸 또한 다른 성씨의 집안에서 태어난 여자인데, 언급을 하지 않은 것은 앞에서 말한 자성(子姓)에 해당하기 때문이다. 『주례』에는 "내종(內宗)은 천자와 동성인 여자들 종에서 작위를 가진 여자를 뜻한다."[14]라는 말이 있는데, 이곳에서 내종을 언급하지 않은 것은 앞에서 말한 고모와 자매에 해당하기 때문이다. 다만 고모와 자매들 중 이미 같은 나라 안에서 시집을 간 여자라면 명부가 되는데, 별도로 고모와 자매라고 말한 것은 아직 시집을 가지 않았거나 다른 나라로 시집을 간 경우까지도 포함하기 위해서이며, 혹은 같은 나라 안에서 시집을 갔다고 하더라도, 본래의 친족에 따른 서열에 따르기 때문에 별도로 고모와 자매라고 말했다. 외삼촌의 딸 및 종모(從母)[15]의 딸에 대해서 언급하지 않은 것은 외종에 포함되기 때문이니, 간략히 기록했다는 사실을 알 수 있다.

集解 愚謂: 此言人君初喪, 主人以下之位也. 遷尸牖下謂之正尸者, 始廢牀時猶東首, 至是始卒, 始正其南首之法也. 子, 世子也. 坐於東方, 爲喪主也. 父・兄, 大功以上尊長之親也. 子姓, 謂衆子及諸孫也, 而大功以上卑幼之親亦該焉. 立於東方者, 立於主人之後也. 有司, 三等之士也. 庶士, 謂未命之士, 燕禮所謂"士旅食"者也. 哭於堂下, 當兩階間而西上也. 北面, 向尸也. 夫人坐於西方, 爲女主也. 若無夫人, 則適婦爲女主. 內命婦, 世婦以下也. 子姓, 謂女子子也, 而諸子婦之屬亦該焉. 立於西方者, 立於夫人之後也. 外命婦, 卿大夫

13) 『주례』「춘관종백(春官宗伯)」: 外宗, 凡外女之有爵者.
14) 『주례』「춘관종백(春官宗伯)」: 內宗, 凡內女之有爵者.
15) 종모(從母)는 모친의 자매인 이모를 뜻한다.

之妻爲君有服者也. 外宗, 同宗之婦也. 旣言"外命婦", 又言"外宗"者, 以外宗不皆爲外命婦也. 若卿大夫之妻爲君無服者, 則不與於君喪也. 哭於堂上, 當戶牖閒而西上也. 此以室之內外別親疏之位, 而在室內者以尸西·尸東爲男女之別, 在室外者以堂上·堂下爲男女之別也. 於東方·西方者不言"哭", 不嫌不哭也. 於堂下·堂上者不言"立", 不嫌不立也.

번역 내가 생각하기에, 이 내용은 군주의 초상 때 상주로부터 그 이하의 사람들이 있게 되는 자리를 뜻한다. 시신을 옮겨서 들창 아래에 두는 것을 '정시(正尸)'라고 부르는데, 처음 침상을 치웠을 때에는 여전히 머리를 동쪽으로 두고, 이제 막 죽었을 때에는 비로소 남쪽으로 머리를 두는 법도에 따라 위치를 바로잡는다. '자(子)'는 세자를 뜻한다. 동쪽에 앉아 있는 것은 상주가 되기 때문이다. '부형(父兄)'은 대공복(大功服) 이상의 상복을 착용하는 존귀하고 나이가 많은 친족들이다. '자성(子姓)'은 뭇 아들들과 자손들을 뜻하는데, 대공복 이상의 상복 관계에 있는 친족 중 신분이 낮고 나이가 어린 자들 또한 그 안에 포함된다. 동쪽에 서 있는 것은 주인의 뒤에 서 있다는 뜻이다. '유사(有司)'는 상사(上士)·중사(中士)·하사(下士)를 뜻한다. '서사(庶士)'는 명(命)의 등급을 받지 못한 사를 뜻하는데, 『의례』「연례(燕禮)」편에서 "사려(士旅)가 먹는다."[16]라고 할 때의 '사려(士旅)'에 해당한다. 당하(堂下)에서 곡(哭)을 한다는 것은 양쪽 계단 사이에서 서쪽 끝에서부터 서열에 따라 자리를 잡는다는 뜻이다. 북쪽을 바라보는 것은 시신 쪽을 향하는 것이다. 부인이 서쪽에 앉는 것은 여자 상주가 되기 때문이다. 만약 부인이 없는 경우라면, 적자의 아내가 여자 상주가 된다. '내명부(內命婦)'는 세부(世婦)로부터 그 이하의 여자들을 뜻한다. '자성(子姓)'은 딸자식을 뜻하는데, 여러 자제의 부인들도 또한 그 안에 포함된다. 서쪽에 서 있는 것은 부인의 뒤에 서 있다는 뜻이다. '외명부(外命婦)'는 경과 대부의 아내 중 군주를 위해 상복을 착용하는 여자들이다. '외종(外宗)'은 같은 종족의 아녀자들이다. 이미 '외명부(外命婦)'라고 말했는데, 재차 '외종(外

16) 『의례』「연례(燕禮)」: 尊士旅食于門西, 兩圜壺.

宗)'이라고 말한 것은 외종이 모두 외명부는 아니기 때문이다. 만약 경과 대부의 아내들 중 군주와 상복관계가 없는 여자라면, 군주의 상에 참여하지 않는다. 당상(堂上)에서 곡을 한다고 했는데, 방문과 들창 사이에서 서쪽 끝에서부터 서열에 따라 자리를 잡는 것이다. 이것은 실(室)의 안팎에 따라 친근하고 소원한 자들의 자리를 구분한 것이고, 실(室)의 안쪽에서도 시신의 서쪽과 동쪽에 따라 남녀에 대한 구별로 삼은 것이며, 실(室)의 바깥쪽에서도 당상과 당하로 남녀에 대한 구별로 삼은 것이다. 동쪽과 서쪽을 언급할 때에는 '곡(哭)'을 말하지 않았는데, 곡을 하지 않아도 된다는 의심이 생기지 않기 때문이다. 또 당하와 당상에 대해서 '입(立)'이라고 말하지 않은 것은 서지 않아도 된다는 의심이 생기지 않기 때문이다.

集解 楊氏信曰: 始死哭位, 必辨室中·堂上·堂下之位, 非特男女·內外·親疏·上下之分不可以不正, 亦治喪馭繁·整雜之大法也.

번역 양신이 말하길, 초상 때 곡(哭)을 하는 자리에 있어서 반드시 실내·당상·당하의 자리를 구분하는 것은 단지 남녀·내외·친소·상하에 따라 자리를 바로잡지 않을 수 없기 때문만이 아니며, 이것은 또한 상을 치르며 번잡하고 복잡한 일을 제어하고 가지런히 만드는 큰 법도에 해당한다.

集解 陸氏佃曰: 卿·大夫序父·兄·子姓之上者, 國事先君臣也. 諸侯爲卿·大夫服, 而不服父·兄·子姓, 以此.

번역 육전이 말하길, 경과 대부에 대해서는 부친·형 항렬 및 자손들에 대한 내용보다 앞에 기록하고 있는데, 국가의 중대사에서는 군신관계가 우선이기 때문이다. 제후는 경과 대부를 위해서 상복을 착용하지만, 부친·형 항렬 및 자손들을 위해서 상복을 착용하지 않는 것도 이러한 이유 때문이다.

集解 愚謂: 下文言"君將大斂", "卿大夫卽位於堂廉, 楹西", 而"父·兄在堂下北面", 則卿·大夫親於父·兄矣. 然喪事以服之精粗爲序, 子姓乃衆子, 未可以卿·大夫先之. 疑立於東方者卿·大夫, 則序尊卑而北上; 父·兄·子姓, 則序服之精粗而南上與.

번역 내가 생각하기에, 아래문장에서는 "군주에 대해 장차 대렴(大斂)을 한다."라고 했고, "경과 대부는 당상(堂上)의 남쪽 중 모가진 부분에서 기둥의 서쪽에 자리한다."라고 했으며, "부친과 형 항렬은 당하에서 북쪽을 바라본다."라고 했으니,[17] 경과 대부는 부친이나 형 항렬보다도 친근한 관계에 해당한다. 그러나 상사에서는 상복의 수위에 따라서 서열을 정하니, 자성(子姓)은 뭇 자식들에 해당하여, 경과 대부를 그들보다 앞에 세울 수 없다. 따라서 아마도 동쪽에 위치하는 경과 대부는 신분에 따라 서열을 정하여 북쪽 끝에서부터 서 있었을 것이고, 부친과 형 항렬 및 자손들은 상복의 수위에 따라 서열을 정하여, 남쪽 끝에서부터 서 있었을 것이다.

集解 孔疏謂"人君位尊, 不可不正定世子之位, 卿·大夫等或當在戶外東方, 遙繼主人之後", 非也. 世子主喪而坐, 而衆子立於其後, 則尊卑之位固不患其不定矣. 堂上爲婦人之位, 不可以父·兄·子姓參之也. 疏又謂"父·兄·子姓雖小功以下, 皆在堂上西面", 亦非也. 君有服之親, 其爲卿·大夫者, 在卿·大夫之位; 其不爲卿·大夫者, 大功以上與父·兄·子姓齒, 小功以下與有司·庶士齒. 記所以不言小功以下者, 有司·庶士內該之也. 疏又謂"子姓中有女之女", 亦非也. 女之女爲外祖父母本服小功, 則當哭於堂上, 不言者, 外命婦內該之也.

번역 공영달의 소에서는 "군주의 지위는 존귀하므로 세자의 자리를 바로잡지 않을 수가 없고, 경과 대부 등은 아마도 방문 밖의 동쪽에 있으며,

---

17) 『예기』「상대기」【537a~b】: <u>君將大斂</u>, 子弁絰, 卽位于序端; <u>卿大夫卽位于堂廉楹西</u>, 北面東上; <u>父兄堂下北面</u>; 夫人·命婦尸西, 東面; 外宗房中南面. 小臣鋪席, 商祝鋪絞·紟·衾·衣, 士盥于盤上, 士擧遷尸于斂上. 卒斂, 宰告, 子馮之踊, 夫人東面亦如之.

상주의 뒤에서 멀리 떨어져 있었을 것이다."라고 했는데, 잘못된 주장이다. 세자는 상을 주관하므로 앉아 있고, 뭇 자식들은 그 뒤에 서 있게 되니, 신분에 따른 자리는 진실로 확정되지 않는 것이 염려되지 않는다. 당상(堂上)은 부인들이 위치하는 자리가 되는데, 부친·형 등의 항렬과 자손들이 그 사이에 끼어들 수 없다. 공영달의 소에서는 또한 "부친·형 등의 항렬과 자손들은 비록 소공복(小功服) 이하의 상복을 착용하는 자라도 모두 당상에서 서쪽을 바라본다."라고 했는데, 이 또한 잘못된 주장이다. 군주에 대해 상복관계가 있는 친족이 경이나 대부가 되었다면, 경과 대부가 위치하는 자리에 있고, 경이나 대부가 되지 못한 자라면, 대공복(大功服) 이상을 착용하는 자는 부친·형의 항렬 및 자손들과 나이에 따라 서열을 정하고, 소공복 이하를 착용하는 자들은 유사(有司) 및 뭇 사들과 나이에 따라 서열을 정한다. 『예기』에서 소공복 이하의 상복을 착용하는 자들에 대해 언급하지 않은 것은 유사와 뭇 사들에 대한 내용에 포함되기 때문이다. 공영달의 소에서는 또한 "자손들 중 딸의 딸이 있다."라고 했는데, 이 또한 잘못된 주장이다. 딸의 딸은 외조부모에 대해서 본래 소공복을 착용하게 되므로, 마땅히 당상에서 곡을 해야 하는데, 이 사실을 언급하지 않은 것은 외명부에 대한 내용 속에 포함되기 때문이다.

그림 5-1 대공복(大功服) 착용 모습

※ 출처: 『삼재도회(三才圖會)』「의복(衣服)」 3권

그림 5-2 소공복(小功服) 착용 모습

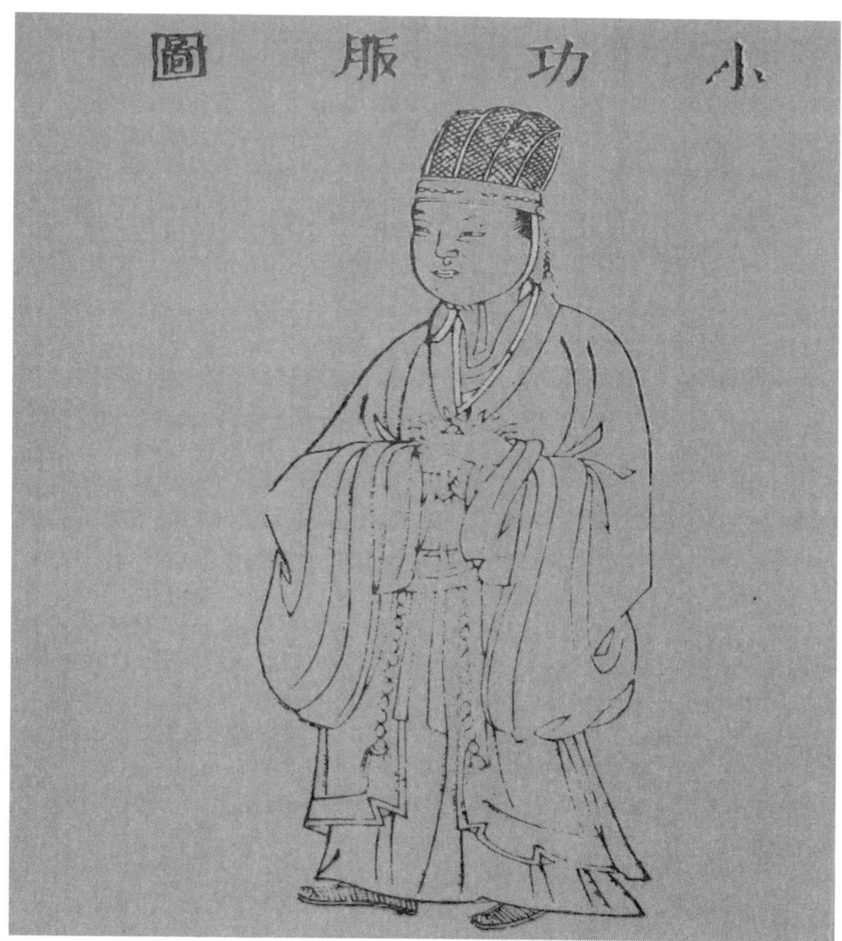

※ 출처: 『삼재도회(三才圖會)』「의복(衣服)」 3권

【528c】

大夫之喪, 主人坐于東方, 主婦坐于西方, 其有命夫命婦則坐, 無則皆立. 士之喪, 主人父兄子姓皆坐于東方, 主婦姑姊妹子姓皆坐于西方. 凡哭尸于室者, 主人二手承衾而哭.

직역 大夫의 喪에, 主人은 東方에 坐하고, 主婦는 西方에 坐하며, 그 命夫와 命婦가 有하면 坐하고, 無라면 皆히 立한다. 士의 喪에, 主人·父·兄·子姓은 皆히 東方에 坐하고, 主婦·姑·姊妹·子姓은 皆히 西方에 坐한다. 凡히 室에서 尸에게 哭하는 者에 主人은 二手로 衾을 承하고 哭한다.

의역 대부의 상에서 상주는 동쪽에 앉고, 주부는 서쪽에 앉으며, 친족 중 작위를 가진 남자나 여자가 있을 경우라면 앉고 작위가 없다면 모두 서 있게 된다. 사의 상에서 상주, 부친 및 형의 항렬과 자손들은 모두 동쪽에 앉고, 주부, 고모와 자매 및 여손자들은 모두 서쪽에 앉는다. 무릇 실(室)에서 시신에 대해 곡(哭)을 할 때, 상주는 두 손으로 시신을 덮고 있는 이불을 붙잡고 곡을 한다.

集說 承衾而哭, 猶若致其親近扶持之情也, 謂初死時.

번역 이불을 잡고 곡(哭)을 한다는 말은 마치 친근한 자가 부축해야 하는 정감을 지극히 나타내는 것과 같으니, 이것은 이제 막 죽었을 때에 대한 내용이다.

集說 疏曰: 君與大夫位尊, 故坐者殊其貴賤; 士位下, 故坐者等其尊卑.

번역 공영달의 소에서 말하길, 군주와 대부는 지위가 존귀하기 때문에 앉게 되는 자들에 대해 신분의 귀천을 구별하는데, 사는 지위가 낮기 때문에 앉게 되는 자들에 대해 신분의 차등과 상관없이 동등하게 한다.

鄭注 命夫命婦來哭者, 同宗父・兄・子姓, 姑・姊妹・子姓也. 凡此哭者, 尊者坐, 卑者立. 士賤, 同宗尊卑皆坐. 承衾哭者, 哀慕若欲攀援.

번역 작위를 가진 남자와 작위를 가진 여자가 찾아와서 곡(哭)을 한다고 했는데, 이들은 같은 종인 중 부친 및 형의 항렬과 자손들, 고모와 자매 및 여손자들을 뜻한다. 무릇 이처럼 곡을 하는 자들 중에서 존귀한 자는 자리에 앉고 미천한 자는 서 있게 된다. 사는 미천하므로 같은 종인들은 신분에 상관없이 모두 자리에 앉는다. 이불을 붙잡고 곡을 하는 것은 애통하고 그리워하는 마음으로 마치 그가 떠나지 못하도록 부여잡고자 하는 것이다.

釋文 扳, 本又作攀, 普班反, 一音班. 援音爰, 徐于願反.

번역 '扳'자는 판본에 따라서 또한 '攀'자로도 기록하는데, 그 음은 '普(보)'자와 '班(반)'자의 반절음이고, 다른 음은 '班(반)'이다. '援'자의 음은 '爰(원)'이고, 서음(徐音)은 '于(우)'자와 '願(원)'자의 반절음이다.

孔疏 ●"大夫"至"而哭". ○正義曰: 此一經明大夫[18]初有喪哭位之禮.

번역 ●經文: "大夫"~"而哭". ○이곳 경문은 대부와 사에게 상이 발생했을 때, 곡(哭)을 하는 위치의 예법을 나타내고 있다.

孔疏 ●"其有命夫命婦則坐, 無則皆立"者, 謂哭位之中, 有命夫命婦, 雖有卑於死者, 以其位尊, 故坐哭. 若其無命夫命婦, 雖尊於死者, 亦皆立哭.

---

18) '차일경명대부(此一經明大夫)'에 대하여. 『십삼경주소(十三經注疏)』 북경대 출판본에서는 "이 문장은 『민본(閩本)』·『감본(監本)』·『모본(毛本)』에 모두 동일하게 기록되어 있는데, 위씨(衛氏)의 『집설(集說)』에는 '일(一)'자가 없고, '대부(大夫)'라는 글자 뒤에 '사(士)'자가 기록되어 있다."라고 했다.

번역 ●經文: "其有命夫命婦則坐, 無則皆立". ○곡(哭)을 하는 자리 중 작위를 가진 남자나 여자가 있을 때, 비록 그 자들이 죽은 자보다 미천한 자일지라도, 그들은 지위가 존귀하기 때문에 앉아서 곡을 한다. 만약 작위를 가진 남자나 여자가 없다면, 비록 죽은 자보다 존귀한 자일지라도 또한 모두 서서 곡을 한다는 뜻이다.

孔疏 ◎注"命夫"至"者立". ○正義曰: 知"命夫命婦來哭者, 同宗父·兄·子姓, 姑·姊妹·子姓也"者, 按左氏傳"士踰月, 外姻至". 今大夫初喪, 正尸, 無容卽有異姓, 故知是同宗之親來哭者. 知非異姓卿大夫來弔者, 以其與主人等並列哭位, 故知是爲喪來哭者. 若有弔者, 當立哭, 不得坐也. 此大夫之喪, 不顯父·兄·子姓及姑·姊妹哭位者, 約上文君喪及下文士喪略可知也. 云"凡此哭者, 尊者坐, 卑者立", 皇氏云: 凡, 謂君與大夫, 其哭者若爵位尊者則坐, 故上文君喪, 子及大夫[19]坐; 大夫之喪, 主人主婦·命夫命婦皆坐是也. 君之喪, 卿大夫皆立; 大夫之喪, 非命夫命婦者皆立是也. 此云尊卑, 非謂對死者爲尊卑也. 若其今所行之禮, 與古異也. 成服之後, 尊於死者, 則坐. 卑於死者, 則立也.

번역 ◎鄭注: "命夫"~"者立". ○정현이 "작위를 가진 남자와 작위를 가진 여자가 찾아와서 곡(哭)을 한다고 했는데, 이들은 같은 종인 중 부친 및 형의 항렬과 자손들, 고모와 자매 및 여손자들을 뜻한다."라고 했는데, 『좌전』을 살펴보면, "사는 그 달을 넘겨서 장례를 치르니, 혼인으로 맺어진 인척들이 온다."[20]라고 했다. 현재 대부의 초상에서 시신을 옮겨 위치를 바로잡은 상태이다. 몸에 장식의 꾸밈이 없을 때에는 곧 다른 성씨의 사람들이 포함된다. 그렇기 때문에 여기에서 말한 자들은 같은 종인의 친족들이며, 이들이 찾아와서 곡(哭)을 한 것임을 알 수 있다. 이들이 다른 성씨를

---

19) '대부(大夫)'에 대하여. '대부'는 아마도 '부인(夫人)'의 오자인 것 같다.

20) 『춘추좌씨전』「은공(隱公) 1년」: 天子七月而葬, 同軌畢至; 諸侯五月, 同盟至; 大夫三月, 同位至; <u>士踰月, 外姻至</u>. 贈死不及尸, 弔生不及哀, 豫凶事, 非禮也.

가진 경과 대부로, 그들이 찾아와서 곡을 한 것이 아님을 알 수 있는 이유는 주인 및 그 형제들과 함께 곡하는 자리를 정하기 때문이다. 그래서 이들이 상 때문에 찾아와서 곡을 하는 친족임을 알 수 있다. 만약 조문을 하는 자가 있다면 마땅히 서서 곡을 해야 하며 앉을 수 없다. 여기에서 말한 대부의 상에서는 부친 및 형의 항렬과 자손들 그리고 고모 및 자매 등에 대해서 곡하는 자리를 나타내지 않았는데, 앞에 나온 군주의 상 내용과 뒤에 나오는 사의 상 내용을 간추려보면, 대략적으로 알 수 있기 때문이다. 정현이 "무릇 이처럼 곡을 하는 자들 중에서 존귀한 자는 자리에 앉고 미천한 자는 서 있게 된다."라고 했는데, 황간은 다음과 같이 말했다. '범(凡)'은 군주와 대부를 가리키며, 그들에 대해 곡(哭)을 하는 자들 중 작위를 가져서 존귀한 자가 있다면 자리에 앉게 된다. 그렇기 때문에 앞 문장에서 군주의 상에서는 자식 및 부인이 앉는다고 한 것이고, 대부의 상에서 주인과 주부 및 작위를 가진 남자와 여자가 모두 앉는다고 한 것이다. 또 군주의 상에서 경과 대부는 모두 서 있다고 했고, 대부의 상에서 작위를 가진 남자나 여자가 아닌 자들은 모두 서 있다고 한 것이다. 여기에서 말한 '존비(尊卑)'는 죽은 자와 비교했을 때의 존비를 뜻하는 말이 아니다. 그런데 오늘날 의례를 시행하는 모습은 고대의 예법과는 차이를 보인다. 성복(成服)[21]을 한 이후에 죽은 자보다 존귀한 자는 자리에 앉고, 죽은 자보다 미천한 자는 서 있게 된다.

孔疏 ◎注"士賤"至"皆坐". ○正義曰: 君與大夫位尊, 故坐者殊其貴賤. 士既位下, 故坐者等其尊卑, 無所異也.

번역 ◎鄭注: "士賤"~"皆坐". ○군주와 대부의 지위는 존귀하다. 그렇기 때문에 앉아 있는 자들에 대해서 신분의 등급을 구분한 것이다. 사 본인은 이미 지위가 낮다. 그렇기 때문에 앉아 있는 자들에 대해서 신분의 등급

21) 성복(成服)은 상례(喪禮)에서 대렴(大斂) 이후, 죽은 자와의 관계에 따라, 각각 규정에 맞는 상복(喪服)을 갖춰 입는다는 뜻이다.

을 따지지 않고, 차이를 둠도 없다.

集解 愚謂: 君尊於父·兄·子姓, 故主人皆坐, 而餘人則立. 大夫有命夫·命婦則坐, 其尊敵故也.

번역 내가 생각하기에, 군주는 부친 및 형의 항렬과 자손들보다 존귀하기 때문에, 상주는 모두 앉게 되고, 나머지 사람들은 서 있게 된다. 대부의 상에서 친족들 중 작위를 가진 남자나 여자가 있다면 그들은 자리에 앉게 되니, 그들의 존귀함은 죽은 자와 대등하기 때문이다.

集解 愚謂: 主人與衆主人尊卑不殊也. 士喪記曰, "室中唯主人·主婦坐, 兄弟有命夫·命婦在焉亦坐." 與此不同者, 蓋室中唯主人·主婦得坐者, 上下之達禮也, 非但以其尊, 亦所以定喪主之位也. 但士賤, 故餘人亦許其坐, 而不以坐爲常. 若命夫·命婦在焉, 則得常坐, 與主人·主婦同也.

번역 내가 생각하기에, 주인은 형제들과 신분에 따라 차이를 두지 않는다. 『의례』「사상례(士喪禮)」편에 대한 기문(記文)에서는 "실(室) 안에서 오직 상주와 주부만이 자리에 앉고, 형제들 중 작위를 가진 남자나 여자들이 있다면 그들 또한 앉는다."[22]라고 하여, 이곳 문장과 차이를 보인다. 그 이유는 방안에서 오직 상주와 주부만이 앉을 수 있는 것은 모든 계층에 통용되는 예법이니, 단지 그들이 존귀하기 때문만이 아니며, 상주의 자리를 확정하는 점도 있는 것이다. 다만 사는 미천하기 때문에 나머지 사람들에 대해서도 또한 앉을 수 있도록 허용을 하는데, 자리에 앉는 것을 항상된 규정으로 삼은 것이 아니다. 만약 작위를 가진 남자나 여자가 있을 경우라면 항상 앉을 수 있으니, 상주 및 주부와 동일하게 따를 수 있다.

---

22) 『의례』「기석례(既夕禮)」: 室中唯主人, 主婦坐. 兄弟有命夫·命婦在焉, 亦坐.

• 제6절 •

소렴(小斂) 이전 조문을 받을 때

【528d】

君之喪, 未小斂, 爲寄公國賓出. 大夫之喪, 未小斂, 爲君命出. 士之喪, 於大夫, 不當斂則出.

직역 君의 喪에서, 小斂을 未하면, 寄公과 國賓을 爲하여 出한다. 大夫의 喪에서, 小斂을 未하면, 君命을 爲하여 出한다. 士의 喪에서, 大夫에 대해서는 斂이 不當하면 出한다.

의역 군주의 상에서 아직 소렴(小斂)을 하지 않았다면, 상주는 찾아온 기공(寄功)이나 국빈(國賓)을 위해 밖으로 나가서 맞이한다. 대부의 상에서 아직 소렴을 하지 않았다면, 상주는 군주의 명령을 가지고 찾아온 사신을 위해 밖으로 나가서 맞이한다. 사의 상에서 대부가 조문을 왔는데, 상주가 소렴을 하는 때가 아니라면 밖으로 나가서 맞이한다.

集說 寄公, 諸侯失國而寄託隣國者也. 國賓, 他國來聘之卿大夫也. 出, 出迎也. 爲君命出, 謂君有命及門則出也. 檀弓云, "大夫弔, 當事而至則辭焉." 辭, 告也, 故不當斂時, 則亦出迎. 雜記云, "大夫至, 絶踊而拜之"者, 亦謂斂後也.

번역 '기공(寄公)'은 제후들 중 자신의 나라를 잃고 이웃 나라에 의탁해 있는 자를 뜻한다. '국빈(國賓)'은 다른 나라에서 빙문으로 찾아온 경과 대부를 뜻한다. '출(出)'자는 나가서 맞이한다는 뜻이다. '위군명출(爲君命出)'은 군주의 명령을 받들고 온 자가 문에 당도하면, 밖으로 나간다는 뜻이다.

『예기』「단궁(檀弓)」편에서는 “대부가 사에게 조문을 왔는데, 만약 상주가 시행하고 있는 일이 있을 때 당도하게 된다면, 그 일을 돕는 자가 나와서, 상주가 현재 어떠한 일을 시행하고 있다는 사실을 아뢴다.”[1]라고 했다. ‘사(辭)’자는 “아뢴다[告].”는 뜻이다. 그러므로 염(斂)을 할 때가 아니라면, 또한 밖으로 나와서 맞이한다. 『예기』「잡기(雜記)」편에서는 “대부(大夫)가 조문을 하기 위해 찾아왔다면, 용(踊)을 멈추고 밖으로 나가서 대부에게 절을 한다.”[2]라고 했는데, 이 또한 염(斂)을 한 이후에 대한 내용이다.

鄭注 父母始死悲哀, 非所尊不出也. 出者, 或至庭, 或至門. 國賓, 聘大夫. 不當斂, 其來非斂時.

번역 부모에 대한 초상 때에는 비통함이 극심하므로, 존귀한 자가 아니라면 밖으로 나가서 맞이하지 않는다. ‘출(出)’은 마당까지 도착했을 때 나가는 것이나 문까지 도착했을 때 나가는 것을 뜻한다. ‘국빈(國賓)’은 빙문을 온 대부들이다. ‘부당렴(不當斂)’은 찾아온 시기가 염(斂)을 할 때가 아니라는 뜻이다.

釋文 爲寄, 于僞反, 下皆同, 下注“爲母”·“爲其罷倦”皆同.

번역 ‘爲寄’에서의 ‘爲’자는 ‘于(우)’자와 ‘僞(위)’자의 반절음이며, 아래 문장에 나오는 글자도 모두 그 음이 이와 같고, 아래 정현의 주에 나오는 ‘爲母’와 ‘爲其罷倦’에서의 ‘爲’자도 모두 그 음이 이와 같다.

孔疏 ○正義曰: 此一經明君·大夫·士等未小斂之前, 主人出迎賓之節.

---

1) 『예기』「단궁하(檀弓下)」【109a】: 大夫弔, 當事而至, 則辭焉. 弔於人, 是日不樂. 婦人不越疆而弔人. 行弔之日, 不飮酒食肉焉.

2) 『예기』「잡기하(雜記下)」【511c】: 當袒, 大夫至, 雖當踊, 絶踊而拜之, 反, 改成踊, 乃襲. 於士, 旣事成踊襲, 而后拜之, 不改成踊.

번역 ○이곳 경문은 군주·대부·사 등의 상에서 아직 소렴(小斂)을 하기 이전에, 상주가 밖으로 나가서 빈객을 맞이하는 규범을 나타내고 있다.

孔疏 ●"士之喪, 於大夫, 不當斂則出"者, 謂士之喪, 大夫來弔, 其主人於大夫來弔之時不當小斂之時, 則出迎大夫.

번역 ●經文: "士之喪, 於大夫, 不當斂則出". ○사의 상에서 대부가 찾아와 조문을 했는데, 대부가 조문으로 찾아온 시기에 상주는 소렴(小斂)을 치러야 하는 때가 아니라면, 밖으로 나와서 대부를 맞이한다는 뜻이다.

孔疏 ◎注"出者"至"斂時". ○正義曰: 云或至庭者, 謂世子迎寄公及國賓, 士出迎大夫·士也, 皆至庭, 故下文云"降自西階", 又云"士於大夫親弔, 則與之哭, 不逆於門外", 是也. 云或至門者, 謂大夫於君命, 故下文云"大夫於君命, 迎于寢門外", 是也. 以此言之, 則世子於天子之命, 士於君命, 亦皆然也. 云"不當斂, 其來非斂時"者, 上君與大夫, 云"未小斂", 謂未斂之前去小斂遠也. 士云"不當斂", 謂去小斂近, 大夫與士至小斂相偪也. 士於大夫, 雖與小斂相偪, 不當斂之時尙爲大夫出, 若未小斂之前, 爲大夫出可知也. 按檀弓云"大夫弔, 當事而至, 則辭焉". 注云"辭, 猶告也, 擯者以主人有事告也. 主人無事, 則爲大夫出", 彼亦謂小斂之事, 與此同. 斂訖, 大夫至, 卽拜之. 故雜記云"當袒, 大夫至, 絶踊而拜之, 反改成踊", 是也. 此但云斂, 不云襲者, 未襲之前, 唯士爲君命出, 其餘則不出, 故士喪禮未襲之前, "君使人弔, 主人迎於寢門外, 見賓不哭, 先入門右, 北面", 是也. 君使退, 主人哭拜, 送于外門外. 於時賓有大夫, 則特拜之. 因送君使而拜之, 非謂特出迎賓也. 此云不當斂則出迎賓, 雜記云"士喪當袒, 大夫至, 絶踊而拜之", 與此違者, 皇氏云: 若正當斂時不出, 若斂後而有大夫至, 則絶踊而拜之.

번역 ◎鄭注: "出者"~"斂時". ○정현이 "혹은 마당까지 도착했을 때 나가는 것이다."라고 했는데, 이것은 세자가 기공(寄公)과 국빈(國賓)을 맞이하고, 사가 밖으로 나와서 대부 및 사를 맞이하는 경우를 뜻한다. 이들은 모두 마당까지 도달하게 된다. 그렇기 때문에 아래문장에서 "서쪽 계단을 통해서 내려간다."라고 말한 것이고, 또 "사는 대부가 직접 조문으로 찾아온 경우에 대해서 그와 함께 곡(哭)을 하지만 문밖에서 맞이하지는 않는다."라고 한 것이다. 정현이 "혹은 문까지 도착했을 때 나가는 것이다."라고 했는데, 대부가 군주의 명을 받들고 온 사신을 대하는 경우이다. 그렇기 때문에 아래문장에서 "대부는 군주의 명령을 받들고 온 자에 대해서 침문(寢門)[3] 밖에서 그를 맞이한다."라고 한 것이다. 이를 통해 말을 해보면, 세자는 천자의 명령을 받들고 온 자에 대해서, 또 사는 군주의 명령을 받들고 온 자에 대해서 모두 이처럼 한다. 정현이 "'부당렴(不當斂)'은 찾아온 시기가 염(斂)을 할 때가 아니라는 뜻이다."라고 했는데, 앞서 군주와 대부에 대해서는 "아직 소렴(小斂)을 하지 않았다."라고 했으니, 아직 소렴을 하기 이전과 소렴을 치러야 할 때까지 시간적 차이가 많이 난다는 뜻이다. 사에 대해서는 "소렴을 할 때가 아니다."라고 했는데, 이것은 소렴을 치러야 할 때까지 시간적 차이가 많이 나지 않는다는 뜻으로, 대부와 사는 초상부터 소렴을 치러야 할 때까지의 시간이 촉박하기 때문이다. 사는 대부에 비해서, 비록 소렴까지의 시간이 더욱 촉박하지만, 염(斂)을 해야 할 때가 아니라면 오히려 대부를 위해서 밖으로 나오므로, 만약 아직 소렴을 치르기 이전이라면 대부를 위해서 밖으로 나온다는 사실을 알 수 있다. 『예기』「단궁(檀弓)」편을 살펴보면, "대부가 사에게 조문을 왔는데, 만약 상주가 시행하고 있는 일이 있을 때 당도하게 된다면, 그 일을 돕는 자가 나와서, 상주가 현재 어떠한 일을 시행하고 있다는 사실을 아뢴다."라고 했고, 정현은 "'사(辭)'자는 '아뢴다[告].'는 뜻이니, 의례를 돕는 자가 상주에게는 시행

3) 침문(寢門)은 침문(寑門)이라고도 부른다. 노문(路門)을 가리킨다. '노문'은 궁실(宮室)의 건축물 중에서도 가장 안쪽에 있었던 정문을 뜻하는데, 여러 문들 중에서도 노침(路寢)과 가장 가까운 위치에 있었기 때문에, '노문'이라는 명칭이 생겼다. '침문'이라는 용어 또한 '노침'에 가까이 있었기 때문에 붙여진 명칭이다. 한편 가장 안쪽에 있었던 정문이었으므로, '침문'을 내문(內門)이라고도 부른다.

해야 할 일이 있다고 아뢴다는 뜻이다. 상주에게 특별한 일이 없다면, 대부를 위해서 밖으로 나온다."라고 했다. 「단궁」편의 내용은 또한 소렴(小斂)을 치러야 하는 사안의 경우로, 이곳의 상황과 동일하다. 따라서 소렴을 끝낸 뒤에 대부가 당도하면 곧 그에게 절을 하게 된다. 그러므로 『예기』「잡기(雜記)」편에서는 "사에게 상이 발생하여 단(袒)[4]을 해야 하는 때인데, 대부가 조문을 하기 위해 찾아왔다면, 용(踊)을 멈추고 밖으로 나가서 대부에게 절을 하며, 그 일이 끝나면 되돌아와서 다시 용(踊)의 절차를 마친다."라고 말한 것이다. 이곳에서는 단지 '염(斂)'이라고만 말하고 '습(襲)'을 언급하지 않았는데, 습(襲)을 하기 이전에는 오직 사만이 군주의 명령을 받들고 온 사신을 위해 밖으로 나오고, 나머지 경우에는 나오지 않는다. 그렇기 때문에 『의례』「사상례(士喪禮)」편에서는 아직 습(襲)을 하기 이전에 대해서, "군주가 사신을 시켜 조문을 하게 하면, 상주는 침문(寢門) 밖에서 그를 맞이하고, 빈객을 보고 곡(哭)을 하지 않으며, 먼저 들어가 문의 우측에 위치하여 북쪽을 바라본다."[5]라고 한 것이다. 군주가 보낸 사신이 물러가게 되면, 상주는 곡(哭)을 하고 절을 하며, 외문 밖으로 나가서 그를 전송한다. 당시 빈객 중에 대부가 포함되어 있다면, 그에게 단독으로 절을 한다. 이것은 군주의 사신을 전송하는 일에 따라서 절을 하는 것이니, 특별히 밖으로 나와서 빈객을 맞이한다는 뜻은 아니다. 이곳에서 "염(斂)을 할 때가 아니라면 밖으로 나와서 빈객을 맞이한다."라고 했는데, 「잡기」편에서는 "사의 상에서 단(袒)을 해야 하는 때인데, 대부가 조문을 하기 위해 찾아왔다면, 용(踊)을 멈추고 밖으로 나가서 대부에게 절을 한다."라고 하여, 이곳의 내용과 위배된다. 그 이유에 대해서 황간은 만약 염(斂)을 하는 그 당시라면 밖으로 나오지 않지만, 염(斂)을 한 이후에 조문으로 찾아온 대부가 있다면, 용(踊)하던 것을 멈추고 그에게 절을 한다고 설명했다.

---

4) 단(袒)은 상중(喪中)에 남자들이 취하는 복장 방식이다. 상의 중 좌측 어깨쪽을 드러내는 방법이다. 한편 일반적인 의례절차에서도 단(袒)의 복장 방식을 취하는 경우가 있다.

5) 『의례』「사상례(士喪禮)」: 君使人弔. 徹帷. 主人迎于寢門外, 見賓不哭, 先入門右, 北面. 弔者入, 升自西階, 東面.

集解 愚謂: 寄公, 謂諸侯失地而寄寓於諸侯者也. 國賓, 謂諸侯來賓者也, 周禮司几筵"筵國賓於牖前", 是也. 聘禮遭主國君喪, 不言有致弔之禮, 蓋使者奉命出聘, 未復命則不得私致弔於他國君也. 左傳, "衛穆公卒, 晉三子自役弔焉, 哭於大門之外. 衛人逆之, 婦人哭於門內." 此已是春秋時失禮, 然猶不敢至喪所, 則此"國賓"非聘者明矣. 君爲寄公·國賓出, 士爲大夫出, 出至庭而拜之也. 大夫之喪, 爲君命出, 出至門而迎之也. 蓋父母初死, 哀痛方深, 且喪事急遽, 故非所尊敬則不出也. 喪不迎賓, 惟臣於君命則迎於寢門之外.

번역 내가 생각하기에, '기공(寄公)'은 제후가 자신의 땅을 잃고 다른 제후에게 의탁해 있는 자를 뜻한다. '국빈(國賓)'은 제후국에서 보낸 빈객을 뜻하니, 『주례』「사궤연(司几筵)」편에서 "국빈에게는 들창 앞에 자리를 깔아준다."[6)]라고 했다. 빙례(聘禮)를 시행할 때, 찾아간 나라의 군주 상을 접하게 된 경우인데, 조문의 예를 시행한다는 말을 하지 않은 것은 아마도 사신으로 간 자는 군주의 명을 받들고 국경을 벗어나 빙문을 간 것이므로, 아직 자신이 받은 명령에 대해 보고를 하지 않았다면, 사적으로 다른 나라의 군주에 대해서 조문의 예를 시행할 수 없기 때문일 것이다. 『좌전』에서는 "위(衛)나라 목공이 죽자, 진(晉)나라의 세 사람은 전쟁터에서 돌아오던 길에 찾아가서 조문을 하여, 대문 밖에서 곡(哭)을 했다. 위나라 사람들은 그들을 맞이했고, 부인들은 문의 안쪽에서 곡을 했다."[7)]라고 했다. 이것은 이미 춘추시대에 실례를 범하고 있었다는 사실을 나타낸다. 그런데 여전히 상을 치르는 장소까지는 감히 가지 않았으니, 여기에서 말한 '국빈(國賓)'이 단순히 빙문을 온 자가 아님을 알 수 있다. 군주의 상에서는 기공과 국빈을 위해서 밖으로 나가고, 사의 상에서는 대부를 위해서 밖으로 나가는데, 밖으로 나가 마당까지 도달한 뒤에 절을 한다는 뜻이다. 대부의 상에서 군주의 명령을 받들고 온 자를 위해 밖으로 나가게 되면, 밖으로 나가서 문까지

---

6) 『주례』「춘관(春官)·사궤연(司几筵)」: 昨席莞筵紛純, 加繅席畫純, 筵國賓于牖前亦如之, 左彤几.

7) 『춘추좌씨전』「성공(成公) 2년」: 九月, 衛穆公卒, 晉三子自役弔焉, 哭於大門之外. 衛人逆之, 婦人哭於門內. 送亦如之. 遂常以葬.

가서 그를 맞이한다. 무릇 부모의 초상 때에는 애통함이 극심하고 상사의 일도 다급하기 때문에, 존경할 자가 아니라면 밖으로 나가지 않는다. 상에서 빈객을 맞이하지 않는데, 다만 신하가 군주의 명령을 받들고 온 자에 대해서라면, 침문(寢門) 밖으로 나가서 맞이한다.

【528d~529a】

凡主人之出也, 徒跣扱衽拊心, 降自西階. 君拜寄公國賓于位. 大夫於君命, 迎于寢門外, 使者升堂致命, 主人拜于下. 士於大夫親弔則與之哭, 不逆於門外.

직역 凡히 主人의 出함에, 徒跣하고 衽을 扱하며 心을 拊하여, 降하길 西階로 自한다. 君에는 寄公과 國賓에게 位에서 拜한다. 大夫는 君命에 대해, 寢門의 外에서 迎하고, 使者가 堂에 升하여 命을 致하면, 主人은 下에서 拜한다. 士는 大夫가 親히 弔함에 之와 與하여 哭하고, 門外에서 不逆한다.

의역 무릇 상주가 빈객을 맞이하기 위해 밖으로 나올 때에는 맨발을 하며 심의(深衣)의 앞자락을 허리띠에 꼽고 가슴을 두드리며, 서쪽 계단을 통해서 당하(堂下)로 내려간다. 군주의 상에 있어서 기공(寄公)과 국빈(國賓)에게 절을 할 때에는 그들의 자리를 향해서 한다. 대부의 상에서 군주의 명을 받들고 온 사신에 대해서는 침문(寢門) 밖에서 그를 맞이하고, 사신이 당(堂)으로 올라가서 명령을 전달하면, 상주는 당하에서 절을 한다. 사의 상에서 대부가 직접 조문을 오게 되면, 상주는 그와 함께 곡(哭)을 하지만, 문밖에서 그를 맞이하지는 않는다.

集說 徒跣者, 未著喪屨, 吉屨又不可著也. 扱衽者, 扱深衣前襟於帶也. 拊心, 擊心也. 曲禮云, "升降不由阼階." 拜寄公國賓于位者, 寄公位在門西, 國賓位在門東, 主人於庭各向其位而拜之也. 士喪禮云, "賓有大夫, 則特拜之,卽位于西階下東面, 不踊."

번역 '맨발[徒跣]'은 상을 치르며 신는 신발을 아직 착용하지 않은 상태에는 길한 시기에 신는 신발 또한 신지 않는 것이다. '급임(扱衽)'은 심의(深衣)의 앞자락을 허리띠에 꼽는 것이다. '부심(拊心)'음 가슴을 친다는 뜻이다. 『예기』「곡례(曲禮)」편에서는 "당(堂)에 오르거나 내려갈 때에는 부친이 사용하던 동쪽 계단을 이용하지 않는다."[8]라고 했다. 기공(寄公)과 국빈(國賓)에게 자리에서 절을 한다고 했는데, 기공의 자리는 문의 서쪽이 되고, 국빈의 자리는 문의 동쪽이 되니, 상주는 마당에서 각각 그들의 자리를 향한 상태에서 절을 한다는 뜻이다. 『의례』「사상례(士喪禮)」편에서는 "빈객 중 대부가 있다면, 그에게 단독으로 절을 하고, 서쪽 계단 아래의 자리로 나아가서 동쪽을 바라보되 용(踊)은 하지 않는다."[9]라고 했다.

大全 山陰陸氏曰: 迎, 逢也. 凡言迎, 先之也, 若逆彼來而後往焉. 大夫於君命言迎, 士於大夫言逆, 以此.

번역 산음육씨가 말하길, '영(迎)'자는 "만나본다[逢]."는 뜻이다. 무릇 '영(迎)'이라고 하는 말들은 그를 인도한다는 뜻으로, 마치 상대방이 찾아왔을 때 맞이한 후 가는 것과 같다. 대부의 상에 대해서 군주의 명령을 받들고 온 사신에게 '영(迎)'이라고 말하고, 사의 상에 대해서 대부의 조문에 대해 '영(迎)'이라고 말한 것도 이러한 이유 때문이다.

鄭注 "拜寄公·國賓於位"者, 於庭鄉其位而拜之. 此時寄公位在門西, 國賓位在門東, 皆北面. 小斂之後, 寄公東面, 國賓門西, 北面. 士於大夫親弔, 謂大夫身來弔士也. 與之哭, 旣拜之, 卽位西階東面哭. 大夫特來則北面.

---

8) 『예기』「곡례상(曲禮上)」【35d】: 居喪之禮, 毁瘠不形, 視聽不衰. 升降, 不由阼階, 出入, 不當門隧.

9) 『의례』「사상례(士喪禮)」: 有大夫則特拜之, 卽位于西階下, 東面, 不踊. 大夫雖不辭, 入也.

번역 "기공(寄公)과 국빈(國賓)에게 그 자리에서 절을 한다."는 말은 마당에서 그들의 자리를 향한 상태에서 절을 한다는 뜻이다. 이러한 시기에 기공의 자리는 문의 서쪽에 있고, 국빈의 자리는 문의 동쪽에 있는데, 모두 북쪽을 바라보게 된다. 소렴(小斂)을 한 이후 기공은 동쪽을 바라보게 되고, 국빈은 문의 서쪽에서 북쪽을 바라보게 된다. 사의 상에서 대부가 직접 조문을 왔다는 것은 대부 본인이 찾아와서 사에게 조문을 한다는 뜻이다. 그와 함께 곡(哭)을 하고, 절하는 것이 끝나면 자리로 나아가 서쪽 계단에서 동쪽을 바라보며 곡(哭)을 한다. 대부 홀로 찾아온 경우라면 북쪽을 바라보게 된다.

釋文 跣, 悉典反. 扱, 初洽反. 衽, 而審反, 又而鴆反, 裳際也. 拊音撫. 使, 色吏反. 鄉, 許諒反.

번역 '跣'자는 '悉(실)'자와 '典(전)'자의 반절음이다. '扱'자는 '初(초)'자와 '洽(흡)'자의 반절음이다. '衽'자는 '而(이)'자와 '審(심)'자의 반절음이고, 또한 '而(이)'자와 '鴆(짐)'자의 반절음도 되는데, 하의의 끝자락을 뜻한다. '拊'자의 음은 '撫(무)'이다. '使'자는 '色(색)'자와 '吏(리)'자의 반절음이다. '鄉'자는 '許(허)'자와 '諒(량)'자의 반절음이다.

孔疏 ●"凡主"至"門外". ○正義曰: 前經明出迎賓遠近, 此經更辨拜迎委曲之儀.

번역 ●經文: "凡主"~"門外". ○앞의 경문에서는 밖으로 나와 빈객을 맞이할 때의 거리적 차이를 나타냈고, 이곳 경문에서는 절을 하며 맞이하는 절차의 자세한 의례를 재차 변별하였다.

孔疏 ●"降自西階"者, 不忍當主位, 降自西階.

번역 ●經文: "降自西階". ○차마 주인의 자리에 있을 수 없기 때문에, 내려갈 때 서쪽 계단을 통해서 내려가는 것이다.

孔疏 ●"君拜寄公·國賓于位"者, 寄公, 謂失位之君也. 國賓, 謂鄰國大夫來聘者. 遇主國君之喪拜于位者, 於庭鄉其位而拜之.

번역 ●經文: "君拜寄公·國賓于位". ○'기공(寄公)'은 지위를 잃은 제후를 뜻한다. '국빈(國賓)'은 이웃 나라에서 찾아와 빙문(聘問)을 하는 대부이다. 때마침 찾아간 나라의 제후 상을 접하게 되어 그 자리에서 절을 하게 되면, 상주는 마당에서 그의 자리를 향한 상태로 그에게 절을 한다.

孔疏 ●"士於大夫親弔, 則與之哭, 不逆於門外"者, 謂士之喪, 大夫親來弔, 立于西階下東面, 主人則降自西階下, 南面拜之. 拜訖, 卽位西階下, 與大夫俱哭, 不迎大夫於門外.

번역 ●經文: "士於大夫親弔, 則與之哭, 不逆於門外". ○사의 상에서 대부가 직접 찾아와 조문을 하게 되면 서쪽 계단 아래에 서서 동쪽을 바라보게 되고, 상주는 서쪽 계단을 통해 내려가서 남쪽을 바라보며 절을 한다. 절이 끝나면 서쪽 계단 밑의 자리로 나아가서 대부와 함께 곡(哭)을 하고, 대부를 문밖에서 맞이하지 않는다는 뜻이다.

孔疏 ◎注"拜寄"至"北面". ○正義曰: "此時寄公位在門西, 國賓位在門東, 皆北面"者, 熊氏云"凡賓弔, 北面, 是其正". 故檀弓云"曾子北面而弔焉", 且尸在堂上, 鄉之可知也. 知寄公在門西者, 寄公有賓義, 故在賓位, 故知在門西. 知國賓在門東者, 賓雖爲君命使, 或本是吉使, 而遭主國之喪, 而行私弔之禮, 故從主人之位, 故知在門東. 云"小斂之後, 寄公東面, 國賓門西北面"者, 熊氏云"小斂之後, 主人位於阼階下西面, 寄公稍依吉禮, 漸就賓位, 東面鄉主人也. 國賓亦以小斂後漸吉, 轉就門西賓位, 但爵是卿大夫, 猶北面也". 又士喪禮云"他國之異爵者, 門西少進", 是也. 云"旣拜之, 卽位西階東面哭"者, 以大夫身來弔士之時, 在西階之南, 主人降自西階, 鄕其位而拜之. 拜訖, 主人卽位於西階下, 東面哭之, 故士喪禮云"賓有大夫, 則特拜之. 卽位于西階下, 東面不踊". 鄭注云"卽位西階下, 未忍在主人位", 是據主人也. 而皇氏云"卽位西階東面哭, 謂大夫之位也". 下云"大夫特來則北面", 皇氏卽云"是大夫之位", 俱與士喪禮違, 又與鄭注士喪禮不同, 其義非也. 云"大夫特來則北面"者, 以大夫與士若俱來, 皆東面, 故主人卽位西階, 在大夫之北俱東面而哭. 今大夫獨來, 不與士相隨, 故大夫北面也. 必知北面者, 以凡特弔皆北面, 故檀弓云"曾子北面而弔", 是特弔也.

번역 ◎鄭注: "拜寄"~"北面". ○정현이 "이러한 시기에 기공(寄公)의 자리는 문의 서쪽에 있고, 국빈(國賓)의 자리는 문의 동쪽에 있는데, 모두 북쪽을 바라보게 된다."라고 했는데, 웅안생은 "무릇 빈객이 조문을 하게 되면 북쪽을 바라보는 것이 정식 규범이다."라고 했다. 그렇기 때문에 『예기』「단궁(檀弓)」편에서는 "증자는 북쪽을 바라보고 조문을 하였다."[10]라고 말한 것이고, 또 시신은 당상(堂上)에 있으니, 그 방향을 향한다는 사실을 알 수 있다. 기공이 문의 서쪽에 있게 되는 사실을 알 수 있는 이유는 기공에게는 빈객으로 따라야 하는 도의가 있기 때문에, 빈객의 자리에 있게 된다. 그렇기 때문에 문의 서쪽에 있게 됨을 알 수 있다. 반면 국빈이 문의 동쪽에 있게 되는 사실을 알 수 있는 이유는 국빈이 비록 군주의 명령을 받들고 온 사신이지만, 간혹 본래는 길(吉)한 임무를 받들고 온 사신이었는데, 우연히 찾아간 나라의 제후 상을 접하여, 사적으로 조문의 의례를 시행하는 경우도 있다. 그렇기 때문에 주인의 자리에 따라서 서게 되므로, 문의 동쪽에 있게 됨을 알 수 있다. 정현이 "소렴(小斂)을 한 이후 기공은 동쪽을 바라보게 되고, 국빈은 문의 서쪽에서 북쪽을 바라보게 된다."라고 했는데, 웅안생은 "소렴을 한 이후 상주는 동쪽 계단의 아래에 자리하여 서쪽을 바라보고, 기공은 좀 더 길한 의례에 따라서 보다 빈객의 자리로

---

10) 『예기』「단궁상(檀弓上)」【94b】: 曾子與客立於門側, 其徒趨而出, 曾子曰: "爾將何之?" 曰: "吾父死, 將出哭於巷." 曰: "反哭於爾次!" 曾子北面而弔焉.

나아가게 되며, 동쪽을 바라보는 것은 상주를 향하는 것이다. 국빈 또한 소렴 이후에는 보다 길한 의례에 따라서 보다 문의 서쪽인 빈객의 자리로 나아가게 된다. 다만 작위가 경이나 대부인 자들은 여전히 북쪽을 바라보게 된다."라고 했다. 또 『의례』「사상례(士喪禮)」편에서는 "다른 나라에서 찾아온 남다른 작위를 가진 자는 문의 서쪽에서 보다 앞으로 나온다."[11]라고 했다. 정현이 "절하는 것이 끝나면 자리로 나아가 서쪽 계단에서 동쪽을 바라보며 곡(哭)을 한다."라고 했는데, 대부 본인이 찾아와서 사의 상에 조문을 할 때, 서쪽 계단의 남쪽에 있게 되며, 상주는 서쪽 계단을 통해 내려와서 그의 자리를 향한 상태로 그에게 절을 한다. 절이 끝나면 상주는 곧 서쪽 계단 아래에 있는 자리로 나아가 동쪽을 바라보며 곡(哭)을 한다. 그렇기 때문에 「사상례」편에서는 "빈객 중 대부가 있다면, 그에게 단독으로 절을 한다. 서쪽 계단 아래의 자리로 나아가서 동쪽을 바라보되 용(踊)은 하지 않는다."라고 한 것이고, 정현의 주에서는 "서쪽 계단 밑의 자리로 나아가는 것은 차마 주인의 자리에 있을 수 없기 때문이다."라고 했으니, 이것은 상주에게 기준을 둔 내용이다. 그런데 황간은 "서쪽 계단의 자리로 나아가서 동쪽을 바라보며 곡(哭)을 한다는 것은 대부의 자리를 뜻한다."라고 했다. 아래문장에서는 "대부가 단독으로 찾아오면 북쪽을 바라본다."라고 했는데, 이 문장에 대해서도 황간은 곧 "이것은 대부의 자리이다."라고 했으니, 이 모두는 「사상례」편의 기록과 위배되고, 또 「사상례」편에 대한 정현의 주와도 동일하지 않으므로, 그 주장은 잘못되었다. 정현이 "대부 홀로 찾아온 경우라면 북쪽을 바라보게 된다."라고 했는데, 대부와 사가 만약 함께 찾아온 경우라면, 모두 동쪽을 바라보게 된다. 그렇기 때문에 상주는 곧 서쪽 계단의 자리로 나아가니, 이곳은 대부가 있는 곳의 북쪽이 되며, 모두 동쪽을 바라보고 곡을 하게 된다. 현재 대부 홀로 찾아왔다면, 사와 함께 온 경우와는 다르다. 그렇기 때문에 대부는 북쪽을 바라보게 된다. 북쪽을 바라보게 된다는 사실을 분명히 알 수 있는 이유는 무릇 홀로 조문

11) 『의례』「사상례(士喪禮)」: 卿大夫在主人之南. 諸公門東, 少進. 他國之異爵者門西, 少進.

을 하는 경우에는 모두 북쪽을 바라보기 때문이다. 그래서 「단궁」편에서는 "증자는 북쪽을 바라보고 조문을 하였다."라고 한 것이니, 이것은 홀로 조문하는 경우를 뜻한다.

訓纂 廣雅: 扱, 揷也.

번역 『광아』[12]에서 말하길, '급(扱)'자는 "꽂다[揷]."는 뜻이다.

集解 愚謂: 士喪禮朝夕哭弔賓之位, "卿大夫在主人之南, 諸公門東, 少進, 他國之異爵者門西, 少進", 士西方東面; 而於始死以後至殯以前, 皆不見弔賓之位. 蓋其位與朝夕哭同, 故不別見之. 故士喪禮"有賓則拜之", 鄭氏云"其位如朝夕哭", 是也. 若諸侯, 則群臣之位, 始死之時, 親而尊者在室, 疏而卑者在堂下, 卽上經之所陳者, 是也. 旣小斂, 則卿大夫皆在主人之南, 西面, 士西方東面. 而士禮門東, 北面, 少進之位, 於諸侯則當爲寄公之位; 士禮門西, 北面, 少進之位, 於諸侯則當爲國賓之位. 自始死以至於朝夕哭皆然. 若鄰國卿大夫來弔者, 則當在門西, 北面, 但始死之時, 鄰國弔使亦未能卽至耳. 君拜寄公·國賓於位者, 南向就其位而拜之也. 主人拜於下, 拜於中庭也. 凡臣於君之弔, 皆卽位於門右, 北面, 受弔於中庭. 故士喪始死, 君使人弔, 主人迎於寢門外, 見賓不哭, 先入門右, 北面. 弔者入, 升自西階, 主人進中庭, 弔者致命, 主人哭拜稽顙成踊. 賓出, 主人拜送於外門外. 大夫於君命亦然. 士於大夫親弔, 則與之哭者, 大夫西面於阼階下之南, 主人卽西階下位, 與之俱東面而哭也.

---

12) 『광아(廣雅)』는 위(魏)나라 때 장읍(張揖)이 지은 자전(字典)이다. 『박아(博雅)』라고도 부른다. 『이아』의 체제를 계승하고, 새로운 내용을 보충하여, 경전(經典)에 기록된 글자들을 해석한 서적이다. 본래 상·중·하 3권으로 구성되어 있었지만, 수(隋)나라 조헌(曺憲)이 재차 10권으로 편집하였다. 한편 '광(廣)'자가 수나라 양제(煬帝)의 시호였기 때문에, 피휘를 하여, 『박아』라고 부르게 되었다.

번역 내가 생각하기에, 『의례』「사상례(士喪禮)」편에서는 아침저녁으로 곡(哭)을 하며 조문을 온 빈객들의 자리에 대해서, "경과 대부는 상주의 남쪽에 위치하고, 여러 공들은 문의 동쪽에 위치하는데 보다 앞으로 나오고, 다른 나라에서 찾아온 남다른 관직의 소유자인 경과 대부들은 문의 서쪽에 위치하는데 보다 앞으로 나온다."[13]라고 했고, 사는 서쪽에서 동쪽을 바라보게 된다. 그리고 초상 이후 빈소를 차리기 이전까지의 절차에 있어서는 모두 조문을 온 빈객들의 자리가 나타나지 않는다. 아마도 그들의 자리는 아침저녁으로 곡하던 자리와 동일했기 때문에, 별도로 명시를 하지 않은 것 같다. 그래서 「사상례」편에서 "빈객이 있으면 절을 한다."[14]라고 한 것이고, 정현의 주에서는 "그 자리는 아침저녁으로 곡하던 자리와 같다."라고 한 것이다. 만약 제후의 경우라면 뭇 신하들의 자리는 초상 때 군주와 친근하고 존귀한 자는 실(室)에 있게 되고, 소원하고 미천한 자는 당하(堂下)에 있게 되니, 앞의 경문에서 진술한 내용이 이 경우에 해당한다. 소렴(小斂)을 마친 뒤라면, 경과 대부는 모두 주인의 남쪽에 위치하여 서쪽을 바라보고, 사는 서쪽에서 동쪽을 바라본다. 그런데 사에게 적용되는 예법에서 문의 동쪽에서 북쪽을 바라보며 조금 앞으로 나온 자리는 제후의 예법에 있어서는 기공의 자리가 된다. 또 사의 예법에서 문의 서쪽에서 북쪽을 바라보며 조금 앞으로 나온 자리는 제후의 예법에 있어서는 국빈의 자리가 된다. 초상으로부터 아침저녁으로 곡을 하는 시기까지 모두 이와 같다. 만약 이웃 나라의 경과 대부가 찾아와서 조문을 하는 경우라면, 문의 서쪽에서 북쪽을 바라보게 되는데, 다만 초상의 때라면 이웃 나라에서 조문을 온 사신 또한 곧바로 자리로 나아갈 수 없을 따름이다. 군주의 상에서 기공과 국빈에게 자리에서 절을 한다고 했는데, 이것은 남쪽을 향하여 자신의 자리로 나아가 그들에게 절을 한다는 뜻이다. 주인이 아래에서 절을 한다고 했는데, 이것은 마당에서 절을 한다는 뜻이다. 무릇 신하는 군주의

---

13) 『의례』「사상례(士喪禮)」: 卿大夫在主人之南. 諸公門東, 少進. 他國之異爵者門西, 少進. 敵則先拜他國之賓.

14) 『의례』「사상례(士喪禮)」: 乃赴于君. 主人西階東, 南面命赴者, 拜送. 有賓則拜之.

조문에 대해서 모두 문의 우측에 있는 자리로 나아가고 북쪽을 바라보며, 마당에서 조문을 받게 된다. 그렇기 때문에 사의 상에서 초상 때 군주가 사신을 보내 조문을 하게 되면, 상주는 침문(寢門) 밖으로 나와서 사신을 맞이하고, 빈객을 보아도 곡(哭)을 하지 않고 먼저 들어가서 문의 우측에 있으며 북쪽을 바라본다. 또 조문을 온 사신은 들어와서 서쪽 계단을 통해 당(堂)으로 올라가고, 상주는 마당으로 나아가며, 조문을 온 사신이 명령을 전달하면, 상주는 곡(哭)을 하고 절을 하며 이마를 땅에 닿도록 한 뒤에 용(踊)의 절차를 마무리한다. 그리고 빈객이 밖으로 나가면, 상주는 외문의 밖에서 절을 하며 그를 전송한다. 대부의 상에서 군주의 명령을 받들고 온 사신을 대할 때에도 또한 이처럼 한다. 사의 상에서 대부가 직접 조문을 오게 되면, 그와 함께 곡을 한다고 했는데, 대부는 동쪽 계단 아래의 남쪽에서 서쪽을 바라보고, 상주는 서쪽 계단 아래에 있는 자리로 나아가서 그와 함께 동쪽을 바라보며 곡을 한다는 뜻이다.

集解 鄭氏云, "大夫特來, 則北面." 此據檀弓"曾子北面而弔"爲說, 不知曾子北面乃弔於不爲位者之禮, 非可以決弔位之正.

번역 정현은 "대부가 홀로 찾아오면 북쪽을 바라보게 된다."라고 했는데, 이 설명은 『예기』「단궁(檀弓)」편의 "증자가 북쪽을 바라보고 조문을 했다."라는 말에 근거한 주장이다. 그러나 증자가 북쪽을 바라보았던 것은 자리를 마련하지 않았을 때 조문하는 예법임을 알지 못한 것으로, 조문의 자리에 대한 정식 예법이라고 판단해서는 안 된다.

【529a~b】

夫人爲寄公夫人出, 命婦爲夫人之命出, 士妻不當斂, 則爲命婦出.

직역 夫人은 寄公夫人을 爲하여 出하고, 命婦는 夫人의 命을 爲하여 出하며, 士妻는 斂이 不當하면, 命婦를 爲하여 出한다.

의역 제후의 부인은 조문을 온 기공(寄公)의 부인을 위해서 방밖으로 나오고, 경과 대부의 부인은 제후 부인의 명령을 받들고 온 사신을 위해서 방밖으로 나오며, 사의 처는 소렴(小斂)을 하는 시기가 아니라면, 조문을 온 명부(命婦)를 위해서 방밖으로 나온다.

集說 婦人不下堂, 此謂自房而出拜於堂上也.

번역 부인들은 당하(堂下)로 내려가지 않으니, 이 내용은 방으로부터 밖으로 나와서 당상(堂上)에서 절을 한다는 뜻이다.

鄭注 出, 拜之於堂上也. 此時寄公夫人·命婦位在堂上, 北面. 小斂之後, 尸西, 東面.

번역 '출(出)'은 당상(堂上)에서 그녀들에게 절을 한다는 뜻이다. 이러한 시기에 기공(寄公)의 부인과 명부(命婦)들은 당상에 위치하여 북쪽을 바라본다. 소렴(小斂)을 한 이후라면 시신의 서쪽에 위치하여 동쪽을 바라보게 된다.

孔疏 ○正義曰: 前經明男子迎賓, 此經明婦人迎賓也.

번역 ○앞의 경문에서는 남자가 남자빈객을 맞이하는 절차를 나타냈고,

이곳 경문은 부인이 여자빈객을 맞이하는 절차를 나타내고 있다.

孔疏 ●"夫人爲寄公夫人出"者, 出, 謂出房也. 婦人不下堂, 但出房而拜於堂上也, 婦人尊卑與夫同, 故所爲出者亦同也.

번역 ●經文: "夫人爲寄公夫人出". ○'출(出)'은 방밖으로 나온다는 뜻이다. 부인은 당하(堂下)로 내려가지 않고, 단지 방밖으로 나와서 당상(堂上)에서 절을 할 뿐이며, 부인의 신분과 남편의 신분은 동일하기 때문에 밖으로 나오게 하는 대상 또한 동일하다.

孔疏 ●"命婦爲夫人之命出"者, 亦同其夫爲君命也, 此出亦不下堂耳.

번역 ●經文: "命婦爲夫人之命出". ○이 또한 그녀의 남편이 군주의 명령을 받들고 온 사신을 위해 취하는 행동과 동일하게 하는 것인데, 이곳에서 '출(出)'이라고 한 말은 또한 당하(堂下)로 내려가지는 않는다는 뜻일 뿐이다.

孔疏 ●"士妻不當斂則爲命婦出"者, 前經明士於大夫不當斂出, 故此士妻於命婦亦不當斂而出也.

번역 ●經文: "士妻不當斂則爲命婦出". ○앞의 경문에서는 사의 상에서 대부가 조문을 왔을 때, 소렴(小斂)을 하는 때가 아니라면 밖으로 나온다는 사실을 나타냈다. 그렇기 때문에 이곳 문장에서는 사의 아내가 명부(命婦)의 조문에 대해서 또한 소렴을 하는 때가 아니라면 방밖으로 나온다고 말한 것이다.

孔疏 ◎注"出拜"至"東面". ○正義曰: 知拜於堂上者, 男子降階, 拜賓於庭, 婦人無外事, 故知拜於堂上. 云"此時寄公夫人・命婦位在堂上北面"者,以前文云君之喪, 外命婦率外宗哭於堂上, 北面, 故知此命婦在堂上, 北面. 知寄公夫人亦然者, 以士喪禮"他國異爵者門西", 北堂, 與己國大夫同, 則知寄公夫人亦與命婦同也. 云"小斂之後, 尸西, 東面"者, 以小斂之後, 遷尸於堂, 故知從婦人之位, 在尸西, 東面也.

번역 ◎鄭注: "出拜"~"東面". ○당상(堂上)에서 절을 한다는 사실을 알 수 있는 이유는 남자는 계단을 통해 내려가서 마당에서 빈객에게 절을 하지만, 부인에게는 바깥일 자체가 없다. 그렇기 때문에 당상에서 절을 한다는 사실을 알 수 있다. 정현이 "이러한 시기에 기공(寄公)의 부인과 명부(命婦)들은 당상에 위치하여 북쪽을 바라본다."라고 했는데, 앞의 문장에서는 군주의 상에서 외명부(外命婦)는 외종(外宗)을 통솔하여 당상에서 곡(哭)을 하고 북쪽을 바라본다고 했다. 그렇기 때문에 이러한 명부(命婦)들이 당상에 있을 때에는 북쪽을 바라본다는 사실을 알 수 있다. 그리고 기공의 부인 또한 이처럼 한다는 사실을 알 수 있는 이유는 『의례』「사상례(士喪禮)」편에서는 "다른 나라의 남다른 관직을 가진 자는 문의 서쪽에 위치한다."[15]라고 했는데, 당(堂)을 북쪽으로 두는 것은 자신의 나라에 속한 대부들과 동일하게 따르므로, 기공의 부인 또한 명부(命婦)와 동일하게 따름을 알 수 있다. 정현이 "소렴(小斂)을 한 이후라면 시신의 서쪽에 위치하여 동쪽을 바라보게 된다."라고 했는데, 소렴을 한 이후에는 시신을 당(堂)으로 옮긴다. 그렇기 때문에 그에 따라 부인들의 자리가 시신의 서쪽에 해당하며 그곳에서 동쪽을 바라본다는 사실을 알 수 있다.

集解 愚謂: 出, 謂出於室也. 寄公夫人·命婦位在堂上北面者, 以婦人無堂下之位, 而尸在室中, 宜北面鄕之也. 蓋寄公夫人在外命婦之西, 命婦在衆婦人之西, 而皆西上, 其拜之皆於戶外南鄕而拜之也. 命婦爲夫人之命, 拜稽顙於庭.

15) 『의례』「사상례(士喪禮)」: 卿大夫在主人之南. 諸公門東, 少進. 他國之異爵者門西, 少進. 敵則先拜他國之賓.

번역 내가 생각하기에, '출(出)'은 실(室)에서 나온다는 뜻이다. 기공(寄公)의 부인과 명부(命婦)는 당상(堂上)에 위치하여 북쪽을 바라보는데, 부인들은 당하(堂下)에 자리가 없기 때문이며, 시신이 실(室) 안에 있으니, 마땅히 북쪽을 바라보아서 시신 쪽을 향해야 한다. 무릇 기공의 부인은 외명부(外命婦)의 여자들이 서 있는 곳 서쪽에 위치했을 것이고, 명부(命婦)는 상을 당한 집안의 여러 부인들이 서 있는 곳 서쪽에 위치했을 것이며, 모두 서쪽 끝에서부터 서열에 따라 자리를 정렬하고, 그녀들에 대해 절을 할 때에는 모두 방문 밖에서 남쪽을 향하여 그녀들에게 절을 했을 것이다. 명부가 제후 부인의 명령을 받들고 온 사신에 대해서 절을 할 때에는 마당에서 절을 하며 이마를 땅에 닿게 한다.

集解 孔氏謂"出爲出房", 非也. 此時尸在室, 主婦在尸西, 東面, 不得在房也. 又謂"命婦爲夫人之命, 不下堂", 亦非也. 未斂之前, 主人爲君命, 亦拜於庭, 則主婦亦然, 約下夫人弔之禮可見也.

번역 공영달은 "출(出)은 방밖으로 나온다는 뜻이다."라고 했는데, 잘못된 주장이다. 이 시기에 시신은 실(室)에 있으니, 주부는 시신의 서쪽에서 동쪽을 바라보게 되어, 방에 있을 수 없다. 또 "명부(命婦)가 제후 부인의 명령을 받들고 온 사신에 대해서 당하(堂下)로 내려가지 않는다."라고 했는데, 이 또한 잘못된 주장이다. 소렴(小斂)을 하기 이전에 상주는 군주의 명령을 받들고 온 사신에 대해서 또한 마당에서 절을 하니, 주부 또한 이처럼 따르는 것으로, 아래에 나온 부인이 조문하는 예법을 요약해보면 이러한 사실을 확인할 수 있다.

• 제7절 •

소렴(小斂)과 그 이후의 절차

【529b】

小斂, 主人卽位于戶內, 主婦東面乃斂. 卒斂, 主人馮之踊, 主婦亦如之. 主人袒, 說髦, 括髮以麻. 婦人髽, 帶麻于房中. 徹帷, 男女奉尸夷于堂, 降拜.

직역 小斂에, 主人은 戶內에서 位로 卽하고, 主婦는 東面하고서 斂한다. 斂을 卒하면, 主人은 馮하여 踊하고, 主婦도 亦히 如한다. 主人은 袒하고, 髦를 說하며, 髮을 括하길 麻로써 한다. 婦人은 髽하며, 房中에서 麻로 帶한다. 帷를 徹하고, 男女는 尸를 奉하여 堂으로 夷하고, 降하여 拜한다.

의역 소렴(小斂)을 치르게 되면, 상주는 방문 안쪽의 자리로 나아가고, 주부는 동쪽을 바라보고서 곧 소렴을 시행한다. 소렴을 끝내면 상주는 시신을 부여잡고 용(踊)을 하며, 주부 또한 이처럼 한다. 주부는 단(袒)을 하고, 다팔머리를 풀며, 마(麻)를 이용해서 머리카락을 묶는다. 부인은 좌(髽)의 방식으로 머리를 틀고, 방안에서 마(麻)로 된 허리띠를 찬다. 당(堂)에 쳤던 휘장을 걷고, 상주와 주부 및 남녀의 친족들은 시신을 받들어서 당(堂)으로 옮기고, 상주는 당하(堂下)로 내려와서 빈객에게 절을 한다.

集說 檀弓云, "小斂于戶內." 馮之踊者, 馮尸而踊也. 髦, 幼時翦髮爲之, 年雖成人, 猶垂于兩邊. 若父死脫左髦, 母死脫右髦. 親沒不髦, 謂此也. 髽, 亦用麻, 如男子括髮以麻也. 帶麻, 麻帶也, 謂婦人要絰. 小斂畢, 卽徹去先所設帷堂之帷. 諸侯大夫之禮, 賓出乃徹帷, 此言士禮耳. 夷, 陳也. 小斂竟, 相者擧尸出戶, 往陳于堂, 而孝子男女親屬, 並扶捧之也. 降拜, 適子下堂而拜賓也.

번역 『예기』「단궁(檀弓)」편에서는 "방문의 안쪽에서 소렴(小斂)을 한다."[1]라고 했다. '빙지용(馮之踊)'은 시신을 부여잡고 용(踊)을 한다는 뜻이다. '모(髦)'는 어렸을 때 머리카락을 잘라서 만든 다팔머리인데, 나이가 비록 성인(成人)에 해당하더라도 여전히 양쪽 측면으로 머리카락을 늘어트린다. 만약 부친이 돌아가셨다면 좌측의 다팔머리를 풀어서 늘어트리고, 모친이 돌아가셨다면 우측의 다팔머리를 풀어서 늘어트린다. "부모가 돌아가시게 되면, 모(髦)의 머리 방식을 하지 않는다."[2]라고 한 말은 바로 이러한 뜻을 나타낸다. '좌(髽)'의 머리 방식 또한 마(麻)를 사용해서 만들게 되는데, 이것은 남자가 머리카락을 묶을 때 마(麻)를 사용하는 것과 같다. '대마(帶麻)'는 마(麻)로 만든 허리띠를 뜻하니, 부인이 차는 요질(要絰)을 의미한다. 소렴(小斂)을 끝내면 곧 당(堂)에 쳤던 휘장을 우선적으로 제거한다. 제후와 대부의 예법에서 빈객이 밖으로 나오면 휘장을 걷는다고 했으니, 이곳의 내용은 사에게 적용되는 예법일 뿐이다. '이(夷)'자는 "놓아둔다[陳]."는 뜻이다. 소렴이 끝나면 의례를 돕는 자는 시신을 들어서 방문 밖으로 나가고, 당(堂)으로 가서 시신을 놓아두는데, 자식과 남녀의 친족들은 모두 시신을 받들게 된다. '강배(降拜)'는 적자가 당하(堂下)로 내려와서 빈객에게 절을 한다는 뜻이다.

大全 長樂黃氏曰: 士喪禮, 小斂馮尸, 主人括髮袒, 衆主人免于房, 主婦髽于室, 士喪禮記曰, 旣馮尸, 主人絞帶, 衆主人布帶, 則小斂馮尸之後, 括髮免髽之時, 主人已絞帶, 衆主人已布帶, 婦人已帶麻, 特主人未襲絰耳.

번역 장락황씨[3]가 말하길, 『의례』「사상례(士喪禮)」편에서는 소렴(小

---

1) 『예기』「단궁상(檀弓上)」【88a】: 從者又問諸子游曰: "禮與?" 子游曰: "飯於牖下, 小斂於戶內, 大斂於阼, 殯於客位, 祖於庭, 葬於墓, 所以即遠也. 故喪事有進而無退." 曾子聞之曰: "多矣乎予出祖者!"

2) 『예기』「옥조(玉藻)」【379d】: 五十不散送, 親沒不髦.

3) 황간(黃幹, A.D.1152~A.D.1221) : =면재황씨(勉齋黃氏)·삼산황씨(三山黃氏)·장락황씨(長樂黃氏)·황면재(黃勉齋)·황직경(黃直卿). 남송(南宋) 때

斂)을 하며 시신을 부여잡고, 상주는 머리카락을 묶고서 단(袒)을 하며, 여러 아들들은 방에서 면(免)[4]을 하고, 주부는 실(室)에서 좌(髽)의 방식으로 머리를 튼다고 했다. 그리고 「사상례」편에 대한 기문(記文)에서는 "시신을 부여잡는 절차가 끝나면 상주는 교대(絞帶)를 차고 나머지 아들들은 포대(布帶)를 찬다."[5]고 했으니, 소렴을 치르며 시신을 부여잡는 절차 이후 머리카락을 묶고 면(免)을 하며 좌(髽)를 틀 때, 상주는 이미 교대를 차고 있고, 나머지 아들들은 이미 포대를 차고 있으며, 부인도 이미 마(麻)로 된 허리띠를 차고 있는데, 다만 상주만 아직 습(襲)[6]과 질(絰)을 하지 않았을 따름이다.

鄭注 士旣殯, 說髦, 此云小斂, 蓋諸侯禮也. 士之旣殯, 諸侯之小斂, 於死者但三日也. 婦人之髽·帶麻於房中, 則西房也. 天子·諸侯有左右房. 夷之言尸也, 於遷尸, 主人·主婦以下從而奉之, 孝敬之心. 降拜, 拜賓也.

번역 사의 예법에서는 빈소를 마련한 뒤에 다팔머리를 푼다고 했는데, 이곳에서는 소렴(小斂)이라고 했으니, 아마도 제후의 예법인 것 같다. 사가 빈소를 마련하는 것과 제후가 소렴을 하는 것은 죽은 자를 기준으로는 단지 3일이 지난 시점이 된다. 부인이 방에서 좌(髽)의 방식으로 머리를 틀고 마(麻)로 된 허리띠를 두른다고 했다면, 이곳은 서쪽 방에 해당한다. 천자와 제후의 경우에는 좌우측에 모두 방이 있다. '이(夷)'자는 '시신[尸]'을 뜻하며, 시신을 옮길 때 상주와 주부로부터 그 이하의 사람들은 그를 따라서

의 학자이다. 자(字)는 직경(直卿)이고, 호(號)는 면재(勉齋)이다. 주자(朱子)에게서 수학하였으며, 주자의 사위였다. 저서로는 『오경통의(五經通義)』 등이 있다.

4) 면(免)은 면포(免布)나 면복(免服)과 같은 뜻이다.

5) 『의례』「기석례(旣夕禮)」: 旣馮尸, 主人袒, 髻髮, 絞帶, 衆主人布帶.

6) 습(襲)은 고대에 의례를 시행할 때 하는 복장 방식 중 하나이다. 겉옷으로 안에 입고 있던 옷들을 완전히 가리는 방식이다. 한편 '습'은 비교적 성대한 의식 때 시행하는 복장 방식으로도 사용되어, 안에 있고 있는 옷을 드러내지 않음으로써, 공경의 뜻을 표하기도 했다.

시신을 받들게 되니, 효와 공경의 마음을 나타내는 것이다. 내려가서 절을 하는 것은 빈객에게 절을 한다는 뜻이다.

釋文 馮, 皮冰反, 本或作憑, 後皆同. 袒, 大旱反. 說髦, 本作稅, 同他活反, 徐他外反, 注同. 髦音毛. 髽, 側瓜反. 奉, 芳勇反, 注同. 夷于堂, 如字, 陳也, 本或作侇, 同音移, 一本作奉尸于堂. 從, 才用反, 又如字.

번역 '馮'자는 '皮(피)'자와 '冰(빙)'자의 반절음이며, 판본에 따라서는 또한 '憑'자로도 기록하는데, 뒤에 나오는 글자는 모두 이와 같다. '袒'자는 '大(대)'자와 '旱(한)'자의 반절음이다. '說髦'에서의 '說'자는 판본에 따라서 '稅'자로도 기록하는데, 두 글자는 모두 '他(타)'자와 '活(활)'자의 반절음이며, 서음(徐音)은 '他(타)'자와 '外(외)'자의 반절음이고, 정현의 주에 나오는 글자도 그 음이 이와 같다. '髦'자의 음은 '毛(모)'이다. '髽'자는 '側(측)'자와 '瓜(과)'자의 반절음이다. '奉'자는 '芳(방)'자와 '勇(용)'자의 반절음이며, 정현의 주에 나오는 글자도 그 음이 이와 같다. '夷于堂'에서의 '夷'자는 글자대로 읽는데, 놓아둔다는 뜻이며, 판본에 따라서는 또한 '侇'자로도 기록하는데, 두 글자 모두 그 음은 '移(이)'이고, 다른 판본에서는 '奉尸于堂'이라고도 기록한다. '從'자는 '才(재)'자와 '用(용)'자의 반절음이며, 또한 글자대로 읽기도 한다.

孔疏 ○正義曰: 此一節明人君·大夫·士等小斂之節, 及拜迎於賓及奠祭弔者之儀, 各隨文解之.

번역 ○이곳 문단은 군주·대부·사 등의 소렴 절차와 빈객에게 절을 하며 맞이하는 일, 전제(奠祭)[7]와 조문하는 의례 등을 나타내고 있으니, 각각의 문장에 따라서 풀이하겠다.

---

7) 전제(奠祭)는 죽은 자 및 귀신들에게 음식을 헌상하는 제사이다. 상례(喪禮)를 치를 때, 빈소를 차리고 나면, 매일 아침과 저녁에 음식을 바치며 제사를 지내게 되는데, '전제'는 주로 이러한 제사를 뜻한다.

孔疏 ●"主人卽位于戶內"者, 以初時尸在牖下, 主人在尸東, 今小斂當戶內, 故主人在戶內稍東, 西面.

번역 ●經文: "主人卽位于戶內". ○초상 때 시신은 들창 아래에 있고, 상주는 시신의 동쪽에 있는데, 현재 소렴(小斂)을 하게 되어 방문의 안쪽에 있다. 그렇기 때문에 상주는 방문 안쪽에서도 좀 더 동쪽으로 치우친 자리에서 서쪽을 바라보며 있게 된다.

孔疏 ●"主人馮之踊"者, 斂訖, 主人馮尸而踊.

번역 ●經文: "主人馮之踊". ○소렴(小斂)이 끝나면, 상주는 시신을 부여잡고 용(踊)을 한다.

孔疏 ●"主婦亦如之"者, 馮尸竟, 亦踊, 與男子同也.

번역 ●經文: "主婦亦如之". ○시신을 부여잡는 절차가 끝나면 또한 용(踊)을 하는데, 모여 있는 남자들과 동일하게 한다.

孔疏 ●"主人袒"者, 鄕小斂不袒, 今方有事, 故袒衣也. 士喪禮馮尸已竟而云"髺髮袒", 此未括髮先云袒者, 或人君禮也.

번역 ●經文: "主人袒". ○소렴(小斂)을 할 때에는 단(袒)을 하지 않는데, 현재 해당 사안을 처리해야 하기 때문에 옷에 대해서 단(袒)을 한다. 『의례』「사상례(士喪禮)」편에서는 시신을 부여잡는 절차가 끝난 뒤에, "머리를 묶고서 단(袒)을 한다."[8]라고 했는데, 이곳에서는 아직 머리를 묶기 이전에 먼저 단(袒)을 한다고 했다. 그 이유는 아마도 이 내용은 군주의 예법이기 때문일 것이다.

---

8) 『의례』「사상례(士喪禮)」: 主婦東面馮, 亦如之. 主人髺髮袒, 衆主人免于房.

孔疏 ●"說髦"者, 髦, 幼時翦髮爲之, 至年長則垂著兩邊, 明人子事親, 恒有孺子之義也. 若父死說左髦, 母死說右髦, 二親並死則並說之, 親沒不髦, 是也. 今小斂竟, 喪事已成, 故說之也. 按鄭注"士旣殯, 說髦", 今小斂而說者, 人君禮也.

번역 ●經文: "說髦". ○'모(髦)'는 어렸을 때 머리카락을 잘라서 만드는 머리 방식이다. 장성하게 되면 양쪽 측면으로 머리카락을 내려트려서 자식이 부모를 섬길 때에는 항상 어린아이였을 때의 도의를 간직한다는 뜻을 나타낸다. 만약 부친이 돌아가시게 되면 좌측 다팔머리를 풀고, 모친이 돌아가시게 되면 우측 다팔머리를 푸는데, 두 분이 모두 돌아가시게 되면 둘 모두 풀게 되니, "부모가 돌아가시게 되면, 모(髦)의 머리 방식을 하지 않는다."라는 뜻에 해당한다. 현재 소렴(小斂)이 끝나서, 상사의 일이 이미 어느 정도 완성이 된 것이다. 그렇기 때문에 다팔머리를 푼다. 정현의 주를 살펴보면, "사는 빈소를 차린 뒤에 다팔머리를 푼다."라고 했는데, 현재 이곳에서는 소렴을 하고서 푼다고 했으니, 군주에게 해당하는 예법이기 때문이다.

孔疏 ●"括髮以麻"者, 以, 用也. 人君小斂, 說髦竟, 而男子括髮, 括髮用麻也. 士小斂後亦括髮, 但未說髦耳.

번역 ●經文: "括髮以麻". ○'이(以)'자는 "사용한다[用]."는 뜻이다. 군주는 소렴(小斂) 때 다팔머리를 풀고, 그 절차가 끝나면 남자는 머리카락을 묶는데, 머리카락을 묶을 때 마(麻)를 사용한다. 사는 소렴을 한 이후에 또한 머리카락을 묶는데, 단지 아직까지는 다팔머리를 풀지 않았을 따름이다.

孔疏 ●"婦人髽"者, 婦人髽亦用麻也, 對男子括髮也.

번역 ●經文: "婦人髽". ○부인들은 좌(髽)의 머리 방식으로 머리를 틀며 또한 마(麻)를 사용하니, 남자들이 머리카락을 묶는 것과 대비된다.

孔疏 ●"帶麻于房中"者, 帶麻, 麻帶也, 謂婦人要絰也. 士喪禮云"婦人之帶牡麻, 結本在房", 鄭云: "婦人亦有苴絰, 但言帶者, 記其異, 此齊衰婦人. 斬衰婦人, 亦苴絰也." 帶, 男子帶絰于東房, 而婦人帶絰在西房. 旣與男子異處, 故特記其異也. 婦人重帶, 故云帶而略於絰也. 于房中者, 謂男子說髦·括髮在東房, 婦人髽·帶麻於西房也.

번역 ●經文: "帶麻于房中". ○'대마(帶麻)'는 마(麻)로 만든 허리띠를 뜻하니, 부인들이 차는 요질(要絰)을 의미한다. 『의례』「사상례(士喪禮)」편에서는 "부인들의 대(帶)에는 수컷 마(麻)를 사용하고, 줄기를 묶은 뒤 방에 있는다."[9]라고 했고, 정현은 "부인 또한 저질(苴絰)을 차게 되는데, 단지 '대(帶)'에 대해서만 말한 것은 차이점을 기록한 것이니, 이것은 자최복(齊衰服)을 착용하는 부인들의 내용이다. 참최복(斬衰服)을 착용하는 부인들 또한 저질을 착용한다."라고 했다. '대(帶)'를 찰 때, 남자들은 동쪽 방에서 대(帶)와 질(絰)을 차는데, 부인들은 서쪽 방에서 대(帶)와 질(絰)을 찬다. 이미 남자와 다른 장소에서 시행한다고 했기 때문에, 차이점만을 기록한 것이다. 부인의 입장에서는 대(帶)를 중시한다. 그렇기 때문에 대(帶)에 대해서만 언급을 하고, 질(絰)에 대해서는 생략을 했다. 방안에서 한다는 말은 남자는 다팔머리를 풀고 머리를 묶는데, 이것을 동쪽 방에서 한다는 뜻이고, 부인은 좌(髽)의 방식으로 머리를 틀고 마(麻)로 만든 대(帶)를 차는데 서쪽 방에서 한다는 뜻이다.

孔疏 ◎注"士旣"至"右房". ○正義曰: "士之旣殯, 諸侯之小斂, 於死者俱三日也"者, 謂數往日也. 云"婦人之髽·帶麻於房中, 則西房也"者, 按士喪禮"主人髻髮袒, 衆主人免于房", 鄭注云"釋髻髮宜於隱"者, 是主人等括髮在東房. 士喪禮又云"婦人髽于室", 以男子在房, 故婦人髽于室. 大夫士唯有東房故也. 此經兼明諸侯之禮有東西房, 男子旣括髮於東房, 故知婦人髽及帶麻于

---

9) 『의례』「사상례(士喪禮)」: 苴絰大鬲, 下本在左. 要絰小焉, 散帶垂長三尺. 牡麻絰右本在上, 亦散帶垂. 皆饌于東方. <u>婦人之帶牡麻, 結本, 在房</u>.

西房. 云"天子諸侯有左右房"者, 欲明經中房是西房也. 天子路寢制如明堂, 熊氏云: "左房則東南火室也, 右房則西南金室也. 諸侯路寢室在於中[10]房, 在室之東西也."

번역 ◎鄭注: "士旣"~"右房". ○정현이 "사가 빈소를 마련하는 것과 제후가 소렴을 하는 것은 죽은 자를 기준으로는 단지 3일이 지난 시점이 된다."라고 했는데, 며칠이 지난 시점을 뜻한다. 정현이 "부인이 방에서 좌(髽)의 방식으로 머리를 틀고 마(麻)로 된 허리띠를 두른다고 했다면, 이곳은 서쪽 방에 해당한다."라고 했는데, 『의례』「사상례(士喪禮)」편을 살펴보면, "상주는 머리를 묶고 단(袒)을 하며, 뭇 아들들은 방에서 면(免)을 한다."[11]라고 했고, 정현의 주에서는 "머리를 묶는다는 것은 마땅히 은밀한 장소에서 해야 함을 풀이한 말이다."라고 했으니, 이것은 상주 등이 머리를 묶을 때 동쪽 방에서 한다는 뜻을 나타낸다. 「사상례」편에서는 또한 "부인들은 실(室)에서 좌(髽)의 방식으로 머리를 튼다."[12]라고 했는데, 남자가 방(房)에서 이러한 일을 시행하므로, 부인들은 실(室)에서 좌(髽)의 방식으로 머리를 튼다. 대부와 사의 경우에는 오직 동쪽 방만 있기 때문이다. 이곳 경문에서는 제후의 예까지도 함께 나타냈기 때문에 동쪽과 서쪽에 모두 방이 있는 것이고, 남자가 이미 동쪽 방에서 머리를 묶는다고 했으므로, 부인들이 좌(髽)의 방식으로 머리를 틀고 마(麻)로 된 허리띠를 차는 것은 서쪽 방에서 하게 됨을 알 수 있다. 정현이 "천자와 제후의 경우에는 좌우측에 모두 방이 있다."라고 했는데, 이것은 경문에 나온 '방(房)'이 서쪽 방임을 나타내고자 한 것이다. 천자의 노침(路寢)을 만드는 제도는 명당(明

---

10) '중방(中房)'에 대하여. '중방'은 본래 '방중(房中)'으로 기록되어 있었는데, 완원(阮元)의 『교감기(校勘記)』에서는 "혜동(惠棟)의 『교송본(校宋本)』에는 '중방'이라고 기록되어 있으니, 이곳 판본서는 '중방'을 거꾸로 기록한 것이며, 『민본(閩本)』·『감본(監本)』·『모본(毛本)』에도 동일하게 거꾸로 기록되어 있다."라고 했다.

11) 『의례』「사상례(士喪禮)」: 主婦東面馮, 亦如之. 主人髻髮袒, 衆主人免于房.

12) 『의례』「사상례(士喪禮)」: 主婦東面馮, 亦如之. 主人髻髮袒, 衆主人免于房. 婦人髽于室.

堂)[13]을 만드는 제도와 같은데, 웅안생은 "좌측 방은 동남쪽의 화실(火室)에 해당하고, 우측 방은 서남쪽의 금실(金室)에 해당한다. 제후의 노침에서 실(室)은 가운데 방에 있게 되니, 실(室)의 동서쪽에 있다."라고 했다.

孔疏 ○正義曰: 此一經明士之喪, 小斂訖, 徹帷夷尸之節.

번역 ○이곳 경문은 사의 상에서, 소렴(小斂)이 끝나면 휘장을 걷고 시신을 옮기는 규범을 나타내고 있다.

孔疏 ●"徹帷"者, 初死恐人惡之, 故有帷也. 至小斂衣尸畢, 有飾, 故除帷也. 此士禮耳, 諸侯及大夫賓出乃徹帷, 事見於下文.

번역 ●經文: "徹帷". ○초상 때에는 아마도 사람들이 시신을 꺼려하기 때문에 휘장을 치게 된다. 소렴(小斂)을 치르게 되어 시신에 옷을 입히는 절차가 끝나면, 시신에 대해서 장식을 가미한 것이기 때문에 휘장을 제거한다. 이것은 사의 예법일 따름이니, 제후 및 대부는 빈객이 밖으로 나가면 휘장을 걷게 된다. 그 사안은 아래문장에서 확인할 수 있다.

孔疏 ●"男女奉尸夷于堂"者, 夷, 陳也. 小斂竟, 相者擧尸將出戶, 往陳于堂, 而孝子男女親屬並而扶捧之至堂, 以極孝敬之心也.

번역 ●經文: "男女奉尸夷于堂". ○'이(夷)'자는 "놓아둔다[陳]."는 뜻이다. 소렴(小斂)이 끝나면 의례를 돕는 자는 시신을 들어서 방문을 통해 밖

---

13) 명당(明堂)은 일반적으로 고대 제왕이 정교(政敎)를 베풀던 장소를 지칭하는 용어로 사용되었다. 이곳에서는 조회(朝會), 제사(祭祀), 경상(慶賞), 선사(選士), 양로(養老), 교학(敎學) 등의 국가 주요 업무가 시행되었다. 『맹자』「양혜왕하(梁惠王下)」편에는 "夫明堂者, 王者之堂也."라는 용례가 있고, 『옥태신영(玉台新詠)』「목난사(木蘭辭)」편에도 "歸來見天子, 天子坐明堂."이라는 용례가 있다. '명당'의 규모나 제도는 시대마다 다르다. 또한 '명당'이라는 건물군 중에서 남쪽의 실(室)을 가리키는 용어로도 사용되었다.

으로 나와 당(堂)으로 가서 시신을 놓아두는데, 자식과 남녀의 친족들은 모두 시신을 받들고서 당으로 이동하니, 효도와 공경의 마음을 지극히 하기 위해서이다.

孔疏 ●"降拜"者, 降, 下也, 旣陳於堂, 則適子下堂拜賓也.

번역 ●經文: "降拜". ○'강(降)'자는 "내려간다[下]."는 뜻이다. 이미 당(堂)에 시신을 내려놓게 되면, 적자는 당에서 내려가 빈객에게 절을 하게 된다.

訓纂 呂與叔曰: 婦人不俟男子襲絰而先帶麻者, 以其無絞帶布帶, 且質略少變, 故因髽而襲絰也.

번역 여여숙[14]이 말하길, 부인들은 남자가 습(襲)과 질(絰)을 할 때까지 기다리지 않고, 먼저 마(麻)로 만든 대(帶)를 차니, 여자에게는 교대(絞帶)와 포대(布帶)가 없고, 또 질박하고 소략하여 변화를 적게 주기 때문에, 좌(髽)의 머리 방식을 튼 것에 따라서 습(襲)과 질(絰)을 하게 된다.

集解 愚謂: 此篇凡言諸侯之禮, 皆著言"君"·"夫人", 此但言"主人"·"主婦", 則謂上下之達禮也. 斂, 謂以衣·衾斂尸也. 衣少謂之小斂, 衣多謂之大斂. 小斂之時, 主人卽位於戶內西面, 主婦卽位於戶內東面. 於主人言"戶內", 於主婦言"東面", 互見之也. 袒者, 袒左袖扱於右腋之下也. 凡禮事皆左袒, 主人有事於尸, 乃袒, 小斂之袒, 爲將奉尸俠於堂也. 士喪禮"旣殯說髦", 此小斂說髦, 禮俗不同, 記者各據所聞言之. 曲禮居喪之禮, "皆如其國之故, 謹脩其

14) 남전여씨(藍田呂氏, A.D.1040~A.D.1092) : =여대림(呂大臨)·여씨(呂氏)·여여숙(呂與叔). 북송(北宋) 때의 학자이다. 이름은 대림(大臨)이고, 자(字)는 여숙(與叔)이며, 호(號)는 남전(藍田)이다. 장재(張載) 및 이정(二程)형제에게서 수학하였다. 저서로는 『남전문집(藍田文集)』 등이 있다.

法而審行之", 謂此類是也. 括髮以麻者, 初死笄·纚而未有他服, 至是主人乃散垂其髮, 而以麻約之, 謂之括髮, 衆主人則用布而謂之免. 蓋始變飾爲成服之漸也. 括髮乃袒, 自首及身, 事之次也. 或先言"括髮", 或先言"袒", 由文便爾. 髽, 去纚而露紒也. 婦人之髽, 猶男子之括髮與免也. 帶·麻, 加要帶與麻絰也. 房中, 註疏以爲西房, 是也. 知房爲西房者, 士喪禮"衆主人免於房", 此爲東房, 故知婦人之帶·麻宜在西房也. 又士喪禮云"婦人髽於室", 此不言者, 文略也. 此時男子尙未加絰, 而婦人已帶·麻者, 蓋男子之絰帶, 饌於東方, 故降階卽位後乃加之, 婦人之髽在室, 其帶在房, 二事相連爲之, 故先於男子也.

번역 내가 생각하기에, 「상대기」편은 대체로 제후의 예법을 언급할 때 모두 '군(君)'과 '부인(夫人)'이라고 기록하는데, 이곳에서는 단지 '주인(主人)'과 '주부(主婦)'라고만 말했으니, 상하 계층에게 모두 통용되는 예법임을 뜻한다. '염(斂)'은 의복과 이불로 시신을 가리는 것이다. 의복을 적게 사용하면 '소렴(小斂)'이라고 부르고, 의복을 많이 사용하면 '대렴(大斂)'이라고 부른다. 소렴을 치를 때 상주는 방문 안의 자리로 나아가서 서쪽을 바라보게 되고, 주부는 방문 안의 자리로 나아가서 동쪽을 바라보게 된다. 상주에 대해서 '호내(戶內)'라고 말하고, 주부에 대해서 '동면(東面)'이라고 말한 것은 상호 그 뜻을 나타내도록 기록한 것이다. '단(袒)'이라는 것은 좌측 소매를 접어서 우측 겨드랑이 밑에 꼽는 것이다. 무릇 의례 절차를 시행할 때에는 모두 좌측 소매에 대해서 단(袒)을 하는데, 상주는 시신에 대해서 처리해야 할 일이 있어서 곧 단(袒)을 한 것이니, 소렴에서의 단(袒)은 시신을 받들어서 당(堂)으로 옮기기 위한 것이다. 『의례』「사상례(士喪禮)」편에서는 "빈소를 마련한 뒤에 다팔머리를 푼다."라고 했는데, 이곳에서는 소렴을 끝내고서 다팔머리를 푼다고 했으니, 예법에 따른 풍속이 다르기 때문이며, 『예기』를 기록한 자가 각각 자신이 들었던 내용에 근거해서 말을 한 것이다. 『예기』「곡례(曲禮)」편에서는 상을 치르는 예법에 대해서, "모든 경우에 있어서 그의 이전 나라의 오래된 예법대로 따르며, 그 예법을 조심스럽게 살펴서 신중하게 시행한다."[15]라고 했으니, 바로 이러한 부류를 뜻할 것이다. 머리를 묶을 때 마(麻)를 사용한다는 말은 초상 때 비녀를 꼽고 머리싸개인 리(纚)를 사용할 때에는 아직 다른 복식을 취하지 않는데, 이 시점이 되면 상주는 곧 머리카락을 풀어서 늘어트리고, 마(麻)를 이용해서 묶는데, 이것을 '괄발(括髮)'이라고 부르며, 뭇 아들들은 포(布)를 이용해서 묶으니, 이것을 '면(免)'이라고 부른다. 무릇 최초 복식에 변화를 주는 것은 성복(成服)을 점진적으로 시행하기 위해서이다. 괄발을 하면 단(袒)을 하는 것은 머리로부터 몸에 이르는 것으로 그 사안의 순서에 따른 것이다. 어떤 경우에는 '괄발(括髮)'을 먼저 말하고, 또 어떤 경우에는 '단(袒)'을 먼저 말했는데, 이것은 문장을 기록할 때 편리에 따른 것일 뿐이다. '좌(髽)'는 머리싸개를 제거하고 노계(露紒)[16]를 하는 것이다. 부인이 좌(髽)의 방식으로 머리를 트는 것은 남자가 괄발을 하고 면(免)을 하는 것과 같다. 대(帶)와 마(麻)는 요대(要帶)와 마(麻)로 만든 질(絰)을 뜻한다. '방중(房中)'에 대해서 정현의 주와 공영달의 소에서는 모두 서쪽 방이라고 여겼는데, 이 말은 옳다. '방(房)'이 서쪽 방에 해당한다는 사실을 알 수 있는 이유는 「사상례」편에서 "뭇 아들들은 방에서 면(免)을 한다."라고 했는데, 이것은 동쪽 방을 뜻한다. 그러므로 부인들이 대(帶)와 마(麻)로 만든 질(絰)을 차는 것은 마땅히 서쪽 방에서 해야 한다. 또 「사상례」편에서는 "부인들은 실(室)에서 좌(髽)를 튼다."라고 했는데, 이곳에서 언급을 하지 않은 것은 문장을 생략했기 때문이다. 이 시기에 남자들은 오히려 질(絰)을 아직 차지 않았는데, 부인들은 이미 대(帶)와 마(麻)로 만든 질(絰)을 차게 된다. 그 이유는 아마도 남자가 차는 질(絰)과 대(帶)는 동쪽에 진열해두기 때문에, 계단을 내려가서 자신의 자리로 나아간 뒤에야 차게 되며, 부인들이 좌(髽)를 틀 때에는 실(室)에서 하는데, 그녀들의 대(帶)는 방안에 있으니, 두 사안을 연속해서 시행하는 것이다. 그렇기 때문에 남자보다 먼저

---

15) 『예기』「곡례하(曲禮下)」【48d~49a】: 君子行禮, 不求變俗. 祭祀之禮, 居喪之服, 哭泣之位, <u>皆如其國之故, 謹修其法而審行之</u>.

16) 노계(露紒)는 좌(髽)를 트는 방식 중 하나이다. 좌(髽)를 틀 때 마(麻)를 이용하는 경우도 있고 포(布)를 이용하는 경우도 있는데, '노계'는 이 두 방식을 총칭하는 명칭이다. 또한 '노계'는 마(麻)나 포(布)를 사용하는 좌(髽)의 방식과 구별되어, 별도로 좌(髽)를 트는 방식 중 하나라고도 주장한다.

차게 된다.

集解 愚謂: 此與上節相承, 此爲士禮, 則上節不專爲諸侯禮亦明矣. 奉尸夷于堂, 正尸於兩楹之間也.

번역 내가 생각하기에, 이 내용은 앞의 문단과 서로 연결되므로, 이곳의 내용은 사의 예법이 되니, 앞의 문단이 전적으로 제후의 예법이 되지 않는다는 사실이 또한 명백해진다. 시신을 받들어서 당(堂)으로 옮기는 것은 양쪽 기둥 사이에 시신을 놓고 위치를 바로잡는다는 뜻이다.

그림 7-1 저질(苴絰)과 요질(腰絰)

※ **출처:** 『삼례도집주(三禮圖集注)』 15권

그림 7-2 참최복(斬衰服) 각부 명칭

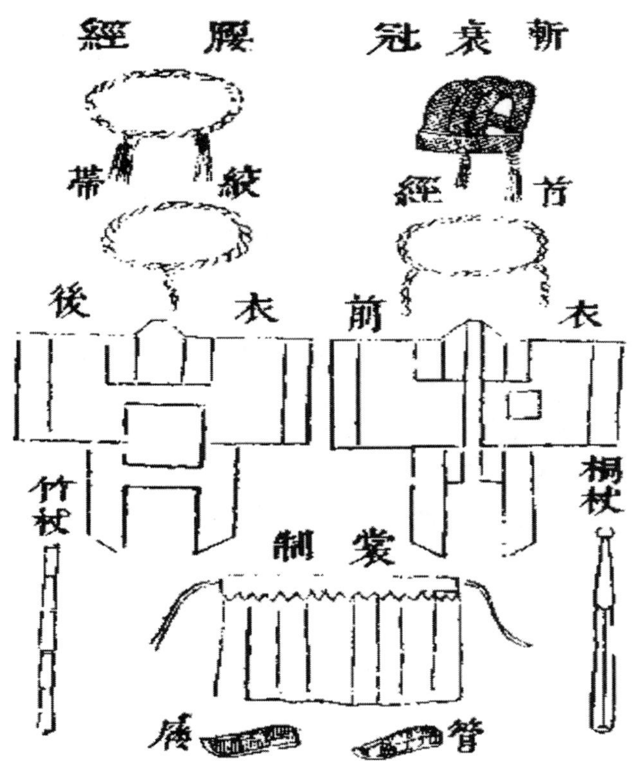

※ **출처:** 『삼재도회(三才圖會)』「의복(衣服)」 3권

그림 7-3 자최복(齊衰服) 각부 명칭

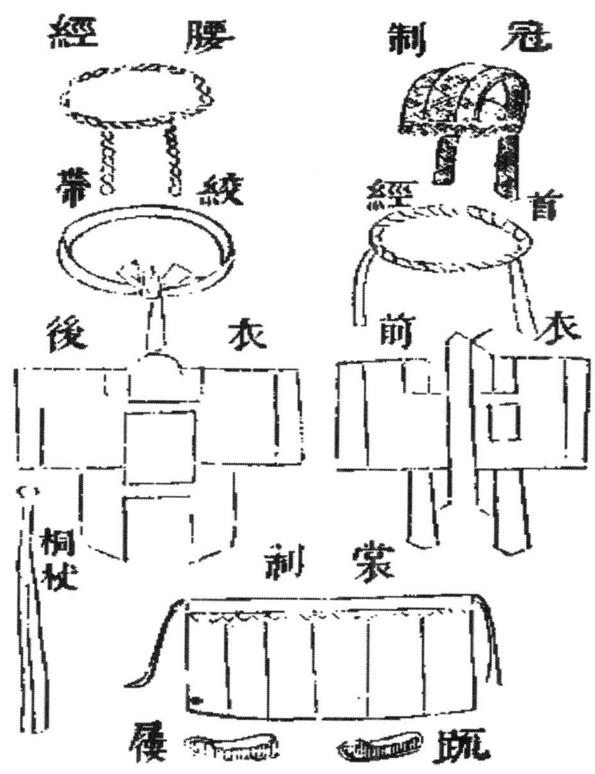

※ 출처: 『삼재도회(三才圖會)』「의복(衣服)」 3권

그림 7-4 주나라의 명당(明堂)

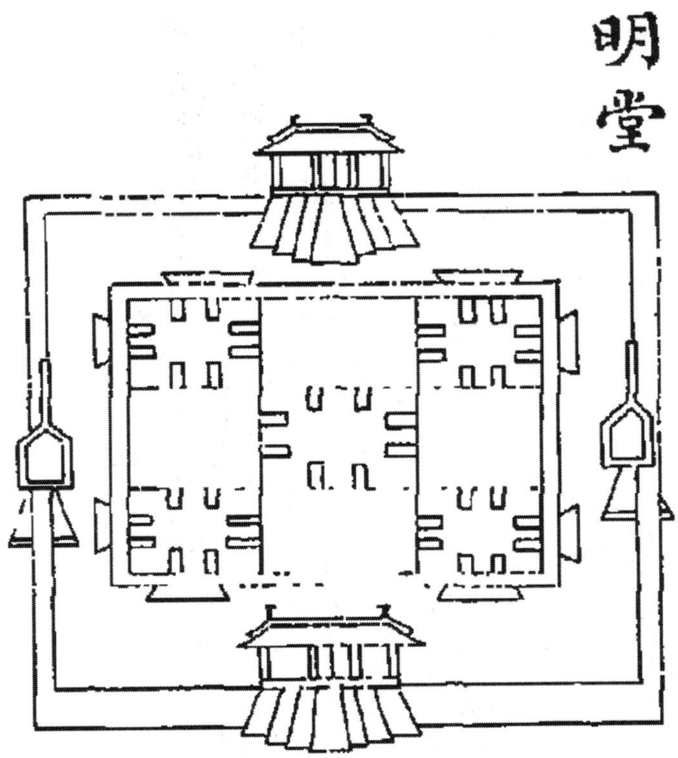

※ 출처: 『삼례도집주(三禮圖集注)』 4권

그림 7-5 주나라의 명당(明堂)-『삼재도회』

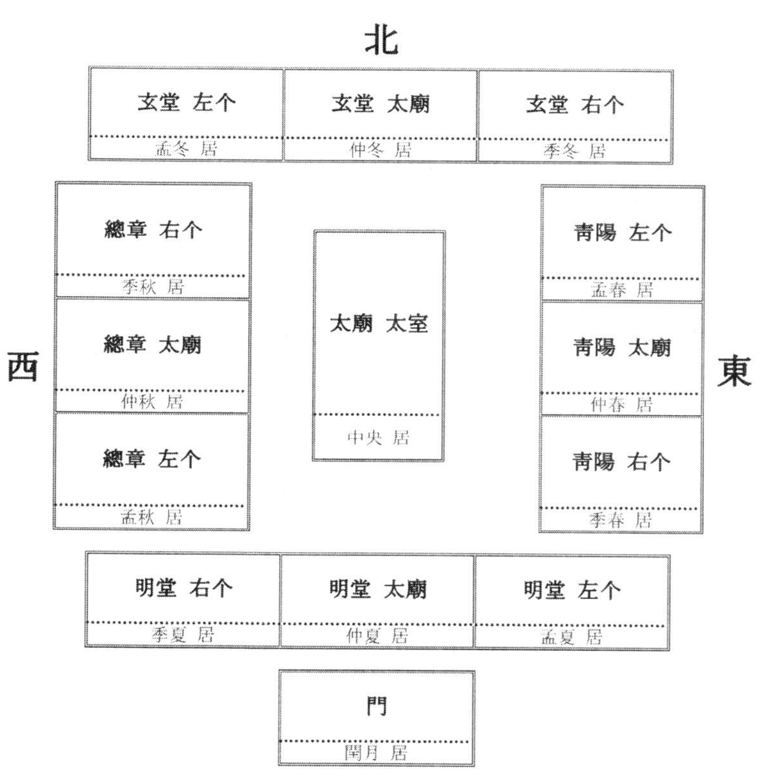

※ **참고:** 『삼재도회(三才圖會)』

그림 7-6 주나라의 명당(明堂)-주자의 설

北

西				東
	玄堂 左个 總章 右个 季秋·孟冬 居	玄堂 太廟 仲冬 居	玄堂 右个 青陽 左个 孟春·季冬 居	
西	總章 太廟 仲秋 居	太廟 太室 中央 居	青陽 太廟 仲春 居	東
	總章 左个 明堂 右个 季夏·孟秋 居	明堂 太廟 仲夏 居	青陽 右个 明堂 左个 季春·孟夏 居	

南

※ **참고:** 『주자어류(朱子語類)』

그림 7-7 면(免)과 괄발(括髮)

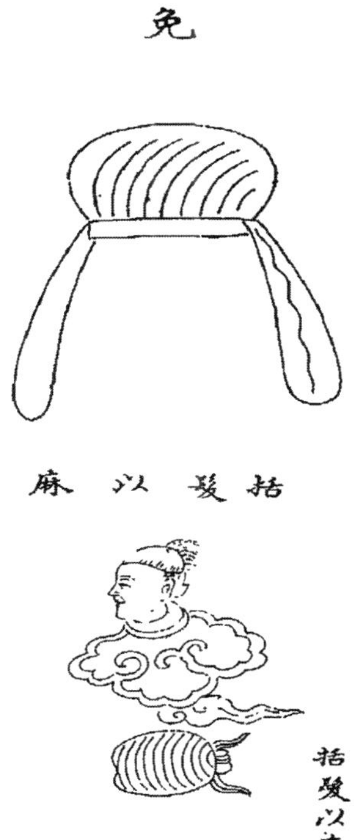

※ **출처:** 『삼례도(三禮圖)』 3권

【529c】

君拜寄公國賓，大夫士，拜卿大夫於位，於士旁三拜．夫人亦拜寄公夫人於堂上，大夫內子士妻，特拜命婦，汜拜衆賓於堂上．

직역 君은 寄公과 國賓에게 拜하고, 大夫와 士에 대해서 하되 位에서 卿과 大夫에게 拜하며, 士에 대해서는 旁하여 三拜한다. 夫人은 亦히 堂上에서 寄公夫人에게 拜하고, 大夫內子와 士妻에 대해서 하되, 命婦에게는 特拜하고, 堂上에서 衆賓에게 汜拜한다.

의역 군주의 상에서 소렴(小斂)이 끝나면 세자는 밖으로 나와서 기공(寄公)과 국빈(國賓)에게 절을 하고, 선대 군주의 신하인 대부와 사에 대해서도 절을 하는데, 경과 대부에 대해서는 그 자리에 나아가서 절을 하지만, 사에 대해서라면 두루 세 차례 절을 할 따름이다. 부인 또한 기공의 부인에 대해서 당상(堂上)에서 절을 하고, 대부의 내자(內子)와 사의 처에 대해서도 절을 하는데, 내자와 명부(命婦)에 대해서는 개개인마다 절을 하고, 사의 처에 대해서라면 당상에서 그들에 대해 두루 절을 할 따름이다.

集說 君，謂遭喪之嗣君也．寄公與國賓入弔，固拜之矣，其於大夫士也，卿大夫則拜之於位，士則旁三拜而已．旁，謂不正向之也．士有上中下三等，故共三拜．大夫士皆先君之臣，俱當服斬，今以小斂畢而出庭列位，故嗣君出拜之．夫人亦拜寄公夫人於堂上矣，其於卿大夫之內子士之妻，則亦拜之．但內子與命婦則人人各拜之．衆賓，則士妻也．汜拜之而已，亦旁拜之比也．

번역 '군(君)'자는 상을 당한 세자를 뜻한다. 기공(寄公)과 국빈(國賓)이 들어와서 조문을 하였으므로, 그들에게 절을 하는 것이며, 또한 세자가 대부와 사에게 절을 할 때, 경과 대부에게 한다면 그 자리에서 절을 하고, 사에게 한다면 두루 세 차례 절을 할 따름이다. '방(旁)'은 그들 개개인을 향해서 하지 않는다는 뜻이다. 사에는 상·중·하 세 등급이 있다. 그렇기 때문에 모두 세 차례 절을 한다. 대부와 사는 모두 선대 군주의 신하이니, 모두 참최복(斬衰服)을 착용해야만 하는데, 현재 소렴(小斂)을 끝내고서 마당으로 나와 신분에 따라 나열되어 자리를 잡고 있으니, 세자도 밖으로 나와서 그들에게 절을 한다. 부인 또한 기공의 부인에게 당상(堂上)에서 절을 하는데, 경과 대부의 내자(內子) 및 사의 처에 대해서도 또한 절을 한다. 다만 내자와 명부(命婦)의 경우에는 개개인에게 각각 절을 한다. '중빈(衆賓)'은 사의 처를 뜻한다. 그녀들에 대해서는 두루 절을 할 따름이니, 또한 세자가 하는 '방배지(旁拜之)'와 비견된다.

鄭注 衆賓, 謂士妻也. 尊者皆特拜, 拜士與其妻皆旅之.

번역 '중빈(衆賓)'은 사의 처를 뜻한다. 존귀한 자에 대해서는 모두 개개인마다 절을 하는데, 사와 그의 처에 대해 절을 할 때에는 모두 무리를 묶어서 두루 절한다.

釋文 氾, 芳斂反.

번역 '氾'자는 '芳(방)'자와 '斂(렴)'자의 반절음이다.

孔疏 ○正義曰: 此一節明君·大夫·士小斂訖拜賓也.

번역 ○이곳 문단은 군주·대부·사가 소렴(小斂)을 끝내고 빈객에게 절을 한다는 사실을 나타내고 있다.

孔疏 ●"君拜寄公, 國賓"者, 君, 謂嗣君也. 小斂畢[17], 尸出堂, 嗣君下堂,

---

17) '필(畢)'자에 대하여. '필'자는 본래 없던 글자인데, 완원(阮元)의 『교감기(校勘記)』에서는 "혜동(惠棟)의 『교송본(校宋本)』에는 '필'자가 기록되어 있고, 위씨(衛氏)의 『집설(集說)』에도 동일하게 기록되어 있으니, 이곳 판본에는

拜賓也. 寄公尊, 故先言之也. 拜寄公及國賓, 並就於其位鄕而拜之, 故鄭注士喪禮云"拜賓, 鄕賓位拜之", 是也.

번역 ●經文: "君拜寄公, 國賓". ○'군(君)'자는 세자를 뜻한다. 소렴(小斂)을 끝내면 시신은 당(堂)으로 나오게 되고, 세자는 당하(堂下)로 내려가서 빈객에게 절을 한다. 기공(寄公)은 존귀한 자이므로 우선적으로 절을 한다. 기공과 국빈(國賓)에게 절을 하는 것은 모두 그 자리에 나아가서 그들을 향하여 절을 한다. 그렇기 때문에 『의례』「사상례(士喪禮)」편에 대한 정현의 주에서는 "빈객에게 절을 할 때에는 빈객의 자리를 향하여 절을 한다."[18]라고 한 것이다.

孔疏 ●"大夫, 士"者, 嗣君又次拜大夫·士也. 大夫·士旣是先君之臣, 皆同有斬衰之服, 而小斂訖, 出庭列位, 故嗣君出拜之也.

번역 ●經文: "大夫, 士". ○세자는 또한 대부와 사에 대해서 그 다음으로 절을 한다. 대부와 사는 선대 군주의 신하이므로, 모두 동일하게 참최복(斬衰服)을 착용하게 되며, 소렴(小斂)이 끝나면 마당으로 나와서 신분에 따라 차례대로 나열하여 위치한다. 그렇기 때문에 세자가 밖으로 나와서 그들에게 절을 한다.

孔疏 ●"拜卿大夫於位"者, 此更申明拜卿大夫·士之異, 卿大夫則就其位鄕而拜之也.

번역 ●經文: "拜卿大夫於位". ○이 문장은 경·대부·사에 대해 절을 할 때 나타나는 차이점을 재차 설명했으니, 경과 대부에 대해서라면 그 자

'필'자가 누락된 것이며, 『민본(閩本)』·『감본(監本)』·『모본(毛本)』에도 동일하게 누락되어 있다."라고 했다.

18) 이 문장은 『의례』「사상례(士喪禮)」편의 "主人出于足, 降自西階. 衆主人東卽位. 婦人阼階上西面. 主人拜賓, 大夫特拜, 士旅之, 卽位, 踊, 襲·絰于序東, 復位."라는 기록에 대한 정현의 주이다.

리로 나아가서 그들을 향해 절을 한다.

孔疏 ●"於士旁三拜"者, 旁, 猶面也. 若拜於士, 士賤, 不可人人拜之, 故每一面幷唯三拜也. 必三拜者, 士有三等, 故三拜之. 故士喪禮云"大夫特拜, 士旅之". 隱義云: "士有三等, 一等一拜, 故三下膝也." 一云: 旁, 猶不正也, 或云衆士都共三拜也.

번역 ●經文: "於士旁三拜". ○'방(旁)'자는 "향하다[面]."는 뜻이다. 만약 사에 대해서 절을 한다면, 사는 신분이 미천하므로 개개인마다 절을 할 수 없다. 그렇기 때문에 매번 한 방면을 바라보며 절을 하여 단지 세 차례 절을 할 따름이다. 반드시 세 차례 절을 하는 것은 사에는 세 등급이 있기 때문에 세 차례 절을 한다. 그래서 『의례』「사상례(士喪禮)」편에서는 "대부에 대해서는 단독으로 절을 하고, 사에 대해서는 묶어서 절을 한다."[19]라고 한 것이다. 『은의』[20]에서는 "사에는 세 등급이 있으니, 한 등급에 대해서 한 차례 절을 한다. 그렇기 때문에 미천한 신하에 대해서 세 차례 절을 한다."라고 했다. 한편으로는 '방(旁)'자를 개인마다 정면으로 주시하지 않는다는 뜻이라고 하여, 뭇 사들에 대해서 모두 세 차례 절을 한다고 풀이하기도 한다.

孔疏 ●"夫人亦拜寄公夫人於堂上"者, 婦人無下堂位, 並在堂上, 故夫人拜寄公妻於堂上也.

번역 ●經文: "夫人亦拜寄公夫人於堂上". ○부인들에게는 당하(堂下)에 자리가 없으니, 모두 당상(堂上)에 있게 된다. 그렇기 때문에 부인(夫人)은 기공의 처에 대해서 당상에서 절을 한다.

---

19) 『의례』「사상례(士喪禮)」: 主人拜賓, 大夫特拜, 士旅之. 卽位踊, 襲絰于序東, 復位.

20) 『예기은의(禮記隱義)』는 『예기』에 대한 주석서로 하윤(何胤, A.D.446~A.D.531)의 저작이다.

孔疏 ●"大夫內子・士妻"者, 夫人亦拜大夫・士之妻也. 卿妻曰內子, 大夫妻曰命婦. 此不云"命婦"者, 欲見卿妻與命婦同也.

번역 ●經文: "大夫內子・士妻". ○부인(夫人) 또한 대부와 사의 처에 대해서 절을 한다. 경의 처를 '내자(內子)'라고 부르고, 대부의 처를 '명부(命婦)'라고 부른다. 이곳에서 '명부(命婦)'라고 말하지 않은 것은 경의 처는 명부와 동일하게 따른다는 뜻을 나타내고자 했기 때문이다.

孔疏 ●"特拜命婦"者, 此更申明拜命婦與士妻之異也. 特, 猶獨也, 謂人人拜之, 尊故也. 特拜命婦, 則內子亦然也.

번역 ●經文: "特拜命婦". ○이 문장은 명부(命婦)와 사의 처에 대해 절을 할 때 나타나는 차이점을 거듭 설명한 것이다. '특(特)'자는 단독[獨]이라는 뜻이니, 개개인마다 절을 한다는 의미로, 그녀들은 존귀하기 때문이다. 명부에 대해서 단독으로 절을 한다면, 내자(內子)에게도 또한 이처럼 한다.

孔疏 ●"氾拜衆賓"者, 謂不特[21]也. 衆賓・士妻賤, 故氾拜之, 亦旁三拜也.

번역 ●經文: "氾拜衆賓". ○단독으로 절을 하지 않는다는 뜻이다. 중빈(衆賓)과 사의 처는 미천하기 때문에 그녀들에 대해서 두루 절을 하니 또한 '방삼배(旁三拜)'에 해당한다.

孔疏 ●"於堂上"者, 拜命婦及士妻, 亦並於堂上也. 此經唯擧君喪拜賓, 不云大夫士喪拜賓者, 文不具也. 其大夫士之喪拜賓亦然也. 故士喪禮云"主人拜賓, 大夫特拜, 士旅之", 是也. 按上注小斂之後, 寄公門西東面, 國賓門西北面, 大夫當在門東北面, 士當在門西國賓之南, 東面, 嗣君於阼階之下, 少南向

---

21) '특(特)'자는 본래 '지(持)'자로 기록되어 있었는데, 손이양(孫詒讓)의 『교기(校記)』에서는 "'특'자를 '지'자로 잘못 기록한 것이다."라고 했다.

其位而拜之. 按上注云寄公夫人・命婦小斂之後, 尸西東面, 其嗣君夫人本位在西房, 當在西房之外, 南面拜女賓也. 若士妻於阼階上西面拜賓也, 以無西房故也. 以上皆是皇氏所說. 熊氏以爲, 大夫・士拜卿大夫・士者, 是卿大夫・士家自遭喪, 小斂後拜卿大夫於位, 士旁三拜. 大夫內子・士妻, 亦謂大夫・士妻家自遭喪, 小斂後拜命婦及拜士妻之禮. 大夫・士各自遭喪, 幷言之者, 以其大夫・士家喪, 小斂後拜賓同故也. 此卽君・大夫・士之喪, 小斂後拜賓, 且與上文未小斂時文類, 其義踰於皇氏矣.

번역 ●經文: "於堂上". ○명부(命婦)와 사의 처에 대해서 절을 할 때에도 모두 당상(堂上)에서 하게 된다. 이곳 경문에서는 오직 군주의 상에서 빈객에게 절을 하는 경우만을 제시한 것이며, 대부와 사의 상에서 빈객에게 절을 하는 예법은 언급하지 않았으니, 문장을 자세히 기록하지 않았기 때문이다. 대부와 사의 상에서 빈객에게 절을 할 때에도 이처럼 하게 된다. 그러므로 『의례』「사상례(士喪禮)」편에서는 "주인은 빈객에게 절을 하니, 대부에 대해서는 단독으로 절을 하고, 사에 대해서는 무리를 묶어서 절을 한다."[22]라고 한 것이다. 앞에 나온 정현의 주를 살펴보면, 소렴(小斂)을 한 이후에 기공(寄公)은 문의 서쪽에서 동쪽을 바라보고, 국빈(國賓)은 문의 서쪽에서 북쪽을 바라본다고 했으니, 대부는 문의 동쪽에서 북쪽을 바라보고, 사는 문의 서쪽 중 국빈이 있는 곳 남쪽에서 동쪽을 바라보게 되며, 세자는 동쪽 계단 아래에서 보다 남쪽으로 떨어져 그들의 자리를 향하여 절을 한다. 또 앞에 나온 정현의 주를 살펴보면, 기공의 부인과 명부(命婦)는 소렴을 끝낸 뒤, 시신의 서쪽에서 동쪽을 바라보고, 세자의 부인은 본래 서쪽 방에 위치하므로, 서쪽 방 밖에서 남쪽을 바라보며 여자 빈객에게 절을 하게 된다. 만약 사의 처라면 동쪽 계단 위에서 서쪽을 바라보며 빈객에게 절을 하니, 사에게는 서쪽 방이 없기 때문이다. 여기까지의 설명은 모두 황간이 주장한 내용이다. 웅안생은 다음과 같이 여겼다. 대부와 사가 경・대부・사에게 절을 한다는 것은 경・대부・사의 집안에서 상을 당하여, 소

22) 『의례』「사상례(士喪禮)」: 主人拜賓, 大夫特拜, 士旅之. 卽位踊, 襲絰于序東, 復位.

렴을 치른 뒤에 그 자리에서 경과 대부에게 절을 하고, 사는 두루 세 차례 절을 한다는 뜻이다. 또 대부의 내자(內子)와 사의 처라는 것은 또한 대부 및 사의 처가 집에서 상을 당하여, 소렴을 치른 뒤에 명부에게 절을 하고 사의 처에 대해서 절을 하는 예법이라고 했다. 그리고 대부와 사가 각각 상을 당한 경우를 함께 언급한 것은 대부와 사의 집에서 발생한 상에 있어서 소렴 이후 빈객에게 절을 하는 것이 동일하기 때문이다. 이 내용은 군주·대부·사의 상에서 소렴을 치른 이후 빈객에게 절을 하는 절차이며, 또한 앞의 문장에서 아직 소렴을 치르지 않았던 상황을 기술한 것과 같은 부류라고 했다. 그 주장이 황간의 주장보다 뛰어난 것 같다.

集解 愚謂: 此言小斂後拜賓之法也. 君拜寄公·國賓者, 言君之所拜者惟寄公·國賓也. 大夫士拜賓, 於卿大夫則各就其位而拜之, 卿大夫尊, 故特拜也. 於士則鄉其方而三拜之, 士賤, 故旅拜也. 大夫內子, 謂大夫之內子也. 命婦, 卿大夫之妻也. 衆賓, 謂士妻也. 氾, 廣也. 氾拜, 謂人雖多, 但一拜之也. 大夫士之妻拜賓於堂上, 於命婦亦特拜, 於士妻亦旅拜. 然大夫士於士旁三拜, 此拜衆賓不言"旁三拜"者, 婦人質弱, 但有奇拜也. 小斂之後, 寄公夫人當在堂上尸東, 西面, 以士喪禮"諸公門東少進"之位準之也. 大夫士之喪, 命婦之位當在阼階上主婦之北, 可以士喪禮"卿大夫在主人南"者準之也. 衆賓之位, 當在西房戶外之西, 可以士喪禮"士西方東面"者準之也. 夫人拜寄公夫人北面, 大夫內子·士妻拜命婦東面, 拜衆賓西面, 皆旣拜乃東卽阼階上之位也.

번역 내가 생각하기에, 이 내용은 소렴(小斂)을 한 이후에 빈객에게 절을 하는 예법을 나타내고 있다. '군배기공국빈(君拜寄公國賓)'이라는 말은 군주의 상에서 절을 하는 대상은 오직 기공(寄公)과 국빈(國賓)이라는 뜻이다. '대부사배빈(大夫士拜賓)'이라는 말은 경과 대부에 대해서는 각각 그 자리로 나아가서 절을 한다는 뜻으로, 경과 대부는 존귀하기 때문에 단독으로 절을 하는 것이다. 또 사에 대해서는 그들이 있는 방향을 향하여 세 차례 절을 하는데, 사는 미천하기 때문에 무리를 묶어서 절을 한다는 뜻이다. '대부내자(大夫內子)'는 대부의 내자(內子)를 뜻한다. '명부(命婦)'는 경과 대부의 처를 뜻한다. '중빈(衆賓)'은 사의 처를 뜻한다. '범(氾)'자는 널리[廣]라는 뜻이다. '범배(氾拜)'는 사람이 비록 많더라도 단지 한 차례 절만 한다는 뜻이다. 대부와 사의 처는 당상(堂上)에서 빈객에게 절을 하는데, 명부에 대해서는 또한 단독으로 절을 하고, 사의 처에 대해서는 또한 무리를 묶어서 절을 한다. 그런데 대부와 사는 사에 대해서 두루 세 차례 절을 한다고 했지만, 이곳에서 중빈에게 절을 할 때에는 '방삼배(旁三拜)'라고 말하지 않았다. 그 이유는 부인은 질박하고 유약하여 단지 기배(奇拜)[23]만 할 따름이기 때문이다. 소렴을 한 이후 기공의 부인은 당상에서 시신의 동쪽에 있으며 서쪽을 바라보게 되는데, 『의례』「사상례(士喪禮)」편에서 "여러 공(公)들은 문의 동쪽에서 조금 앞으로 나온다."라고 했던 자리를 통해 추론할 수 있다. 대부와 사의 상에서 명부(命婦)의 자리는 동쪽 계단 위에서도 주부의 북쪽이 되니, 「사상례」편에서 "경과 대부는 주인의 남쪽에 있다."라고 한 말에 따라 추론할 수 있다. 또 중빈의 자리는 서쪽 방의 방문 밖 서쪽이 되는데, 「사상례」편에서 "사는 서쪽에서 동쪽을 바라본다."라고 한 말에 따라 추론할 수 있다.[24] 부인(夫人)은 기공의 부인에게 절을 하며 북쪽을 바라보고, 대부의 내자와 사의 처는 명부에게 절을 하며 동쪽을 바라보고, 중빈에게 절을 하며 서쪽을 바라보는데, 이 모든 경우에는 절을 한 뒤에 동쪽으로 가서 동쪽 계단 위의 자리로 나아가는 것이다.

集解 孔疏讀"君拜寄公·國賓·大夫·士"爲句, 謂嗣君拜寄公·國賓, 又拜大夫士, 非是. 君喪無拜大夫士之禮, 天子於諸侯亦不拜, 惟先代之後則拜.

---

23) 기배(奇拜)는 구배(九拜) 중 하나로, 절하는 횟수를 홀수로 하는 것을 뜻하기도 하며, 한쪽 무릎만 굽히고 하는 절이나 손에 쥐고 있는 물건 등에 의지해서 절하는 것을 뜻하기도 하고, 한 번 절하는 것을 뜻하기도 한다.

24) 『의례』「사상례(士喪禮)」: 賓繼之, 北上. 門東, 北面, 西上. 門西, 北面, 東上. <u>西方, 東面</u>, 北上. 主人卽位. 辟門. 婦人拊心, 不哭. 主人拜賓, 旁三, 右還入門哭. 婦人踊. 主人堂下直東序, 西面. 兄弟皆卽位, 如外位. <u>卿大夫在主人之南. 諸公門東, 少進</u>. 他國之異爵者門西, 少進.

左傳宋"於周爲客", 天子"有喪拜焉", 則其餘諸侯皆不拜也.

번역 공영달의 소에서는 '군배기공국빈대부사(君拜寄公·國賓·大夫·士)'으로 구문을 끊었으니, 세자가 기공(寄公)과 국빈(國賓)에게 절을 하고, 또 대부와 사에게도 절을 한다는 뜻인데, 잘못된 해석이다. 군주의 상에서는 대부와 사에게 절을 하는 예법이 없고, 천자는 제후에 대해서도 또한 절을 하지 않으며, 오직 선대 왕조의 후손들에게만 절을 한다. 『좌전』에서는 송(宋)나라에 대해, "주나라 왕실에 대해서는 손님이 된다."라고 했고, 천자에 대해서 "상이 발생하면 그들에게 절을 한다."라고 했으니,[25] 나머지 제후들에 대해서는 모두 절을 하지 않는 것이다.

【529d~530a】

主人卽位, 襲帶絰, 踊. 母之喪, 卽位而免, 乃奠. 弔者襲裘加武帶絰, 與主人拾踊.

직역 主人은 位에 卽하여, 襲하고 帶와 絰하며, 踊한다. 母의 喪에서는 位에 卽하여 免하고, 곧 奠한다. 弔者는 裘를 襲하고 武를 加하며 帶과 絰하고, 主人과 與하여 拾히 踊한다.

의역 상주는 빈객에게 절을 한 뒤 자신의 자리로 나아가서 습(襲)을 하고 대(帶)와 질(絰)을 차며, 용(踊)을 한다. 모친의 상이라면 자리로 나아가서 면(免)을 하고 전제사를 지낸다. 소렴(小斂)을 끝낸 뒤에 찾아온 조문객은 갖옷을 습(襲)하고 관(冠)에 테두리를 더하며 대(帶)와 질(絰)을 차고, 상주와 번갈아가며 용(踊)을 한다.

---

25) 『춘추좌씨전』「희공(僖公) 24년」: 宋及楚平, 宋成公如楚. 還, 入於鄭. 鄭伯將享之, 問禮於皇武子. 對曰, "宋, 先代之後也, 於周爲客. 天子有事, 膰焉; 有喪, 拜焉. 豐厚可也."

集說 主人拜賓後, 卽阼階下之位, 先拜賓時袒, 今拜畢, 乃掩襲其衣, 而加要帶首絰, 乃踊. 士喪禮, "先踊乃襲絰." 此諸侯禮, 故先襲絰乃踊也. 母喪降於父, 拜賓竟而卽位, 以免代括髮之麻, 免而襲絰, 至大斂乃成踊也. 乃奠者, 謂小斂奠. 弔者小斂後來, 則掩襲裘上之裼衣, 加素弁於吉冠之武. 武, 冠下卷也. 帶絰者, 要帶首絰. 有朋友之恩, 則加帶與絰, 無朋友之恩, 則無帶, 惟絰而已. 拾踊, 更踊也.

번역 상주는 빈객에게 절을 한 이후 계단 아래의 자리로 나아가는데, 이전에 빈객에게 절을 할 때 단(袒)을 하고, 현재 절을 끝냈으므로, 곧 그 옷을 가려서 습(襲)을 하고 요대(要帶)와 수질(首絰)을 차고서 용(踊)을 한다. 『의례』「사상례(士喪禮)」편에서는 "먼저 용(踊)을 하고 곧 습(襲)과 질(絰)을 한다."[26]라고 했다. 이곳의 내용은 제후의 예법이다. 그렇기 때문에 먼저 습(襲)과 질(絰)을 한 뒤에 용(踊)을 한다. 모친의 상은 부친의 상보다 낮추니, 빈객에게 절하는 절차가 끝나면 곧 자리로 나아가는데, 면(免)을 하는 것으로 마(麻)로 괄발(括髮)하는 것을 대체하여, 면(免)을 하고 습(襲)과 질(絰)을 하며, 대렴(大斂) 때가 되면 곧 용(踊)의 절차를 마무리한다. '내전(乃奠)'이라는 말은 소렴을 지내며 차리는 전제사를 뜻한다. 조문하는 자 중 소렴을 치른 이후에 찾아오는 자가 있다면, 갓옷의 위를 석의(裼衣)[27]로 가리고 습(襲)을 하며, 길관의 무(武)에 소변(素弁)을 더하여 쓰게 된다. '무(武)'는 관(冠) 하단부의 테두리이다. '대질(帶絰)'은 요대(要帶)와 수질(首絰)이다. 벗에 대한 은정을 가진 자라면 대(帶)와 질(絰)을 차는데, 벗에 대한 은정이 없는 자라면 대(帶)를 차지 않고 질(絰)만 차게 될 따름이다. '습용(拾踊)'은 번갈아가며 용(踊)을 한다는 뜻이다.

---

26) 『의례』「사상례(士喪禮)」: 主人拜賓, 大夫特拜, 士旅之. 卽位踊, 襲絰于序東, 復位.

27) 석의(裼衣)는 고대에 의례를 시행할 때 입는 옷이다. 가죽옷이나 갈옷 위에 걸쳤던 외투 중 하나이다. '석의' 위에는 습의(襲衣)를 걸쳤기 때문에, 중간에 입는 옷이라는 뜻에서 '중의(中衣)'라고도 부른다.

鄭注 卽位, 阼階之下位也. 有襲絰乃踊, 尊卑相變也. 記異者, 禮: 斬衰括髮, 齊衰免, 以至成服而冠. 爲母重, 初亦括髮, 旣小斂則免. 小斂, 奠也. 始死, 弔者朝服裼裘如吉時也. 小斂則改襲而加武與帶絰矣. 武, 吉冠之卷也. 加武者, 明不改冠, 亦不免也. 檀弓曰: "主人旣小斂, 子游趨而出, 襲裘帶絰而入."

번역 '즉위(卽位)'는 동쪽 계단 밑에 있는 자리로 나아간다는 뜻이다. 습(襲)과 질(絰)을 하고서 용(踊)을 한다고 한 것은 신분에 따라 서로 변화를 주기 때문이다. 차이점을 기록한 것인데, 예법에 따르면 참최복(斬衰服)의 상에서는 머리를 묶고, 자최복(齊衰服)의 상에서는 면(免)을 하며, 성복(成服)을 하게 되면 관(冠)을 쓴다고 했다. 그리고 모친의 상은 중대한 상이므로, 최초 또한 머리를 묶고, 소렴(小斂)을 하게 되면 면(免)을 한다. 소렴을 치르면 전제사를 지낸다. 초상 때 찾아오는 조문객은 조복(朝服)으로 갓옷을 석(裼)[28]하니, 길한 시기와 동일하게 따른다. 소렴을 치른 뒤에 찾아오게 되면 복식을 바꿔서 습(襲)을 하고 관(冠)의 테두리와 대(帶) 및 질(絰)을 더하게 된다. '무(武)'는 길관(吉冠)의 테두리를 뜻한다. '가무(加武)'라는 것은 관(冠)을 고치지 않고 또 면(免)을 하지 않는다는 뜻을 나타낸다. 『예기』「단궁(檀弓)」편에서는 "상주가 소렴을 끝내자 자유는 종종걸음으로 나갔다가 갓옷을 가리고 대(帶)와 질(絰)을 차고서 들어왔다."[29]라고 했다.

釋文 免音問, 後放此. 拾, 其劫反. 裼, 思歷反. 卷, 起權反.

번역 '免'자의 음은 '問(문)'이며, 이후에 나오는 글자도 모두 이에 따른다. '拾'자는 '其(기)'자와 '劫(겁)'자의 반절음이다. '裼'자는 '思(사)'자와 '歷

28) 석(裼)은 고대에 의례를 시행할 때 하는 복장 방식 중 하나이다. 좌측 소매를 걷어 올려서, 안에 입고 있는 석의(裼衣)를 드러내는 것이다. 한편 '석'은 비교적 성대하지 않은 의식 때 시행하는 복장 방식으로도 사용되어, 좌측 소매를 걷어 올려서 공경의 뜻을 표하기도 했다.

29) 『예기』「단궁상(檀弓上)」【88c】: 曾子襲裘而弔, 子游裼裘而弔. 曾子指子游而示人曰: "夫夫也, 爲習於禮者, 如之何其裼裘而弔也?" 主人旣小斂, 袒·括髮, 子游趨而出, 襲裘·帶·絰而入. 曾子曰: "我過矣! 我過矣! 夫夫是也."

(력)'자의 반절음이다. '卷'자는 '起(기)'자와 '權(권)'자의 반절음이다.

孔疏 ●"主人卽位". ○正義曰: 主人拜賓之後, 稍近北, 卽阼階下位.

번역 ●經文: "主人卽位". ○상주가 빈객에게 절을 한 이후 좀 더 북쪽으로 나아가니, 곧 동쪽 계단 밑에 있는 자리로 가는 것이다.

孔疏 ●"襲帶絰, 踊"者, 拜賓時袒, 今拜訖, 襲衣加要帶首絰於序東, 復位, 乃踊也.

번역 ●經文: "襲帶絰, 踊". ○빈객에게 절을 할 때에는 단(袒)을 하는데, 현재는 절하는 절차가 끝나서, 옷을 습(襲)하고 요대(要帶)와 수질(首絰)을 서(序)의 동쪽에서 하고, 다시 자리로 되돌아온 뒤에는 용(踊)을 한다.

孔疏 ◎注"卽位"至"變也". ○正義曰: 前經注云未小斂, 主人卽位西階下東面位, 恐此亦然, 故明之. 云"阼階之下", 必知然者, 以士喪禮小斂後"衆主人東卽位", 又云主人"卽位踊, 襲絰于序東, 復位", 故知此卽位在阼階下也. 云"有襲絰乃踊, 尊卑相變也"者, 按士喪禮先踊乃襲絰, 此先襲絰乃踊, 士爲卑, 此據諸侯爲尊, 故云"尊卑相變"也.

번역 ◎鄭注: "卽位"~"變也". ○앞의 경문에 대한 정현의 주에서는 아직 소렴(小斂)을 하지 않았을 때 상주는 서쪽 계단 아래에서 동쪽을 바라보는 자리로 나아간다고 했는데, 이곳에서도 또한 그처럼 하게 된다고 오해할 것을 염려했기 때문에 명시한 것이다. 정현이 "동쪽 계단의 아래이다."라고 했는데, 이처럼 하게 된다는 사실을 분명히 알 수 있는 이유는 『의례』「사상례(士喪禮)」편에서는 소렴을 한 이후에 대해서 "뭇 아들들은 동쪽으로 가서 자신의 자리로 나아간다."라고 했고, 또 주인에 대해서는 "자리로 나아가서 용(踊)을 하고, 서(序)의 동쪽에서 습(襲)과 질(絰)을 한 뒤에 자리로 되돌아온다."라고 했다.[30] 그러므로 이곳에서 자리로 나아간다고 한 말이 동쪽 계단 아래로 나아간다는 뜻임을 알 수 있다. 정현이 "습(襲)과 질(絰)을 하고서 용(踊)을 한다고 한 것은 신분에 따라 서로 변화를 주기 때문이다."라고 했는데, 「사상례」편을 살펴보면 먼저 용(踊)을 한 뒤에 습(襲)과 질(絰)을 한다고 했고, 이곳에서는 먼저 습(襲)과 질(絰)을 한 뒤에 용(踊)을 한다고 했다. 사는 신분이 미천하고, 이곳의 내용은 제후처럼 존귀한 자를 기준으로 한 것이다. 그렇기 때문에 "신분에 따라 서로 변화를 주기 때문이다."라고 말한 것이다.

孔疏 ●"母之喪, 卽位而免". ○正義曰: 爲父喪, 拜賓竟而卽阼階下位, 又序東帶絰, 猶括髮. 若爲母喪, 至拜賓竟, 卽位時不復括髮, 以免代之. 免以襲絰, 至大斂乃成服也. 所以異於父也.

번역 ●經文: "母之喪, 卽位而免". ○부친의 상을 치를 때에는 빈객에게 절하는 절차가 끝나면 동쪽 계단의 아래에 있는 자리로 나아가고, 또 서(序)의 동쪽에서 대(帶)와 질(絰)을 차는데, 여전히 머리를 묶게 된다. 만약 모친의 상을 치르는 경우라면, 빈객에게 절하는 절차가 끝나면 곧 자리로 나아갈 때 재차 머리를 묶지 않고, 면(免)으로 대체한다. 면(免)을 하면서 습(襲)과 질(絰)을 하고, 대렴(大斂)을 하게 되면 성복(成服)을 한다. 이것은 부친의 상과 차이를 두기 위한 것이다.

孔疏 ●"乃奠"者, 奠, 謂小斂奠也. 拜賓・襲絰・踊竟後始設小斂之奠也.

번역 ●經文: "乃奠". ○소렴(小斂)을 치르며 지내는 전제사를 뜻한다. 빈객에게 절을 하고, 습(襲)과 질(絰)을 하며, 용(踊)을 하는 절차가 끝난 뒤에는 비로소 소렴의 전제사를 치른다.

---

30) 『의례』「사상례(士喪禮)」: 衆主人東卽位. 婦人阼階上, 西面. 主人拜賓, 大夫特拜, 士旅之. 卽位踊, 襲絰于序東, 復位.

孔疏 ●"弔者"至"拾踊". ○"弔者", 謂小斂之後來弔者, 掩襲裘之上裼衣. 若未小斂之前來弔者, 裘上有裼衣, 裼衣上有朝服, 開朝服, 露裼衣. 今小斂之後, 弔者以上朝服掩襲, 裘上裼衣加武者, 賀氏云: "武, 謂吉冠之卷. 主人旣素冠素弁, 故弔者加素弁於武."

번역 ●經文: "弔者"~"拾踊". ○'조자(弔者)'는 소렴을 치른 이후에 찾아온 조문객을 뜻하는데, 그들은 갓옷 위를 석의(裼衣)로 가리며 습(襲)을 한다. 만약 아직 소렴을 치르기 이전에 찾아온 조문객이라면, 갓옷 위에 석의를 착용하고, 석의 위에 조복(朝服)을 착용하는데, 조복의 앞섶을 열어서 석의를 노출시킨다. 현재는 소렴을 한 이후이므로, 조문을 하는 자는 가장 겉에 조복을 착용하여 가리고 습(襲)을 하며, 갓옷 위에 석의를 착용하고 무(武)를 더하게 되는데, 하창은 "'무(武)'는 길관(吉冠)의 무(武)이다. 상주는 이미 소관(素冠)과 소변(素弁)을 착용하기 때문에 조문을 하는 자는 무(武)에 소변을 더하게 된다."라고 했다.

孔疏 ●"帶絰"者, 帶謂要帶, 絰謂首絰. 緦之絰帶, 以朋友之恩, 故加帶與絰也. 若無朋友之恩, 則無帶, 唯絰而已.

번역 ●經文: "帶絰". ○'대(帶)'는 요대(要帶)를 뜻하고, '질(絰)'은 수질(首絰)을 뜻하는데, 시마복(緦麻服)에 질(絰)과 대(帶)를 차는 것은 벗에 대한 은정이 있기 때문에 대(帶)와 질(絰)을 더하는 것이다. 만약 벗에 대한 은정이 없는 자라면, 대(帶)가 없고 오직 질(絰)만 찰 따름이다.

孔疏 ●"與主人拾踊"者, 拾, 更也. 謂主人先踊, 婦人踊, 弔者踊, 三者三, 是與主人更踊.

번역 ●經文: "與主人拾踊". ○'습(拾)'자는 교대로[更]라는 뜻이다. 즉 상주가 먼저 용(踊)을 하고, 부인이 용(踊)을 하며, 조문객이 용(踊)을 하는데, 세 차례 세 번씩 반복하다는 뜻으로, 이것이 바로 상주와 번갈아 용(踊)

을 한다는 의미이다.

孔疏 ◎注"始死"至"而入". ○正義曰: 知"始死, 弔者朝服裼裘"者, 檀弓云"子游裼裘而弔", 是也. 知朝服者, 論語云"羔裘玄冠不以弔", 是也. 小斂之後不用弔, 則小斂之前可以弔. 云"小斂則改襲而加武與帶絰"者, 約子游之弔也. 云"加武者, 明不改冠, 亦不免也"者, 凶冠則武與冠連, 不別有武, 免亦無武. 今云"加武", 明不改作凶冠, 亦不作免. 弔所以有免, 以四代袒免親及朋友皆在他邦, 嫌有免理, 故云"亦不免". 引檀弓曰以下者, 證小斂之前裼裘, 小斂之後襲裘. 賀氏以爲加素弁於吉冠之武, 解經文似便, 與鄭注不改冠其義相妨. 熊氏云: "加武帶絰, 謂有朋友之恩, 以絰加於武, 連言帶耳." 熊氏又云: "小斂之時, 君於臣, 大夫於士, 士於朋友之恩, 若兩大夫不假朋友之恩, 皆朝服·襲裘加絰於玄冠之上. 若大夫·士無朋友之恩, 皆玄冠·朝服, 襲裘而已." 若士大斂之時有朋友之恩者, 及兩大夫相爲, 幷君於大夫皆皮弁服, 襲裘加弁絰. 故雜記云"大夫與殯亦弁絰", 殯則大斂也. 君於士大夫, 士自相於無朋友恩者, 視大斂則亦皮弁服·襲裘, 無弁絰也. 故士喪禮云君於士視大斂, 注云"皮弁服, 襲裘, 無絰也". 故服問云"公爲卿大夫錫衰", 若"當事, 則弁絰", 不云士, 則士雖當事, 不弁絰. 君於士尙皮弁, 明君於卿大夫亦皮弁. 當事弁絰, 與士異也. 此所云皆謂未成服之前弔服也. 若成服之後, 其錫衰·緦衰之等已具上檀弓疏. 然熊氏以武上加絰與帶, 帶文相妨, 其義未善. 兩家之說, 未知孰是, 故備存焉.

번역 ◎鄭注: "始死"~"而入". ○정현이 "초상 때 찾아오는 조문객은 조복(朝服)으로 갓옷을 석(裼)한다."라고 했는데, 『예기』「단궁(檀弓)」편에서 "자유가 갓옷을 석(裼)하고 조문을 했다."라고 했기 때문이다. 조복을 착용한다는 사실을 알 수 있는 이유는 『논어』에서 "검은 양의 갓옷과 현관(玄冠)을 착용하고서는 조문을 하지 않았다."[31]라고 했기 때문이다. 소렴을 한 이후에 이 복장으로 조문을 하지 않는다면, 소렴을 하기 이전에는 이

31) 『논어』「향당(鄕黨)」: 羔裘玄冠不以弔. 吉月, 必朝服而朝. 齊必有明衣, 布.

복장으로 조문을 할 수 있다. 정현이 "소렴을 치른 뒤에 찾아오게 되면 복식을 바꿔서 습(襲)을 하고 관(冠)의 테두리와 대(帶) 및 질(絰)을 더하게 된다."라고 했는데, 자유가 조문했던 내용을 요약한 것이다. 정현이 "'가무(加武)'라는 것은 관(冠)을 고치지 않고 또 면(免)을 하지 않는다는 뜻을 나타낸다."라고 했는데, 흉관(凶冠)은 무(武)와 관(冠)이 연결되어 있어서, 별도로 무(武)를 두지 않고, 면(免)을 했을 때에도 무(武)가 없다. 현재 "무(武)를 더한다."라고 했으니, 이것은 흉관으로 고쳐서 쓰지 않고, 또 면(免)을 하지 않는다는 사실을 나타낸다. 조문을 하며 면(免)을 하는 경우가 있는 것은 사대(四代) 때에는 부모 및 친구들이 모두 다른 나라에 있을 때 단(袒)과 면(免)을 하기 때문인데, 이러한 경우에도 면(免)을 하는 이치가 있다고 오해할 것을 염려했기 때문에 "또한 면(免)을 하지 않는다."라고 말한 것이다. 정현이 「단궁」편의 말을 인용한 것은 소렴 이전에는 갓옷을 석(裼)하고, 소렴을 한 이후에는 갓옷을 습(襲)한다는 사실을 증명하기 위해서이다. 하창은 길관(吉冠)의 무(武)에 소변(素弁)을 더한다고 여겼는데, 이것은 경문을 해석함에 있어서 편리한 것 같지만, 정현의 주에서 관(冠)을 고쳐서 쓰지 않는다고 했던 뜻과는 서로 저해가 된다. 웅안생은 "무(武)를 더하고 대(帶)와 질(絰)을 차는 것은 벗에 대한 은정을 가지고 있는 자를 뜻하니, 질(絰)을 무(武)에 덧대는 것인데, 대(帶)에 대한 내용을 연결해서 말한 것일 뿐이다."라고 했다. 또 웅안생은 "소렴을 치를 때 군주가 신하에 대한 경우, 대부가 사에 대한 경우, 사가 은정을 가지고 있는 벗에 대한 경우, 두 대부가 벗에 대한 은정을 따르지 않으면 모두 조복(朝服)을 착용하고 갓옷을 습(襲)하고 현관(玄冠) 위에 질(絰)을 덧대게 된다. 대부와 사 중 벗에 대한 은정이 없는 경우라면, 모두 현관과 조복을 착용하고, 갓옷을 습(襲)할 따름이다."라고 했다. 만약 사에 대해서 대렴(大斂)을 치르는 때, 벗에 대한 은정이 있는 자가 조문을 오는 경우와 두 대부가 서로를 위해 조문을 하는 경우 및 군주가 대부에 대해서 조문을 하는 경우에는 모두 피변복(皮弁服)을 착용하고, 갓옷을 습(襲)하고 변질(弁絰)을 착용한다. 그렇기 때문에 『예기』「잡기(雜記)」편에서는 "대부가 다른 대부의 빈소를 만드는 일에 참여하게 되면 또한 변질을 착용한다."[32]라고 말한 것이니, 빈소를 마련했다는 것은 대렴을 치르는 때를 뜻한다. 군주는 사와 대부에 대해서, 사가 벗에 대한 은정이 없는 자에 대해서 상을 돕게 되면, 대렴을 하는 때에 견주어서 또한 피변복을 착용하고 갓옷을 습(襲)하는데, 변질(弁絰)은 없게 된다. 그렇기 때문에 『의례』「사상례(士喪禮)」편에서는 군주는 사에 대해서 대렴에 견준다고 했고, 정현의 주에서는 "피변복을 착용하고, 갓옷을 습(襲)하지만, 질(絰)은 없다."라고 한 것이다. 그러므로 『예기』「복문(服問)」편에서는 "군주는 경과 대부에 대해서 석최(錫衰)[33]를 착용한다."라고 말한 것인데, "해당 사안을 치르게 된다면 변질을 한다."라고 한 말의 경우[34] 사에 대해서 언급하지 않았다면, 사에게는 비록 해당 사안을 치르게 되더라도 변질을 하지 않는 것이다. 군주는 사에 대해서 오히려 피변복을 착용하니, 이것은 군주는 경과 대부에 대해서도 피변복을 착용한다는 사실을 나타낸다. 해당 사안을 치를 때 변질을 하는 것은 사의 경우와 차이를 보인다. 여기에서 말한 내용은 모두 상주가 아직 성복(成服)을 하기 이전에 착용하는 조문의 복장이다. 만약 성복을 한 이후라면, 조문의 복장은 석최나 시최(緦衰)[35] 등이 되는데, 이러한 복장들에 대해서는 이미 앞의 「단궁」편 소에서 설명을 했다. 웅안생은 무(武) 위에 질(絰)과 대(帶)를 더한다고 여겼는데, 대(帶)라는 문장과 서로 저해가 되므로, 그 설명은 적합하지 않다. 두 학자의 주장 중 누가 옳은지 알 수 없기 때문에, 두 주장을 모두 수록해둔다.

---

32) 『예기』「잡기상(雜記上)」【498a】: 大夫之哭大夫弁絰. <u>大夫與殯亦弁絰</u>.

33) 석최(錫衰)는 가는 베로 만든 옷으로, 일종의 상복(喪服)에 해당한다. 천자의 경우, 삼공(三公)이나 육경(六卿)의 상(喪)에 착용했던 복장이다.

34) 『예기』「복문(服問)」【664b】: <u>公爲卿大夫錫衰</u>以居, 出亦如之, <u>當事則弁絰</u>. 大夫相爲亦然. 爲其妻, 往則服之, 出則否.

35) 시최(緦衰)는 석최(錫衰)와 비슷한 재질로 만든 옷으로, 일종의 상복(喪服)에 해당한다. 천자의 경우, 제후의 상(喪)에 착용했던 복장이다.

集解 愚謂: 此亦上下之達禮, 與士喪禮不同者, 亦禮俗異耳. 母之喪, 初在堂上時亦括髮, 至降卽阼階下位, 則改而免, 殺於爲父之禮也, 說詳小記. 惟於此著言爲母之異, 則上文所言之禮皆父母同也.

번역 내가 생각하기에, 이 내용 또한 상하 계층에 모두 통용되는 예법인데, 『의례』「사상례(士喪禮)」편의 기록과 차이를 보이는 것은 또한 예법에 따른 풍속에 차이가 생겼기 때문이다. 모친의 상에서 최초 당상(堂上)에 있을 때에는 또한 머리를 묶는데, 당하(堂下)로 내려와서 동쪽 계단 밑의 자리로 가게 되면, 복장을 바꿔서 면(免)을 하니, 이것은 부친의 상을 치르는 예법보다 낮추기 때문으로, 『예기』「상복소기(喪服小記)」편에서 자세히 설명했다. 다만 이곳에서는 모친의 상을 치르며 나타나는 차이점만을 언급했으니, 앞 문장에서 언급한 예법은 모두 부친과 모친에 대해서 동일하게 따르게 된다.

集解 愚謂: 加武, 熊氏謂"加絰於武", 是也. 加武, 帶・絰者, 以弔絰加於冠之武, 而要又著帶也. 麻不加於采, 小斂之後, 弔者猶玄冠・朝服而加帶・絰, 以此知弔絰乃葛絰也. 加武, 帶・絰, 弔者之服皆然, 非專爲有朋友之恩, 說見檀弓.

번역 내가 생각하기에, '가무(加武)'에 대해서 웅안생은 "무(武)에 질(絰)을 더한다."라고 했는데, 이 말은 옳다. 무(武)를 덧대고, 대(帶)와 질(絰)을 차는 것은 조문을 할 때 질(絰)을 관(冠)의 무(武)에 두르고, 허리에는 또한 대(帶)를 차기 때문이다. 마(麻)로 만든 질(絰)은 채색된 것에 두르지 않으며, 소렴(小斂)을 치른 이후에 조문을 온 자는 여전히 현관(玄冠)과 조복(朝服)을 착용하고, 대(帶)와 질(絰)을 두르는데, 이를 통해서 조문할 때의 질(絰)은 갈(葛)로 만든 질(絰)임을 알 수 있다. 무(武)를 덧대고 대(帶)와 질(絰)을 두르는 것은 조문객의 복장에서는 모두 이처럼 하니, 단지 벗에 대한 은정을 가진 자만이 하는 것은 아니다. 자세한 설명은 『예기』「단궁(檀弓)」편에 나온다.

集解 愚謂: 熊氏之說皆未是. 凡弔於小斂之後・未成服之前者, 天子於諸侯以爵弁・紂衣, 檀弓"天子之哭諸侯, 爵弁絰・紂衣", 是也. 諸侯於大夫以皮弁服, 小記, "諸侯弔, 必皮弁・錫衰", "主人未喪服, 則君不錫衰." 未喪服但不錫衰, 則未喪服已皮弁可知也. 又雜記云, "大夫之哭大夫弁絰, 大夫與殯亦弁絰." 是大夫相弔皆以皮弁, 與諸侯同也. 若君大夫於士, 及士自相弔, 則皆玄冠・朝服也. 若其服皆襲而不裼, 其首及腰皆加帶・絰, 則上下同也. 凡未成服之前, 弔者皆葛絰, 若君爲大夫, 及大夫相爲, 及士爲朋友, 則旣成服之後皆爲之服麻, 若非朋友, 則旣成服之後弔者亦葛絰而已.

번역 내가 생각하기에, 웅안생의 주장이 모두 옳은 것은 아니다. 무릇 소렴(小斂)을 한 이후나 아직 성복(成服)을 하기 이전에 조문을 하는 경우, 천자는 제후에 대해서 작변(爵弁)과 치의(緇衣)를 착용하니, 『예기』「단궁(檀弓)」편에서는 "천자가 제후의 상에 대해서 곡(哭)을 할 때에는 작변(爵弁)에 질(絰)을 두르고, 치의(紂衣)를 착용한다."[36]라고 했다. 그리고 제후는 대부의 상에 대해서 피변복(皮弁服)을 착용하니, 『예기』「상복소기(喪服小記)」편에서는 "제후가 신하에게 조문을 할 때에는 반드시 피변(皮弁)에 석최(錫衰)를 한다."라고 했고, "상주가 아직 성복을 하지 않았다면, 제후는 석최를 착용하지 않는다."라고 했다.[37] 아직 상복을 제대로 갖춰 입지 않았을 때, 단지 석최를 착용하지 않는다고 했다면, 아직 상복을 제대로 갖춰 입지 않았을 때에는 이미 피변을 착용하고 있다는 사실을 알 수 있다. 또 『예기』「잡기(雜記)」편에서는 "대부가 다른 대부의 상에 찾아가 곡(哭)을 하게 되면 석최를 입고 변질(弁絰)을 착용한다. 대부가 다른 대부의 빈소를 만드는 일에 참여하게 되면 또한 변질을 착용한다."[38]라고 했으니, 이것은 대부들이 서로에 대해 조문을 할 때에는 모두 피변을 착용하여 제후의 경우와 동일함을 나타낸다. 만약 제후 및 대부가 사에 대해서 조문을 하거나

---

36) 『예기』「단궁상(檀弓上)」【105b】: 天子之哭諸侯也, 爵弁絰, 紂衣.

37) 『예기』「상복소기(喪服小記)」【419b】: 諸侯弔必皮弁錫衰, 所弔雖已葬, 主人必免. 主人未喪服, 則君亦不錫衰.

38) 『예기』「잡기상(雜記上)」【498a】: 大夫之哭大夫弁絰. 大夫與殯亦弁絰.

사가 서로에게 조문을 할 때라면, 모두 현관(玄冠)과 조복(朝服)을 착용한다. 만약 그 복장에 대해서 모두 습(襲)을 하고 석(裼)을 하지 않으면, 머리 및 허리에는 모두 대(帶)와 질(絰)을 두르게 되니, 상하 계층이 모두 동일하다. 무릇 아직 성복을 하기 이전에 조문을 온 자는 모두 갈(葛)로 만든 질(絰)을 두르게 되는데, 제후가 대부를 위해서 조문을 왔거나 대부들끼리 서로에 대해서 조문을 하거나 또는 사가 벗에 대해서 조문을 하게 된다면, 이미 성복을 한 이후에는 모두 그를 위해 마(麻)로 된 질(絰)을 착용하는데, 만약 벗이 아닌 경우라면, 이미 성복을 한 이후에 조문을 하는 자라도 또한 갈(葛)로 된 질(絰)을 두를 따름이다.

그림 7-8 시마복(緦麻服) 착용 모습

※ 출처: 『삼재도회(三才圖會)』「의복(衣服)」 3권

그림 7-9 피변복(皮弁服)

※ **출처:** 『삼례도집주(三禮圖集注)』 1권

그림 7-10 피변(皮弁)과 작변(爵弁)

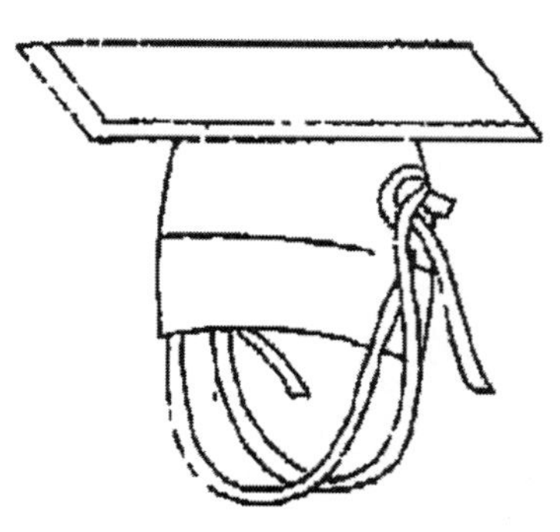

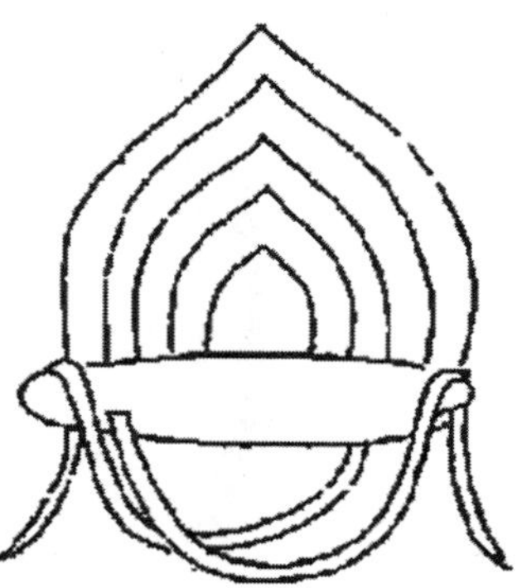

※ **출처:**『삼례도집주(三禮圖集注)』3권

【530b】

君喪, 虞人出木角, 狄人出壺, 雍人出鼎, 司馬縣之, 乃官代哭. 大夫官代哭不縣壺, 士代哭不以官.

직역 君의 喪에, 虞人은 木角을 出하고, 狄人은 壺를 出하며, 雍人은 鼎을 出하고, 司馬가 縣하면, 官이 代哭한다. 大夫에는 官이 代哭하되 壺를 不縣하고 士에는 代哭하되 官으로써 不한다.

의역 군주의 상에 있어서, 우인(虞人)은 물이 얼지 않도록 하는 땔감과 물을 뜨는 각(角)을 공출하고, 적인(狄人)은 물을 담는 호(壺)를 공출하며, 옹인(雍人)은 떨어지는 물을 끓이는 정(鼎)을 공출하고, 사마는 물이 떨어지도록 호(壺)를 걸어두는데, 그런 뒤에는 떨어진 물의 양으로 시간을 판단하여 휘하의 관리들로 하여금 교대로 곡(哭)을 하도록 시킨다. 대부의 상에서는 휘하의 관리들이 교대로 곡을 하지만, 호(壺)는 걸어두지 않고, 사의 상에서는 교대로 곡을 하지만 휘하의 관리를 시키지 않는다.

集說 虞人, 主山澤之官. 出木爲薪, 以供爨鼎. 蓋冬月恐漏水冰凍也. 角, 斛水之斗. 狄人, 樂吏也. 主挈壺漏水之器, 故出壺. 雍人主烹飪, 故出鼎. 司馬, 夏官卿也, 其屬有挈壺氏. 司馬自臨視其縣此漏器, 乃官代哭者, 未殯, 哭不絶聲, 爲其不食疲倦, 故以漏器分時刻, 使官屬以次依時相代, 而哭聲不絶也. 士代哭不以官者, 親疎之屬, 與家人自相代也.

번역 '우인(虞人)'은 산림과 하천을 담당하는 관리이다. 나무를 공출하여 땔감으로 삼으니, 솥에 불을 때는 일에 공급하는 것이다. 겨울철에는 물이 떨어지며 얼게 됨을 염려하기 때문이다. '각(角)'은 물을 뜨는 용기이다. '적인(狄人)'은 음악을 담당하는 하위 관리이다. 호(壺)를 걸어서 물이 떨어지도록 하는 기구를 담당한다. 그렇기 때문에 호(壺)를 공출하는 것이다. '옹인(雍人)'은 음식을 삶는 등의 일을 담당한다. 그렇기 때문에 정(鼎)

을 공출하는 것이다. '사마(司馬)'는 하관(夏官)의 수장인 경(卿)의 신분으로, 그의 휘하에는 설호씨(挈壺氏)라는 관리가 있다.[39] 사마가 직접 그 일에 임해 물이 떨어지도록 하는 기구의 걸어둔 상태를 점검하면, 관(官)이 대신 곡(哭)을 한다고 했는데, 아직 빈소를 차리기 이전에는 곡(哭)을 하는 소리가 끊이지 않아야 하고, 음식도 먹지 않고 피로해졌기 때문에, 물이 떨어지는 기구를 통해 시간을 구분하여, 휘하의 관리로 하여금 차례대로 그 시기에 따라 서로 교대를 시켜서, 곡하는 소리가 끊이지 않도록 하는 것이다. 사의 상에서는 교대로 곡을 하며 관리를 시키지 않는다고 했는데, 친족들이 가족과 함께 서로 교대로 하는 것이다.

鄭注 代, 更也. 未殯, 哭不絶聲, 爲其罷倦, 既小斂可以爲漏刻, 分時而更哭也. 木, 給爨竈. 角, 以爲斞水斗. 壺, 漏水之器也. 冬漏以火爨鼎, 沸而後沃之. 此挈壺氏所掌也, 屬司馬, 司馬涖縣其器. 下君也. 自以親疏哭也.

번역 '대(代)'자는 번갈아[更]라는 뜻이다. 아직 빈소를 차리기 이전이라면 곡(哭)을 하는 소리가 끊이지 않으니, 곡을 하는 자가 피로해지게 되어, 소렴(小斂)을 끝낸 뒤에는 물을 떨어트려 시간을 가늠하도록 하고, 시간을 나눠서 교대로 곡을 하도록 시킨다. '목(木)'은 부엌에 땔감으로 공급하는 것이다. '각(角)'은 물을 뜨는 국자로 삼는다. '호(壺)'는 물이 조금씩 떨어지도록 하는 기구이다. 겨울에 물을 조금씩 떨어트릴 때에는 솥에 불을 지피고, 물을 끓인 뒤에 호(壺)에 물을 담도록 한다. 이것은 설호씨(挈壺氏)가 담당하는 일인데, 그는 사마(司馬)에게 소속되어 있으니, 사마가 그 자리에 임하여 기구들을 걸어둔다. 대부에 대해서는 군주보다 낮추기 때문이다. 사에 대해서는 친족들이 직접 곡(哭)을 한다.

釋文 壺音胡. 縣音玄, 及下注同. 更, 古行反, 下同. 罷音皮. 倦, 其卷反. 漏音陋. 爨, 七亂反, 又七官反, 下"爨鼎"同. 斞音俱, 水斗也, 隱義云"容四升

---

39) 『주례』「하관사마(夏官司馬)」: 挈壺氏, 下士六人, 史二人, 徒十有二人.

也". 挈, 苦結反, 又音結. 下, 戶嫁反, "下成君"·"不相下"·"下大夫"同.

번역 '壺'자의 음은 '胡(호)'이다. '縣'자의 음은 '玄(현)'이며, 아래 정현의 주에 나오는 글자도 그 음이 이와 같다. '更'자는 '古(고)'자와 '行(행)'자의 반절음이며, 아래문장에 나오는 글자도 그 음이 이와 같다. '罷'자의 음은 '皮(피)'이다. '倦'자는 '其(기)'자와 '卷(권)'자의 반절음이다. '漏'자의 음은 '陋(루)'이다. '爨'자는 '七(칠)'자와 '亂(란)'자의 반절음이고, 또한 '七(칠)'자와 '官(관)'자의 반절음도 되는데, 아래 '爨鼎'에서의 '爨'자도 그 음이 이와 같다. '斞'자의 음은 '俱(구)'이니, 물을 뜨는 국자로, 『은의』에서는 "그 용적은 4승(升)[40]이다."라고 했다. '挈'자는 '苦(고)'자와 '結(결)'자의 반절음이며, 또한 그 음은 '結(결)'도 된다. '下'자는 '戶(호)'자와 '嫁(가)'자의 반절음이며, '下成'·'不相下'·'下大夫'에서의 '下'자도 그 음이 이와 같다.

孔疏 ●"君喪"至"一燭". ○正義曰: 此一節論君及大夫·士小斂後代哭之異.

번역 ●經文: "君喪"~"一燭". ○이곳 문단은 군주·대부·사가 소렴(小斂)을 한 이후 교대로 곡(哭)을 할 때 나타나는 차이점을 논의하고 있다.

孔疏 ●"君喪, 虞人出木角"者, 虞人, 主山澤之官, 故出木與角.

번역 ●經文: "君喪, 虞人出木角". ○'우인(虞人)'은 산림과 하천을 담당하는 관리이다. 그렇기 때문에 나무와 각(角)을 공출하는 것이다.

孔疏 ●"狄人出壺"者, 狄人, 樂吏, 主挈壺漏水之器, 故出壺.

---

40) 승(升)은 용량을 재는 단위이다. 지역 및 각 시대마다 다소 차이를 보이는데, 고대에는 10합(合)을 1승(升)으로 여겼고, 10승(升)을 1두(斗)로 여겼다. 『한서(漢書)』「율력지상(律曆志上)」편에는 "合龠爲合, 十合爲升."이라는 기록이 있다.

번역 ●經文: "狄人出壺". ○'적인(狄人)'은 음악을 담당하는 하급 관리로, 호(壺)를 걸어서 물을 떨어트리는 기구를 담당한다. 그렇기 때문에 호(壺)를 공출한다.

孔疏 ●"雍人出鼎"者, 雍人主亨飪, 故出鼎也. 所以用鼎及木者, 冬月恐水凍, 則鼎漏遲, 遲更無準, 則故取鼎煖水, 用虞人木爨鼎煮之, 故取鼎及木也.

번역 ●經文: "雍人出鼎". ○옹인(雍人)은 음식 삶는 일을 담당한다. 그렇기 때문에 정(鼎)을 공출한다. 솥과 나무를 사용하는 이유는 겨울철에 물이 얼게 되면, 솥에는 물이 더디게 떨어지고, 더디게 떨어지면 시간의 경과를 가늠할 기준이 없게 됨을 염려한 것이다. 그렇기 때문에 솥에서 뜨거운 물을 가져다가 쓰는데, 우인(虞人)이 공출하는 나무로 솥에 불을 지펴서 끓인다. 그렇기 때문에 솥과 나무를 사용하는 것이다.

孔疏 ●"司馬縣之"者, 司馬, 夏官卿也. 其屬有挈壺氏, 掌知漏事, 故司馬自臨視縣漏器之時節, 故挈壺氏云"凡喪, 縣壺以代哭者".

번역 ●經文: "司馬縣之". ○'사마(司馬)'는 하관(夏官)의 수장인 경(卿)이다. 그의 휘하에는 설호씨(挈壺氏)라는 관리가 있는데, 그는 물을 떨어트려 시간을 가늠하는 일들을 담당한다. 그렇기 때문에 사마는 직접 그 일에 임해서 시간을 가늠하기 위해 물을 떨어트리는 기구를 걸어두게 된다. 그래서 『주례』「설호씨(挈壺氏)」편에서는 "무릇 상에 있어서는 호(壺)를 걸고서 교대로 곡을 한다."[41]라고 했다.

孔疏 ●"乃官代哭"者, 縣漏分時, 使均其官屬, 更次相代而哭, 使聲不絶也.

---

41) 『주례』「하관(夏官)·설호씨(挈壺氏)」: 凡軍事縣壺以序聚㭄, 凡喪縣壺以代哭者, 皆以水火守之, 分以日夜.

번역 ●經文: "乃官代哭". ○물을 떨어트리는 기구를 걸어서 시간을 구분한 뒤에, 관리들을 고르게 분배하여, 교대로 곡(哭)을 해서 곡하는 소리가 끊이지 않게 하는 것이다.

그림 7-11 승상부루호(丞相府漏壺)

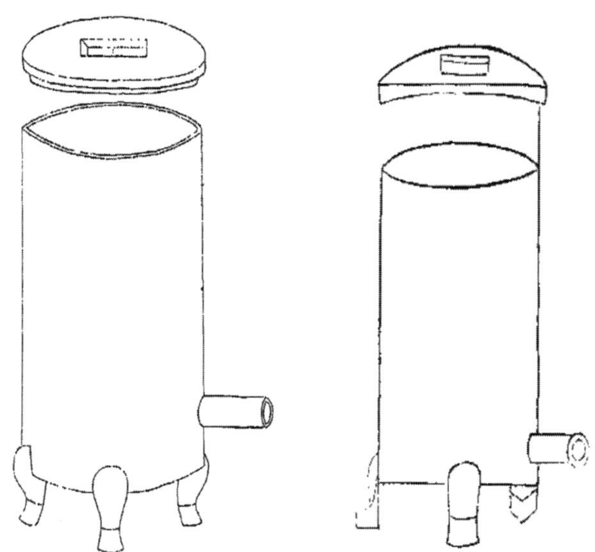

※ 출처: 좌-『고고도(考古圖)』 9권 ; 우-『삼재도회(三才圖會)』「기용(器用)」 2권

그림 7-12 정(鼎)

鼎

※ **출처:** 『삼재도회(三才圖會)』「기용(器用)」 1권

【530c】

君堂上二燭, 下二燭. 大夫堂上一燭, 下二燭. 士堂上一燭, 下一燭.

직역 君에는 堂上에 二燭하고, 下에 二燭한다. 大夫에는 堂上에 一燭하고, 下에 二燭한다. 士에는 堂上에 一燭하고, 下에 一燭한다.

의역 군주의 상에서는 당상(堂上)에 2개의 횃불을 준비하고, 당하(堂下)에 2개의 횃불을 준비한다. 대부의 상에서는 당상에 1개의 횃불을 준비하고, 당하에 2개의 횃불을 준비한다. 사의 상에서는 당상에 1개의 횃불을 준비하고, 당하에 1개의 횃불을 준비한다.

集說 疏曰: "有喪則於中庭終夜設燎, 至曉滅燎, 而日光未明, 故須燭以照祭饌也." 古者未有蠟燭, 呼火炬爲燭也.

번역 공영달의 소에서 말하길, "상이 발생하게 되면 마당에는 밤이 될 때 화톳불을 설치하고, 새벽이 되면 화톳불을 끄며, 햇빛이 잘 들지 않기 때문에 횃불을 두어서 제사의 음식들을 비춰야 한다."라고 했다. 고대에는 아직까지 밀랍으로 만든 촛불이 없었으므로, 횃불을 '촉(燭)'이라고 불렀다.

鄭注 燭, 所以照饌也, 滅燎而設燭.

번역 '촉(燭)'은 음식들을 비추기 위한 것이며, 화톳불을 끄고 횃불을 설치한다.

釋文 饌, 仕眷反. 燎, 力召反, 又力弔反.

번역 '饌'자는 '仕(사)'자와 '眷(권)'자의 반절음이다. '燎'자는 '力(력)'자와 '召(소)'자의 반절음이며, 또한 '力(력)'자와 '弔(조)'자의 반절음도 된다.

孔疏 ◎注"燭所"至"設燭". ○正義曰: 有喪則於中庭終夜設燎, 至曉滅燎, 而日光未明, 故須燭以照祭饌也.

번역 ◎鄭注: "燭所"~"設燭". ○상이 발생하게 되면 마당에는 밤이 될 때 화톳불을 설치하고, 새벽이 되면 화톳불을 끄며, 햇빛이 잘 들지 않기 때문에 횃불을 두어서 제사의 음식들을 비춰야 한다.

【530c】

賓出徹帷.

직역 賓이 出하면 帷를 徹한다.

의역 상주가 빈객에게 절을 한 뒤, 빈객이 밖으로 나가게 되면 당(堂)에 설치한 휘장을 걷는다.

集說 小斂畢卽徹帷, 士禮也. 此君與大夫之禮, 小斂畢, 下階拜賓, 賓出乃徹帷也.

번역 소렴(小斂)을 끝내면 곧바로 휘장을 걷는데, 이것은 사의 예법이다. 이곳의 내용은 군주와 대부의 예법에 해당하니, 소렴을 끝내고 계단으로 내려가서 빈객에게 절을 하고, 빈객이 밖으로 나가게 되면 휘장을 걷는다.

鄭注 君與大夫之禮也. 士卒斂, 卽徹帷. 徹或爲廢.

번역 군주와 대부의 예법이다. 사는 소렴(小斂)을 끝내면 곧 휘장을 걷는다. '철(徹)'자를 다른 판본에서는 '폐(廢)'자로 기록하기도 한다.

孔疏 ○正義曰: 士小斂竟而徹帷. 此至小斂竟, 下階拜賓, 賓出, 後乃除帷, 是人君及大夫禮舒也. 注云: "士卒斂, 卽徹帷"者, 士喪禮文.

번역 ○사는 소렴(小斂)을 끝내면 휘장을 걷는다. 이곳의 내용은 소렴을 끝낸 뒤 계단으로 내려가서 빈객에게 절을 하고, 빈객이 밖으로 나가게 된 이후에야 휘장을 걷는다고 했으니, 이것은 군주 및 대부의 예법으로, 사보다 천천히 시행하는 것이다. 정현의 주에서 "사는 소렴(小斂)을 끝내면 곧 휘장을 걷는다."라고 했는데, 이것은 『의례』「사상례(士喪禮)」편의 문장이다.[42)]

集解 愚謂: 此上蓋有脫文

번역 내가 생각하기에, 이곳 문장 앞에는 아마도 누락된 문장이 있는 것 같다.

【530c~d】

哭尸于堂上, 主人在東方, 由外來者在西方, 諸婦南鄕.

직역 堂上에서 尸에게 哭함에, 主人은 東方에 在하고, 外로 由하여 來한 者는 西方에 在하며, 諸婦는 南鄕한다.

의역 시신을 당상(堂上)으로 옮기고 나서 곡(哭)을 하게 되면, 상주는 동쪽에 있게 되고, 외지에서 분상(奔喪)을 하여 온 자는 서쪽에 있게 되며, 부인들은 북쪽

42) 『의례』「사상례(士喪禮)」: 卒斂, 徹帷.

과 가까운 자리에서 남쪽을 바라보게 된다.

集說 婦人哭位本在西而東面, 今以奔喪者由外而來, 合居尸之西, 故退而近北以鄉南也.

번역 부인이 곡(哭)을 하는 자리는 본래 서쪽에서 동쪽을 바라보는 자리인데, 현재는 분상(奔喪)[43]을 하여 외지로부터 온 자가 함께 시신의 서쪽에 있기 때문에, 물러나 북쪽과 가까운 곳에 있으며 남쪽을 향하는 것이다.

鄭注 由外來, 謂奔喪者也. 無奔喪者, 婦人猶東面.

번역 "외지로부터 왔다."는 말은 분상(奔喪)을 한 자들을 뜻한다. 분상을 한 자들이 없는 경우라면 부인은 여전히 동쪽을 바라보는 자리에 있게 된다.

釋文 鄉, 許亮反.

번역 '鄉'자는 '許(허)'자와 '亮(량)'자의 반절음이다.

孔疏 ○正義曰: 此一節通明小斂後尸出在堂時法也.

번역 ○이곳 문단은 소렴(小斂)을 치른 이후 시신을 밖으로 옮겨 당(堂)에 있을 때의 예법을 통괄적으로 나타낸 것이다.

孔疏 ●"主人在東方"者, 主人之位, 猶在尸東. 婦人之位, 亦猶在尸西, 如

43) 분상(奔喪)은 타지에 있다가 상(喪)에 대한 소식을 듣고, 급히 되돌아오는 예법(禮法)을 말한다. 『예기』「분상(奔喪)」편에 대해, 공영달(孔穎達)은 "案鄭目錄云, 名曰奔喪者, 以其居他國, 聞喪奔歸之禮."라고 풀이했다.

室中也.

번역 ●經文: "主人在東方". ○상주의 자리는 여전히 시신의 동쪽이 된다. 부인의 자리는 또한 여전히 시신의 서쪽이 되니, 실(室) 안에서의 자리와 같다.

孔疏 ●"由外來者在西方"者, 由, 從也, 從外來, 謂新奔喪者, 若於時有新奔喪從外來者, 則居尸西方也. 所以爾者, 阼階有事, 故升自西階, 乃就西方. 又一通云: 欲見異于在家者, 故在西方也. 若未小斂而奔者, 則在東方也. 故奔喪注云"其未小斂而至, 與在家同", 是也.

번역 ●經文: "由外來者在西方". ○'유(由)'자는 '~로부터[從]'라는 뜻이니, 외지로부터 왔다는 것은 이제 막 분상(奔喪)을 하여 온 자들을 뜻하는데, 만약 그 시기에 이제 막 분상을 하여 외지로부터 찾아온 자가 있다면, 시신의 서쪽에 있게 된다. 이처럼 하는 이유는 동쪽 계단에서 일을 치르기 때문에 당상(堂上)으로 올라갈 때에는 서쪽 계단을 이용하게 되니, 곧 서쪽으로 나아가게 된다. 또 한편으로는 집에 머물던 자와 차이점을 드러내기 위해서 서쪽에 위치하는 것이라고도 말한다. 만약 소렴(小斂)을 하지 않았는데 분상을 한 자가 있다면, 동쪽에 위치한다. 그렇기 때문에 『예기』「분상(奔喪)」편에 대한 정현의 주에서는 "아직 소렴을 하지 않았는데 도착을 한 자는 집에 있는 자들과 동일하게 따른다."[44]라고 한 것이다.

孔疏 ●"諸婦南向"者, 諸婦, 主婦以下在家者, 若無奔喪者, 則婦人位本在西方, 東嚮. 今既有外新奔者, 故移辟之, 而近北以鄉南也.

번역 ●經文: "諸婦南向". ○'제부(諸婦)'는 주부로부터 그 이하의 여자

44) 이 문장은 『예기』「분상(奔喪)」【652c~d】의 "至於家, 入門左, 升自西階, 殯東西面坐, 哭盡哀, 括髮袒, 降堂東卽位, 西鄉哭, 成踊, 襲絰于序東, 絞帶, 反位, 拜賓, 成踊, 送賓, 反位."라는 기록에 대한 정현의 주이다.

들 중 집에 있는 자들을 뜻하는데, 만약 분상(奔喪)을 한 자가 없다면, 부인들의 자리는 본래 서쪽에서 동쪽을 바라보게 된다. 현재는 이미 이제 막 분상을 하여 온 자가 있는 경우이다. 그렇기 때문에 자리를 옮겨서 피해주니, 보다 북쪽과 가까운 곳으로 가서 남쪽을 바라보게 된다.

【530d】

婦人迎客送客不下堂, 下堂不哭. 男子出寢門外見人不哭.

직역 婦人은 客을 迎하고 客을 送함에 堂을 不下하고, 堂을 下하더라도 不哭한다. 男子는 寢門의 外에 出하면 人을 見하더라도 不哭한다.

의역 부인은 빈객을 맞이하거나 전송할 때 당하(堂下)로 내려가지 않고, 당하로 내려가게 되면 곡(哭)을 하지 않는다. 남자는 침문(寢門) 밖으로 나가게 되면 사람을 보더라도 곡을 하지 않는다.

集說 堂以內至房, 婦人之事. 堂以外至門, 男子之事. 非其所而哭, 非禮也. 此言小斂後, 男主女主迎送弔賓之禮. 婦人於敵者固不下堂, 若君夫人來弔, 則主婦下堂至庭, 稽顙而不哭也. 男子於敵者之弔亦不出門, 若有君命而出迎, 亦不哭也.

번역 당(堂)의 안쪽부터 방에 이르기까지는 부인이 치러야 하는 일에 해당한다. 또 당의 바깥쪽부터 문에 이르기까지는 남자가 치러야 하는 일에 해당한다. 해당하는 장소가 아닌데도 곡(哭)을 하는 것은 비례이다. 이곳에서는 소렴(小斂)을 한 이후에 남자 상주와 여자 상주가 조문객을 맞이하거나 전송하는 예법을 나타내고 있다. 부인은 자신과 신분이 대등한 자에 대해서라도 당하(堂下)로 내려가지 않는데, 만약 군주의 부인이 찾아와서 조문을 하는 경우라면, 주부는 당하로 내려가서 마당까지 가고, 이마를 땅에 대어 절을 하지만 곡은 하지 않는다. 남자는 자신과 신분이 대등한 조문객에 대해서 또한 문밖으로 나가지 않는데, 만약 군주의 명령을 받들고 온 사신이라면, 밖으로 나가서 맞이하지만, 또한 곡은 하지 않는다.

鄭注 婦人所有事, 自堂及房, 男子所有事, 自堂及門. 非其事處而哭, 猶野哭也. 出門見人, 謂迎賓[45]也.

번역 부인이 담당하여 치르는 일은 당(堂)에서부터 방까지 발생하는 일들이며, 남자가 담당하여 치르는 일은 당에서부터 문까지 발생하는 일들이다. 해당 사안을 처리할 장소가 아닌데도 곡(哭)을 하는 것은 들판에서 곡을 하는 것과 같다.[46] 문밖으로 나가서 사람을 본다는 말은 빈객을 맞이한다는 뜻이다.

釋文 處, 昌慮反.

번역 '處'자는 '昌(창)'자와 '慮(려)'자의 반절음이다.

孔疏 ●"婦人迎客·送客不下堂, 下堂不哭"至"喪有無後, 無無主". ○正義曰: 此一節明小斂之後, 男主女主迎送弔賓及拜賓之位, 又廣明喪主不在之義. 婦人質, 故迎客送客不下堂.

---

45) '빈(賓)'자에 대하여. '빈'자 뒤에는 본래 '객자(客者)'라는 두 글자가 있었는데, 완원(阮元)의 『교감기(校勘記)』에서는 "혜동(惠棟)의 『교송본(校宋本)』에는 '위영빈야(謂迎賓也)'라고 기록되어 있고, 『송감본(宋監本)』·『악본(岳本)』·『가정본(嘉靖本)』 및 위씨(衛氏)의 『집설(集說)』에도 동일하게 기록되어 있으며, 『속통해(續通解)』, 『고문(考文)』에서 인용하고 있는 『족리본(足利本)』에도 딩올하게 기록되어 있으니, 이곳 판본에는 '영빈(迎賓)' 뒤에 '객자'라는 두 글자가 연문으로 기록된 것이며, 『민본(閩本)』·『감본(監本)』·『모본(毛本)』에도 동일하게 기록되어 있다."라고 했다.

46) 『예기』「단궁상(檀弓上)」【106b】: 孔子惡野哭者.

번역 ●經文: "婦人迎客·送客不下堂, 下堂不哭"~"喪有無後, 無無主". ○이곳 문단은 소렴(小斂)을 한 이후 남자 상주와 여자 상주가 조문객을 맞이하고 전송하는 일 및 빈객에게 절을 하는 위치를 나타내고 있으며, 또 상주가 없는 경우의 뜻까지도 폭넓게 나타내고 있다. 부인은 질박한 것을 따르므로, 빈객을 맞이하거나 전송할 때 당하(堂下)로 내려가지 않는다.

孔疏 ●"下堂不哭"者, 敵者不下堂, 若有君夫人弔, 則主婦下堂至庭, 稽顙而不哭也.

번역 ●經文: "下堂不哭". ○신분이 대등한 자에 대해서는 당하(堂下)로 내려가지 않지만, 만약 군주의 부인이 조문을 온 경우라면, 주부는 당하로 내려가서 마당까지 가며, 그곳에서 이마를 땅에 대며 절을 하지만 곡(哭)은 하지 않는다.

孔疏 ●"男子出寢門見人, 不哭"者, 男子遭喪, 敵者來弔, 不出門. 若有君命, 則出門迎, 亦不哭也. 故士喪禮"君使人弔, 徹帷. 主人迎于寢門外, 見賓不哭", 是也.

번역 ●經文: "男子出寢門見人, 不哭". ○남자가 상을 당하게 되었을 때, 신분이 대등한 자가 찾아와서 조문을 하게 되면 문밖으로 나가지 않는다. 만약 군주의 명령을 받들고 온 사신이라면, 문밖으로 나가서 그를 맞이하지만, 또한 곡(哭)은 하지 않는다. 『의례』「사상례(士喪禮)」편에서는 "군주가 사람을 시켜서 조문을 하면, 휘장을 걷는다. 상주는 침문(寢門) 밖으로 나가서 맞이하지만, 조문객을 보더라도 곡을 하지 않는다."[47]라고 했다.

---

47) 『의례』「사상례(士喪禮)」: 君使人弔. 徹帷. 主人迎于寢門外, 見賓不哭, 先入門右, 北面.

【531a】

其無女主, 則男主拜女賓于寢門內; 其無男主, 則女主拜男賓于阼階下. 子幼則以衰抱之, 人爲之拜. 爲後者不在, 則有爵者辭, 無爵者人爲之拜. 在竟內則俟之, 在竟外則殯葬可也. 喪有無後, 無無主.

직역 그 女主가 無하면, 男主가 寢門의 內에서 女賓에게 拜하고; 그 男主가 無하면, 女主가 阼階의 下에서 男賓에게 拜한다. 子가 幼하면 衰로 抱하고, 人이 之를 爲하여 拜한다. 後가 爲한 者가 不在하면, 爵이 有한 者는 辭하고, 爵이 無한 者는 人이 之를 爲하여 拜한다. 竟內에 在라면 俟하고, 竟外에 在라면 殯葬이라도 可하다. 喪에는 無後가 有하나, 無主는 無하다.

의역 상을 치를 때, 여자 상주가 없는 경우라면, 남자 상주가 침문(寢門) 안쪽에서 여자 빈객들에게 절을 한다. 남자 상주가 없는 경우라면, 여자 상주가 동쪽 계단 아래에서 남자 빈객에게 절을 한다. 상주를 맡을 자식이 너무 어리다면, 다른 사람을 시켜 상복으로 그를 감싸 안게 하고, 그가 어린 상주를 대신하여 빈객들에게 절을 한다. 후계자가 외지에 나가 있을 경우, 후계자가 작위를 가진 자라면, 섭주(攝主)를 맡은 자가 작위가 없어서 빈객에게 절을 할 수 없다는 이유로 조문객에게 사양의 뜻을 전한다. 만약 후계자가 작위가 없는 경우라면, 섭주가 그를 대신하여 조문객에게 절을 한다. 후계자가 국경을 벗어나지 않은 경우라면, 그가 되돌아올 때까지 기다린 뒤에 빈소를 차리고 장례를 치른다. 만약 그가 외국에 나가 있는 경우라면, 그가 없더라도 빈소를 차려야 할 시점이 되면 빈소를 차리고, 장례를 치러야 하는 시점이 되면 장례를 치러도 괜찮다. 상사에서는 후계자가 없는 경우는 있어도, 상주가 없는 경우는 없다.

集說 爲後者不在, 謂以事故在外也. 此時若有喪事, 而弔賓及門, 其爲後者是有爵之人, 則辭以攝主無爵, 不敢拜賓. 若此爲後者是無爵之人, 則攝主代之拜賓可也. 出而在國境之內, 則俟其還乃殯葬. 若在境外, 則當殯卽殯, 殯後又不得歸, 而及葬期, 則葬之可也. 無後, 不過己自絶嗣而已. 無主, 則闕於賓禮. 故可無後, 不可無主也.

번역 후계자가 있지 않다는 말은 어떠한 일 때문에 외지에 있다는 뜻이다. 이 시기에 만약 상사의 일이 발생하여 조문객이 문에 당도하게 되면, 후계자가 작위를 가진 사람일 경우에는 섭주(攝主)[48]에게 작위가 없어서 감히 빈객에게 절을 할 수 없다고 사양을 한다. 만약 후계자인 자가 작위가 없는 자라면, 섭주가 그를 대신해서 빈객에게 절을 해도 괜찮다. 출타를 했는데 국경 안에 있는 경우라면, 그가 되돌아올 때까지 기다린 뒤에 빈소를 마련하고 장례를 치른다. 만약 국경 밖에 있는 경우라면, 빈소를 차려야 할 시기가 되면 빈소를 차리고, 빈소를 차린 뒤에도 또한 되돌아오지 못했고, 장례를 치러야 하는 기간이 되었다면 장례를 치러도 괜찮다. 후계자가 없는 것은 본인에게 후손이 끊기는 것에 불과할 따름이다. 그러나 상주가 없게 되면, 빈객에 대한 예법을 빠트리게 된다. 그렇기 때문에 후계자가 없는 경우는 있을 수 있지만, 상주가 없는 경우는 있을 수 없다.

大全 嚴陵方氏曰: 有後無後, 存乎天. 有主無主, 存乎人. 存乎天者, 不可爲也, 故喪有無後者, 存乎人者, 可以爲也, 故無無主者.

번역 엄릉방씨가 말하길, 후계자가 있거나 없는 것은 하늘에 달려 있는 일이다. 상주가 있거나 없는 것은 사람에게 달려 있는 일이다. 하늘에 달려 있는 일은 인위적으로 할 수 없는 대상이다. 그렇기 때문에 상에서는 후계자가 없는 경우도 있다. 반면 사람에게 달려 있는 일은 인위적으로 할 수 있는 대상이다. 그렇기 때문에 상주가 없는 경우는 없다.

---

48) 섭주(攝主)는 제주(祭主) 및 상주(喪主)의 일을 대신 맡아보는 자이다. 정식 제주 및 상주는 종법제(宗法制)에 따라서, 종주(宗主)가 담당을 하였는데, 그에게 사정이 생겨서, 그 일을 주관하지 못할 때, '섭주'가 대신 그 일을 담당했다. 군주의 경우에는 재상이 담당하기도 하였으며, 나머지의 경우에는 제주 및 상주와 항렬이 같은 자들 중에서 담당을 하기도 했다.

鄭注 拜者, 皆拜賓於位也. 爲後者有爵, 攝主爲之辭於賓耳, 不敢當尊者禮也.

번역 절을 한다는 말은 모두 해당하는 자리에서 빈객에게 절을 한다는 뜻이다. 후계자가 된 자가 작위를 가진 자라면, 섭주(攝主)는 그를 대신해서 조문객에게 사양을 할 따름이니, 존귀한 자의 예법을 감당할 수 없기 때문이다.

釋文 衰, 七雷反. 人爲, 于僞反, 下"人爲"·注"爲下"·"爲君"皆同. 竟音境, 下同.

번역 '衰'자는 '七(칠)'자와 '雷(뢰)'자의 반절음이다. '人爲'에서의 '爲'자는 '于(우)'자와 '僞(위)'자의 반절음이며, 아래문장에 나오는 '人爲'에서의 '爲'자와 정현의 주에 나오는 '爲下'·'爲君'에서의 '爲'자는 모두 그 음이 이와 같다. '竟'자의 음은 '境(경)'이며, 아래문장에 나오는 글자도 그 음이 이와 같다.

孔疏 ●"其無女主, 則男主拜女賓於寢門內"者, 此以下明喪無主而使人攝者禮也. 若有主, 則使男主拜男賓, 女主拜女賓. 若無女主者, 則男主拜女賓于寢門內也.

번역 ●經文: "其無女主, 則男主拜女賓於寢門內". ○이곳 구문부터 그 아래의 내용은 상을 치르며 상주가 없을 때, 다른 사람을 대신 시키는 예법을 나타내고 있다. 만약 상주가 있는 경우라면, 남자 상주를 시켜서 남자 빈객에게 절을 하도록 하고, 여자 상주를 시켜서 여자 빈객에게 절을 하도록 한다. 만약 여자 상주가 없는 경우라면, 남자 상주가 침문(寢門)의 안쪽에서 여자 빈객에게 절을 한다.

孔疏 ●"其無男主, 則女主拜男賓于阼階下"者, 若無男主者, 亦使女主拜男賓於阼階下位也. 鄉云女有下堂, 明謂此也. 男拜女賓于門內, 少遠階下, 而猶不出門也.

번역 ●經文: "其無男主, 則女主拜男賓于阼階下". ○만약 남자 상주가 없는 경우라면 또한 여자 상주를 시켜서 동쪽 계단 아래의 자리에서 남자 빈객에게 절을 하도록 시킨다. 앞에서 여자가 당하(堂下)로 내려오는 경우가 있다고 한 말은 바로 이러한 경우를 뜻한다. 남자 상주가 여자 빈객에게 절을 할 때, 문의 안쪽에서 하는 것은 계단 아래의 자리에서 조금 멀리 떨어진 것이지만, 여전히 문밖으로 나가지는 않는다.

孔疏 ●"子幼, 則以衰抱之, 人爲之拜"者, 若有子, 雖幼小, 則以衰抱之爲主, 而人代之拜賓也.

번역 ●經文: "子幼, 則以衰抱之, 人爲之拜". ○만약 자식이 있는데 너무 어리다면, 상복으로 그를 감싸서 상주로 삼고, 다른 사람이 그 아들을 대신하여 빈객에게 절을 한다.

孔疏 ●"爲後者不在"者, 謂主出行不在, 而家有喪.

번역 ●經文: "爲後者不在". ○상주가 출행을 하여 있지 않은데, 그 집에 상이 발생한 경우를 뜻한다.

孔疏 ●"則有爵者辭"者, 謂不在家之主有官爵, 其攝主無官爵, 則辭謝於賓云: 己無爵, 不敢拜賓.

번역 ●經文: "則有爵者辭". ○상주가 집에 있지 않은데 상주가 작위를 가지고 있다면, 그를 대신하는 섭주(攝主)는 작위가 없게 되므로, 빈객에게 사양을 하며 "저는 작위가 없으므로, 감히 빈객에게 절을 할 수 없습니다."

라고 말한다는 뜻이다.

孔疏 ●"無爵者, 人爲之拜"者, 謂不在之主無官爵, 其攝主之人而爲主拜賓也.

번역 ●經文: "無爵者, 人爲之拜". ○상주가 집에 있지 않은데 상주가 작위가 없는 자라면, 그를 대신하는 섭주(攝主)는 상주를 대신해서 빈객에게 절을 한다는 뜻이다.

孔疏 ●"在竟內則俟之"者, 若主行近在國竟之內, 則俟其還乃殯葬也.

번역 ●經文: "在竟內則俟之". ○만약 출타를 하여 국경 안쪽에 머물러 비교적 가까운 곳에 있다면, 그가 되돌아오기를 기다린 뒤에 빈소를 마련하고 장례를 치른다.

孔疏 ●"在竟外則殯葬可也"者, 若主行在國外, 計不可待則殯, 殯後又不可待則葬可也.

번역 ●經文: "在竟外則殯葬可也". ○만약 출타를 하여 국경 밖에 있어서, 돌아올 때까지 기다릴 수 없다고 판단된다면 빈소를 차리고, 빈소를 차린 이후에도 돌아올 때까지 기다릴 수 없다고 판단된다면 정해진 시기에 장례를 치르는 것도 괜찮다.

孔疏 ●"喪有無後, 無無主"者, 釋所以必使人攝及其衰抱幼之義. 無後, 己自絶嗣, 無闕於人, 故可無後也. 若無主則相對賓有闕, 故四鄰·里尹主之, 是無得無主也.

번역 ●經文: "喪有無後, 無無主". ○반드시 다른 사람을 대신 시키고, 어린 상주를 상복으로 감싸게 되는 뜻을 풀이한 말이다. 후계자가 없는 것은 본인의 후손이 끊어진 것이며, 남에 대해서 관련된 예를 누락하는 일이 없다. 그렇기 때문에 후계자가 없을 수도 있다. 만약 상주가 없다면, 빈객을 대하고 돕는 일에 누락되는 점이 발생한다. 그렇기 때문에 사방의 이웃이나 그 마을의 수장이 대신 상주를 맡는 것이다.49) 이것은 바로 상주가 없을 수 없다는 뜻이다.

集解 愚謂: 喪禮男主拜男賓, 女主拜女賓, 無女主則男主拜女賓, 無男主則女主拜男賓, 不得已而通禮之窮也. 女賓之位在堂上, 則拜女賓於寢門內者, 北面也. 男賓之位在阼階下西面, 則拜男賓於阼階下者, 南面也. 女主拜賓於堂上, 今乃於寢門內, 男主拜賓於庭, 今乃於阼階下, 所以別於正主之禮, 且欲相遠, 以謹男女之別也. 有爵者, 謂死者及其爲後者爲大夫也. 大夫至五十, 則君假祖廟而命之, 故曰"五十爵命爲大夫." 大夫有受爵命之法, 則雖其爲大夫而未爵者, 亦以是稱之矣. 凡曰"有爵"者, 曰"命夫・命婦"者, 皆據大夫而言也. 辭, 告也. 謂告賓以主人不在, 未得拜賓也. 有爵者辭, 所謂"士不攝大夫"也. 無爵者, 謂士也. 人爲之拜者, 蓋或庶子, 或期親以下, 推一人親者攝主而拜賓也. 在竟內則俟之, 在竟外則殯・葬可者, 殯・葬有常期, 不可久稽也. 喪有無後, 無無主, 人之嗣續有時而乏, 而禮不可闕也.

번역 내가 생각하기에, 상례에서는 남자 상주가 남자 빈객에게 절을 하고, 여자 상주가 여자 빈객에게 절을 하는데, 여자 상주가 없다면 남자 상주가 여자 빈객에게 절을 하고, 남자 상주가 없다면 여자 상주가 남자 빈객에게 절을 한다. 이것은 부득이해서 통용시키는 궁여지책의 예법이다. 여자 빈객의 자리는 당상(堂上)에 있게 되니, 남자 상주가 여자 빈객에게 침문(寢門) 안쪽에서 절을 할 때에는 북쪽을 바라보게 된다. 남자 빈객의 자리는 동쪽 계단의 아래에서 서쪽을 바라보게 되니, 여자 상주가 남자 빈객에

---

49) 『예기』「잡기하(雜記下)」【516d~517a】: 姑姊妹其夫死而夫黨無兄弟, 使夫之族人主喪. 妻之黨, 雖親弗主. 夫若無族矣, 則前後家, 東西家. 無有, 則里尹主之. 或曰, "主之而附於夫之黨."

게 동쪽 계단 아래에서 절을 할 때에는 남쪽을 바라보게 된다. 여자 상주는 당상에서 빈객에게 절을 하는데, 현재는 침문 안쪽에서 절을 하고, 남자 상주는 마당에서 빈객에게 절을 하는데, 현재는 동쪽 계단 아래에서 절을 한다. 그 이유는 정식 상주가 따르는 예법과 구별하기 위해서이며, 또한 서로 멀리 떨어져서 남녀에 대한 구별을 신중히 따르고자 해서이다. 작위를 가지고 있다는 말은 죽은 자 및 그의 후계자가 된 자가 대부의 신분이라는 뜻이다. 대부는 50세가 되면, 군주가 조묘(祖廟)에 나가서 그에게 대부의 작위를 내리게 된다. 그렇기 때문에 "50세가 되면 작위의 명령을 받아서 대부가 된다."[50]라고 말한 것이다. 대부에게는 작위의 명령을 받는 법도가 있으니, 비록 대부이지만 아직 작위의 명령을 받지 못한 경우라도 이처럼 지칭한다. 무릇 '유작(有爵)'이라고 말하고, '명부(命夫)와 명부(命婦)'라고 말한 경우는 모두 대부에 기준을 두고 말한 것이다. '사(辭)'자는 "알린다[告]."는 뜻이다. 즉 빈객에게 상주가 현재 없어서 빈객에게 절을 할 수 없다고 알린다는 뜻이다. 작위를 가진 자에 대해서 사양을 한다고 했는데, 바로 "사는 대부의 상에서 섭주를 맡을 수 없다."[51]라는 뜻이다. 작위가 없는 자는 사를 뜻한다. 남이 그를 대신해서 절을 한다는 것은 무릇 서자의 신분이거나 또는 기년복(期年服)을 입는 친족으로부터 그 이하의 사람들 중에서 한 사람의 친족을 뽑아서 섭주로 삼아 빈객에게 절을 하는 것이다. 국경 안쪽에 있다면 기다리고, 국경 밖에 있다면 빈소를 마련하고 장례를 치러도 괜찮다고 했는데, 빈소를 마련하고 장례를 치르는 일에는 정해진 기간이 있으니, 오래도록 지연시킬 수 없다. 상에는 후계자가 없는 경우는 있어도 상주가 없는 경우가 없다고 했는데, 죽은 자의 후계자는 간혹 없을 수 있지만, 예법은 누락시킬 수 없기 때문이다.

---

50) 『예기』「내칙(內則)」【369b】: 四十始仕, 方物出謀發慮, 道合則服從, 不可則去. 五十命爲大夫, 服官政. 七十致事. 凡男拜, 尙左手.

51) 『예기』「상복소기(喪服小記)」【420a】: 士不攝大夫, 士攝大夫唯宗子.

• 제 8 절 •

졸(卒) 후 3일째 지팡이를 짚는 규정

【531b】

君之喪三日, 子夫人杖; 五日旣殯, 授大夫世婦杖. 子大夫寢門之外杖, 寢門之內輯之; 夫人世婦在其次則杖, 卽位則使人執之. 子有王命則去杖, 國君之命則輯杖. 聽卜有事於尸則去杖. 大夫於君所則輯杖, 於大夫所則杖.

직역 君의 喪에 三日에는 子와 夫人이 杖하며; 五日에 旣히 殯하면, 大夫와 世婦에게 杖을 授한다. 子와 大夫는 寢門의 外에서 杖하고, 寢門의 內에서는 輯하며; 夫人과 世婦는 그 次에 在하면 杖하고, 位에 卽하면 人을 使하여 執한다. 子에게 王命을 有하면 杖을 去하고, 國君의 命이라면 杖을 輯한다. 卜을 聽하거나 尸에게 事가 有하면 杖을 去한다. 大夫는 君의 所에서는 杖을 輯하고, 大夫의 所에서는 杖한다.

의역 군주의 상에서는 3일째가 되면 자식과 부인(夫人)이 지팡이를 짚는다. 또 5일째가 되어 빈소를 차린 뒤에는 대부와 세부(世婦)에게 지팡이를 지급한다. 자식과 부인은 침문(寢門) 밖에서 지팡이를 짚는데, 침문 안쪽으로 들어오면 지팡이를 손에 모아 쥐어서 땅을 짚지 않는다. 부인과 세부는 임시숙소에 있을 때 지팡이를 짚지만, 자신의 자리로 나아가게 되면 다른 사람을 시켜서 그것을 들게 한다. 세자가 천자의 명령을 받들고 온 사신을 맞이하게 되면 지팡이를 제거하고, 이웃 나라의 제후가 보낸 사신을 대하게 되면 지팡이를 모아 쥐어서 땅을 짚지 않는다. 거북점을 치거나 시동에 대한 일을 처리하게 되면 지팡이를 제거한다. 대부는 군주가 계신 장소에서 지팡이를 모아 쥐어서 땅을 짚지 않고, 대부들끼리 있는 장소라면 지팡이를 짚는다.

集說 子, 兼適庶及世子也. 寢門, 殯宮門也. 輯, 斂也, 謂擧之不以拄地也. 子大夫廬在寢門外, 得拄杖而行至寢門. 子與大夫幷言者, 據禮, 大夫隨世子以入, 子杖則大夫輯, 子輯則大夫去杖, 故下文云, 大夫於君所則輯杖也. 此言大夫特來, 不與子相隨, 故云門外杖, 門內輯. 若庶子之杖, 則不得持入寢門也. 夫人世婦居次在房內. 有王命至則世子去杖, 以尊王命也. 有隣國君之命則輯杖者, 下成君也. 聽卜, 卜葬卜日也. 有事於尸, 虞與卒哭及祔之祭也. 於大夫所則杖者, 諸大夫同在門外之位, 同是爲君, 故並得以杖拄地而行也.

번역 '자(子)'는 적자 및 서자와 세자를 모두 포함한다. '침문(寢門)'은 빈소의 문을 뜻한다. '집(輯)'자는 "모으다[斂]."는 뜻이니, 지팡이를 들지만, 이것을 가지고 땅을 짚지 않는다는 뜻이다. 자식과 대부가 머무는 임시숙소 여(廬)는 침문 밖에 있으니, 지팡이로 땅을 짚고서 침문까지 당도할 수 있다. 자식과 대부를 함께 언급한 이유는 예법에 따르면 대부는 세자를 따라서 들어오니, 자식이 지팡이를 짚으면 대부는 지팡이를 모으고, 자식이 지팡이를 모으면 대부는 지팡이를 제거한다. 그렇기 때문에 아래문장에서 "대부는 군주가 계신 장소에서는 지팡이를 모은다."고 말한 것이다. 이곳의 내용은 대부 홀로 찾아왔을 때, 자식과 함께 뒤따르지 않는 경우를 뜻한다. 그렇기 때문에 문밖에서 지팡이를 짚고, 문안에서 지팡이를 모은다고 한 것이다. 만약 서자가 지팡이를 짚는 경우라면, 그것을 지니고서 침문 안으로 들어갈 수 없다. 부인과 세부가 머무는 임시숙소 차(次)는 방안에 해당한다. 천자의 명령을 받드는 사신이 당도하게 되면 세자는 지팡이를 제거하니, 천자의 명령을 존귀하게 여기기 때문이다. 이웃 나라 제후의 명령을 받들고 온 자가 있다면 지팡이를 모으니, 세자 스스로 정식 군주에 대한 예법보다 낮추기 때문이다. '청복(聽卜)'은 장례를 치르는 장소와 그 날짜에 대해서 거북점을 친다는 뜻이다. "시동에게 해야 할 일이 있다."는 말은 우제(虞祭)[1]와 졸곡(卒哭)[2] 및 부제(祔祭)[3] 등을 뜻한다. 대부가 있는 장소

1) 우제(虞祭)는 장례(葬禮)를 치르고 난 뒤에 지내는 제사를 뜻한다.
2) 졸곡(卒哭)은 우제(虞祭)를 지낸 뒤에 지내는 제사이다. 이 제사를 지내게 되면, 수시로 곡(哭)하던 것을 멈추고, 아침과 저녁때에만 한 번씩 곡을 하게

에서 지팡이를 짚는다는 말은 여러 대부들이 모두 문밖의 자리에 있을 때, 모두 군주를 위해 상을 치르는 입장이므로, 모두가 지팡이로 땅을 짚으며 이동할 수 있다.

大全 山陰陸氏曰: 子夫人杖, 不言授, 嫌或使之.

번역 산음육씨가 말하길, 자식과 부인이 지팡이를 짚는 것에 대해서는 '수(授)'라고 기록하지 않았으니, 혹여 다른 사람을 시킨다는 의혹을 받기 때문이다.

鄭注 三日者, 死之後三日也. 爲君杖不同日, 人君禮大, 可以見親疏也. 輯, 斂也. 斂者, 謂擧之不以柱地也. 夫人・世婦次於房中, 卽位堂上. 堂上近尸殯, 使人執杖, 不敢自持也. 子於國君之命輯杖, 下成君, 不敢敵之也. 卜, 卜葬, 卜日也. 凡喪祭, 虞而有尸. 大夫於君所輯杖, 謂與之俱卽寢門外位也. 獨焉則杖. 君, 謂子也. 於大夫所杖, 俱爲君杖, 不相下也.

번역 '삼일(三日)'은 죽은 이후 3일째를 뜻한다. 군주를 위해서 지팡이를 잡을 때, 그 날짜가 동일하지 않은 것은 군주의 예법은 성대하여, 차등적 절차를 통해 친소관계를 드러낼 수 있기 때문이다. '집(輯)'자는 "모으다[斂]."는 뜻이다. 모은다는 것은 손에 들지만 그것으로 땅을 짚지 않는다는 뜻이다. 부인(夫人)과 세부(世婦)는 방에 임시숙소를 마련하고, 자신의 자리로 나아가게 되면 당상(堂上)에 있게 된다. 당상은 시신이 안치된 빈소와 가까운 장소이므로, 다른 사람을 시켜서 지팡이를 들게 하며, 감히 스스로 그것을 지니고 있지 않는다. 세자가 이웃 제후의 명령을 받들고 온 사신에

된다. 그렇기 때문에 '졸곡'이라고 부르게 된 것이다.

3) 부제(祔祭)는 '부(祔)'라고도 한다. 새로이 죽은 자가 있으면, 선조(先祖)에게 '부제'를 올리면서, 신주(神主)를 합사(合祀)하는 것을 말한다. 『주례』「춘관(春官)・대축(大祝)」편에는 "付練祥, 掌國事."라는 기록이 있고, 이에 대한 정현의 주에서는 "付當爲祔. 祭於先王以祔後死者."라고 풀이하였다.

대해서 지팡이를 모아 쥐고 땅을 짚지 않는 것은 정식 군주보다 낮추는 것이니, 감히 대등하게 여길 수 없기 때문이다. '복(卜)'자는 장례 장소에 대해 거북점을 치고, 장례 날짜에 대해 거북점을 친다는 뜻이다. 무릇 상제(喪祭)[4]에 있어서는 우제(虞祭)를 치르면 시동을 세우게 된다. 대부는 군주가 계신 장소에서 지팡이를 모아 쥔다고 했는데, 군주와 함께 모두 침문(寢門) 밖의 자리에 있을 때를 뜻한다. 홀로 있을 때라면 지팡이를 짚는다. '군(君)'자는 세자를 뜻한다. 대부가 있는 장소에서 지팡이를 짚는다고 했는데, 모두 군주를 위해 상을 치르며 지팡이를 짚는다. 그러므로 지팡이를 짚는 것에 있어서는 서로에 대해서 낮추지 않는다.

釋文 輯, 側立反, 下同, 斂也. 去, 起呂反, 後"去杖"皆同. 見, 賢遍反. 斂, 力檢反, 下同. 柱, 知主反. 近, 附近之近.

번역 '輯'자는 '側(측)'자와 '立(립)'자의 반절음이며, 아래문장에 나오는 글자도 그 음이 이와 같으니, 모으다는 뜻이다. '去'자는 '起(기)'자와 '呂(려)'자의 반절음이며, 뒤에 나오는 '去杖'에서의 '去'자도 모두 그 음이 이와 같다. '見'자는 '賢(현)'자와 '遍(편)'자의 반절음이다. '斂'자는 '力(력)'자와 '檢(검)'자의 반절음이며, 아래문장에 나오는 글자도 그 음이 이와 같다. '柱'자는 '知(지)'자와 '主(주)'자의 반절음이다. '近'자는 '부근(附近)'이라고 할 때의 '近'자이다.

孔疏 ●"君之"至"則杖". ○正義曰: 此一節廣明君及大夫·士三日之後杖之節制, 各依文解之.

번역 ●經文: "君之"~"則杖". ○이곳 문단은 군주 및 대부와 사가 3일이 지난 이후에 지팡이를 짚는 규정에 대해서 폭넓게 설명하고 있으니, 각각의 문장에 따라서 풀이하겠다.

---

4) 상제(喪祭)는 장례(葬禮)를 치른 이후에 지내는 제사들을 지칭하는 말이다.

孔疏 ●"子・大夫寢門之外杖"者, 子, 謂兼適・庶及世子也. 寢門, 殯宮門也. 子・大夫廬在寢門外, 得持杖柱地行以至寢門也.

번역 ●經文: "子・大夫寢門之外杖". ○'자(子)'자는 적자와 서자 및 세자를 모두 포함하는 뜻이다. '침문(寢門)'은 빈소의 문을 뜻한다. 자식과 대부가 머무는 여(廬)는 침문 밖에 있으며, 지팡이를 잡고 땅을 짚으며 이동하여 침문까지 갈 수 있다.

孔疏 ●"寢門之內輯之"者, 斂之不柱地, 殯柩在門內, 神明所在, 故入門斂之, 不敢柱地也. 若庶子至寢門則去杖, 不得持入也. 此大夫與子同者, 謂大夫特來, 不與子相隨也. 若與子相隨, 子杖則大夫輯, 子輯則大夫去杖, 故下文云"大夫於君所則輯杖", 是也. "夫人世婦在其次則杖"者, 次, 謂婦人居喪之地, 在房內則得持杖柱地也.

번역 ●經文: "寢門之內輯之". ○지팡이를 모아 쥐고 땅을 짚지 않는데, 빈소의 영구는 문 안쪽에 있고 신명이 있는 곳이기 때문에, 문으로 들어가면 지팡이를 모아 쥐고 감히 땅을 짚지 않는 것이다. 만약 서자가 침문까지 당도하게 된다면, 지팡이를 제거하니 손에 쥘 수 없기 때문이다. 이곳에서 대부가 세자와 동일하게 따른다고 한 것은 대부 홀로 찾아와서 세자와 함께 뒤따르지 않는 경우를 뜻한다. 만약 세자와 함께 뒤따를 때 세자가 지팡이를 짚으면 대부는 지팡이를 모아 쥐고, 세자가 지팡이를 모아 쥐면 대부는 지팡이를 제거한다. 그렇기 때문에 아래문장에서 "대부는 군주가 계신 장소에서 지팡이를 모아 쥔다."라고 말한 것이다. 경문의 "夫人世婦在其次則杖"에 대하여. '차(次)'자는 부인들이 상중에 머무는 곳을 뜻하니, 방안에 있게 되면 지팡이를 쥐고서 땅을 짚을 수 있다.

孔疏 ●"卽位則使人執之"者, 婦人之位在堂, 堂上有殯. 若出房卽位, 則不復自執, 但使人代執之自隨, 不柱地也.

번역 ●經文: "卽位則使人執之". ○부인의 자리는 당(堂)에 있게 되는데, 당상(堂上)에는 빈소가 있게 된다. 만약 방밖으로 나와서 자신의 자리로 가게 되면, 재차 지팡이를 짚을 수 없고, 단지 남을 대신 시켜서 지팡이를 들고 뒤따르게 하며, 땅을 짚게 하지 않는다.

孔疏 ●"子有王命則去杖"者, 子亦謂世子也. 世子若有天子之命則對之, 則不敢杖, 故去之, 以尊王命也.

번역 ●經文: "子有王命則去杖". ○'자(子)' 또한 세자를 뜻한다. 세자가 만약 천자의 명령을 받들고 온 사신을 맞이하게 된다면, 그를 응대하게 되니, 감히 지팡이를 짚지 않는다. 그렇기 때문에 제거를 하니, 천자의 명령을 존귀하게 여기기 때문이다.

孔疏 ●"國君之命則輯杖"者, 國君, 若鄰國之君, 使人來弔, 雖爲敵國, 而世子自卑, 未敢比成君, 故自斂杖以敬彼君命也.

번역 ●經文: "國君之命則輯杖". ○'국군(國君)'은 이웃 나라의 군주이니, 만약 그가 사람을 시켜서 조문을 하게 되면, 비록 대등한 나라라 하더라도 세자는 스스로를 낮추니, 감히 정식 군주와 비견되게 할 수 없기 때문이다. 그래서 스스로 지팡이를 모아 쥐고 상대방 군주의 명령에 대해서 공경의 뜻을 나타내는 것이다.

孔疏 ●"聽卜·有事於尸則去杖"者, 聽卜, 謂卜葬·卜日也. 有事於尸, 謂虞及卒哭·祔祭事尸時也. 敬卜及尸, 故去杖也.

번역 ●經文: "聽卜·有事於尸則去杖". ○'청복(聽卜)'은 장례 장소와 장례 날짜에 대해서 거북점을 친다는 뜻이다. 시동에 대해 해야 할 일이 있다는 말은 우제(虞祭)와 졸곡(卒哭) 및 부제(祔祭)를 치르며, 시동을 섬기는 때를 뜻한다. 거북점과 시동에 대해서 공경을 나타내기 때문에 지팡이를 제거한다.

孔疏 ●"大夫於君所則輯杖"者, 君, 謂世子也. 若大夫與世子俱來在門外位, 大夫則輯杖, 敬嗣君也.

번역 ●經文: "大夫於君所則輯杖". ○'군(君)'자는 세자를 뜻한다. 만약 대부와 세자가 모두 찾아와서 문밖의 자리에 있을 때라면, 대부는 지팡이를 모아 쥐니, 세자를 공경스럽게 대하기 때문이다.

孔疏 ●"於大夫所則杖"者, 大夫若不與世子俱來, 而與諸大夫俱在門外位, 旣同是爲君杖, 無相敬下, 故並得執杖柱地也.

번역 ●經文: "於大夫所則杖". ○대부가 만약 세자와 함께 찾아온 경우가 아니며, 대부들과 함께 문밖의 자리에 있게 된 경우, 이미 그들 모두가 군주를 위해서 지팡이를 짚은 상태이고, 서로에 대해서 공경의 뜻을 표하며 자신을 낮추는 일이 없기 때문에, 모두가 지팡이를 쥐고서 땅을 짚을 수 있다.

孔疏 ◎注"三日"至"下也". ○正義曰: 知死後三日者, 下文云"士之喪二日而殯, 三日之朝, 主人杖", 則知君・大夫三日者, 與士同, 故知死後三日也. 云"爲君杖不同日, 人君禮大, 可以見親疏也"者, 以下云大夫之喪旣殯, "主人・主婦・室老皆杖". 今君喪, 親疏杖不同日, 是人君禮大, 可以見親疏也. 熊氏云: "經云子杖, 通女子在室者, 若嫁爲他國夫人則不杖, 嫁爲卿夫夫之妻, 與大夫同五日杖也." 喪服四制"七日授士杖", 君之女及內宗外宗之屬, 嫁爲士妻, 及君之女御, 皆十日杖. 云"夫人・世婦次於房中"者, 謂西房也, 故上文云"婦人髽・帶麻于房中", 是也. 云"卽位堂上"者, 前文云"夫人亦拜寄公夫人於堂上", 是卽位堂上也. 云"卜, 卜葬, 卜日也"者, 以經文卜在有事於尸之前, 虞而立尸, 虞祭之前, 卜者唯卜葬日耳. 故知卜, 謂卜葬日也. 云"凡喪祭, 虞而有尸"者, 檀弓云"虞而立尸", 又士虞禮有尸, 是虞有尸也. 云"大夫於君所輯杖, 謂與之俱卽寢門外位也"者, 以經云"子·大夫寢門之外杖", 故知是寢門外位. 若寢門內位, 則君亦輯之, 大夫當去杖也. 云"君, 謂子也"者, 以經前云子, 後云君, 嫌是別人, 故云"君, 謂子也"者.

번역 ◎鄭注: "三日"~"下也". ○죽은 이후 3일이 지난 시점임을 알 수 있는 이유는 아래문장에서 "사의 상에서는 2일이 지나고서 빈소를 차리고, 3일이 지난 아침에 상주가 지팡이를 짚는다."라고 했으니, 군주와 대부가 3일이 지난 뒤에 하는 것이 사의 경우와 동일하다는 사실을 알 수 있다. 그렇기 때문에 죽은 이후 3일이 지난 시점임을 안 것이다. 정현이 "군주를 위해서 지팡이를 잡을 때, 그 날짜가 동일하지 않은 것은 군주의 예법은 성대하여, 차등적 절차를 통해 친소관계를 드러낼 수 있기 때문이다."라고 했는데, 아래문장에서 대부의 상에서 이미 빈소를 마련한 뒤에, "상주와 주부 및 실로(室老)[5]가 모두 지팡이를 짚는다."라고 했기 때문이다. 현재 군주의 상에서 친소관계에 따라 지팡이를 짚는 날짜가 다른 것은 군주에 대한 예법이 성대하므로, 이를 통해 친소관계의 차이를 드러낼 수 있기 때문이다. 웅안생은 "경문에서는 자식이 지팡이를 짚는다고 했는데, 이것은 아직 시집을 가지 않은 딸자식까지도 포함하는 것이며, 만약 시집을 가서 다른 제후국의 부인(夫人)이 되었다면 지팡이를 짚지 않고, 시집을 가서 경이나 대부의 처가 되었다면 대부와 함께 5일째에 지팡이를 짚는다."라고 했다. 『예기』「상복사제(喪服四制)」편에서는 "7일째에 사에게 지팡이를 지급한다."[6]라고 했는데, 군주의 딸자식 및 내종(內宗)과 외종(外宗)에 속한 여자들 중 시집을 가서 사의 처가 된 자, 또는 군주의 여어(女御)들은 모두

---

5) 실로(室老)는 가신(家臣) 중의 우두머리를 뜻한다.

6) 『예기』「상복사제(喪服四制)」【721d】: 杖者, 何也? 爵也. 三日授子杖, 五日授大夫杖, 七日授士杖. 或曰擔主, 或曰輔病. 婦人·童子不杖, 不能病也. 百官備, 百物具, 不言而事行者, 扶而起. 言而后事行者, 杖而起. 身自執事而后行者, 面垢而已. 禿者不髽, 傴者不袒, 跛者不踊, 老病不止酒肉. 凡此八者, 以權制者也.

10일째에 지팡이를 짚는다. 정현이 "부인(夫人)과 세부(世婦)는 방에 임시 숙소를 마련한다."라고 했는데, 서쪽 방을 뜻한다. 그렇기 때문에 앞의 문장에서 "부인들은 방안에서 좌(髽)의 방식으로 머리를 틀고 마(麻)로 된 허리띠를 찬다."[7]라고 한 것이다. 정현이 "자신의 자리로 나아가게 되면 당상(堂上)에 있게 된다."라고 했는데, 앞의 문장에서는 "부인(夫人)은 또한 당상에서 기공의 부인에게 절을 한다."[8]라고 했으니, 이것은 자신의 자리로 나아가면 당상에 있게 됨을 나타낸다. 정현이 "'복(卜)'자는 장례 장소에 대해 거북점을 치고, 장례 날짜에 대해 거북점을 친다는 뜻이다."라고 했는데, 경문에서 거북점을 친다는 기록을 시동에게 해당 일을 처리한다는 문장 앞에 기록했고, 우제(虞祭)를 치르면서 시동을 세우니, 우제를 치르기 이전에 거북점을 치는 것은 장지와 그 날짜에 대해서 거북점을 치는 것일 뿐이다. 그러므로 이곳에서 말한 '복(卜)'자가 장지와 날짜에 대해서 거북점을 친다는 뜻임을 알 수 있다. 정현이 "무릇 상제(喪祭)에 있어서는 우제를 치르면 시동을 세우게 된다."라고 했는데, 『예기』「단궁(檀弓)」편에서는 "우제를 지내게 되면, 비로소 시동을 세워서 신령(神靈)을 형상화한다."[9]라고 했고, 또 『의례』「사우례(士虞禮)」편에서도 시동이 나타나는데,[10] 이것은 우제를 치를 때 시동을 세우게 됨을 나타낸다. 정현이 "대부는 군주가 계신 장소에서 지팡이를 모아 쥔다고 했는데, 군주와 함께 모두 침문(寢門) 밖의 자리에 있을 때를 뜻한다."라고 했는데, 경문에서 "자식과 대부가 침문 밖에서 지팡이를 짚는다."라고 했기 때문에, 침문 밖의 자리가 됨을 알 수 있다. 만약 침문 안의 자리로 나아가게 되면 군주는 또한 지팡이를 모아

7) 『예기』「상대기」【529b】: 小斂, 主人卽位于戶內, 主婦東面乃斂. 卒斂, 主人馮之踊, 主婦亦如之. 主人袒, 說髦, 括髮以麻. 婦人髽, 帶麻于房中. 徹帷, 男女奉尸夷于堂, 降拜.

8) 『예기』「상대기」【529c】: 君拜寄公國賓, 大夫士, 拜卿大夫於位, 於士旁三拜. 夫人亦拜寄公夫人於堂上, 大夫內子士妻, 特拜命婦, 氾拜衆賓於堂上.

9) 『예기』「단궁하(檀弓下)」【132a】: 虞而立尸, 有几筵.

10) 『의례』「사우례(士虞禮)」: 祝迎尸, 一人衰絰奉篚, 哭從尸. 尸入門, 丈夫踊, 婦人踊. 淳尸盥, 宗人授巾. 尸及階, 祝延尸. 尸升, 宗人詔踊如初. 尸入戶, 踊如初, 哭止. 婦人入于房. 主人及祝拜妥尸. 尸拜, 遂坐.

쥐게 되므로, 대부는 마땅히 지팡이를 제거해야 한다. 정현이 "'군(君)'자는 세자를 뜻한다."라고 했는데, 경문에서는 앞서 '자(子)'라고 했고, 뒤에서는 '군(君)'이라고 했는데, 별개의 사람이라고 오해할 수도 있기 때문에, "'군(君)'자는 세자를 뜻한다."라고 말한 것이다.

孔疏 ●"於大夫所杖, 俱爲君杖, 不相下也"者, 謂大夫於大夫所, 是兩大夫相對, 故云"俱爲君", 不相降下也.

번역 ●經文: "於大夫所杖, 俱爲君杖, 不相下也". ○대부는 대부들이 있는 장소에서, 두 대부가 서로 대등하게 되므로, "모두 군주를 위해서 상을 치른다."라고 말한 것이니, 서로에 대해서 낮추지 않기 때문이다.

集解 愚謂: 世婦, 謂諸侯之次婦也. 士及諸妻, 爲君皆杖, 不言者, 諸侯五日而殯, 殯而成服, 則無不杖者矣. 言"五日, 大夫·世婦杖", 則其餘可知也. 大夫寢門之外杖, 謂自在其次也. 大夫寢門之內輯杖, 謂與君俱卽位時也. 庶子不以杖卽位, 所以正適·庶之分, 大夫於君不嫌也. 喪服傳大夫之喪, "衆臣杖不以卽位", 則大夫之貴臣以杖卽位也. 大夫之貴臣以杖卽位, 則諸侯之卿大夫以杖卽位可知矣. 故檀弓曰, "公之喪, 諸達官之長杖." 大夫寢門之內輯杖, 則士之杖不以入寢門也. 諸妻之杖, 蓋不以出於房與.

번역 내가 생각하기에, '세부(世婦)'는 제후의 첩들 중 정처 다음 서열의 여자들이다. 사 및 여러 처들은 군주의 상을 치르며 모두 지팡이를 짚는데, 언급을 하지 않은 이유는 제후의 경우 5일이 지나서 빈소를 차리고, 빈소를 차리게 되면 성복(成服)을 하니, 지팡이를 짚지 않는 자가 없기 때문이다. "5일째에 대부와 세부가 지팡이를 짚는다."라고 말했다면, 나머지 경우도 모두 지팡이를 짚게 됨을 알 수 있다. 대부는 침문(寢門) 밖에서 지팡이를 짚는다고 했는데, 이것은 대부 스스로 임시 숙소에 있을 때를 뜻한다. 대부는 침문 안에서 지팡이를 모아 쥔다고 했는데, 이것은 군주와 함께 그 자리로 나아갔을 때를 뜻한다. 서자들은 지팡이를 가지고 자신의 자리로 나아가지 않으니, 적자와 서자를 구분하기 위한 것인데, 대부가 군주의 상을 치르며 지팡이를 짚는 것은 혐의를 받지 않는다. 『의례』「상복(喪服)」편의 전문(傳文)에서는 대부의 상에 대해서, "뭇 신하들은 지팡이를 짚지만, 그것을 가지고 자신의 자리로 나아가지 않는다."[11]라고 했으니, 대부의 귀신(貴臣)[12]은 지팡이를 짚고서 자신의 자리로 나아간다. 대부의 귀신이 지팡이를 짚고서 자신의 자리로 나아간다면, 제후의 경・대부는 지팡이를 짚고서 자신의 자리로 나아가게 됨을 알 수 있다. 그렇기 때문에 『예기』「단궁(檀弓)」편에서는 "군주의 상에서는 여러 달관(達官)[13]들 중에서도 수장만이 지팡이를 잡게 된다."[14]라고 했다. 대부가 침문 안에서 지팡이를 모아 쥔다면, 사 중에 지팡이를 짚는 자는 침문 안으로 들어갈 수 없다. 여러 처들 중 지팡이를 짚는 여자는 아마도 이것을 가지고 방밖으로 나갈 수 없었을 것이다.

---

11) 『의례』「상복(喪服)」: 衆臣杖, 不以卽位. 近臣, 君服斯服矣. 繩屨者, 繩菲也.

12) 귀신(貴臣)은 본래 공(公)・경(卿)・대부(大夫)들의 가신(家臣)들 중 가장 높은 자를 지칭하던 용어로, 중신(衆臣)과 상대되는 용어였다. 후대에는 대신(大臣)들을 가리키는 용어로 사용되었다.

13) 달관(達官)은 지위가 높고 군주로부터 직접 명령을 받는 대신(大臣)들을 뜻한다.

14) 『예기』「단궁하(檀弓下)」【108b】: 公之喪, 諸達官之長杖.

그림 8-1 저장(苴杖: =竹杖)과 삭장(削杖: =桐杖)

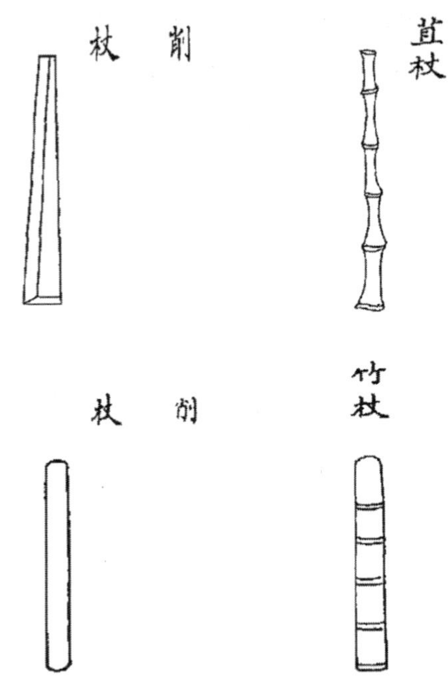

※ **출처:** 상단-『삼례도집주(三禮圖集注)』 15권
하단-『삼례도(三禮圖)』 3권

그림 8-2 의려(倚廬)

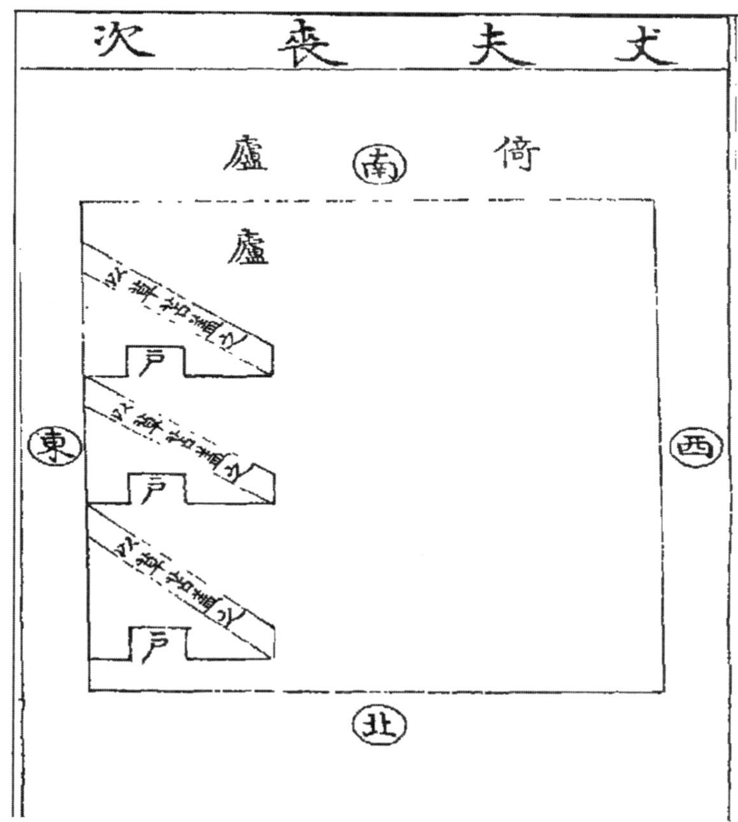

※ 출처: 『가산도서(家山圖書)』

그림 8-3 의려(倚廬)

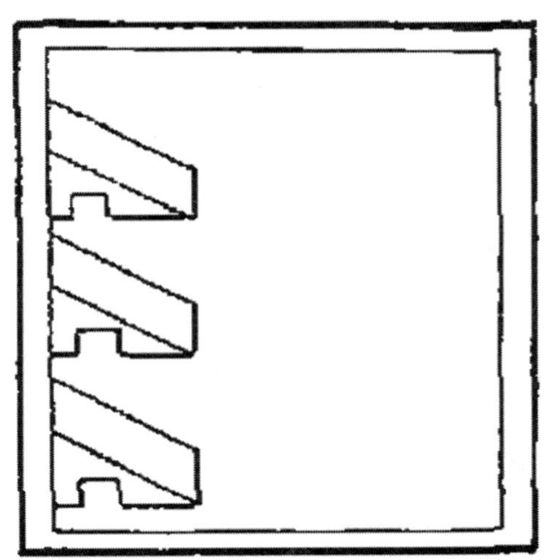

※ **출처:**『삼례도집주(三禮圖集注)』 15권

【531d】

大夫之喪, 三日之朝旣殯, 主人主婦室老皆杖. 大夫有君命則去杖, 大夫之命則輯杖. 內子爲夫人之命去杖, 爲世婦之命授人杖.

직역 大夫의 喪에, 三日의 朝에 旣히 殯하면, 主人·主婦室老는 皆히 杖한다. 大夫는 君命이 有하면 杖을 去하고, 大夫의 命이라면 杖을 輯한다. 內子는 夫人의 命을 爲하여 杖을 去하고, 世婦의 命을 爲하여 人에게 杖을 授한다.

의역 대부의 상에서 3일째 아침에 빈소를 차리고 나면, 상주·주부·실로(室老)는 모두 지팡이를 짚는다. 상주에게 군주의 명령을 받들고 온 사신이 조문을 한다면 지팡이를 제거하고, 대부의 명령을 받들고 온 사신에 대해서는 지팡이를 모아 쥐고 땅을 짚지 않는다. 내자(內子)는 군주 부인(夫人)의 명령을 받들고 온 조문객을 위해 지팡이를 제거하고, 군주 세부(世婦)의 명령을 받들고 온 조문객을 위해서는 남에게 지팡이를 건넨다.

集說 大夫有君命, 此大夫, 指爲後子而言. 世婦, 君之世婦也.

번역 대부에게 군주의 명령을 받들고 온 사신이 찾아온다고 했는데, 이때의 '대부(大夫)'는 후계자가 된 자식을 가리켜서 한 말이다. '세부(世婦)'는 군주의 세부를 뜻한다.

大全 山陰陸氏曰: 內子爲夫人之命去杖, 輯杖於此取中焉, 在去杖與杖之間. 爲世婦之命授人杖, 不言使人執之, 卑也.

번역 산음육씨가 말하길, 내자(內子)가 군주 부인(夫人)의 명령을 받들고 온 사신에 대해서 지팡이를 제거한다고 했는데, 지팡이를 모아 쥐는 것은 이것에 비하면 중간 수위를 취한 것이니, 지팡이를 제거하고 지팡이로 땅을 짚는 것 중간에 해당한다. 세부(世婦)의 명령을 받들고 온 사신을 위해서 남에게 지팡이를 넘긴다고 했는데, 남으로 하여금 지팡이를 잡도록 한다고 말하지 않은 것은 신분이 낮기 때문이다.

鄭注 大夫有君命去杖, 此指大夫之子也. 而云大夫者, 通實大夫有父母之喪也. 授人杖, 與使人執之同也.

번역 대부에게 군주의 명령을 받들고 온 사신이 조문을 한다면 지팡이를 제거한다고 했는데, 이때의 '대부(大夫)'는 대부의 자식을 뜻한다. 그런데도 '대부(大夫)'라고 말한 것은 대부에게 부모의 상이 발생한 경우까지도 통괄해서 말했기 때문이다. 남에게 지팡이를 건넨다는 것은 남으로 하여금 지팡이를 잡게 하는 것과 동일하다.

釋文 爲夫, 于僞反, 下及注"妾爲君"·"爲人得"並同.

번역 '爲夫'에서의 '爲'자는 '于(우)'자와 '僞(위)'자의 반절음이며, 아래 문장 및 정현의 주에 나오는 '妾爲君'·'爲人得'에서의 '爲'자는 모두 그 음이 이와 같다.

孔疏 ●"大夫"至"人杖". ○正義曰: 此一節明大夫杖節.

번역 ●經文: "大夫"~"人杖". ○이곳 문단은 대부가 지팡이를 짚는 규범을 나타내고 있다.

孔疏 ●"三日之朝旣殯"者, 謂死後三日, 旣殯之後乃杖也.

번역 ●經文: "三日之朝旣殯". ○죽은 이후 3일이 되어, 빈소를 차린 뒤라면 곧 지팡이를 짚는다는 뜻이다.

孔疏 ●"主人·主婦·室老皆杖"者, 應杖者, 三日悉杖也.

번역 ●經文: "主人·主婦·室老皆杖". ○지팡이를 짚어야 하는 자들은 3일이 지나면 모두 지팡이를 짚는다.

孔疏 ●"大夫有君命則去杖"者, 大夫, 卽大夫嗣子也. 嗣子而云大夫者, 鄭云"通實大夫有父母之喪也", 對君命亦然也, 大夫及嗣子有君命則去杖以敬之也.

번역 ●經文: "大夫有君命則去杖". ○'대부(大夫)'는 대부의 지위를 계승하는 적장자이다. 적장자에 대해서 '대부(大夫)'라고 부른 것에 대해, 정현은 "대부에게 부모의 상이 발생한 경우까지도 통괄해서 말했기 때문이다."라고 말했는데, 군주의 명령을 받들고 온 사신을 응대할 때에도 또한 이처럼 하게 되니, 대부 및 그의 적장자가 군주의 명령을 받들고 온 사신을 대하게 되면, 지팡이를 제거하여 그에게 공경의 뜻을 나타낸다.

孔疏 ●"大夫之命則輯人"者, 若嗣子對彼大夫之使, 則斂杖, 以自卑下之也. 若兩大夫自相對, 則不去杖, 敵, 無所下也.

번역 ●經文: "大夫之命則輯人". ○만약 적장자가 상대방 대부의 사신을 응대하게 된다면 지팡이를 모아 쥐니, 스스로 정식 대부에 비해서 낮추기 때문이다. 만약 양측의 대부가 서로를 대하게 되는 경우라면 지팡이를 제거하지 않으니, 신분이 대등하여 낮추는 점이 없기 때문이다.

孔疏 ●"內子爲夫人之命去杖"者, 內子, 卿妻. 若卿大夫妻, 有夫及長子喪, 君夫人有命弔己者, 皆爲夫人之命去杖也.

번역 ●經文: "內子爲夫人之命去杖". ○'내자(內子)'는 경의 처를 뜻한다. 만약 경과 대부의 처라면, 남편 및 장자의 상이 발생했을 때, 군주의 부인이 명령을 내려서 자신을 조문하는 자가 있게 되면, 모든 경우 부인의 명령을 받들고 온 사신을 위해 지팡이를 제거한다.

孔疏 ●"爲世婦之命授人杖"者, 若有君之世婦命弔, 內子敬之, 則使人執杖以自隨也. 世婦卑於夫人, 隨而不去也. 經云"大夫之喪", 不擧命婦, 而擧內子·卿妻者, 擧內子則命婦可知也, 文相互也. 欲見卿喪與大夫同.

번역 ●經文: "爲世婦之命授人杖". ○만약 군주의 세부(世婦)로부터 명령을 받들고 온 사신이 조문을 하게 된다면, 내자(內子)는 사신을 공경스럽게 대하여, 다른 사람으로 하여금 지팡이를 잡도록 하고 자신을 따라오게 한다. 세부는 제후의 부인(夫人)보다 낮으니, 지팡이를 들고 따라오게 하며 치우지 않는다. 경문에서는 '대부의 상'이라고 말했는데, 명부(命婦)를 거론하지 않고 내자(內子)와 경의 처를 언급한 것은 내자를 제시하면 명부도 포함된다는 사실을 알 수 있기 때문이니, 문맥이 상호 보완되도록 기록한 것이다. 또 이를 통해 경의 상과 대부의 상이 동일함을 드러내고자 한 것이다.

孔疏 ◎注"通實"至"喪也". ○正義曰: 經云"大夫之喪", 則其子非大夫也. 今云大夫有君命, 是謂子爲大夫. 經雖以子爲主, 兼通身實爲大夫有父母喪也.

번역 ◎鄭注: "通實"~"喪也". ○경문에서는 '대부의 상'이라고 말했으니, 그의 자식은 본래 대부가 아니다. 그런데도 현재 "대부에게 군주의 명령을 받들고 온 사신이 조문을 한다."라고 했는데, 이것은 자식을 대부(大夫)라고 불렀다는 뜻이다. 경문에서는 자식에 대한 경우를 위주로 언급했지만, 실제로 상을 치르는 본인이 대부의 신분이며, 그에게 부모의 상이 발생한 경우까지도 함께 포함한 것이다.

集解 愚謂: 大夫之臣, 爲大夫皆杖, 而獨言"室老"者, 以衆臣賤而略之, 亦猶君之喪不言"授士杖"之義也. 世婦, 謂大夫之世婦. 若於君之世婦之命, 其禮亦然.

번역 내가 생각하기에, 대부의 신하는 대부의 상을 치르며 모두 지팡이를 짚는다. 그런데도 유독 '실로(室老)'라고만 언급한 것은 뭇 신하들은 신분이 미천하므로 생략한 것이니, 이것은 또한 군주의 상에서 "사에게 지팡이를 지급한다."라고 말하지 않은 뜻과 같다. '세부(世婦)'는 대부의 아내인 세부를 뜻한다. 만약 군주의 세부로부터 명령을 받들고 온 사신을 대하게 된다면, 그 예법 또한 이와 같다.

【531d~532a】

士之喪, 二日而殯, 三日之朝主人杖, 婦人皆杖. 於君命夫人之命如大夫, 於大夫世婦之命如大夫.

직역 士의 喪에, 二日하고서 殯하며, 三日의 朝에 主人이 杖하며, 婦人은 皆히 杖한다. 君命과 夫人의 命에 대해서는 大夫와 如하며, 大夫와 世婦의 命에 대해서는 大夫와 如한다.

의역 사의 상에서는 2일이 지난 뒤에 빈소를 마련하며, 3일째 아침에 상주는 지팡이를 짚고, 주부 및 첩과 시집을 가지 않은 딸자식은 모두 지팡이를 짚는다. 군주의 명령을 받들고 온 사신이나 군주 부인(夫人)의 명령을 받들고 온 사신을 대하는 경우에는 대부의 예법처럼 하고, 대부나 세부(世婦)의 명령을 받들고 온 사신을 대하는 경우에는 대부의 예법처럼 한다.

集說 如大夫, 謂去杖·輯杖·授人杖, 三者輕重之節也.

번역 "대부와 같다."는 말은 지팡이를 제거하거나 지팡이를 모아 쥐거나 지팡이를 남에게 건네는 등의 세 가지 절차를 적용하는 수위의 규정을 의미한다.

鄭注 士二日而殯者, 下大夫也. 士之禮, 死與往日, 生與來日, 此二日於死者, 亦得三日也. 婦人皆杖, 謂主婦, 容妾爲君·女子子在室者.

번역 "사는 2일을 넘기고 빈소를 마련한다."라고 했는데, 이것은 대부에 비해 낮추기 때문이다. 사의 예법에서는 죽은 자에 대해서 그 시점부터 날짜를 계산하고, 산 자에 대해서는 그 다음날부터 날짜를 계산하니, 이 내용은 죽은 날에 비해 2일이 지났다고 한 것으로, 또한 3일이 지난 것이다. "부인들은 모두 지팡이를 짚는다."고 했는데, 주부에 대한 경우를 뜻하지만, 또한 첩이 주군을 위해 상을 치르고, 딸자식 중 아직 시집을 가지 않은 자의 경우까지도 포함한다.

孔疏 ●"士之"至"隱者". ○正義曰: 此一節明士之杖節.

번역 ●經文: "士之"~"隱者". ○이곳 문단은 사가 지팡이를 짚는 규범을 나타내고 있다.

孔疏 ●"二日而殯"者, 除死日爲二日也.

번역 ●經文: "二日而殯". ○죽은 날을 제외하고 2일이 지났다는 뜻이다.

孔疏 ●"三日之朝"者, 謂殯之明日是也.

번역 ●經文: "三日之朝". ○빈소를 마련한 다음날에 해당한다.

孔疏 ●"於君命·夫人之命, 如大夫"者, 謂士之子於君命, 其妻於夫人之命, 如大夫之禮, 君命·夫人之命皆去杖.

번역 ●經文: "於君命·夫人之命, 如大夫". ○사의 자식이 군주의 명령을 받들고 온 사신을 대하고, 그의 처가 군주 부인의 명령을 받들고 온 사신을 대할 때에는 대부의 예법처럼 한다는 뜻으로, 군주의 명령을 받들고 온 사신과 부인의 명령을 받들고 온 사신을 대하게 되면, 모두 지팡이를 제거한다는 의미이다.

孔疏 ●"於大夫·世婦之命, 如大夫"者, 謂士之子於大夫之命, 其妻於世婦之命, 如大夫, 於大夫之禮, 大夫之命則輯杖, 世婦之命則授人杖也. "於大夫·世婦之命, 如大夫", 定本"如大夫"作"如夫人", 二字異義, 亦通.

번역 ●經文: "於大夫·世婦之命, 如大夫". ○사의 자식이 대부의 명령을 받들고 온 사신을 대하고, 그의 처가 세부(世婦)의 명령을 받들고 온 사신을 대할 때에는 대부의 예법처럼 한다는 뜻인데, 대부의 예법에서는 대부의 명령을 받들고 온 사신을 대하게 되면 지팡이를 모아 쥐고, 세부의 명령을 받들고 온 사신을 대하게 되면 남에게 지팡이를 건넨다. 경문의 "於大夫·世婦之命, 如大夫"에 대하여. 이 구문에 대해 『정본(定本)』에서는 '여대부(如大夫)'를 '여부인(如夫人)'이라고 기록했는데, 두 글자의 뜻이 다르지만, 글자를 바꿔도 그 의미가 또한 통한다.

孔疏 ◎注"士二日"至"室者". ○正義曰: 按前文大夫三日殯, 此士二日殯, 是降下大夫也. 云"士之禮, 死與往日, 生與來日"者, 殯是爲死者, 故數來日爲三日. 杖是爲生者, 故數來日爲三日. 云"主婦, 容妾爲君·女子子在室"者, 前經"大夫之喪"云"主人·主婦", 此士之喪直云"婦人皆杖", 婦人是衆群婦, 故知容妾爲君及妻子子在室者也, 以其皆杖故也.

번역 ◎鄭注: "士二日"~"室者". ○앞의 문장을 살펴보면 대부는 3일이 지난 뒤에 빈소를 차린다고 했고, 이곳에서 사는 2일이 지난 뒤에 빈소를 차린다고 했으니, 이것은 대부보다 낮춘 것이다. 정현이 "사의 예법에서는 죽은 자에 대해서 그 시점부터 날짜를 계산하고, 산 자에 대해서는 그 다음날부터 날짜를 계산한다."라고 했는데, 빈소를 마련하는 것은 죽은 자를 위해서 시행하는 일이다. 그렇기 때문에 지나간 날짜까지 계산하면 죽은 날로부터 3일째가 된다. 지팡이를 짚는 것은 산 자를 위해서 시행하는 일이다. 그렇기 때문에 그 다음날부터 계산하여 3일이 된다. 정현이 "주부에 대한 경우를 뜻하지만, 또한 첩이 주군을 위해서 상을 치르고, 딸자식 중 아직 시집을 가지 않은 자의 경우까지도 포함한다."라고 했는데, 앞의 경문에서는 '대부의 상'에 대해서 '주인과 주부'를 언급했고, 이곳에서는 사의 상을 언급하며 단지 "부인들이 모두 지팡이를 짚는다."라고 했으니, 여기에서 말한 '부인(婦人)'은 여러 부인들을 뜻한다. 그렇기 때문에 첩이 주군을 위해 상을 치르고, 처의 딸자식 중 아직 시집을 가지 않은 여자의 경우까지도 포함됨을 알 수 있으니, 이들은 모두 지팡이를 짚기 때문이다.

集解 愚謂: 上言"主人·主婦", 此言"婦人皆杖", 亦所以互見也.

번역 내가 생각하기에, 앞의 문장에서는 '주인과 주부'를 언급했고, 이곳에서는 "부인들은 모두 지팡이를 짚는다."라고 했는데, 이 또한 상호 그 뜻을 나타내도록 기록한 것이다.

【532a】

子皆杖, 不以卽位. 大夫士哭殯則杖, 哭柩則輯杖. 棄杖者, 斷而棄之於隱者.

직역 子는 皆히 杖이나, 이로써 位에 卽하길 不한다. 大夫와 士는 殯에 哭하면 杖이나, 柩에 哭하면 杖을 輯한다. 杖을 棄하는 者는 斷하여 隱者에 棄한다.

의역 적장자를 제외한 나머지 아들들은 모두 지팡이를 짚지만, 그것을 짚고서

자신의 자리로 나아가지 않는다. 대부와 사는 빈소에서 곡(哭)을 하게 되면 지팡이를 짚지만, 계빈(啓殯)을 한 이후 영구에 대해 곡을 하게 되면 지팡이를 모아 쥐고 땅을 짚지 않는다. 대상(大祥)을 치른 이후 지팡이를 버리게 되면, 분질러서 은밀한 곳에 버린다.

集說 子, 凡庶子, 不獨言大夫士之庶子也. 不以杖卽位, 避適子也. 哭殯則杖, 哀勝敬也. 哭柩, 啓後也. 輯杖, 敬勝哀也. 獨言大夫士者, 天子諸侯尊, 子不敢以杖入殯宮門, 故哭殯哭柩皆去杖也. 杖於喪服爲重, 大祥棄之, 必斷截使不堪他用, 而棄於幽隱之處, 不使人褻賤之也.

번역 '자(子)'는 적장자를 제외한 나머지 아들들을 뜻하니, 대부와 사의 서자들만 뜻하는 것이 아니다. 지팡이를 짚고 자신의 자리로 나아가지 않는 것은 적장자의 예법을 피하기 위해서이다. 빈소에서 곡(哭)을 하며 지팡이를 짚는 것은 애통함이 공경함보다 심하기 때문이다. 영구에 대해 곡을 하는 것은 계빈(啓殯)[15]을 한 이후를 뜻한다. 지팡이를 모아 쥐고 땅을 짚지 않는 것은 공경함이 애통함보다 심하기 때문이다. 유독 대부와 사에 대해서 언급한 이유는 천자와 제후는 존귀하여, 그의 자식들은 감히 지팡이를 짚고서 빈소의 문으로 들어갈 수 없다. 그렇기 때문에 빈소에서 곡을 하고 영구에게 곡을 할 때에는 모두 지팡이를 제거한다. 지팡이는 상복 중에서도 중대한 대상이지만, 대상(大祥)[16]을 치르면 버리게 되니, 반드시 분질러서 다른 용도로 사용할 수 없도록 하고, 은밀한 곳에 버려서 사람들이 함부로 대하거나 천시여기지 못하도록 한다.

---

15) 계빈(啓殯)은 장례(葬禮) 절차 중 하나이다. 장례를 치르기 위하여, 빈소에 임시로 가매장했던 영구를 꺼내는 절차를 뜻한다.

16) 대상(大祥)은 부모의 상(喪) 및 삼년상 등을 치를 때 그 대상이 죽은 후 만 2년 만에 탈상을 하며 지내는 제사이다.

鄭注 子, 謂凡庶子也. 不以卽位, 與去杖同. 哭殯, 謂旣塗也. 哭柩, 謂啓後也. 大夫·士之子於父, 父也, 尊近, 哭殯可以杖. 天子·諸侯之子於父, 父也, 君也, 尊遠, 杖不入廟門. 以[17]喪至尊, 爲人得而褻之也.

번역 '자(子)'자는 적장자를 제외한 나머지 아들들을 뜻한다. 지팡이를 짚고서 자신의 자리로 나아가지 않는 것은 지팡이를 제거한다는 뜻과 같다. 빈소에서 곡을 한다는 것은 이미 영구에 흙칠을 한 상태를 뜻한다. 영구에게 곡을 한다는 것은 계빈(啓殯)을 한 이후를 뜻한다. 대부와 사의 자식은 그의 부친에 대해서, 부친으로 여기고 존귀하며 친근한 존재이므로, 빈소에서 곡을 할 때 지팡이를 짚을 수 있다. 천자와 제후의 자식은 그의 부친에 대해서, 부친으로 여기지만 군주로도 여겨서, 존귀하며 멀리 대하는 존재이므로, 지팡이를 짚고서 묘문(廟門)으로 들어갈 수 없다. 지팡이는 상복의 복식 중에서도 지극히 존귀한 물건이니, 그것을 분질러 버리는 것은 남이 그것을 습득하여 아무렇게나 쓸 수 있기 때문이다.

釋文 棄, 本亦作古弃字. 斷, 下管反, 注"斷瓜"同.

번역 '棄'자는 판본에 따라서 또한 고자(古字)인 '弃'자로 기록하기도 한다. '斷'자는 '下(하)'자와 '管(관)'자의 반절음이며, 정현의 주에 나오는 '斷瓜'에서의 '斷'자도 그 음이 이와 같다.

孔疏 ●"子皆杖, 不以卽位". ○正義曰: 皇氏云: "子謂大夫·士之庶子也. 不以杖卽位, 辟適子也. 所以知此是大夫·士庶子者, 見下有大夫·士適子哭殯哭柩, 推此大夫·士適子, 故知此是大夫·士之庶子也." 然按鄭注此云"子, 謂凡庶子也", 凡於貴賤則庶子是也. 容人君適子入門輯杖, 猶得卽位, 庶子宜在門外之位去之, 故無卽門內之位理也. 大夫·士之適子則得哭殯哭柩, 如下

---

17) '이(以)'자에 대하여. 『십삼경주소(十三經注疏)』 북경대 출판본에서는 "'이'자 앞에 『예기훈찬(禮記訓纂)』에는 '장(杖)'자가 기록되어 있다."라고 했다.

所說, 其庶子則宜與人君之庶子同, 故[18]並不得以杖卽位也. 熊氏云: "此文承上君・大夫・士之喪下, 則此謂君・大夫・士之庶子, 故注云: 子謂凡庶子." 義亦通也.

번역 ●經文: "子皆杖, 不以卽位". ○황간은 "'자(子)'자는 대부와 사의 서자들을 뜻한다. 그들이 지팡이를 짚고서 자신의 자리로 나아가지 않는 것은 적장자의 예법을 피하기 위해서이다. 이들이 대부와 사의 서자들임을 알 수 있는 이유는 아래문장에 대부와 사의 적장자는 빈소에서 곡을 하고 영구에게 곡을 한다는 기록이 있는데, 대부와 사의 적장자에 대한 내용을 추론해보면, 이들이 대부와 사의 서자들임을 알 수 있다."라고 했다. 그런데 이곳 문장에 대한 정현의 주를 살펴보면, "'자(子)'자는 적장자를 제외한 나머지 아들들을 뜻한다."라고 했으니, 무릇 신분의 차이와 상관없이 모든 서자들에 해당한다. 군주의 적장자는 문으로 들어갈 때, 지팡이를 손에 모아 쥐는 것이 허용되니, 곧 그것을 들고서 자신의 자리로 나아갈 수 있는데, 서자의 경우에는 마땅히 문밖의 자리에서 그것을 제거해야 한다. 그렇기 때문에 이것을 가지고 문의 안쪽 자리로 나아가는 이치 자체가 없다. 대부와 사의 적장자라면 빈소에서 곡을 하고 영구에게 곡을 할 수 있는데, 아래에서 설명한 내용에 따른다면, 대부와 사의 서자들은 마땅히 군주의 서자들과 동일하게 따른다. 그렇기 때문에 모두 지팡이를 짚고서 자신의 자리로 나아갈 수 없다. 웅안생은 "이곳 문장은 앞의 군주・대부・사의 상에 대한 내용 뒤에 기록되어 있으니, 이곳 내용은 군주・대부・사의 서자들에 대한 내용이다. 그렇기 때문에 정현의 주에서는 '자(子)'자는 뭇 서자들을 뜻한다고 했다."라고 했는데, 그 의미가 또한 통한다.

---

18) '고(故)'자에 대하여. '고'자는 본래 없던 글자인데, 완원(阮元)의 『교감기(校勘記)』에서는 "혜동(惠棟)의 『교송본(校宋本)』에는 '고'자가 기록되어 있고, 『속통해(續通解)』에도 동일하게 기록되어 있다. 따라서 이곳 판본에는 '고'자가 누락된 것이며, 『민본(閩本)』・『감본(監本)』・『모본(毛本)』도 동일하게 누락되어 있다."라고 했다.

孔疏 ◎注"不以"至"杖同". ○正義曰: 不以杖卽位, 鄭恐人疑庶子雖不得以杖卽位, 猶得輯之入門, 故明之也. 言與去杖同, 凡去杖者不復輯也.

번역 ◎鄭注: "不以"~"杖同". ○"지팡이를 짚고서 자리로 나아가지 않는다."고 했는데, 정현은 아마도 서자들은 비록 지팡이를 짚고서 자신의 자리로 나아갈 수는 없지만, 그것을 손에 모아 쥐고서 문으로 들어갈 수 있다고 오해할 것을 염려했다. 그렇기 때문에 그 사실을 명시했다. 지팡이를 제거한다는 뜻과 같다고 했으니, 무릇 지팡이를 제거하는 경우에는 재차 손에 모아 쥐지 않는 것이다.

孔疏 ●"夫夫・士哭殯則杖, 哭柩則輯杖". ○正義曰: 大夫・士, 謂大夫・士之適子. "哭殯則杖"者, 旣攢塗之後, 於父, 父也, 其尊偪近, 故哭殯可以杖也. "哭柩則輯杖"者, 謂將葬, 旣啓之後, 對柩爲尊, 則斂去其杖.

번역 ●經文: "夫夫・士哭殯則杖, 哭柩則輯杖". ○대부와 사는 대부와 사의 적장자를 뜻한다. 경문의 "哭殯則杖"에 대하여. 빈소에 관을 가매장하여 흙칠을 한 이후에, 부친에 대해서는 부친으로 여기고 그는 존귀하지만 가까운 존재이다. 그렇기 때문에 빈소에서 곡을 할 때에는 지팡이를 짚을 수 있다. 경문의 "哭柩則輯杖"에 대하여. 장례를 치르기 위해 계빈(啓殯)을 한 이후를 의미하는데, 영구를 대하는 일은 보다 존귀하므로, 지팡이를 모아 쥐는 것이다.

孔疏 ◎注"哭殯"至"廟門". ○正義曰: "哭柩, 謂啓後也"者, 啓謂將葬啓殯而出柩也, 知非未殯之前而哭柩者, 大夫・士之喪未殯之前則未杖也. 云"天子諸侯之子於父, 父也, 君也, 尊遠, 杖不入廟門"者, 天子・諸侯, 其尊廣遠, 廟門之內則去杖. 廟門, 謂殯宮之門, 柩之所在, 故云廟也.

번역 ◎鄭注: "哭殯"~"廟門". ○정현이 "영구에게 곡(哭)을 한다는 것은 계빈(啓殯)을 한 이후를 뜻한다."라고 했는데, '계(啓)'자는 장례를 치르기 위해 계빈을 해서 가매장했던 영구를 꺼냈다는 뜻인데, 아직 빈소를 마련하기 이전에 영구에 대해 곡을 한다는 뜻이 아님을 알 수 있는 이유는 대부와 사의 상례에서 아직 빈소를 마련하기 이전이라면, 아직 지팡이를 짚지 않기 때문이다. 정현이 "천자와 제후의 자식은 그의 부친에 대해서, 부친으로 여기지만 군주로도 여겨서, 존귀하며 멀리 대하는 존재이므로, 지팡이를 짚고서 묘문(廟門)으로 들어갈 수 없다."라고 했는데, 천자와 제후는 존귀하면서도 멀리 대하는 존재이니, 묘문의 안쪽이라면 지팡이를 제거한다. '묘문(廟門)'은 빈소의 문을 뜻하는데, 영구가 모셔진 곳이기 때문에 '묘(廟)'라고 부르는 것이다.

孔疏 ●"棄杖者, 斷而棄之於隱"者, 杖是喪至尊之服, 雖大祥棄之, 猶恐人褻慢, 斷之不堪他用, 棄於幽隱之處, 使不穢污.

번역 ●經文: "棄杖者, 斷而棄之於隱". ○지팡이는 상을 치르며 사용하는 지극히 존귀한 복식이니, 비록 대상(大祥)을 치러서 그것을 버리게 되더라도, 사람들이 함부로 대할 것을 염려하기 때문에, 그것을 분질러서 다른 용도로 사용하지 못하도록 하고, 은밀한 곳에 버려서 사람들이 함부로 대하지 못하도록 한다.

集解 愚謂: 大夫士哭殯則杖, 人君輯之; 大夫士哭柩輯杖, 則人君去杖矣.

번역 내가 생각하기에, 대부와 사는 빈소에서 곡(哭)을 하게 되면 지팡이를 짚는데, 군주의 경우에는 손에 모아 쥔다. 대부와 사가 영구에게 곡을 할 때 지팡이를 모아 쥔다면, 군주는 지팡이를 제거한다.

• 제9절 •

시신을 씻기는 절차

【532b】

始死, 遷尸于牀, 幠用斂衾, 去死衣, 小臣楔齒用角柶, 綴足用燕几, 君大夫士一也.

직역 始死에, 牀으로 尸를 遷하고, 幠에 斂衾을 用하며, 死衣를 去하고, 小臣은 齒를 楔함에 角柶를 用하며, 足을 綴함에 燕几를 用하니, 君·大夫·士가 一이라.

의역 어떤 자가 이제 막 죽었을 때에는 땅바닥에 있던 시신을 들어서 침상으로 옮긴다. 그런 뒤에 대렴(大斂) 때의 이불로 시신을 덮으며, 새로 입혔던 옷을 벗기고, 소신은 뿔로 만든 수저를 이용해서 입을 벌리게 하고, 연궤(燕几)를 사용하여 발을 고정시키니, 이러한 예법은 군주·대부·사에게 모두 동일하게 적용된다.

集說 病困時遷尸于地, 冀其復生, 死則擧而置之牀上也. 幠, 覆也. 斂衾, 擬爲大斂之衾也. 先時徹褻衣而加新衣以死, 今覆以衾而去此死時之新衣也. 楔, 拄也. 以角爲柶, 長六寸, 兩頭屈曲, 爲將含恐口閉, 故以柶拄齒令開而受含也. 尸應著屨, 恐足辟戾, 故以燕几拘綴之令直也.

번역 병이 깊어졌을 때 땅으로 시신을 옮겨서 다시 살아나기를 기대하는데, 그가 죽게 되면 시신을 들어서 침상 위에 올려놓는다. '무(幠)'자는 "덮다[覆]."는 뜻이다. '염금(斂衾)'은 대렴(大斂)을 치르기 위해 만든 이불이다. 그 이전에 속옷을 치우고 새로운 옷을 입히는 것은 그가 죽었기 때문인데, 현재 이불로 덮으며 죽었을 때 새로 입혔던 옷을 벗기는 것이다. '설(楔)'자는 "지탱하다[拄]."는 뜻이다. 뿔로 수저를 만드는데, 그 길이는 6촌

(寸)이며 양쪽 끝을 굽히니, 함(含)을 할 때 입이 닫히는 것을 염려하기 때문에, 수저로 이빨을 벌려서 벌어지도록 하고 함(含)을 할 수 있게끔 하는 것이다. 시신에 대해서는 마땅히 신발을 신겨야 하는데, 발이 굽혀지는 것을 염려하기 때문에 연궤(燕几)로 발이 틀어지지 않도록 묶어서 곧게 만드는 것이다.

鄭注 牀, 謂所設牀第當牖者也. 士喪禮曰: "士死於適室." 幠用斂衾, 去死衣, 病時所加新衣及復衣也, 去之以俟沐浴.

번역 '상(牀)'은 설치해둔 침상으로 들창 쪽에 있는 것이다. 『의례』「사상례(士喪禮)」편에서는 "사는 적실(適室)에서 죽는다."[1]라고 했다. 대렴(大斂) 때의 이불로 시신을 덮고 사의(死衣)를 벗기니, 병이 깊어졌을 때 새로 입혔던 옷과 그 위를 덮었던 옷을 벗기는 것으로, 옷들을 벗겨서 목욕할 준비를 하는 것이다.

釋文 幠, 荒胡反. 去死, 起呂反, 注同. 楔, 桑結反. 柶音四. 綴, 丁劣反, 又丁衛反, 下注同. 適室, 丁歷反.

번역 '幠'자는 '荒(황)'자와 '胡(호)'자의 반절음이다. '去死'에서의 '去'자는 '起(기)'자와 '呂(려)'자의 반절음이며, 정현의 주에 나오는 글자도 그 음이 이와 같다. '楔'자는 '桑(상)'자와 '結(결)'자의 반절음이다. '柶'자의 음은 '四(사)'이다. '綴'자는 '丁(정)'자와 '劣(렬)'자의 반절음이며, 또한 '丁(정)'자와 '衛(위)'자의 반절음도 되고, 아래 정현의 주에 나오는 글자도 그 음이 이와 같다. '適室'에서의 '適'자는 '丁(정)'자와 '歷(력)'자의 반절음이다.

孔疏 ○正義曰: 此一節又明初死沐浴之節, 此經論初死之時, 下經論死後而沐浴, 前經論浴後設冰, 經文顚倒, 故鄭注前經云"此事皆沐浴之後, 宜承濡

1) 『의례』「사상례(士喪禮)」: 士喪禮. 死于適室, 幠用斂衾.

濯棄於坎下", 今依鄭次隨文解之.

번역 ○이곳 문단은 또한 초상 때 목욕을 시키는 절차를 나타내고 있는데, 이곳 문장은 이제 막 죽었을 때를 논의하였고, 아래 경문에서는 죽은 이후 목욕시키는 것을 논의하였다. 그런데 앞의 경문에서 목욕을 시키며 얼음을 넣는 절차를 논의하였으니, 경문의 순서가 뒤바뀌었다.[2] 그렇기 때문에 정현은 앞의 경문에 대해서 "이곳 사안은 모두 목욕을 시킨 이후에 대한 내용이니, 마땅히 '유탁기어감(濡濯棄於坎)'이라는 구문 뒤에 와야 한다."라고 한 것이니, 현재는 정현의 주장에 따라 문장의 순서를 바꿔서 해석한다.

孔疏 ●"遷尸于牀"者, 尸初在地, 冀生氣復. 而旣不生, 故更遷尸于牀, 而離初死處以近南當牖也. 卽前所謂"旣正尸"也.

번역 ●經文: "遷尸于牀". ○시신은 최초 땅바닥에 있었으며, 그곳에서 생기가 다시 되돌아오기를 기대하는데, 이미 살아나지 못했기 때문에 다시 침상으로 시신을 옮기고, 처음 죽었던 장소에서 이격시켜서 보다 남쪽으로 이동시켜 들창 쪽에 두는 것이다. 이것은 곧 앞에서 "이미 시신의 위치를 바로잡았다."[3]라고 한 뜻에 해당한다.

孔疏 ●"幠用斂衾"者, 幠, 覆也. 斂衾者, 將擬大斂之時衾被也. 旣遷尸在牀, 而用斂衾覆之也.

번역 ●經文: "幠用斂衾". ○'무(幠)'자는 "덮는다[覆]."는 뜻이다. '염금(斂衾)'이라는 것은 대렴(大斂)을 치르기 위해 만든 이불이다. 시신을 침상

2) 『십삼경주소(十三經注疏)』 북경대 출판본에는 이곳 경문 앞에 【533b】의 "君設大盤, 造冰焉. …… 君大夫士一也."라는 문장이 기록되어 있다.

3) 『예기』「상대기」【528b】: 旣正尸, 子坐于東方, 卿大夫父兄子姓立于東方, 有司庶士哭于堂下北面, 夫人坐于西方, 內命婦姑姊妹子姓立于西方, 外命婦率外宗哭于堂上北面.

으로 옮기고 나면, 염금을 이용해서 덮는다.

孔疏 ●"去死衣"者, 旣覆之, 故除去死時衣所加新衣及復衣, 爲尸將浴故也.

번역 ●經文: "去死衣". ○시신을 덮는 일이 끝났기 때문에, 죽었을 때 입고 있었던 새로운 의복과 덮었던 의복을 벗기니, 시신을 목욕시켜야 하기 때문이다.

孔疏 ●"小臣楔齒用角柶"者, 楔, 柱也. 柶以角爲之, 長六寸, 兩頭曲屈. 爲將含, 恐口閉急, 故使小臣以楔柱張尸齒, 令開也.

번역 ●經文: "小臣楔齒用角柶". ○'설(楔)'자는 "지탱하다[拄]."는 뜻이다. 수저는 뿔로 만드는데, 그 길이는 6촌(寸)이며 양쪽을 구부린다. 함(函)을 하려고 할 때 입이 닫히는 것을 염려했기 때문에, 소신을 시켜서 수저를 시신의 이빨 사이에 끼워 입이 벌어지도록 한 것이다.

孔疏 ●"綴足用燕几"者, 爲尸應著屨, 恐足辟戾, 亦使小臣用燕几綴拘之, 令直也. 按旣夕禮云"綴足用燕几, 校在南, 御者坐持之". 鄭注云"尸南首, 几脛在南, 以拘足". 如鄭此言, 則側几於足, 令[4]几脚南出, 以拘尸足兩邊, 不令足戾. 崔氏云: "燕几, 今之燕几, 其形曲仰而拘足", 與鄭違, 其義非也.

번역 ●經文: "綴足用燕几". ○시신에 대해서는 마땅히 신발을 신겨야 하는데, 발이 구부러질 것이 염려되기 때문에, 또한 소신을 시켜서 연궤(燕

4) '령(令)'자에 대하여. 『십삼경주소(十三經注疏)』 북경대 출판본에서는 "'령'자는 본래 '금(今)'자로 기록되어 있었고, 『민본(閩本)』·『감본(監本)』·『모본(毛本)』에도 동일하게 기록되어 있다. 『고문(考文)』에서 인용하고 있는 송나라 때의 판본에는 '금'자를 '령'자로 기록하였고, 위씨(衛氏)의 『집설(集說)』에도 동일하게 기록되어 있다. 살펴보니, 문맥에 따르면 '령'자로 기록하는 것이 옳으므로, 이러한 근거에 따라 글자를 수정하였다."라고 했다.

几)를 이용하여 발을 고정시켜 곧게 만드는 것이다. 『의례』「기석례(旣夕禮)」편을 살펴보면, “발을 고정시킬 때에는 연궤를 사용하며, 연궤의 다리부분은 남쪽에 있게 되고, 시중을 드는 자는 무릎을 꿇고서 그것을 고정시킨다.”[5]라고 했다. 그리고 정현의 주에서는 “시신은 머리를 남쪽으로 두니, 연궤의 다리부분은 남쪽에 있게 되며, 이것을 통해 발을 고정시킨다.”라고 했다. 이러한 정현의 주장대로라면, 시신의 발에 연궤를 비껴 두어서 연궤의 다리가 남쪽으로 도출되도록 하고, 이를 통해서 발의 양쪽 측면을 묶어, 발이 굽혀지지 않도록 하는 것이다. 최영은은 “연궤는 오늘날의 연궤에 해당하는데, 그 형태가 구부러져 있으면서도 발이 뻗어 있어서 시신의 발을 묶는다.”라고 하여, 정현의 주장과는 위배되니, 그 주장은 잘못되었다.

孔疏 ●“君・大夫・士一也”者, 自始死至此, 貴賤同.

번역 ●經文: “君・大夫・士一也”. ○이제 막 죽었을 때로부터 이 시점까지의 절차는 신분의 차이와 상관없이 동일하게 따른다는 뜻이다.

孔疏 ◎注“牀謂”至“者也”. ○正義曰: 笫, 牀簀也. 初廢牀者, 牀在北壁當戶. 至復魄後遷之在牀, 而當牖南首, 所以死後必遷當牖南首者, 以平生寢臥之處. 故士昏禮同牢在奥. 又云: “御衽于奥, 媵衽良席在東, 北上.” 又曲禮云: “爲人子者, 居不主奥.” 是尊者常居之處. 若晝日常居, 則當戶. 故玉藻云“君子之居恒當戶.” 若病時亦當戶, 在北牖下, 取鄕明之義. 故鄭前注“病者恒居北牖下”, 明不病不恒居北牖下也.

번역 ◎鄭注: “牀謂”~“者也”. ○‘자(笫)’자는 침상을 뜻한다. 최초 침상을 치울 때, 침상은 북쪽에서 방문 쪽으로 놓여 있게 된다. 초혼을 한 이후 시신을 다시 침상으로 옮기게 되면 들창 쪽으로 옮겨서 머리 쪽이 남쪽으

---

5) 『의례』「기석례(旣夕禮)」: 設牀笫當牖, 衽下莞上簟, 設枕. 遷尸. 復者朝服, 左執領, 右執要, 招而左. 楔貌如軛, 上兩末. 綴足用燕几, 校在南, 御者坐持之. 卽牀而奠當腢, 用吉器, 若醴若酒, 無巾柶.

로 가도록 하는데, 죽은 이후 반드시 들창으로 옮겨서 머리 쪽을 남쪽으로 두는 것은 평상시 침상에 누웠을 때처럼 하기 때문이다. 그래서 『의례』「사혼례(士昏禮)」편에서는 아랫목에서 동뢰(同牢)[6]를 한다고 했고, 또 "시중을 드는 자가 아랫목에 부인이 눕는 자리를 깔고 잉첩이 그 동쪽에 남편이 누울 자리를 까는데 북쪽 끝에서부터 설치한다."[7]라고 한 것이고, 『예기』「곡례(曲禮)」편에서는 "자식된 자들은 집에 머무를 때 방의 아랫목에 머물지 않는다."[8]라고 한 것이니, 이곳이 존귀한 자가 평상시 머물던 자리임을 나타낸다. 만약 한낮에 머물게 되는 장소라면 방문을 마주하게 된다. 그렇기 때문에 『예기』「옥조(玉藻)」편에서는 "군자는 평상시 거처하며 항상 호(戶)를 마주하며 머문다."[9]라고 한 것이다. 만약 중병에 걸렸을 때라면 또한 방문을 마주하게 되어 북쪽 들창 아래에 있는데, 밝은 쪽을 향한다는 뜻을 취한 것이다. 그렇기 때문에 앞 문장에 대한 정현의 주에서는 "중병에 걸린 자는 항상 북쪽 들창 아래에 있게 된다."라고 한 것이니, 이것은 병에 걸리지 않았을 때라면, 북쪽 들창 아래에 항상 머물게 되지 않는다는 사실을 나타낸다.

集解 愚謂: 玉藻, "君子之居恒當戶, 寢必東首." 居不常在奧, 則寢亦不常在奧也. 惟人子朝夕供養父母, 則席於奧, 故昏禮婦盥饋舅姑皆席於奧. 曲禮言"人子居不主奧", 以此也. 奧非寢處之所, 而昏禮"衽於奧"者, 以奧爲尊處, 重昏禮, 故特布席於此, 異於常法也. 始死, 設牀第當牖者, 亦欲於尊處正尸, 猶奉尸侇於堂, 及朝廟正柩皆在兩楹間之義, 非以兩楹間爲生平之所常處也.

---

6) 동뢰(同牢)는 고대의 혼례(婚禮) 때 시행된 의식 중 하나이다. 부부가 함께 음식을 먹는 의식이다.

7) 『의례』「사혼례(士昏禮)」: 主人說服于房, 媵受. 婦說服于室, 御受. 姆授巾. 御衽于奧, 媵衽良席在東, 皆有枕, 北止.

8) 『예기』「곡례상(曲禮上)」【15c】: 爲人子者, 居不主奧, 坐不中席, 行不中道, 立不中門.

9) 『예기』「옥조(玉藻)」【374c】: 君子之居恒當戶, 寢恒東首. 若有疾風迅雷甚雨, 則必變, 雖夜必興, 衣服冠而坐.

孔氏說非是. 小斂一衾, 大斂二衾, 必用大斂衾覆尸者, 以小斂時近, 其衾當陳之, 而大斂之衾尙未用也. 先覆以衾而後去衣, 重形也. 燕几, 燕私所用之几也. 綴之者, 橫設於兩足之上, 使人持之. 特言"燕几", 則燕几與禮席所設之几, 蓋有異也. 必用燕几綴足者, 取其長僅容兩足, 可以拘之也.

번역 내가 생각하기에, 『예기』「옥조(玉藻)」편에서는 "군자는 평상시 거처하며 항상 호(戶)를 마주하며 머물고, 잠자리에서는 항상 머리를 동쪽으로 둔다."라고 했으니, 집에 머물 때 항상 아랫목에만 있는 것이 아니므로, 침상 또한 항상 아랫목에만 있는 것이 아니다. 자식이 아침저녁으로 부모를 봉양할 때가 되어야만 아랫목에 자리를 깐다. 그렇기 때문에 혼례를 치르며 며느리가 씻을 물과 음식을 시부모에게 바칠 때, 모두 아랫목에 자리를 깔게 된다. 『예기』「곡례(曲禮)」편에서 "자식된 자들은 집에 머무를 때 방의 아랫목에 머물지 않는다."라고 한 말도 이러한 이유 때문이다. 아랫목은 침상이 있는 장소가 아닌데, 『의례』「사혼례(士昏禮)」편에서 "아랫목에 눕는 자리를 깐다."라고 말한 것은 아랫목이 존귀한 장소이므로, 혼례를 중시여기기 때문에 특별히 이곳에 자리를 깐 것이니, 평상시의 예법과는 다르게 시행한 것이다. 어떤 자가 이제 막 죽었을 때, 침상은 들창 쪽에 두는데, 이것은 또한 존귀한 장소에서 시신의 위치를 바르게 두기 위해서이니, 시신을 받들어서 당(堂)으로 옮기고, 장례를 치르려고 하여 조묘에 알현을 시키며 영구의 위치를 바로잡을 때, 모두 양쪽 기둥 사이에 두는 뜻과 같으니, 즉 양쪽 기둥 사이를 평상시 항상 머무는 장소로 여기지 않는 경우와 같다. 따라서 공영달의 주장은 잘못되었다. 또 소렴(小斂)을 치를 때에는 1개의 이불을 사용하고, 대렴(大斂)을 치를 때에는 2개의 이불을 사용하는데, 반드시 대렴에 사용하는 이불로 시신을 덮는 것은 소렴을 치러야 하는 시기가 가까워졌으므로, 그 이불은 마땅히 펼쳐두어야 하고, 대렴 때의 이불은 아직까지 사용하지 않기 때문이다. 먼저 이불로 덮고 그 이후에 옷을 벗기는 것은 시신의 형체가 드러나지 않도록 가리기 때문이다. '연궤(燕几)'는 평상시 한가롭게 머물며 사용하던 안석이다. 묶는다는 말은 양쪽 다리 위에 가로로 두고, 사람을 시켜서 그것을 묶도록 하는 것이다.

특별히 '연궤(燕几)'라고 말했다면, 연궤라는 것은 의례를 시행하며 자리를 깔고 그 위에 설치하는 안석과 아마 차이점이 있었기 때문일 것이다. 반드시 연궤를 이용해서 발을 고정하는 것은 그 길이가 양쪽 발을 가릴 수 있어서, 이를 통해 양쪽 발을 고정시킬 수 있다는 점에 따른 것이다.

【532c】

管人汲, 不說繘屈之, 盡階, 不升堂, 授御者. 御者入浴, 小臣四人抗衾, 御者二人浴. 浴水用盆, 沃水用枓, 浴用絺巾, 挋用浴衣, 如他日. 小臣爪足. 浴餘水棄于坎. 其母之喪, 則內御者抗衾而浴.

직역 管人이 汲함에, 繘을 不說하고 屈하며, 階를 盡하되, 堂에 不升하고, 御者에게 授한다. 御者는 入하여 浴하는데, 小臣 四人은 衾을 抗하며, 御者 二人은 浴한다. 浴水에는 盆을 用하고, 水를 沃함에는 枓를 用하며, 浴에는 絺巾을 用하고, 挋에는 浴衣를 用하니, 他日과 如하다. 小臣은 足을 爪한다. 浴餘水는 坎에 棄한다. 그 母의 喪이라면, 內御者가 衾을 抗하고 浴한다.

의역 시신을 목욕시킬 때, 관인(管人)이 그 물을 공급하니, 두레박에 달린 끈을 풀지 않고 손으로 감아쥐며, 서쪽 계단으로 올라가지만 당(堂)에는 올라가지 않고 시중을 드는 자에게 전한다. 시중을 드는 자는 물을 건네받고 안으로 들어가서 시신을 목욕시키는데, 소신 4명이 이불을 들어서 시신의 몸을 가리며, 시중을 드는 자 2명이 목욕을 시킨다. 목욕을 시키는 물은 분(盆)을 이용해서 담고, 물을 퍼서 시신에게 뿌릴 때에는 두(枓)를 사용하며, 때수건으로는 고은 칡베를 사용하고, 물기를 제거할 때에는 욕의(浴衣)를 사용하는데, 이것은 생전과 동일하게 하는 것이다. 목욕을 모두 마치면 소신은 시신의 발톱을 깎는다. 목욕을 시키고 남은 물은 전인(甸人)이 파놓았던 구덩이에 버린다. 모친의 상을 치르는 경우라면, 부인들이 이불을 들고서 목욕을 시킨다.

集說 管人, 主館舍者. 汲, 汲水以供浴事也. 繘, 汲水缾上索也. 急遽不暇解脫此索, 但縈屈而執於手. 水從西階升, 盡等而不上堂, 授與御者. 抗衾, 擧衾以蔽尸也. 此浴水用盆盛之, 乃用枓酌盆水以沃尸. 以絺爲巾, 醮水以去尸之垢. 挋, 拭也. 浴衣, 生時所用以浴者, 用之以拭尸, 令乾也. 如他日者, 如生時也. 爪足, 浴竟而翦尸足之爪甲也. 浴之餘水, 棄之坎中, 此坎是甸人取土爲竈所掘之坎. 內御者, 婦人也.

번역 '관인(管人)'은 숙소에 대한 일을 주관하는 자이다. '급(汲)'자는 물을 길러서 목욕시키는 일에 공급한다는 뜻이다. '율(繘)'은 물을 기르는 두레박에 달린 끈이다. 신속히 처리하여 이 끈을 풀 겨를이 없으니, 단지 끈을 감아서 손에 쥐게 된다. 물은 서쪽 계단을 통해서 올려 보내는데, 계단에 다 올라가되 당(堂)으로는 올라가지 않고, 시중을 드는 자에게 건넨다. '항금(抗衾)'은 이불을 들어서 시신을 가린다는 뜻이다. 이처럼 목욕을 시키는데 사용되는 물은 분(盆)을 이용해서 담고, 두(枓)를 이용해서 분에 담긴 물을 떠서 시신에게 뿌린다. 고운 칡베로 수건을 만들고 물에 적셔서 시신에 묻어 있는 때를 제거한다. '진(挋)'자는 "닦는다[拭]."는 뜻이다. '욕의(浴衣)'는 생전에 목욕을 하며 사용하던 것으로, 이것을 이용해서 시신의 몸에 묻어 있는 물기를 닦아 건조시키는 것이다. "다른 때처럼 한다."는 말은 생전처럼 한다는 뜻이다. '조족(爪足)'은 목욕을 끝낸 뒤에 시신의 발톱을 깎는다는 뜻이다. 목욕을 시키고 남은 물은 구덩이에 버리는데, 이 구덩이는 전인(甸人)이 흙을 모아서 부뚜막을 만들며 파냈던 구덩이이다. '내어자(內御者)'는 부인들을 뜻한다.

鄭注 抗衾者, 蔽上, 重形也. 挋, 拭也. 爪足, 斷足瓜也.

번역 이불을 드는 것은 그 위를 가리기 위함이니, 시신의 형체가 드러나지 않게 가리기 때문이다. '진(挋)'자는 "닦는다[拭]."는 뜻이다. '조족(爪足)'은 발톱을 깎는다는 뜻이다.

釋文 管人, 如字, 掌管籥之人; 又古亂反, 掌館舍之人也, 下同. 汲音急. 說, 吐活反. 繘, 均必反, 汲水綆也. 抗, 苦浪反, 擧也. 盆, 蒲奔反. 沃, 烏谷反. 枓音主, 又音斗. 絺, 敕其反, 一本作綌, 去逆反. 挋音震. 它音他, 下同. 拭音式.

번역 '管人'에서의 '管'자는 글자대로 읽으니, 잠금 장치를 담당하는 자이고, 또한 '古(고)'자와 '亂(란)'자의 반절음으로도 읽는데, 이처럼 읽으면 숙소에 대해 담당하는 자이니, 아래문장에 나오는 글자도 그 음이 이와 같다. '汲'자의 음은 '急(급)'이다. '說'자는 '吐(토)'자와 '活(활)'자의 반절음이다. '繘'자는 '均(균)'자와 '必(필)'자의 반절음이니, 물을 길어 올릴 때 사용하는 두레박줄이다. '抗'자는 '苦(고)'자와 '浪(랑)'자의 반절음이며, 든다는 뜻이다. '盆'자는 '蒲(포)'자와 '奔(분)'자의 반절음이다. '沃'자는 '烏(오)'자와 '谷(곡)'자의 반절음이다. '枓'자의 음은 '主(주)'이며, 또한 그 음은 '斗(두)'도 된다. '絺'자는 '敕(칙)'자와 '其(기)'자의 반절음이며, 다른 판본에서는 '綌'자로도 기록하는데, 그 음은 '去(거)'자와 '逆(역)'자의 반절음이다. '挋'자의 음은 '震(진)'이다. '它'자의 음은 '他(타)'이며, 아래문장에 나오는 글자도 그 음이 이와 같다. '拭'자의 음은 '式(식)'이다.

孔疏 ●"管人"至"而浴". ○正義曰: 此一經明浴時也.

번역 ●經文: "管人"~"而浴". ○이곳 경문은 목욕시킬 때에 대해서 나타내고 있다.

孔疏 ●"管人", 主館舍者, 故鄭注士喪禮: "管人, 有司主館舍者." "汲", 謂汲水.

번역 ●經文: "管人". ○숙소에 대해 담당하는 자이다. 그렇기 때문에 『의례』「사상례(士喪禮)」편에 대한 정현의 주에서는 "'관인(管人)'은 유사(有司)[10] 중에서도 숙소에 대해 담당하는 자이다."[11]라고 말한 것이다. '급(汲)'자는 물을 긷는다는 뜻이다.

孔疏 ●"不說繘, 屈之"者, 繘, 汲水瓶索也. 遽促於事, 故不說去井索, 但縈屈執之於手中.

번역 ●經文: "不說繘, 屈之". ○'율(繘)'자는 물을 길을 때 사용하는 두레박의 끈이다. 사안을 급박하게 시행하기 때문에, 우물에 달려 있는 끈도 풀지 않고, 단지 끈을 손안에 감아서 쥐게 된다.

孔疏 ●"盡階, 不升堂"者, 以水從西階而升, 盡, 不上堂. 知西階者, 以士喪禮云"爲坐于西牆下", 故知從西階而升也.

번역 ●經文: "盡階, 不升堂". ○물은 서쪽 계단을 통해서 가지고 올라가는데, 계단은 다 올라가지만 당(堂)에는 올라가지 않는다. 서쪽 계단을 이용한다는 사실을 알 수 있는 이유는 『의례』「사상례(士喪禮)」편에서 "부뚜막은 서쪽 담장 밑에 마련한다."[12]라고 했기 때문에, 서쪽 계단을 통해 가지고 올라간다는 사실을 알 수 있다.

孔疏 ●"浴水用盆"者, 用盆盛於浴水也.

번역 ●經文: "浴水用盆". ○분(盆)을 이용해서 목욕시킬 물을 담는다는 뜻이다.

---

10) 유사(有司)는 관리를 뜻하는 용어이다. '사(司)'자는 담당한다는 뜻이다. 관리들은 각자 담당하고 있는 업무가 있었으므로, 관리를 '유사'라고 불렀던 것이다. 일반적으로 하위관료들을 지칭하여, 실무자를 뜻하는 용어로 많이 사용된다. 그러나 때로는 고위관료까지도 지칭하는 용어로 사용되기도 한다.

11) 이 문장은 『의례』「사상례(士喪禮)」편의 "管人汲, 不說繘, 屈之."라는 기록에 대한 정현의 주이다.

12) 『의례』「사상례(士喪禮)」: 管人汲, 授御者, 御者差沐于堂上. 君沐粱, 大夫沐稷, 士沐粱. 甸人爲坐于西牆下, 陶人出重鬲.

孔疏 ●"沃水用枓"者, 用枓酌盆水沃尸. 熊氏云: "用盤於牀下承浴水."

번역 ●經文: "沃水用枓". ○두(枓)를 이용해서 분(盆)에 담긴 물을 떠서 시신에게 뿌린다는 뜻이다. 웅안생은 "반(盤)을 이용해서 침상 밑에 설치하여 목욕시킨 물을 받게 한다."라고 했다.

孔疏 ●"浴用絺巾"者, 絺是細葛, 除垢爲易, 故用之也. 士喪禮云: "浴巾二, 皆用綌." 熊氏云: "此蓋人君與大夫禮." 或可大夫上絺下綌, 故玉藻云"浴用二巾, 上絺下綌", 是也.

번역 ●經文: "浴用絺巾". ○'치(絺)'는 고운 갈포이니 때를 제거하기에 용이하다. 그렇기 때문에 사용하는 것이다. 『의례』「사상례(士喪禮)」편에서는 "목욕을 할 때 사용하는 수건은 2개이니, 모두 격(綌)을 사용해서 만든다."[13]라고 했다. 웅안생은 "이 내용은 아마도 군주와 대부에게 적용되는 예법인 것 같다."라고 했다. 아마도 대부는 상체는 치(絺)를 이용해서 닦고 하체는 격(綌)을 이용해서 닦을 수 있었기 때문에, 『예기』「옥조(玉藻)」편에서 "목욕을 할 때에는 두 가지 수건을 사용하니, 상체는 치(絺)를 이용해서 닦고, 하체는 격(綌)을 이용해서 닦는다."[14]라고 말한 것이다.

孔疏 ●"挋用浴衣"者, 挋, 拭也, 用生時浴衣拭尸肉, 令燥也. 賀氏云: "以布作之." 生時有此也. 士喪禮云"浴衣於篋", 注云"浴衣, 已浴所衣之衣, 以布爲之, 其制如今通裁", 是也.

번역 ●經文: "挋用浴衣". ○'진(挋)'자는 "닦는다[拭]."는 뜻이니, 생전에 쓰던 욕의(浴衣)를 이용해서 시신의 몸에 남은 물기를 닦아내어 건조시

13) 『의례』「사상례(士喪禮)」: 貝三實于笲. 稻米一豆實于筐. 沐巾一, 浴巾二, 皆用綌, 于笲. 櫛于簞. 浴衣于篋. 皆饌于西序下, 南上.

14) 『예기』「옥조(玉藻)」【375a】: 浴用二巾, 上絺下綌. 出杅履蒯席, 連用湯, 履蒲席, 衣布晞身, 乃屨進飮.

키는 것이다. 하창은 "포(布)로 만든다."라고 했다. 생전에도 이러한 물건을 사용했다. 『의례』「사상례(士喪禮)」편에서는 "욕의를 상자에 담는다."[15]라고 했고, 정현의 주에서는 "'욕의(浴衣)'는 목욕을 마치고서 걸치는 옷으로, 포(布)로 만들며, 그 제작방법은 오늘날의 포(布)로 제작하는 단의(單衣)와 같다."라고 했다.

孔疏 ●"如它日"者, 它日, 謂平生尋常之日也.

번역 ●經文: "如它日". ○'타일(它日)'은 평상시 일상적인 때를 뜻한다.

孔疏 ●"小臣爪足"者, 尸浴竟而小臣翦尸足之爪也.

번역 ●經文: "小臣爪足". ○시신에 대한 목욕을 마치면, 소신은 시신의 발톱을 깎는다.

孔疏 ●"浴餘水棄于坎"者, 浴盆餘汁棄之於坎中. 坎者, 是甸人所掘於階間取土爲竈之坎. 甸人, 主郊野之官.

번역 ●經文: "浴餘水棄于坎". ○목욕을 시키고 분(盆)에 남은 물은 구덩이에 버린다. 구덩이는 전인(甸人)이 양쪽 계단 사이를 파서 흙을 모아 부뚜막을 만들면서 생긴 구덩이이다. '전인(甸人)'은 교야(郊野)[16]에 대해 담당하는 관리이다.

---

15) 『의례』「사상례(士喪禮)」: 貝三實于笲. 稻米一豆實于筐. 沐巾一, 浴巾二, 皆用綌, 于笲. 櫛于簞. 浴衣于篋. 皆饌于西序下, 南上.

16) 교야(郊野)는 도성(都城) 밖의 외곽지역을 범범하게 지칭하는 용어이다. 한편 주(周)나라 때에는 왕성(王城)의 경계로부터 사방 100리(里)까지를 '교(郊)'라고 불렀으며, 300리 떨어진 지점까지를 '야(野)'라고 불렀다. 따라서 이 공간 안에 포함된 땅을 통칭하여 '교야'라고 불렀다.

孔疏 ●"其母之喪, 則內御者抗衾而浴"者, 內外宜別, 故用內御擧衾也. 內御, 婦人, 亦管人汲, 事事如前, 唯浴用人不同耳.

번역 ●經文: "其母之喪, 則內御者抗衾而浴". ○여자와 남자는 마땅히 구별되어야 한다. 그렇기 때문에 내어(內御)를 이용해서 이불을 들게 한다. '내어(內御)'는 부인들을 뜻하는데, 이러한 경우에도 관인(管人)이 물을 길러서 공급하고, 기타 등등의 사안들은 앞서 기술한 것처럼 하는데, 오직 목욕을 시킬 때 시키는 사람만 다를 따름이다.

集解 愚謂: 此言浴尸之事也. 主館舍之人謂之管人者, 言其主舍中之管鑰也. 舍必有井, 是管人之所主, 故使共沐浴之水焉. 聘禮曰, "管人爲客三日具沐, 五日具浴." 汲水不說繘而遂以授御者, 則浴水汲而用之, 不煮也. 小臣, 蓋大僕之屬也. 御者, 於諸侯則御僕也. 抗, 擧也. 四人擧衾, 四隅各一人也. 擧衾, 令可浴而不至於形也. 二人浴者, 左右各一人也. 枓, 斢水器, 長柄, 沃·盥用之. 少牢禮曰, "司宮設罍水于洗東, 有枓." 如它日者, 如生時之常法, 謂"浴水用盆"以下四事也. 弃沐浴餘水於坎, 而甸人築之, 士喪記曰"甸人築坅坎", 是也. 蓋以浴尸之餘, 恐人見而憎惡之也. 內御者抗衾而浴, 言抗衾及浴者皆用內御者也. 周禮女御, "大喪, 掌沐浴." 母喪之異者惟此, 則餘事皆與上同也. 按士喪禮浴用水而已, 此云"管人汲", 又曰"小臣抗衾而浴", 又云"浴用絺巾", 據諸侯而言, 則諸侯以下浴皆用水也. 周禮小宗伯, "王崩大肆, 以秬鬯渳." 肆師, "大喪, 大渳以鬯, 則築鬻." 鬱人, "大喪之渳, 共其肆器." 鬯人, "大喪之大渳, 設斗, 共其釁鬯." 大祝, "始崩, 以肆鬯渳尸." 小祝, "大喪, 贊渳." 是天子之喪, 鬯人共秬鬯, 肆師涖築鬻, 鬱人共肆器, 大祝主其渳, 小祝贊之, 而小宗伯涖之, 與諸侯以下異矣.

번역 내가 생각하기에, 이 내용은 시신에게 목욕을 시키는 사안을 뜻한다. 숙소에 대한 일을 담당하는 자를 '관인(管人)'이라고 부르는 것은 집에 있는 잠금 장치를 담당하는 자를 의미한다. 집에는 반드시 우물이 있는데, 이것은 관인이 담당하는 대상이다. 그렇기 때문에 그로 하여금 목욕할 때 사용할 물을 공급하도록 시키는 것이다. 『의례』「빙례(聘禮)」편에서는 "관인은 빈객을 위해서 3일째에는 머리감을 도구들을 갖추고, 5일째에는 목욕할 도구들을 갖춘다."[17]라고 했다. 물을 길렀는데 두레박줄을 풀지 않고, 결국 그 자체로 시중을 드는 자에게 건네니, 목욕할 물은 길러서 곧바로 사용하며, 데우지 않는다. '소신(小臣)'은 아마도 태복(太僕) 등의 관리들일 것이다. '어자(御者)'는 제후에게 있어서는 어복(御僕)이 된다. '항(抗)'자는 "든다[擧]."는 뜻이다. 네 사람이 이불을 드는 것은 네 모퉁이에 각각 1명이 위치하여 든다는 뜻이다. 이불을 드는 것은 목욕을 시키면서도 시신의 형체가 드러나지 않게끔 하는 것이다. 두 사람이 목욕을 시킨다고 했는데, 좌우에 각각 1명씩 위치하게 된다. '두(枓)'는 물을 뜨는 기구인데, 자루가 길어서 물을 따르고 씻을 때 사용한다. 『의례』「소뢰궤식례(少牢饋食禮)」편에서는 "사궁(司宮)은 물을 담은 대야를 손을 씻는 곳 동쪽에 설치하고, 두(枓)를 둔다."[18]라고 했다. "다른 날과 같다."는 말은 생전에 평상시 따르던 법도대로 한다는 뜻이니, 곧 "목욕물을 담을 때 분(盆)을 사용한다."로부터 그 이하의 네 가지 사안을 의미한다. 목욕을 시키고 남은 물은 구덩이에 버리는데, 전인(甸人)이 구덩이를 만든다. 『의례』「사상례(士喪禮)」편의 기문(記文)에서 "전인이 흙을 쌓아서 구덩이를 만든다."[19]라고 한 말이 이러한 사실을 나타낸다. 무릇 시신을 목욕시키고 남은 물에 대해서, 사람들이 그것을 보게 되면 꺼려할 것을 염려하기 때문이다. "내어(內御)가 이불을 들고서 목욕을 시킨다."라고 했는데, 이불을 들고 목욕을 시킬 때 모두 내어(內御)를 시킨다는 뜻이다. 『주례』「여어(女御)」편에서는 "대상(大喪)[20] 때

---

17) 『의례』「빙례(聘禮)」: 卿館於大夫, 大夫館於士, 士館於工商. 管人爲客三日具沐, 五日具浴. 飧不致, 賓不拜, 沐浴而食之.

18) 『의례』「소뢰궤식례(少牢饋食禮)」: 司宮設罍水于洗東, 有枓. 設篚于洗西, 南肆. 改饌豆·籩于房中, 南面, 如饋之設, 實豆·籩之實. 小祝設槃匜與簞巾于西階東.

19) 『의례』「기석례(旣夕禮)」: 甸人築坅坎. 隸人涅廁. 旣襄, 宵爲燎于中庭.

20) 대상(大喪)은 천자(天子)·왕후(王后)·세자(世子) 등의 상(喪)을 가리킨다. 이들은 가장 존귀한 자들에 해당하기 때문에, 그들에 대한 상(喪) 또한 '대(大)'자를 붙여서, '대상'이라고 부르는 것이다. 『주례』「천관(天官)·재부(宰

에는 목욕시키는 일을 담당한다."[21]라고 했다. 모친의 상례에서 차이를 보이는 점이 오직 이러한 사안에만 국한되므로, 나머지 사안들은 모두 앞서 진술한 것과 동일하게 따른다. 「사상례」편을 살펴보면 물을 이용해서 목욕을 시킬 따름이라고 했는데, 이곳에서는 "관인이 물을 긷는다."라고 했고, 또 "소신이 이불을 들고서 목욕을 시킨다."라고 했으며, 또 "목욕을 시킬 때에는 치건(絺巾)을 사용한다."라고 했으니, 이것은 제후의 예법을 기준으로 한 말이며, 제후 이하의 계급에서는 목욕을 시킬 때 모두 물을 사용하게 된다. 『주례』「소종백(小宗伯)」편에서는 "천자가 죽어서 시신을 목욕시킬 때, 검은 기장으로 담근 울창주를 시신에 뿌린다."[22]라고 했고, 『주례』「사사(肆師)」편에서는 "대상 때 시신을 목욕시키게 되면 울창주를 사용하니, 향초를 찧는다."[23]라고 했으며, 『주례』「울인(鬱人)」편에서는 "대상에서 목욕을 시키게 되면, 목욕시킬 도구들을 공급한다."[24]라고 했고, 『주례』「창인(鬯人)」편에서는 "대상에서 목욕을 시킬 때 두(斗)를 진설하고, 시신에 뿌릴 울창주를 공급한다."[25]라고 했으며, 『주례』「대축(大祝)」편에서는 "처음 붕어했을 때, 목욕을 시키며 울창주를 시신에 뿌린다."[26]라고 했고, 『주례』「소축(小祝)」편에서는 "대상에서 시신에 술 뿌리는 것을 돕는다."[27]라고 했다. 이것은 천자의 상에서는 창인이 검은 기장으로 만든 울창주를 공급

夫)」편에는 "大喪小喪, 掌小官之戒令, 帥執事而治之."라는 기록이 있는데, 이에 대한 정현의 주에서는 "大喪, 王・后・世子之喪也."라고 풀이했다. 한편 '대상'은 부모의 상(喪)을 가리키기도 한다. 부모는 자식의 입장에서 가장 중대한 대상에 해당하기 때문에, 부모의 상(喪)을 '대상'이라고 부르는 것이다. 『춘추공양전』「선공(宣公) 1년」편에는 "古者臣有大喪, 則君三年不呼其門."이라는 용례가 있다.

21) 『주례』「천관(天官)・여어(女御)」: 女御, 掌御敍于王之燕寢. 以歲時獻功事. 凡祭祀贊世婦. 大喪掌沐浴. 后之喪持翣. 從世婦而弔于卿大夫之喪.

22) 『주례』「춘관(春官)・소종백(小宗伯)」: 王崩, 大肆, 以秬鬯渳.

23) 『주례』「춘관(春官)・사사(肆師)」: 大喪, 大渳以鬯, 則築鬻.

24) 『주례』「춘관(春官)・울인(鬱人)」: 大喪之渳, 共其肆器.

25) 『주례』「춘관(春官)・창인(鬯人)」: 大喪之大渳, 設斗, 共其釁鬯.

26) 『주례』「춘관(春官)・대축(大祝)」: 大喪, 始崩, 以肆鬯渳尸, 相飯, 贊斂, 徹奠.

27) 『주례』「춘관(春官)・소축(小祝)」: 大喪, 贊渳.

하고, 사사가 그 일에 임해 향초 찧는 일을 담당하며, 울인이 목욕시킬 도구를 공급하고, 대축이 시신에 술 뿌리는 일을 담당하며, 소축이 그 일을 돕고, 소종백이 그 일에 임하여 전체적으로 감독한다는 사실을 나타내니, 이것이 제후로부터 그 이하의 계층과 차이를 보이는 부분이다.

그림 9-1 분(盆)

盆

實二鬴厚半寸脣寸用以盛物甄上爲之

※ **출처:**『삼재도회(三才圖會)』「기용(器用)」1권

그림 9-2 두(枓: =斗)

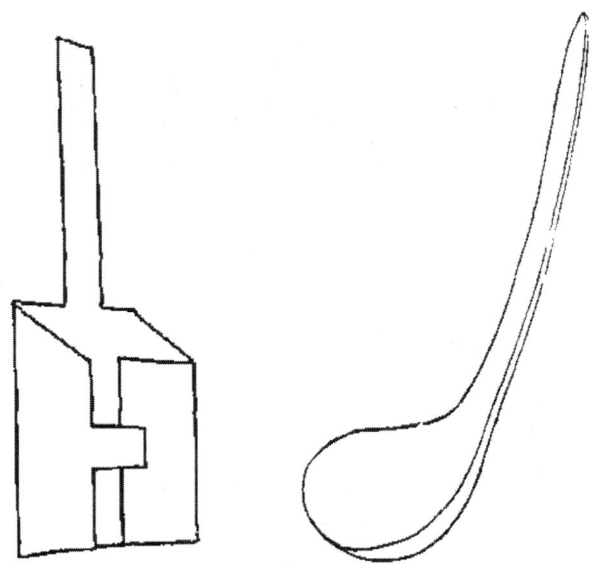

※ 출처: 우-『삼재도회(三才圖會)』「기용(器用)」 1권
좌-『삼례도(三禮圖)』 3권

그림 9-3 욕반(浴盤)과 욕상(浴牀)

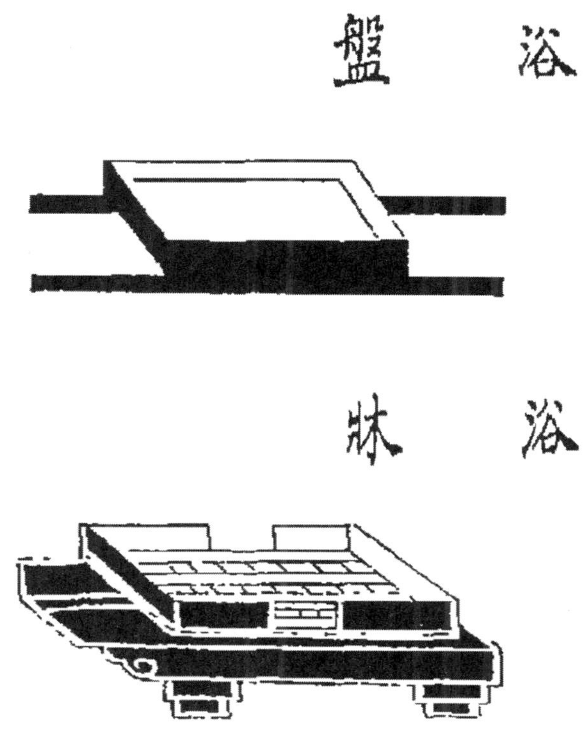

※ **출처:** 『삼례도집주(三禮圖集注)』 17권

【532d~533a】

管人汲授御者, 御者差沐于堂上. 君沐粱, 大夫沐稷, 士沐粱. 甸人爲垼于西牆下, 陶人出重鬲, 管人受沐, 乃煮之. 甸人取所徹廟之西北厞薪, 用爨之. 管人授御者沐, 乃沐. 沐用瓦盤, 挋用巾, 如他日. 小臣爪手翦須. 濡濯棄于坎.

직역 管人은 汲하여 御者에게 授하고, 御者는 堂上에서 沐을 差한다. 君의 沐에는 粱하고, 大夫의 沐에는 稷하며, 士의 沐에는 粱한다. 甸人은 西牆의 下에 垼을 爲하고, 陶人은 重鬲을 出하며, 管人은 沐을 受하여, 煮한다. 甸人은 徹한 所인 廟의 西北의 厞薪을 取하여, 用하여 爨한다. 管人이 御者에게 沐을 授하면, 沐한다. 沐에는 瓦盤을 用하고, 挋에는 巾을 用하니, 他日과 如하다. 小臣은 手를 爪하고 須를 翦한다. 濡濯을 坎에 棄한다.

의역 시신의 머리를 감길 때, 관인(管人)은 물을 길러서 시중을 드는 자에게 건네고, 시중을 드는 자는 당상(堂上)에서 머리 감길 물에 곡물을 담가서 씻는다. 군주의 경우에는 조를 사용하고, 대부의 경우에는 기장을 사용하며, 사의 경우에도 조를 사용한다. 전인(甸人)은 서쪽 담장 밑에 흙을 쌓아 부뚜막을 만들고, 도인(陶人)은 중(重)에 걸칠 항아리를 꺼내오며, 관인은 시중드는 자가 건넨 곡물 씻은 물을 받아서 이것을 부뚜막의 병에 담아 끓인다. 전인은 부뚜막을 만든 뒤 곧바로 초혼을 했던 자가 치워두었던 정침(正寢) 서북쪽 모퉁이에 있던 땔감을 가져다가 이것을 이용해서 부뚜막에 불을 지핀다. 머리 감길 물이 끓으면 관인은 시중드는 자에게 물을 건네고, 시중을 드는 자가 머리를 감긴다. 머리 감길 물을 담을 때에는 와반(瓦盤)을 사용하고, 씻길 때에는 수건을 사용하는데, 이것은 생전과 동일하게 하는 것이다. 머리를 감긴 뒤에는 소신이 손톱을 깎고 수염을 자른다. 머리를 감기고 난 더러운 물은 구덩이에 버린다.

集說 此言尸之沐. 差, 猶摩也, 謂淅粱或稷之潘汁以沐髮也. 君與士同用粱者, 士卑不嫌於僭上也. 垼, 塊竈也, 將沐時, 甸人之官取西牆下之土爲塊竈. 陶人, 作瓦器之官也. 重鬲, 縣重之罌, 瓦缾也, 受三升. 管人受沐汁於堂上之御者, 而下往西牆於垼竈鬲中煮之令溫, 甸人爲竈畢, 卽往取復者所徹正寢西北厞, 以爨竈煮沐汁. 謂正寢爲廟, 神之也. 舊說, 厞是屋簷, 謂抽取屋西北之簷. 一說, 西北隅厞, 隱處之薪也. 用瓦盤以貯此汁也. 挋用巾, 以巾拭髮及面也. 爪手, 翦手之爪甲也. 濡, 煩撋其髮也. 濯, 不淨之汁也.

번역 이 내용은 시신의 머리를 감긴다는 뜻이다. '차(差)'자는 "문지르다[摩]."는 뜻이니, 조나 기장을 씻고 난 물로 머리카락을 감긴다는 뜻이다. 군주와 사가 동일하게 조를 사용하는 것은 사는 미천하여 상위 예법을 참람되게 따른다는 혐의를 받지 않기 때문이다. '역(垼)'은 흙을 쌓아 만든 부뚜막이니, 머리를 감기고자 할 때, 전인(甸人)이라는 관리가 서쪽 담장 아래의 흙을 가져다가 부뚜막을 만든다. '도인(陶人)'은 옹기 등을 만드는 관리이다. '중격(重鬲)'은 중(重)[28]에 걸어둔 항아리로, 옹기로 만든 병이니, 용적은 3승(升)이다. 관인은 당상(堂上)에 있는 시중드는 자에게 머리 감길 물을 받고, 아래로 내려가서 서쪽 담장에 설치된 병 안에 담고 따뜻하게 끓이는데, 전인은 부뚜막 만드는 일이 끝나면, 곧 초혼을 했던 자가 치워두었던 정침(正寢) 서북쪽 모퉁이의 나무를 가져다가 부뚜막에 불을 지펴 머리 감길 물을 끓인다. 정침에 대해서 '묘(廟)'라고 부르는 것은 신령스럽게 대하기 때문이다. 옛 학설에서 비(厞)는 지붕의 처마이니, 지붕 서북쪽에 있는 처마의 나무를 뽑는다고 했다. 또 일설에서는 서북쪽 모퉁이의 비(厞)는 깊숙한 곳에 쌓아둔 땔감이라고 했다. 옹기로 만든 반(盤)을 이용해서 끓인 물을 담는다. 씻을 때 건(巾)을 사용한다고 했는데, 수건을 사용하여 머리카락과 얼굴을 닦는다는 뜻이다. '조수(爪手)'는 손톱을 깎는다는 뜻이다. '유(濡)'는 머리카락을 감기고 적신다는 뜻이다. '탁(濯)'자는 깨끗하지 않은 물을 뜻한다.

---

28) 중(重)은 나무에 구멍을 뚫어서 만든 것으로, 신주(神主)를 만들기 전에, 구멍이 뚫린 나무를 세워서 이것을 신주 대신으로 삼아 제사를 지냈다. 『예기』「단궁하(檀弓下)」편에는 "重, 主道也."라는 기록이 있고, 이에 대한 정현의 주에서는 "始死未作主, 以重主其神也."라고 풀이했다.

鄭注 差, 淅也, 淅飯米, 取其潘以爲沐也. 浴沃用枓, 沐於盤中, 文相變也. 士喪禮沐稻, 此云"士沐粱", 蓋天子之士也. 以差率而上之, 天子沐黍與.

번역 '차(差)'자는 "곡물을 씻는다[淅]."는 뜻이니, 밥알을 씻어서, 씻고 난 물을 가져다가 머리 감기는 물로 사용한다. 목욕을 시킬 때 물을 뿌리면서 두(枓)를 사용하고, 반(盤) 안에서 머리를 감기는 것은 문장을 서로 변환하여 기록한 것이다. 『의례』「사상례(士喪禮)」편에서는 머리를 감길 때 쌀 씻은 물을 사용한다고 했는데,[29] 이곳에서는 "사의 머리를 감길 물은 조 씻은 물을 사용한다."라고 했으니, 아마도 이곳에서 말한 자는 천자에게 소속된 사일 것이다. 이러한 차등에 따라 거슬러 올라가보면, 천자에 대해서는 서(黍) 씻은 물로 머리를 감겼을 것이다.

釋文 差, 七何反, 注"差淅"同. 沐音木. 甸, 田遍反. 垼音役. 鄭注儀禮云: "塊, 竈也." 陶音桃. 重, 直龍反. 鬲音歷. 煮, 諸許反. 厞, 扶味反, 隱也, 舊作扉, 音非, 門扉也. 爨, 七亂反. 淅, 先歷反. 潘, 方袁反, 米汁也. 差, 初佳反. 率音律, 又音類. 上, 時掌反.

번역 '差'자는 '七(칠)'자와 '何(하)'자의 반절음이며, 정현의 주에 나오는 '差淅'에서의 '差'자도 그 음이 이와 같다. '沐'자의 음은 '木(목)'이다. '甸'자는 '田(전)'자와 '遍(편)'자의 반절음이다. '垼'자의 음은 '役(역)'이다. 『의례』에 대한 정현의 주에서는 "'괴(塊)'는 부뚜막이다."라고 했다. '陶'자의 음은 '桃(도)'이다. '重'자는 '直(직)'자와 '龍(룡)'자의 반절음이다. '鬲'자의 음은 '歷(력)'이다. '煮'자는 '諸(제)'자와 '許(허)'자의 반절음이다. '厞'자는 '扶(부)'자와 '味(미)'자의 반절음이며, 은밀한 곳을 뜻하고, 옛 판본에서는 '扉'자로 기록했으니, 그 음은 '非(비)'이며, 문짝을 뜻한다. '爨'자는 '七(칠)'자와 '亂(환)'자의 반절음이다. '淅'자는 '先(선)'자와 '歷(력)'자의 반절음이다. '潘'자는 '方(방)'자와 '袁(원)'자의 반절음이며, 쌀뜨물을 뜻한다. '差'자는

---

29) 『의례』「사상례(士喪禮)」: 貝三實于笄. 稻米一豆實于筐. 沐巾一, 浴巾二, 皆用綌, 于笄. 櫛于簞. 浴衣于篋. 皆饌于西序下, 南上.

'初(초)'자와 '隹(추)'자의 반절음이다. '率'자의 음은 '律(률)'이며, 또한 그 음은 '類(류)'도 된다. '上'자는 '時(시)'자와 '掌(장)'자의 반절음이다.

孔疏 ●"管人"至"于坎". ○正義曰: 此一節明沐也.

번역 ●經文: "管人"~"于坎". ○이곳 문단은 머리감기는 일을 나타내고 있다.

孔疏 ●"管人汲, 授御者. 御者差沐于堂上"者, 差, 謂淅米取其潘汁也.

번역 ●經文: "管人汲, 授御者. 御者差沐于堂上". ○'차(差)'자는 곡물을 씻어서 씻고 난 뒤의 물을 사용한다는 뜻이다.

孔疏 ●"君沐粱, 大夫沐稷, 士沐粱"者, 皆謂用其米取其汁而沐也.

번역 ●經文: "君沐粱, 大夫沐稷, 士沐粱". ○이 모두는 해당 곡물의 알갱이를 사용하여 씻고, 씻고 난 뒤의 물을 가져다가 머리를 감긴다는 뜻이다.

孔疏 ●"甸人爲垼于西牆下"者, 謂將沐之時, 甸人之官爲垼于西牆下, 土垼, 塹竈, 甸人具此爲垼竈以煮沐汁.

번역 ●經文: "甸人爲垼于西牆下". ○머리를 감기려고 할 때, 전인(甸人)이라는 관리는 서쪽 담장 아래에 부뚜막을 만드는데, 흙을 쌓아 부뚜막을 만드는 것으로, 전인은 이러한 것들을 갖춰 부뚜막을 만들고, 이곳을 통해서 머리감길 물을 끓인다.

孔疏 ●"陶人出重鬲"者, 陶人, 作瓦器之官也. 重鬲者, 謂縣重之罌也, 是瓦瓶受三升, 以沐米爲粥實於瓶, 以疏布冪口, 繫以篾, 縣之, 覆以葦席.

번역 ●經文: "陶人出重鬲". ○'도인(陶人)'은 옹기를 만드는 관리이다. '중격(重鬲)'은 중(重)에 걸어둔 항아리이니, 옹기로 만든 병으로 그 용적은 3승(升)이 되며, 머리를 감기기 위해 곡물을 씻은 물을 이 옹기로 만든 병에 넣어서 끓이며, 거친 포(布)로 만든 덮개로 그 입구를 막고, 대껍질을 엮어서 병에 감고, 이 줄을 이용해서 걸며, 갈대로 짠 자리로 덮는다.

孔疏 ●"管人受沐, 乃煮之"者, 淅於堂上, 管人亦升, 盡等, 不上堂, 而就御者受淅汁, 下往西牆於垼竈鬲中煮之也.

번역 ●經文: "管人受沐, 乃煮之". ○당상(堂上)에서 곡물을 씻고, 관인(管人)은 또한 계단으로 올라가는데, 계단까지만 다 오르고, 당상에는 올라가지 않고, 시중을 드는 자에게 다가가서 곡물을 씻고 난 물을 받으며, 밑으로 내려가서 서쪽 담장에 있는 부뚜막의 병에 담아서 끓인다.

孔疏 ●"甸人取所徹廟之西北厞薪, 用爨之"者, 爨, 然也. 甸人爲竈竟, 又取復魄人所徹正寢西北厞以然竈, 煮沐汁也. 謂正寢爲廟, 神之也. 然舊云厞是屋簷也, 謂抽取屋西北簷也. 熊氏云"厞謂西北隅厞隱之處, 徹取屋外當厞隱處薪", 義亦通也. 何取此薪而用者? 示主人已死, 此堂無復用, 故取之也.

번역 ●經文: "甸人取所徹廟之西北厞薪, 用爨之". ○'찬(爨)'자는 "불을 피운다[然]."는 뜻이다. 전인(甸人)은 부뚜막 만드는 일이 끝나면, 또한 초혼을 했던 자가 치워둔 정침(正寢) 서북쪽의 땔감을 가져다가 부뚜막에서 불을 지펴, 머리 감길 물을 데운다. '정침(正寢)'에 대해서 '묘(廟)'라고 부르는 것은 신령스럽게 대하기 때문이다. 그런데 옛 학설에서는 '비(厞)'를 지붕의 처마라고 했으니, 지붕 서북쪽에 있는 처마의 나무를 뽑아다가 쓴다는 뜻이다. 웅안생은 "'비(厞)'는 서북쪽 모퉁이의 깊숙한 곳으로, 지붕 밑의 은밀한 곳에 쌓아둔 땔감을 가져다가 사용한다."라고 했는데, 그 의미 또한 통용된다. 그런데 어째서 이러한 나무를 가져다가 사용하는 것인가? 이것은 그 건물의 주인이 이미 죽어서, 그 건물을 재차 사용할 일이 없음을 드러내는 것이다. 그래서 그 나무를 가져다가 쓴다.

孔疏 ●"管人授御者沐"者, 煮汁孰, 而管人又取以升階, 授堂上御者, 使沐也.

번역 ●經文: "管人授御者沐". ○머리 감길 물을 다 데우면, 관인(管人)은 또한 그 물을 떠서 계단으로 올라가고, 당상(堂上)에 있는 시중드는 자에게 건네서, 머리를 감기게 한다.

孔疏 ●"乃沐"者, 御者授汁, 入爲尸沐也.

번역 ●經文: "乃沐". ○시중드는 자가 머리 감길 물을 받으면, 들어가서 시신의 머리를 감긴다.

孔疏 ●"沐用瓦盤"者, 盤貯沐汁, 就中沐也.

번역 ●經文: "沐用瓦盤". ○반(盤)에 머리감길 물을 담고, 그 안에서 머리를 감긴다.

孔疏 ●"挋用巾"者, 用巾拭髮及面也. 士喪禮云"沐巾一", 又云"挋用巾", 注云: "巾, 晞也, 淸也."

번역 ●經文: "挋用巾". ○수건을 이용해서 머리카락과 얼굴을 닦는다. 『의례』「사상례(士喪禮)」편에서는 "머리감기는 수건은 1개이다."[30]라고 했고, 또 "씻길 때에는 수건을 사용한다."[31]라고 했는데, 정현의 주에서는

30) 『의례』「사상례(士喪禮)」: 貝三實于笄. 稻米一豆實于筐. 沐巾一, 浴巾二, 皆用綌, 于笄. 櫛于簞. 浴衣于篋. 皆饌于西序下, 南上.

31) 『의례』「사상례(士喪禮)」: 主人皆出戶外, 北面. 乃沐櫛, 挋用巾. 浴用巾, 挋用浴衣. 渜濯棄于坎. 蚤揃如他日.

"'건(巾)'은 말리고 깨끗하게 하는 것이다."라고 했다.

孔疏 ●"如它日"者, 事事亦如平生也.

번역 ●經文: "如它日". ○이러한 사안들에 대해서도 평상시처럼 한다는 뜻이다.

孔疏 ●"小臣爪手翦鬚"者, 沐竟而翦手爪, 又治須, 象平生也.

번역 ●經文: "小臣爪手翦鬚". ○머리감기는 일이 끝나면 손톱을 자르고 또 수염을 다듬으니, 평상시 살아있었을 때의 일들을 상징한다.

孔疏 ●"濡濯棄于坎"者, 皇氏云: "濡, 謂煩撋[32]其髮. 濯, 謂不淨之汁也." 言所濡濯汁棄於坎中. 鄭注士喪禮云: "巾櫛浴衣, 亦幷棄之其坎." 按既夕禮云: "掘坎南順, 廣尺, 輪二尺, 深三尺, 南其襄." 此沐汁棄於坎, 則浴汁亦然.

번역 ●經文: "濡濯棄于坎". ○황간은 "'유(濡)'는 머리를 감기고 적신다는 뜻이다. '탁(濯)'자는 깨끗하지 않은 물을 뜻한다."라고 했다. 즉 머리를 감기고 난 뒤의 깨끗하지 않은 물을 구덩이에 버린다는 뜻이다. 『의례』「사상례(士喪禮)」편에 대한 정현의 주에서는 "수건, 빗, 욕의(浴衣) 또한 모두 구덩이에 버린다."[33]라고 했다. 『의례』「기석례(既夕禮)」편을 살펴보면, "구덩이를 파며 그 방향은 남쪽으로 내니, 폭은 1척(尺)이고 세로는 2척이며 깊이는 3척인데, 흙덩이는 남쪽에 쌓아둔다."[34]라고 했다. 이곳에서는

---

32) '연(撋)'자에 대하여. '연'자는 본래 '윤(潤)'자로 기록되어 있었는데, 손이양(孫詒讓)의 『교기(校記)』에서는 "'윤'자는 마땅히 '연'자가 되어야 하니, 『시』「갈담(葛覃)」편의 전문(箋文)과 『주례』「함인(函人)」편의 주에 나온다."라고 했다.

33) 이 문장은 『의례』「사상례(士喪禮)」편의 "渜濯棄于坎."이라는 기록에 대한 정현의 주이다.

34) 『의례』「기석례(既夕禮)」: 掘坎南順, 廣尺, 輪二尺, 深三尺, 南其壤. 甃用塊. 明衣裳用幕布, 袂屬幅, 長下膝.

머리를 감긴 물을 구덩이에 버린다고 했으니, 목욕을 시켰던 물 또한 이처럼 한다.

孔疏 ◎注"差淅"至"黍與". ○正義曰: 差是差摩, 故云淅. 詩云"釋[35]之叟叟", 是釋, 淅米也. 云"取其潘以爲沐也"者, 士喪禮云"受潘煮于堊, 用重鬲". 云"浴沃用枓, 沐於盤中, 文相變也"者, 謂沐與浴俱有枓, 俱有盤. 浴云"用枓", 沐云"用盤", 是文相變也. 云"士喪禮沐稻, 此云士沐粱, 蓋天子之士也"者, 若士喪禮云是諸侯之士而沐稻, 今此云"士沐粱", 故疑天子之士也. 云"以差率而上之, 天子沐黍與"者, 按公食大夫禮, 黍稷爲正饌, 稻粱爲加, 是稻粱卑於黍稷. 就稻粱之內, 粱貴而稻賤, 是稻人所常種, 粱是穀中之美, 故下曲禮云"歲凶, 大夫不食粱". 故諸侯之士用稻, 天子之士用粱. 黍稷相對, 稷雖爲重, 其味短, 故大夫用之. 黍則味美而貴, 故特牲·少牢"爾黍于席", 以其味美故也. 詩·頌云: "其饟伊黍." 鄭注: "豐年之時, 雖賤者猶食黍." 是黍貴也. 故天子用之, 無正文, 故疑而云"與"也.

번역 ◎鄭注: "差淅"~"黍與". ○'차(差)'자는 문지른다는 뜻이다. 그렇기 때문에 "곡물을 씻는다."라고 말했다. 『시』에서는 "석(釋)하기를 싹싹한다."[36]라고 했는데, '석(釋)'자는 쌀알을 씻는다는 뜻이다. 정현이 "씻고 난 물을 가져다가 머리감기는 물로 사용한다."라고 했는데, 『의례』「사상례(士喪禮)」편에서는 "곡물을 씻고 난 물을 받아서 부뚜막에서 끓이며, 중격(重鬲)을 사용한다."[37]라고 했다. 정현이 "목욕을 시킬 때 물을 뿌리면서 두(枓)를 사용하고, 반(盤) 안에서 머리를 감기는 것은 문장을 서로 변환하여 기록한 것이다."라고 했는데, 머리를 감기고 목욕을 시킬 때에는 모두 두

35) '석(釋)'자에 대하여. '석'자는 본래 '택(澤)'자로 기록되어 있었는데, 『시』의 본문에 따라 글자를 수정하였다.

36) 『시』「대아(大雅)·생민(生民)」: 誕我祀如何. 或舂或揄, 或簸或蹂. 釋之叟叟, 烝之浮浮. 載謀載惟, 取蕭祭脂, 取羝以軷. 載燔載烈, 以興嗣歲.

37) 『의례』「사상례(士喪禮)」: 管人汲, 不說繘, 屈之. 祝淅米于堂, 南面, 用盆. 管人盡階不升堂, 受潘, 煮于堊, 用重鬲.

(枓)를 사용하고, 또한 모두 반(盤)을 사용한다는 뜻이다. 그런데 목욕을 시키는 기록에서 "두(枓)를 사용한다."라고 했고, 머리를 감기는 기록에서 "반(盤)을 사용한다."라고 했으니, 이것은 문장을 변환하여 상호 그 뜻을 보완하도록 기록한 것이다. 정현이 "「사상례」편에서는 머리를 감길 때 쌀 씻은 물을 사용한다고 했는데, 이곳에서는 사의 머리를 감길 물은 조 씻은 물을 사용한다고 했으니, 아마도 이곳에서 말한 자는 천자에게 소속된 사일 것이다."라고 했는데, 「사상례」편에서 언급한 자는 제후에게 소속된 사이고, 그에 대해서는 쌀 씻은 물로 머리를 감긴다고 했으며, 현재 이곳에서는 "사의 머리를 감길 물은 조 씻은 물을 사용한다."고 했다. 그렇기 때문에 천자에게 소속된 사라고 예상한 것이다. 정현이 "이러한 차등에 따라 거슬러 올라가보면, 천자에 대해서는 서(黍) 씻은 물로 머리를 감겼을 것이다."라고 했는데, 『의례』「공사대부례(公食大夫禮)」편을 살펴보면, 서(黍)와 직(稷)은 정식으로 차리는 밥이 되며,[38] 도(稻)와 양(粱)은 추가적으로 차리는 밥이 된다고 했으니,[39] 이것은 도(稻)와 양(粱)이 서(黍)와 직(稷)보다 낮다는 사실을 나타낸다. 도(稻)와 양(粱) 중에서 살펴보면, 양(粱)은 상대적으로 귀하고 도(稻)는 상대적으로 천하니, 이것은 도(稻)가 사람들이 일반적으로 파종하여 수확하는 것이고, 양(粱)은 곡식 중에서도 맛있는 것이라는 사실을 나타낸다. 그렇기 때문에 『예기』「곡례하(曲禮下)」편에서는 "그 해에 흉년이 든다면, 대부의 경우에는 조밥[粱]을 추가적으로 차리지 않는다."[40]라고 말한 것이다. 그러므로 제후에게 소속된 사는 도(稻)를 사용하고, 천자에게 소속된 사는 양(粱)을 사용한다. 서(黍)와 직(稷)에 있어서도 서로 대비를 해보면, 직(稷)은 비록 알갱이가 크더라도 맛이 없기 때문에 대부가 사용한다. 서(黍)는 맛이 있고 귀하다. 그렇기 때문에 『의례』「특생궤식례(特牲饋食禮)」편과 「소뢰궤식례(少牢饋食禮)」편에서는 "서(黍)를 자리와 가까운 곳에 둔다."라고 한 것이니, 그것이 맛있는 밥이기

---

38) 『의례』「공사대부례(公食大夫禮)」: 宰夫設黍稷六簋于俎西, 二以並, 東北上.

39) 『의례』「공사대부례(公食大夫禮)」: 宰夫膳稻于粱西.

40) 『예기』「곡례하(曲禮下)」【53a】: 歲凶, 年穀不登, 君膳不祭肺, 馬不食穀, 馳道不除, 祭事不縣. 大夫不食粱, 士飮酒不樂.

때문이다. 『시』「송(頌)」에서는 “그 밥은 서(黍)로다.”[41]라고 했고, 정현의 주에서는 “풍년이 들었을 때에는 비록 미천한 자일지라도 오히려 서(黍)를 먹게 된다.”라고 했다. 이것은 곧 서(黍)가 귀한 것임을 나타낸다. 그렇기 때문에 천자가 사용하는데, 경문에 그 기록이 없기 때문에 확신할 수 없어서, ‘여(與)’자를 붙여서 기록한 것이다.

集解 愚謂: 管人汲, 汲水以備淅米也. 不言“不說繘”及“盡階不升堂”者, 從上可知也. 差, 淅也, 謂差摩之也. 淅米而取其潘, 煮之以沐尸, 其米則用以飯尸, 又以其餘鬻而縣於重也. 士喪禮云, “祝淅米於堂, 南面, 用盆.” 此云“御者差沐”者, 蓋祝淅而御者佐之也. 士喪禮沐稻, 此“士沐粱”, 禮俗所用不同也. 甸人, 有司主田野者. 曰“重鬲”者, 此鬲暫用煮潘, 旣則以盛鬻而縣於重也. 廟, 殯宮也. 厞, 蔽也. 廟之西北厞, 謂殯宮西北隅之檐也. 甸人徹取此厞爲薪者, 爲此室死者不復居, 亦毁廟改塗・易檐之意也. 用此爨瓮者, 一則爲其潔浄, 一則取其乾久而易於然也. 甸人, 賈氏公彦云, “當是甸師之屬.” 周禮甸師掌“帥其徒以薪蒸役外內饔之事”, 故此爲瓮及取薪皆使供其事也. 沐用瓦盤, 用以承潘也. 沐浴之潘水, 皆以盆盛之, 以枓酌之, 以盤承之. 於浴言“盆”言“枓”, 於沐言“盤”, 互相備也. 沐巾亦用綌, 不言者, 蒙前可知也. 如它日者, 謂“沐用瓦盤”以下也. 按士喪禮先沐後浴, 蓋自首及身, 事之次也. 此先浴後沐, 記者由便言之爾.

번역 내가 생각하기에, “관인(管人)이 물을 긷는다.”는 말은 물을 길어서 곡물 씻는 일을 준비하는 것이다. “두레박에 달린 끈도 풀지 않는다.”는 말이나 “서쪽 계단으로 올라가지만 당(堂)에는 올라가지 않는다.”는 말을 하지 않은 것은 앞의 문장을 통해서 그 사실을 알 수 있기 때문이다. ‘차(差)’자는 “곡물을 씻는다[淅].”는 뜻이니, 손으로 비벼서 씻는다는 의미이

---

41) 『시』「주송(周頌)・양사(良耜)」: 畟畟良耜, 俶載南畝. 播厥百穀, 實函斯活. 或來瞻女, 載筐及筥, <u>其饟伊黍</u>. 其笠伊糾, 其鎛斯趙, 以薅荼蓼. 荼蓼朽止, 黍稷茂止. 穫之挃挃, 積之栗栗. 其崇如墉, 其比如櫛. 以開百室. 百室盈止, 婦子寧止. 殺時犉牡, 有捄其角. 以似以續, 續古之人.

다. 곡물을 씻고서 씻고 난 뒤의 물을 가져다가 그것을 끓여서 시신의 머리를 감기는데, 씻고 난 뒤의 곡물은 그것을 이용해서 시신의 입에 물리고, 또 남은 것으로 죽을 끓여서 중(重)에 걸어둔다. 『의례』「사상례(士喪禮)」편에서는 "축관이 당(堂)에서 곡물을 씻고, 남쪽을 바라보며, 분(盆)을 이용해서 담는다."[42]라고 했다. 이곳에서는 "시중을 드는 자가 곡물을 씻고 시신의 머리를 감긴다."라고 했는데, 아마도 축관이 곡물을 씻고 시중을 드는 자는 그를 보조했을 것이다. 「사상례」편에서는 쌀뜨물로 시신의 머리를 감긴다고 했고, 이곳에서는 "사에 대해서 머리를 감길 때에는 조 씻은 물을 사용한다."라고 했는데, 예법에 따른 풍속에 있어서 사용하는 것에 차이가 생겼기 때문이다. '전인(甸人)'은 유사(有司)들 중 채지의 들판 등을 담당하는 자이다. '중격(重鬲)'이라고 했는데, 여기에서 말한 '격(鬲)'은 잠시 이것을 사용하여 곡물을 씻고 난 뒤의 물을 끓이게 되고, 그것이 끝나면 여기에 죽을 담아서 중(重)에 걸어두게 된다. '묘(廟)'는 빈소를 뜻한다. '비(厞)'자는 가림[蔽]을 뜻한다. 묘(廟) 서북쪽의 가려진 곳은 빈소의 서북쪽 모퉁이에 있는 처마를 뜻한다. 전인은 이러한 구석에 있는 처마의 나무를 치우고, 그것을 가져다가 땔감으로 사용하는데, 그 건물은 죽은 자가 다시 거주할 수 없기 때문이니, 이 또한 묘(廟)를 허물며 길의 흙을 뒤엎거나 처마를 바꾸는 뜻과 같다. 이 나무를 이용해서 부뚜막에 불을 지피는 것은 그 나무가 청결하기 때문이며, 또 그것이 오래도록 건조되어 쉽게 탈 수 있기 때문이다. '전인(甸人)'에 대해서 가공언[43]은 "전사(甸師)의 관부에 소속된 하위 관리이다."라고 했다.[44] 『주례』「전사(甸師)」편에서는 "휘하의 무리들을 통솔하여 외옹(外饔)과 내옹(內饔)의 관부에서 하는 일에 땔감을 공급한다."[45]라

42) 『의례』「사상례(士喪禮)」 : 管人汲, 不說繘, 屈之. 祝淅米于堂, 南面, 用盆.

43) 가공언(賈公彦, ?~?) : 당(唐)나라 때의 유학자이다. 정현(鄭玄)을 존숭하였다. 예학(禮學)에 조예가 깊었다. 『주례소(周禮疏)』, 『의례소(儀禮疏)』 등의 저서를 남겼으며, 이 저서들은 『십삼경주소(十三經注疏)』에 포함되었다.

44) 전사(甸師)라는 관부는 하사(下士) 2명이 담당을 했고, 그 휘하에는 실무를 담당하는 부(府) 1명, 사(史) 2명, 서(胥) 30명, 도(徒) 300명이 배속되어 있었다. 『주례』「천관총재(天官冢宰)」편에서는 "甸師, 下士二人, 府一人, 史二人, 胥三十人, 徒三百人."이라고 했다.

고 했다. 그러므로 이곳에서 부뚜막을 만들고 땔감을 가져오는 것은 모두 그를 시켜서 그 일을 돕도록 하는 것이다. 머리를 감길 때에는 와반(瓦盤)을 사용하는데, 이것을 이용해서 곡물을 씻고 난 뒤의 물을 받게 된다. 머리를 감기고 목욕을 시킬 때 사용하는 곡식 씻은 물은 모두 분(盆)을 이용해서 담게 되고, 두(枓)를 이용해서 뜨게 되며, 반(盤)을 이용해서 떨어지는 물을 받게 한다. 목욕을 시키는 일에 대해서 '분(盆)'과 '두(枓)'를 말하고, 머리를 감기는 일에 대해서 '반(盤)'을 말한 것은 상호 보완이 되도록 기록한 것이다. 머리를 감길 때 사용하는 수건 역시 고운 칡베를 사용하는데, 그 사실을 언급하지 않은 것은 앞의 기록을 통해서 알 수 있기 때문이다. "다른 날과 같다."는 말은 "머리를 감기며 와반(瓦盤)을 사용한다."라고 한 구문부터 그 이하의 일들을 의미한다. 「사상례」편을 살펴보면, 먼저 머리를 감기고 이후에 목욕을 시키는데, 아마도 머리부터 씻은 후 몸을 씻기는 것이 그 사안의 순서일 것이다. 이곳에서는 먼저 목욕 시키는 일을 언급하고 이후에 머리 감기는 일을 언급했는데, 그 이유는 『예기』를 기록한 자가 기록의 편리에 따라서 말한 것일 뿐이다.

集解 前"復者降自西北榮", 孔疏云, "不正西而西北者, 因取西北厞爲便也. 必取西北厞者, 亦用陰殺之所也. 故鄭註士喪禮云, '不由前降, 不以虛反也.' 降因取西北厞, 若云此室凶, 不可居也." 此節孔疏云, "甸人爲竈竟, 又取復魄人所徹正寢西北厞薪, 以然竈煮沐汁."

번역 앞에서는 "초혼을 하는 자는 서북쪽 처마를 통해서 내려온다."[46] 라고 했고, 공영달의 소에서는 "정서 방향이 아닌 서북 방향으로 내려오는 것은 서북쪽에 저장해두었던 땔감을 꺼내서 내려가기에 편리하기 때문이다. 반드시 서북쪽에 저장해둔 땔감을 빼내는 것은 또한 음의 숙살하는 장

---

45) 『주례』「천관(天官)・전사(甸師)」: 帥其徒以薪蒸役外內饔之事.

46) 『예기』「상대기」【527a~b】: 小臣復, 復者朝服. 君以卷, 夫人以屈狄, 大夫以玄赬, 世婦以襢衣, 士以爵弁, 士妻以稅衣, 皆升自東榮, 中屋履危, 北面三號, 捲衣投于前, 司服受之, 降自西北榮.

소에 따르는 것이다. 그래서 「사상례」편에 대한 정현의 주에서는 '앞을 통해 내려가지 않는 것은 허망하게 왔던 장소로 되돌아갈 수 없기 때문이다.' 라고 말한 것이다. 내려올 때 서북쪽 땔감을 빼난 곳을 이용하는 것은 마치 이 실(室)이 흉사를 치르게 되어 살아있는 자가 머물 수 없다고 말하는 것과 같다."라고 했다. 그리고 이곳 문단에 대한 공영달의 소에서는 "전인(甸人)은 부뚜막 만드는 일이 끝나면, 또한 초혼을 했던 자가 치워둔 정침(正寢) 서북쪽의 땔감을 가져다가 부뚜막에서 불을 지펴, 머리 감길 물을 데운다."라고 했다.

集解 愚謂: 前云"降自西北榮", 不云"取厞", 此云"甸人取所徹廟之西北厞薪", 不云"取復者所徹廟之西北厞薪", 則是復者降時未嘗取薪, 而徹廟之西北厞者實卽甸人也. 疏特以前後"西北"二字偶合, 遂以取薪卽復者, 臆說甚矣. 且士惟復於寢, 諸侯則廟·寢皆復, 練始壞廟, 豈有復時卽徹取其西北厞乎?

번역 내가 생각하기에, 앞에서는 "내려갈 때 서북쪽 처마로 내려간다."라고 했고, '취비(取厞)'라고는 말하지 않았으며, 이곳에서는 "전인(甸人)이 치워둔 묘(廟)의 서북쪽 땔감을 가져간다."라고 말했고, "초혼을 했던 자가 치워둔 묘(廟)의 서북쪽 땔감을 가져간다."라고 말하지 않았으니, 이것은 초혼을 했던 자가 지붕에서 내려올 때, 일찍이 땔감을 치워두지 않았으며, 묘(廟) 서북쪽의 땔감을 치워두는 것은 실제로 전인이 한다는 사실을 나타낸다. 공영달의 소에서는 단지 앞뒤의 문장에 나타난 '서북(西北)'이라는 두 글자가 합치된다는 사실에 기인하여, 결국 땔감을 치우는 자가 초혼을 하는 자라고 여겼던 것인데, 심한 억설이다. 또 사는 오직 침(寢)에서만 초혼을 하고, 제후의 경우에는 묘(廟)와 침(寢)에서 모두 초혼을 하게 되며, 소상(小祥)[47]을 치르게 되면 비로소 묘(廟)를 허물게 되는데, 초혼을 할 때 어떻게 서북쪽 처마에 있는 나무를 뽑아서 치워둘 수 있겠는가?

---

47) 소상(小祥)은 본래 부모 및 군주의 상(喪)에서, 부모가 죽은 지 만 1년 만에 지내는 제사이다. 이 제사가 끝나면, 자식은 3년상을 지낼 때의 복장과 생활 방식을 조금씩 덜어내게 된다. 또한 '소상'은 친족 및 타인의 상에서 1년이 지났을 때를 가리키기도 한다.

그림 9-4 중(重)

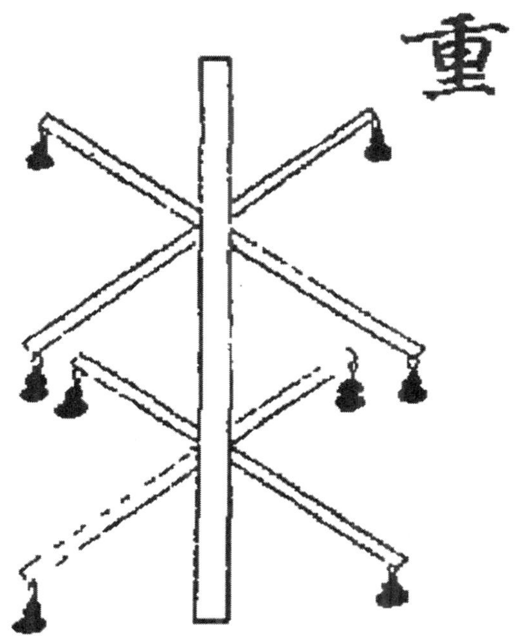

※ **출처:** 『삼례도집주(三禮圖集注)』 17권

【533b】

君設大盤, 造冰焉. 大夫設夷盤, 造冰焉. 士併瓦盤, 無冰. 設牀襢第, 有枕. 含一牀, 襲一牀, 遷尸于堂又一牀, 皆有枕席, 君大夫士一也.

직역 君에게는 大盤을 設하고, 冰을 造한다. 大夫에게는 夷盤을 設하고, 冰을 造한다. 士에게는 瓦盤을 併하되, 冰이 無하다. 牀을 設하고 第를 襢하며, 枕이 有하다. 含에는 一牀하고, 襲에는 一牀하며, 堂으로 尸를 遷함에도 又히 一牀하고, 皆히 枕席이 有하니, 君·大夫·士가 一이라.

의역 군주의 경우에는 침상 밑에 대반(大盤)을 설치하고 그 안에 얼음을 채운다. 대부의 경우에는 침상 밑에 이반(夷盤)을 설치하고 그 안에 얼음을 채운다. 사의 경우에는 와반(瓦盤)을 나란히 설치하되 얼음은 없고 물만 채운다. 침상을 설치하고 자리를 걷어 대자리가 드러나도록 하며, 베개를 둔다. 함(含)을 할 때 하나의 침상이 놓이고, 습(襲)을 할 때 하나의 침상이 놓이며, 당(堂)으로 시신을 옮길 때에도 또한 하나의 침상이 놓이는데, 이 모든 경우에는 베개와 자리가 포함되니, 이러한 예법은 군주·대부·사에게 모두 동일하게 적용된다.

集說 大盤造冰, 納冰於大盤中也. 夷盤, 小於大盤. 夷, 猶尸也. 併, 並也. 瓦盤小, 故併設之. 無冰, 盛水也. 冰在下, 設牀於上. 襢, 單也. 去席而袒露第簀, 尸在其上, 使寒氣得通, 免腐壞也. 含襲遷尸三節, 各自有牀, 此謂沐浴以後, 襲斂以前之事.

번역 '대반조빙(大盤造冰)'은 대반(大盤) 안에 얼음을 채운다는 뜻이다. '이반(夷盤)'은 대반보다 작은 것이다. '이(夷)'자는 '시(尸)'자와 같다. '병(併)'자는 나란히[並]라는 뜻이다. 와반(瓦盤)은 작기 때문에 나란히 설치한다. '무빙(無冰)'은 얼음 없이 물만 채운다는 뜻이다. 얼음 채운 것을 밑에 두고, 그 위에 침상을 설치한다. '단(襢)'자는 홑[單]이라는 뜻이다. 자리를 치우고 침상의 대자리가 드러나도록 하며 그 위에 시신을 올려두어, 차가운 기운이 통하도록 해서 부패를 막는 것이다. 함(含)을 하고 습(襲)을 하며 시신을 옮기는 세 절차에 대해서는 각각 그 사안마다 침상이 있게 되는데, 이곳의 내용은 머리를 감기고 목욕을 시킨 이후, 습(襲)과 염(斂)을 하기 이전의 사안에 해당한다.

鄭注 此事皆沐浴之後, 宜承"濡濯棄於坎"下, 札爛脫在此耳. 造猶內也. 禮第, 袒簀也, 謂無席, 如浴時牀也. 禮: 自仲春之後, 尸旣襲, 旣小斂, 先內冰盤中, 乃設牀於其上, 不施席而遷尸焉. 秋涼而止. 士不用冰, 以瓦爲盤, 併以盛冰耳. 漢禮: 大盤廣八尺, 長丈二, 深三尺, 赤中. 夷盤小焉. 周禮天子夷盤, 士喪禮君賜冰亦用夷盤. 然則其制宜同之.

번역 이곳에서 말하는 사안들은 모두 시신의 머리를 감기고 목욕을 시킨 이후에 해당하니, 마땅히 '유탁기어감(濡濯棄於坎)'이라는 기록 뒤에 와야 하는데, 착간이 되어 이곳에 기록된 것일 뿐이다. '조(造)'자는 "들이다[內]."는 뜻이다. '단제(禮第)'는 침상의 대자리를 드러낸다는 뜻으로, 그 위에 까는 자리가 없어서, 목욕을 시킬 때의 침상처럼 한다는 의미이다. 예법에 따르면 중춘(仲春)으로부터 그 이후에 시신에 대해서 습(襲)을 하고, 소렴(小斂)을 끝낼 때, 우선적으로 반(盤) 안에 얼음을 채우고, 그 위에 침상을 놓게 되며, 자리를 깔지 않고 그 위에 시신을 옮겨둔다. 가을이 되어 서늘해지면 이처럼 하지 않는다. 사는 얼음을 사용하지 않고 옹기로 만든 반(盤)을 사용하며, 나란히 설치하여 차가운 물만 담을 따름이다. 한나라 때의 예법에 있어서 대반(大盤)은 그 너비가 8척(尺)이고, 길이가 1장(丈) 2척이며, 깊이는 3척인데, 그 안은 적색으로 칠한다. 이반(夷盤)은 그것보다 작다. 주나라의 예법에 따르면 천자는 이반을 사용하는데, 『의례』「사상례(士喪禮)」편에서는 군주가 얼음을 하사하면 또한 이반을 사용한다고 했다. 그렇다면 그 제도는 마땅히 이와 동일하게 해야 한다.

釋文 盤, 本又作槃, 步干反. 造, 七報反, 下及注皆同. 併, 步頂反, 注同. 襢, 之善反, 單也, 注同. 第, 側里反. 含, 胡暗反. 濡, 奴亂反, 下文同. 濯, 直孝反, 下文同. 坎, 口感反. 札, 側八反. 爛, 力旦反. 簀音責. 盛音成. 廣, 古曠反. 長, 直亮反. 深, 尸鴆反.

번역 '盤'자는 판본에 따라서 또한 '槃'자로도 기록하는데, 그 음은 '步(보)'자와 '干(간)'자의 반절음이다. '造'자는 '七(칠)'자와 '報(보)'자의 반절음이며, 아래문장 및 정현의 주에 나오는 글자도 모두 그 음이 이와 같다. '併'자는 '步(보)'자와 '頂(정)'자의 반절음이며, 정현의 주에 나오는 글자도 그 음이 이와 같다. '襢'자는 '之(지)'자와 '善(선)'자의 반절음이며, 홑이라는 뜻으로, 정현의 주에 나오는 글자도 그 음이 이와 같다. '第'자는 '側(측)'자와 '里(리)'자의 반절음이다. '含'자는 '胡(호)'자와 '暗(암)'자의 반절음이다. '濡'자는 '奴(노)'자와 '亂(란)'자의 반절음이며, 아래문장에 나오는 글자도 그 음이 이와 같다. '濯'자는 '直(직)'자와 '孝(효)'자의 반절음이며, 아래문장에 나오는 글자도 그 음이 이와 같다. '坎'자는 '口(구)'자와 '感(감)'자의 반절음이다. '札'자는 '側(측)'자와 '八(팔)'자의 반절음이다. '爛'자는 '力(력)'자와 '旦(단)'자의 반절음이다. '簀'자의 음은 '責(책)'이다. '盛'자의 음은 '成(성)'이다. '廣'자는 '古(고)'자와 '曠(광)'자의 반절음이다. '長'자는 '直(직)'자와 '亮(량)'자의 반절음이다. '深'자는 '尸(시)'자와 '鴆(짐)'자의 반절음이다.

孔疏 ●"君設"至"一也". ○正義曰: 此一節明初死沐浴之節.

번역 ●經文: "君設"~"一也". ○이곳 문단은 초상이 나서 시신에 대해 머리를 감기고 목욕을 시키는 절차를 나타내고 있다.

孔疏 ●"造冰焉"者, 謂造內其冰於盤中也.

번역 ●經文: "造冰焉". ○반(盤) 안에 얼음을 채운다는 뜻이다.

孔疏 ●"大夫設夷盤"者, 小於大盤, 亦內冰焉.

번역 ●經文: "大夫設夷盤". ○대반(大盤)보다 작은 것이며, 여기에도 또한 얼음을 채운다.

孔疏 ●"士併瓦盤, 無冰"者, 瓦盤既小, 故併盤. 士卑, 故無冰.

번역 ●經文: "士併瓦盤, 無冰". ○와반(瓦盤) 자체는 크기가 작기 때문에 와반을 나란히 설치한다. 사는 미천하므로 얼음을 채우지 않는다.

孔疏 ●"設牀, 襢第"者, 置冰於下, 設牀於上, 去席襢, 袒第簀.

번역 ●經文: "設牀, 襢第". ○밑에 얼음을 두고 그 위에 침상을 설치하는데, 자리를 치우고 침상의 대자리를 노출시킨다.

孔疏 ●"有枕, 含一牀, 襲一牀, 遷尸于堂又一牀"者, 言此三節各自有牀也.

번역 ●經文: "有枕, 含一牀, 襲一牀, 遷尸于堂又一牀". ○이러한 세 절차에 각각 침상이 설치된다는 뜻이다.

孔疏 ●"皆有枕席"者, 唯含一時暫徹枕, 使面平, 故士喪禮云"商祝徹枕設巾", 是也. 含竟而並有枕也, 而含·襲·及堂皆有席, 故鄭注士喪禮"商祝襲衣於牀, 牀次含牀之東, 衽如初". 又注士喪禮"設牀第於兩楹之間, 衽如初, 有枕", 云"衽, 寢臥之席也", 亦下莞上簟是也.

번역 ●經文: "皆有枕席". ○오직 함(含)을 하는 한 시기에만 잠시 베개를 치우니, 머리를 평평하게 두기 위해서이다. 그렇기 때문에 『의례』「사상례(士喪禮)」편에서는 "상축(商祝)이 베개를 치우고 수건을 설치한다."[48]라

48) 『의례』「사상례(士喪禮)」: 商祝執巾從入, 當牖, 北面, 徹枕, 設巾, 徹楔, 受貝

고 한 것이다. 함(含)을 끝내면 모두 베개가 놓이게 되는데, 함(含)·습(襲) 및 당(堂)으로 시신을 옮길 때에는 모두 침상에 자리를 깔게 된다. 그렇기 때문에 「사상례」편에 대한 정현의 주에서는 "상축은 침상에 습(襲)을 할 때의 옷을 두는데, 습(襲)을 할 때 사용하는 침상은 함(含)을 할 때 사용하는 침상의 동쪽에 있고, 침상 위에 자리를 깔 때에는 처음에 했던 것처럼 하며, 베개를 둔다."[49]라고 한 것이다. 또 「사상례」편에서 "양쪽 기둥 사이에 침상을 설치하고, 자리를 깔 때에는 처음에 했던 것처럼 하며, 베개를 둔다."[50]라고 한 문장에 대해, 정현의 주에서는 "'임(衽)'은 누울 때 사용하는 자리를 침(寢)에서 까는 것이다."라고 했으니, 또한 아래에는 완(莞)으로 짠 자리를 깔고 그 위에 점(簟)으로 짠 자리를 까는 것이다.[51]

孔疏 ●"君·大夫·士一也"者, 自設牀襢笫至此以下, 貴賤同然也.

번역 ●經文: "君·大夫·士一也". ○침상을 설치하며 대자리를 노출시키는 것으로부터 그 이하의 예법은 신분의 차등에 상관없이 동일하게 따른다는 뜻이다.

孔疏 ◎注"造猶"至"同之". ○正義曰: 造是造詣. 凡造詣者, 必入於內, 故云造猶內也. 云"襢笫, 袒簀也, 謂無席, 如浴時牀也"者, 浴時無席, 爲漏水也; 設冰無席, 爲通寒氣也. 云"禮: 自仲春之後, 尸既襲, 既小斂, 先內冰盤中"者, 若人君仲春則用冰, 若命夫命婦則火出之後而用冰, 故昭四年左傳云"獻羔而

奠于尸西.

49) 이 문장은 『의례』「사상례(士喪禮)」편의 "商祝襲祭服, 褖衣次."라는 기록에 대한 정현의 주이다.

50) 『의례』「사상례(士喪禮)」: 士舉遷尸, 反位. 設牀笫於兩楹之間, 衽如初, 有枕.

51) 『의례』「사상례(士喪禮)」: 士盥, 二人以並, 東面立于西階下. 布席于戶內, 下莞上簟. / 『의례』「기석례(既夕禮)」: 設牀笫當牖, 衽下莞上簟, 設枕. 『시』「소아(小雅)·사간(斯干)」: 下莞上簟, 乃安斯寢. 乃寢乃興, 乃占我夢. 吉夢維何, 維熊維羆, 維虺維蛇.

啓之, 公始用之", 謂仲春也. 又云"火出而畢賦". 周禮·淩人: "夏頒冰." 是卿大夫以下, 三月以後而得用冰也. 云"旣襲, 旣小斂"者, 謂大夫·士也. 旣襲, 謂大夫也. 旣小斂, 謂士也. 皆是死之明日. 若天子·諸侯亦三日而設冰也, 在襲·斂之前也. 云"夷盤小焉"者, 謂小於大盤. 云"周禮天子夷盤"者, 按周禮·淩人云"大喪, 共夷盤冰", 是也. 但天子之夷盤, 卽此之大盤也. 依尸而言, 則曰夷盤. 此云夷盤者, 據大夫所用, 對君大盤爲小. 云"士喪禮君賜冰亦用夷盤"者, 按士喪禮云"士有冰, 用夷盤". 何不言君賜, 知君賜者, 諸侯之士旣卑, 若無君賜, 何得用冰? 云"其制宜同之"者, 以天子夷盤, 此大夫云夷盤, 士喪禮又云夷盤, 三者俱有夷名, 是其制宜同, 但大小稍異也.

번역 ◎鄭注: "造猶"~"同之". ○'조(造)'자는 조예가 깊다는 뜻이다. 무릇 조예가 깊은 자들은 반드시 깊숙한 곳까지 들어간다. 그렇기 때문에 "'조(造)'자는 '들이다[內].'는 뜻이다."라고 했다. 정현이 "'단제(襢笫)'는 침상의 대자리를 드러낸다는 뜻으로, 그 위에 까는 자리가 없어서, 목욕을 시킬 때의 침상처럼 한다는 의미이다."라고 했는데, 목욕을 시킬 때에는 침상에 자리가 깔려 있지 않으니, 물이 밑으로 떨어지도록 하기 위해서이며, 얼음을 밑에 둘 때 자리를 깔지 않는 것은 차가운 기운이 통하도록 하기 위해서이다. 정현이 "예법에 따르면 중춘(仲春)으로부터 그 이후에 시신에 대해서 습(襲)을 하고, 소렴(小斂)을 끝낼 때, 우선적으로 반(盤) 안에 얼음을 채운다."라고 했는데, 군주의 경우 중춘이라면 얼음을 사용한다. 만약 작위를 가진 남자나 여자라면 화성(火星)이 출현한 이후에 얼음을 사용한다. 그렇기 때문에 소공(昭公) 4년에 대한 『좌전』의 기록에서는 "양을 바치고 석빙고를 열며, 군주가 처음으로 얼음을 사용한다."[52]라고 한 것인데, 이것은 중춘 때를 뜻한다. 또 "화성이 출현하면 얼음을 나눠주는 일을 끝낸다."라고 했다. 『주례』「능인(淩人)」편에서는 "여름에는 얼음을 나눠준다."[53]라고 했는데, 이것은 경과 대부로부터 그 이하의 계층은 3월 이후로부터 얼음을

---

52) 『춘추좌씨전』「소공(昭公) 4년」: 祭寒而藏之, <u>獻羔而啓之, 公始用之</u>, <u>火出而畢賦</u>, 自命夫命婦至於老疾, 無不受冰.

53) 『주례』「천관(天官)·능인(淩人)」: <u>夏頒冰</u>, 掌事.

사용할 수 있다는 뜻을 나타낸다. 정현이 “습(襲)을 하고, 소렴(小斂)을 끝낸다.”라고 했는데, 대부와 사의 경우를 뜻한다. 습(襲)을 끝냈다는 것은 대부에 대한 내용이다. 소렴을 끝냈다는 것은 사에 대한 내용이다. 이러한 경우에는 모두 그 자가 죽은 다음날에 해당한다. 천자와 제후의 경우라면 또한 3일이 지난 뒤에 얼음을 설치하니, 이것은 습(襲)과 소렴을 하기 이전에 해당한다. 정현이 “이반(夷盤)은 그것보다 작다.”라고 했는데, 이것은 대반(大盤)보다 작다는 뜻이다. 정현이 “주나라의 예법에서 천자는 이반을 사용한다.”라고 했는데, 「능인」편을 살펴보면, “대상(大喪) 때에는 이반에 채울 얼음을 공급한다.”[54]라고 했다. 다만 천자가 사용하는 이반은 곧 여기에서 말한 대반에 해당한다. 시신에 기준을 두고 언급한다면, 대반을 ‘이반(夷盤)’이라고 부른다. 이곳에서 말한 ‘이반(夷盤)’은 대부가 사용하는 것에 기준을 두었으니, 군주가 사용하는 대반과 비교해보면 크기가 작다. 정현이 “『의례』「사상례(士喪禮)」편에서는 군주가 얼음을 하사하면 또한 이반을 사용한다고 했다.”라고 했는데, 「사상례」편을 살펴보면, “사가 얼음을 사용하게 되면, 이반을 사용한다.”[55]라고 했다. 그런데 군주가 하사한다는 내용을 언급하지 않았는데도, 어떻게 군주가 하사했음을 알 수 있는가? 그 이유는 제후에게 소속된 사는 신분 자체가 미천하므로, 만약 군주의 하사가 없다면 어떻게 얼음을 사용할 수 있겠는가? 정현이 “그 제도는 마땅히 이와 동일하게 해야 한다.”라고 했는데, 천자는 이반을 사용하는데 이곳에서는 대부에 대해서 이반을 사용한다고 했고, 「사상례」편에서 또한 이반을 언급했으니, 이 세 가지 경우에 대해서 모두 ‘이반(夷盤)’이라고 말한 것은 그것을 만드는 제도가 마땅히 동일함을 나타낸다. 다만 크기에 있어서만 차이가 있었을 뿐이다.

集解 此連下節, 舊在“始死遷尸于牀”之上, 鄭氏云“宜承‘濡濯弃于坎’下”, 今從之.

---

54) 『주례』「천관(天官)·능인(凌人)」: 大喪, 共夷槃冰.

55) 『의례』「사상례(士喪禮)」: 士有冰, 用夷槃可也.

번역 이곳 문단과 아래 문단은[56] 옛 판본에 '시사천시우상(始死遷尸于牀)'이라는 구문 앞에 기록되어 있었는데, 정현은 "마땅히 "유탁기우감('濡濯弃于坎)'이라는 구문 뒤에 와야 한다."라고 했다. 현재 그 주장에 따른다.

集解 愚謂: 沐浴之時, 若值仲春至仲秋用冰之時, 則君大夫皆內冰於盤以寒尸也. 夷亦大也. 對文則君謂之大盤, 大夫謂之夷盤, 散文則大盤亦謂夷盤. 周禮凌人"大喪, 共夷盤冰", 是也. 士盤小, 故併兩盤而用之. 於士特言"瓦盤", 則大盤・夷盤皆有漆飾矣. 士有君賜, 亦得用冰, 故士喪禮"有冰, 用夷盤可也." 此盤皆卽浴時承水者, 而因內冰焉, 旣浴以後, 則專用以盛冰也. 設牀, 謂爲沐浴而設牀也. 襢, 露也, 謂去簟席而襢露其第, 使浴水得以下流, 通於盤也. 言"有枕"者, 嫌襢第並去枕也. 士喪禮不言沐浴設牀, 或謂"沐浴卽於含牀". 然含牀設於南牖下, 尙有莞簟. 坊記云, "浴於中霤, 飯於牖下." 此云"設牀, 襢第", 則沐浴與含別牀明矣.

번역 내가 생각하기에, 머리를 감기고 목욕을 시킬 때, 그 시기가 중춘(仲春)으로부터 중추(仲秋)에 해당하여 얼음을 사용하는 때가 된다면, 군주와 대부는 모두 반(盤)에 얼음을 채워서 시신을 차갑게 한다. '이(夷)'자 또한 "크다[大]."는 뜻이다. 문장을 대비해서 기록한다면 군주에게 사용하는 것은 '대반(大盤)'이라고 부르고, 대부에게 사용하는 것은 '이반(夷盤)'이라고 부르는데, 범범하게 기록한다면 대반 또한 이반이라고 부른다. 『주례』「능인(凌人)」편에서 "대상(大喪)에는 이반에 채울 얼음을 공급한다."라고 한 말이 이러한 사실을 나타낸다. 사에게 사용하는 반(盤)은 크기가 작기 때문에 한 쌍의 반(盤)을 나란히 설치해서 사용한다. 사에 대해서 특별히 '와반(瓦盤)'이라고 했다면, 대반과 이반에는 모두 옻칠로 장식을 하게 된다. 사 중에 군주의 하사를 받은 자라면 또한 얼음을 사용할 수 있다. 그렇

56) 『예기집해(禮記集解)』의 경문 기록은 "君設大盤, 造冰焉. 大夫設夷盤, 造冰焉. 士併瓦盤, 無冰. 設牀襢第, 有枕."과 "含一牀, 襲一牀, 遷尸于堂又一牀, 皆有枕席, 君大夫士一也."를 나누어서 두 개의 문장으로 기록하고 있다.

기 때문에 『의례』「사상례(士喪禮)」편에서는 "얼음이 있을 때, 이반을 사용해도 괜찮다."라고 말한 것이다. 이곳에서 말한 반(盤)은 모두 목욕을 시킬 때 떨어지는 물을 받게끔 하는 것인데, 그러한 사안에 기인하여 안에 얼음을 채우는 것이며, 목욕시키는 일이 끝난 뒤라면, 전적으로 얼음을 채우는 용도로만 사용한다. 침상을 설치한다는 것은 머리를 감기고 목욕을 시키기 위해서 침상을 설치한다는 뜻이다. '단(襢)'자는 "노출시킨다[露]."는 뜻이니, 점(簟)으로 짠 자리를 걷어내고, 침상의 댓살을 노출시켜서, 목욕을 시킨 물이 밑으로 흘러 반(盤)으로 떨어지게끔 한다는 뜻이다. "베개를 둔다."라고 말한 것은 침상의 댓살을 노출시킬 때 베개도 제거한다는 오해를 할 수 있기 때문이다. 「사상례」편에서는 머리를 감기고 목욕을 시킬 때 침상을 설치한다는 말을 하지 않았는데, 혹자는 "머리를 감기고 목욕을 시키면 곧바로 침상에 눕힌다."라고 했다. 그러나 함(含)을 할 때 사용하는 침상은 남쪽 들창 밑에 설치하며, 여전히 완(莞)과 점(簟)으로 짠 자리를 두게 된다. 『예기』「방기(坊記)」편에서는 "중류(中霤)에서 목욕을 시키고 들창 아래에서 반(飯)을 한다."[57]라고 했고, 이곳에서는 "침상을 설치하고 침상의 댓살을 노출시킨다."라고 했으니, 머리를 감기고 목욕을 시키며, 함(含)을 할 때에는 별도의 침상을 사용했다는 것이 명백하다.

集解 愚謂: 此言設盤內冰於含·襲之前, 士喪禮"有冰, 用夷盤可也", 亦言於沐浴之前. 是喪禮用冰者, 皆於沐浴時卽用之, 不待襲·斂也. 設牀, 襢笫, 欲使浴水下流, 非爲用冰之故. 旣浴之後, 遷尸含·襲, 以至小斂之後, 奉尸侇於堂, 其內冰於盤而設牀其上, 皆與浴時同, 但其牀皆有簟席而不襢, 下文所言是也.

---

57) 『예기』「방기(坊記)」【617a】: 子云, "賓禮每進以讓, 喪禮每加以遠. 浴於中霤, 飯於牖下, 小斂於戶內, 大斂於阼, 殯於客位, 祖於庭, 葬於墓, 所以示遠也. 殷人弔於壙, 周人弔於家, 示民不偝也." 子云, "死, 民之卒事也, 吾從周. 以此坊民, 諸侯猶有薨而不葬者."

번역 내가 생각하기에, 이곳에서 반(盤)을 설치하여 얼음을 채운다는 것은 함(含)과 습(襲)을 하기 이전이니, 『의례』「사상례(士喪禮)」편에서 "얼음이 있을 때, 이반을 사용해도 괜찮다."라고 한 말 또한 머리를 감기고 목욕을 시키기 이전에 대한 내용을 언급한 것이다. 상례를 치르며 얼음을 사용하는 것은 모두 머리를 감기고 목욕을 시킬 때 사용하는 것이니, 습(襲)과 염(斂)을 할 때까지 기다리지 않는다. 침상을 설치하고 침상의 댓살을 노출시키는 것은 목욕을 시키며 그 물이 밑으로 흐르도록 하기 위해서이며, 얼음을 사용하기 위한 용도가 아니다. 목욕을 끝낸 이후 시신을 옮겨서 함(含)과 습(襲)을 하고, 이로부터 소렴(小斂)을 한 이후에는 시신을 받들고서 당(堂)으로 옮기게 되는데, 그 시기에 반(盤)에는 얼음을 채우고, 그 위에 침상을 놓게 되니, 모두 목욕을 시킬 때와 동일하게 한다. 다만 그때 사용하는 침상은 모두 점(簟)으로 짠 자리가 깔리게 되며 침상의 댓살을 노출시키기 않으니, 아래문장에서 언급한 내용이 이러한 뜻을 나타낸다.

集解 此言用牀之事. 坊記曰"浴於中霤, 飯於牖下", 則浴與含別牀明矣. 上言"設牀, 襢笫", 此沐浴之牀設於中霤者也. 士喪記曰"設牀笫, 當牖衽, 下莞上簟, 設枕", 此始死正尸之牀, 旣沐浴則又遷尸於其上而含焉, 故謂之含牀. 襲牀在含牀之東. 遷尸于堂, 謂旣小斂, 奉尸侇於堂也, 設於堂上兩楹之間. 含牀下莞上簟, 襲牀與遷尸于堂之牀亦然. 然則此時雖用冰, 其牀不襢笫矣.

번역 침상의 개수를 언급한 것은 침상을 사용하는 사안을 뜻한다. 『예기』「방기(坊記)」편에서는 "중류(中霤)에서 목욕을 시키고 들창 아래에서 반(飯)을 한다."라고 했으니, 목욕을 시키고 함(含)을 할 때에는 별도의 침상이 있었음이 명백하다. 앞 문장에서 "침상을 설치하고 침상의 댓살을 노출시킨다."라고 했는데, 이것은 머리를 감기고 목욕을 시킬 때 사용하는 침상을 중류에 설치한다는 것이다. 『의례』「사상례(士喪禮)」편의 기문(記文)에서는 "침상을 설치하며 들창 쪽에 두고 누울 자리를 깔게 되니, 밑에는 완(莞)으로 짠 자리를 깔고 위에는 점(簟)으로 짠 자리를 깔며 베개를 설치한다."[58]라고 했는데, 이것은 초상 때 시신의 위치를 바로잡으며 옮겨 놓을 때 사용하는 침상을 뜻하며, 머리를 감기고 목욕을 끝내게 된다면, 또한 그 위로 시신을 옮기고서 함(含)을 한다. 그렇기 때문에 '함상(含牀)'이라고 부른다. 습상(襲牀)은 함상의 동쪽에 놓아둔다. 당(堂)으로 시신을 옮긴다는 것은 이미 소렴(小斂)을 끝내서 시신을 받들고서 당(堂)으로 옮긴다는 뜻이니, 당(堂)의 양쪽 기둥 사이에 침상을 설치한다. 함상에는 아래에 완(莞)으로 짠 자리를 깔고 위에는 점(簟)으로 짠 자리를 까는데, 습상과 당(堂)으로 시신을 옮기며 사용하는 침상 또한 이처럼 한다. 그렇다면 이러한 시기에 비록 얼음을 사용하더라도 그 침상에 있어서는 자리를 벗겨서 댓살을 드러내지 않는 것이다.

58) 『의례』「기석례(旣夕禮)」: 設牀第當牖, 衽下莞上簟, 設枕. 遷尸. 復者朝服, 左執領, 右執要, 招而左.

그림 9-5 이반(夷盤)

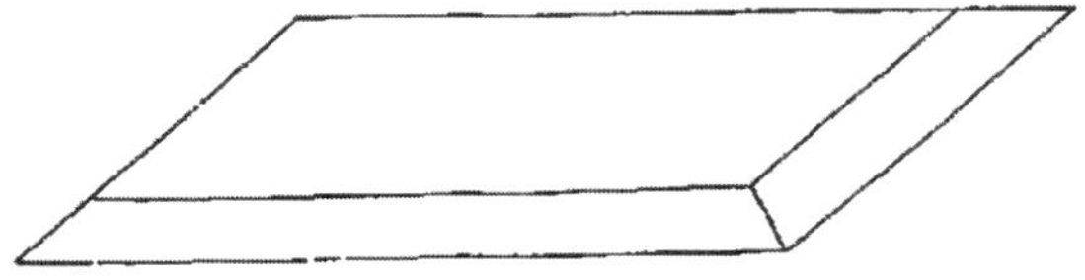

※ **출처:** 상단-『삼례도(三禮圖)』 3권 ; 하단-『삼례도집주(三禮圖集注)』 17권

• 제10절 •

상중(喪中)에 음식을 먹는 규정

【533c】

君之喪, 子·大夫·公子·衆士皆三日不食. 子·大夫·公子·衆士食粥, 納財, 朝一溢米, 莫一溢米, 食之無算. 士疏食水飮, 食之無算. 夫人·世婦·諸妻皆疏食水飮, 食之無算.

직역 君의 喪에, 子·大夫·公子·衆士는 皆히 三日동안 不食한다. 子·大夫·公子·衆士는 粥을 食하니, 財를 納함에, 朝에는 一溢米하고, 莫에는 一溢米하며, 食에는 算이 無라. 士는 疏食하고 水飮하며, 食에는 算이 無라. 夫人·世婦·諸妻는 皆히 疏食하고 水飮하며, 食에는 算이 無라.

의역 군주의 상에서, 세자·대부·공자들·여러 사들은 모두 3일 동안 밥을 먹지 않는다. 세자·대부·공자들·여러 사들은 밥 대신 죽을 먹으니, 죽을 만들 때 들어가는 쌀알은 아침에는 1일(溢)만큼의 쌀알을 넣고, 저녁에는 1일(溢)만큼의 쌀알을 넣는다. 사는 거친 밥을 먹고 물을 마시는데, 정해진 때가 없이 먹고 싶을 때 먹는다. 부인(夫人)·세부(世婦) 및 여러 신하의 처들은 모두 거친 밥과 물을 마시는데, 정해진 때가 없이 먹고 싶을 때 먹는다.

集說 納財, 謂有司供納此米也. 鄭註, 財, 穀也. 謂米由穀出, 故言財. 一溢, 二十四分升之一也. 食之無算者, 謂居喪不能頓食, 隨意欲食則食, 但朝暮不過此二溢之米也. 疏食, 粗飯也.

번역 '납재(納財)'는 유사(有司)가 이러한 쌀알을 공급한다는 뜻이다. 정현의 주에서는 "'재(財)'자는 알곡[穀]이다."라고 했는데, 쌀알은 알곡에서 나온 것이기 때문에 '재(財)'라고 말했다는 뜻이다. 1일(溢)[1]은 24분의 1승(升)이다. "먹음에 셈이 없다."는 말은 상을 치를 때에는 끼니때마다 먹을 수 없으니, 자신의 의사에 따라 먹고자 한다면 먹게 되지만, 아침과 저녁으로 공급되는 2일(溢)만큼의 알곡은 넘을 수 없다. '소사(疏食)'는 거친 밥을 뜻한다.

鄭注 納財, 謂食穀也. 二十兩曰溢. 於粟米之法, 一溢爲米一升二十四分升之一. 諸妻, 御妾也. 同言無筭, 則是皆一溢. 米, 或粥或飯.

번역 '납재(納財)'는 밥을 짓는 알곡이다. 20양(兩)[2]을 1일(溢)이라고 부른다. 1일(溢)은 1과 24분의 1승(升)이다. '제처(諸妻)'는 어첩(御妾)이다. 동일하게 "셈이 없다."라고 했으니, 이 모두는 1일(溢) 안에서 먹는 것이다. 미(米)로는 죽을 만들기도 하고 밥을 만들기도 한다.

釋文 粥, 之育反, 又音育, 下同. 溢音逸, 劉昌宗又音實, 下同. 莫音暮. 疏食音嗣, 下及下注"疏食"皆同.

번역 '粥'자는 '之(지)'자와 '育(육)'자의 반절음이며, 또한 그 음은 '育(육)'도 되고, 아래문장에 나오는 글자도 그 음이 이와 같다. '溢'자의 음은 '逸(일)'이며, 유창종은 또한 그 음은 '實(실)'이라고 했는데, 아래문장에 나오는 글자도 그 음이 이와 같다. '莫'자의 음은 '暮(모)'이다. '疏食'에서의 '食'자는 그 음이 '嗣(사)'이며, 아래문장 및 아래 정현의 주에 나오는 '疏食'에서의 '食'자도 그 음이 모두 이와 같다.

---

1) 일(溢)은 한 손에 담을 수 있는 양을 뜻한다. 『소이아(小爾雅)』「광량(廣量)」편에는 "一手之盛謂之溢."이라는 기록이 있다.

2) 양(兩)은 용량을 재는 단위이다. 고대의 제도에서 24수(銖)는 1양(兩)이 되고, 16양(兩)은 1근(斤)이 된다.

孔疏 ●"君之"至"無筭". ○正義曰: 此一節廣明五服之喪, 自初死至除服君及大夫·士食斂之節, 今各依文解之. 今此經特明君喪, 食之禮.

번역 ●經文: "君之"~"無筭". ○이곳 문단은 오복(五服)[3]의 상에 있어서, 초상으로부터 상복을 제거할 때까지, 군주·대부·사가 식사를 하고 염(斂)하는 절차 등을 폭넓게 나타내고 있으니, 각각의 문장에 따라서 풀이하겠다. 현재 이곳 경문에서는 특별히 군주의 상에서 식사하는 예법을 나타내고 있다.

孔疏 ●"納財"者, 財, 謂穀也, 謂所食之米也, 言每日納用之米, 朝唯一溢米, 莫唯一溢米也. "食之無筭"者, 言居喪困病, 不能頓食, 隨須則食, 故云"無筭".

번역 ●經文: "納財". ○'재(財)'자는 알곡을 뜻하니, 밥을 짓는 쌀알을 의미한다. 즉 매일 사용하는 알곡으로, 아침에는 오직 1일(溢)만큼의 쌀알을 사용하고, 저녁에도 오직 1일(溢)만큼의 쌀알을 사용한다는 뜻이다. 경문의 "食之無筭"에 대하여. 상을 치르며 병약해졌으므로, 끼니마다 식사를 할 수 없어서, 필요에 따라서 식사를 한다. 그렇기 때문에 "셈이 없다."라고 말한 것이다.

孔疏 ●"士疏食水飲"者, 疏, 麤也. 食, 飯也. 士賤病輕, 故疏食麤米爲飯, 亦水爲飲.

---

3) 오복(五服)은 죽은 자와 친하고 소원한 관계에 따라 입게 되는 다섯 가지 상복(喪服)을 뜻한다. 참최복(斬衰服), 자최복(齊衰服), 대공복(大功服), 소공복(小功服), 시마복(緦麻服)을 가리킨다. 『예기』「학기(學記)」편에는 "師無當於五服, 五服弗得不親."이라는 기록이 있는데, 이에 대한 공영달(孔穎達)의 소(疏)에서는 "五服, 斬衰也, 齊衰也, 大功也, 小功也, 緦麻也."라고 풀이했다. 또한 '오복'에 있어서는 죽은 자와 가까운 관계일수록 중대한 상복을 입고, 복상(服喪) 기간도 늘어난다. 위의 '오복' 중 참최복이 가장 중대한 상복에 속하며, 그 다음은 자최복이고, 대공복, 소공복, 시마복 순으로 내려간다.

번역 ●經文: "士疏食水飮". ○'소(疏)'자는 "거칠다[麤]."는 뜻이다. '사(食)'자는 밥[飯]을 뜻한다. 사는 미천하고 병약해지는 것도 상대적으로 덜하기 때문에, 거친 쌀알로 밥을 지어서 먹고, 또한 물을 음료로 이용하게 된다.

孔疏 ●"夫人·世婦·諸妻皆疏食水飮"者, 婦人質弱, 恐食粥傷性, 故言"疏食水飮"也.

번역 ●經文: "夫人·世婦·諸妻皆疏食水飮". ○부인은 유약하여 죽을 먹게 되면 생명을 해치게 될까 염려되기 때문에, "거친 밥을 먹고 물을 마신다."라고 말한 것이다.

孔疏 ◎注"納財, 謂食穀也, 二十兩曰溢"至"是皆一溢, 米, 或粥或飯". ○正義曰: 財, 謂穀也, 故大宰云"以九賦斂財賄也", 注云"財謂泉穀", 是穀爲財. 但米由穀出, 經已稱米, 故鄭云食穀. 必言納財者, 以一日之中, 或粥或飯, 雖作之無時, 不過朝夕二溢之米, 當須豫納其米, 故云"納財"也. 云"一溢爲米一升二十四分升之一"者, 按律曆志: "黃鍾之律, 其實一籥." 律曆志合籥爲合, 則二十四銖合重一兩, 十合爲一升, 升重十兩, 二十兩則米二升. 與此不同者, 但古秤有二法, 說左傳者云"百二十斤爲石", 則一斗十二斤, 爲兩則一百九十二兩, 則一升爲十九兩有奇. 今一兩爲二十四銖, 則二十兩爲四百八十銖, 計一十九兩有奇爲一升, 則總有四百六十銖八參, 以成四百八十銖, 唯有十九銖二參在, 是爲米一升二十四分升之一. 此大略而言之. 云"同言無筭, 則是皆一溢, 米, 或粥或飯"者, 粥與疏食, 俱言無筭, 是疏食與粥者皆一溢米. 或粥, 謂食粥者, 或飯, 謂疏食也.

번역 ◎鄭注: "納財, 謂食穀也, 二十兩曰溢"~"是皆一溢, 米, 或粥或飯". ○'재(財)'는 밥을 짓는 알곡을 뜻한다. 그렇기 때문에 『주례』「대재(大宰)」편에서는 "구부(九賦)[4]에 따라서 재(財)와 회(賄)를 걷는다."[5]라고 했고,

정현의 주에서는 "'재(財)'자는 돈과 알곡을 뜻한다."라고 했다. 이것은 알곡이 '재(財)'가 됨을 나타낸다. 다만 쌀알은 알곡에서 나오는 것이고, 경문에서는 이미 '미(米)'라고 지칭했기 때문에, 정현은 "밥을 짓는 알곡이다." 라고 말한 것이다. 그런데 기어코 '납재(納財)'라고 말한 것은 하루 동안 어떤 경우에는 죽을 만들고 또 어떤 경우에는 밥을 만드는데, 비록 그것을 짓는데 정해진 때가 없더라도, 아침과 저녁으로 사용되는 2일(溢)의 쌀알 만큼을 넘을 수 없으니, 마땅히 미리 해당 용량의 쌀알을 공급해야 한다. 그렇기 때문에 '납재(納財)'라고 말한 것이다. 정현이 "1일(溢)은 1과 24분의 1승(升)이다."라고 했는데, 『한서』「율력지(律曆志)」를 살펴보면, "황종(黃鍾)의 율에는 1약(籥)[6]의 알곡을 채운다."[7]라고 했다. 「율력지」에서는

---

4) 구부(九賦)는 주(周)나라 때 거둬들인 아홉 종류의 세금을 뜻한다. 방중지부(邦中之賦), 사교지부(四郊之賦), 방전지부(邦甸之賦), 가삭지부(家削之賦), 방현지부(邦縣之賦), 방도지부(邦都之賦), 관시지부(關市之賦), 산택지부(山澤之賦), 폐여지부(幣餘之賦)를 뜻한다. 방중지부는 국성에 사는 백성들에게 거두는 세금이다. 사교지부는 국성으로부터 사방 100리(里) 이내에 살고 있는 백성들에게 거두는 세금이다. 방전지부는 국성으로부터 사방 100리(里)에서 200리(里) 사이에 살고 있는 백성들에게 거두는 세금이다. 가삭지부는 국성으로부터 사방 200리(里)에서 300리(里) 사이에 살고 있는 백성들에게 거두는 세금이다. 방현지부는 국성으로부터 사방 300리(里)에서 400리(里) 사이에 살고 있는 백성들에게 거두는 세금이다. 방도지부는 국성으로부터 사방 400리(里)에서 500리(里) 사이에 살고 있는 백성들에게 거두는 세금이다. 관시지부는 관문과 시장에서 거두는 세금이다. 산택지부는 산림과 하천에서 거두는 세금이다. 폐여지부는 공인에게서 거두는 세금이다. 『주례』「천관(天官)·대재(大宰)」편에는 ""以九賦斂財賄. 一曰邦中之賦, 二曰四郊之賦, 三曰邦甸之賦, 四曰家削之賦, 五曰邦縣之賦, 六曰邦都之賦, 七曰關市之賦, 八曰山澤之賦, 九曰幣餘之賦."라는 기록이 있고, 이에 대한 정현의 주에서는 "邦中在城郭者, 四郊去國百里, 邦甸二百里, 家削三百里, 邦縣四百里, 邦都五百里, 此平民也. 關市·山澤謂占會百物, 幣餘謂占賣國中之斥幣, 皆末作當增賦者." 라고 풀이했다.

5) 『주례』「천관(天官)·대재(大宰)」: 以九賦斂財賄: 一曰邦中之賦, 二曰四郊之賦, 三曰邦甸之賦, 四曰家削之賦, 五曰邦縣之賦, 六曰邦都之賦, 七曰關市之賦, 八曰山澤之賦, 九曰弊餘之賦.

6) 약(籥)은 약(龠)이라고도 부른다. 용량을 재는 단위이다. 합(合)의 2분의 1을 1약(籥)이라고 한다. 한편 10약(籥)을 1합(合)이라고도 한다.

2약(籥)이 1합(合)[8]이 된다고 했으니, 24수(銖)[9]를 합하면 총 1양(兩)이 되고, 10합(合)은 1승(升)이 되는데, 1승(升)의 무게는 10양(兩)만큼이 되므로, 20양(兩)은 쌀알이 2승(升)인 것이다. 그런데 이곳 기록과 차이를 보이는 이유는 다만 고대의 저울질에는 두 가지 방법이 있었다. 『좌전』의 주장에 따르는 자들은 "120근(斤)이 1석(石)[10]이 된다."라고 했으니, 1두(斗)와 12근(斤)은 양(兩)으로 따지면 192양(兩)이 되어, 1승(升)은 19양(兩)보다도 조금 많다. 현재 1양(兩)은 24수(銖)가 되니, 20양(兩)은 480수(銖)가 되므로, 19양(兩)보다 조금 많은 양을 1승(升)으로 삼는다면, 총 460수(銖)와 8참(參)[11]인데, 480수(銖)를 채우게 된다면, 19수(銖)와 2참(參)이 필요하고, 이것은 쌀알로 따지면 1과 24분의 1승(升)이 된다. 이것은 대략적으로 말한 것이다. 정현이 "동일하게 '셈이 없다.'라고 했으니, 이 모두는 1일(溢) 안에서 먹는 것이다. 미(米)로는 죽을 만들기도 하고 밥을 만들기도 한다."라고 했으니, 죽과 거친 밥에 대해서 모두 "셈이 없다."라고 했는데, 이것은 거친 밥과 죽을 모두 1일(溢)만큼의 쌀알로 만든다는 뜻이다. 죽으로 만든다는 것은 죽을 먹는 자들에 대한 내용이고, 밥으로 만든다는 것은 거친 밥을 먹는 자들에 대한 내용이다.

---

7) 『한서(漢書)』「율력지(律曆志)」: 太極中央元氣, 故爲黃鐘, 其實一龠, 以其長自乘, 故八十一爲日法, 所以生權衡度量, 禮樂之所繇出也.

8) 합(合)은 용량을 재는 단위이다. 10분의 1승(升)이다. 『손자산경(孫子算經)』에서는 "十抄爲一勺, 十勺爲一合, 十合爲一升."이라고 했다. 즉 10초(抄)는 1작(勺)이 되고, 10작(勺)은 1합(合)이 되며, 10합(合)은 1승(升)이 된다는 뜻이다. 또 유향(劉向)의 『설원(說苑)』「변물(辨物)」편에서는 "千二百黍爲一龠, 十龠爲一合, 十合爲一升."이라고 했다. 즉 서(黍) 1,250개의 알갱이는 1약(龠)이 되고, 10약(龠)은 1합(合)이 되며, 10합(合)은 1승(升)이 된다는 뜻이다.

9) 수(銖)는 용량을 재는 단위이다. 24분의 1양(兩)이다.

10) 석(石)은 용량을 재는 단위이다. 지역 및 각 시대마다 다소 차이를 보이는데, 고대에는 10두(斗)를 1석(石)으로 여겼다.

11) 참(參)은 용량을 재는 단위이다. 10분의 1수(銖)이다.

集解 陸氏喪服釋文曰: 王肅·劉逵·袁準·孔倫·葛洪皆云, "滿手曰溢."

번역 『의례』「상복(喪服)」편에 대한 육덕명의 『경전석문』에서 말하길, 왕숙·유규[12]·원준[13]·공륜·갈홍[14]은 모두 "한 손에 담을 수 있는 양을 일(溢)이라고 한다."라고 했다.

集解 敖氏繼公曰: 小爾雅"一手之盛謂之溢, 兩手曰掬", 一升也.

번역 오계공이 말하길, 『소이아』[15]에서는 "한 손을 채우는 양을 '일(溢)'이라고 부르며, 두 손을 채우는 양을 '국(掬)'이라고 부른다."라고 했으니, 1승(升)을 뜻한다.

集解 愚謂: 財, 讀如漢書"太僕見馬遺財足"之財. 疏, 謂糲米也. 粟一石舂米六斗爲糲. 九章粟米之法云, "粟率五十, 糲米三十, 粺二十七, 糳二十四, 侍御二十一." 言粟五升爲糲米三升, 以下漸細. 侍御者, 蓋人君之所食. 然則大夫士常食, 蓋以粺與糳與. 食粥與疏食水飮, 皆謂三日不食之後也. 疏食但不爲粥, 亦不過朝一溢米, 莫一溢米也. 水飮, 言但飮水而已, 無漿酪之屬也. 衆

---

12) 유규(劉逵, A.D.1061~A.D.1110) : 북송(北宋) 때의 사람이다. 자(字)는 공달(公達)·공로(公路)이다.

13) 원준(袁準, ?~?) : =서진(西晉) 때의 학자이다. 자(字)는 효니(孝尼)이다. 부친은 원환(袁渙)이다. 저서로는 『상복경(喪服經)』·『시전(詩傳)』·『주관전(周官傳)』·『주역전(周易傳)』 등이 있다.

14) 갈홍(葛洪, A.D.283~A.D.343?) : 동진(東晉) 때의 학자이다. 자(字)는 아천(雅川)이고, 호(號)는 포박자(抱朴子)이다. 저서로는 『포박자(抱朴子)』 등이 있다.

15) 『소이아(小爾雅)』는 고대에 편찬되었던 자전 중 하나이다. 찬자(撰者)에 대해서는 알려진 것이 없다. 『한서(漢書)』「예문지(藝文志)」편에는 "小爾雅一篇, 古今字一卷."이라고 하여, 찬자 미상의 『소이아』 1권이 존재했었다고 기록되어 있다. 또한 『수서(隋書)』「경적지(經籍志)」 및 『당서(唐書)』「예문지(藝文志)」편에도 이궤(李軌)의 주가 달린 『소이아』 1권이 있었다고 기록되어 있지만, 현재는 모두 전해지지 않는다. 다만 현재 전해지는 『소이아』는 『공총자(孔叢子)』에 기록된 일부 내용들을 편집하여, 편찬한 것이다.

士食粥, 謂君有服之親也. 士疏食水飮, 異姓之士也. 食之無算, 哀痛不能多食, 稍稍進之也.

번역 내가 생각하기에, '재(財)'자는 『한서』에서 "태복(太僕)은 말을 조금만[財] 남겨도 충분하다는 것을 알았다."라고 했을 때의 '재(財)'자처럼 읽는다. '소(疏)'자는 겉껍질만 벗겨낸 쌀알이다. 알곡 1석(石)을 찧어서 쌀알 6두(斗)가 나오게 되면, 이것을 겉껍질만 벗겨낸 쌀알이라고 한다. 『구장속미지법』에서는 "알곡의 비율이 50이라면, 겉껍질만 벗겨낸 쌀알은 30이 되고, 정미를 한 쌀알은 27이 되며, 속껍질을 벗겨서 깨끗하게 한 것은 24가 되고, 군주에게 바치는 쌀알은 21이 된다."라고 했다. 이것은 곧 알곡 5승(升)을 찧어서 겉껍질만 벗겨낸 쌀알 3승(升)을 만드는데, 그 이하로는 보다 세밀하게 찧게 된다는 뜻이다. '시어(侍御)'는 군주가 먹는 쌀알이다. 그렇다면 대부와 사가 일상적으로 먹는 밥에서는 아마도 패(粺)나 착(鑿)을 사용했을 것이다. 죽을 먹거나 거친 밥과 물을 마시는 것들은 모두 3일 동안 밥을 먹지 않은 이후의 경우를 뜻한다. 거친 밥은 죽으로 만들지 않지만, 이 또한 아침에 1일(溢)의 쌀알을 사용하고 저녁에 1일(溢)의 쌀알을 사용하는 것을 넘기지 못한다. '수음(水飮)'은 단지 물만 마신다는 뜻일 뿐이니, 음료나 젓갈 등의 부류가 없다는 뜻이다. 뭇 사들은 죽을 먹는다고 했는데, 이들은 군주에 대해서 상복을 착용해야 하는 친족들을 뜻한다. 사가 거친 밥을 먹고 물을 마신다고 했는데, 이들은 군주와 성(姓)이 다른 사들이다. 먹을 때 셈을 하지 않는다는 말은 애통함 때문에 한 번에 많이 먹을 수 없어서, 조금씩 자주 먹게 된다는 뜻이다.

集解 孔氏曰: 按檀弓主人・主婦歠粥, 此夫人世婦・妻皆疏食者, 熊氏云, "檀弓'主婦'謂女主, 故食粥."

번역 공영달이 말하길, 『예기』「단궁(檀弓)」편을 살펴보면, 주인과 주부는 죽을 마신다고 했고,[16] 이곳에서는 부인(夫人)・세부(世婦)・처들이 모두 거친 밥을 먹는다고 했는데, 그 이유에 대해서 웅안생은 "「단궁」편에서

'주부(主婦)'라고 한 말은 여자 상주를 뜻한다. 그렇기 때문에 죽을 먹는 것이다."라고 했다.

集解 愚謂: 君之喪, 女主則夫人也. 大夫之喪, 女主則其妻也. 如熊氏之說, 則夫人·妻·妾之外別有女主, 殊不可曉. 檀弓謂主婦三日不食之時, 君命之歠粥也, 此謂三日之外, 妻妾得疏食, 義不相妨.

번역 내가 생각하기에, 군주의 상에서 여자 상주는 부인(夫人)이 된다. 대부의 상에서 여자 상주는 그의 처가 된다. 만약 웅안생의 주장대로라면, 부인·처·첩 이외에 별도로 여자 상주가 있어야 하니, 이해할 수 없다. 『예기』「단궁(檀弓)」편의 내용은 주부가 3일 동안 밥을 먹지 않았을 때, 군주가 명령을 내려서 죽을 마시도록 했다는 뜻이고, 이곳의 내용은 3일이 지난 뒤 처와 첩들이 거친 밥을 먹을 수 있다는 뜻이니, 그 의미가 서로 방해되지 않는다.

【533d】

大夫之喪, 主人·室老·子姓皆食粥, 衆士疏食水飮, 妻·妾疏食水飮. 士亦如之.

직역 大夫의 喪에, 主人·室老·子姓은 皆히 粥을 食하고, 衆士는 疏食하고 水飮하며, 妻·妾은 疏食하고 水飮한다. 士도 亦히 如한다.

의역 대부의 상에서, 상주·실로(室老)·손자들은 모두 죽을 먹고, 여러 가신들은 거친 밥을 먹고 물을 마시며, 처와 첩들은 거친 밥을 먹고 물을 마신다. 사의 상에서

16) 『예기』「단궁하(檀弓下)」【114d】: 歠, 主人·主婦·室老, 爲其病也, 君命食之也.

도 또한 이처럼 한다.

集說 室老, 家臣之長. 子姓, 孫也. 衆士, 室老之下也. 士亦如之, 謂士之喪, 亦子食粥, 妻妾疏食水飮也.

번역 '실로(室老)'는 가신들 중의 우두머리이다. '자성(子姓)'은 손자이다. '중사(衆士)'는 실로보다 낮은 가신들이다. '사역여지(士亦如之)'는 사의 상에서도 자식은 죽을 먹고 처와 첩들은 거친 밥을 먹고 물을 마신다는 뜻이다.

鄭注 室老, 其貴臣也. 衆士, 所謂衆臣. 如其子食粥, 妻妾疏食水飮.

번역 '실로(室老)'는 그에게 소속된 귀신(貴臣)이다. '중사(衆士)'는 뭇 신하들을 뜻한다. 사의 경우는 자식이 죽을 먹고 처와 첩들이 거친 밥을 먹고 물을 마시는 것을 동일하게 따른다는 뜻이다.

孔疏 ●"大夫"至"如之". ○正義曰: 此經明大夫禮也.

번역 ●經文: "大夫"~"如之". ○이곳 경문은 대부의 예법을 나타내고 있다.

孔疏 ●"室老·子姓皆食粥"者, 室老, 謂貴臣. 子姓, 謂孫也. 不云衆子者, 主人中兼之.

번역 ●經文: "室老·子姓皆食粥". ○'실로(室老)'는 귀신(貴臣)을 뜻한다. '자성(子姓)'은 손자를 뜻한다. 나머지 아들들을 언급하지 않은 것은 '주인(主人)'이라는 말에 포함되기 때문이다.

孔疏 ●"衆士疏食"者, 謂非室老也. 按喪服傳云"卿大夫室老士, 貴臣, 其餘皆衆臣", 鄭注云: "士, 邑宰." 此不云者, 邑宰雖貴, 以其遠於君, 與衆臣同. 按檀弓主人·主婦歠粥, 此夫人·世婦·妻皆疏食者, 熊氏云"檀弓云主婦, 謂女主, 故食粥也.

번역 ●經文: "衆士疏食". ○실로(室老)가 아닌 자들을 뜻한다. 『의례』「상복(喪服)」편의 전문(傳文)을 살펴보면, "경과 대부의 실로 및 사는 귀신이고, 나머지 자들은 모두 중신(衆臣)이다."[17]라고 했고, 정현의 주에서는 "'사(士)'는 읍의 수장이다."라고 했다. 이곳에서 언급하지 않은 것은 읍재(邑宰)는 비록 존귀하지만, 그는 군주와 관계가 먼 신하이니, 뭇 신하들의 입장과 동일하다. 『예기』「단궁(檀弓)」편을 살펴보면, 주인과 주부는 죽을 마신다고 했고,[18] 이곳에서는 부인(夫人)·세부(世婦)·처들이 모두 거친 밥을 먹는다고 했는데, 그 이유에 대해서 웅안생은 "「단궁」편에서 '주부(主婦)'라고 한 말은 여자 상주를 뜻한다. 그렇기 때문에 죽을 먹는 것이다."라고 했다.

集解 愚謂: 子姓, 衆子也. 士亦如之, 鄭氏止以"子"與"妻妾"言之者, 蓋鄭氏謂士無臣故也. 特牲記"公有司門西, 北面, 東上", "私臣門東, 北面, 西上", 喪服記"士爲庶母"·"貴臣·貴妾", 則士有臣明矣. 士冠禮·士喪禮有宰, 此士之貴臣也, 其餘則衆臣也. 其貴臣食粥, 衆臣疏食水飮, 亦皆如大夫之禮也.

번역 내가 생각하기에, '자성(子姓)'은 뭇 자식들을 뜻한다. '사역여지(士亦如之)'에 대해서, 정현은 단지 '자(子)'와 '처첩(妻妾)'으로만 말을 했는데, 아마도 정현은 사에게는 소속된 가신이 없기 때문이라고 여긴 것 같다. 그런데 『의례』「특생궤식례(特牲饋食禮)」편의 기문(記文)에서는 "공유사

---

17) 『의례』「상복(喪服)」: 傳曰, 公卿大夫室老·士, 貴臣, 其餘皆衆臣也. 君謂有地者也. 衆臣杖, 不以卽位. 近臣, 君服斯服矣. 繩屨者, 繩菲也.

18) 『예기』「단궁하(檀弓下)」【114d】: 歠, 主人·主婦·室老, 爲其病也, 君命食之也.

(公有司)[19]는 문의 서쪽에서 북쪽을 바라보는데, 서열에 따라 동쪽 끝에서부터 정렬한다."라고 했고, "사신(私臣)은 문의 동쪽에서 북쪽을 바라보는데, 서열에 따라 서쪽 끝에서부터 정렬한다."라고 했으며,[20] 『의례』「상복(喪服)」편의 기문(記文)에서는 "사가 서모(庶母)[21]를 위해서 착용한다."라고 했고, "귀신(貴臣)과 귀첩(貴妾)[22]을 위해서 착용한다."라고 했으니,[23] 사에게도 가신들이 있었음이 분명하다. 『의례』「사관례(士冠禮)」편[24]과 「사상례(士喪禮)」편[25]에는 재(宰)가 나오는데, 이 사람은 사에게 소속된 귀신이며, 나머지는 중신(衆臣)이 된다. 귀신은 죽을 먹고 중신들은 거친 밥을 먹고 물을 마시는데, 이러한 것들은 모두 대부의 예법과 같다.

【533d~534a】

旣葬, 主人疏食水飮, 不食菜果, 婦人亦如之, 君·大夫·士一也. 練而食菜果, 祥而食肉. 食粥於盛不盥, 食於篹者盥. 食菜以醯醬. 始食肉者, 先食乾肉. 始飮酒者, 先飮醴酒.

---

19) 공유사(公有司)는 사(士)가 맡았던 직책으로, 군주에게 특명을 받은 유사(有司)이다. '유사'는 실무 담당자를 뜻한다.

20) 『의례』「특생궤식례(特牲饋食禮)」: 公有司門西, 北面, 東上, 獻次衆賓. 私臣門東, 北面, 西上, 獻次兄弟. 升受, 降飮.

21) 서모(庶母)는 부친의 첩(妾)들을 뜻한다. 『의례』「사혼례(士昏禮)」편에는 "庶母及門內施鞶, 申之以父母之命."이라는 기록이 있는데, 이에 대한 정현의 주에서는 "庶母, 父之妾也."라고 풀이했다. 한편 '서모'는 부친의 첩들 중에서도 아들을 낳은 여자를 뜻하기도 한다. 『주자전서(朱子全書)』「예이(禮二)」편에는 "庶母, 自謂父妾生子者."라는 기록이 있다.

22) 귀첩(貴妾)은 처(妻)가 시집을 오면서 함께 데려왔던 일가붙이가 되는 여자와 자식의 첩(妾) 등을 지칭하는 말이다.

23) 『의례』「상복(喪服)」: 士爲庶母. 傳曰, 何以緦也? 以名服也. 大夫以上爲庶母無服. 貴臣・貴妾. 傳曰, 何以緦也? 以其貴也.

24) 『의례』「사관례(士冠禮)」: 宰自右少退, 贊命.

25) 『의례』「사상례(士喪禮)」: 宰洗柶, 建于米, 執以從.

직역 旣히 葬하면, 主人은 疏食하고 水飮하되, 菜果는 不食하며, 婦人도 亦히 如하니, 君·大夫·士가 一이라. 練하고서 菜果를 食하고, 祥하고서 肉을 食한다. 盛에서 粥을 食함에는 不盥하고, 篹에서 食하는 者는 盥한다. 菜을 食함에는 醯醬으로써 한다. 始히 肉을 食하는 者는 先히 乾肉을 食한다. 始히 酒를 飮하는 者는 先히 醴酒를 飮한다.

의역 장례를 끝내면 상주는 거친 밥을 먹고 물을 마시되, 채소와 과일은 먹지 않으며, 부인들 또한 이처럼 하니, 이러한 예법은 군주·대부·사가 동일하게 따른다. 소상(小祥)을 끝내면 채소와 과일을 먹고, 대상(大祥)을 끝내면 고기를 먹는다. 대접에 죽을 담아 먹을 때에는 손을 씻지 않고, 대나무 그릇에 밥을 담아 먹을 때에는 손을 씻는다. 채소를 먹을 때에는 식초나 젓갈을 곁들인다. 처음 고기를 먹을 때에는 먼저 마른 고기를 먹는다. 처음 술을 마실 때에는 먼저 단술을 마신다.

集說 盛, 杯圩之器也. 篹, 竹筥也. 杯圩盛粥, 歠之以口, 故不用盥手. 飯在篹, 須手取而食之, 故當盥手也.

번역 '성(盛)'은 대접 등의 그릇이다. '찬(篹)'은 대나무로 만든 그릇이다. 대접에 죽을 담게 되면 입을 대고 마시기 때문에 손을 씻지 않는다. 밥을 대나무 그릇에 담게 되면 손으로 떠서 먹어야 하므로 손을 씻어야만 한다.

鄭注 果, 瓜桃之屬. 盛, 謂今時杯杅也. 篹, 竹筥也. 歠者不盥, 手飮者盥. 篹或作簨.

번역 '과(果)'는 오이나 복숭아 등을 뜻한다. '성(盛)'은 오늘날의 대접과 같은 것을 뜻한다. '찬(篹)'은 대나무 그릇이다. 입을 대고 마실 때에는 손을 씻지 않고, 손으로 떠서 먹을 때에는 손을 씻는다. '찬(篹)'자를 다른 판본에서는 '순(簨)'자로 기록하기도 한다.

釋文 盥, 古緩反. 簋, 本又作匱, 又作算, 悉緩反, 又蘇管反. 醯, 呼雞反. 杅音于. 筥, 居呂反. 歠, 昌悅反. 飯, 扶晚反. 饌, 息尹反, 徐音撰.

번역 '盥'자는 '古(고)'자와 '緩(완)'자의 반절음이다. '簋'자는 판본에 따라서 또한 '匱'자로도 기록하고, 또 '算'자로도 기록하는데, 그 음은 '悉(실)'자와 '緩(완)'자의 반절음이고, 또 '蘇(소)'자와 '管(관)'자의 반절음도 된다. '醯'자는 '呼(호)'자와 '雞(계)'자의 반절음이다. '杅'자의 음은 '于(우)'이다. '筥'자는 '居(거)'자와 '呂(려)'자의 반절음이다. '歠'자는 '昌(창)'자와 '悅(열)'자의 반절음이다. '飯'자는 '扶(부)'자와 '晩(만)'자의 반절음이다. '饌'자는 '息(식)'자와 '尹(윤)'자의 반절음이며, 서음(徐音)은 '撰(찬)'이다.

孔疏 ●"旣葬"至"食肉". ○正義曰: 此一節明旣葬至練祥, 君・大夫・士之食節也.

번역 ●經文: "旣葬"~"食肉". ○이곳 문단은 장례를 끝낸 이후로부터 소상(小祥)과 대상(大祥)에 이르기까지, 군주・대부・사가 음식을 먹는 규범에 대해서 나타내고 있다.

孔疏 ●"主人疏食水飮"者, 熊氏云"旣葬, 哀殺, 可以疏食, 不復用一溢米也".

번역 ●經文: "主人疏食水飮". ○웅안생은 "장례를 끝내면 애통함이 줄어들기 때문에 거친 밥을 먹을 수 있으며, 1일(溢)만큼의 쌀알을 쓰는 규정을 재차 따르지 않는다."라고 했다.

孔疏 ●"食粥"至"醴酒". ○正義曰: 此一節明食之雜禮. "食粥於盛, 不盥"者, 以其歠粥不用手, 故不盥.

번역 ●經文: "食粥"~"醴酒". ○이곳 문단은 음식을 먹는 것에 대한 잡다한 예법을 나타내고 있다. 경문의 "食粥於盛, 不盥"에 대하여. 입을 대고 죽을 마시기 때문에 손을 사용하지 않으므로, 손을 씻지 않는다.

孔疏 ●"食於篹者盥"者, 篹, 謂竹筥, 飯盛於篹, 以手就篹取飯, 故盥也.

번역 ●經文: "食於篹者盥". ○'찬(篹)'은 대나무 그릇을 뜻하는데, 밥을 대나무 그릇에 담고, 손으로 대나무 그릇에 담긴 밥을 떠서 먹기 때문에 손을 씻는다.

孔疏 ●"食菜以醯·醬"者, 謂練而食菜果者, 食之時以醯·醬也.

번역 ●經文: "食菜以醯·醬". ○소상(小祥)을 끝내고 채소와 과일을 먹는데, 그것들을 먹을 때에는 식초나 젓갈을 곁들이게 된다는 뜻이다.

孔疏 ●"始食肉者, 先食乾肉, 始飮酒者, 先飮醴酒", 文承旣祥之下, 謂祥後也. 然間傳曰"父母之喪", "大祥有醯醬", "禫而飮醴酒", 二文不同. 又庾氏云: "蓋記者所聞之異. 大祥旣鼓琴, 亦可食乾肉矣. 食菜用醯醬, 於情爲安. 且旣祥食果, 則食醯醬無嫌矣." 熊氏云: "此據病而不能食者, 練而食醯醬, 祥而飮酒也."

번역 ●經文: "始食肉者, 先食乾肉, 始飮酒者, 先飮醴酒". ○이 문장은 대상(大祥)을 끝낸 뒤의 기록에 연이어 있으므로, 대상을 치른 이후에 대한 내용이다. 그런데 『예기』「간전(間傳)」편에서는 '부모의 상'이라고 했고, "대상을 치르고 식초와 젓갈을 둔다."라고 했으며, "담제(禫祭)[26]를 치르고 단술을 마신다."라고 하여,[27] 두 문장이 동일하지 않다. 또 유울은 "아마도

---

26) 담제(禫祭)는 상복(喪服)을 벗을 때 지내는 제사이다.

27) 『예기』「간전(間傳)」【666a~b】: 父母之喪旣虞卒哭疏食水飮, 不食菜果. 期而小祥, 食菜果. 又期而大祥, 有醯醬. 中月而禫, 禫而飮醴酒. 始飮酒者先飮醴酒, 始食肉者先食乾肉.

『예기』를 기록한 자가 달리 들었던 내용을 기록한 것이다. 대상 때에는 이미 북이나 금(琴) 등을 연주하니 또한 마른 고기를 먹을 수 있다. 채소를 먹을 때 식초나 젓갈을 곁들이는 것은 먹기에 편하기 때문이다. 또 이미 대상을 끝낸 상태에서 과일을 먹는다면 식초나 젓갈을 먹는 것에 있어서도 혐의가 생기지 않는다."라고 했고, 웅안생은 "이 내용은 병약해져서 밥을 제대로 먹을 수 없는 경우, 소상을 치르고 식초와 젓갈을 먹고, 대상을 치르고 술을 마시는 경우를 제시한 것이다."라고 했다.

集解 愚謂: 旣葬疏食, 則不止朝一溢米, 莫一溢米, 當以足爲度也. 主人未葬食粥, 兼可解渴, 故不飮水, 旣葬疏食, 然後亦飮水也.

번역 내가 생각하기에, 장례를 끝내고서 거친 밥을 먹는다면, 아침에 1일(溢)만큼의 쌀알을 사용하고, 저녁에 1일(溢)만큼의 쌀알을 사용하는 것에 그치지 않으니, 마땅히 충분한 양으로 밥을 짓는다. 상주는 장례를 끝내지 않으면 죽을 먹는데, 죽을 통해서 갈증을 해소할 수 있기 때문에 물은 마시지 않고, 장례를 치른 뒤 거친 밥을 먹게 된 뒤에야 또한 물을 마시게 된다.

集解 愚謂: 食於篹, 此吉凶每日常食之器也, 禮食乃以簋. 先食乾肉, 先飮醴酒者, 皆以其味差薄故也.

번역 내가 생각하기에, 찬(篹)에서 밥을 먹는다고 했는데, 이 그릇은 길한 시기나 흉한 시기에 상관없이 매일 일상적으로 밥을 먹을 때 사용하는 그릇이며, 예사(禮食)[28]를 하게 되면 궤(簋)를 사용한다. 우선적으로 마른 고기를 먹고 또 우선적으로 단술을 마시는 것은 모두 그 맛에 있어서 다른 것보다 연하기 때문이다.

---

28) 예사(禮食)는 본래 군주가 신하들에게 음식을 베풀며 예(禮)로 대접을 해주는 것으로, 일종의 연회이다. 『의례』「공사대부례(公食大夫禮)」에 기록된 의례 절차들이 '예사'에 해당한다.

그림 10-1 거(筥)

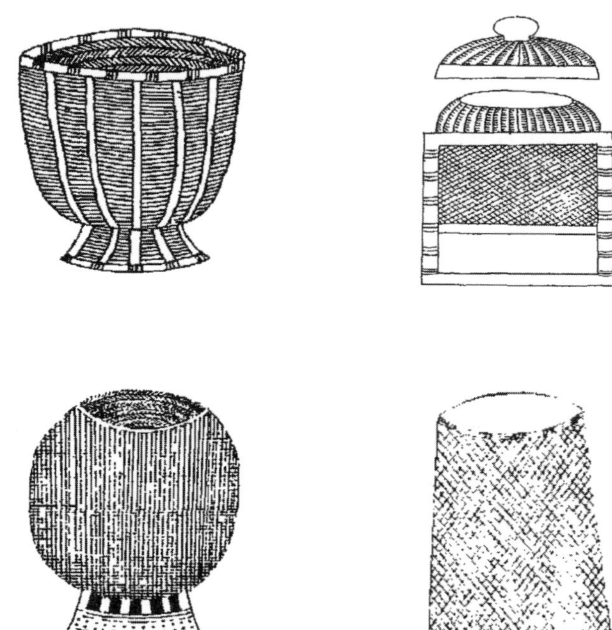

※ **출처:** 상좌-『삼례도집주(三禮圖集注)』 12권 ; 상우-『삼례도(三禮圖)』 4권
하좌-『육경도(六經圖)』 6권 ; 하우-『삼재도회(三才圖會)』「기용(器用)」 2권

그림 10-2 궤(簋)

※ **출처:** 상좌-『삼례도집주(三禮圖集注)』 13권 ; 상우-『삼례도(三禮圖)』 4권
하좌-『육경도(六經圖)』 6권 ; 하우-『삼재도회(三才圖會)』「기용(器用)」 1권

【534a】

期之喪, 三不食, 食疏食水飮, 不食菜果. 三月旣葬, 食肉飮酒. 期, 終喪不食肉, 不飮酒. 父在, 爲母爲妻, 九月之喪, 食飮猶期之喪也. 食肉飮酒, 不與人樂之.

직역 期의 喪에, 三에 不食하고, 疏食를 食하고 水를 飮하되, 菜果는 不食한다. 三月하고 旣히 葬하면, 肉을 食하고 酒를 飮한다. 期에는 喪을 終하도록 肉을 不食하고, 酒를 不飮한다. 父가 在한데, 母를 爲하고 妻를 爲함과 九月의 喪에서, 食과 飮은 期의 喪과 猶하다. 肉을 食하고 酒를 飮하되, 人과 與하여 樂하길 不한다.

의역 기년상(期年喪)을 치를 때, 방계 친족이 치르는 경우라면 3끼를 먹지 않고, 이후 거친 밥을 먹고 물을 마시되 채소와 과일은 먹지 않는다. 3개월이 지나서 장례를 치른 뒤에는 고기를 먹고 술을 마신다. 본래 기년상에 있어서는 상을 끝낼 때까지 고기를 먹지 않고 술을 마시지 않는다. 부친이 생존해 계실 때 돌아가신 모친이나 죽은 아내를 위해서 상을 치르게 되거나 9개월 동안 치르는 대공복(大功服)의 상에서는 먹고 마시는 것들은 기년상의 경우와 동일하게 따른다. 고기를 먹고 술을 마실 때에는 남과 함께 먹으며 즐거움을 나누지 않는다.

集說 不與人樂之, 言不以酒肉與人共食爲歡樂也. 與, 舊音預, 非.

번역 "남과 더불어서 즐기지 않는다."는 말은 술과 고기를 남과 함께 먹으며 기쁨을 나누지 않는다는 뜻이다. '與'자를 구음(舊音)에서는 '預(예)'자라고 했는데, 잘못된 주장이다.

集說 疏曰, "期喪三不食, 謂大夫士旁期之喪, 正服則二日不食", 見間傳.

번역 공영달의 소에서는 "기년상(期年喪)에서 3끼를 먹지 않는다고 했는데, 이것은 대부와 사에 대해서 방계 친족이 치르는 기년상을 뜻하며,

정식 기년상의 경우라면 2일째까지 먹지 않는다."라고 했는데, 이 내용은 『예기』「간전(間傳)」편에 나온다.

大全 臨川吳氏曰: 上言期之喪者, 謂不杖期. 下言父在爲母爲妻者, 謂杖期, 故不同也.

번역 임천오씨가 말하길, 앞에서 '기지상(期之喪)'이라고 한 말은 지팡이를 잡지 않는 기년상(期年喪)을 뜻한다. 뒤에서 "부친이 생존해 계실 때 돌아가신 모친과 죽은 아내를 위해서 상을 치른다."라고 한 말은 지팡이를 잡는 기년상을 뜻한다. 그렇기 때문에 규정이 서로 다르다.

鄭注 食肉飮酒, 亦謂旣葬.

번역 고기를 먹고 술을 마신다는 것 또한 장례를 끝낸 이후를 뜻한다.

釋文 期音基, 下同. 爲母・爲妻, 並于僞反, 下注"爲其"同. 與音預, 下同.

번역 '期'자의 음은 '基(기)'이며, 아래문장에 나오는 글자도 그 음이 이와 같다. '爲母'・'爲妻'에서의 '爲'자는 그 음이 모두 '于(우)'자와 '僞(위)'자의 반절음이며, 아래 정현의 주에 나오는 '爲其'에서의 '爲'자도 그 음이 이와 같다. '與'자의 음은 '預(예)'이며, 아래문장에 나오는 글자도 그 음이 이와 같다.

孔疏 ●"期之"至"樂之". ○正義曰: 此一節論期與大功喪食之節也.

번역 ●經文: "期之"~"樂之". ○이곳 문단은 기년상(期年喪)과 대공복(大功服)의 상에서 음식을 먹는 규범에 대해 논의하고 있다.

孔疏 ●"期之喪, 三不食"者, 謂大夫·士旁期之喪, 三不食者, 謂義服也. 其正服則二日不食也. 故間傳云"齊衰二日不食".

번역 ●經文: "期之喪, 三不食". ○대부와 사에 대해서 방계 친족이 기년상을 치를 때에는 3끼를 먹지 않는다고 했으니, 이것은 의복(義服)[29]에 대한 경우를 뜻한다. 정식 상복을 착용하는 경우라면, 2일째까지 음식을 먹지 않는다. 그렇기 때문에 『예기』「간전(間傳)」편에서는 "자최복(齊衰服)을 착용하고서는 2일째까지 음식을 먹지 않는다."[30]라고 말한 것이다.

孔疏 ●"九月"至"喪也"者, 謂事同期也.

번역 ●經文: "九月"~"喪也". ○그 사안은 기년상(期年喪)과 동일하게 한다는 뜻이다.

集解 愚謂: 下文言"叔母·世母"·"食肉飮酒", 此卽旁期之義服, 則此云"疏食水飮, 不食菜果"者, 非專指義服明矣. 蓋期之正服, 如爲祖父母, 爲世叔父, 爲兄弟, 爲兄弟之子, 其輕重亦自不同. 故此云"三不食", 間傳云"二日不食", 各據其一端言之, 或亦禮俗之有不同也.

번역 내가 생각하기에, 아래문장에서는 "숙모와 세모를 위해서 치른다."라고 했고, "고기를 먹고 술을 마신다."라고 했으니, 이것은 곧 방계 친족이 기년상(期年喪)을 치르는 의복(義服)에 해당하므로, 이곳에서 "거친 밥을 먹고 물을 마시되 채소와 과일을 먹지 않는다."라고 한 말은 전적으로 의복만을 가리키는 것이 아님이 명백하다. 무릇 기년상을 치르는 정식 상

---

29) 의복(義服)은 본래 친속관계가 성립되지 않아서, 상복(喪服)을 착용해야만 하는 관계가 아닌데도, 도리에 따라 상복을 착용하는 것을 말한다.

30) 『예기』「간전(間傳)」【666a】: 斬衰三日不食, 齊衰二日不食, 大功三不食, 小功緦麻再不食, 士與斂焉則壹不食. 故父母之喪旣殯食粥, 朝一溢米, 莫一溢米. 齊衰之喪疏食水飮, 不食菜果. 大功之喪不食醯醬, 小功緦麻不飮醴酒. 此哀之發於飮食者也.

복에 있어서, 조부모를 위해서 치르고, 세숙부나 형제 또는 형제의 자식을 위해서 상을 치를 때, 그 수위에는 차등이 있다. 그렇기 때문에 이곳에서 "3끼를 먹지 않는다."라고 말하고, 『예기』「간전(間傳)」편에서 "2일 동안 먹지 않는다."라고 말한 것은 각각 하나의 단서를 제시해서 언급한 것일 뿐이다. 그것이 아니라면 이 문장은 또한 예법에 따른 풍속에 있어서 차이가 있었던 점을 기록한 것이다.

【534b】

五月·三月之喪, 壹不食, 再不食, 可也. 比葬, 食肉飮酒, 不與人樂之. 叔母·世母·故主·宗子, 食肉飮酒.

직역 五月과 三月의 喪에서는 壹에 不食하고, 再에 不食하더라도, 可하다. 葬에 比하여, 肉을 食하고 酒를 飮하되, 人과 與하여 樂하길 不한다. 叔母·世母·故主·宗子에 대해서는 肉을 食하고 酒를 飮한다.

의역 5개월 동안 치르는 소공복(小功服)의 상에서는 2끼를 먹지 않고, 3개월 동안 치르는 시마복(緦麻服)의 상에서는 1끼를 먹지 않더라도 괜찮다. 장례를 치를 때까지 고기를 먹고 술을 마시지만, 남과 함께 먹으며 즐거움을 나누지 않는다. 숙모와 세모, 옛 주군과 종자를 위해서 상을 치를 때에는 고기를 먹고 술을 마신다.

集說 一不食, 三月之喪也. 再不食, 五月之喪也. 故主, 舊君也, 大夫本稱主.

번역 1끼를 먹지 않는다는 말은 3개월 동안 치르는 상에 대한 내용이다. 2끼를 먹지 않는다는 말은 5개월 동안 치르는 상에 대한 내용이다. '고주(故主)'는 옛 주군을 뜻하는데, 대부에 대해서도 본래 '주(主)'라고 지칭한다.

鄭注 義服恩輕也. 故主, 謂舊君也, 言故主者, 關大夫及君也.

번역 의복(義服)은 그 은정이 낮은 경우이다. '고주(故主)'는 옛 주군을 뜻하니, '고주(故主)'라고 말한 것은 대부 및 군주에 대한 경우가 모두 관련된다.

釋文 比, 必利反.

번역 '比'자는 '必(필)'자와 '利(리)'자의 반절음이다.

孔疏 ●"五月"至"成喪". ○正義曰: 此一經明五月·三月喪食之節.

번역 ●經文: "五月"~"成喪". ○이곳 경문은 5개월 및 3개월 동안 치르는 상에서 음식을 먹는 규범을 나타내고 있다.

孔疏 ●"壹不"至"可也"者, 壹不食, 謂緦麻. 再不食, 謂小功. 幷言之也, 容殤降之, 緦麻再不食, 義服小功壹不食, 故總以"壹不食, 再不食"結之. 故間傳去"小功緦麻, 再不食", 殤降者也.

번역 ●經文: "壹不"~"可也". ○1끼를 먹지 않는다는 말은 시마복(緦麻服)을 착용한 경우이다. 2끼를 먹지 않는다는 말은 소공복(小功服)을 착용한 경우이다. 두 경우를 함께 언급했으니, 요절을 하여 강복(降服)[31]을 하게 되면, 시마복을 착용하고도 2끼를 먹지 않게 되고, 의복으로 소공복을 착용한 경우에는 1끼를 먹지 않는데, 이러한 경우까지도 포함하고자 했기

---

31) 강복(降服)은 상(喪)의 수위를 본래의 등급보다 한 등급 낮추는 일에 해당한다. 예를 들어 자식은 부모에 대해 삼년상을 치러야 하지만, 다른 집의 양자로 간 경우라면 자신의 친부모에 대해 삼년상을 치르지 않고, 한 등급 낮춰서 1년만 치르게 된다. 이것은 상(喪)의 기간에만 해당하는 것이 아니라, 상복(喪服) 및 상(喪)을 치르며 부수적으로 갖추게 되는 기물(器物)들에도 적용된다.

때문에 총괄적으로 "1끼를 먹지 않고, 2끼를 먹지 않는다."라는 말로 결론을 맺었다. 그러므로 『예기』「간전(間傳)」편에서 "소공복과 시마복을 착용했을 때에는 2끼를 먹지 않는다."[32]라고 한 말은 요절을 하여 강복을 한 경우이다.

孔疏 ◎注"故主"至"君也". ○正義曰: 若是諸侯, 當云舊君. 主者, 大夫之稱[33], 經云"故主", 關大夫・君也.

번역 ◎鄭注: "故主"~"君也". ○상대가 제후라면 마땅히 '구군(舊君)'이라고 불러야 한다. '주(主)'는 대부에 대한 칭호이고, 경문에서 '고주(故主)'이라고 했으니, 이것은 대부와 군주에 대한 경우가 관련된다.

集解 愚謂: 比葬, 食肉飲酒, 謂自成服以至於葬, 得食肉飲酒也. 叔母・世母・故主・宗子, 食肉飮酒, 亦謂成服後, 葬前也.

번역 내가 생각하기에, 장례를 치를 때까지 고기를 먹고 술을 마신다고 했는데, 이것은 성복(成服)을 한 이후로부터 장례를 치를 때까지 고기를 먹고 술을 마실 수 있다는 뜻이다. 숙모・세모・고주・종자를 위해서는 고기를 먹고 술을 마신다고 했는데, 이 또한 성복을 한 이후로부터 장례를 치르기 전까지를 뜻한다.

---

32) 『예기』「간전(間傳)」【666a】: 斬衰三日不食, 齊衰二日不食, 大功三不食, 小功緦麻再不食, 士與斂焉則壹不食. 故父母之喪既殯食粥, 朝一溢米, 莫一溢米. 齊衰之喪疏食水飮, 不食菜果. 大功之喪不食醯醬, 小功緦麻不飮醴酒. 此哀之發於飮食者也.

33) '칭(稱)'자에 대하여. '칭'자는 본래 없던 글자인데, 완원(阮元)의 『교감기(校勘記)』에서는 "혜동(惠棟)의 『교송본(校宋本)』에도 '칭'자가 기록되어 있는데, 이곳 판본에는 '칭'자와 '고주(故主)'라는 두 글자가 모두 누락되어 있고, 『민본(閩本)』・『감본(監本)』・『모본(毛本)』에도 동일하게 기록되어 있는데, 위씨(衛氏)의 『집설(集說)』에는 '칭'자가 기록되어 있다."라고 했다.

集解 葉味道問, "喪大記有'叔母·世母·故主·宗子, 食肉飮酒'之文, 註云, '義服恩輕.' 不知自死至未葬之前, 可以通行何如? 但一人向隅, 滿堂不樂. 服旣不輕, 而飮酒居處獨不爲之節制, 可乎?" 朱子曰, "禮經無文, 不可强說. 竊意在喪次則當如本服之制, 歸私家則自如, 其或可也."

번역 섭미도는 "『예기』「상대기」편에는 '숙모·세모·고주·종자를 위해서 상을 치를 때에는 고기를 먹고 술을 마신다.'라는 기록이 있고, 정현의 주에서는 '의복(義服)을 착용하면 은정이 낮다.'라고 했는데, 이러한 규정을 죽은 이후로부터 장례를 치르기 이전까지 통용해서 행할 수 있는지 알 수 없는데 어떻습니까? 여러 사람이 모인 자리에서 한 사람이라도 어울리지 않으면 모든 사람이 즐겁지 않습니다. 그런데 상복을 착용했다는 것은 이미 가벼운 일이 아닌데, 술을 마시며 거처하는 것에 있어서 유독 그것에 대해 절제하지 않는 것이 괜찮습니까?"라고 물었다. 그러자 주자는 "『예경』에는 관련된 기록이 없어서 억지로 설명할 수는 없다. 그러나 내가 생각하기로 상중에 머무는 임시숙소에 있다면, 마땅히 본래의 상복 규정에 따라야 하는데, 자신의 집으로 되돌아갔다면 이처럼 하는 것도 아마 가능할 것이다."라고 대답했다.

【534b】

不能食粥, 羹之以菜可也. 有疾, 食肉飮酒可也. 五十不成喪, 七十唯衰麻在身.

직역 粥을 食하길 不能이라면, 羹하길 菜로써 함은 可하다. 疾이 有하면, 肉을 食하고 酒를 飮해도 可하다. 五十에는 喪을 不成하고, 七十에는 唯히 衰麻를 身에 在한다.

의역 죽을 먹을 수 없는 경우라면 채소로 만든 국을 먹어도 괜찮다. 상중에

병약해지면 고기를 먹고 술을 마셔도 괜찮다. 50세가 된 자는 상례의 절차를 모두 치르지 않고, 70세가 된 자는 오직 상복만 입을 따름이다.

集說 不成喪, 謂不備居喪之禮節也.

번역 '불성상(不成喪)'은 상중의 의례 절차를 모두 치르지 않는다는 뜻이다.

鄭注 謂性不能者, 可食飯菜羹. 爲其氣微. 成, 猶備也, 所不能備, 謂不致毁不散送之屬也. 言其餘居處飮食與吉時同也.

번역 몸의 상태에 따라 죽을 먹을 수 없는 자는 거친 밥에 채소국을 먹어도 괜찮다. 병약해진 자가 술과 고기를 먹는 것은 기운이 미약해졌기 때문이다. '성(成)'자는 "갖춘다[備]."는 뜻이니, 제대로 갖출 수 없는 것은 몸을 지나치게 수척하게 만들지 않고,[34] 요질(要絰)의 마(麻)를 늘어트리고 상여를 전송하지 않는[35] 부류를 뜻한다. 70세가 된 자는 상복 이외에 거처하는 장소와 먹고 마시는 일 등에 대해서 길한 시기와 동일하게 따른다는 뜻이다.

孔疏 ◎注"謂不致毁不散送之屬也". ○正義曰: 致毁, 謂致極哀毁, 散送, 謂絰帶垂散麻以送葬. 故雜記云"五十不致毁", 玉藻云: "五十不散送." 注云: "送喪不散麻."

번역 ◎鄭注: "謂不致毁不散送之屬也". ○'치훼(致毁)'는 애통함이 극심

34) 『예기』「곡례상(曲禮上)」【36a】: 五十不致毁, 六十不毁. 七十唯衰麻在身, 飮酒食肉, 處於內. / 『예기』「잡기하(雜記下)」【514c】: 喪食雖惡必充飢. 飢而廢事, 非禮也. 飽而忘哀, 亦非禮也. 視不明, 聽不聰, 行不正, 不知哀, 君子病之. 故有疾, 飮酒食肉, 五十不致毁, 六十不毁, 七十飮酒食肉, 皆爲疑死.

35) 『예기』「옥조(玉藻)」【379d】: 五十不散送, 親沒不髦.

하여 몸을 지나치게 수척하게 만든다는 뜻이며, '산송(散送)'은 질(絰)과 대(帶)에 있어서 마(麻)를 늘어트리고 장례 행렬을 전송한다는 뜻이다. 그렇기 때문에 『예기』「잡기(雜記)」편에서는 "50세인 자는 몸을 지나치게 수척하게 만들지 않는다."라고 한 것이고, 『예기』「옥조(玉藻)」편에서는 "50세가 된 자는 마(麻)를 늘어트리고 장례를 전송하지 않는다."라고 한 것이며, 정현의 주에서는 "장례를 전송하며 마(麻)를 늘어트리지 않는다."라고 한 것이다.

集解 愚謂: 不能食粥, 則當疏食, 而云"羹之以菜", 凡疏食者必有菜羹也. 不能食粥, 羹之以菜, 謂未葬之前; 有疾, 飮酒食肉, 謂既葬之後也.

번역 내가 생각하기에, 죽을 먹을 수 없다면 마땅히 거친 밥을 먹어야 하는데, "채소로 국을 끓인다."라고 한 것은 무릇 거친 밥을 먹을 때에는 반드시 채소를 넣어서 끓인 국이 포함되기 때문이다. 죽을 먹을 수 없을 때 채소국에 거친 밥을 먹는다는 것은 아직 장례를 치르기 이전을 뜻하며, 병약해져서 술을 마시고 고기를 먹는다는 것은 장례를 치른 이후를 뜻한다.

【534c】

既葬, 若君食之, 則食之. 大夫·父之友食之, 則食之矣. 不辟粱肉, 若有酒醴則辭.

직역 既히 葬한데, 若히 君이 食라면, 食한다. 大夫와 父의 友가 食라면, 食한다. 粱肉을 不辟하되, 若히 酒醴가 有라면 辭한다.

의역 이미 장례를 치른 이후인데, 만약 군주가 음식을 보내와서 먹도록 한다면 그 음식을 먹는다. 대부나 부친의 벗이 음식을 보내와서 먹도록 한다면 그 음식을 먹는다. 이러한 경우에는 좋은 곡식으로 지은 밥이나 맛있는 고기 요리라도 사양을 하지 않지만, 진한 술의 경우라면 안색으로 나타나니 사양을 해야만 한다.

集說 君食之, 食臣也. 大夫食之, 食士也. 父友, 父同志者. 此並是尊者食卑者, 故雖粱肉不避, 酒醴見顏色, 故當辭.

번역 군주가 음식을 보내와서 먹게 한다는 말은 신하에게 음식을 보내서 먹도록 한다는 뜻이다. 대부가 음식을 보내와서 먹게 한다는 말은 사에게 음식을 보내서 먹도록 한다는 뜻이다. 부친의 벗은 부친과 뜻을 함께 했던 자들이다. 이러한 것들은 모두 존귀한 자가 미천한 자에게 음식을 보내서 먹게끔 하는 것이다. 그렇기 때문에 비록 좋은 곡식으로 지은 밥이나 맛있는 고기 요리라도 사양하지 않는데, 진한 술을 먹게 되면 안색으로 나타나기 때문에 사양해야만 한다.

鄭注 尊者之前可以食美也, 變於顏色亦不可.

번역 존귀한 자 앞에서는 맛있는 음식을 먹을 수 있지만, 안색을 변하게 만드는 것은 또한 불가하다.

釋文 食音嗣. 辟音避. 粱音良.

번역 '食'자의 음은 '嗣(사)'이다. '辟'자의 음은 '避(피)'이다. '粱'자의 음은 '良(량)'이다.

孔疏 ●"旣葬"至"則辭". ○正義曰: 此一經明己有喪, 旣葬, 尊者賜食之禮, 葬後情殺, 可從尊者奪也.

번역 ●經文: "旣葬"~"則辭". ○이곳 경문은 본인이 상을 치르고 있는데, 장례를 끝냈을 때 존귀한 자가 음식을 하사하는 예법 및 장례를 치른 이후 정감이 줄어들기 때문에 존귀한 자를 통해서 슬픔을 떨쳐낼 수 있다는 뜻을 나타내고 있다.

孔疏 ●"君食之", 謂君食臣也, "大夫", 謂大夫食士也, 父友, 謂父同志者也. 其人並尊, 若命食孝子, 則可從之食也.

번역 ●經文: "君食之". ○군주가 신하에게 음식을 하사한 경우이며, '대부(大夫)'는 대부가 사에게 음식을 하사한 경우이고, 부친의 벗은 부친과 뜻을 함께 했던 자를 뜻한다. 그 사람들은 모두 존귀한 자에 해당하니, 만약 자식에게 명령하여 음식을 먹게끔 한다면, 그들의 명령에 따라서 음식을 먹을 수 있다.

孔疏 ●"不辟粱肉"者, 粱, 粱米也. 雖以粱米之飯及肉命食, 孝子食之.

번역 ●經文: "不辟粱肉". ○'양(粱)'은 좋은 곡식을 뜻한다. 비록 좋은 곡식으로 지은 밥이나 고기라 하더라도 먹도록 명령을 한다면, 자식은 그것을 먹게 된다.

孔疏 ●"若有酒醴則辭"者, 若酒醴飮之, 則變見顔色, 故辭而不飮也.

번역 ●經文: "若有酒醴則辭". ○만약 진한 술을 마시게 된다면 안색이 변하게 된다. 그렇기 때문에 사양을 하고 마시지 않는다.

訓纂 王氏念孫曰: 君, 皆指諸侯言之.

번역 왕념손[36]이 말하길, '군(君)'자는 모두 제후를 가리켜서 한 말이다.

---

36) 왕념손(王念孫, A.D.1744~A.D.1832) : 청(淸)나라 때의 학자이다. 자(字)는 회조(懷租)이고, 호(號)는 석구(石臞)이다. 부친은 왕안국(王安國)이고, 아들은 왕인지(王引之)이다. 대진(戴震)에게 학문을 배웠다. 저서로는 『독서잡지(讀書雜志)』 등이 있다.

訓纂 彬案: 荀子大略篇, "君若父之友食之, 則食矣, 不辟粱肉." 記稱大夫・父之友食之.

번역 내가 살펴보니, 『순자』「대략(大略)」편에서는 "군주와 부친의 벗이 음식을 보내서 먹게 한다면 먹고, 좋은 곡식으로 지은 밥이나 고기라 하더라도 피하지 않는다."[37]라고 했는데, 『예기』에서는 대부(大夫)와 부친의 벗이 음식을 보내와서 먹게끔 한다고 했다.

集解 愚謂: 雜記曰"大功以下, 旣葬, 適人, 人食之, 其黨也食之, 非其黨不食也", 則三年之喪不食於人矣. 惟尊者之命, 則不敢辭. 不辟粱肉, 亦爲重違尊者之命也. 有酒醴, 則辭者, 酒醴能動人之志氣, 爲其散哀心也.

번역 내가 생각하기에, 『예기』「잡기(雜記)」편에서는 "만약 대공복(大功服)으로부터 그 이하의 상복을 착용하고 있고, 이미 장례를 치른 상태라면 상대의 초대에 응하여 찾아가는데, 남이 식사를 대접할 때, 그가 자신의 친족이라면 그 음식을 먹지만, 자신의 친족이 아니라면 음식을 먹지 않는다."[38]라고 했으니, 삼년상을 치를 때에는 남에게 식사를 대접받지 못한다. 오직 존귀한 자의 명령에 따른 경우에만 감히 사양하지 않는다. 좋은 곡식으로 지은 밥과 고기에 대해서 사양하지 않는 것 또한 존귀한 자의 명령을 위배하게 된다는 사실을 중시여기기 때문이다. 진한 술이 있다면 사양을 한다고 했으니, 진한 술은 사람의 뜻과 기운을 움직이게 하여 애통한 마음을 흩트릴 수 있기 때문이다.

---

37) 『순자(荀子)』「대략(大略)」: 旣葬, 君若父之友食之則食矣, 不辟粱肉, 有醴酒則辭.

38) 『예기』「잡기하(雜記下)」【514c】: 有服, 人召之食不往. 大功以下旣葬適人, 人食之, 其黨也食之, 非其黨弗食也.

• 제11절 •

소렴(小斂)과 대렴(大斂)의 석(席)

【534c】

小斂於戶內, 大斂於阼. 君以簟席, 大夫以蒲席, 士以葦席.

직역 戶內에서 小斂하고, 阼에서 大斂한다. 君은 簟席으로써 하고, 大夫는 蒲席으로써 하며, 士는 葦席으로써 한다.

의역 소렴(小斂)은 방문 안쪽에서 하고, 대렴(大斂)은 동쪽 계단에서 한다. 군주의 경우에는 침상에 대나무로 짠 자리를 깔고, 대부는 부들로 짠 자리를 깔며, 사는 갈대로 짠 자리를 깐다.

集說 簟席, 竹席也.

번역 '점석(簟席)'은 대나무로 짠 자리이다.

鄭注 簟, 細葦席也. 三者下皆有莞.

번역 '점(簟)'은 갈대로 짠 자리보다 촘촘한 것이다. 세 종류의 자리 밑에는 모두 왕골로 짠 자리를 깐다.

釋文 簟, 徒點反. 葦, 于鬼反. 莞音官, 又音完.

번역 '簟'자는 '徒(도)'자와 '點(점)'자의 반절음이다. '葦'자는 '于(우)'자와 '鬼(귀)'자의 반절음이다. '莞'자의 음은 '官(관)'이며, 또한 그 음은 '完

(완)'도 된다.

孔疏 ●"小斂"至"葦席". ○正義曰: 此一節明君・大夫・士小斂大斂所用之席也. 士以葦席, 與君同者, 士卑不嫌, 故得與君同用簟也.

번역 ●經文: "小斂"~"葦席". ○이곳 문단은 군주・대부・사가 소렴(小斂)과 대렴(大斂)을 할 때 사용하는 자리를 나타내고 있다. 사는 갈대로 짠 자리를 사용하여 군주의 경우와 동일한 점이 있는 것은 사는 신분이 매우 미천하므로 상위 예법을 사용하더라도 혐의를 받지 않는다. 그렇기 때문에 군주와 더불어서 동일하게 점(簟)을 사용할 수 있다.

孔疏 ◎注"三者下皆莞". ○正義曰: 知"下皆有莞"者, 按士喪禮記云"設牀, 當牖, 下莞上簟", 士喪經云"布席于戶內, 下莞上簟", 謂小斂席也. 大斂云"布席如初", 注云"亦下莞上簟, 如士始死", 至大斂, 用席皆同也. 士尙有莞, 則知君及大夫皆有莞也. 但此大夫辟君, 上席以蒲也. 若吉禮祭祀, 則蒲在莞下, 故司几筵"諸侯祭祀, 席蒲筵・績純, 加莞席・紛純", 與此異也.

번역 ◎鄭注: "三者下皆莞". ○정현이 "밑에는 모두 왕골로 짠 자리를 깐다."라고 했는데, 이 말이 사실임을 알 수 있는 이유는 『의례』「사상례(士喪禮)」편의 기문(記文)을 살펴보면, "침상을 설치할 때에는 들창에 놓고 아래에 왕골로 짠 자리를 깔고 위에 점(簟)으로 짠 자리를 깐다."[1]라고 했고, 「사상례」편의 경문에서는 "방문 안쪽에서 자리를 까는데, 아래에 왕골로 짠 자리를 깔고 위에 점(簟)으로 짠 자리를 깐다."[2]라고 했으니, 소렴(小斂)을 치르며 사용하는 자리를 뜻한다. 대렴(大斂)에 대해서는 "자리를 깔 때에는 처음대로 한다."[3]라고 했고, 정현의 주에서는 "이러한 경우에도 아래

---

1) 『의례』「기석례(旣夕禮)」: 設牀笫當牖, 衽下莞上簟, 設枕. 遷尸.
2) 『의례』「사상례(士喪禮)」: 士盥, 二人以並, 東面立于西階下. 布席于戶內, 下莞, 上簟.
3) 『의례』「사상례(士喪禮)」: 布席如初. 商祝布絞・紟・衾・衣, 美者在外.

에 왕골로 짠 자리를 깔고 위에 점(簟)으로 짠 자리를 까니, 사가 이제 막 죽었을 때처럼 한다."라고 했으므로, 대렴을 치를 때 사용하는 자리도 모두 동일하게 따르는 것이다. 사에 대해서 오히려 왕골로 짠 자리를 사용한다면, 군주 및 대부에 대해서도 모두 왕골로 짠 자리를 밑에 깐다는 사실을 알 수 있다. 다만 이곳에서 말한 대부는 군주에 대한 예법을 피하기 때문에, 위에 까는 자리로 부들로 짠 자리를 사용한다. 만약 길례에 따라 제사를 지내는 경우라면, 부들로 짠 자리는 왕골로 짠 자리 밑에 깔게 된다. 그렇기 때문에 『주례』「사궤연(司几筵)」편에서는 "제후의 제사에서는 부들자리를 깔고 채색이 들어간 천으로 가선을 대며, 왕골로 짠 자리를 깔며 술이 달린 천으로 가선을 댄다."[4]라고 하여 이곳과 차이를 보이는 것이다.

集解 愚謂: 詩箋云, "竹葦曰簟." 士喪禮"下莞上簟", 是士之葦席亦謂之簟也. 但葦席有二. 雜記曰, "士輤, 葦席以爲屋, 蒲席以爲裳帷." 此葦席之精於蒲席者也, 君斂之所用也. 又雜記曰, "有葦席, 旣葬蒲席." 此葦席之麤於蒲席者也, 士斂之所用也.

번역 내가 생각하기에, 『시』의 전문(箋文)에서는 "대나무와 갈대로 짠 자리를 '점(簟)'이라고 부른다."[5]라고 했고, 『의례』「사상례(士喪禮)」편에서는 "아래에는 왕골로 짠 자리를 깔고 위에는 점(簟)으로 짠 자리를 깐다."라고 했으니, 사가 사용하는 갈대로 짠 자리를 또한 '점(簟)'이라고 부르는 것이다. 다만 위석(葦席)에는 두 종류가 있다. 『예기』「잡기(雜記)」편에서는 "사의 천(輤)을 만들 때에는 위석(葦席)을 덮개를 삼으며, 포석(蒲席)을 휘장으로 삼는다."[6]라고 했으니, 여기에서 말한 위석(葦席)은 포석(蒲席)보다 촘촘한 것으로, 군주가 염(斂)을 하며 사용하는 것이다. 또 「잡기」편에

---

4) 『주례』「춘관(春官)·사궤연(司几筵)」: 諸侯祭祀席, 蒲筵繢純, 加莞席紛純, 右彫几.

5) 이 문장은 『시』「소아(小雅)·사간(斯干)」편의 "下莞上簟, 乃安斯寢."이라는 기록에 대한 정현의 전문(箋文)이다.

6) 『예기』「잡기상(雜記上)」【492a】: 士輤葦席以爲屋, 蒲席以爲裳帷.

서는 "이때에는 위석(葦席)이 깔려 있고, 만약 장례를 치른 뒤라면 포석(蒲席)이 깔려 있다."[7]라고 했으니, 여기에서 말한 위석(葦席)은 포석(蒲席)보다 거친 것으로, 사가 염(斂)을 하며 사용하는 것이다.

---

7) 『예기』「잡기상(雜記上)」【504a~b】: 含者執璧將命曰, "寡君使某含." 相者入告, 出曰, "孤某須矣." 含者入, 升堂致命, 子拜稽顙. 含者坐委於殯東南, 有葦席, 既葬蒲席. 降, 出, 反位. 宰夫朝服卽喪屨, 升自西階, 西面坐取璧, 降自西階, 以東.

그림 11-1 포석(蒲席)과 완석(莞席)

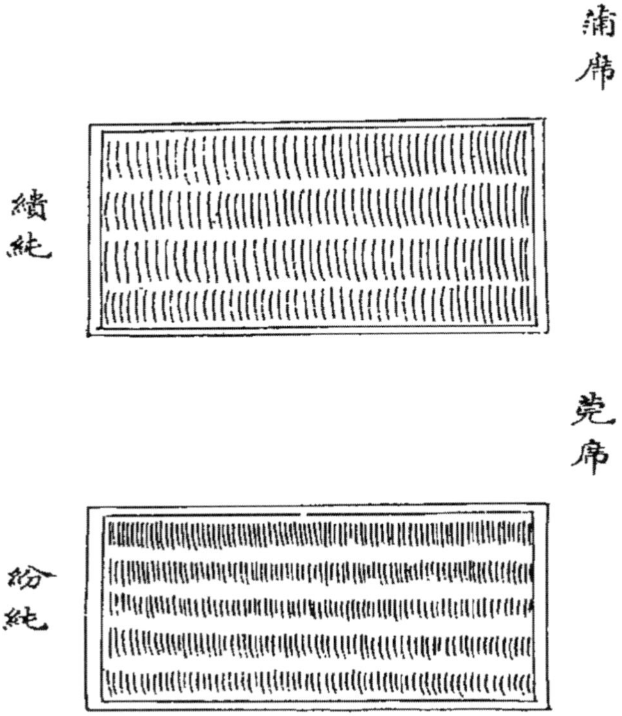

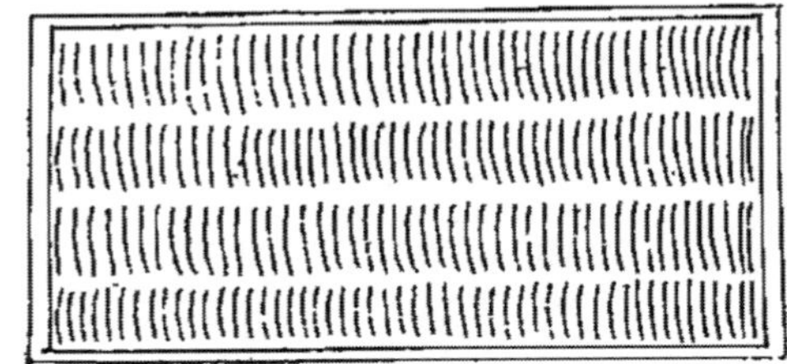

※ 출처: 『삼례도(三禮圖)』 2권

• 제 12 절 •

소렴(小斂)과 대렴(大斂)의 의복류 규정 Ⅰ

【534c~d】

小斂: 布絞, 縮者一, 横者三. 君錦衾, 大夫縞衾, 士緇衾, 皆一. 衣[1] 十有九稱. 君陳衣于序東, 大夫士陳衣于房中, 皆西領北上. 絞·紟不在列.

직역 小斂에는 布로 絞하니, 縮者는 一이고, 横者는 三이다. 君은 錦衾하고, 大夫는 縞衾하며, 士는 緇衾하니, 皆히 一이라. 衣는 十九稱이다. 君은 序의 東에 衣를 陳하고, 大夫와 士는 房中에 衣를 陳하니, 皆히 領을 西하되 北上한다. 絞와 紟은 列에 不在한다.

의역 소렴(小斂)을 치를 때에는 포(布)로 만든 묶는 끈을 사용하는데, 세로로 묶는 끈은 1개이고, 가로로 묶는 끈은 3개이다. 묶는 끈을 깐 뒤에는 그 위에 이불을 덮는데, 군주의 경우에는 비단으로 만든 이불을 사용하고, 대부의 경우에는 명주로 짠 이불을 사용하며, 사의 경우에는 치포(緇布)로 만든 이불을 사용하니, 모두 1개의 이불을 사용한다. 의복은 총 19칭(稱)을 사용한다. 군주의 경우에는 서(序)의 동쪽에 시신에게 입히는 옷들을 진열하고, 대부와 사의 경우에는 방안에 옷들을 진열하는데, 모두 옷깃을 서쪽으로 두되 북쪽 끝에서부터 진열한다. 묶는 끈과 홑겹으로 된 이불은 19칭(稱)의 수에 포함되지 않는다.

---

1) 의(衣)자에 대하여. '의'자는 본래 '금(衾)'자로 기록되어 있었는데, 문맥에 따르면 '의'자가 옳은 것 같다. 『십삼경주소(十三經注疏)』 북경대 출판본에도 '의'자로 기록되어 있다.

集說 此明小斂之衣衾. 絞, 旣斂所用以束尸使堅實者. 從者在橫者之上, 從者一幅, 橫者三幅, 每幅之末, 析爲三片, 以便結束. 皆一者, 君・大夫・士皆一衾. 衾在絞之上. 天數終於九, 地數終於十, 故十有九稱也. 袍, 夾衣. 衣裳, 單衣. 故註云, "單・複具曰稱." 紟, 單被也. 不在列, 不在十九稱之數也.

번역 이 내용은 소렴(小斂)에 사용하는 의복과 이불에 대해서 나타내고 있다. '교(絞)'는 염(斂)[2]을 하고서 이것을 사용하여 시신을 묶어 결속을 시키는 것이다. 세로로 묶는 것은 가로로 묶는 것 위에 설치하는데, 세로로 묶는 것은 1폭(幅)이고, 가로로 묶는 것은 3폭(幅)이며, 매 폭(幅)마다 그 끝을 갈라서 3가닥으로 만드니, 쉽게 결속시키기 위해서이다. '개일(皆一)'이라는 말은 군주・대부・사가 모두 하나의 이불을 사용한다는 뜻이다. 이불은 묶는 것 위에 덮어둔다. 하늘의 수는 9에서 끝나고, 땅의 수는 10에서 끝난다. 그렇기 때문에 19칭(稱)[3]을 사용한다. '포(袍)'는 겹으로 된 옷이다. 상의와 하의는 홑옷이다. 그렇기 때문에 주에서는 "홑옷과 겹옷에 대해서는 모두 '칭(稱)'이라고 부른다."라고 한 것이다. '금(紟)'은 홑겹으로 된 이불이다. '부재렬(不在列)'이라는 말은 19칭(稱)의 수에는 포함되지 않는다는 뜻이다.

鄭注 絞, 旣斂所用束堅之者. 縮, 從也. 衣十有九稱, 法天地之終數也. 士喪禮"小斂陳衣於房中, 南領, 西上", 與大夫異. 今此同, 亦蓋天子之士也. 絞・紟不在列, 以其不成稱, 不連數也. 小斂無紟, 因絞不在列見之也. 或曰縮者二.

---

2) 염(斂)은 시신에 옷을 입혀서 관에 안치하는 것을 뜻한다.

3) 칭(稱)은 수량을 나타내는 양사(量詞)이다. 즉 짝을 지어 갖추는 일련의 의복 등을 헤아리는 단위이다. 예를 들어 포(袍)라는 옷에는 반드시 겉에 걸치는 옷이 있어야 하며, 홑옷으로 입어서는 안 되고, 상의에는 반드시 그에 맞는 하의가 있어야 하는데, 이처럼 포(袍)에 겉옷을 갖추고, 상의에 맞게 하의까지 갖추는 것을 1칭(稱)이라고 부른다. 『예기』「상대기(喪大記)」편에는 "袍必有表不禪, 衣必有裳, 謂之一稱."이라는 기록이 있다.

번역 '교(絞)'는 염(斂)을 끝내고서 이것을 사용하여 결속시키는 것이다. '축(縮)'자는 세로[從]를 뜻한다. 의복은 19칭(稱)을 사용하니, 천지의 끝나는 수를 본받은 것이다. 『의례』「사상례(士喪禮)」편에서는 "소렴(小斂)을 하며 방안에 옷을 진열하는데, 옷깃을 남쪽으로 두고 서쪽 끝에서부터 정렬한다."[4]라고 하여, 대부의 경우와 차이를 보인다. 그런데 이곳에 나타난 사는 대부의 경우와 동일하게 하니, 여기에서 말하는 사 또한 천자에게 소속된 사일 것이다. "묶는 끈과 홑겹으로 된 이불은 그 범주에 들어가지 않는다."는 말은 칭(稱)을 이루지 못하기 때문에, 그 수에 포함시키지 않는 것이다. 소렴을 치를 때에는 금(紟)이라는 것이 포함되지 않는데, 묶는 끈을 언급하는 것에 따라서, 묶는 끈과 함께 그 수에 포함되지 않음을 나타낸 것이다. 혹자는 세로로 묶는 끈은 2개라고 말한다.

釋文 絞, 戶交反, 後同. 縮, 所六反. 縞, 古老反. 稱, 尺證反, 杜預云: "衣單複具曰稱." 後放此. 紟, 其鴆反, 後皆同. 從, 足容反. 數, 色主反. 見, 賢遍反.

번역 '絞'자는 '戶(호)'자와 '交(교)'자의 반절음이며, 뒤에 나오는 글자도 그 음이 이와 같다. '縮'자는 '所(소)'자와 '六(륙)'자의 반절음이다. '縞'자는 '古(고)'자와 '老(로)'자의 반절음이다. '稱'자는 '尺(척)'자와 '證(증)'자의 반절음이며, 두예[5]는"옷에 있어서 홑겹과 겹으로 된 옷에 대해서 모두 '칭(稱)'이라고 부른다."라고 했으며, 뒤에 나오는 글자들도 이에 따른다. '紟'자는 '其(기)'자와 '鴆(짐)'자의 반절음이며, 뒤에 나오는 글자들도 모두 그 음이 이와 같다. '從'자는 '足(족)'자와 '容(용)'자의 반절음이다. '數'자는 '色

---

4) 『의례』「사상례(士喪禮)」 : 厥明, 陳衣于房, 南領, 西上. 綪. 絞橫三, 縮一, 廣終幅, 析其末. 緇衾赬裏, 無紞. 祭服次, 散衣次, 凡有十九稱. 陳衣繼之, 不必盡用.

5) 두예(杜預, A.D.222~A.D.284) : =두원개(杜元凱). 서진(西晉) 때의 유학자이다. 경조(京兆) 두릉(杜陵) 출신이다. 자(字)는 원개(元凱)이다. 『춘추경전집해(春秋經典集解)』를 저술하였는데, 이 책은 현존하는 『춘추(春秋)』의 주석서 중 가장 오래된 것이며, 『십삼경주소(十三經注疏)』의 『춘추좌씨전정의(春秋左氏傳正義)』에도 채택되어 수록되었다.

(색)'자와 '主(주)'자의 반절음이다. '見'자는 '賢(현)'자와 '遍(편)'자의 반절음이다.

孔疏 ●"小斂"至"在列". ○正義曰: 此以下至"絺·綌·紵不入", 廣明君·大夫·士小斂大斂及襚所用之衣并所陳之處, 各隨文解之. 此一經明小斂之衣.

번역 ●經文: "小斂"~"在列". ○이곳 구문으로부터 그 이하로 "치(絺)·격(綌)·저(紵)는 포함시키지 않는다."[6]라는 구문까지는 군주·대부·사가 소렴(小斂)과 대렴(大斂) 및 수(襚)를 하며 사용하는 의복과 그것을 진열하는 장소에 대해서 나타내고 있으니, 각각의 문장에 따라서 풀이하겠다. 이곳 경문은 소렴에 사용하는 옷들을 나타내고 있다.

孔疏 ●"布絞, 縮者一, 橫者三"者, 以布爲絞, 縮, 從也. 謂從者一副豎置於尸下, 橫者三幅亦在尸下. 從者在橫者之上, 每幅之末析爲三片, 以結束爲便也.

번역 ●經文: "布絞, 縮者一, 橫者三". ○포(布)로 묶는 끈을 만들고, '축(縮)'자는 세로[從]라는 뜻이다. 즉 세로로는 1폭(幅)의 끈을 사용하여 시신 밑에 두고, 가로로는 3폭(幅)의 끈을 또한 시신 밑에 둔다는 뜻이다. 세로로 묶는 끈은 가로로 묶는 끈 위에 두고, 매 폭(幅)의 끈 끝은 갈라서 3가닥으로 만드니, 결속할 때 편리하도록 만들기 위해서이다.

孔疏 ●"君錦衾, 大夫縞衾, 士緇衾, 皆一"者, 謂大夫·士等各用一衾, 故云"皆一", 舒衾於此絞上.

---

6) 『예기』「상대기」【536a】: 凡陳衣者實之篋, 取衣者亦以篋. 升降者自西階. 凡陳衣不詘, 非列采不入, 絺·綌·紵不入.

번역 ●經文: "君錦衾, 大夫縞衾, 士緇衾, 皆一". ○대부와 사 등은 각각 하나의 이불을 사용한다. 그렇기 때문에 "모두 하나를 사용한다."라고 했으니, 묶는 끈 위에 이불을 펼쳐두는 것이다.

孔疏 ●"衣十有九稱"者, 君・大夫・士同用十九稱衣, 布於衾上, 然後擧尸於衣上, 屈衣裹, 又屈衾裹之, 然後以絞束之.

번역 ●經文: "衣十有九稱". ○군주・대부・사가 모두 19칭(稱)의 옷을 사용하는데, 이불 위에 펼쳐두고 그런 뒤에 시신을 들어서 의복 위에 올려두며, 의복을 접어 감싸고 또 이불을 접어 시신을 감싸며, 그런 뒤에 묶는 끈으로 결속한다.

孔疏 ●"君陳衣于序東, 大夫・士陳衣于房中"者, 謂將小斂, 陳衣也. 房中者, 東房也. 大夫・士唯有東房故也.

번역 ●經文: "君陳衣于序東, 大夫・士陳衣于房中". ○소렴(小斂)을 치르기 위해서 옷을 진열한다는 뜻이다. 방안이라는 말은 동쪽 방을 뜻한다. 대부와 사는 오직 동쪽 방만 있기 때문이다.

孔疏 ●"絞紟不在列"者, 謂不在十九稱之列, 不入數也. 小斂未有紟, 因絞不在列而言紟耳.

번역 ●經文: "絞紟不在列". ○19칭(稱)의 대열에는 들어가지 않으니, 그 수에 포함되지 않는다는 뜻이다. 소렴(小斂)을 할 때에는 아직까지 금(紟)을 사용하지 않는데, 묶는 끈이 그 수에 포함되지 않는 것에 따라서 금(紟)까지도 함께 언급한 것일 뿐이다.

孔疏 ◎注"衣十"至"之也". ○正義曰: "衣十有九稱, 法天地之終數"者, 按易·繫辭云"天一地二, 天三地四, 天五地六, 天七地八, 天九地十", 天數終於九也, 地數終於十也, 人旣終, 故云以天地終數斂衣之也. 云"亦蓋天子之士"者, 以前文"士沐粱", 與士喪禮不同, 已云"此蓋天子之士", 此經陳衣與士喪禮衣不同, 故云"亦蓋天子之士"也. 云"以其不成稱, 不連數也"者, 上衣下裳相對, 故爲成稱. 絞·紟非衣, 故云"不成稱". 經云"不在列", 鄭恐今不布列, 故云"不連數", 謂不連爲十九稱之列. 其實亦布陳也. 云"小斂無紟"者, 以下文大斂始云"布紟", 今此經直云"布絞", 故知無紟也.

번역 ◎鄭注: "衣十"~"之也". ○정현이 "의복은 19칭(稱)을 사용하니, 천지의 끝나는 수를 본받은 것이다."라고 했는데, 『역』「계사전(繫辭傳)」을 살펴보면 "하늘의 수는 1이고 땅의 수는 2이며, 하늘의 수는 3이고 땅의 수는 4이며, 하늘의 수는 5이고 땅의 수는 6이며, 하늘의 수는 7이고 땅의 수는 8이며, 하늘의 수는 9이고 땅의 수는 10이다."[7]라고 했으니, 하늘의 수는 9에서 끝나고 땅의 수는 10에서 끝나는데, 사람이 이미 죽었기 때문에 천지의 끝나는 수에 따라서 염(斂)을 할 때 입히는 옷의 수로 삼는다고 말한 것이다. 정현이 "또한 천자에게 소속된 사일 것이다."라고 했는데, 앞의 문장에서 "사의 경우 머리를 감길 때 사용하는 물은 조를 씻은 물이다."[8]라고 했고, 이것은 『의례』「사상례(士喪禮)」편의 기록과 동일하지 않으며,[9] 그 기록에 대해서 이미 "여기에서의 사는 아마도 천자에게 소속된 사일 것이다."라고 했고, 이곳 경문에서 옷을 진열하는 기록은 「사상례」편에 나타난 의복과 동일하지 않다. 그렇기 때문에 "또한 천자에게 소속된 사일 것이다."라고 말한 것이다. 정현이 "칭(稱)을 이루지 못하기 때문에, 그 수

---

7) 『역』「계사상(繫辭上)」: 天一, 地二, 天三, 地四, 天五, 地六, 天七, 地八, 天九, 地十.

8) 『예기』「상대기」【532d~533a】: 管人汲授御者, 御者差沐于堂上. 君沐粱, 大夫沐稷, 士沐粱. 甸人爲垼于西牆下, 陶人出重鬲, 管人受沐, 乃煮之. 甸人取所徹廟之西北厞薪, 用爨之. 管人授御者沐, 乃沐. 沐用瓦盤, 挋用巾, 如他日. 小臣爪手翦須. 濡濯棄于坎.

9) 『의례』「사상례(士喪禮)」: 貝三實于笲. 稻米一豆實于筐. 沐巾一, 浴巾二, 皆用綌, 于笲. 櫛于簞. 浴衣于篋. 皆饌于西序下, 南上.

에 포함시키지 않는 것이다."라고 했는데, 상의와 하의가 서로 대칭이 되기 때문에 칭(稱)을 이루게 된다. 반면 묶는 끈과 금(紟)은 옷으로 여기지 않기 때문에 "칭(稱)을 이루지 않는다."라고 말한 것이다. 경문에서는 "대열에 포함되지 않는다."라고 했는데, 정현은 현 상황에서 깔아두지 않는다고 오해할 것을 염려했기 때문에 "그 수에 포함시키지 않는 것이다."라고 말했으니, 19칭(稱)의 의복 대열에는 포함되지 않는다는 뜻이다. 그러나 실제로는 그것들도 깔아두게 된다. 정현이 "소렴을 치를 때에는 금(紟)이라는 것이 포함되지 않는다."라고 했는데, 아래문장에서 대렴(大斂)을 치르며 비로소 "금(紟)을 펼친다."라고 했고, 이곳 경문에서는 단지 "교(絞)를 펼친다."라고 했으니, 금(紟)을 사용하지 않는다는 사실을 알 수 있다.

集解 賈氏公彦曰: 絞直言幅數, 不言長短者, 人有長短不定, 取足而已.

번역 가공언이 말하길, 교(絞)에 대해서는 단지 폭(幅)의 수만 말하고, 길이에 대해서는 언급하지 않았는데, 사람의 키는 고정되어 있지 않으니, 충분할 만큼 사용할 따름이다.

集解 愚謂: 大斂之絞言"不辟", 則小斂之絞辟之矣. 辟者, 謂用全幅布爲之, 而析其末爲三也. 凡斂之絞·紟·衾·衣, 皆先言者在下, 後言者在上; 在上者先斂, 在下者後斂. 此云"縮者一, 橫者三", 則縮者在下, 橫者在上也. 士喪禮曰"絞橫三縮一", 先橫後縮, 蓋禮俗不同也. 縞, 生絹也. 緇, 緇布也. 士喪禮曰, "緇衾, 赬裏, 無紞." 然則凡衾皆複爲之也. 序東, 堂上東夾前也. 小斂之衣, 雖尊卑同用十九稱, 而陳衣多寡不同: 君陳衣於東序, 衣多也. 大夫士陳於東房, 衣少也. 序東·房中, 皆在尸東, 故皆西領. 士喪禮"陳衣於房, 南領, 西上", 與此不同. 小斂在戶內, 陳衣當統於尸. 君陳衣於序東, 故西領, 北上, 皆統於尸. 若大夫士陳衣於房中, 則不當北上, 皆如士喪禮之所言也. 絞·紟不在列, 則衾在列矣. 衾得在列者, 以其複爲之故也.

번역 내가 생각하기에, 대렴(大斂)에 사용하는 묶는 끈에 대해서는 "벽(辟)을 하지 않는다."[10]라고 했으니, 소렴(小斂)에 사용하는 묶는 끈에 대해서는 벽(辟)을 한다. '벽(辟)'이라는 것은 온전한 폭(幅)의 포(布)를 사용해서 만들고, 끝을 갈라서 두 갈래로 만든다는 뜻이다. 무릇 염(斂)을 할 때 사용하는 교(絞)·금(紟)·금(衾)·의(衣)에 대해서는 모두 먼저 언급한 것은 밑에 깔리고 뒤에 언급한 것은 위에 깔리며, 위에 깔린 것으로 먼저 시신을 가리고, 밑에 깔린 것으로 뒤에 시신을 감싼다. 이곳에서는 "세로로 1개이고, 가로로 3개이다."라고 했으니, 세로로 묶는 것이 밑에 깔리는 것이고, 가로로 묶는 것이 그 위에 깔리는 것이다. 『의례』「사상례(士喪禮)」편에서는 "교(絞)는 가로로 3개이며 세로로 1개이다."[11]라고 하여, 먼저 가로로 묶는 것을 말하고 이후에 세로로 묶는 것을 말했는데, 아마도 예법에 따른 풍속이 다르기 때문일 것이다. '호(縞)'는 생견이다. '치(緇)'는 치포(緇布)이다. 「사상례」편에서는 "치포로 만든 금(衾)에는 붉은색으로 안감을 대고, 가장자리를 꾸미는 술은 없다."[12]라고 했다. 그렇다면 무릇 금(衾)은 모두 겹으로 만들게 된다. '서동(序東)'은 당(堂) 위의 동쪽 협실 앞을 뜻한다. 소렴(小斂)을 하며 사용하는 의복에 있어서 비록 신분에 상관없이 모두 19칭(稱)을 사용하지만, 진열하는 옷에 있어서는 그 수량에 차이를 보인다. 군주에 대해 동쪽 서(序)에 의복을 진열하는 것은 의복이 많기 때문이다. 대부와 사에 대해 동쪽 방에 의복을 진열하는 것은 의복이 적기 때문이다. '서동(序東)'과 '방중(房中)'은 모두 시신의 동쪽에 있기 때문에, 옷깃들은 모두 서쪽으로 두는 것이다. 「사상례」편에서는 "방에 의복을 진열하며, 옷깃을 남쪽으로 두고 서쪽 끝에서부터 둔다."라고 하여 이곳의 기록과 차이

---

10) 『예기』「상대기」【534d~535a】: 大斂: 布絞, 縮者三, 横者五; 布紟, 二衾. 君·大夫·士一也. 君陳衣于庭, 百稱, 北領西上. 大夫陳衣于序東, 五十稱, 西領南上. 士陳衣于序東, 三十稱, 西領南上. 絞·紟如朝服. 絞一幅爲三, 不辟. 紟五幅, 無紞.

11) 『의례』「사상례(士喪禮)」: 厥明, 陳衣于房, 南領, 西上. 綪. 絞横三, 縮一, 廣終幅, 析其末.

12) 『의례』「사상례(士喪禮)」: 緇衾赬裏, 無紞. 祭服次, 散衣次, 凡有十九稱. 陳衣繼之, 不必盡用.

를 보인다. 소렴은 방문 안쪽에서 하니, 옷을 진열하는 것은 마땅히 시신을 위한 것이 된다. 군주의 경우에는 서동(序東)에 옷을 진열하므로, 옷깃을 서쪽으로 두고 북쪽 끝에서부터 진열하니, 이 모두는 시신을 위한 것이기 때문이다. 대부와 사에 대해 방안에 옷을 진열한다면, 북쪽 끝에서부터 두어서는 안 되니, 모두 「사상례」편에서 언급한 것처럼 해야 한다. 교(絞)와 금(紟)이 그 수에 포함되지 않는다면, 금(衾)은 그 수에 포함된다. 금(衾)이 그 수에 포함될 수 있는 것은 겹으로 만들기 때문이다.

그림 12-1 우: 소렴(小斂)의 교(絞), 좌: 대렴(大斂)의 교(絞)

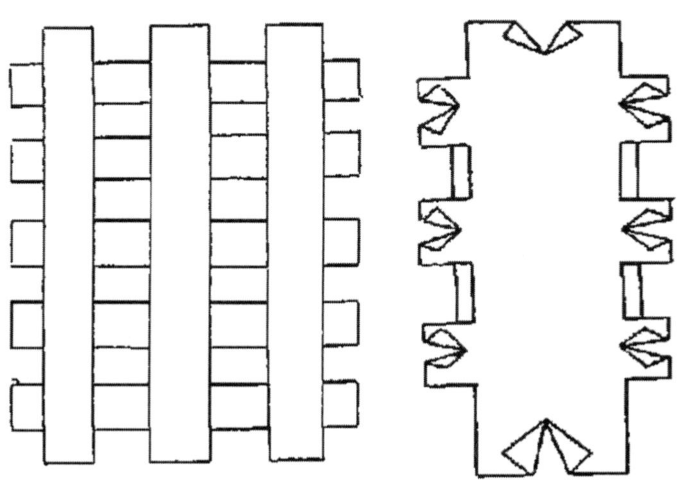

※ **출처:**『삼례도집주(三禮圖集注)』17권

그림 12-2 금(紟)과 금(衾)

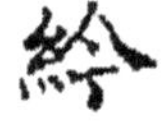

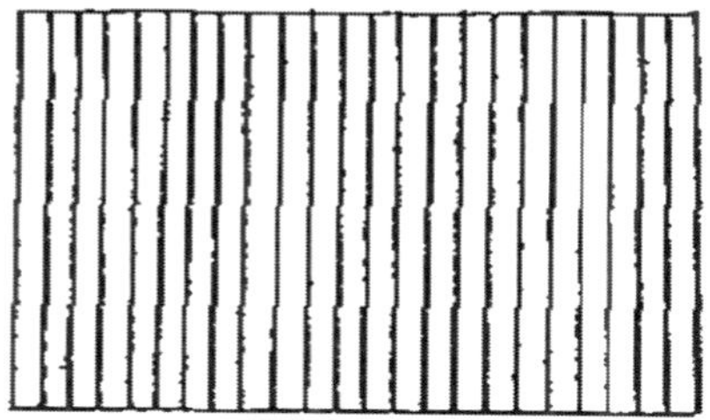

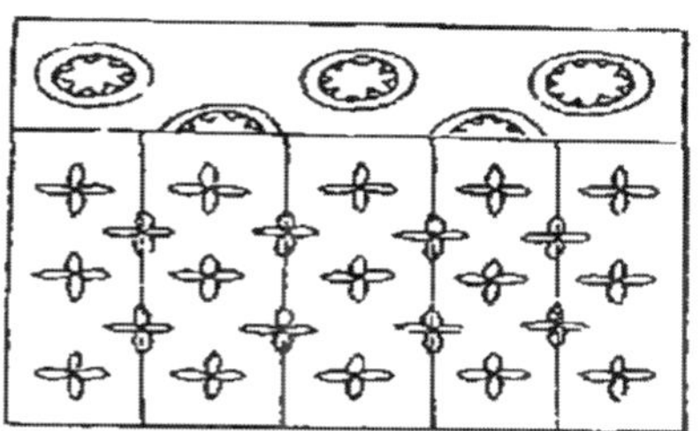

※ **출처:** 『삼례도집주(三禮圖集注)』 17권

【534d~535a】

大斂: 布絞, 縮者三, 橫者五; 布紟, 二衾. 君·大夫·士一也. 君陳衣于庭, 百稱, 北領西上. 大夫陳衣于序東, 五十稱, 西領南上. 士陳衣于序東, 三十稱, 西領南上. 絞·紟如朝服. 絞一幅爲三, 不辟. 紟五幅, 無紞.

직역 大斂에는 布로 絞하니, 縮者는 三이고, 橫者는 五이며; 布紟이 二衾이다. 君·大夫·士가 一이다. 君은 庭에 衣를 陳하니, 百稱이며, 領을 北하되 西上한다. 大夫는 序東에 衣를 陳하니, 五十稱이며, 領을 西하되 南上한다. 士는 序東에 衣를 陳하니, 三十稱이며, 領을 西하되 南上한다. 絞紟은 朝服과 如하다. 絞는 一幅하되 三으로 爲하며, 不辟한다. 紟은 五幅하되, 紞이 無하다.

의역 대렴(大斂)을 치를 때에는 포(布)로 만든 묶는 끈을 사용하는데, 세로로 묶는 끈은 3개이고, 가로로 묶는 끈은 5개이며, 포(布)로 만든 홑이불을 사용하고, 소렴(小斂) 때 사용한 이불보다 1개를 더하여 2개의 이불을 사용한다. 이것은 군주·대부·사가 모두 동일하다. 군주의 경우 의복은 마당에 진열해두는데, 총 100칭(稱)이고, 옷깃은 북쪽으로 두되 서쪽 끝에서부터 정렬한다. 대부의 경우 의복은 서(序)의 동쪽에 진열해두는데, 총 50칭(稱)이고, 옷깃은 서쪽으로 두되 남쪽 끝에서부터 정렬한다. 사의 경우 의복은 서(序)의 동쪽에 진열해두는데, 총 30칭(稱)이고, 옷깃은 서쪽으로 두되 남쪽 끝에서부터 정렬한다. 묶는 끈과 홑이불에 사용하는 포(布)는 조복(朝服)에 사용하는 포(布)와 같다. 묶는 끈은 1폭(幅)으로 하되 끝을 갈라서 3가닥으로 만들지만, 가운데는 가르지 않는다. 홑이불은 5폭(幅)으로 하되, 가에 붙이는 술이 없다.

集說 此明大斂之事. 縮者三, 謂一幅直用, 裂其兩頭爲三片也. 橫者五, 謂以布二幅, 分裂作六片, 而用五片橫於直者之下也. 紟, 一說在絞下用以舉尸, 一說在絞上, 未知孰是. 二衾者, 小斂一衾, 大斂又加一衾也. 如朝服, 其布如朝服十五升也. 絞一幅爲三不辟者, 一幅兩頭分爲三段, 而中不擘裂也. 紟五幅, 用以舉尸者. 無紞, 謂被頭不用組紐之類爲識別也. 又按, 士沐粱及陳衣, 與士喪禮不同, 舊說此爲天子之士.

번역 이 문장은 대렴(大斂)의 사안을 나타내고 있다. “가로로 된 것이 3개이다.”는 말은 1폭(幅)으로 된 것을 세로로 두되 양쪽 끝을 갈라서 세 가닥으로 만든다는 뜻이다. “가로로 된 것이 5개이다.”는 말은 2폭의 포(布)를 사용하되 갈라서 6가닥으로 만들고, 그 중 다섯 가닥을 이용해서 세로로 된 것 밑에 가로로 둔다는 뜻이다. ‘금(紟)’에 대해서 일설에서는 교(絞) 밑에 두어서 시신을 들 때 사용하는 것이라고도 하고, 또 어떤 자들은 교(絞) 위에 둔다고 하는데, 어느 것이 옳은지 모르겠다. ‘이금(二衾)’이라고 했는데, 소렴(小斂)에는 1개의 이불을 사용하고, 대렴에는 재차 1개의 이불을 추가하여 2개를 사용한다는 뜻이다. ‘여조복(如朝服)’은 사용하는 포(布)가 조복에 사용하는 것과 동일하게 15승(升)의 것을 사용한다는 뜻이다. “교(絞)는 1폭(幅)으로 하되 3으로 만들고 벽(辟)을 하지 않는다.”고 했는데, 1폭(幅)의 포에서 양쪽 끝을 갈라 3가닥으로 만들지만, 가운데는 찢지 않는다는 뜻이다. “금(紟)은 5폭이다.”라고 했는데, 이것을 이용해서 시신을 들어 올린다. ‘무담(無紞)’은 이불 끝에 끈 등을 이용해서 표식을 하지 않는다는 뜻이다. 또 살펴보니 사에 대해서 머리를 감길 때 조 씻은 물을 사용한다는 기록[13]이나 옷을 진열하는 것에 있어서, 그 내용이 『의례』「사상례(士喪禮)」편의 기록과 차이를 보이는데, 옛 학설에서는 여기에 나오는 사는 천자에게 소속된 사이기 때문이라고 했다.

大全 臨川吳氏曰: 絞一幅爲三不辟者, 辟, 讀如闢開也. 蓋小斂之絞, 縮一橫三者, 曰一曰三, 皆以布之全幅爲數也. 大斂之絞, 縮三橫五者, 曰三曰五, 皆以布之小片爲數也. 橫絞之五, 既是以兩幅之布, 通身裁開爲六小片, 而用

---

13) 『예기』「상대기」【532d~533a】: 管人汲授御者, 御者差沐于堂上. 君沐粱, 大夫沐稷, <u>士沐粱</u>. 甸人爲垼于西牆下, 陶人出重鬲, 管人受沐, 乃煮之. 甸人取所徹廟之西北厞薪, 用爨之. 管人授御者沐, 乃沐. 沐用瓦盤, 挋用巾, 如他日. 小臣爪手翦須. 濡濯棄于坎.

其五片矣. 縮絞之三, 亦是以一幅之布, 裁開其兩端爲三. 但中間當腰處約計, 三分其長之一, 不翦破爾. 其橫縮之絞八片, 皆狹小, 故結束處, 不用更辟裂之也. 若小斂橫縮之絞, 是全幅之布, 則其末須是翦開爲三, 方可結束也. 但其翦開處, 不甚長, 非如大斂之縮絞, 三分其長之二, 皆翦開也. 紟五幅者, 蓋用布五幅, 聯合爲一, 如今單布被. 斂衾直鋪, 布衾橫鋪. 斂時先緊捲布衿, 以包裹斂衾, 然後結束縮絞之三. 縮絞結束畢, 然後結束橫絞之五也.

번역 임천오씨가 말하길, "교(絞)는 1폭(幅)으로 3개를 만들고 벽(辟)을 하지 않는다."라고 했는데, '벽(辟)'자는 "열다[闢開]."라고 할 때의 '벽(闢)'자처럼 해석한다. 무릇 소렴(小斂) 때 사용하는 교(絞)는 세로로 1개를 두고 가로로 3개를 둔다고 하여, 1개와 3개라고 말했는데, 이 모두는 포(布)의 전체 폭으로 그 수를 삼은 것이다. 대렴(大斂)에 사용하는 교(絞)는 세로로 3개를 두고 가로로 5개를 둔다고 하여, 3개와 5개라고 말했는데, 이 모두는 포(布)를 찢어서 나온 작은 갈래로 그 수를 삼은 것이다. 가로로 두는 교(絞)가 5개라고 했는데, 이미 2폭의 포(布)를 사용한다고 했으니, 전체를 갈라서 6개의 작은 가닥을 만들고, 그 중 5가닥을 사용한다는 뜻이다. 세로로 두는 교(絞)는 3개라고 했는데, 이 또한 1폭의 포(布)를 사용하여, 양쪽 끝을 갈라서 3가닥을 만든다는 뜻이다. 다만 중간의 허리에 해당하는 부분은 묶어두니, 그 길이를 3등분하여 중간의 1만큼은 가르지 않을 따름이다. 따라서 가로와 세로로 두는 교(絞)는 총 8가닥이 나오는데, 모두 그 폭이 협소하기 때문에, 결속하는 부분에서는 재차 갈라서 나누지 않는다. 만약 소렴(小斂)에 사용하는 가로세로의 교(絞)라면, 전체 폭의 포(布)가 되니, 끝을 갈라서 3가닥으로 만들어야만 결속할 수 있다. 다만 가르는 부분에서는 너무 길게 가르지 않으니, 대렴에 세로로 두는 교(絞)가 전체 길이에서 2만큼을 모두 갈랐던 것과는 다르다. "금(紟)은 5폭이다."라고 했는데, 아마도 5폭으로 된 포(布)를 연결하여 하나의 홑이불로 만든 것이니, 오늘날 홑겹의 포(布)로 만든 이불과 같다. 시신을 감싸는 이불은 세로로 펴두고, 펼쳐두는 이불은 가로로 펴둔다. 시신을 감쌀 때에는 우선 펼쳐둔 옷들을 거둬서 시신을 감싸는 이불 안쪽으로 오도록 하고, 그런 뒤에 세로로 놓인 교(絞) 3개를 결속한다. 세로로 놓인 교(絞)의 결속이 끝난 뒤에는 가로로 놓인 교(絞) 5개를 결속한다.

鄭注 二衾者, 或覆之, 或薦之. 如朝服者, 謂布精麤朝服十五升. 小斂之絞也, 廣終幅, 析其末, 以爲堅之强也. 大斂之絞, 一幅三析用之, 以爲堅之急也. 紞, 以組類爲之, 綴之領側, 若今被識矣. 生時禪被有識, 死者去之, 異於生也. 士喪禮"大斂亦陳衣於房中, 南領, 西上", 與大夫異, 今此又同, 亦蓋天子之士. 紞, 或爲點.

번역 '이금(二衾)'이라고 했는데, 하나는 덮는 것이고 다른 하나는 밑을 받치는 것이다. '여조복(如朝服)'은 포(布)의 거친 정도가 조복(朝服)을 만들 때 사용하는 15승(升)의 포(布)와 같다는 뜻이다. 소렴(小斂)을 할 때 사용하는 교(絞)는 너비가 종폭이 되며, 끝을 갈라서 단단히 묶게 된다. 대렴(大斂)을 할 때 사용하는 교(絞)는 1폭으로 된 것을 3가닥으로 나눠서 사용하며, 이것을 통해 겹겹이 결속한다. '담(紞)'은 끈 등의 부류로 만들게 되니, 가장자리에 연결하는 것으로, 오늘날의 이불 술과 같은 것이다. 살아 있을 때 사용하는 홑이불에는 술이 달려 있는데, 죽은 자에게 사용하는 홑이불에서 이것을 제거하는 것은 생전과 다르게 하기 위해서이다. 『의례』「사상례(士喪禮)」편에서는 "대렴을 할 때에는 또한 방안에 의복을 진열하되 옷깃을 남쪽으로 두고 서쪽 끝에서부터 진열한다."[14]라고 하여, 대부와 차이를 보이고 있지만, 이곳에서는 동일하다고 했다. 이것 또한 천자에게 소속된 사의 예법이기 때문일 것이다. '담(紞)'자를 다른 판본에서는 '점(點)'자로 기록하기도 한다.

釋文 幅, 本又作偪, 方服反. "爲三"絶句, "不辟"絶句, 補麥反, 又音壁, 徐扶移反. 紞, 丁覽反. 廣, 古曠反. 析, 思歷反, 下同. 强, 其丈反. 識, 式志反,

14) 『의례』「사상례(士喪禮)」: 厥明, 陳衣于房, 南領, 西上. 綪. 絞橫三, 縮一, 廣終幅, 析其末. 緇衾赬裏, 無紞. 祭服次, 散衣次, 凡有十九稱. 陳衣繼之, 不必盡用.

又音志, 又音式, 下同. 去, 起呂反, 下注同.

번역 '幅'자는 판본에 따라서 또한 '偪'자로도 기록하는데, 그 음은 '方(방)'자와 '服(복)'자의 반절음이다. '爲三'에서 구문을 끊고, '不辟'에서 구문을 끊는데, '辟'자는 '補(보)'자와 '麥(맥)'자의 반절음이고, 또한 그 음은 '壁(벽)'도 되는데, 서음(徐音)은 '扶(부)'자와 '移(이)'자의 반절음이다. '紞'자는 '丁(정)'자와 '覽(람)'자의 반절음이다. '廣'자는 '古(고)'자와 '曠(광)'자의 반절음이다. '析'자는 '思(사)'자와 '歷(력)'자의 반절음이며, 아래문장에 나오는 글자도 그 음이 이와 같다. '强'자는 '其(기)'자와 '丈(장)'자의 반절음이다. '識'자는 '式(식)'자와 '志(지)'자의 반절음이고, 또한 그 음은 '志(지)'도 되며, '式(식)'도 되는데, 아래문장에 나오는 글자도 그 음이 이와 같다. '去'자는 '起(기)'자와 '呂(려)'자의 반절음이며, 아래 정현의 주에 나오는 글자도 그 음이 이와 같다.

孔疏 ●"大斂"至"無紞". ○正義曰: 此一節明大斂之事.

번역 ●經文: "大斂"~"無紞". ○이곳 문단은 대렴(大斂)의 사안을 나타내고 있다.

孔疏 ●"大斂布絞, 縮者三"者, 謂取布一幅, 分裂之作三片, 直用之三片, 卽共是一幅也. 兩頭裂, 中央不通.

번역 ●經文: "大斂布絞, 縮者三". ○1폭(幅)의 포(布)를 3가닥으로 나누니, 세로로 3가닥을 사용하지만 이 모두는 1폭이 된다는 뜻이다. 양쪽 끝을 가르지만 중앙 부분은 가르지 않는다.

孔疏 ●"橫者五"者, 又取布二幅, 分裂之作六片, 而用五片, 橫之於縮下也.

번역 ●經文: "橫者五". ○또한 2폭(幅)의 포(布)를 6가닥으로 나누되 5

가닥을 사용하는 것이며, 세로로 놓아둔 교(絞) 밑에 가로로 놓아둔다.

孔疏 ●"布紟"者, 皇氏云"紟, 禪被也, 取置絞束之下, 擬用以擧尸也. 孝經云'衣衾而擧之' 是也". 今按, 經云紟在絞後, 紟或當在絞上, 以絞束之. 且君衣百稱, 又通小斂與襲之衣, 非單紟所能擧也. 又孝經云衾不云紟, 皇氏之說未善也.

번역 ●經文: "布紟". ○황간은 "'금(紟)'자는 홑이불을 뜻하니, 결속하는 끈 밑에 두어서 이것을 이용해 시신을 들어 올리게 된다. 『효경』에서 '의복과 이불로 시신을 든다.'[15]라고 한 말이 바로 이러한 뜻을 나타낸다." 라고 했다. 현재 살펴보니, 경문에서 '금(紟)'을 말한 것은 교(絞)에 대한 설명 뒤에 있으니, 금(紟)은 아마도 교(絞) 위에 놓아서 교(絞)로 결속하는 것이다. 또 군주의 의복은 100칭(稱)이라고 했고, 또 소렴(小斂)과 습(襲)을 할 때 사용하는 옷을 통괄해보면, 홑이불로 들 수 있는 양이 아니다. 또 『효경』에서는 '금(衾)'이라고 했고, '금(紟)'이라고 하지 않았으니, 황간의 주장은 명확하지 않다.

孔疏 ●"二衾"者, 小斂, 君・大夫・士各一衾. 至大斂, 又各加一衾, 爲二衾, 其衾所用與小斂同. 但此衾一是始死覆尸者, 故士喪禮云"幠用斂衾", 注"大斂所并用之衾", 一是大斂時復制. 又注士喪禮云"衾二者, 始死斂衾, 今又復制." 士旣然, 則大夫以上亦耳.

번역 ●經文: "二衾". ○소렴(小斂)을 치를 때 군주・대부・사는 각각 1개의 이불을 사용한다. 대렴(大斂)을 치르게 되면 또한 각각 1개의 이불을 더하게 되어 모두 2개의 이불을 사용하게 되는데, 이불의 용도는 소렴 때의 이불과 동일하다. 다만 2개의 이불 중 하나는 처음 시신을 덮었던 것이다.

---

15) 『효경』「상친장(喪親章)」: 爲之棺槨衣衾而擧之. 陳其簠簋而哀慼之. 擗踊哭泣哀以送之.

그렇기 때문에 『의례』「사상례(士喪禮)」편에서는 "덮을 때에는 염금(斂衾)을 사용한다."[16]라고 한 것이고, 정현의 주에서는 "대렴(大斂)에서 함께 사용하는 이불이다."라고 한 것이다. 그리고 다른 하나는 대렴(大斂) 때 재차 재단해서 사용하는 것이다. 또 「사상례」편에 대한 정현의 주에서는 "이불 2개라는 것은 이제 막 죽었을 때 사용했던 염금과 현재 다시 재단해서 만든 것이다."[17]라고 했다. 사 계층이 이미 이처럼 따랐다면, 대부로부터 그 이상의 계층 또한 동일하게 따랐던 것이다.

孔疏 ●"君陳衣于庭, 百稱, 北領西上"者, 衣多, 故陳在庭爲榮顯. 按鄭注雜記篇以爲襲禮, 大夫五, 諸侯七, 上公九, 天子十二稱, 則此大斂, 天子當百二十稱, 上公九十稱, 侯伯子男七十稱. 今云君百稱者, 據上公擧全數而言之, 餘可知也. 或大斂襲五等, 同百稱也. "北領"者, 謂尸在堂也.

번역 ●經文: "君陳衣于庭, 百稱, 北領西上". ○의복이 많기 때문에 마당에 진열하여 영예로움을 드러내는 것이다. 『예기』「잡기(雜記)」편에 대한 정현의 주를 살펴보면, 습(襲)의 예법에 대해서, 대부는 5칭(稱), 제후는 7칭, 천자는 12칭을 사용한다고 여겼으니, 대렴(大斂)을 할 때 천자라면 마땅히 120칭을 사용하고, 상공(上公)은 90칭을 사용하며, 후작·백작·자작·남작은 70칭을 사용하는 것이다. 현재 "군주는 100칭이다."라고 했는데, 이것은 상공에 대한 대략적인 수를 근거로 말한 것으로, 나머지 경우에 대해서도 알 수 있다. 혹은 대렴 때의 습(襲)에서 다섯 등급의 제후들은 동일하게 100칭의 옷을 사용한 것이다. "옷깃을 북쪽으로 둔다."라고 했는데, 시신이 당(堂)에 있다는 뜻이다.

---

16) 『의례』「사상례(士喪禮)」: 士喪禮. 死于適室, 幠用斂衾.
17) 이 문장은 『의례』「사상례(士喪禮)」편의 "厥明, 滅燎. 陳衣于房, 南領, 西上, 綪. 絞, 紟, 衾二. 君襚·祭服·散衣·庶襚, 凡三十稱. 紟不在筭, 不必盡用."이라는 기록에 대한 정현의 주이다.

孔疏 ●"西上"者, 由西階取之便也.

번역 ●經文: "西上". ○서쪽 계단을 통해서 그것을 가져갈 때 편리하기 때문이다.

孔疏 ●"大夫·士陳衣于序東, 西領, 南上", 異於小斂北上者, 小斂衣少, 統於尸, 故北上. 大斂衣多, 故南上, 取之便也.

번역 ●經文: "大夫·士陳衣于序東, 西領, 南上". ○소렴(小斂)을 치르며 북쪽 끝에서부터 둔 것과 차이가 나는 이유는 소렴을 치를 때의 옷은 적고 그것들은 모두 시신을 위한 것이기 때문에 북쪽 끝에서부터 둔다. 그러나 대렴 때의 옷은 많기 때문에 남쪽 끝에서부터 두니, 가져갈 때 편리하기 때문이다.

孔疏 ●"絞紟如朝服"者, 言絞之與紟, 二者皆以布精麤皆如朝服, 俱十五升也.

번역 ●經文: "絞紟如朝服". ○교(絞)와 금(紟) 두 가지는 모두 포(布)로 만드는데, 거친 정도가 조복(朝服)을 만들 때 사용하는 포(布)와 동일하여, 모두 15승(升)의 포를 사용한다는 뜻이다.

孔疏 ●"絞一幅爲三"者, 謂以一幅之布分爲三段.

번역 ●經文: "絞一幅爲三". ○1폭(幅)의 포(布)를 갈라서 3가닥으로 만든다는 뜻이다.

孔疏 ●"不辟"者, 辟, 擘也, 言小斂絞全幅, 析裂其末爲三. 而大斂之絞旣小, 不復擘裂其末. 但古字假借, 讀辟爲擘也.

번역 ●經文: "不辟". ○'벽(辟)'자는 "나눈다[擘]."는 뜻이니, 소렴(小斂) 때 사용하는 교(絞)는 전체 폭을 사용하며 끝부분만 갈라서 3가닥으로 만든다. 그러나 대렴(大斂) 때 사용하는 교(絞)는 그 자체가 작기 때문에, 끝부분만 가를 수 없다는 뜻이다. 다만 고자(古字)에서는 가차해서 사용했으니, '벽(辟)'자는 '벽(擘)'자로 풀이한다.

孔疏 ●"紟五幅, 無紞"者, 紟, 擧尸之襌被也. 紞, 謂緣飾爲識, 所以組類綴邊爲識, 今無識, 異於生也.

번역 ●經文: "紟五幅, 無紞". ○'금(紟)'자는 시신을 들 때 사용하는 홑이불이다. '담(紞)'은 가장자리에 다는 표식이니, 끈 등을 가장자리에 연결하여 표식으로 삼는다는 뜻이다. 다만 현재 표식이 없는 것은 생전에 사용하던 것과 차이를 두기 때문이다.

孔疏 ◎注"二衾"至"之上". ○正義曰: "朝服十五升"者, 雜記文. 云"以爲堅之强也"者, 解小斂用全幅布爲絞, 欲得堅束力强, 以衣少, 故用全幅. 云"以爲堅之急也"者, 解大斂一幅分爲三片之意, 凡物細則束縛牢急, 以衣多, 故須急也. 云"紞, 以組類爲之"者, 組之般類, 其制多種, 故云組類. 云"綴之領側, 若今被識矣"者, 領爲被頭, 側謂被旁, 識謂記識. 言綴此組類於領及側, 如今被之記識. 引士喪禮以"陳衣於房中", 與大夫異. 今此士陳衣與大夫同, 故云"今此又同, 亦蓋天子之士".

번역 ◎鄭注: "二衾"~"之上". ○정현이 "조복(朝服)은 15승(升)의 포(布)로 만든다."라고 했는데, 이것은 『예기』「잡기(雜記)」편의 문장이다.[18] 정현이 "이로써 강(强)하게 결속한다."라고 했는데, 이것은 소렴(小斂) 때 전체 폭의 포(布)를 사용하여 교(絞)로 삼는다는 뜻을 풀이한 것으로, 결속을 강력히 하고자 해서이며, 옷의 수가 적기 때문에 전체 폭을 사용한다.

---

18) 『예기』「잡기상(雜記上)」【499b】: 朝服十五升, 去其半而緦加灰, 錫也.

정현이 "이로써 급(急)하게 결속한다."라고 했는데, 이것은 대렴(大斂) 때 1폭(幅)의 포(布)를 갈라서 3가닥으로 나눈다는 뜻을 풀이한 것으로, 무릇 가는 끈이라면 겹겹이 결속을 하니, 옷이 많기 때문에 겹겹이 결속해야만 한다. 정현이 "'담(紞)'은 끈 등의 부류로 만든다."라고 했는데, 끈의 부류는 만드는 제도가 다양하기 때문에, '조류(組類)'라고 말한 것이다. 정현이 "가장자리에 연결하는 것으로, 오늘날의 이불 술과 같은 것이다."라고 했는데, '영(領)'은 이불의 모서리이고, '측(側)'은 이불의 측면이며, '식(識)'은 표식이다. 즉 이러한 끈을 모서리와 측면에 연결하니, 현재의 이불에 달려 있는 표식과 같다. 정현이 『의례』「사상례(士喪禮)」편을 인용하여, "방안에 옷을 진열한다."고 했고, 이것이 대부와 차이를 보인다고 했다. 현재 이곳 기록에서는 사가 옷을 진열하는 것이 대부의 경우와 동일하다고 기록했기 때문에, "이곳에서는 동일하다고 했으니, 이것은 또한 천자에게 소속된 사의 예법이기 때문일 것이다."라고 말한 것이다.

集解 賈氏公彦曰: 大斂衣不依命數, 喪禮略上下. 大夫及五等諸侯各同一節, 則天子宜百二十稱. 小斂惟一衾, 大斂用二衾者, 大斂衣多, 宜用二衾裹之也. 大斂衾不言其所用之異, 則與小斂同也.

번역 가공언이 말하길, 대렴(大斂)에 사용하는 옷은 명(命)의 등급에 따르지 않으니, 상례에서는 상하의 계층적 차이를 간략히 하기 때문이다. 대부와 다섯 등급의 제후들은 각각 동일한 규범에 따르니, 천자는 마땅히 120칭(稱)을 사용하게 된다. 소렴(小斂)에서는 오직 1개의 이불만 사용했는데, 대렴(大斂)에서는 2개의 이불을 사용한다. 그 이유는 대렴 때에는 사용되는 옷이 많으므로, 마땅히 2개의 이불을 이용해서 감싸야 하기 때문이다. 대렴에 사용되는 이불에 대해서, 그 용도의 차이를 언급하지 않았다면, 소렴 때 사용되는 이불의 용도와 같은 것이다.

集解 愚謂: 君陳衣於庭, 大夫士陳衣於序東, 皆爲大斂之衣多於小斂也.

百稱·五十稱·三十稱, 皆據用以斂者言之, 其陳者不必止於此也. 大斂時, 尸在阼, 君陳衣於庭, 蓋在阼階下之東, 故北領, 西上. 此云"大夫士皆陳衣於序東, 西領, 南上", 士喪禮"大斂陳衣於房, 南領, 西上", 與此不同, 亦禮俗異也. 序東西領南上, 房中南領西上, 亦皆統於尸也. 辟, 擘也. 小斂之絞擘其末, 大斂之絞, 用一幅布析爲三而用之, 而不復擘也.

번역 내가 생각하기에, "군주는 마당에 옷을 진열하고, 대부와 사는 서(序)의 동쪽에 옷을 진열한다."라고 했는데, 이 모두는 대렴(大斂) 때 사용되는 옷의 수가 소렴(小斂) 때 사용되는 옷의 수보다 많기 때문이다. 100칭(稱)·50칭·30칭이라고 했는데, 이 모두는 실제로 사용해서 시신을 감싸는 것에 기준을 두고 언급한 것이니, 진열하는 옷들이 반드시 이러한 수치에만 그쳤던 것은 아니다. 대렴 때 시신은 동쪽 계단 위에 있게 되는데, 군주는 마당에 의복을 진열한다고 했으니, 아마도 동쪽 계단 밑의 동쪽에 해당할 것이다. 그렇기 때문에 옷깃을 북쪽으로 두고 서쪽 끝에서부터 진열하는 것이다. 이곳에서는 "대부와 사는 모두 서(序)의 동쪽에 옷을 진열하며, 옷깃은 서쪽으로 두고, 남쪽 끝에서부터 진열한다."라고 했는데, 『의례』「사상례(士喪禮)」편에서는 "대렴 때 방안에 옷을 진열하고, 옷깃은 남쪽으로 두며, 서쪽 끝에서부터 진열한다."라고 하여, 이곳 기록과 차이를 보인다. 이 또한 예법에 따른 풍속에 차이가 있었기 때문이다. 서(序)의 동쪽에서 옷깃을 서쪽으로 두고 남쪽 끝에서부터 진열하는 것과 방안에서 옷깃을 남쪽으로 두고 서쪽 끝에서부터 진열하는 것은 그 옷들이 모두 시신을 위한 것이기 때문이다. '벽(辟)'자는 "나눈다[擘]."는 뜻이다. 소렴 때 사용하는 교(絞)는 끝부분만 가르는데, 대렴 때 사용하는 교(絞)는 1폭(幅)의 포(布)를 사용하며 세 가닥으로 찢어서 사용하고, 재차 끝부분을 가르지 않는다.

【535c】

小斂之衣, 祭服不倒. 君無襚. 大夫·士畢主人之祭服. 親戚之衣, 受之不以卽陳. 小斂, 君·大夫·士皆用複衣複衾. 大斂, 君·大夫·士祭服無筭, 君褶衣褶衾, 大夫·士猶小斂也.

직역 小斂의 衣에, 祭服은 不倒한다. 君은 襚가 無하다. 大夫·士는 主人의 祭服을 畢한다. 親戚의 衣은 受하되 이로써 卽陳을 不한다. 小斂에 君·大夫·士는 皆히 複衣와 複衾을 用한다. 大斂에 君·大夫·士는 祭服은 筭이 無하나, 君은 褶衣와 褶衾하고, 大夫·士는 小斂과 猶하다.

의역 소렴(小斂)에 사용하는 19칭(稱)의 옷에 있어서, 제사 복장은 거꾸로 뒤집어두지 않는다. 군주는 자신의 옷만 사용하므로, 다른 사람이 보내온 수의를 포함시키지 않는다. 대부와 사는 가지고 있는 옷이 적기 때문에, 본인의 정규 복장을 먼저 사용하고, 모자란 부분은 다른 사람이 보내온 수의에서 충당한다. 친척이 보내온 수의는 받기만 하고 진열하지 않는다. 소렴 때 군주·대부·사는 모두 솜을 채운 옷과 솜을 채운 이불을 사용한다. 대렴 때 군주·대부·사는 모두 제사 복장을 사용함에 제한된 수치가 없지만, 군주의 경우에는 겹으로 된 옷과 겹으로 된 이불을 사용하고, 대부와 사는 여전히 소렴 때 사용하는 옷 및 이불과 동일하게 따른다.

集說 小斂十九稱, 不悉著於身, 但取其方, 故有領在下者, 惟祭服尊, 故必領在上也. 君無襚, 謂悉用己衣, 不用他人襚送者. 大夫・士盡用己衣然後用襚. 言祭服, 擧尊美者言之也. 親戚所襚之衣, 雖受之而不以陳列. 複衣・複衾, 衣衾之有綿纊者. 祭服無筭, 隨所有皆用, 無限數也. 褶衣・褶衾, 衣衾之裌者. 君衣尙多, 故大斂用裌衣衾, 大夫・士猶用小斂之複衣複衾也.

번역 소렴(小斂)에 사용하는 의복은 19칭(稱)이지만, 이 모두를 시신의 몸에 입히는 것은 아니다. 다만 네모반듯하게 펼쳐두려고 하기 때문에 옷깃이 밑으로 가도록 두는 옷도 있다. 그러나 오직 제사 복장만은 존귀한 의복이므로, 반드시 옷깃이 위로 오도록 펼쳐둔다. "군주는 수의가 없다." 라고 했는데, 모두 자신의 옷을 사용하는 것이며, 다른 사람이 수의로 보내온 옷을 사용하지 않는다는 뜻이다. 대부와 사는 자신의 옷을 모두 사용한 뒤에 부족한 부분은 수의를 사용한다. '제복(祭服)'이라고 말한 것은 존귀하고 아름다운 복장을 기준으로 말한 것이다. 친척이 수의로 보내온 옷에 대해서는 비록 받기는 하지만 이것을 진열하지는 않는다. '복의(複衣)'와 '복금(複衾)'은 옷과 이불 중 솜을 채운 것이다. "제복에는 셈이 없다."라고 했는데, 가지고 있는 것을 모두 사용하며, 수치의 제한이 없다는 뜻이다. '습의(褶衣)'와 '습금(褶衾)'은 옷과 이불 중 겹으로 된 것이다. 군주가 사용하는 옷은 항상 많기 때문에 대렴(大斂)에서는 겹으로 된 옷과 이불을 사용하며, 대부와 사는 여전히 소렴(小斂) 때 사용하는 솜을 채운 옷과 솜을 채운 이불을 동일하게 사용한다.

大全 臨川吳氏曰: 君無襚者, 謂君之小斂, 但有己衣, 無襚衣, 雖有襚衣, 不以用也. 大夫士, 則先盡用自己之正服, 乃繼用他人之襚服. 親戚, 謂小功以下. 若大功以上之襚, 不將命, 自即陳于房中者, 用之以繼主人之正服而斂. 以下親戚之襚, 則須將命, 喪主但受之. 雖用以斂而未必盡用, 故不以即陳也.

번역 임천오씨가 말하길, "군주에게는 수의가 없다."라고 했는데, 군주의 소렴(小斂) 때에는 단지 자신의 옷만 사용하고 수의를 포함시키지 않으니, 비록 보내온 수의가 있더라도 이것을 사용하지 않는다는 의미이다. 반면 대부와 사의 경우라면 우선 자신이 가지고 있는 정규 복장을 모두 사용하고, 모자란 부분은 다른 사람이 보내온 수의를 사용한다. 여기에서 말한 '친척(親戚)'은 소공복(小功服)으로부터 그 이하의 관계에 있는 친족이다. 만약 대공복(大功服)으로부터 그 이상의 관계에 있는 친족이 수의를 보내왔는데, 다른 사람을 시켜 보내오지 않아서, 직접 방안에 진열해둔 것이라면, 이것을 사용하여 주인의 정규 복장에 이어서 시신을 감싸게 된다. 그러나 소공복 이하의 친족이 보내온 수의라면, 다른 사람을 시켜서 전달하게 되니, 상주는 단지 받기만 한다. 비록 그것을 사용하여 시신을 감싸더라도 반드시 모두 사용하는 것은 아니다. 그렇기 때문에 이것을 곧바로 진열하지 않는다.

鄭注 尊祭服也. 斂者要方, 散衣有倒. 無襚者, 不陳不以斂. 褶, 袷也. 君衣尙多, 去其著也.

번역 제사 복장을 존귀하게 여기기 때문이다. 시신을 감쌀 때에는 네모반듯하게 해야 하므로, 옷을 펼쳐 둘 때에는 거꾸로 두는 것도 있다. "수의가 없다."는 말은 이것을 진열하지 않고, 또 이것으로 시신을 감싸지 않는다는 뜻이다. '습(褶)'자는 겹[袷]을 뜻한다. 군주의 옷은 항상 많기 때문에 홑옷을 제외한다.

釋文 倒, 丁老反, 注及下同. 散, 悉但反. 襚音遂. 複音福. 褶音牒. 袷, 古袷反.

번역 '倒'자는 '丁(정)'자와 '老(로)'자의 반절음이며, 정현의 주 및 아래 문장에 나오는 글자도 그 음이 이와 같다. '散'자는 '悉(실)'자와 '但(단)'자의 반절음이다. '襚'자의 음은 '遂(수)'이다. '複'자의 음은 '福(복)'이다. '褶'자의 음은 '牒(첩)'이다. '袷'자는 '古(고)'자와 '袷(겁)'자의 반절음이다.

孔疏 ●"小斂"至"斂也". ○正義曰: "祭服不倒"者, 祭服, 謂死者, 所得用祭服以上者. 小斂十九稱, 不悉著之, 但用裹尸, 要取其方, 而衣有倒領在足間者. 唯祭服尊, 雖散不著, 而領不倒在足也.

번역 ●經文: "小斂"～"斂也". ○경문의 "祭服不倒"에 대하여. '제복(祭服)'은 죽은 자가 착용할 수 있는 제사 복장으로부터 그 이상의 복장을 뜻한다. 소렴(小斂)에는 19칭(稱)의 의복이 사용되지만, 시신에게 모두 입힐 수가 없으므로 단지 시신을 감싸는데 사용하며, 네모반듯하게 펼치게 되어 의복 중에는 옷깃이 거꾸로 되어 발쪽으로 가는 것도 있다. 그러나 오직 제복으로부터 그 이상의 복장은 존귀한 의복이므로, 비록 펼쳐놓아 시신에게 입히지 않더라도 옷깃이 발쪽으로 가지 않도록 한다.

孔疏 ●"君無襚"者, 國君陳衣及斂, 悉宜用己衣, 不得陳用他人見襚送者.

번역 ●經文: "君無襚". ○제후에 대해 옷을 진열하고 염(斂)을 할 때에는 모두 자신의 옷을 사용해야 하며, 다른 사람이 수의로 보내온 것을 진열하거나 사용할 수 없다.

孔疏 ●"大夫·士畢主人之祭服"者, 降於君也, 大夫·士小斂, 則先畢盡用己正服, 後乃用賓客襚者也. 盧云: "畢, 盡也. 小斂盡主人衣美者, 乃用賓客襚衣之美者, 欲以美之, 故言祭服也."

번역 ●經文: "大夫·士畢主人之祭服". ○제후보다 낮추기 때문이니, 대부와 사는 소렴(小斂)을 하게 되면 우선적으로 자신의 정규 복장을 모두 사용하고, 그 이후 부족한 부분은 빈객이 보내온 수의를 사용한다. 노식[19]은 "'필(畢)'자는 '다한다[盡].'는 뜻이다. 소렴에서는 주인의 의복 중 아름다운 것을 모두 사용하고, 그런 뒤에 빈객이 보내온 수의 중 아름다운 것을 사용하게 되니, 아름답게 꾸미고자 하였기 때문에 '제복(祭服)'이라고 말한 것이다."라고 했다.

19) 노식(盧植, A.D.159?~A.D.192) : =노씨(盧氏). 후한(後漢) 때의 유학자이다. 자(字)는 자간(子幹)이다. 어려서 마융(馬融)을 스승으로 섬겼다. 영제(靈帝)의 건녕(建寧) 연간(A.D.168~A.D.172)에 박사(博士)가 되었다. 채옹(蔡邕) 등과 함께 동관(東觀)에서 오경(五經)을 교정했다. 후에 동탁(董卓)이 소제(少帝)를 폐위시키자, 은거하며 『상서장구(尙書章句)』, 『삼례해고(三禮解詁)』를 저술했지만, 남아 있지 않다.

孔疏 ●"親戚之衣, 受之, 不以卽陳"者, 君親屬有衣相送, 受之, 而不以卽陳列也. 士喪禮鄭注云: "大功以上, 有同財之義, 襚之不將命, 自卽陳於房中. 小功以下及同姓皆將命."

번역 ●經文: "親戚之衣, 受之, 不以卽陳". ○제후의 친족들이 의복을 보내주면, 그것을 받지만 곧바로 진열할 수는 없다. 『의례』「사상례(士喪禮)」편에 대한 정현의 주에서는 "대공복(大功服)으로부터 그 이상의 관계에 있는 친족은 재산을 함께 공유한다는 뜻이 포함되니, 수의를 보낼 때에는 남을 시켜 대신 전달하지 않으므로, 스스로 방안에 진열하게 된다. 소공복(小功服)으로부터 그 이하의 관계에 있는 친족과 동성인 친족들은 모두 다른 사람을 대신 시켜서 전달한다."[20]라고 했다.

孔疏 ◎注"無襚"至"以斂". ○正義曰: 如皇氏之意, 臣有致襚於君之禮, 故少儀云"臣致襚於君", 但君不陳, 不以斂. 熊氏云: "君無襚大夫・士, 謂小斂之時, 君不合以衣襚. 大夫・士雖有君襚, 不陳, 不以斂, 故云無襚. 大夫・士至大斂, 則得用君襚, 故士喪禮大斂時云君襚, 祭服不倒." 其義俱通, 故兩存焉.

번역 ◎鄭注: "無襚"~"以斂". ○황간의 주장에 따른다면, 신하에게는 군주에게 수의를 보내는 예법이 있다. 그렇기 때문에 『예기』「소의(少儀)」편에서는 "신하가 죽은 군주에게 수의를 보낸다."[21]라고 한 것이다. 다만 군주의 적장자는 그것을 진열하지 않으며, 또 이것으로 염(斂)을 하지 않는다. 웅안생은 "군주는 대부나 사에게 수의를 보내는 일이 없다는 뜻이니, 소렴(小斂)을 치를 때, 군주는 의복을 수의로 보내서는 안 된다는 의미이다. 대부와 사가 비록 군주의 수의를 받더라도, 그것을 진열하지 않고, 또 그 옷으로 염(斂)을 하지 않는다. 그렇기 때문에 '수의가 없다.'라고 말한 것이

---

20) 이 문장은 『의례』「사상례(士喪禮)」편의 "親者襚, 不將命以卽陳."이라는 기록에 대한 정현의 주이다.

21) 『예기』「소의(少儀)」【431d】: <u>臣致襚於君</u>, 則曰: "致廢衣於賈人", 敵者曰: "襚". 親者兄弟不以襚進.

다. 대부와 사가 대렴(大斂)을 치르게 되면, 군주가 보내온 수의를 사용할 수 있다. 그렇기 때문에 『의례』「사상례(士喪禮)」편에서는 대렴을 치르는 것에 대해, 군주의 수의와 제복에 대해서는 거꾸로 놓지 않는다[22]고 한 것이다."라고 했다. 그 의미도 모두 통용되므로, 이곳에 두 주장을 모두 수록해둔다.

孔疏 ●"祭服無筭". ○正義曰: 筭, 數也. 大斂之時, 所有祭服皆用之無限數也.

번역 ●經文: "祭服無筭". ○'산(筭)'자는 "셈하다[數]."는 뜻이다. 대렴(大斂)을 치를 때 보유하고 있는 제복으로부터 그 이상의 복장은 모두 사용하며, 제한된 수치가 없다는 뜻이다.

孔疏 ◎注"褶袷"至"著也". ○正義曰: "君衣尚多, 去其著也"者, 經云"大夫·士猶小斂", 則複衣複衾也. 據主人之衣, 故用複, 若襚亦得用袷也, 故士喪禮云"襚以褶", 是也.

번역 ◎鄭注: "褶袷"~"著也". ○정현이 "군주의 옷은 항상 많기 때문에 홑옷을 제외한다."라고 했는데, 경문에서는 "대부와 사는 소렴(小斂) 때 사용한 것과 같게 한다."라고 했으니, 솜을 넣은 옷과 솜을 넣은 이불을 사용한다는 뜻이다. 주인의 의복에 기준을 두었기 때문에 '복(複)'을 사용하는 것이다. 만약 수의인 경우라면 겹옷[袷]을 사용할 수 있다. 그렇기 때문에 『의례』「사상례(士喪禮)」편에서는 "수의를 보내는 것은 겹옷으로 한다."[23]라고 한 것이다.

---

22) 『의례』「사상례(士喪禮)」: 商祝布絞·紟·衾·衣, 美者在外. 君襚不倒.
23) 『의례』「사상례(士喪禮)」: 襚者以褶, 則必有裳, 執衣如初, 徹衣者亦如之. 升降自西階, 以東.

集解 "君無襚"爲句. 熊氏以"君無襚大夫士"爲句, 非是.

번역 '군무수(君無襚)'에서 구문을 끊는다. 웅안생은 '군무수대부사(君無襚大夫士)'에서 구문을 끊었는데, 잘못된 주장이다.

集解 君無襚, 言君之小斂不用襚衣也. 士喪禮襲衣"庶襚繼陳, 不用", 蓋君之小斂亦陳襚衣而不用也. 畢, 盡也. 大夫士小斂兼用襚衣, 然必先盡用主人之祭服, 而後以襚衣繼之, 主人先自盡也. 親戚, 謂大功以上之親也. 不以卽陳, 謂主人不使人陳之也. 士喪禮云"親者襚, 不將命, 以卽陳", 與此不同者, 蓋襚者之衣皆委於尸東, 而主人之人以之卽陳, 若大功以上之襚, 則襚者自以卽陳, 而主人不使人陳之, 蓋與士喪禮文似異而義實同也.

번역 '군무수(君無襚)'는 군주의 소렴(小斂) 때에는 수의를 사용하지 않는다는 뜻이다. 『의례』「사상례(士喪禮)」편에서는 습(襲)하는 의복에 대해 "여러 수의들은 이어서 진열하되 사용하지 않는다."[24]라고 했으니, 무릇 군주의 소렴 때에도 또한 수의를 진열하지만 사용하지 않는 것이다. '필(畢)'자는 "다하다[盡]."는 뜻이다. 대부와 사의 소렴 때에는 모두 수의를 사용한다. 그러나 반드시 죽은 자의 제복부터 먼저 사용하고, 모두 사용한 이후에야 수의를 이어서 사용하는 것이니, 죽은 자의 옷을 먼저 모두 사용하는 것이다. '친척(親戚)'은 대공복(大功服)으로부터 그 이상의 관계에 있는 친족이다. '불이즉진(不以卽陳)'이라는 말은 주인이 다른 사람을 시켜서 그 옷들을 진열하지 않는다는 뜻이다. 「사상례」편에서는 "친족이 수의를 보내면, 다른 사람을 대신 시켜서 전달하지 않고, 스스로 나아가 진열한다."[25]라고 하여, 이곳의 기록과 차이를 보인다. 그 이유는 수의로 보내온 옷은 모두 시신의 동쪽에 놓아두고, 상주에게 소속된 자가 그것을 가져다가 진열하게 된다. 만약 대공복으로부터 그 이상의 관계에 있는 친족이 보내온 수의라면, 수의를 보내오는 자가 직접 진열하여, 상주는 다른 사람을 시켜

24) 『의례』「사상례(士喪禮)」: 庶襚繼陳, 不用.
25) 『의례』「사상례(士喪禮)」: 親者襚, 不將命以卽陳.

서 진열하지 않는다. 이것은 「사상례」편의 기록과 차이를 보이는 것 같지만, 의미상으로는 동일하다.

集解 愚謂: 有著者謂之複, 有表裏而無著者謂之褶. 君大斂衣多, 故衣·衾之有著者爲其太厚, 不便於斂也. 大夫士猶小斂, 猶用複衣·複衾也. 複衣, 卽袍也. 袍·褶與裘·葛, 皆褻衣也. 襲·斂兼用褻衣, 然用袍·褶而不用裘·葛, 爲裘太厚, 葛太疏, 取其中者而用之也.

번역 내가 생각하기에, 속을 채운 것을 '복(複)'이라고 부르고, 겉감과 안감이 있지만 속에 채운 것이 없는 것을 '습(褶)'이라고 부른다. 군주의 대렴(大斂) 때 사용하는 의복은 많기 때문에, 옷과 이불 중에 속을 채운 것이 포함된다면 너무 두껍게 되어 감싸기에 불편하다. "대부와 사는 소렴(小斂) 때 사용한 것과 같다."라고 했는데, 여전히 속을 채운 옷과 이불을 사용한다는 뜻이다. '복의(複衣)'는 곧 포(袍)[26]에 해당한다. 포(袍)·습(褶) 및 갓옷[裘]과 갈옷[葛]은 모두 속옷에 해당한다. 습(襲)과 염(斂)을 할 때에는 모두 속옷도 사용한다. 그러나 포(袍)와 습(褶)은 사용하되 구(裘)와 갈(葛)은 사용하지 않으니, 구(裘)는 너무 두껍고 갈(葛)은 너무 얇기 때문이니, 그 중간 정도의 두께를 가진 옷을 사용한다.

【535d】

袍必有表, 不禪; 衣必有裳. 謂之一稱.

직역 袍에는 必히 表가 有하니, 不禪하며; 衣에는 必히 裳이 有하다. 之를 一稱이라 謂한다.

---

26) 포(袍)는 오래된 솜을 넣어서 만든 옷을 뜻한다.

의역 포(袍)에는 반드시 겉옷을 껴입혀야 하니, 포(袍)만을 홑겹으로 입힐 수 없다. 또 상의를 입힌다면 반드시 하의도 입혀야 한다. 이처럼 모두 갖추게 되면, 이것을 1칭(稱)이라고 부른다.

集說 袍, 衣之有著者, 乃褻衣也, 必須有禮服以表其外, 不可禪露. 衣與裳亦不可偏有, 如此乃成稱也.

번역 '포(袍)'는 옷 중에 속을 채운 것으로 안에 입는 속옷에 해당한다. 따라서 반드시 예복(禮服)을 껴입어서 그 겉을 가려야 하니, 포(袍)만을 홑겹으로 착용해서 드러내서는 안 된다. 상의와 하의 또한 한쪽만 있어서는 안 되니, 이처럼 모두 갖추게 되면 '칭(稱)'이라 부른다.

鄭注 袍, 褻衣, 必有以表之乃成稱也. 雜記曰"子羔之襲, 繭衣裳與稅衣纁袡爲一", 是也. 論語曰"當暑, 袗絺綌, 必表而出之", 亦爲其褻也.

번역 '포(袍)'는 안에 입는 속옷이니, 반드시 겉을 가리는 옷이 있어야만 칭(稱)을 이루게 된다. 『예기』「잡기(雜記)」편에서 "자고(子羔)에 대한 습(襲)을 했는데, 상의와 하의가 연결된 솜옷을 입히고 그 겉옷으로 단의(褖衣)에 진홍색의 가선을 댄 옷을 입혀서, 이것을 한 벌로 삼았다."[27]라고 한 것이 바로 이러한 사실을 나타낸다. 또 『논어』에서는 "더울 때에는 홑겹의 치격(絺綌)[28]을 착용하시고, 반드시 겉옷을 입으신 뒤에 출타하셨다."[29]라고 했으니, 이 또한 그것들이 속에 입는 옷이기 때문이다.

---

27) 『예기』「잡기상(雜記上)」【502a】: <u>子羔之襲也, 繭衣裳與稅衣纁袡爲一</u>, 素端一, 皮弁一, 爵弁一, 玄冕一. 曾子曰, "不襲婦服."

28) 치격(絺綌)은 갈포(葛布)로 만든 옷을 총칭하는 말이다. 갈(葛) 중에서도 가는 것을 '치(絺)'라고 바르며, 성근 것을 '격(綌)'이라고 부른다. 따라서 이러한 뜻에서 '치격'을 갈포로 만든 옷을 가리키는 용어로 사용하는 것이다.

29) 『논어』「향당(鄕黨)」: <u>當暑, 袗絺綌, 必表而出之</u>. 緇衣, 羔裘, 素衣, 麑裘, 黃衣狐裘.

釋文 袍, 步毛反. 禪音單. 繭, 古典反. 稅, 吐亂反. 纁, 許云反. 衻, 而廉反. 袗, 之忍反. 亦爲, 于僞反, 下文"則爲之"同.

번역 '袍'자는 '步(보)'자와 '毛(모)'자의 반절음이다. '禪'자의 음은 '單(단)'이다. '繭'자는 '古(고)'자와 '典(전)'자의 반절음이다. '稅'자는 '吐(토)'자와 '亂(란)'자의 반절음이다. '纁'자는 '許(허)'자와 '云(운)'자의 반절음이다. '衻'자는 '而(이)'자와 '廉(렴)'자의 반절음이다. '袗'자는 '之(지)'자와 '忍(인)'자의 반절음이다. '亦爲'에서의 '爲'자는 '于(우)'자와 '僞(위)'자의 반절음이며, 아래문장에 나오는 '則爲之'에서의 '爲'자도 그 음이 이와 같다.

孔疏 ●"袍必"至"一稱". ○正義曰: "袍必有表, 不禪"者, 袍是褻衣, 必須在上有衣以表之, 不使禪露, 乃成稱也.

번역 ●經文: "袍必"~"一稱". ○경문의 "袍必有表, 不禪"에 대하여. '포(袍)'는 안에 입는 속옷이니, 반드시 그 위에는 다른 옷을 걸쳐서 가려야 하며, 홑겹으로 입어서 드러내서는 안 되니, 이처럼 해야만 곧 칭(稱)을 이룬다.

孔疏 ◎注"袍褻"至"褻也". ○正義曰: 引雜記者, 證子羔之襲有袍, 繭衣上加稅衣爲表乃成稱. 引論語者, 證衣上加表. 死則冬夏並用袍, 上並加表. 熊氏云: "褻衣所用, 尊卑不同, 士襲而用褻衣, 故士喪禮'陳襲事, 爵弁服, 皮弁服, 褖衣[30]', 注云'褖, 所以表袍'者, 是襲有袍. 士喪禮小斂云'祭服次, 散衣次', 注云'褖衣以下, 袍·繭之屬', 是小斂有袍. 士喪禮又大斂散衣, 是亦有袍. 若大

30) '단의(褖衣)'에 대하여. '단의' 뒤에는 본래 '주의(注衣)'라는 두 글자가 있었는데, 완원(阮元)의 『교감기(校勘記)』에서는 "혜동(惠棟)의 『교송본(校宋本)』에는 '주의'라는 두 글자가 없고, 위씨(衛氏)의 『집설(集說)』에도 동일하게 기록되어 있다. 이곳 판본에는 잘못하여 연문으로 들어간 것이다. 『민본(閩本)』·『감본(監本)』·『모본(毛本)』에서는 '단의순의주운(褖衣純衣注云)'이라고 기록되어 있는데, 모두 잘못된 기록이다."라고 했다.

夫, 襲亦有袍, 按雜記云'子羔之襲, 繭衣裳', 是也. 斂則必用正服, 不用褻衣, 故檀弓云'季康子之母死, 陳褻衣', 注云'將以斂', '敬姜曰: 將有四方之賓來, 褻衣何爲陳於斯? 命徹之'. 若公, 則襲及大小斂皆不用褻衣. 知者, 按雜記云公襲無袍·繭, 襲輕尙無, 則大小斂無可知也."

번역 ◎鄭注: "袍褻"~"褻也". ○정현이 『예기』「잡기(雜記)」편을 인용한 것은 자고에 대해 습(襲)을 할 때 포(袍)가 포함되었음을 증명하기 위한 것이니, 상의와 하의가 연결된 솜옷을 입히고 그 겉옷으로 단의(褖衣)에 진홍색의 가선을 댄 옷을 입혀서 가려야만 곧 칭(稱)을 이루게 된다. 정현이 『논어』를 인용했는데, 그 의복 위에 껴입는 겉옷이 있음을 증명한 것이다. 죽은 자에 대해서는 겨울과 여름에 모두 포(袍)를 사용하니, 그 위에는 모두 껴입히는 옷이 있게 된다. 웅안생은 "속옷으로 사용되는 옷은 신분에 따라 차이를 보이니, 사는 습(襲)을 하며 속옷을 사용한다. 그렇기 때문에 『의례』「사상례(士喪禮)」편에서는 '습(襲)에 사용되는 의복을 진열하며, 작변복(爵弁服), 피변복(皮弁服), 단의(褖衣)를 둔다.'[31]라고 했고, 정현의 주에서는 '단(褖)은 포(袍) 겉에 입는 옷이다.'라고 했다. 이것은 습(襲)에 포(袍)가 사용된다는 사실을 나타낸다. 또 「사상례」편에서는 소렴(小斂)에 대해서, '제복이 그 다음이고 산의(散衣)[32]가 그 다음이다.'[33]라고 했으며, 정현의 주에서는 '단의(褖衣)로부터 그 이하로 포(袍)와 견(繭) 등의 부류이다.'라고 했으니, 이것은 소렴 때 포(袍)가 포함된다는 사실을 나타낸다. 「사상례」편에서는 또한 대렴 때 산의가 있다고 했으니, 이것은 또한 포(袍)가 포함됨을 나타낸다. 만약 대부의 경우라면 습(襲)을 할 때 또한 포(袍)가 포함된다. 「잡기」편을 살펴보면, '자고에 대해 습(襲)을 하며, 견의상(繭衣裳)을 사용했다.'라고 한 말이 바로 이러한 사실을 나타낸다. 염(斂)을 하게

---

31) 『의례』「사상례(士喪禮)」: 陳襲事于房中, 西領, 南上, 不綪. …… 爵弁服, 純衣, 皮弁服, 褖衣, 緇帶, 韎韐, 竹笏. 夏葛屨, 冬白屨, 皆繶緇約純, 組綦繫于踵. 庶襚繼陳, 不用.

32) 산의(散衣)는 평상시 착용하는 의복이다.

33) 『의례』「사상례(士喪禮)」: 厥明, 陳衣于房, 南領, 西上. 綪. 絞橫三, 縮一, 廣終幅, 析其末. 緇衾赬裏, 無紞. 祭服次, 散衣次, 凡有十九稱. 陳衣繼之, 不必盡用.

되면 반드시 정규 복장을 사용해야 하며 속옷을 사용할 수 없다. 그렇기 때문에 『예기』「단궁(檀弓)」편에서는 '계강자(季康子)의 모친이 죽었을 때, 모친의 속옷을 펼쳐두었다.'[34]라고 했고, 정현의 주에서는 '장차 염(斂)을 하려고 하는 때이다.'라고 했으며, 경문에서는 '계강자의 종조모(從祖母)인 경강(敬姜)이 그 모습을 보고, 부인들은 치장을 하지 않으면, 감히 시부모를 뵙지 않는다. 그런데 현재 사방에서 빈객들이 찾아오게 될 것인데, 그녀의 속옷을 어찌하여 이곳에 펼쳐두었는가? 곧 명령을 하여 속옷을 치우도록 하였다.'라고 했다. 만약 군주의 경우라면 습(襲)·소렴·대렴에서 모두 속옷을 사용하지 않는다. 이러한 사실을 알 수 있는 이유는 「잡기」편에서 군주에 대해 습(襲)을 할 때에는 포(袍)와 견(繭)이 없다고 했기 때문이니,[35] 습(襲)은 상대적으로 덜 중요한 일인데도 오히려 이러한 옷들이 없다면, 소렴과 대렴에도 포함되지 않는다는 사실을 알 수 있다."라고 했다.

集解 愚謂: 袍, 有著之衣也, 而曰"不禪"者, 謂不專用一衣, 與玉藻"禪曰絅"之義異也. 衣必有裳, 釋所以袍必有表之義也. 衣·裳具, 乃謂之稱. 袍乃長襦, 故必以有裳之衣若褖衣者爲之表, 乃謂之一稱也. 士喪禮曰, "褖者以褶, 則必有裳." 必有裳, 卽必有表之謂. 袍·褶皆褻衣, 故用之之法同.

번역 내가 생각하기에, '포(袍)'는 속을 채운 옷인데, 이것에 대해서 "홑겹으로 하지 않는다."라고 말한 것은 전적으로 이 옷만을 사용하지 않는다는 뜻이니, 『예기』「옥조(玉藻)」편에서 "겉감은 있되 안감이 없는 옷을 '경(絅)'이라고 부른다."[36]라고 했을 때의 '단(禪)'과는 의미가 다르다. 상의가 있으면 반드시 하의도 있어야 하니, 이것은 포(袍)에 반드시 겉옷이 있어야 한다는 뜻을 풀이한 것이다. 상의와 하의가 모두 갖춰지게 되면 이것을 '칭

---

34) 『예기』「단궁하(檀弓下)」【120b】: 季康子之母死, 陳褻衣. 敬姜曰: "婦人不飾不敢見舅姑. 將有四方之賓來, 褻衣何爲陳於斯?" 命徹之.

35) 『예기』「잡기상(雜記上)」【503a】: 公襲卷衣一, 玄端一, 朝服一, 素積一, 纁裳一, 爵弁二, 玄冕一, 褒衣一, 朱綠帶, 申加大帶於上.

36) 『예기』「옥조(玉藻)」【381c】: 纊爲繭, 縕爲袍, 禪爲絅, 帛爲褶.

(稱)'이라고 부른다. 포(袍)는 길이가 짧은 옷이다. 그렇기 때문에 반드시 하의에 상의가 있듯이 단의(褖衣)와 같은 옷을 겉옷으로 삼아야만, 이것을 1칭(稱)이라고 부른다. 『의례』「사상례(士喪禮)」편에서는 "수의를 보내는 자가 겹옷으로 한다면, 반드시 하의가 있어야 한다."[37]라고 했으니, 반드시 하의가 포함되어야 한다는 것은 곧 반드시 겉옷이 있어야 한다는 뜻이다. 포(袍)와 습(褶)은 모두 안에 입는 속옷이다. 그렇기 때문에 그것을 사용하는 법도가 동일한 것이다.

集解 愚謂: 敬姜命徹褻衣, 謂婦人之褻服不當陳於序東, 使賓客見之耳, 非謂不可用以斂也. 上文"小斂, 君・大夫・士皆用複衣", 大斂, "君褶衣". 大夫士猶小斂複衣, 褶衣卽褻衣也, 則君・大夫・士, 大小斂無不用褻衣矣. 人君襲無褻衣, 所用衣少也. 大小斂用褻衣, 所用衣多也.

번역 내가 생각하기에, 경강이 명령을 내려서 속옷을 치우게 했다는 말은 부인들의 속옷은 서(序)의 동쪽에 진열해서 빈객들이 보도록 해서는 안 되기 때문이니, 이것을 사용해서 염(斂)을 할 수 없다는 뜻이 아니다. 앞 문장에서 "소렴(小斂) 때 군주・대부・사가 모두 동일하게 복의(複衣)를 사용한다."라고 했고, 대렴(大斂)에 대해서는 "군주는 습의(褶衣)를 사용한다."라고 했다. 대부와 사는 소렴에서 복의(複衣)를 사용한 것과 동일하게 한다고 했는데, 습의(褶衣)는 곧 속옷에 해당하므로, 군주・대부・사는 모두 소렴과 대렴 때 속옷을 사용하지 않은 적이 없는 것이다. 군주의 경우 습(襲)을 할 때 속옷이 없는 것은 사용되는 옷이 적기 때문이다. 반면 소렴과 대렴에서 속옷을 사용하는 것은 사용되는 옷이 많기 때문이다.

---

37) 『의례』「사상례(士喪禮)」: 襚者以褶, 則必有裳, 執衣如初, 徹衣者亦如之. 升降自西階, 以東.

【536a】

凡陳衣者實之篋, 取衣者亦以篋. 升降者自西階. 凡陳衣不詘, 非列采不入, 絺綌紵不入.

직역 凡히 衣를 陳하는 者는 篋에 實하고, 衣를 取하는 者는 亦히 篋으로써 한다. 升降하는 者는 西階로 自한다. 凡히 衣를 陳함에는 不詘하며, 列采가 非라면 不入하며, 絺·綌·紵는 不入한다.

의역 무릇 옷을 진열하는 자는 상자에 담았던 옷을 꺼내서 진열하고, 수의를 거둬가는 자 또한 상자에 담아서 가져간다. 옷을 진열하기 위해 당(堂)에 오르고 내릴 때에는 서쪽 계단을 이용한다. 무릇 옷을 진열할 때에는 모두 펴두며 말아놓지 않고, 정복(正服)의 색깔이 아닌 간색이나 잡색의 의복은 그 안에 포함시키지 않으며, 고운 갈포와 성근 갈포 및 모시로 만든 옷들은 그 안에 포함시키지 않는다.

集說 陳衣者實之篋, 自篋中取而陳之也. 取衣, 收取襚者所委之衣也. 不詘, 舒而不卷也. 非列采, 爲間色·雜色也. 斂尸者, 當暑亦用袍, 故絺·綌與紵布皆不入也.

번역 "옷을 진열하는 자는 상자에 담는다."라는 말은 상자로부터 꺼내서 진열한다는 뜻이다. '취의(取衣)'는 수의를 보내온 자가 전달한 옷을 거둬간다는 뜻이다. '불굴(不詘)'은 펴 두며 말아놓지 않는다는 뜻이다. '비렬채(非列采)'는 간색(間色)[38]이나 잡색이 된다는 뜻이다. 시신에게 염(斂)을 할 때, 더운 시기라도 또한 포(袍)[39]를 사용해야 한다. 그렇기 때문에 치격

38) 간색(間色)은 정색(正色)과 대비되는 말이다. 순일하지 못한 색깔을 지칭한다. '정색'은 청색(青色)·적색(赤色)·황색(黃色)·백색(白色)·흑색(黑色) 등이 해당한다. 예를 들어 청색의 색깔이 순일한 경우에는 '정색'이라고 부르고, 순일하지 못한 청색 등에 대해서는 '간색'이라고 부른다.

39) 포(袍)는 상의와 하의가 연결된 옷으로, 평상시에 입던 옷을 뜻한다. 한(漢)나라 이후에는 이 옷을 조복(朝服)으로 사용하기도 했다. 상의와 하의가 연

(絺綌)과 모시 등은 모두 포함시키지 않는다.

鄭注 取猶受也. 不屈, 謂舒而不卷也. 列采, 謂正服之色也. 絺・綌・紵者, 當暑之褻衣也. 襲尸重形, 冬夏用袍, 及斂則用正服.

번역 '취(取)'자는 "받다[受]."는 뜻이다. '불굴(不屈)'은 펴 두며 말아놓지 않는다는 뜻이다. '열채(列采)'는 정규 복장의 색깔을 뜻한다. 치(絺)・격(綌)・저(紵)는 더울 때 착용하는 속옷이다. 시신에게 습(襲)을 할 때에는 형체를 드러내지 않는 것을 중시하니, 겨울과 여름에는 포(袍)를 사용하고, 염(斂)을 하게 되면 정복을 사용한다.

釋文 篋, 古協反. 詘, 丘勿反. 紵, 直呂反.

번역 '篋'자는 '古(고)'자와 '協(협)'자의 반절음이다. '詘'자는 '丘(구)'자와 '勿(물)'자의 반절음이다. '紵'자는 '直(직)'자와 '呂(려)'자의 반절음이다.

孔疏 ●"凡陳"至"不入". ○正義曰: "陳衣不詘"者, 謂舒而不卷也.

번역 ●經文: "凡陳"~"不入". ○경문의 "陳衣不詘"에 대하여. 옷을 펴 두며 말아놓지 않는다는 뜻이다.

孔疏 ●"非列采不入"者, 列采, 謂五方正色之采. 非列采, 謂雜色也, 不入陳之也.

번역 ●經文: "非列采不入". ○'열채(列采)'는 다섯 방위에 해당하는 정색(正色)[40]의 채색을 뜻한다. '비렬채(非列采)'는 잡색을 뜻하니, 진열하는

결되어 옷의 길이가 길었으므로, 장의(長衣) 중 하나인데, 발까지는 내려오지 않았다. '포' 위에는 외투를 걸치기도 했다.

40) 정색(正色)은 간색(間色)과 대비되는 말로, 청색(青色)・적색(赤色)・황색(黃

옷에 포함시키지 않는다.

孔疏 ●"絺·綌·紵不入"者, 絺是細葛, 綌是麤葛, 紵是紵布, 此褻衣, 故不入陳也.

번역 ●經文: "絺·綌·紵不入". ○'치(絺)'는 가는 갈포로 만든 옷이며, '격(綌)'은 성근 갈포로 만든 옷이고, '저(紵)'는 모시로 만든 옷인데, 이것들은 속옷에 해당하기 때문에 진열하는 옷에 포함시키지 않는다.

孔疏 ◎注"襲尸"至"正服". ○正義曰: 如熊氏之意, 此謂大夫以下, 若公則襲亦不用袍.

번역 ◎鄭注: "襲尸"~"正服". ○웅안생의 주장에 따른다면, 이 내용은 대부로부터 그 이하 계층의 예법이니, 군주의 경우라면, 습(襲)을 할 때에도 포(袍)를 사용하지 않는다.

訓纂 吳幼淸曰: 自西階者, 不敢由主人之階也.

번역 오유청이 말하길, "서쪽 계단을 통한다."고 했는데, 감히 주인이 사용하는 동쪽 계단을 이용할 수 없기 때문이다.

集解 取衣, 謂取之於所陳之處而用之也. 隋方曰篋. 鬼神之位在西, 衣是死者所用, 故升降皆由西階.

번역 '취의(取衣)'는 진열해둔 장소에서 옷을 가져다가 사용한다는 뜻이다. 사각형으로 만든 상자를 '협(篋)'이라고 부른다. 귀신의 자리는 서쪽에 해당하고 옷은 죽은 자가 사용하는 것이기 때문에, 당(堂)에 오르고 내릴

色)·백색(白色)·흑색(黑色) 등 순일한 다섯 종류의 색깔을 뜻한다.

때 모두 서쪽 계단을 이용하는 것이다.

集解 周禮典枲註曰: 白而疏細曰紵.

번역 『주례』「전시(典枲)」편에 대한 정현의 주에서 말하길, 백색이며 성근 갈포를 '저(紵)'라고 부른다.[41]

集解 愚謂: 絺・綌不以入, 則袍・褶固陳之矣. 論語"紅紫不以爲褻服", 則紅紫而外, 其他間色或用爲褻服矣, 惟陳之而用以斂者必以正色也.

번역 내가 생각하기에, "치격(絺綌)은 들이지 않는다."라고 했으니, 포(袍)와 습(褶)[42]은 진실로 진열하는 것이다. 『논어』에서는 "다홍색과 자홍색으로는 속옷을 만들어 입지 않으셨다."[43]라고 했으니, 다홍색과 자홍색 이외의 다른 간색 중에는 아마도 속옷으로 사용된 색도 있었을 것인데, 진열하여 염(斂)에 사용하는 것이라면, 반드시 정색으로 된 것을 사용하게 된다.

---

41) 이 문장은 『주례』「천관(天官)・전시(典枲)」편의 "典枲掌布緦縷紵之麻草之物, 以待時頒功而授齎."라는 기록에 대한 정현의 주이다.

42) 습(褶)은 안감과 겉감이 있지만 솜 등을 덧대는 것이 없는 옷을 뜻한다.

43) 『논어』「향당(鄕黨)」: 君子不以紺緅飾, 紅紫不以爲褻服.

그림 12-3 협(篋)

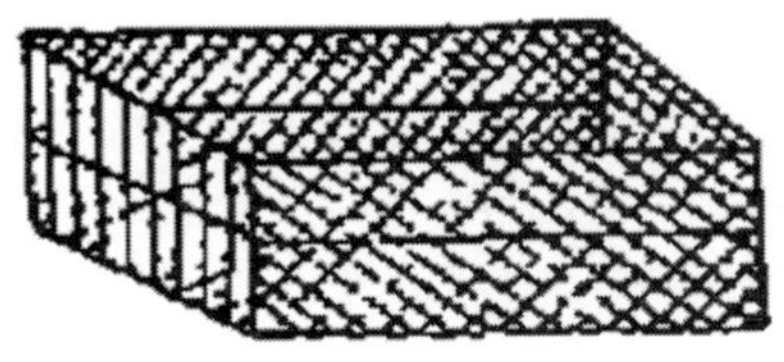

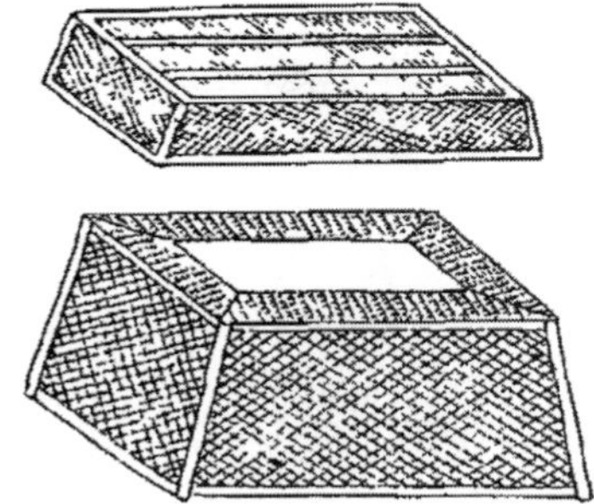

※ **출처:** 상단-『삼례도집주(三禮圖集注)』 3권 ; 하단-『삼례도(三禮圖)』 4권

• 제 13 절 •

소렴(小斂)과 대렴(大斂)을 시행하는 자들의 규정 I

【536a】

凡斂者袒, 遷尸者襲.

직역 凡히 斂하는 者는 袒하고, 尸를 遷하는 者는 襲한다.

의역 무릇 염(斂)을 하는 자는 단(袒)을 하고, 시신을 옮기는 자는 습(襲)을 한다.

集說 執小斂・大斂之事者, 其事煩, 故必袒以取便. 遷尸入柩, 則其事易矣, 故不袒.

번역 소렴(小斂)과 대렴(大斂)의 사안을 맡아보는 자들은 그 사안이 번다하기 때문에, 반드시 단(袒)을 하니 편리함에 따르는 것이다. 시신을 옮겨서 관에 안치하는 경우라면, 그 사안이 간단하기 때문에 단(袒)을 하지 않는다.

鄭注 袒者, 於事便也.

번역 '단(袒)'을 하는 것은 그 사안을 처리할 때 편리하기 때문이다.

釋文 便, 婢面反.

번역 '便'자는 '婢(비)'자와 '面(면)'자의 반절음이다.

孔疏 ●"凡斂"至"是斂". ○正義曰: 此一節明斂之所用之人, 有袒有襲之法.

번역 ●經文: "凡斂"~"是斂". ○이곳 문단은 염(斂)에 동원되는 자들은 단(袒)을 하거나 습(襲)을 하는 등의 예법이 있음을 나타내고 있다.

孔疏 ●"凡斂者袒"者, 凡斂, 謂執大小斂事也. 事多, 故袒爲便也.

번역 ●經文: "凡斂者袒". ○'범렴(凡斂)'은 소렴(小斂)과 대렴(大斂) 등의 사안을 맡아본다는 뜻이다. 사안이 번다하기 때문에 단(袒)을 하니 편리하기 때문이다.

孔疏 ●"遷尸者襲"者, 謂大斂於地, 乃遷尸入棺之屬, 事少, 故襲也.

번역 ●經文: "遷尸者襲". ○땅바닥에서 대렴(大斂)을 하고, 그 일을 끝내면 곧 시신을 들어서 관에 안치하는 일들은 그 사안이 적기 때문에 습(襲)을 한다.

集解 愚謂: 斂, 大·小斂也. 遷尸有八: 始死遷於牖下, 一也. 遷於浴牀, 二也. 遷於含牀, 三也. 遷於襲牀, 四也. 小斂遷尸, 五也. 奉尸侇於堂, 六也. 大斂遷尸, 七也. 遷尸於棺, 八也. 袒者, 於事便也. 斂事多, 故袒; 遷尸事少, 故襲. 若主人奉尸皆袒也.

번역 내가 생각하기에, '염(斂)'은 소렴(小斂)과 대렴(大斂)을 뜻한다. 시신을 옮기는 것으로는 여덟 가지 경우가 있다. 첫 번째는 이제 막 죽었을 때 들창 아래로 옮기는 것이다. 두 번째는 목욕시키는 침상으로 옮기는 것이다. 세 번째는 함(含)을 하는 침상으로 옮기는 것이다. 네 번째는 습(襲)을 하는 침상으로 옮기는 것이다. 다섯 번째는 소렴에 시신을 옮기는 것이다. 여섯 번째는 시신을 받들어 당(堂)으로 옮기는 것이다. 일곱 번째는 대렴에 시신을 옮기는 것이다. 여덟 번째는 시신을 관에 안치하는 것이다.

'단(袒)'을 하는 것은 그 사안을 처리할 때 편리하기 때문이다. 염(斂)에 대한 사안은 번다하기 때문에 단(袒)을 한다. 반면 시신을 옮기는 사안은 적기 때문에 습(襲)을 한다. 만약 주인이 시신을 받들게 된다면 모두 단(袒)을 한다.

【536b】

君之喪, 大胥是斂, 衆胥佐之. 大夫之喪, 大胥侍之, 衆胥是斂. 士之喪, 胥爲侍, 士是斂.

직역 君의 喪에 大胥가 斂을 是하고, 衆胥가 佐한다. 大夫의 喪에 大胥가 侍하고, 衆胥가 斂을 是한다. 士의 喪에, 胥가 侍가 爲하고, 士가 斂을 是한다.

의역 군주의 상에서는 대축(大祝)이 염(斂)을 담당하고, 나머지 축(祝)들은 대축을 돕는다. 대부의 상에서는 대축이 그 사안에 임하고, 나머지 축(祝)들이 염(斂)을 한다. 사의 상에서는 축(祝)이 그 사안에 임하고, 사가 염(斂)을 한다.

集說 胥, 讀爲祝者, 以胥是樂官, 不掌喪事也. 周禮大祝之職, 大喪贊斂; 喪祝, 卿大夫之喪掌斂. 士喪禮, 商祝主斂, 故知當爲祝. 侍, 猶臨也.

번역 '서(胥)'자는 축(祝)자로 풀이하니, 서(胥)는 음악을 담당하는 관리라서 상사의 일을 담당하지 않기 때문이다. 『주례』「대축(大祝)」편의 직무기록에서는 대상(大喪)에는 염(斂)을 돕는다고 했고,[1] 「상축(喪祝)」편에서는 경과 대부의 상에서 염(斂)을 담당한다고 했다.[2] 『의례』「사상례(士喪禮)」편에서는 상축(商祝)이 염(斂)을 주관한다고 했다. 그렇기 때문에 이

---

1) 『주례』「춘관(春官)·대축(大祝)」: 大喪, 始崩, 以肆鬯渳尸, 相飯, 贊斂, 徹奠.
2) 『주례』「춘관(春官)·상축(喪祝)」: 凡卿大夫之喪, 掌事, 而斂飾棺焉.

글자는 마땅히 '축(祝)'자가 되어야 함을 알 수 있다. '시(侍)'자는 "임한다[臨]."는 뜻이다.

大全 臨川吳氏曰: 大胥, 非謂樂官之大胥. 按周官大祝之下有胥四人, 所謂大胥者, 大祝之胥也. 喪祝之下有胥四人, 所謂衆胥者, 衆祝之胥也. 大祝之爵爲下大夫, 喪祝之爵爲上士, 非能親執斂役者, 故雖身親涖事, 而各以其下之胥服勞. 侯國之祝, 雖非四命之下大夫·三命之上士, 等而襄之, 其命數大祝當降國卿一等, 衆祝當降二等, 胥各四人, 當亦如王朝之數. 國君之斂, 大胥四人親斂, 衆胥二人佐之, 以足六人之數. 祝官臨檢, 記雖不言, 孔疏謂君應有侍者, 不知何人, 蓋大祝也. 大夫之斂, 則大胥二人臨檢, 衆胥四人親斂, 士之斂, 則衆胥二人臨檢, 士之友四人自斂.

번역 임천오씨가 말하길, '대서(大胥)'는 악관에 속한 대서가 아니다. 『주례』를 살펴보니, 대축(大祝)이라는 관리 휘하에는 서(胥) 4명이 있다고 했으므로,[3] '대서(大胥)'라고 하는 자들은 바로 대축에게 소속된 서(胥)를 뜻한다. 그리고 상축(喪祝)이라는 관리 휘하에는 서(胥) 4명이 있다고 했으니,[4] '중서(衆胥)'라고 하는 자들은 바로 뭇 축(祝)들에게 소속된 서(胥)를 뜻한다. 대축을 담당하는 자들의 작위는 하대부가 되고, 상축을 담당하는 자들의 작위는 상사가 되니, 이들은 직접 염(斂)의 노역을 맡아볼 수 있는 자들이 아니기 때문에, 비록 본인이 직접 그 사안에 임하기는 하지만, 각각 그들의 휘하에 소속된 서(胥)가 수고로운 일에 복무하는 것이다. 제후국에 소속된 축(祝)은 비록 4명(命)의 등급에 해당하는 하대부나 3명(命)의 등급에 해당하는 상사가 아니지만, 동등하게 그 일을 돕도록 했을 것이며, 그들의 명(命) 등급에 있어서 대축은 마땅히 제후국의 경보다 1등급이 낮았을 것이고, 나머지 축(祝)들은 마땅히 2등급이 낮았을 것이지만, 서(胥)는 각

3) 『주례』「춘관종백(春官宗伯)」: 大祝, 下大夫二人, 上士四人. 小祝, 中士八人, 下士十有六人, 府二人, 史四人, 胥四人, 徒四十人.

4) 『주례』「춘관종백(春官宗伯)」: 喪祝, 上士二人, 中士四人, 下士八人, 府二人, 史二人, 胥四人, 徒四十人.

각 4명을 휘하에 두어서, 마땅히 천자의 조정 관제와 동일하게 했을 것이다. 따라서 제후의 염(斂)에는 대서 4명이 직접 염(斂)을 하고, 중서 2명이 도와서 6명의 수를 채웠을 것이다. 축관은 상에 임하여 그 일을 감독했을 것인데, 『예기』에서 비록 언급하지 않았지만, 공영달의 소에서는 "군주의 상에서는 마땅히 감독하는 자가 있어야 하지만, 어떤 자가 했는지는 알 수 없다."라고 했는데, 아마도 대축이 했을 것이다. 대부의 염(斂)을 하게 되면, 대서 2명이 그 일에 임하여 감독을 했고 중서 4명이 직접 염(斂)을 했으며, 사의 염(斂)을 하게 되면, 중서 2명이 그 일에 임하여 감독했고, 사의 벗 4명이 직접 염(斂)을 했을 것이다.

鄭注 胥, 樂官也, 不掌喪事. 胥當爲"祝", 字之誤也. 侍, 猶臨也. 大祝之職, "大喪贊斂"; 喪祝, 卿大夫之喪掌斂. 士喪禮"商祝主斂".

번역 '서(胥)'는 음악을 담당하는 관리이니, 상사의 일을 담당하지 않는다. 따라서 '서(胥)'자는 마땅히 축(祝)자가 되어야 하니, 글자가 비슷해서 생긴 오류이다. '시(侍)'자는 "임하다[臨]."는 뜻이다. 대축(大祝)의 직무에서는 "대상(大喪) 때 염(斂)을 돕는다."라고 했고, 상축(喪祝)에 대해서는 경과 대부의 상에서 염(斂)을 담당한다고 했다. 『의례』「사상례(士喪禮)」편에서는 "상축(商祝)이 염(斂)을 주관한다."라고 했다.

釋文 大胥, 依注作祝, 之六反, 下同. 胥, 樂官, 思餘反.

번역 '大胥'에서의 '胥'자는 정현의 주에 따르면 '祝'자가 되니, 그 음은 '之(지)'자와 '六(륙)'자의 반절음이고, 아래문장에 나오는 글자도 그 음이 이와 같다. '胥'는 음악을 담당하는 관리이니, 그 음은 '思(사)'자와 '餘(여)'자의 반절음이다.

孔疏 ●"君之喪"者, 此明人君斂用人之法.

번역 ●經文: "君之喪". ○이곳 문장은 군주의 염(斂)에서 사람을 사용하는 법도를 나타내고 있다.

孔疏 ●"大胥是斂"者, 大祝是接神者, 故使之執斂事也. 是, 猶執也.

번역 ●經文: "大胥是斂". ○'대축(大祝)'은 신과 교감하는 자이다. 그렇기 때문에 그로 하여금 염(斂)의 일을 맡아보도록 한다. '시(是)'자는 "맡아본다[執]."는 뜻이다.

孔疏 ●"衆胥佐之"者, 衆祝, 喪祝也. 衆祝賤, 故副佐於大祝也.

번역 ●經文: "衆胥佐之". ○'중축(衆祝)'은 상축(喪祝)을 뜻한다. 뭇 축(祝)들은 신분이 미천하기 때문에, 대축(大祝)의 일을 돕는다.

孔疏 ●"大夫之喪, 大胥侍之"者, 大祝, 猶君之大祝也. 侍, 猶臨也. 君尊, 故大祝親執斂. 大夫卑, 故大祝臨之.

번역 ●經文: "大夫之喪, 大胥侍之". ○'대축(大祝)'은 제후에게 소속된 대축을 뜻한다. '시(侍)'자는 "임한다[臨]."는 뜻이다. 군주는 존귀하기 때문에 대축이 직접 염(斂)의 일을 맡아본다. 그러나 대부는 상대적으로 미천하기 때문에 대축이 그 일을 감독한다.

孔疏 ●"衆胥是斂"者, 衆祝, 周禮喪祝, 卑, 故親執斂也. 庾云: "侍者, 臨檢之也. 大夫言侍, 則君亦應有侍者, 未知何人也."

번역 ●經文: "衆胥是斂". ○'중축(衆祝)'은『주례』에 나오는 상축(喪祝)인데, 그들은 신분이 미천하기 때문에 직접 염(斂)의 일을 맡아본다. 유울은 "'시(侍)'자는 그 사안에 임하여 감독한다는 뜻이다. 대부에 대해서 '시

(侍)'라고 말했다면, 군주에 대해서도 또한 시(侍)를 하는 자가 있어야 하는데, 어떤 자가 했는지는 알 수 없다."라고 했다.

孔疏 ●"士之喪, 胥爲侍"者, 胥亦喪祝也. 士卑, 故祝臨之.

번역 ●經文: "士之喪, 胥爲侍". ○'서(胥)' 또한 상축(喪祝)을 뜻한다. 사는 신분이 미천하기 때문에 축(祝)이 그 사안을 감독한다.

孔疏 ●"士是斂"者, 士之朋友來助斂也. 士喪禮云"士擧遷尸", 是也.

번역 ●經文: "士是斂". ○사의 벗들이 찾아와서 염(斂)의 일들을 돕는다. 『의례』「사상례(士喪禮)」편에서 "사가 시신을 들어서 옮긴다."[5]라고 한 말이 바로 이러한 사실을 나타낸다.

孔疏 ◎注"胥當"至"主斂". ○正義曰: 知胥當爲祝者, 以胥是樂官, 不掌斂事, 故引大祝"大喪贊斂", 及喪祝"卿大夫之喪掌斂", 并引士喪禮"商[6]祝主斂", 明諸祝主斂也, 故引此文以證之. "商祝"者, 按士喪禮注云: "商祝, 祝習商禮者, 商人教之以敬, 於接神宜也."

번역 ◎鄭注: "胥當"~"主斂". ○정현의 말처럼 '서(胥)'자가 마땅히 '축(祝)'자가 되어야 함을 알 수 있는 이유는 서(胥)는 음악을 담당하는 관리로 염(斂)의 일을 담당하지 않기 때문이다. 그래서 정현은 『주례』「대축(大祝)」편에서 "대상(大喪)에서 염(斂)을 돕는다."라고 한 기록과 「상축(喪祝)」편

---

5) 『의례』「사상례(士喪禮)」: 士擧遷尸, 反位. 設牀第於兩楹之間, 衽如初, 有枕. / 『의례』「사상례」: 士擧遷尸, 復位. 主人踊無算. 卒斂, 徹帷. 主人馮如初, 主婦亦如之.

6) '상(商)'자에 대하여. '상'자 뒤에는 본래 '송(頌)'자가 기록되어 있었는데, 완원(阮元)의 『교감기(校勘記)』에서는 "혜동(惠棟)의 『교송본(校宋本)』에는 '송'자가 없으니, 이곳 판본에는 잘못하여 연문으로 들어간 것이다."라고 했다.

에서 "경과 대부의 상에서 염(斂)을 담당한다."라고 한 기록을 인용하고, 아울러 『의례』「사상례(士喪禮)」편에서 "상축(商祝)이 염(斂)을 주관한다."라고 한 기록을 인용한 것이니, 이것은 여러 축(祝)들이 염(斂)을 담당한다는 사실을 나타낸다. 그러므로 이러한 기록들을 인용하여 증명하였다. 정현이 '상축(商祝)'이라고 했는데, 「사상례」편에 대한 정현의 주를 살펴보면, "상축은 축관 중 은나라의 예법을 익힌 자이니, 은나라 때에는 공경함을 위주로 가르쳐서, 신과 교감하는데 마땅하기 때문이다."[7]라고 했다.

集解 愚謂: 士喪禮大·小斂皆商祝布衣, 鄭氏謂"胥當爲祝", 是也. 周禮小宗伯大喪, "帥執事而涖大斂·小斂", 鄭云, "親斂者, 蓋事官之屬爲之." 又大祝"大喪", "贊斂", 疏云, "冬官主斂事, 大祝贊之." 是天子之斂, 事官之屬主斂, 大祝贊之, 而小宗伯涖之也. 君之喪, 大祝主斂, 衆祝佐之, 降於天子也. 衆祝, 小祝·喪祝也. 其涖者蓋亦小宗伯與. 大夫之喪, 大祝侍之, 衆祝是斂, 又降於君也. 士之喪, 祝爲侍, 士是斂, 又降於大夫也. 士, 謂喪祝之胥徒也.

번역 내가 생각하기에, 『의례』「사상례(士喪禮)」편에서는 소렴(小斂)과 대렴(大斂)의 일들에 대해서 모두 상축(商祝)이 옷을 진열한다고 했으니, 정현이 "서(胥)자는 마땅히 축(祝)자가 되어야 한다."라고 한 말은 옳다. 『주례』「소종백(小宗伯)」편에서는 대상(大喪)에 대해서, "일을 맡아보는 자들을 통솔하여, 대렴과 소렴에 임한다."[8]라고 했고, 정현은 "직접 염(斂)을 하는 자들은 아마도 사관(事官)에 속한 관리가 했을 것이다."라고 했다. 또 「대축(大祝)」편에서는 '대상(大喪)'이라고 했고, "염(斂)을 돕는다."라고 했으며, 가공언의 소에서는 "동관(冬官)의 관부가 염(斂)에 대한 일을 주관하고, 대축이 돕는다."라고 했으니, 이것은 천자의 염(斂)에 있어서 사관(事官: =冬官)에 속한 관리가 염(斂)을 주관하고, 대축이 도우며, 소종백이 그

7) 이 문장은 『의례』「사상례(士喪禮)」편의 "商祝襲祭服, 褖衣次."라는 기록에 대한 정현의 주이다.

8) 『주례』「춘관(春官)·소종백(小宗伯)」: 及執事蒞大斂·小斂, 帥異族而佐.

일에 임하여 감독하게 됨을 나타낸다. 제후의 상에서 대축이 염(斂)을 주관하고 뭇 축(祝)들이 그 일을 돕는 것은 천자보다 낮추기 때문이다. '중축(衆祝)'은 소축(小祝) 및 상축(喪祝)을 뜻한다. 그 일에 임하여 감독하는 자 또한 소종백이였을 것이다. 대부의 상에서는 대축이 감독하고 뭇 축들이 염(斂)을 하니, 또한 제후보다 낮추기 때문이다. 사의 상에서 축이 감독하고 사가 염(斂)을 하니, 또한 대부보다 낮추기 때문이다. '사(士)'는 상축에 소속된 서(胥)나 도(徒) 등을 뜻한다.

• 제 14 절 •

소렴(小斂)과 대렴(大斂)의 의복류 규정 Ⅱ

【536c】

小斂大斂, 祭服不倒, 皆左衽, 結絞不紐.

직역 小斂과 大斂에는 祭服을 不倒하며, 皆히 衽을 左하고, 絞를 結하되 不紐한다.

의역 소렴(小斂)과 대렴(大斂)을 치를 때, 제사 복장은 거꾸로 펼쳐두지 않고, 이러한 옷들은 모두 옷깃이 좌측을 향하도록 하며, 묶는 끈을 결속하게 되면 매듭을 짓지 않는다.

集說 疏曰: 衽, 衣襟也, 生向右, 左手解抽帶便也. 死則襟向左, 示不復解也. 結絞不紐者, 生時帶並爲屈紐, 使易抽解, 死時無復解義, 故絞束畢結之不爲紐也.

번역 공영달의 소에서 말하길, '임(衽)'자는 옷의 옷깃을 뜻하며, 살아있는 자들은 우측을 향하도록 하니, 좌측 손으로 허리띠를 풀거나 당기기에 편리하기 때문이다. 죽은 자에 대해서는 옷깃이 좌측을 향하도록 하니, 다시 풀지 않는다는 뜻을 보이기 때문이다. '결교불뉴(結絞不紐)'라고 했는데, 살아있을 때 허리띠는 모두 한쪽으로 굽혀서 매듭을 짓게 되니, 당기거나 풀 때 편리하게 만들기 위해서이며, 죽었을 때에는 다시 푼다는 뜻이 없으므로, 묶는 끈을 결속하게 되면 매듭을 짓지 않는다.

鄭注 左衽, 衽鄕左, 反生時也.

번역 '좌임(左衽)'은 옷깃이 좌측을 향하도록 한다는 뜻으로, 생전과 반대로 하기 때문이다.

釋文 紐, 女九反, 舊而愼反. 鄕, 許亮反.

번역 '紐'자는 '女(녀)'자와 '九(구)'자의 반절음이며, 구음(舊音)은 '而(이)'자와 '愼(신)'자의 반절음이다. '鄕'자는 '許(허)'자와 '亮(량)'자의 반절음이다.

孔疏 ●"小斂"至"不紐". ○正義曰: 此一節明斂衣之法.

번역 ●經文: "小斂"~"不紐". ○이곳 문단은 염(斂)을 하는 옷의 법도를 나타내고 있다.

孔疏 ●"小斂大斂, 祭服不倒"者, 大斂亦不倒. 前已言"小斂不倒", 此又言小斂者, 爲下諸事出也.

번역 ●經文: "小斂大斂, 祭服不倒". ○대렴(大斂)에서도 옷을 거꾸로 놓아두지 않는다. 앞에서 이미 "소렴(小斂)에서는 옷을 거꾸로 놓아두지 않는다."[1]라고 했는데, 이곳에서는 재차 '소렴(小斂)'이라고 했다. 그 이유는 아래의 여러 사안을 위해서 표제어로 제시한 것이다.

孔疏 ●"皆左衽"者, 大斂小斂同然, 故云皆也. 衽, 衣襟也. 生鄕右, 左手解抽帶便也. 死則襟鄕左, 示不復解也.

---

1) 『예기』「상대기」【535c】: 小斂之衣, 祭服不倒. 君無襚. 大夫・士畢主人之祭服. 親戚之衣, 受之不以卽陳. 小斂, 君・大夫・士皆用複衣複衾. 大斂, 君・大夫・士祭服無筭, 君褶衣褶衾, 大夫・士猶小斂也.

번역 ●經文: "皆左衽". ○대렴(大斂)과 소렴(小斂)에서 동일하게 따른다는 뜻이다. 그렇기 때문에 '개(皆)'라고 말했다. '임(衽)'자는 옷의 옷깃을 뜻한다. 생전에는 우측을 향하도록 하니, 좌측 손으로 허리띠를 풀거나 당길 때 편리하기 때문이다. 죽게 되면 옷깃이 좌측을 향하도록 하니, 다시 풀지 않는다는 뜻을 나타내기 때문이다.

孔疏 ●"結絞不紐"者, 生時帶並爲屈紐, 使易抽解. 若死則無復解義, 故絞束畢結之, 不爲紐也.

번역 ●經文: "結絞不紐". ○생전에 차는 허리띠는 모두 굽혀서 매듭을 짓게 되니, 당기거나 풀 때 편리하게 만들기 위해서이다. 만약 죽게 되면 다시 푸는 뜻이 없기 때문에 묶는 끈을 결속하게 되면 매듭을 짓지 않는다.

集解 愚謂: 生時之衽在左而鄕右, 謂之右衽; 大·小斂之衽在右而鄕左, 謂之左衽也. 結絞, 謂結大·小斂之絞也. 生時大帶綴紐, 而用組約之, 大·小斂之絞不綴紐, 直取兩端交結之, 欲其束之堅急也.

번역 내가 생각하기에, 생전에 하는 옷깃은 좌측에 있으면서 우측을 향하니, 이것을 '우임(右衽)'이라고 부른다. 대렴(大斂)과 소렴(小斂)을 치를 때의 옷에서는 옷깃이 우측에 있으면서 좌측을 향하니, 이것을 '좌임(左衽)'이라고 부른다. '결교(結絞)'는 대렴과 소렴 때 사용하는 교(絞)를 묶는다는 뜻이다. 생전에 착용하는 대대(大帶)는 연결하여 매듭을 짓고, 끈을 사용해서 묶게 되는데, 대렴과 소렴 때의 교(絞)에서는 연결하여 매듭을 짓지 않고, 단지 양쪽 끝단을 교차하여 묶으니, 묶는 것을 단단하고 촘촘히 하기 위해서이다.

그림 14-1 허리띠 : 대(帶) · 혁대(革帶) · 대대(大帶)

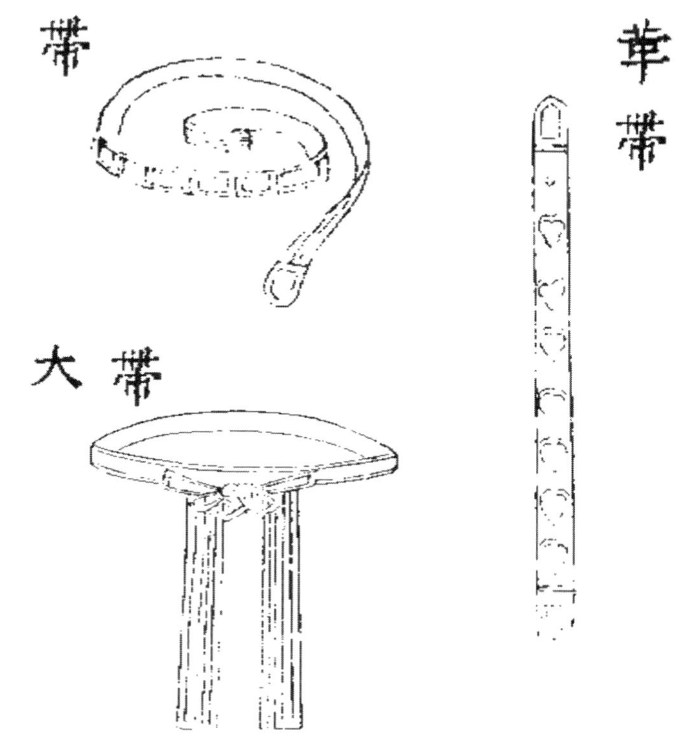

※ **출처:** 『삼재도회(三才圖會)』「의복(衣服)」 2권

◎ 혁대(革帶): 가죽으로 만든 허리띠로, 대(帶)와 혁대는 옷과 연결하여 결속함.
대대(大帶): 주로 예복(禮服)에 착용하는 것으로, 혁대에 결속함.

• 제 15 절 •

소렴(小斂)과 대렴(大斂)을 시행하는 자들의 규정 II

【536c】

斂者旣斂必哭. 士與其執事則斂, 斂焉則爲之壹不食. 凡斂者六人.

직역 斂者는 旣히 斂하면 必히 哭한다. 士는 그 事를 執함에 與하면 斂하고, 斂하면 之를 爲하여 壹히 不食한다. 凡히 斂者는 六人이다.

의역 염(斂)을 하는 자는 염을 끝내면 반드시 곡(哭)을 한다. 사가 상사를 돕는 것에 참여하게 된다면 염을 하고, 염을 하게 되면 죽은 자를 위해 1끼의 식사를 하지 않는다. 대체로 염에 참여하는 자는 6명이다.

集說 與其執事, 謂相助凡役也. 舊說, 謂與此死者平生共執事, 則不至褻惡死者, 故以之斂. 未知是否.

번역 '여기집사(與其執事)'는 상사의 모든 일들에 대해서 돕는다는 뜻이다. 옛 학설에서는 "죽은 자와 함께 근무를 한 자라면, 죽은 자에 대해서 꺼려하지 않기 때문에, 그들로 염(斂)을 시행하도록 한다."고 했다. 그러나 이 말이 옳은지 아닌지 모르겠다.

鄭注 斂者必使所與執事者, 不欲妄人褻之. 執, 或爲倾.

번역 염(斂)을 할 때에는 반드시 함께 근무했던 자를 시키니, 죽은 자에 대해서 꺼려하지 않게끔 하고자 해서이다. '집(執)'자를 다른 판본에서는

'㨨'자로 기록하기도 한다.

釋文 與音預, 注同. 㨨音執, 本亦作執.

번역 '與'자의 음은 '預(예)'이며, 정현의 주에 나오는 글자도 그 음이 이와 같다. '㨨'자의 음은 '執(집)'이며, 판본에 따라서는 또한 '執'자로도 기록한다.

孔疏 ●"斂者"至"六人". ○正義曰: 斂者, 卽謂大祝·衆祝之屬也. 旣斂是斂竟也, 斂竟必皆哭也. 所以然者, 以其與亡者或臣舊, 或有恩. 今手爲執事, 專心則增感, 故哭也.

번역 ●經文: "斂者"~"六人". ○'염자(斂者)'는 곧 대축(大祝) 및 중축(衆祝) 등의 부류를 뜻한다. '기렴(旣斂)'은 염(斂)을 끝냈다는 뜻이니, 염을 끝내면 반드시 모두가 곡(哭)을 한다. 이처럼 하는 이유는 그들은 죽은 자와 함께 근무했던 옛 신하들이거나 또는 은정을 받은 자들이기 때문이다. 현재 그들로 일을 맡아보게 하여 마음을 다하게 되면, 느끼는 것이 많아지기 때문에 곡을 한다.

孔疏 ●"士與其執事則斂"者, 釋前"士是斂"義也. 與執事, 謂平生曾與亡者共執事. 今與喪所則助斂也, 所以須生經共執事, 死乃爲斂也. 若不經共執事, 則褻惡之, 故不使斂也.

번역 ●經文: "士與其執事則斂". ○앞에서 "사가 염(斂)을 한다."라고 한 뜻을 풀이한 것이다. '여집사(與執事)'는 생전에 일찍이 죽은 자와 함께 근무했던 자들을 뜻한다. 현재 상을 치르는 곳에 참여하여 염(斂)을 돕는 것이니, 생전에 함께 근무하였으므로, 그가 죽게 되면 염(斂)을 하는 것이다. 만약 생전에 함께 근무하지 않았다면, 시신에 대해서 꺼려하기 때문에,

그들에게는 염(斂)을 시키지 않는다.

孔疏 ●"斂焉則爲之壹不食"者, 生經有恩, 今又爲之斂, 爲之廢壹食也.

번역 ●經文: "斂焉則爲之壹不食". ○생전에 은정을 나눔이 있었고, 현재 또 그를 위해 염(斂)에 참여하였으므로, 그를 위해 한 끼의 식사를 하지 않는다.

孔疏 ●"凡斂者六人"者, 凡者, 貴賤同也. 兩邊各三人, 故用六人.

번역 ●經文: "凡斂者六人". ○'범(凡)'자는 신분의 차등에 상관없이 모두 동일하다는 뜻이다. 양쪽 측면에 각각 3명씩 있게 되므로, 6명을 사용하게 된다.

訓纂 王氏引之曰: 與其執事, 文義不明, 蓋[illegible]之譌也. 與, 當如字讀. 注云"所與執事", 亦如字讀.

번역 왕인지[1]가 말하길, '여기집사(與其執事)'는 그 뜻이 불분명하니, 아마도 '집(執)'자는 '공(共)'자의 오자인 것 같다. 그리고 '여(與)'자는 마땅히 글자 그대로 해석해야 한다. 정현의 주에서 '소여집사(所與執事)'라고 했는데, 이때의 '여(與)'자도 글자 그대로 해석해야 한다.

集解 士與其執事則斂者, 言喪祝之士與執是人之喪事者, 則必爲之斂, 周禮所謂"掌事而斂", 蓋其職然也. 既斂必哭, 又爲之壹不食者, 喪無人不致其

---

1) 왕인지(王引之, A.D.1766~A.D.1834) : 청(淸)나라 때의 훈고학자이다. 자(字)는 백신(伯申)이고, 호(號)는 만경(曼卿)이며, 시호(謚號)는 문간(文簡)이다. 왕념손(王念孫)의 아들이다. 대진(戴震), 단옥재(段玉裁), 부친과 함께 대단이왕(戴段二王)이라고 일컬어졌다. 『경전석사(經傳釋詞)』, 『경의술문(經義述聞)』 등의 저술이 있다.

哀, 而親有事於尸者, 尤情之所不能已者也. 大夫士之喪, 祝與其士之與於斂者皆然, 但言"士"者, 承上文"士是斂"言之也. 若君之喪, 則大祝·衆祝皆其臣也, 其哀又不待言矣.

번역 '사여기집사즉렴(士與其執事則斂)'이라고 했는데, 이것은 상축(喪祝)을 맡고 있는 사가 그 사람의 상사에 참여하여 그 일들을 맡아보게 된다면, 반드시 그를 위해서 염(斂)을 한다는 뜻이니, 『주례』에서 "그 일을 담당하여 염(斂)을 한다."[2]라고 한 말 또한 그의 직무에 따라 이처럼 한다는 뜻이다. "염(斂)을 끝내면 반드시 곡(哭)을 한다."라고 했고, 또 "그를 위해서 1끼의 식사를 하지 않는다."라고 했는데, 상사를 치를 때에는 슬픔을 지극히 나타내지 않는 자가 없고, 직접 시신에 대해서 일을 맡아보는 자라면, 더욱이 주체할 수 없는 정감을 갖게 되기 때문이다. 대부와 사의 상에서 축(祝)과 사 중에 염(斂)에 참여하는 자들은 모두 이처럼 한다. 그런데 '사(士)'라고만 말한 것은 앞에서 "사는 염(斂)을 한다."라고 한 문장을 이어서 말했기 때문이다. 만약 군주의 상이라면, 대축(大祝)·중축(衆祝)들이 모두 그의 신하였던 자들이므로, 그들의 애통한 점에 대해서는 말할 필요도 없다.

2) 『주례』「춘관(春官)·상축(喪祝)」: 凡卿大夫之喪, 掌事, 而斂飾棺焉.

• 제16절 •

소렴(小斂)의 모(冒)·이금(夷衾) 규정

【536d】

君錦冒黼殺, 綴旁七. 大夫玄冒黼殺, 綴旁五. 士緇冒赬殺, 綴旁三. 凡冒, 質長與手齊, 殺三尺, 自小斂以往用夷衾. 夷衾質殺之裁猶冒也.

직역 君은 錦冒에 黼殺하고, 綴旁은 七이다. 大夫는 玄冒에 黼殺하고, 綴旁은 五이다. 士는 緇冒에 赬殺하고, 綴旁은 三이다. 凡히 冒는 質의 長은 手와 與하여 齊하고, 殺는 三尺이며, 小斂으로 自하여 往에는 夷衾을 用한다. 夷衾의 質殺의 裁는 冒와 猶하다.

의역 시신을 감싸는 모(冒)에 있어서, 군주의 경우 상단부인 질(質)은 비단으로 만들고 하단부인 쇄(殺)에는 보(黼)무늬를 그리며, 측면에 다는 끈은 7개이다. 대부의 경우 상단부인 질은 현색으로 만들고 하단부인 쇄에는 보무늬를 그리며, 측면에 다는 끈은 5개이다. 사의 경우 상단부인 질은 치포(緇布)로 만들고 하단부인 쇄는 붉은 색으로 만들며, 측면에 다는 끈은 3개이다. 무릇 모(冒)의 경우 상단부의 질 길이는 시신의 팔 길이와 같고, 하단부의 쇄는 3척(尺)이며, 소렴(小斂)을 치른 이후에는 이금(夷衾)을 사용하여 시신을 덮는다. 이금의 질과 쇄를 만드는 방법은 모(冒)와 같다.

集說 冒者, 韜尸之二囊. 上曰質, 下曰殺. 先以殺韜足而上, 後以質韜首而下. 君質用錦, 殺畫黼文, 故云"錦冒黼殺"也. 其制縫合一頭, 又縫連一邊, 餘一邊不縫, 兩囊皆然. 綴旁七者, 不縫之邊, 上下安七帶, 綴以結之也. 上之質從頭而下, 其長與手齊; 殺則自下而上, 其長三尺也. 小斂有此冒, 故不用衾; 小斂以後, 則用夷衾覆之. 夷, 尸也. 裁, 猶製也. 夷衾與質殺之制, 皆爲覆冒尸形而作也. 舊說, 夷衾亦上齊手, 下三尺, 繒色及長短制度, 如冒之質殺.

번역 '모(冒)'는 시신을 감싸는 2개의 주머니이다. 상단부를 '질(質)'이라고 부르고 하단부를 '쇄(殺)'라고 부른다. 먼저 쇄로 시신의 다리를 감싸서 위로 올리고, 이후에 질로 시신의 머리를 감싸서 아래로 내린다. 군주의 질은 비단을 이용해서 만들고 쇄에는 보(黼)무늬를 그린다. 그렇기 때문에 '비단의 모에 보무늬를 새긴 쇄'라고 말한 것이다. 그것을 제작하는 방법은 한쪽 끝부분을 봉합하고, 재차 한쪽 측면을 봉합하지만 나머지 한쪽 측면은 봉합하지 않으니, 두 주머니를 모두 이처럼 만든다. '철방칠(綴旁七)'이라고 했는데, 봉합하지 않은 측면에 대해서, 위아래로 7개의 띠를 달고, 그것을 묶어서 결속을 시킨다는 뜻이다. 상단부의 질은 시신의 머리부터 그 밑으로 내리는데, 그 길이는 시신의 팔에 맞추며, 하단부의 쇄는 아래로부터 위로 올리는데, 그 길이는 3척(尺)이다. 소렴(小斂)을 치를 때 이러한 모(冒)가 포함되므로, 이불을 사용하지 않는다. 소렴을 치른 이후라면 곧 이금(夷衾)을 이용해서 시신을 덮는다. '이(夷)'자는 시(尸)자를 뜻한다. '재(裁)'자는 "만들다[製]."는 뜻이다. 이금과 질·쇄의 제작 방법은 모두 시신을 덮는 모(冒)처럼 만들게 된다. 옛 학설에서 이금 또한 상단부의 길이는 팔의 길이에 맞추고 하단부는 3척이라고 했으며, 비단의 색깔과 그 길이에 대한 제도는 모(冒)의 질·쇄와 같다고 했다.

鄭注 冒者, 旣襲所以韜尸, 重形也. 殺, 冒之下裠, 韜足[1]上行者也. 小斂又覆以夷衾. 裁, 猶制也, 字或爲材.

번역 '모(冒)'는 습(襲)하는 일이 끝나면 시신을 감싸는 것이니, 시신의 형체를 거듭 가리는 것이다. '쇄(殺)'는 모(冒)의 하단부이며, 다리를 감싸서

1) '족(足)'자에 대하여. '족'자는 본래 '시(是)'자로 기록되어 있었는데, 문맥에 따르면 '족'자의 오자인 것 같다.

위로 올리는 것이다. 소렴(小斂)을 치르게 되면 재차 이금(夷衾)을 이용해서 시신을 덮는다. '재(裁)'자는 "제작하다[制]."는 뜻이며, 그 글자를 다른 판본에서는 '재(材)'자로 기록하기도 했다.

釋文 冒, 莫[2]報反, 下及注同. 黼音甫. 殺, 色戒反, 徐所例反, 下及注同. 裁, 才再反, 注同. 韜, 本又作韜, 吐刀反, 下同.

번역 '冒'자는 '莫(막)'자와 '報(보)'자의 반절음이며, 아래문장 및 정현의 주에 나오는 글자도 그 음이 이와 같다. '黼'자의 음은 '甫(보)'이다. '殺'자는 '色(색)'자와 '戒(계)'자의 반절음이며, 서음(徐音)은 '所(소)'자와 '例(례)'자의 반절음이고, 아래문장 및 정현의 주에 나오는 글자도 그 음이 이와 같다. '裁'자는 '才(재)'자와 '再(재)'자의 반절음이고, 정현의 주에 나오는 글자도 그 음이 이와 같다. '韜'자는 판본에 따라서 또한 '韜'자로도 기록하는데, 그 음은 '吐(토)'자와 '刀(도)'자의 반절음이고, 아래문장에 나오는 글자도 그 음이 이와 같다.

孔疏 ●"君錦"至"冒也". ○正義曰: 此一經明尊卑冒制.

번역 ●經文: "君錦"~"冒也". ○이곳 경문은 상하 등급에 따른 모(冒)의 제작방법을 나타내고 있다.

孔疏 ●"君錦冒黼殺"者, 冒, 謂襲後小斂前所用以韜尸也. 冒有質·殺者, 作兩囊, 每輒横縫合一頭, 又縫連一邊, 餘一邊不縫, 兩囊皆然也. 上者曰質, 下者曰殺. 君質用錦, 殺用黼, 故云"錦冒黼殺"也. 故鄭注士喪禮云"冒, 韜尸者, 制如直囊, 上曰質, 下曰殺. 質, 正也. 其用之, 先以殺韜足而上, 後以質韜

---

2) '막(莫)'자에 대하여. 『십삼경주소(十三經注疏)』 북경대 출판본에서는 "'막'자는 본래 '오(奧)'자로 기록되어 있었는데, 『예기훈찬(禮記訓纂)』의 기록에 근거해서 글자를 수정하였다."라고 했다.

首而下".

번역 ●經文: "君錦冒黼殺". ○'모(冒)'는 습(襲)을 끝낸 뒤 소렴(小斂)을 치르기 전에 시신을 감싸는데 사용하는 물건이다. 모(冒)에는 상단부인 질(質)이 있고 하단부인 쇄(殺)가 있으니, 두 개의 주머니를 만들고, 주머니마다 한쪽의 부분을 봉합하고 재차 한 측면을 봉합하며 다른 측면은 봉합하지 않으니, 두 개의 주머니를 모두 이처럼 만든다. 상단부의 주머니를 '질(質)'이라고 부르고, 하단부의 주머니를 '쇄(殺)'라고 부른다. 군주의 질은 비단을 사용해서 만들며, 쇄에는 보(黼)를 새긴다. 그렇기 때문에 '비단의 모에 보무늬를 새긴 쇄'라고 말한 것이다. 그래서 『의례』「사상례(士喪禮)」편에 대한 정현의 주에서는 "모(冒)는 시신을 감싸는 것이니, 그것을 제작하는 방법은 네모반듯한 주머니와 같고, 상단부는 '질(質)'이라고 부르고, 하단부는 '쇄(殺)'라고 부른다. '질(質)'은 바르다는 뜻이다. 그것을 사용할 때에는 먼저 쇄를 이용해서 시신의 다리를 감싸 위로 올리고, 이후에 질을 이용해서 시신의 머리를 감싸 아래로 내린다."[3]라고 했다.

孔疏 ●"綴旁七"者, 不縫之邊, 上下安七帶, 綴以結之, 故云"綴旁七"也.

번역 ●經文: "綴旁七". ○봉합하지 않은 측면에는 위아래로 7개의 끈을 달고, 그것을 묶어서 결속시킨다. 그렇기 때문에 "묶는 끈이 측면에 7개이다."라고 말한 것이다.

孔疏 ●"大夫玄冒黼殺, 綴旁五, 士緇冒赬殺, 綴旁三"者, 尊卑之差也. 鄭注士喪禮云: "上玄下纁, 象天地也." 以此推之, 士赬殺, 則君·大夫盡殺爲斧文也. 又鄭云"象天地", 則大夫以上, 無疑有象也.

번역 ●經文: "大夫玄冒黼殺, 綴旁五, 士緇冒赬殺, 綴旁三". ○신분에 따

3) 이 문장은 『의례』「사상례(士喪禮)」편의 "冒, 緇質, 長與手齊, 赬殺, 掩足."이라는 기록에 대한 정현의 주이다.

른 차등이다. 『의례』「사상례(士喪禮)」편에 대한 정현의 주에서는 "위를 현색으로 하고 아래를 분홍색으로 하는 것은 하늘과 땅을 본뜨는 것이다."[4] 라고 했다. 이를 통해 추론해보면, 사가 적색의 쇄(殺)를 사용한다고 했으니, 군주와 대부는 모두 쇄(殺)에 도끼 무늬를 새기게 된다. 또 정현은 "하늘과 땅을 본뜬다."라고 했으니, 대부로부터 그 이상의 계급이 사용하는 것에는 상징하는 것이 있었음을 의심할 수 없다.

孔疏 ●"凡冒, 質長與手齊"者, 凡謂貴賤冒通名也. 言冒之質從頭韜來至下, 長短與手相齊也.

번역 ●經文: "凡冒, 質長與手齊". ○'범(凡)'자는 상하 계층이 사용하는 모(冒)에 대한 통괄적 명칭을 뜻한다. 즉 모(冒)의 질(質)은 시신의 머리로부터 감싸서 밑으로 내리게 되는데, 그 길이는 팔의 길이에 맞춘다는 뜻이다.

孔疏 ●"殺三尺"者, 殺從足韜上, 長三尺.

번역 ●經文: "殺三尺". ○쇄(殺)는 다리로부터 감싸서 위로 올리는데, 그 길이는 3척(尺)이다.

孔疏 ●"自小斂以往用夷衾"者, 往, 猶後也. 小斂前有冒, 故不用夷衾. 自小斂後, 衣多, 不可用冒, 故用夷衾覆之也. 士喪禮云: 無用夷衾, 覆尸柩之衾也.

번역 ●經文: "自小斂以往用夷衾". ○'왕(往)'자는 이후[後]를 뜻한다. 소렴(小斂)을 치르기 이전에는 모(冒)를 사용하기 때문에 이금(夷衾)을 사용하지 않는다. 그러나 소렴 이후에는 의복이 많아지기 때문에 모(冒)를 사용할 수 없다. 그렇기 때문에 이금을 이용해서 덮는 것이다. 『의례』「사상

---

4) 이 문장은 『의례』「기석례(旣夕禮)」편의 "緇純."이라는 기록에 대한 정현의 주이다.

례(士喪禮)」편에서는 덮을 때에는 이금을 사용한다고 했으니,[5] 시신에 대해 이불을 덮는다는 뜻이다.

孔疏 ●"夷衾質殺之裁猶冒也"者, 裁, 猶制也, 言夷衾所用, 上齊於手, 下三尺, 所用繒色及長短制度, 如冒之質·殺也. 但不復爲囊及旁綴也. 熊氏分質字屬上, 殺字屬[6]下爲句, 其義非也. 然始死, 幠用斂衾, 是大斂之衾. 自小斂以前覆尸, 至小斂時, 君錦衾, 大夫縞衾, 士緇衾, 用之小斂, 斂訖, 則制夷衾以覆之, 其小斂以前所用大斂之衾者, 小斂以後停而不用. 至將大斂及陳衣, 又更制一衾, 主用大斂也. 所謂大斂二衾者, 其夷衾至大斂時所用無文, 當應總入大斂衣內, 倂斂之也.

번역 ●經文: "夷衾質殺之裁猶冒也". ○'재(裁)'자는 "제작하다[制]."는 뜻이니, 사용되는 이금(夷衾)에 있어서 상단부는 팔의 길이에 맞추고, 하단부는 3척(尺)으로 하여, 사용하는 비단의 색깔 및 길이 등의 제도가 모(冒)의 질(質) 및 쇄(殺)와 같다는 뜻이다. 다만 재차 주머니처럼 만들거나 측면에 다는 끈은 만들지 않는다. 웅안생은 구분을 하여 '질(質)'자를 앞 구문과 연결시키고 '쇄(殺)'자를 뒤의 구문과 연결시켰는데, 그 주장은 잘못되었다. 어떤 자가 이제 막 죽어서 시신을 덮을 때 사용하는 염금(斂衾)은 대렴(大斂) 때의 이불이다. 그리고 소렴(小斂) 이전에 시신을 덮고, 소렴을 치를 때까지 사용하는 것은 군주는 비단으로 만든 이불이고, 대부는 명주로 만든 이불이며, 사는 치포로 만든 이불인데, 그것을 이용하여 소렴을 치르고, 소렴을 끝내면 이금을 제작하여 시신을 덮으니, 소렴을 치르기 이전에 대렴 때의 이불을 사용하는 것은 소렴을 치른 이후에는 그대로 나둬서 사용

5) 『의례』「사상례(士喪禮)」: 士舉, 男女奉尸, 侇于堂, 幠用夷衾. 男女如室位, 踊無筭.

6) '상쇄자속(上殺字屬)'에 대하여. 이 네 글자는 본래 없던 글자인데, 완원(阮元)의 『교감기(校勘記)』에서는 "혜동(惠棟)의 『교송본(校宋本)』에는 이 네 글자가 기록되어 있고, 『속통해(續通解)』에도 동일하게 기록되어 있으니, 이곳 판본에는 이 네 글자가 누락된 것이다."라고 했다.

하지 않기 때문이다. 또 대렴을 치르려고 하는 때와 옷을 진열할 때에는 재차 하나의 이불을 더 제작하니, 대렴을 치를 때 사용하기 위해서이다. 이른바 "대렴에는 2개의 이불을 사용한다."[7]라고 한 것인데, 이금의 경우 대렴을 치를 때 사용한다는 경문 기록이 없으니, 마땅히 대렴 때 사용하는 의복 안에 포함되어, 이것까지도 함께 염(斂)을 하는 것이다.

集解 愚謂: 冒者, 質殺之總名. 錦冒·玄冒·緇冒, 皆指其質而言也. 質, 正也. 冒之在上者, 上下方正, 故曰質. 殺, 削也. 冒之在下者, 向足而漸削, 故曰殺. 大·小斂之衾, 大夫以縞, 士以緇布, 則大夫之玄冒·黼殺, 亦以帛爲之, 士之緇冒·赬殺, 亦以布爲之也. 緇冒·赬殺, 所以象天地之色, 則錦冒者玄錦, 黼殺者皆纁帛而畫以黼文也. 長與手齊者, 人之長短不一, 皆以齊於手爲度也. 自小斂以往用夷衾者, 始死覆用大斂之衾, 既小斂, 則大斂之衾須陳, 故別制夷衾以覆尸, 至大斂而去之也. 夷衾質·殺之裁猶冒者, 夷衾之制如衾, 其上下所用繒色及長短之度, 則與冒同也. 既夕禮, "幠用夷衾." 蓋夷衾乃殯時所用以覆棺於殯中者, 故既啓而其覆如故也. 小斂後暫用夷衾以覆尸, 猶始死暫用斂衾以覆尸也. 賈疏云, "朝廟及入壙, 雖不言'用夷衾', 又無'徹'文, 以覆棺言之, 當隨柩入壙矣."

번역 내가 생각하기에, '모(冒)'는 질(質)과 쇄(殺)를 총괄하는 명칭이다. 금모(錦冒)·현모(玄冒)·치모(緇冒)는 모두 질(質)을 가리켜서 한 말이다. '질(質)'자는 "바르다[正]."는 뜻이다. 모(冒)의 상단부는 위아래가 모두 반듯하기 때문에 '질(質)'이라고 부른다. '쇄(殺)'자는 "줄인다[削]."는 뜻이다. 모(冒)의 하단부는 다리 쪽으로 갈수록 점점 줄어들기 때문에 '쇄(殺)'라고 부른다. 소렴(小斂)과 대렴(大斂)에 사용하는 이불에 있어서, 대부는 명주를 사용해서 만들고, 사는 치포(緇布)를 사용해서 만드니, 대부의 현모(玄

---

7) 『예기』「상대기」【534d~535a】: 大斂: 布絞, 縮者三, 橫者五; 布紟, 二衾. 君·大夫·士一也. 君陳衣于庭, 百稱, 北領西上. 大夫陳衣于序東, 五十稱, 西領南上. 士陳衣于序東, 三十稱, 西領南上. 絞·紟如朝服. 絞一幅爲三, 不辟. 紟五幅, 無紞.

冒)와 보쇄(黼殺) 또한 명주를 이용해서 만들고, 사의 치모(緇冒)와 정쇄(赬殺) 또한 포를 이용해서 만든다. 치모(緇冒)와 정쇄(赬殺)는 하늘과 땅의 색깔을 본뜨는 것이니, 금모(錦冒)는 현색의 비단을 사용하는 것이고, 보쇄(黼殺)는 모두 분홍색의 비단을 사용하고 보(黼)무늬를 그리는 것이다. "길이는 팔과 맞춘다."라고 했는데, 사람의 키는 일률적이지 않기 때문에, 팔의 길이와 맞추는 것을 법도로 삼는 것이다. "소렴으로부터 그 이후로 이금(夷衾)을 사용한다."라고 했는데, 어떤 자가 이제 막 죽었을 때에는 대렴 때의 이불로 덮고, 소렴을 치르고 나면 대렴 때의 이불은 다시 진열해야만 한다. 그렇기 때문에 별도로 이금을 제작하여 시신을 덮고, 대렴을 치르게 되면 제거하는 것이다. "이금의 질(質)과 쇄(殺)는 그 제작 방법이 모(冒)와 같다."라고 했는데, 이금을 제작하는 방법은 이불을 만드는 것과 같지만, 상단부와 하단부에 사용하는 비단의 색깔 및 길이는 모(冒)와 동일하다는 뜻이다. 『의례』「기석례(既夕禮)」편에서 "시신을 덮을 때 이금을 사용한다."라고 했으니, 이금이라는 것은 빈소를 마련할 때 사용하여, 이것을 이용해 빈소에 안치된 관을 덮는 것이다. 그렇기 때문에 계빈(啓殯)을 하게 되면 덮고 있던 것은 이전과 같게 된다. 소렴을 치른 이후에는 잠시 이금을 사용하여 시신을 덮으니, 이것은 어떤 자가 이제 막 죽었을 때 잠시 염금(斂衾)을 이용해서 시신을 덮는 것과 같다. 가공언의 소에서는 "조묘(朝廟)[8] 및 무덤 속에 관을 안치할 때, 비록 '이금을 사용한다.'라고 말하지 않고, 또 '치운다.'라는 기록이 없지만, 이것을 통해서 관을 덮는다고 말한다면, 마땅히 영구를 뒤따라 무덤 속으로 들어가게 된다."라고 했다.

---

8) 조묘(朝廟)는 종묘(宗廟)에 전제(奠祭)를 지낸다는 뜻이다. 또 『춘추』「문공(文公) 6년」 경문(經文)에는 "閏月不告月, 猶朝于廟."라는 기록이 있고, 이에 대한 두예(杜預)의 주에서는 "諸侯每月必告朔聽政, 因朝宗廟."라고 풀이했다. 즉 제후들은 매월 반드시 고삭(告朔)을 하며 정사(政事)를 돌보게 되는데, 이것에 연유하여 종묘에서 전제사를 지낸다. 또한 '조묘'는 상례(喪禮)를 치르며 영구를 조묘로 이동시켜서, 장차 장지로 떠나게 됨을 아뢰는 의식이기도 하다.

그림 16-1 모(冒)

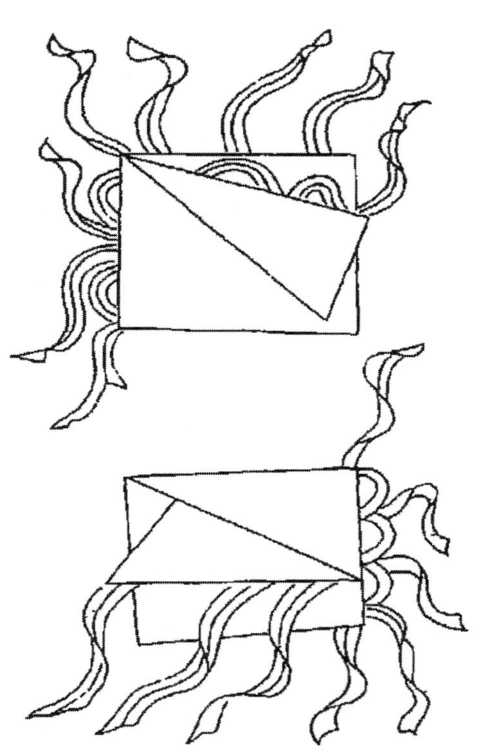

※ **출처:**『삼례도집주(三禮圖集注)』 17권

그림 16-2 보(黼)와 불(黻)

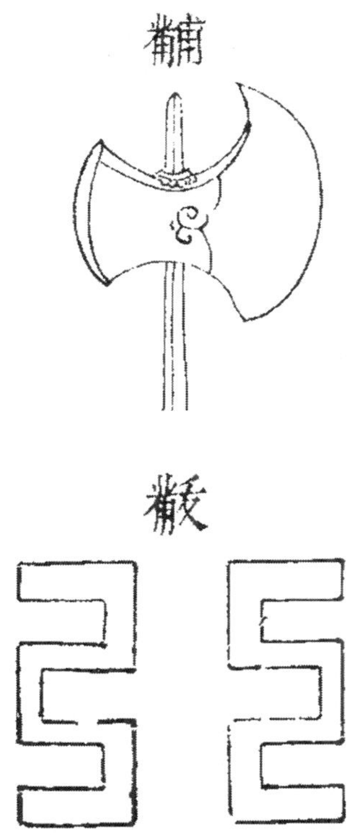

※ 출처: 『삼재도회(三才圖會)』「의복(衣服)」 1권

그림 16-3 이금(夷衾)

衾 夷

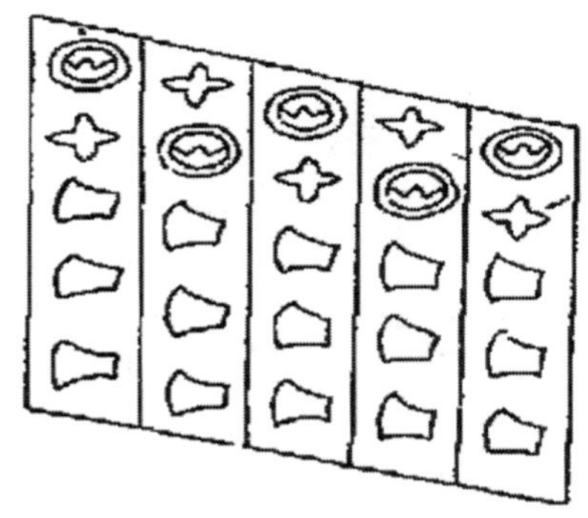

※ 출처: 『삼례도집주(三禮圖集注)』 17권

• 제 17 절 •

대렴(大斂)과 그 이후의 절차

【537a~b】

君將大斂, 子弁絰, 卽位于序端; 卿大夫卽位于堂廉楹西, 北面東上; 父兄堂下北面; 夫人·命婦尸西, 東面; 外宗房中南面. 小臣鋪席, 商祝鋪絞·紟·衾·衣, 士盥于盤上, 士擧遷尸于斂上. 卒斂, 宰告, 子馮之踊, 夫人東面亦如之.

직역 君은 將히 大斂하면, 子는 弁絰하고, 序端에서 位로 卽하며; 卿과 大夫는 堂廉의 楹西에서 位로 卽하며, 北面하고 東上하고; 父兄은 堂下에서 北面하며; 夫人과 命婦는 尸西에서, 東面하고; 外宗은 房中에서 南面한다. 小臣은 席을 鋪하고, 商祝은 絞·紟·衾·衣를 鋪하며, 士는 盤上에서 盥하고, 士는 斂上에 尸를 擧遷한다. 斂을 卒하면, 宰는 告하고, 子는 馮하여 踊하며, 夫人은 東面하고 亦히 如한다.

의역 군주의 대렴(大斂)을 치르게 되면, 상주는 흰색의 변(弁)을 쓰고 그 위에 환질(環絰)을 두르며, 동서(東序)의 남쪽 끝으로 나아가 자리한다. 경과 대부는 당상(堂上)의 남쪽 중 모가진 부분에서 기둥의 서쪽에 자리하여, 북쪽을 바라보며 동쪽 끝에서부터 차례대로 정렬한다. 군주의 제부나 제형들 중 관직에 나아가지 않은 자들은 당하(堂下)에서 북쪽을 바라본다. 부인(夫人)과 명부(命婦)들은 시신의 서쪽에서 동쪽을 바라본다. 외종(外宗)은 방안에서 남쪽을 바라본다. 소신이 자리를 깔게 되면, 상축(商祝)은 그 위에 묶는 끈·홑이불·이불·의복들을 펼쳐두고, 상축에게 소속된 말단 관리들은 대야에서 손을 씻고 시신을 들어서 염(斂)을 치르는 장소로 옮긴다. 염(斂)을 끝내면, 태재(太宰)는 상주에게 끝났다는 사실을 아뢰며, 상주는 시신을 부여잡고 용(踊)을 하고, 부인도 동쪽을 바라보며 동일하게 한다.

集說 弁絰, 素弁上加環絰, 未成服故也. 序, 謂東序. 端, 序之南頭也. 堂廉, 堂基南畔廉稜之上也, 楹南近堂廉者. 父兄堂下北面, 謂諸父諸兄之不仕者, 以賤故在堂下. 外宗, 見雜記下. 小臣鋪席, 絞·紟·衾·衣鋪于席上. 士, 商祝之屬也. 斂上, 卽斂處也. 卒斂宰告, 太宰告孝子以斂畢也. 馮之踊者, 馮尸而起踊也.

번역 '변질(弁絰)'은 흰색의 변(弁)에 환질(環絰)을 두르는 것이니, 아직 성복(成服)을 하지 않았기 때문이다. '서(序)'는 동쪽의 서(序)를 뜻한다. '단(端)'은 서(序)의 남쪽 끝을 뜻한다. '당렴(堂廉)'은 당(堂)의 터 중 남쪽에 모가 진 자리를 뜻하니, 기둥의 남쪽은 이곳과 가까운 곳이다. "부형들은 당하에서 북쪽을 바라본다."라고 했는데, 군주의 제부들 및 제형들 중 관직에 나아가지 않은 자들은 신분이 미천하기 때문에 당하에 있다는 뜻이다. '외종(外宗)'에 대한 설명은 『예기』「잡기하(雜記下)」편에 나온다.[1] "소신은 자리를 깐다."라고 했는데, 교(絞)·금(紟)·금(衾)·의(衣)는 이 자리 위에 깔아두게 된다. '사(士)'는 상축(商祝)의 휘하에 있는 말단 관리들이다. '염상(斂上)'은 염(斂)을 치르는 장소를 뜻한다. "염(斂)을 끝내고 재(宰)가 아뢴다."라고 했는데, 태재(太宰)가 세자에게 염(斂)을 끝냈다고 아뢴다는 뜻이다. '빙지용(馮之踊)'은 시신을 부여잡고 일어나서 용(踊)을 한다는 뜻이다.

鄭注 子弁絰者, 未成服, 弁如爵弁而素. 大夫之喪, 子亦弁絰.

번역 상주가 변질(弁絰)을 하는 것은 아직 성복(成服)을 하지 않았기 때문이니, 변(弁)은 작변(爵弁)과 같지만 흰색으로 된 것이다. 대부의 상에서

---

1) 『예기』「잡기하(雜記下)」【521b】에는 "外宗爲君夫人, 猶內宗也."라는 기록이 있고, 이에 대한 진호(陳澔)의 『집설(集說)』에서는 "外宗者, 謂君之姑姊妹之女, 及舅之女, 及從母皆是也."라고 했다. 즉 "'외종(外宗)'은 군주의 고모·자매가 낳은 딸자식, 외숙의 딸자식, 종모(從母) 등이 모두 여기에 해당한다."는 뜻이다.

자식 또한 변질을 착용한다.

釋文 鋪, 普吳反, 又音斂, 下皆同.

번역 '鋪'자는 '普(보)'자와 '吳(오)'자의 반절음이며, 또한 그 음은 '斂(렴)'도 되는데, 뒤에 나오는 글자도 모두 그 음이 이와 같다.

孔疏 ●"君將"至"如之". ○正義曰: 此一經明君大斂時節也.

번역 ●經文: "君將"~"如之". ○이곳 경문은 군주의 대렴(大斂)을 치르는 절차를 나타내고 있다.

孔疏 ●"子弁絰, 卽位于序端"者, 序, 謂東序. 端, 謂序之南頭也.

번역 ●經文: "子弁絰, 卽位于序端". ○'서(序)'는 동쪽의 서(序)를 뜻한다. '단(端)'은 서(序)의 남쪽 끝을 뜻한다.

孔疏 ●"卿・大夫卽位于堂廉楹西"者, 卿・大夫, 謂群臣也. 堂廉, 謂堂基南畔廉陵之上. 楹, 謂南近堂廉者. 子位旣在東序端, 故群臣列於基上東楹之西也. 按隱義云: "堂廉卽堂上, 近高霤爲廉也."

번역 ●經文: "卿・大夫卽位于堂廉楹西". ○경과 대부는 뭇 신하들을 뜻한다. '당렴(堂廉)'은 당(堂)의 터 중 남쪽에 모가진 자리를 뜻한다. '영(楹)'은 남쪽으로 모진 부분과 가까운 자리를 뜻한다. 상주의 자리는 이미 동쪽 서(序)의 남쪽 끝단이라고 했기 때문에, 뭇 신하들은 당상의 터 중에서도 동쪽 기둥의 서쪽에서 차례대로 나열한다. 『은의』를 살펴보면, "당렴(堂廉)은 곧 당상(堂上)이니 중앙의 높게 솟은 류(霤)와 가까운 곳이 염(廉)이다."라고 했다.

孔疏 ●"北面, 東上"者, 在基上俱北面, 東頭爲上也. 子在東, 尸在阼階, 故在基者以東爲上也.

번역 ●經文: "北面, 東上". ○당상에 있는 자들은 모두 북쪽을 바라보는데, 동쪽 끝을 상등의 자리로 삼는다. 세자가 동쪽에 있고 시신은 동쪽 계단 위에 있기 때문에, 당상에 있을 때에는 동쪽을 상등의 자리로 삼는다.

孔疏 ●"父·兄堂下, 北面"者, 謂諸父諸兄不仕者, 以其賤, 故在堂下而向北, 以東爲上也. 若士則亦在堂下.

번역 ●經文: "父·兄堂下, 北面". ○제부와 제형들 중 관직에 나아가지 않은 자들을 뜻하는데, 이들은 미천하기 때문에 당하에서 북쪽을 바라보니, 이때에도 동쪽을 상등의 자리로 삼는다. 만약 사의 경우라면 또한 당하에 있게 된다.

孔疏 ●"外宗房中南面"者, 外宗, 君之姑·姊妹之女及姨舅之女也. 輕, 故在房中而鄕南也. 皇氏云: "當在西房, 以東爲上也." 今謂尸在阼, 夫人·命婦在尸西北, 外宗等當在東房.

번역 ●經文: "外宗房中南面". ○'외종(外宗)'은 군주의 고모와 자매들이 낳은 딸자식과 외숙의 딸자식을 뜻한다. 이들은 죽은 자와 관계가 소원하기 때문에 방안에서 남쪽을 향하게 된다. 황간은 "마땅히 서쪽 방에 있으면서 동쪽을 상등의 자리로 삼는다."라고 했다. 그러나 현재 시신은 동쪽 계단 위에 있고, 부인 및 명부들이 시신의 서북쪽에 있다고 했으니, 외종들은 마땅히 동쪽 방에 있게 된다.

孔疏 ●"小臣鋪席"者, 謂下莞上簟, 敷於阼階上, 供大斂也. 士喪禮云: "布席如初." 注云: "亦下莞上簟也. 鋪於阼階上, 於堂南北爲少南."

번역 ●經文: "小臣鋪席". ○아래에는 완(莞)으로 짠 자리를 깔고 위에는 점(簟)으로 짠 자리가 까는데, 이것을 합쳐서 동쪽 계단 위에 펼친다는 뜻이니, 대렴(大斂)을 치르는데 공급하기 위해서이다. 『의례』「사상례(士喪禮)」편에서는 "자리를 펼칠 때 처음처럼 한다."[2]라고 했고, 정현의 주에서는 "이 또한 아래에는 완(莞)으로 짠 자리가 있고 위에는 점(簟)으로 짠 자리가 있는 것이다. 동쪽 계단 위에 펼치니, 당(堂)의 남북 방향에서 조금 더 남쪽으로 치우친 자리이다."라고 했다.

孔疏 ●"商祝鋪絞・紟・衾・衣"者, 商祝亦是周禮喪祝也. 其鋪絞・紟・衾・衣等, 致于小臣所鋪席上以待尸.

번역 ●經文: "商祝鋪絞・紟・衾・衣". ○'상축(商祝)'은 『주례』에 나오는 상축(喪祝)을 뜻한다. 그는 묶는 끈・홑이불・이불・의복 등을 펼치게 되니, 소신이 깔아둔 자리 위에 펼쳐서 시신을 그 위에 올려두게 한다.

孔疏 ●"士盥于盤上"者, 士亦喪祝之屬也. 周禮: "喪祝上士二人, 中士四人, 下士八人." 是將應擧尸, 故先盥手於盤上也. 雜記云"士盥于盤北", 是也.

번역 ●經文: "士盥于盤上". ○'사(士)' 또한 상축(喪祝)의 휘하에 있는 말단 관리이다. 『주례』에서는 "상축은 상사 2명이 담당하고, 그 휘하에 중사 4명이 있으며, 하사 8명이 있다."[3]라고 했다. 이 내용은 시신을 들어 올리려고 하기 때문에 먼저 대야에서 손을 씻는다는 뜻이다. 『예기』「잡기(雜記)」편에서는 "사는 대야의 북쪽에서 손을 씻는다."[4]라고 했다.

---

2) 『의례』「사상례(士喪禮)」: 布席如初. 商祝布絞・紟・衾・衣, 美者在外.

3) 『주례』「춘관종백(春官宗伯)」: 喪祝, 上士二人, 中士四人, 下士八人, 府二人, 史二人, 胥四人, 徒四十人.

4) 『예기』「잡기상(雜記上)」【506c】: 外宗房中南面, 小臣鋪席, 商祝鋪絞紟衾, 士盥於盤北, 擧遷尸於斂上. 卒斂宰告, 子馮之踊, 夫人東面坐馮之興踊.

孔疏 ●"士舉遷尸于斂上"者, 斂上, 卽斂處也.

번역 ●經文: "士擧遷尸于斂上". ○'염상(斂上)'은 염(斂)을 하는 장소이다.

孔疏 ●"卒斂"者, 大斂衣裝畢也.

번역 ●經文: "卒斂". ○대렴(大斂)에서 의복으로 시신 감싸는 일이 끝났다는 뜻이다.

孔疏 ●"宰告"者, 宰, 大宰也. 斂畢, 大宰告孝子道: 斂畢也.

번역 ●經文: "宰告". ○'재(宰)'자는 태재(太宰)를 뜻한다. 염(斂)을 끝내면 태재는 상주에게 그 사실을 아뢰며, "염(斂)을 끝냈습니다."라고 말한다.

孔疏 ●"子馮之踊"者, 孝子待得告, 乃馮尸而起踊.

번역 ●經文: "子馮之踊". ○상주가 끝났다는 보고를 받게 되면, 시신을 부여잡고 일어나서 용(踊)을 한다.

孔疏 ●"夫人東面亦如之"者, 亦馮尸而踊. 嚮者夫人·命婦俱東向於尸西, 今獨云夫人馮者, 命婦賤, 不得馮也. 馮竟乃斂於棺.

번역 ●經文: "夫人東面亦如之". ○부인 또한 시신을 부여잡고 용(踊)을 한다. 앞에서는 부인과 명부는 모두 시신의 서쪽에서 동쪽을 바라본다고 했는데, 이곳에서 "부인이 시신을 부여잡는다."라고만 말한 것은 명부는 상대적으로 신분이 미천하므로 시신을 부여잡을 수 없기 때문이다. 부여잡는 의식이 끝나면, 곧 관에 시신을 안치한다.

孔疏 ◎注"子弁"至"弁絰". ○正義曰: 成服則著喪冠, 此云弁絰, 是未成服. 此雖以大斂爲文, 其小斂時, 子亦弁絰, 君・大夫・士之子皆然. 故雜記云"小斂環絰, 公・大夫・士一也". 云"弁絰, 爵弁而素"者, 已具於下檀弓疏. 云"大夫之喪, 子亦弁絰"者, 按雜記云"大夫與殯亦弁絰", 與他殯事尙弁絰, 明自爲父母弁絰可知. 其士則素冠. 故武叔小斂投冠, 是諸侯大夫與天子士同.

번역 ◎鄭注: "子弁"～"弁絰". ○성복(成服)을 하게 되면 상을 치를 때 쓰는 관을 착용한다. 그런데 이곳에서는 '변질(弁絰)'이라고 했으니, 아직 성복을 하지 않은 것이다. 이곳에서는 비록 대렴(大斂)이라고 기록했지만, 소렴(小斂)을 치를 때에도 상주는 또한 변질을 착용하니, 군주・대부・사의 자식들은 모두 이처럼 따른다. 그러므로 『예기』「잡기(雜記)」편에서는 "소렴 때 환질(環絰)을 두르는 것은 군주・대부・사가 동일하다."[5]라고 한 것이다. 정현이 "변(弁)은 작변(爵弁)과 같지만 흰색으로 된 것이다."라고 했는데, 그 설명은 이미 『예기』「단궁하(檀弓下)」편의 소에서 했다. 정현이 "대부의 상에서 자식 또한 변질을 착용한다."라고 했는데, 「잡기」편을 살펴보면, "대부가 다른 대부의 빈소 만드는 일에 참여하게 되면 또한 변질을 착용한다."[6]라고 했으니, 다른 자의 빈소 만드는 일에 참여할 때에도 오히려 변질을 쓴다면, 본인이 부모의 상을 치를 때에도 변질을 착용한다는 사실을 알 수 있다. 사의 경우라면 흰색의 관(冠)을 착용한다. 그렇기 때문에 무숙은 소렴(小斂)을 치르며 관을 내던졌던 것이니,[7] 제후의 대부는 천자의 사와 동일한 제도를 따르기 때문이다.

集解 愚謂: 鄭氏謂"大夫之喪, 亦弁絰", 是也; 弁謂"如爵弁而素", 則非也. 弁師云, "王之皮弁, 會五采, 玉璂・象邸・玉笄. 王之弁絰, 弁而加環絰." 是凡言"弁絰"者, 其弁皆皮弁也. 若其絰, 則有弔服之弁絰, 其絰爲環絰. 此言"弁絰", 則其絰爲小斂時所加之苴絰, 大鬲者也. 雜記云, "大夫與殯弁絰." 大

---

5) 『예기』「잡기상(雜記上)」【503b】: 小斂環絰, 公大夫士一也.
6) 『예기』「잡기상(雜記上)」【498a】: 大夫之哭大夫弁絰. 大夫與殯亦弁絰.
7) 『예기』「단궁상(檀弓上)」【92c】: 叔孫武叔之母死, 旣小斂, 擧者出, 尸出戶, 袒, 且投其冠, 括髮. 子游曰: "知禮."

夫與他人殯尙弁絰, 則其爲父母弁絰必矣. 檀弓"叔孫武叔"·"小斂"·"投冠". 曾子問, "君出疆, 以三年之戒, 以椑從. 君薨, 其入如之何?" 子曰, "共殯服, 則子弁絰·疏衰. 如小斂, 則子免而從柩", 則是君大夫之弁絰, 至大斂乃服之, 而小斂猶素冠也. 士喪禮小斂後"袒, 括髮", "襲·絰於序東", 以至成服. 人君至大斂則素弁而加絰, 此禮之異於士者也. 序端, 東序之南頭也. 卽位於序端者, 以大斂在阼階上也. 堂廉, 堂之南畔廉稜之上也. 楹西, 東楹之西也. 北面, 向尸也. 堂廉, 南北節也. 楹西, 東西節也. 必立於堂廉上者, 斂於阼階上, 必直阼階上之南, 乃得北面而鄕之也. 必立於東楹之西者, 不敢迫近斂處也. 以此子與卿大夫之位觀之, 則大斂之處蓋在阼階上直西楹之南矣. 其西直西序, 則爲殯所也. 東上, 統於君也. 父兄, 謂旁親自期以下者, 擧尊長以該卑幼也. 父兄若爲卿大夫者, 自在卿大夫之位. 堂下北面, 謂其不爲卿大夫者也. 小斂之後, 主人卽位阼階下西面, 卿·大夫·父·兄繼而南; 及大斂君, 與卿大夫升堂, 而父兄之爲士者, 以賤不得升堂, 故在阼階下北面也. 不言"東上"者, 蒙上可知也. 人君初喪, 室中之位, 父·兄·子姓同在東方, 大斂時, 父兄在堂下北面, 則子姓亦然. 人君尊, 故衆子遠辟喪主也. 命婦, 內命婦也. 外宗, 宗婦也. 房中南面者, 在西房中而南面也. 知在西房者, 此時夫人在尸西, 外宗之位宜統於夫人也. 不言"姑·姊妹·子姓"者, 以命婦之位見之也. 不言"外命婦"者, 以外宗之位見之也. 商祝, 喪祝之習於商禮者也. 士喪禮凡襲·斂, 皆使商祝, 鄭氏云, "商人敎之以敬, 於接神宜." 鋪絞·紟·衾·衣者, 先鋪絞, 次紟, 次衾, 次衣; 及斂, 則先衣, 次衾, 次紟, 卒乃以絞束之也. 士, 喪祝之士也. 擧尸先盥者, 致其潔也. 盤, 所以承盥水也. 馮, 謂以身就尸而馮依之也. 夫人, 薨君之夫人也.

번역 내가 생각하기에, 정현은 "대부의 상에서도 또한 변질(弁絰)을 착용한다."라고 했는데, 이 말은 옳다. 그러나 '변(弁)'에 대해서 "작변(爵弁)과 같지만 흰색이다."라고 한 말은 잘못되었다. 『주례』「변사(弁師)」편에서는 "천자의 피변(皮弁)은 다섯 가지 채색의 끈으로 머리를 묶고, 옥 장식·상아로 만든 밑부분·옥으로 만든 비녀를 둔다. 천자의 변질(弁絰)은 변(弁)에 환질(環絰)을 두른다."[8]라고 했다. 이것은 '변질(弁絰)'이라고 말하는 것에 있어서, '변(弁)'은 곧 모두 피변(皮弁)이라는 사실을 나타낸다. '질(絰)'의 경우 조복(弔服)에 착용하는 변질에서의 '질(絰)'은 환질을 뜻한다. 그리고 이곳에서 '변질(弁絰)'이라고 했는데, 이때의 '질(絰)'은 소렴을 치를 때 두르는 저질(苴絰)이니, 대격(大鬲)이다. 『예기』「잡기(雜記)」편에서는 "대부가 다른 대부의 빈소 만드는 일에 참여하면 변질을 두른다."라고 했는데, 대부가 다른 사람의 빈소 만드는 일에 참여하며 오히려 변질을 착용한다면, 그는 부모의 상을 치를 때에도 반드시 변질을 두르게 된다. 『예기』「단궁(檀弓)」편에서는 '숙손무숙'이라고 했고, '소렴(小斂)'이라고 했으며, "관을 내던지다."라고 했다. 증자는 "제후가 본국의 국경을 벗어나게 될 때에는 유사시를 대비하여, 3년 동안 버틸 수 있는 준비를 갖춰서 나가고, 자신이 죽게 될 경우를 대비하여, 신하를 시켜 본인의 관을 가지고 뒤따르게 하는데, 만약 제후가 타지에 나가 있다가 죽게 된다면, 그 시신이 국경으로 들어올 때에는 어찌해야 합니까?"라고 물었고, 공자는 "만약 대렴(大斂)을 이미 하여서, 유사(有司)가 빈소를 차릴 때 착용하는 상복을 제공하게 되면, 제후의 아들은 아직 영구를 따라 도로에 있는 상태이므로, 빈복(殯服)을 모두 갖춰 입지는 않고, 마변질(厤弁絰)을 하고, 소최(疏衰)[9]를 한다. 만일 소렴(小斂)인 경우라면, 제후의 아들은 면복(免服)을 하고 영구를 따라 들어온다."라고 했으니,[10] 이것은 군주와 대부의 변질은 대렴을 치르게 되면 착용하고, 소렴 때에는 여전히 흰색의 관을 쓴다는 사실을 나타낸다. 『의례』「사상례(士喪禮)」편에서는 소렴을 치른 이후 "단(袒)을 하고 머리를 묶는다."라고 했으며, "서(序)의 동쪽에서 습(襲)과 질(絰)을 한다."라고 했으니, 이러한 복장으로 성복(成服)에 이르게 된다. 군주는 대렴을 치르게 되면 흰색의 변(弁)을 착용하고 질(絰)을 두르는데, 이것은 군주에게 적용

---

8) 『주례』「하관(夏官)・변사(弁師)」: 王之皮弁, 會五采玉璂, 象邸, 玉笄. 王之弁絰, 弁而加環絰.

9) 소최(疏衰)은 자최복(齊衰服)이다.

10) 『예기』「증자문(曾子問)」【239d】: 曾子問曰: 君出疆, 以三年之戒, 以椑從, 君薨, 其入, 如之何. 孔子曰: 共殯服, 則子厤弁絰, 疏衰, 菲杖, 入自闕, 升自西階, 如小斂, 則子免而從柩, 入自門, 升自阼階, 君・大夫・士, 一節也.

되는 예법 중 사와 차이를 보이는 부분이다. '서단(序端)'은 동쪽 서(序) 중에서도 남쪽 끝단을 뜻한다. "서단으로 나아가 자리한다."고 했는데, 대렴은 동쪽 계단 위에서 치르기 때문이다. '당렴(堂廉)'은 당상의 남쪽 중 모가진 자리이다. '영서(楹西)'는 동쪽 기둥의 서쪽이다. 북쪽을 바라보는 것은 시신을 향하는 것이다. 당렴(堂廉)에서는 남북 방향으로 위치하고, 기둥의 서쪽에서는 동서 방향으로 위치한다. 기어코 당렴에 위치하는 것은 동쪽 계단 위에서 염(斂)을 하니, 그 자리는 분명 동쪽 계단의 남쪽에 해당하여, 북쪽을 바라보면서 시신을 향할 수 있기 때문이다. 기어코 동쪽 기둥의 서쪽에 위치하는 것은 감히 염(斂)을 하는 장소에 너무 가까이 다가갈 수 없기 때문이다. 이곳에 나온 자식 및 경과 대부의 자리로 살펴본다면, 대렴을 하는 장소는 아마도 동쪽 계단 위에서도 서쪽 기둥의 남쪽에 해당하는 장소일 것이다. 서쪽으로 서(序)의 서쪽이 되는 자리는 곧 빈소를 마련하는 장소가 된다. 동쪽 끝에서부터 위치하는 것은 군주에게 통솔되기 때문이다. '부형(父兄)'은 방계의 친족 중 기년복(朞年服)으로부터 그 이하의 관계에 있는 자이니, 존장자를 제시하여, 신분이 미천하고 나이가 어린 경우까지도 나타낸 것이다. 부형 중 만약 경이나 대부가 된 자라면 그들은 경과 대부의 자리에 위치하게 된다. 당하에서 북쪽을 바라보는 것은 그들은 경이나 대부가 되지 못했기 때문이다. 소렴을 치른 이후 상주는 동쪽 계단 아래에 위치하여 서쪽을 바라보게 되고, 경·대부·부·형들은 그 뒤를 이어서 남쪽에 위치하며, 군주에 대해 대렴을 치르게 되면, 경·대부와 함께 당에 올라가지만, 부·형 중 사의 신분인 자는 신분이 미천하므로 당에 올라갈 수 없다. 그렇기 때문에 동쪽 계단 아래에서 북쪽을 바라보는 것이다. "동쪽 끝에서부터 위치한다."라고 말하지 않은 것은 앞의 문장을 통해서 이러한 사실을 알 수 있기 때문이다. 군주의 초상 때 방안의 자리는 부·형·자손들은 모두 동쪽에 위치하고, 대렴을 치를 때 부·형은 당하에서 북쪽을 바라본다고 했으니, 자손들 또한 이처럼 한다. 군주는 존귀하기 때문에, 나머지 아들들은 상주와 거리를 멀리 벌리는 것이다. '명부(命婦)'는 내명부의 여자들을 뜻한다. '외종(外宗)'은 종가의 아녀자들을 뜻한다. 방안에서 남쪽을 바라보는 것은 서쪽 방안에서 남쪽을 바라본다는 뜻이다. 서쪽 방에 있게 된다는 사실을 알 수 있는 이유는 이 시기에 부인은 시신의 서쪽에 위치하고, 외종의 자리는 마땅히 부인에게 통솔되기 때문이다. '고모·자매·자손'이라고 말하지 않은 것은 명부의 자리를 통해서 그녀들의 자리를 나타냈기 때문이다. '외명부(外命婦)'를 말하지 않은 것은 외종의 자리를 통해서 그녀들의 자리를 나타냈기 때문이다. '상축(商祝)'은 상축(喪祝) 중에서도 은나라의 예법을 익힌 자이다. 「사상례」편에서는 습(襲)이나 염(斂)을 할 때 모두 상축(商祝)을 시켰고, 정현은 "은나라 때에는 공경함으로 가르쳤으니, 신과 교감하는데 마땅하다."[11]라고 했다. "묶는 끈·홑이불·이불·의복을 펼친다."라고 했는데, 먼저 묶는 끈을 펼치고, 그 다음에 홑이불을 펼치며, 그 다음에 이불을 펼치고, 그 다음에 의복을 펼치는 것이다. 그리고 염(斂)을 하게 되면, 먼저 옷으로 감싸고, 그 다음에 이불로 감싸며, 그 다음에 홑이불로 감싸고, 그것이 끝나면 묶는 끈으로 결속한다. '사(士)'는 상축(喪祝) 중 사의 신분인 자들을 뜻한다. 시신을 드는 자가 먼저 손을 씻는 것은 청결함을 지극히 하고자 해서이다. '반(盤)'은 씻을 물을 받치는 대야이다. '빙(馮)'은 본인이 시신에게 다가가서 시신을 부여잡고 기댄다는 뜻이다. '부인(夫人)'은 죽은 군주의 부인을 뜻한다.

【537b~c】

大夫之喪, 將大斂, 旣鋪絞·紟·衾·衣, 君至, 主人迎, 先入門右, 巫止于門外. 君釋菜, 祝先入, 升堂. 君卽位于序端; 卿大夫卽位于堂廉楹西, 北面東上; 主人房外南面; 主婦尸西, 東面. 遷尸卒斂, 宰告, 主人降, 北面于堂下, 君撫之, 主人拜稽顙. 君降, 升主人馮之, 命主婦馮之.

11) 이 문장은 『의례』「사상례(士喪禮)」편의 "商祝襲祭服, 褖衣次."라는 기록에 대한 정현의 주이다.

직역 大夫의 喪에, 將히 大斂한데, 旣히 絞·紟·衾·衣을 鋪하고, 君이 至하면, 主人은 迎하며, 先히 門에 入하여 右하고, 巫는 門外에 止한다. 君이 釋菜하고, 祝은 先히 入하여, 堂에 升한다. 君이 序端에서 位로 卽하며; 卿과 大夫는 堂廉의 楹西에서 位로 卽하며, 北面하고 東上하고; 主人은 房外에서 南面하며; 主婦는 尸西에서, 東面한다. 尸를 遷하여 斂을 卒하며, 宰가 告하고, 主人은 降하여, 堂下에서 北面하고, 君은 撫하며, 主人은 拜하며 顙을 稽한다. 君이 降하여, 主人을 升하여 馮하고, 主婦에게 命하여 馮한다.

의역 대부의 상에서, 대렴(大斂)을 치르게 되었는데, 이미 묶는 끈·홑이불·이불·의복들을 펼쳐둔 상태이고, 그때 군주가 당도하게 되면, 주인은 군주를 맞이하는데, 맞이한 뒤에는 먼저 문으로 들어가서 우측에 위치하고, 군주와 함께 온 무(巫)는 문밖에 멈춰 선다. 군주는 문의 신을 예우하여 석채(釋菜)를 지내고, 그 일이 끝나면 군주와 함께 온 축(祝)이 먼저 들어가서 당(堂)에 오른다. 군주는 뒤따라 들어가서 동서(東序)의 남쪽 끝으로 나아가 자리한다. 경과 대부는 당상(堂上)의 남쪽 중 모가진 부분에서 기둥의 서쪽에 자리하여, 북쪽을 바라보며 동쪽 끝에서부터 차례대로 정렬한다. 상주는 방밖에서 남쪽을 바라본다. 주부는 시신의 서쪽에서 동쪽을 바라본다. 시신을 옮겨서 대렴을 끝내면, 재(宰)는 상주에게 끝났다는 사실을 아뢰고, 상주는 내려가서 당하(堂下)에서 북쪽을 바라본다. 그런 뒤 군주는 시신을 어루만지고, 상주는 절을 하며 이마를 땅에 닿도록 하여, 군주에게 감사를 표한다. 군주가 당하로 내려오면, 상주에게 명령하여 당상으로 올라가서 시신을 부여잡고 용(踊)을 하도록 시키고, 주부에게도 명령하여 시신을 부여잡고 용(踊)을 하도록 시킨다.

集說 君釋菜, 禮門神也. 宰告, 亦告主人以斂畢也. 君撫之, 撫尸也. 主人拜稽顙, 謝君之恩禮也. 升主人馮之, 君使主人升堂馮尸也. 命, 亦君命之.

번역 군주가 석채(釋菜)[12]를 치르는 것은 문의 신을 예우하기 위해서이

12) 석채(釋菜)는 본래 국학(國學)에서 거행되었던 전례(典禮) 중 하나이다. 희생물 없이 소채 등으로 간소하게 차려놓고, 선성(先聖)과 선사(先師)에게 지내

다. '재고(宰告)' 또한 상주에게 염(斂)이 끝났다고 아뢴다는 뜻이다. '군무지(君撫之)'는 군주가 시신을 어루만진다는 뜻이다. 상주가 절을 하며 이마를 땅에 닿도록 하는 것은 군주의 은혜에 대해서 감사를 표하기 때문이다. '승주인빙지(升主人馮之)'는 군주가 상주로 하여금 당상(堂上)에 올라가서 시신을 부여잡도록 한다는 뜻이다. '명(命)' 또한 군주가 명령한다는 뜻이다.

鄭注 先入右者, 入門而右也. 巫止者, 君行必與巫, 巫主辟凶邪也. 釋菜, 禮門神也. 必禮門神者, 禮: 君非問疾・弔喪不入諸臣之家也. 主人房外南面, 大夫之子尊, 得升視斂也.

번역 "먼저 들어가서 우측에 있다."는 말은 문으로 들어가서 우측에 위치한다는 뜻이다. '무지(巫止)'는 군주가 행차를 할 때 반드시 무(巫)와 함께 오는데, 무(巫)는 흉하고 사벽한 기운을 물리치는 일을 주관하기 때문이다. '석채(釋菜)'는 문의 신을 예우하는 것이다. 반드시 문의 신을 예우하는 것은 예법에 따르면 군주는 신하의 병환에 문병을 하거나 상에 조문하는 경우가 아니라면, 신하들의 집으로 들어가지 않기 때문이다. 상주는 방밖에서 남쪽을 바라보니, 대부의 자식은 존귀하여 당상(堂上)에 올라가 염(斂)을 살펴볼 수 있기 때문이다.

釋文 "巫止", 本或作"巫止門外", "門外", 衍字耳. 辟, 必赤反. 邪, 似嗟反.

번역 '巫止'에 대해서 판본에 따라서는 또한 '巫止門外'라고도 기록하는데, '門外'라는 글자는 연문으로 들어간 글자일 뿐이다. '辟'자는 '必(필)'자와 '赤(적)'자의 반절음이다. '邪'자는 '似(사)'자와 '嗟(차)'자의 반절음이다.

孔疏 ●"大夫"至"馮之". ○正義曰: 此一經明大夫大斂節也.

는 제사이다. 또한 희생물 없이 간소하게 지내는 제사를 지칭하기도 한다.

번역 ●經文: "大夫"~"馮之". ○이곳 경문은 대부의 대렴(大斂) 절차를 나타내고 있다.

孔疏 ●"主人迎"者, 主人, 適子也. 聞君至而出門迎君也.

번역 ●經文: "主人迎". ○'주인(主人)'은 죽은 자의 적장자를 뜻한다. 군주가 찾아온다는 소식을 접하여, 문밖으로 나가서 군주를 맞이하는 것이다.

孔疏 ●"先入門右"者, 右門內東邊也. 適子出門迎君, 望見馬首, 不哭不拜, 而先還入門右, 北面以待君至也. 士喪禮云: "見馬首不哭, 還入門右, 北面." 注云: "不哭, 厭於君, 不敢伸其私恩也."

번역 ●經文: "先入門右". ○우측은 문 안쪽의 동쪽 편을 뜻한다. 적장자가 문밖으로 나가서 군주를 맞이하는데, 군주의 수레 말머리가 보이면, 곡(哭)을 하지 않고 절을 하지 않으며, 먼저 문안으로 들어와서 우측에 위치하고, 북쪽을 바라보며 군주가 당도하길 기다린다. 『의례』「사상례(士喪禮)」편에서는 "말의 머리가 보이면 곡(哭)을 하지 않고, 다시 문으로 들어가서 우측에 위치하며 북쪽을 바라본다."[13]라고 했고, 정현의 주에서는 "곡(哭)을 하지 않는 것은 군주에게 낮추는 것으로, 감히 자신의 사적인 은정을 펼칠 수 없기 때문이다."라고 했다.

孔疏 ●"巫止于門外"者, 君臨臣喪, 巫祝桃茢以辟邪氣. 今至主人門, 恐主人惡之, 故止巫于門外也. 士喪禮云: "巫止於廟門外, 祝代之." 巫止祝代, 具在檀弓疏也.

번역 ●經文: "巫止于門外". ○군주가 신하의 상에 임하게 되면, 무(巫)

---

13) 『의례』「사상례(士喪禮)」: 旣布衣, 君至. 主人出迎于外門外, 見馬首不哭, 還入門右, 北面, 及衆主人袒.

와 축(祝)은 복숭아로 만든 빗자루를 들고서 사벽한 기운을 쓸어내게 된다. 현재 상주의 집 문에 당도하여, 상주가 꺼려할 것을 염려했기 때문에, 문밖에 무(巫)를 세워두게 된다. 『의례』「사상례(士喪禮)」편에서는 "무는 묘문 밖에 멈추고, 축(祝)이 대신한다."[14]라고 했다. 무(巫)가 멈추고 축(祝)이 대신한다는 내용에 대해서는 모두 『예기』「단궁(檀弓)」편의 소에서 설명했다.

孔疏 ●"君釋菜"者, 鄭云"釋菜, 禮門神也". 禮: 君非問疾弔喪, 不入諸臣之家, 故禮門神而入也.

번역 ●經文: "君釋菜". ○정현은 "'석채(釋菜)'는 문의 신을 예우하는 것이다."라고 했다. 예법에 따르면, 군주는 신하의 질병에 대해 문병을 하거나 상에 조문하는 일이 아니라면 신하의 집으로 들어가지 않는다. 그렇기 때문에 먼저 문의 신에게 예우를 한 뒤에 들어간다.

孔疏 ●"祝先入, 升堂"者, 巫止而祝代入, 故先於君而入門, 升自阼階也. 祝, 以其事接通鬼神者也.

번역 ●經文: "祝先入, 升堂". ○무(巫)가 멈추고 축(祝)이 대신 들어간다. 그렇기 때문에 군주보다 먼저 문으로 들어가고, 당상(堂上)에 오를 때에는 동쪽 계단을 이용한다. '축(祝)'은 귀신과 교감하는 일을 담당하기 때문이다.

孔疏 ●"君卽位于序端"者, 君隨祝後而升堂, 卽位於東序之端阼階上之東, 是適子臨斂處也. 士喪禮云: "君升自阼階, 西向."

번역 ●經文: "君卽位于序端". ○군주는 축(祝)을 뒤따라 들어와서 당(堂)에 오르고, 동쪽 서(序)의 남쪽 끝단 중 동쪽 계단 위의 동쪽으로 나아

---

14) 『의례』「사상례(士喪禮)」: 巫止于廟門外, 祝代之. 小臣二人執戈先, 二人後.

가 위치하니, 이곳은 적장자가 염(斂)에 임하는 장소이다. 『의례』「사상례(士喪禮)」편에서는 "군주가 당(堂)에 올라갈 때에는 동쪽 계단을 통해 올라가서 서쪽을 바라본다."[15]라고 했다.

孔疏 ●"主人房外南面"者, 主人鄉者在門右, 君升則主人亦升, 立君之北, 東房之外, 面鄉南, 俱欲視斂也.

번역 ●經文: "主人房外南面". ○상주는 이전에 문의 우측에 있었는데, 군주가 당상(堂上)에 올라가게 되면, 상주 또한 올라가서 군주의 북쪽에 위치하여, 동쪽 방 밖에서 남쪽을 향하게 되니, 둘 모두 염(斂)의 일을 살펴보고자 해서이다.

孔疏 ●"遷尸"者, 鄉鋪絞·紟·衾·衣而君至. 今列位畢, 故擧尸于鋪衣上也.

번역 ●經文: "遷尸". ○이전에 묶는 끈·홑이불·이불·옷을 펼쳐두었는데 군주가 당도했다고 했다. 현재 차례대로 위치하는 일이 끝났기 때문에, 의복을 펼쳐둔 곳 위로 시신을 들어서 옮긴다.

孔疏 ●"宰告"者, 亦告主人道: 斂畢也.

번역 ●經文: "宰告". ○이 또한 상주에게 아뢰며, "염(斂)을 끝냈습니다."라고 말한다.

孔疏 ●"主人降, 北面于堂下"者, 主人得告斂畢事竟, 故降西階堂下, 而鄉北立待君也.

---

15) 『의례』「사상례(士喪禮)」: 君釋采, 入門. 主人辟. 君升自阼階, 西鄉.

번역 ●經文: "主人降, 北面于堂下". ○상주가 염(斂)이 끝나서 해당 사안이 마쳤다는 보고를 받았기 때문에, 서쪽 계단으로 내려가서 당하(堂下)에 위치하며, 북쪽을 향해 서서 군주를 기다리는 것이다.

孔疏 ●"君撫之"者, 君臣情重, 方爲分異, 故斂竟而君以手撫案尸, 與之別也.

번역 ●經文: "君撫之". ○군주와 신하는 은정이 두텁지만, 본분에 따라 차이를 두고자 했기 때문에, 염(斂)을 끝내고서 군주가 손으로 시신을 어루만지니, 이를 통해 구별을 두는 것이다.

孔疏 ●"主人拜稽顙"者, 主人在堂下鄉北, 見君撫尸, 故拜稽顙, 以禮君之恩.

번역 ●經文: "主人拜稽顙". ○상주가 당하에서 북쪽을 바라보며 군주가 시신을 어루만지는 것을 보았기 때문에, 절을 하며 이마를 땅에 닿도록 하니, 이를 통해서 군주의 은혜에 감사를 표한다.

孔疏 ●"君降"者, 君撫尸畢而下堂也.

번역 ●經文: "君降". ○군주가 시신 어루만지는 일을 끝내고서 당하(堂下)로 내려간 것이다.

孔疏 ●"升主人馮之"者, 君馮之已畢, 降堂, 而主人升, 還馮尸也. 升主人者, 君命升之也, 主人升降皆西階也. 士喪禮云: "主人中庭, 君坐撫當心, 主人拜稽顙." "君降, 西向, 命主人馮尸. 主人升自西階, 由足西面馮尸, 不當君所."

번역 ●經文: "升主人馮之". ○군주가 시신 어루만지는 일이 끝나서 당하(堂下)로 내려가면, 상주는 다시 당상(堂上)으로 올라가서 재차 시신을 부여잡게 된다. '승주인(升主人)'은 군주가 명령하여 올라가도록 한 것이다.

주인이 오르고 내릴 때에는 모두 서쪽 계단을 이용한다. 『의례』「사상례(士喪禮)」편에서는 "상주가 마당 가운데에 있고, 군주가 앉아서 시신을 어루만지며 가슴에 손을 대면, 상주는 절을 하여 이마를 땅에 닿도록 한다."[16] 라고 했고, "군주가 내려가서 서쪽을 향하여, 상주에게 명령하여 시신을 어루만지게 한다. 상주는 당상으로 올라가며 서쪽 계단을 이용하고, 시신의 다리 쪽에서 서쪽을 바라보며 시신을 부여잡으니, 군주가 있던 장소에 있을 수 없다."[17]라고 했다.

孔疏 ●"命主婦馮之"者, 君亦又命主婦馮尸也.

번역 ●經文: "命主婦馮之". ○군주는 재차 주부에게 명령하여 시신을 어루만지도록 시킨다.

孔疏 ◎注"巫止"至"斂也". ○正義曰: 所以"巫止"者, 禮敬主人, 故不用將巫入對尸柩. 云"君非問疾弔喪, 不入諸臣之家"者, 禮運文也. 云"大夫之子尊, 得升視斂也"者, 以士喪禮其子不得升. 今大夫之子將斂之時在房外南面, 故云"大夫之子尊, 得升視斂"也.

번역 ◎鄭注: "巫止"~"斂也". ○"무(巫)를 멈추게 한다."는 이유는 예법에 따라 상주를 공경하기 때문이다. 그래서 무(巫)를 이용해서 안으로 들여보내 시신을 대하지 않도록 한다. 정현이 "예법에 따르면 군주는 신하의 병환에 문병을 하거나 상에 조문하는 경우가 아니라면, 신하들의 집으로 들어가지 않기 때문이다."라고 했는데, 이것은 『예기』「예운(禮運)」편의 문장이다.[18] 정현이 "대부의 자식은 존귀하여, 당상(堂上)에 올라가 염(斂)을 살펴볼 수 있기 때문이다."라고 했는데, 『의례』「사상례(士喪禮)」편에서는

---

16) 『의례』「사상례(士喪禮)」: <u>主人中庭. 君坐, 撫當心. 主人拜稽顙</u>, 成踊, 出.

17) 『의례』「사상례(士喪禮)」: <u>君降, 西鄕命主人馮尸. 主人升自西階, 由足, 西面馮尸, 不當君所</u>, 踊. 主婦東面馮, 亦如之.

18) 『예기』「예운(禮運)」【275b】: 諸侯非問疾弔喪, 而入諸臣之家, 是謂君臣爲謔.

자식은 당상에 올라갈 수 없다고 했기 때문이다. 현재 대부의 자식은 염(斂)을 치르려고 할 때, 방밖에서 남쪽을 바라본다고 했다. 그렇기 때문에 "대부의 자식은 존귀하여, 당상에 올라가 염(斂)을 살펴볼 수 있기 때문이다."라고 한 것이다.

訓纂 七經孟子考文曰: 古本無門字.

번역 『칠경맹자고문』에서 말하길, 『고본』에는 '문(門)'자가 없다.

訓纂 王氏引之曰: 玩鄭注, 經文無門字可知. 鄉飮酒禮, "主人揖, 先入." 鄭注曰, "先入門而西面." 鄉射禮, "主人以賓揖, 先入." 注曰, "先入, 入門右." 經但言入, 注增門字以釋之, 正與此同.

번역 왕인지가 말하길, 정현의 주를 살펴보니, 경문에 '문(門)'자가 없었다는 사실을 알 수 있다. 『의례』「향음주례(鄉飮酒禮)」편에서는 "주인이 읍(揖)을 하고, 먼저 들어간다."[19]라고 했고, 정현의 주에서는 "먼저 문으로 들어가서 서쪽을 바라본다."라고 했다. 또 『의례』「향사례(鄉射禮)」편에서는 "주인은 빈객과 함께 읍(揖)을 하고, 먼저 들어간다."[20]라고 했고, 정현의 주에서는 "먼저 들어가는 것은 문으로 들어가서 우측에 서는 것이다."라고 했다. 경문에서는 단지 "들어간다[入]."라고만 말했기 때문에, 정현의 주에서는 '문(門)'자를 첨가하여 풀이한 것이니, 바로 이곳의 경우와 동일하다.

集解 敖氏繼公曰: 主人不迎賓, 若有所迎則不哭, 蓋禮然爾. 周官喪祝・男巫皆於王弔則前. 國君不得並用巫・祝, 於廟門外則巫前, 至廟門則祝前,

---

19) 『의례』「향음주례(鄉飮酒禮)」: 主人一相, 迎于門外. 再拜賓, 賓答拜. 拜介, 介答拜. 揖衆賓. 主人揖, 先入.

20) 『의례』「향사례(鄉射禮)」: 及門, 主人一相, 出迎于門外, 再拜. 賓答再拜. 揖衆賓. 主人以賓揖, 先入.

互用其一, 所以下天子也. 必用巫·祝者, 其亦與神交之道與. 巫至廟門乃止, 則君下之處差遠於廟門矣.

번역 오계공이 말하길, 상주는 빈객을 맞이하지 않는데, 만약 맞이하는 경우가 발생하면 곡(哭)을 하지 않으니, 예법에 따라 그처럼 하는 것일 뿐이다. 『주례』의 상축(喪祝)과 남무(男巫)는 모두 천자의 조문 행렬에서 앞에 선다고 했다. 제후는 무(巫)와 축(祝)을 한꺼번에 데려갈 수 없으므로, 묘문 밖에 당도할 때까지 무(巫)가 앞장서고, 묘문에 당도하면 축(祝)이 앞장서는데, 번갈아가며 한 명씩만 사용하는 것은 천자보다 낮추기 때문이다. 반드시 무(巫)와 축(祝)을 데려가는 것은 또한 신과 교감하는 도리 때문일 것이다. 무(巫)가 묘문에 당도하여 멈추게 된다면, 당시 군주가 당도한 위치는 묘문에서 좀 더 멀리 떨어진 곳이다.

集解 愚謂: 主人迎者, 迎於外門外也. 凡主人於君命, 則迎於寢門外; 於君親至, 則迎於外門外. 迎君不拜者, 蓋喪禮不迎賓, 以主於哀戚, 而不暇於接賓也. 若君弔, 則出迎而不拜, 蓋於迎之禮有所不備, 亦猶其不迎賓之義也. 先入門右者, 君弔於臣, 主人之位在門右北面也. 君至臣家, 卽位於阼階, 此"卽位於序端", 亦以大斂在阼階上而避之也. 士喪禮, "君升主人, 主人西楹東, 北面." 此不待君命卽升堂, 又在房外南面, 大夫之子尊也. 主婦尸西, 東面者, 時尸猶在兩楹之間, 主婦在其西而東面也. 北面於堂下, 在阼階下中庭也. 阼階下中庭, 臣於君弔受禮之處也. 撫, 撫尸也. 君撫尸則視斂事畢, 故降. 命主人·主婦馮之者, 君雖已撫之, 必使主人·主婦得自盡其情也. 此與下文"大夫士旣殯而君往", 其禮略同, 而文各有詳略, 互相備也.

번역 내가 생각하기에, "주인이 맞이한다."라고 한 말은 외문의 밖에서 맞이한다는 뜻이다. 무릇 주인은 군주의 명령에 대해서 침문(寢門) 밖에서 맞이하고, 군주가 직접 당도하는 경우라면, 외문 밖에서 맞이한다. 군주를 맞이하며 절을 하지 않는 것은 아마도 상례에서는 빈객을 맞이하지 않기 때문일 것이니, 상주는 애통함과 슬픔 때문에 빈객을 접대하는 일을 할 겨를이 없어서이다. 만약 군주가 조문을 온 경우라면 밖으로 나가서 맞이하지만 절은 하지 않으니, 아마도 맞이하는 예법에서는 모든 것을 갖추지 않는 점이 있기 때문으로, 이 또한 빈객을 맞이하지 않는다는 뜻과 같다. "먼저 문으로 들어가서 우측에 위치한다."라고 했는데, 군주가 신하에 대해 조문을 하게 되면, 상주의 위치는 문의 우측에서 북쪽을 바라보는 장소가 된다. 군주가 신하의 집에 당도하면 곧 동쪽 계단의 자리로 나아가는데, 이곳에서는 "서단(序端)에서 자리로 나아간다."라고 했으니, 대렴(大斂)은 동쪽 계단 위에서 치르기 때문에 그 자리를 피한 것이다. 『의례』「사상례(士喪禮)」편에서는 "군주가 주인을 올라가게 하여, 주인은 서쪽 기둥의 동쪽에서 북쪽을 바라본다."라고 했다. 이곳에서는 군주의 명령을 기다리지 않고 곧바로 당상(堂上)에 올라가게 되며, 또한 방밖에서 남쪽을 바라보는데, 대부의 자식은 사에 비해 존귀하기 때문이다. "주부는 시신의 서쪽에서 동쪽을 바라본다."라고 했는데, 당시 시신은 여전히 양쪽 기둥 사이에 있어서, 주부는 그 서쪽에 위치하여 동쪽을 바라보는 것이다. 당하(堂下)에서 북쪽을 바라볼 때에는 동쪽 계단 밑의 마당에 위치한다. 동쪽 계단 밑의 마당은 신하가 군주의 조문에 대해서 그 예법을 받아들이는 장소가 된다. '무(撫)'자는 시신을 어루만진다는 뜻이다. 군주가 시신을 어루만지게 되면, 이것은 염(斂)의 일이 끝난 것으로 간주하기 때문에 내려간다. 상주와 주부에게 명령하여 시신을 부여잡도록 한다고 했는데, 군주가 비록 시신 어루만지는 일을 끝냈더라도, 반드시 상주와 주부로 하여금 그들의 정감을 모두 펼칠 수 있도록 해야 하기 때문이다. 이곳 문장과 아래에서 "대부와 사가 이미 빈소를 차렸는데, 군주가 당도하였다."[21]라고 한 내용은 그 예법이 대략적으로 동일하며, 문장마다 상세하거나 간략한 차이점이 있으니, 상호 그 뜻을 보완적으로 드러낸 것이다.

21) 『예기』「상대기」【540c】: <u>大夫・士旣殯, 而君往</u>焉, 使人戒之. 主人具殷奠之禮, 俟于門外; 見馬首, 先入門右. 巫止于門外, 祝代之先. 君釋菜于門內. 祝先升自阼階, 負墉南面. 君卽位于阼, 小臣二人執戈立于前, 二人立于後. 擯者進, 主人拜稽顙. 君稱言, 視祝而踊, 主人踊.

【537c】

士之喪, 將大斂, 君不在, 其餘禮猶大夫也.

직역 士의 喪에, 將히 大斂한데, 君이 不在라면, 그 餘禮는 大夫와 猶하다.

의역 사의 상에서 대렴(大斂)을 치르려고 하는데, 군주가 찾아와 임하지 않는다면, 나머지 예법 절차는 대부의 경우와 같게 한다.

集說 其餘禮, 如鋪衣列位等事.

번역 나머지 예법은 옷을 펼쳐 두거나 차례대로 나열하여 위치하는 등의 사안을 뜻한다.

鄭注 其餘, 謂卿·大夫及主婦之位.

번역 '기여(其餘)'는 경과 대부 및 주부 등의 위치를 뜻한다.

孔疏 ●"士之"至"夫也". ○正義曰: 此一節明士斂之節, 士喪, 卑, 無恩, 君不視斂, 故云"君不在"也.

번역 ●經文: "士之"~"夫也". ○이곳 문단은 사가 염(斂)하는 절차를 나타내고 있는데, 사의 상례는 상대적으로 미천하고 군주의 은정도 미치지 않았었기 때문에, 군주가 염(斂)에 임하여 살펴보지 않는다. 그렇기 때문에 "군주가 자리하지 않는다."라고 말한 것이다.

孔疏 ●"其餘禮猶大夫也"者, 謂鋪衣·列位·男女之儀事, 悉如大夫也. 若有大夫來而君在位, 則卿·大夫位亦在堂廉近西也. 士喪禮云: "君升主人, 主人西楹東北面. 升公·卿·大夫繼主人東上." 按彼意, 則在主人西也.

번역 ●經文: "其餘禮猶大夫也". ○옷을 펼쳐 두고 차례대로 나열하며 자리하고 남녀 등이 따르는 의례는 모두 대부의 경우와 동일하게 한다는 뜻이다. 만약 대부가 찾아오고 군주가 자리에 위치하는 경우라면, 경과 대부의 자리는 또한 당상(堂上)의 남쪽 중 모가진 부분에서 서쪽과 가까운 곳에 위치하게 된다. 『의례』「사상례(士喪禮)」편에서는 "군주가 상주를 올려 보내면, 상주는 서쪽 기둥의 동쪽에서 북쪽을 바라본다. 공·경·대부를 올려 보내면 상주를 뒤이어 동쪽 끝에서부터 위치한다."[22]라고 했다. 그 뜻을 살펴보니, 상주의 서쪽에 위치하는 것이다.

集解 愚謂: 卿大夫視斂在堂廉楹西者, 位之正也. 士喪禮君視大斂, "主人西楹東, 北面, 卿大夫繼之, 東上", 蓋以士卑不敢近君, 而卿大夫不可越主人而東也. 若君不在, 則主人當在序端, 而卿大夫自在堂廉楹西之位矣.

번역 내가 생각하기에, 경과 대부가 염(斂)을 살펴보며, 당상(堂上)의 남쪽 중 모가진 부분에 위치하는 것은 올바른 위치가 된다. 『의례』「사상례(士喪禮)」편에서는 군주가 대렴(大斂)을 살펴볼 때, "상주는 서쪽 기둥의 동쪽에서 북쪽을 바라보고, 경과 대부는 뒤이어 위치하며 동쪽 끝에서부터 차례대로 정렬한다."라고 했는데, 아마도 사는 미천하여 감히 군주와 가까이 있을 수 없고, 경과 대부는 상주를 뛰어넘어 있을 수 없으므로 동쪽에 위치하는 것이다. 만약 군주가 오지 않은 경우라면, 상주는 마땅히 서단(序端)에 있어야 하고, 경과 대부는 당상의 남쪽 중 모가진 부분에서 기둥의 서쪽 자리에 있어야 한다.

---

22) 『의례』「사상례(士喪禮)」: 君命反行事, 主人復位. <u>君升主人. 主人西楹東, 北面. 升公卿大夫, 繼主人, 東上</u>. 乃斂.

• 제 18 절 •

대렴(大斂)과 용(踊)의 절차

【537d】

鋪絞·紟踊, 鋪衾踊, 鋪衣踊, 遷尸踊. 斂衣踊, 斂衾踊, 斂絞·紟踊.

직역 絞·紟을 鋪하면 踊하고, 衾을 鋪하면 踊하며, 衣를 鋪하면 踊하고, 尸를 遷하면 踊한다. 衣를 斂하면 踊하고, 衾을 斂하면 踊하며, 絞·紟을 斂하면 踊한다.

의역 묶는 끈과 홑이불을 펼치게 되면 상주는 용(踊)을 하고, 이불을 펼치면 상주는 용(踊)을 하며, 의복을 펼치면 상주는 용(踊)을 하고, 시신을 옮기면 상주는 용(踊)을 한다. 시신에게 옷을 입히면 상주는 용(踊)을 하고, 이불로 감싸면 상주는 용(踊)을 하며, 홑이불로 감싸고 묶는 끈으로 결박하게 되면 상주는 용(踊)을 한다.

集說 此踊之節也. 動尸擧柩, 哭踊無數, 不在此節.

번역 이것은 용(踊)하는 절차이다. 시신을 옮기고 영구를 들 때에는 곡(哭)과 용(踊)을 함에 정해진 수치가 없으니, 이러한 절차에 포함되지 않는다.

大全 臨川吳氏曰: 踊之節, 君大夫士之禮皆同. 大斂, 當此之節, 則孝子必踊也.

번역 임천오씨가 말하길, 용(踊)을 하는 절차에 있어서, 군주・대부・사의 예법이 모두 동일하다. 대렴(大斂)을 치르며 이러한 절차에 해당한다면, 상주는 반드시 용(踊)을 하게 된다.

鄭注 目孝子踊節.

번역 자식이 용(踊)하는 절차를 나타내고 있다.

孔疏 ●"鋪絞"至"紟踊". ○正義曰: 此一經明孝子貴賤踊節也.

번역 ●經文: "鋪絞"~"紟踊". ○이곳 경문은 신분에 상관없이 자식이 용(踊)하는 절차를 나타내고 있다.

集解 愚謂: 此無算之踊, 不以三者三爲節, 且惟主人踊, 而賓客不與拾踊者也.

번역 내가 생각하기에, 이것은 셈을 하지 않는 용(踊)에 해당하니, 세 차례 세 번 반복하는 것을 절도로 삼지 않고, 또 오직 상주만 용(踊)을 하며, 빈객이 상주와 번갈아가며 용(踊)을 하지 않는다.

• 제 19 절 •

시신에 대한 무(撫)·빙(馮)의 규정

【537d】

君撫大夫, 撫內命婦. 大夫撫室老, 撫姪娣.

직역 君은 大夫를 撫하고, 內命婦를 撫한다. 大夫는 室老를 撫하고, 姪娣를 撫한다.

의역 군주는 대부의 시신을 어루만지고 내명부의 시신을 어루만진다. 대부는 실로의 시신을 어루만지고 잉첩의 시신을 어루만진다.

集說 撫, 以手按之也. 內命婦, 君之世婦也. 大夫·內命婦皆貴, 故君自撫之, 以下則不撫也. 室老, 貴臣; 姪娣, 貴妾, 故大夫撫之也. 古者諸侯一娶九女, 二國各以女媵之, 爲娣姪以從, 大夫內子亦有姪娣. 姪者, 兄之子, 娣, 女弟也, 娣尊姪卑. 士昏禮, 雖無娣, 媵先, 言姪, 若無娣, 猶先媵, 士有娣媵, 則大夫有可知矣.

번역 '무(撫)'자는 손으로 시신을 어루만진다는 뜻이다. '내명부(內命婦)'[1]는 군주의 세부(世婦)들을 뜻한다. 대부와 내명부는 모두 존귀한 자들이기 때문에, 군주가 직접 그들의 시신을 어루만지며, 이들보다 낮은 자들

---

1) 내명부(內命婦)는 천자의 비(妃), 빈(嬪), 세부(世婦), 여어(女御) 등을 지칭하는 말이다. 『예기』「상대기(喪大記)」편에는 "夫人坐于西方, 內命婦姑姊妹子姓, 立于西方."이라는 용례가 있고, 『주례』「천관(天官)·내재(內宰)」편에는 "佐后使治外內命婦."라는 기록이 있는데, 이에 대한 정현의 주에는 "內命婦, 謂九嬪, 世婦, 女御."라고 풀이하였다.

이라면 어루만지지 않는다. '실로(室老)'는 가신 중에서도 존귀한 산하이며, '질제(姪娣)'는 첩 중에서도 존귀한 첩이다. 그렇기 때문에 대부가 직접 그들의 시신을 어루만진다. 고대에는 제후가 한 번 장가를 들 때 9명의 여인을 맞이하였으니, 시집을 보내는 제후국 외에 이웃의 두 제후국에서 각각 여자를 잉첩으로 보내어, 그들을 여동생이나 여조카로 삼아 부인을 따라가게 하는데, 대부의 내자(內子)[2] 또한 여조카나 여동생을 첩으로 데려오게 된다. '질(姪)'은 형제의 딸자식이며 '제(娣)'는 여동생인데, 상대적으로는 제(娣)가 높고 질(姪)은 낮다. 『의례』「사혼례(士昏禮)」편에는 "비록 제(娣)가 없더라도 잉첩이 먼저 한다."[3]라고 했으니, 질(姪)의 경우 제(娣)가 없다면 여전히 잉첩을 우선한다는 뜻인데, 사에게도 잉첩으로 삼는 제(娣)가 있으므로, 대부 또한 있었음을 알 수 있다.

鄭注 撫, 以手按之也. 內命婦, 君之世婦.

번역 무(撫)'자는 손으로 시신을 어루만진다는 뜻이다. '내명부(內命婦)'는 군주의 세부(世婦)들을 뜻한다.

釋文 姪, 大結反. 娣, 大計反.

번역 '姪'자는 '大(대)'자와 '結(결)'자의 반절음이다. '娣'자는 '大(대)'자와 '計(계)'자의 반절음이다.

孔疏 ●"君撫"至"必踊". ○正義曰: 此一節明撫尸及馮尸之節.

번역 ●經文: "君撫"~"必踊". ○이곳 문단은 시신을 어루만지고 시신을 부여잡는 절차를 나타내고 있다.

---

2) 내자(內子)는 경과 대부의 본처를 지칭하는 용어이다.
3) 『의례』「사혼례(士昏禮)」: 婦徹于房中, 媵·御餕, 姑酳之. 雖無娣, 媵先. 於是與始飯之錯.

孔疏 ●"君撫大夫"者, 大夫貴, 故自撫之. "撫內命婦"者, 命婦, 君之世婦. 撫內命婦, 則不撫賤者, 可知也.

번역 ●經文: "君撫大夫". ○대부는 존귀하기 때문에 군주가 직접 어루만지는 것이다. 경문의 "撫內命婦"에 대하여. '명부(命婦)'는 군주의 세부(世婦)를 뜻한다. 내명부의 시신을 어루만진다면, 미천한 자는 어루만지지 않는다는 사실을 알 수 있다.

孔疏 ●"大夫撫室者, 撫姪娣"者, 大夫以室老爲貴臣, 以姪·娣爲貴妾. 死則爲之服, 故並撫之也. 旣撫姪娣, 則賤妾不撫也.

번역 ●經文: "大夫撫室者, 撫姪娣". ○대부는 실로(室老)를 존귀한 가신으로 삼고, 부인이 시집 올 때 함께 따라온 여조카와 여동생을 존귀한 첩으로 삼는다. 그들이 죽게 되면 그들을 위해 상복을 착용한다. 그렇기 때문에 그들에 대해서 모두 시신을 어루만지게 된다. 이미 잉첩을 어루만진다고 했다면, 미천한 첩의 시신은 어루만지지 않는다.

【538a】

君·大夫馮父·母·妻·長子, 不馮庶子. 士馮父·母·妻·長子·庶子. 庶子有子, 則父母不馮其尸. 凡馮尸者, 父母先, 妻子後.

직역 君과 大夫는 父·母·妻·長子에게 馮하지만, 庶子에게 不馮한다. 士는 父·母·妻·長子·庶子에게 馮한다. 庶子에게 子가 有하면, 父母는 그 尸에 不馮한다. 凡히 尸를 馮하는 者는 父母가 先하며, 妻子가 後하다.

의역 군주와 대부는 부친·모친·처·장자의 시신을 부여잡게 되지만, 서자의 시신은 부여잡지 않는다. 사는 부친·모친·처·장자·서자의 시신을 부여잡게 된다. 서자에게 만약 자식이 있다면, 서자의 부모는 서자의 시신을 부여잡지 않는다. 무릇 시신을 부여잡을 때, 죽은 자의 부모가 먼저 부여잡고, 처와 자식은 뒤에 부여잡는다.

集說 父母先妻子後, 謂尸之父母妻子也. 尊者先馮, 卑者後馮.

번역 "부모가 먼저이고 처자가 뒤이다."라는 말은 죽은 자의 부모와 처자들을 뜻한다. 존귀한 자가 먼저 시신을 부여잡게 되고, 미천한 자가 뒤에 시신을 부여잡게 된다.

集說 疏曰: 君・大夫之庶子, 雖無子, 並不得馮.

번역 공영달의 소에서 말하길, 군주와 대부의 서자에게 비록 자식이 없더라도 시신을 부여잡을 수 없다.

鄭注 目於其親所馮也. 馮, 謂扶持服膺.

번역 친족 중 시신을 부여잡는 대상을 나타내고 있다. '빙(馮)'은 부여잡으며 가슴에 품는다는 뜻이다.

釋文 長, 丁丈反, 下同. 膺, 於陵反.

번역 '長'자는 '丁(정)'자와 '丈(장)'자의 반절음이며, 아래문장에 나오는 글자도 그 음이 이와 같다. '膺'자는 '於(어)'자와 '陵(릉)'자의 반절음이다.

孔疏 ●"君大夫馮父母妻長子"者, 君及大夫雖尊, 而自主此四人喪, 故同馮之. 馮父母・撫妻子而幷云馮, 通言耳.

번역 ●經文: "君・大夫馮父・母・妻・長子". ○군주와 대부는 비록 존귀한 자이지만, 이러한 네 부류의 사람이 죽었을 때 그 상을 주관한다. 그렇기 때문에 동일하게 그들의 시신을 부여잡는 것이다. 부모의 시신에 대해서는 부여잡게 되고, 처와 자식의 시신에 대해서는 어루만지게 되는데, 이 모두에 대해서 '빙(馮)'이라고 말한 것은 통괄적으로 말했기 때문이다.

孔疏 ●"不馮庶子"者, 賤, 故不得也.

번역 ●經文: "不馮庶子". ○서자는 미천하기 때문에 부여잡을 수 없다.

孔疏 ●"士馮父母妻長子庶子"者, 士賤, 故所馮及庶子也.

번역 ●經文: "士馮父母妻長子庶子". ○사는 미천하기 때문에, 부여잡는 대상에 서자까지 포함된다.

孔疏 ●"庶子有子, 則父母不馮其尸"者, 庶子若有子, 則父母亦不馮. 前所馮之庶子是無子者也. 然君・大夫之庶子雖無子, 並不得馮也.

번역 ●經文: "庶子有子, 則父母不馮其尸". ○서자에게 만약 자식이 있다면, 서자의 부모는 또한 서자의 시신을 부여잡지 않는다. 앞에서 시신을 부여잡게 되는 서자는 곧 자식이 없는 자이다. 그러나 군주와 대부의 서자에 대해서는 비록 자식이 없더라도, 그의 시신을 부여잡을 수 없다.

孔疏 ●"凡馮尸者, 父母先, 妻子後"者, 凡, 主人也. 父・母・妻・子, 謂尸之父・母・妻・子也, 父母尊, 故馮尸在先. 妻子卑, 故馮尸在後.

번역 ●經文: "凡馮尸者, 父母先, 妻子後". ○'범(凡)'자는 상주들을 뜻한다. 부・모・처・자는 죽은 자의 부・모・처・자를 뜻하니, 부모는 존귀하기 때문에 먼저 시신을 부여잡는 것이다. 처와 자식은 상대적으로 미천하기 때문에 뒤에 시신을 부여잡는 것이다.

孔疏 ◎注"目於其親所馮也". ○正義曰: "目於其親", 謂死者之親馮尸也. 父母先, 謂死者父母. 妻子後, 是死者之妻子. 故云"目於其親所馮", 謂題目所馮之人.

번역 ◎鄭注: "目於其親所馮也". ○"친족에 대해서 가리킨다."는 말은 죽은 자의 친족 중 시신을 부여잡는 자들을 뜻한다. 부모가 먼저 한다는 말은 죽은 자의 부모를 뜻한다. 처자가 뒤에 한다는 말은 죽은 자의 처와 자식을 뜻한다. 그렇기 때문에 "친족 중 시신을 부여잡는 대상을 나타내고 있다."라고 말한 것이니, 시신을 부여잡는 자들을 나타낸다는 의미이다.

訓纂 盧注: 賤者, 略也.

번역 노식의 주에서 말하길, 미천한 자에 대해서는 간략히 하기 때문이다.

【538a~b】

君於臣撫之, 父母於子執之, 子於父母馮之, 婦於舅姑奉之, 舅姑於婦撫之, 妻於夫拘之, 夫於妻於昆弟執之. 馮尸不當君所. 凡馮尸, 興必踊.

직역 君은 臣에게 撫하고, 父母는 子에게 執하며, 子는 父母에게 馮하고, 婦는 舅姑에게 奉하며, 舅姑는 婦에게 撫하고, 妻는 夫에게 拘하며, 夫는 妻와 昆弟에게 執한다. 尸를 馮함에는 君所에 不當한다. 凡히 尸를 馮함에는 興하여 必히 踊한다.

의역 군주는 신하의 시신에 대해서 어루만진다. 부모는 자식의 시신에 대해서 옷가지를 부여잡고 매달린다. 자식은 부모의 시신에 대해서 몸을 숙여 부여잡는다. 며느리는 시부모의 시신에 대해서 옷을 쥔다. 시부모는 며느리의 시신에 대해서 어루만진다. 처는 남편의 시신에 대해서 옷을 잡아끈다. 남편은 처의 시신 및 형제

의 시신에 대해서 옷가지를 부여잡고 매달린다. 시신에 대해 매달릴 때에는 군주가 어루만진 지점은 피한다. 무릇 시신에 대해 매달릴 때에는 일어나서 반드시 용(踊)을 한다.

集說 撫之者, 當尸之心胸處撫按之也. 執之者, 執持其衣. 馮之者, 身俯而馮之. 奉之者, 捧持其衣. 拘之者, 微牽引其衣. 皆於心胸之處. 不當君所者, 假令君已撫心, 則餘人馮者必少避之, 不敢當君所撫之處也. 馮尸之際, 哀情切極, 故起必爲踊以泄哀也.

번역 '무지(撫之)'는 시신의 가슴 부분을 어루만진다는 뜻이다. '집지(執之)'는 의복을 잡고 매달린다는 뜻이다. '빙지(馮之)'는 몸을 숙여서 시신에 기대어 부여잡는다는 뜻이다. '봉지(奉之)'는 의복을 잡는다는 뜻이다. '구지(拘之)'는 의복을 조금 잡아끈다는 뜻이다. 이 모두는 시신의 가슴 부근에서 시행한다. '부당군소(不當君所)'라는 말은 가령 군주가 이미 시신의 가슴 부근을 어루만졌다면, 나머지 사람들이 부여잡을 때에는 반드시 그 자리를 조금 피해서 하니, 감히 군주가 어루만진 지점에서 할 수 없다는 뜻이다. 시신을 부여잡을 때에는 애통한 감정이 지극하기 때문에, 일어나서 반드시 용(踊)을 하여 슬픔을 덜어내야 한다.

大全 臨川吳氏曰: 總言之, 皆謂之馮尸. 分言之, 則有馮・奉・拘・撫・執五者之異. 撫在拘執之間.

번역 임천오씨가 말하길, 총괄적으로 말하면 이 모두를 '빙시(馮尸)'라고 부른다. 구별해서 말한다면, 빙(馮)・봉(奉)・구(拘)・무(撫)・집(執)이라는 다섯 가지의 구별이 있다. 무(撫)는 그 정도가 구(拘)와 집(執)의 중간에 해당한다.

大全 山陰陸氏曰: 言執, 若不能捨也. 言奉, 若舅姑在焉拘之. 婦人從一,若猶有所拘然也.

번역 산음육씨가 말하길, '집(執)'이라고 했으니, 마치 다시 수습할 수 없는 것과 같다. '봉(奉)'이라고 했으니, 마치 시부모가 생존해 계실 때 부인이 남편의 시신에 대해 옷을 잡아끄는 것과 같다. 부인은 남편만을 따르니, 마치 종속됨이 있는 것과 같다.

鄭注 此恩之深淺尊卑之儀也. 馮之類, 必當心. 不敢與尊者所馮同處. 悲哀[4]之至, 馮尸必坐.

번역 이것은 은정의 깊이와 신분의 차등에 따른 의례를 나타내고 있다. 빙(馮) 등의 부류에서는 반드시 시신의 가슴 쪽에 한다. 감히 존귀한 자가 빙(馮)을 했던 지점에 대해 동일하게 할 수 없다. 비통함이 지극하므로 시신을 빙(馮)할 때에는 반드시 자리에 앉는다.

釋文 奉, 芳勇反. 拘音俱, 一音古侯反. 處, 昌慮反.

번역 '奉'자는 '芳(방)'자와 '勇(용)'자의 반절음이다. '拘'자의 음은 '俱(구)'이며, 다른 음은 '古(고)'자와 '侯(후)'자의 반절음이다. '處'자는 '昌(창)'자와 '慮(려)'자의 반절음이다.

孔疏 ●"君於臣撫之"者, 此以下目恩深淺尊卑, 馮撫之異也. 君尊, 但以手撫案尸心, 身不服膺也. 盧云: "賤者略也."

---

4) '비애(悲哀)'에 대하여. '비애' 뒤에는 본래 '비애(悲哀)'라는 두 글자가 있었는데, 완원(阮元)의 『교감기(校勘記)』에서는 "혜동(惠棟)의 『교송본(校宋本)』에는 '비애'라는 두 글자가 중복 기록되어 잇지 않고, 『송감본(宋監本)』·『악본(岳本)』·『가정본(嘉靖本)』 및 위씨(衛氏)의 『집설(集說)』에도 동일하게 기록되어 있다. 따라서 이곳 기록은 잘못하여 연문으로 기록된 것이다."라고 했다.

번역 ●經文: "君於臣撫之". ○이곳 구문으로부터 그 이하의 내용은 은정의 깊이와 신분의 차등에 따라서 빙(馮)이나 무(撫)를 하는 차이를 나타내고 있다. 군주는 존귀하므로, 단지 손을 이용해서 시신의 가슴을 어루만지고, 본인이 몸을 숙여 가슴에 품지 않는다. 노식은 "미천한 자에 대해서는 간략히 한다."라고 했다.

孔疏 ●"父母於子執之"者, 盧云"執當心上衣也".

번역 ●經文: "父母於子執之". ○노식은 "가슴 쪽에 해당하는 상의의 옷가지를 잡는다."라고 했다.

孔疏 ●"子於父母馮之"者, 謂服膺心上也.

번역 ●經文: "子於父母馮之". ○시신의 가슴 쪽으로 몸을 숙여 품는다는 뜻이다.

孔疏 ●"婦於舅姑捧之"者, 盧云"尊故捧當心上衣也".

번역 ●經文: "婦於舅姑捧之". ○노식은 "존귀한 대상이기 때문에 시신의 가슴 쪽에 해당하는 상의의 옷가지를 쥔다."라고 했다.

孔疏 ●"舅姑於婦撫之"者, 亦手案尸心, 與君爲臣同也.

번역 ●經文: "舅姑於婦撫之". ○이 또한 손으로 시신의 가슴 쪽을 어루만지는 것이니, 군주가 신하에 대해 했던 것과 동일하다.

孔疏 ●"妻於夫拘之"者, 盧云"拘輕於馮, 重於執也", 庾云"拘者, 微引心上衣也", 賀云"拘其衣衾領之交也".

번역 ●經文: "妻於夫拘之". ○노식은 "구(拘)는 빙(馮)보다는 수위가 낮지만, 집(執)보다는 높다."라고 했고, 유울은 "구(拘)는 시신의 가슴 쪽에 해당하는 상의의 옷가지를 조금 당긴다는 뜻이다."라고 했으며, 하씨는 "의복류의 옷깃이 교차하는 지점을 당긴다."라고 했다.

孔疏 ●"夫於妻·於昆弟執之"者, 爲妻及自爲兄弟, 但執之. 盧無別釋, 而賀云"夫於妻執其心上衣也, 於兄弟亦執心上衣".

번역 ●經文: "夫於妻·於昆弟執之". ○처를 위하거나 본인의 형제들을 위해서는 단지 집(執)만 한다. 노식은 별도의 해석을 하지 않았는데, 하씨는 "남편은 아내에 대해서 시신의 가슴 쪽에 해당하는 상의의 옷가지를 잡고, 형제에 대해서도 또한 가슴 쪽에 해당하는 상의의 옷가지를 잡는다."라고 했다.

孔疏 ●"馮尸不當君所"者, 所, 猶處也. 假令君已馮心, 則餘人馮者不敢當君所馮之處, 則宜少避之.

번역 ●經文: "馮尸不當君所". ○'소(所)'자는 지점[處]을 뜻한다. 가령 군주가 이미 시신의 가슴 쪽을 어루만졌다면, 나머지 사람들이 시신을 어루만질 때에는 마땅히 군주가 어루만진 지점에 대해 해서는 안 되니, 조금 피해서 해야 한다.

孔疏 ●"凡馮尸, 興必踊"者, 凡者, 貴賤同然也. 馮尸竟則起, 俱馮必哀殞, 故起必踊, 泄之也.

번역 ●經文: "凡馮尸, 興必踊". ○'범(凡)'자는 신분의 차등에 상관없이 모두 동일하다는 뜻이다. 시신 부여잡는 일을 끝내면 자리에서 일어나고, 모두 시신을 부여잡게 되면 반드시 애통함을 덜어내어야 한다. 그렇기 때문에 자리에서 일어나 반드시 용(踊)을 하여, 슬픔을 덜어내야 한다.

孔疏 ◎注"此恩"至"當心". ○正義曰: 馮者爲重, 奉次之, 拘次之, 執次之. 尊者則馮·奉, 卑者則撫·執. 執雖輕於撫, 而恩深, 故君於臣撫, 父母於子執, 是兼有尊卑深淺. 云"馮之類, 必當心"者, 士喪禮"君坐, 撫當心", 此下云馮尸不敢當君所, 明君不撫, 得當君所也.

번역 ◎鄭注: "此恩"~"當心". ○빙(馮)이 가장 수위가 높고, 봉(奉)이 그 다음이며, 구(拘)가 그 다음이고, 집(執)이 그 다음이다. 존귀한 자에 대해서는 빙(馮)과 봉(奉)을 하고, 미천한 자에 대해서는 무(撫)와 집(執)을 한다. 집(執)이 비록 무(撫)보다 수위가 가볍더라도 은정은 깊다. 그렇기 때문에 군주는 신하에 대해서 무(撫)를 하는 것이고, 부모는 자식에 대해서 집(執)을 하는 것이니, 이것은 신분의 차등과 은정의 차이를 포함하고 있다. 정현이 "빙(馮) 등의 부류에서는 반드시 시신의 가슴 쪽에 한다."라고 했는데, 『의례』「사상례(士喪禮)」편에서는 "군주는 자리에 앉아서 시신의 가슴 쪽을 어루만진다."[5]라고 했고, 이곳에서는 "시신을 부여잡게 되면 감히 군주가 했던 지점에 하지 않는다."라고 했으니, 군주가 어루만지지 않았다면, 군주가 어루만져야 할 지점에 할 수 있다는 사실을 나타낸다.

集解 愚謂: 夫者妻之天也, 乃於其尸不馮之者, 廉恥之道存焉. 拘者, 奉其衣而稍引以自向, 視奉則爲親, 視執則爲尊也. 舅姑於婦, 婦於舅姑及昆弟, 非主其喪則不馮也.

번역 내가 생각하기에, 남편은 아내에 대해 하늘이 되는데도, 남편의 시신에 대해서 빙(馮)을 하지 않는 것은 염치의 도리가 존재하기 때문이다. '구(拘)'라는 것은 옷을 잡아서 자신 쪽으로 조금 당기는 것이니, 봉(奉)에 비하면 친밀한 것이 되고, 집(執)에 비하면 존귀한 것이 된다. 시부모가 며느리에 대해서, 또 며느리가 시부모 및 형제들에 대해서 상을 치를 때, 그 상을 주관하는 경우가 아니라면 빙(馮)을 하지 않는다.

---

5) 『의례』「사상례(士喪禮)」: 君坐, 撫當心. 主人拜稽顙, 成踊, 出.

集解 愚謂: 馮尸必坐者, 尸斂於地, 必坐乃得馮之也. 凡馮尸, 興必踊, 則不獨子之於父母然也.

번역 내가 생각하기에, "시신을 빙(馮)할 때에는 반드시 자리에 앉는다."라고 했는데, 시신에 대해서는 땅바닥에서 염(斂)을 하니, 반드시 자리에 앉아야만 빙(馮)을 할 수 있기 때문이다. 무릇 시신에 빙(馮)을 할 때에는 자리에서 일어나 반드시 용(踊)을 해야 하니, 자식이 부모의 시신을 대할 때에만 이처럼 하는 것이 아니다.

• 제20절 •

상중(喪中)에 머무는 임시숙소의 규정

【538c】

父母之喪, 居倚廬, 不塗, 寢苫枕凷, 非喪事不言. 君爲廬, 宮之. 大夫·士, 襢之.

직역 父母의 喪에서는 倚廬에 居하며, 不塗하고, 苫을 寢하고 凷를 枕하며, 喪事가 非라면 不言한다. 君은 廬를 爲함에, 宮한다. 大夫와 士는 襢한다.

의역 부모의 상을 치를 때에는 임시숙소인 의려(倚廬)에 머물게 되는데, 의려의 벽에는 진흙을 바르지 않고, 거적을 깔고 자며 흙덩이를 베개로 삼고, 상사와 관련되지 않은 말은 하지 않는다. 군주의 경우 의려를 만들 때에는 의려 밖에 담장처럼 휘장을 둘러서 가린다. 대부와 사는 휘장을 치지 않고 의려를 노출시킨다.

集說 疏曰: 倚廬者, 於中門外東牆下倚木爲廬也. 不塗者, 但以草夾障, 不以泥塗飾之也. 寢苫, 臥於苫也. 枕凷, 枕土塊也. 爲廬宮之者, 廬外以帷障之, 如宮牆也. 襢, 袒也, 其廬袒露, 不以帷障之也.

번역 공영달의 소에서 말하길, '의려(倚廬)'는 중문(中門)[1] 밖 동쪽 담장

---

1) 중문(中門)은 내(內)와 외(外) 사이에 있는 문을 뜻한다. 궁(宮)에 있어서는 혼문(閽門)을 뜻하기도 한다. 또 천자(天子)의 궁성(宮城)에는 다섯 개의 문이 있었다고 전해지는데, 가장 밖에 있는 문부터 순차적으로 나열해보면, 고문(皐門), 치문(雉門), 고문(庫門), 응문(應門), 노문(路門)이다. 이러한 다섯 개의 문들 중 노문(路門)은 가장 안쪽에 있으므로, 내문(內門)로 여기고, 고문(皐門)은 가장 밖에 있으므로, 외문(外門)으로 여긴다. 따라서 나머지 치문(雉門), 고문(庫門), 응문(應門)은 내외(內外)의 사이에 있으므로, 이 세 개의

아래에 나무를 기대어 만든 임시숙소이다. '불도(不塗)'라는 말은 단지 풀을 엮어서 가리기만 하며, 진흙을 발라서 틈을 메우지 않는다는 뜻이다. '침점(寢苫)'은 거적 위에 눕는다는 뜻이다. '침괴(枕凷)'는 흙덩이를 베개로 삼는다는 뜻이다. '위려궁지(爲廬宮之)'라는 말은 의려 밖에 휘장을 쳐서 가리니, 마치 건물에 담장이 있는 것처럼 한다는 뜻이다. '단(襢)'자는 "드러내다[袒]."는 뜻이니, 의려를 노출시키며 휘장으로 가리지 않는다는 뜻이다.

鄭注 宮, 謂圍障之也. 襢, 袒也, 謂不障.

번역 '궁(宮)'자는 에워싸서 가린다는 뜻이다. '단(襢)'자는 "드러내다[袒]."는 뜻이니, 휘장으로 가리지 않는다는 의미이다.

釋文 倚, 於綺反. 苫, 始占反. 枕, 之鴆反. 凷, 苦內反. 襢, 章善反, 注同, 露也. 障音章, 下同.

번역 '倚'자는 '於(어)'자와 '綺(기)'자의 반절음이다. '苫'자는 '始(시)'자와 '占(점)'자의 반절음이다. '枕'자는 '之(지)'자와 '鴆(짐)'자의 반절음이다. '凷'자는 '苦(고)'자와 '內(내)'자의 반절음이다. '襢'자는 '章(장)'자와 '善(선)'자의 반절음이며, 정현의 주에 나오는 글자도 그 음이 이와 같은데, 드러낸다는 뜻이다. '障'자의 음은 '章(장)'이며, 아래문장에 나오는 글자도 그 음이 이와 같다.

孔疏 ●"父母"至"襢之". ○正義曰: 自此以下, 至"兄不次於弟", 明君・大夫・士遭喪, 斬衰・齊衰・大功等居廬及堊室至祥・禫以來降殺之節, 各依

문을 '중문'으로 여기기도 한다. 『주례』「천관(天官)・혼인(閽人)」편에는 "掌守王宮之中門之禁."이라는 기록이 있는데, 이에 대한 손이양(孫詒讓)의 『정의(正義)』에서는 "此中門實不專屬雉門. 當兼庫・雉・應三門言之. 蓋五門以路門爲內門, 皐門爲外門, 餘三門處內外之間, 故通謂之中門."이라고 풀이했다. 한편 정중앙에 있는 문을 '중문'이라고도 부른다.

文解之.

번역 ●經文: "父母"~"禮之". ○이곳 구문으로부터 "형은 동생의 상을 치를 때 임시숙소에 머물지 않는다."[2)]라는 구문까지는 군주·대부·사가 상을 당했을 때, 참최복(斬衰服)·자최복(齊衰服)·대공복(大功服) 등을 착용하고 의려(倚廬) 및 악실(堊室)에 머물며 대상(大祥)과 담제(禫祭)에 이르러 낮추고 줄이는 절차를 나타내고 있으니, 각각의 문장에 따라서 풀이하겠다.

孔疏 ○此一經論初遭喪, 君·大夫·士居廬之禮.

번역 ○이곳 경문은 처음 상을 당했을 때, 군주·대부·사가 의려(倚廬)에 머무는 예법을 논의하고 있다.

孔疏 ●"居倚廬"者, 謂於中門之外, 東牆下倚木爲廬, 故云"居倚廬".

번역 ●經文: "居倚廬". ○중문(中門) 밖 동쪽 담장 아래에 나무를 기대어 임시숙소를 만든다는 뜻이다. 그렇기 때문에 "의려(倚廬)에 머문다."라고 했다.

孔疏 ●"不塗"者, 但以草夾障, 不以泥塗之也.

번역 ●經文: "不塗". ○단지 풀을 엮어서 가리기만 하고 진흙을 발라 틈을 메우지 않는다.

孔疏 ●"寢苫枕凷"者, 謂孝子居於廬中, 寢臥於苫, 頭枕於凷.

번역 ●經文: "寢苫枕凷". ○자식이 의려(倚廬)에 머물러 있을 때에는

---

2) 『예기』「상대기」【540a】: 父不次於子, 兄不次於弟.

거적 위에서 자고 흙덩이를 베개로 삼는다는 뜻이다.

孔疏 ●"非喪事不言"者, 志在悲哀, 若非喪事, 口不言說.

번역 ●經文: "非喪事不言". ○뜻이 비통함에 젖어 있으니, 만약 상사가 아닌 일들이라면 입에 담지 않는다.

孔疏 ●"君爲廬, 宮之"者, 謂廬次以帷障之, 如宮牆.

번역 ●經文: "君爲廬, 宮之". ○의려(倚廬) 밖을 휘장으로 가려서, 건물의 담장처럼 만든다는 뜻이다.

孔疏 ●"大夫·士襢之"者, 襢, 袒也. 其廬袒露, 不帷障也. 按旣夕禮注云: "倚木爲廬, 在中門外東方, 北戶." 定本無"枕凷"字, 唯有"寢苫"二字.

번역 ●經文: "大夫·士襢之". ○'단(襢)'자는 "드러내다[袒]."는 뜻이다. 의려(倚廬)를 노출시키고 휘장으로 가리지 않는 것이다. 『의례』「기석례(旣夕禮)」편에 대한 정현의 주를 살펴보면, "나무를 기대어 임시숙소를 만드는데, 중문(中門) 밖에서도 동쪽에 있으며 의려의 문은 북쪽으로 둔다."[3]라고 했다. 『정본』에는 '침괴(枕凷)'라는 글자가 없고, 오직 '침점(寢苫)'이라는 두 글자만 있다.

集解 愚謂: 倚廬, 於殯宮門外, 就東牆爲之, 以木抵於地, 而斜倚於牆, 用草蓋之, 其南北亦以草爲屛蔽, 而於其北開戶以出入也. 於殯宮則褻, 於異室則遠, 故爲廬於殯宮門外者, 欲其近殯宮而無至於褻也.

---

3) 이 문장은 『의례』「기석례(旣夕禮)」편의 "居倚廬."라는 기록에 대한 정현의 주이다.

번역 내가 생각하기에, '의려(倚廬)'는 빈소의 문밖에서도 동쪽 담장에 만들게 되며, 나무를 땅에 박고 담장 쪽으로 비스듬하게 기대며, 풀을 엮어서 그 위를 덮는데, 남북 방향에 대해서는 또한 풀을 엮어서 가림막을 치지만, 북쪽 방향에 대해서는 문에 해당하는 곳을 터서 출입하도록 만든다. 상중에 빈소에 머물게 되면 죽은 자에게 너무 무람되고, 다른 방에 머물게 되면 죽은 자를 너무 멀리 대하는 것이다. 그렇기 때문에 빈소의 문밖에 임시숙소를 만드는 것이니, 빈소와 가깝게 있으면서도 무람된 지경에 이르지 않도록 하고자 해서이다.

【538c】

旣葬, 拄楣, 塗廬, 不於顯者. 君·大夫·士皆宮之.

직역 旣히 葬하면, 楣를 拄하고, 廬를 塗하되, 顯者에는 不한다. 君·大夫·士는 皆히 宮한다.

의역 장례를 치르게 되면, 담장에 기대었던 나무를 세워서 처마를 받치게 하고, 안쪽에는 진흙을 발라서 비바람을 막지만, 밖으로 드러나는 부분에는 진흙을 바르지 않는다. 군주·대부·사는 모두 사면을 둘러서 의려를 드러내지 않는다.

集說 拄楣者, 先時倚木於牆以爲廬, 葬後哀殺, 稍擧起其木, 拄之於楣以納日光, 略寬容也. 又於內用泥以塗之, 而免風寒. 不於顯者, 不塗廬外顯處也. 皆宮之, 不襢也.

번역 '주미(拄楣)'는 이전에 담장 쪽에 나무를 기대어 의려(倚廬)를 만들었는데, 장례를 치른 이후에는 애통함이 줄어들었으니, 이전보다 조금 나무를 세워 박아서 처마를 받치게 하여 햇빛이 들어오도록 하니, 대체적으로 관대하게 처리하는 것이다. 또 내부에는 진흙을 이용해서 벽을 바르고, 비와 추위를 면하게 한다. '불어현자(不於顯者)'는 의려의 밖 중 드러나는 부분에 대해서는 진흙을 바르지 않는다는 뜻이다. '개궁지(皆宮之)'는 드러내지 않는다는 뜻이다.

鄭注 不於顯者, 不塗見面.

번역 '불어현자(不於顯者)'는 드러나는 부분에는 진흙을 바르지 않는다는 뜻이다.

釋文 柱, 張玉反. 楣音眉. 見, 賢遍反.

번역 '柱'자는 '張(장)'자와 '玉(옥)'자의 반절음이다. '楣'자의 음은 '眉(미)'이다. '見'자는 '賢(현)'자와 '遍(편)'자의 반절음이다.

孔疏 ●"旣葬"至"宮之". ○正義曰: "旣葬, 柱楣"者, 旣葬, 謂在墓, 柱楣稍擧, 以納日光, 又以泥塗辟風寒.

번역 ●經文: "旣葬"~"宮之". ○경문의 "旣葬, 柱楣"에 대하여. 장례를 치렀다는 말은 시신이 묘(墓)에 안치되었다는 뜻이니, 기둥과 처마를 조금 올려서 햇빛이 들어오도록 하고, 또 진흙으로 벽을 발라서 비와 추위를 피한다.

孔疏 ●"不於顯"者, 言塗廬不塗廬外顯處.

번역 ●經文: "不於顯". ○진흙으로 의려(倚廬)의 내부를 바르지만, 의려 밖의 드러나는 부분에는 바르지 않는다는 뜻이다.

孔疏 ●"君·大夫·士皆宮之"者, 以大夫·士旣葬, 故得皆宮之.

번역 ●經文: "君·大夫·士皆宮之". ○대부와 사는 장례를 치렀기 때문에, 모두 사면을 둘러서 의려(倚廬)를 가릴 수 있다.

集解 朱子曰: 始者無拄與楣, 檐著於地, 至是乃施楣, 又施短柱, 以柱起其楣, 架其檐令稍高, 而下可作戶也.

번역 주자가 말하길, 의려(倚廬)를 처음 만들 때에는 기둥과 차양이 없었으니, 처마가 바닥에 붙어 있었던 것인데, 이 시점이 되면 차양을 달고, 또 작은 기둥을 달아서, 기둥으로 차양을 받치게 하고, 처마에 나무를 대어 보다 높게 만들며, 그 밑에 방문을 달 수 있게 한다.

【538d】

凡非適子者, 自未葬, 以於隱者爲廬.

직역 凡히 適子가 非한 者는 未葬으로 自하여, 隱者에 廬를 爲한다.

의역 무릇 적장자가 아닌 자들은 장례를 치르기 이전부터 동남쪽 모서리의 어두운 장소에 의려(倚廬)를 만들어 기거한다.

集說 疏曰: 旣非喪主, 故於東南角隱映處爲廬. 經雖云未葬, 其實葬竟亦然也.

번역 공영달의 소에서 말하길, 이러한 자들은 이미 상주가 아니기 때문에, 동남쪽 모서리의 어두운 장소에 의려(倚廬)를 만든다. 경문에서는 비록 "아직 장례를 치르지 않았다."라고 했지만, 실제로는 장례를 끝냈을 때에도 이처럼 한다.

鄭注 不欲人屬目, 故廬於東南角, 旣葬猶然.

번역 사람들이 살펴보지 않게끔 하기 위해서이다. 그렇기 때문에 동남쪽 모서리에 의려(倚廬)를 만들고, 장례를 끝낸 뒤에도 여전히 이곳에서 기거한다.

釋文 適, 丁歷反. 屬音燭.

번역 '適'자는 '丁(정)'자와 '歷(력)'자의 반절음이다. '屬'자의 음은 '燭(촉)'이다.

孔疏 ●"凡非"至"爲廬". ○正義曰: 凡非適子, 謂庶子也.

번역 ●經文: "凡非"~"爲廬". ○'범비적자(凡非適子)'는 서자들을 뜻한다.

孔疏 ●"自未葬, 以於隱者爲廬"者, 旣非喪主, 不欲人所屬目, 故於東南角隱映處爲廬. 經雖云未葬, 其實葬竟亦然也.

번역 ●經文: "自未葬, 以於隱者爲廬". ○그들은 이미 상주가 아니고, 남의 눈에 띄지 않고자 하기 때문에, 동남쪽 모서리의 어두운 장소에 의려(倚廬)를 만든다. 경문에서는 비록 "아직 장례를 치르지 않았다."라고 했지만, 실제로는 장례를 끝냈을 때에도 이처럼 한다.

集解 按: 儀禮喪服賈疏引此作"倚於隱者爲廬".

번역 살펴보니, 『의례』「상복(喪服)」편에 대한 가공언의 소에서는 이곳 문장을 인용하며, '의어은자위려(倚於隱者爲廬)'라고 기록했다.

集解 愚謂: 言"自未葬"者, 嫌至葬後乃改廬於此, 故言自未葬以至於葬後其禮皆然也.

번역 내가 생각하기에, '아직 장례를 치르기 이전부터'라고 말한 이유는 장례를 치른 이후에는 이곳에 의려(倚廬)를 고쳐서 짓는다고 오해할 것을 염려했기 때문이다. 그래서 장례를 치르기 이전으로부터 장례를 치른 이후까지 그 예법이 모두 이와 같음을 말한 것이다.

• 제 21 절 •

장례[葬] 이후와 국가의 정무

【538d】

既葬, 與人立, 君言王事, 不言國事; 大夫·士言公事, 不言家事. 君既葬, 王政入於國; 既卒哭, 而服王事. 大夫·士既葬, 公政入於家; 既卒哭, 弁絰·帶, 金革之事無辟也.

직역 既히 葬하고, 人과 與하여 立하면, 君은 王事를 言이나 國事를 不言하며; 大夫와 士는 公事를 言이나 家事를 不言한다. 君이 既히 葬하면, 王政이 國에 入하고; 既히 卒哭하면, 王事에 服한다. 大夫와 士는 既히 葬하면, 公政이 家에 入하고; 既히 卒哭하여, 弁絰과 帶하면, 金革의 事라도 辟가 無하다.

의역 장례를 끝내고서 남과 함께 서 있을 때, 제후는 천자의 일은 말해도 자기 국가의 일은 말하지 않는다. 또 대부와 사가 이러한 경우에 처한다면, 국가의 일은 말해도 자기 집안의 일은 말하지 않는다. 제후가 장례를 마치게 되면 천자와 관련된 정무가 제후의 조정에 들어올 수 있고, 졸곡(卒哭)을 치러서 변질(弁絰)과 대(帶)를 착용했다면, 천자와 관련된 정무를 처리한다. 대부와 사가 장례를 마쳤다면, 국가와 관련된 정무가 집안으로 들어올 수 있고, 졸곡을 치러서 변질과 대를 착용했다면, 국가와 관련된 정무를 처리할 수 있으니, 전쟁과 관련된 사안이라 할지라도 피하지 않는다.

集說 不言國事・家事, 禮之經也; 既葬政入以下, 禮之權也. 弁絰・帶, 謂素弁加環絰, 而帶則仍是要絰也. 大夫・士弁絰, 則國君亦弁絰也. 君言服王事, 則此亦服國事也.

번역 국가의 일이나 집안일을 말하지 않는 것은 예법에 따른 정도이다. 장례를 치른 뒤 정무가 들어온다는 것으로부터 그 이하의 일들은 예법에 따른 권도이다. 변질(弁絰)과 대(帶)는 흰색의 변(弁)에 환질(環絰)을 두르고, 대(帶)는 곧 요질(要絰)에 해당한다는 뜻이다. 대부와 사가 변질을 착용한다고 했다면, 제후의 경우에도 또한 변질을 착용했을 때에 해당한다. 제후에 대해서 "천자의 일에 복무한다."라고 했다면, 대부와 사에게 있어서도 또한 국가의 일에 복무한다.

鄭注 此常禮也. 此權禮也. 弁絰帶者, 變喪服而弔服, 輕, 可以卽事也.

번역 앞의 내용은 항상된 예법이다. 뒤의 내용은 권도에 따른 예법이다. '변질대(弁絰帶)'라는 것은 상복을 바꿔서 조복(弔服)을 착용한 것이니, 수위가 낮아졌으므로 그 사안을 처리할 수 있다.

釋文 辟音避, 下注"猶辟"同.

번역 '辟'자의 음은 '避(피)'이며, 아래 정현의 주에 나오는 '猶辟'에서의 '辟'자도 그 음이 이와 같다.

孔疏 ●"旣葬"至"家事". ○正義曰: 此一經明居喪常禮.

번역 ●經文: "旣葬"~"家事". ○이곳 경문은 상중에 있을 때 적용되는 항상된 예법을 나타내고 있다.

孔疏 ●"旣葬, 與人立"者, 未葬, 不與人並立. 旣葬後可與人並立也, 猶不群耳.

번역 ●經文: "旣葬, 與人立". ○아직 장례를 치르지 않았다면, 다른 사람과 나란히 서 있을 수 없다. 이미 장례를 치른 이후라면, 다른 사람과 나란히 서 있을 수 있지만, 여전히 무리를 지어 있을 수는 없을 따름이다.

孔疏 ●"君言王事, 不言國事"者, 君, 諸侯; 王, 天子也. 旣可並立, 則諸侯可得言於天子之事, 而猶不自私言己國事也.

번역 ●經文: "君言王事, 不言國事". ○'군(君)'자는 제후를 뜻하며, '왕(王)'자는 천자를 뜻한다. 이미 다른 사람과 나란히 서 있을 수 있다면, 제후는 천자와 관련된 사안은 언급할 수 있지만, 여전히 자기 스스로 자기 국가에 대한 사적인 말은 할 수 없다.

孔疏 ●"大夫・士言公事, 不言家事"者, 尊君也. 大夫・士葬後, 亦得言君事, 而未可言私事也.

번역 ●經文: "大夫・士言公事, 不言家事". ○제후를 존귀하게 여기기 때문이다. 대부와 사는 장례를 마친 뒤라면 또한 제후와 관련된 사안은 언급할 수 있지만, 아직까지 자신의 사적인 일에 대해서는 말할 수 없다.

孔疏 ◎注"此常禮也". ○正義曰: 庾氏云"按曾子問三年之喪, 練不群立, 不旅行." 此言旣葬而與人立, 得爲常禮者, 鄭以下經"君旣葬, 王政入於國. 旣卒哭而服王事" 是權禮, 故以此經不言國事及不言家事, 大判爲常禮也. 且曾子問據無事之時, 故不群立, 不旅行. 凡有事須言, 故與人立也.

번역 ◎鄭注: "此常禮也". ○유울은 "『예기』「증자문(曾子問)」편을 살펴보면, 자신이 삼년상을 치르는 중이라면, 소상(小祥)을 치른 상태라 하더라도, 사람들이 모여 있는 장소에 가서 뭇 사람들과 자리를 함께 하지 않으며, 뭇 사람들과 무리를 지어 다니지 않는다.[1]"고 했다. 이곳에서는 장례를 치

---

1) 『예기』「증자문(曾子問)」【238a】: 曾子問曰: 三年之喪, 弔乎. 孔子曰: 三年之

른 뒤인데도 다른 사람과 서 있다고 했고, 이것을 일상적인 예법이라고 여겼다. 그 이유에 대해 정현은 아래 경문에서 “군주가 장례를 치렀다면, 천자와 관련된 정무가 국가의 조정으로 들어온다. 졸곡(卒哭)을 치른 뒤에는 천자와 관련된 사안에 복무한다.”라고 했는데, 이것은 권도에 따른 예법이라고 여겼다. 그렇기 때문에 이곳에서 국가의 일을 언급하지 않고, 집안의 일을 언급하지 않는다는 것은 크게 나누면 일상적인 예법이 된다. 또 「증자문」편의 내용은 특별한 일이 없을 때를 기준으로 두었기 때문에, 무리를 지어 서 있지 않고, 무리를 지어 다니지 않는다고 했다. 그러나 어떤 사안이 있게 되면 말을 해야 하기 때문에, 다른 사람과 서 있게 되는 것이다.

孔疏 ●“君旣”至“辟也”. ○正義曰: 此一經是權禮也. 若値國家有事, 孝子不得遵恒禮, 故從權事. 故云“旣葬”, 謂葬竟未卒哭也.

번역 ●經文: “君旣”～“辟也”. ○이곳 경문의 내용은 권도에 따른 예법에 해당한다. 만약 국가에 특별한 일이 생기면, 세자는 항상된 예법만을 고집할 수 없다. 그렇기 때문에 권도에 따른다. 그래서 “이미 장례를 치렀다.”라고 말한 것이니, 이것은 장례를 끝냈지만 아직 졸곡(卒哭)을 하지 않은 상황이다.

孔疏 ●“王政入於國”者, 謂王政令之事入於己國也.

번역 ●經文: “王政入於國”. ○천자가 내린 정령이 자신의 나라로 들어온 것을 뜻한다.

孔疏 ●“旣卒哭而服王事”者, 謂身出爲王服金革之事也. 庾云: “謂此言君旣葬, 王政便入國. 候卒哭乃身服王事. 前云‘君言王事’, 謂言答所訪逮而已, 王政未入於國也.”

喪, 練, 不群立, 不旅行, 君子禮以飾情, 三年之喪而弔哭, 不亦虛乎.

번역 ●經文: "既卒哭而服王事". ○본인은 밖으로 나와서 천자를 위해 전쟁 등의 사안에 복무한다는 뜻이다. 유울은 "이것은 제후가 이미 장례를 치른 뒤라면 천자의 정령이 국가로 들어올 수 있다는 뜻이다. 제후가 졸곡(卒哭)을 치르게 되면 본인은 천자의 정령에 복무한다. 앞에서는 '제후는 천자의 일을 언급한다.'라고 했는데, 이것은 하문한 내용에 대해 대답한다는 뜻일 따름이며, 천자의 정령이 아직까지 제후국에 들어오지 않은 것이다."라고 했다.

孔疏 ●"大夫・士既葬, 公政入於家"者, 亦權事也, 謂國之政令入大夫家也.

번역 ●經文: "大夫・士既葬, 公政入於家". ○이 또한 권도에 따른 사안이니, 제후국의 정령이 대부의 집안으로 들어온다는 뜻이다.

孔疏 ●"既卒哭, 弁絰帶, 金革之事無辟也"者, 此謂服國事也. "弁絰帶"者, 弔服也, 言卒哭則有弔服. 今有事, 不得服已變服而服弔服, 以從金革之事, 無所辟也. 變服重, 弔服輕, 故從戎便也. 此與君互也, 此言服弁絰, 則國君亦弁絰. 國君言服王事, 則此亦服國事也. 但君尊, 不言奪服耳. 然此言弁絰帶, 弁絰, 謂弔服, 帶, 謂喪服要絰. 明雖弔服, 而有要絰, 異凡弔也.

번역 ●經文: "既卒哭, 弁絰帶, 金革之事無辟也". ○이 내용은 제후국의 일들에 복무한다는 뜻이다. 경문의 "弁絰帶"에 대하여. 조복(弔服)을 뜻하니, 졸곡(卒哭)을 치렀다면 조복을 착용할 수 있다는 뜻이다. 현재 어떤 사안이 발생했는데, 이미 바꾼 상복을 착용할 수 없어서 조복을 착용하여 전쟁 등의 사안에 따르니, 피하는 것이 없다. 바꾼 상복은 수위가 높고 조복은 수위가 가볍기 때문에, 전쟁 등의 사안에 복무할 수 있다. 이곳의 내용은 군주에 대한 경우와 상호 호환이 되니, 이곳에서 "변질(弁絰)을 착용한다."라고 했다면, 제후의 경우에도 변질을 착용하는 것이다. 또 제후에 대해서 "천자의 일에 복무한다."라고 했다면, 이러한 경우에도 또한 제후국의 일에 복무하는 것이다. 다만 군주는 존귀하여 기간을 채우지 않았는데 상복을 제거한다고 말할 수 없기 때문이다. 그러므로 이곳에서 '변질대(弁絰帶)'라고 했으니, '변질(弁絰)'은 조복을 뜻하고, '대(帶)'는 상복에 차는 요질(要絰)을 뜻한다. 이것은 비록 조복을 착용하고 있더라도 요질을 차고 있음으로써 일반적인 조복과 차이를 둠을 나타낸다.

孔疏 ◎注"此權禮也". ○正義曰: 按曾子問云"金革之事無辟也"者, 魯公伯禽有爲爲之, 是權禮也.

번역 ◎鄭注: "此權禮也". ○『예기』「증자문(曾子問)」편에서는 "전쟁의 사안이라도 피함이 없다."라고 했는데, 노(魯)나라 공작 백금은 특별한 이유 때문에 그처럼 했던 것이니,[2) 이것은 권도에 따른 예법이 된다.

集解 愚謂: 王事, 謂朝聘·會盟·征伐之事, 施於境外, 以蕃輔天子者也. 國事, 政令之施於一國, 以治其人民者也.

번역 내가 생각하기에, '왕사(王事)'는 조빙(朝聘)[3) · 회맹(會盟)[4) · 정벌 등의 사안을 뜻하니, 국경 밖에서 시행되는 일들로, 울타리 역할을 함으

---

2) 『예기』「증자문(曾子問)」【245d】: 子夏曰: 金革之事, 無辟也者, 非與. 孔子曰: 吾聞諸老聃曰, 昔者, 魯公伯禽, 有爲爲之也, 今以三年之喪, 從其利者, 吾弗知也.

3) 조빙(朝聘)은 본래 제후가 주기적으로 천자를 찾아뵙는 것을 뜻한다. 고대에는 제후가 천자에 대해서 매년 1번씩 소빙(小聘)을 했고, 3년에 1번씩 대빙(大聘)을 했으며, 5년에 1번씩 조(朝)를 했다. '소빙'은 제후가 직접 찾아가지 않았고, 대부(大夫)를 대신 파견하였으며, '대빙' 때에는 경(卿)을 파견하였다. '조'에서만 제후가 직접 찾아갔는데, 이것을 합쳐서 '조빙'이라고 부른다. 춘추시대(春秋時代) 때에는 진(晉)나라 문공(文公)과 같은 패주(霸主)에게 '조빙'을 하기도 하였다. 『예기』「왕제(王制)」편에는 "諸侯之於天子也, 比年一小聘, 三年一大聘, 五年一朝."라는 기록이 있고, 이에 대한 정현의 주에서는 "比年, 每歲也. 小聘, 使大夫, 大聘, 使卿, 朝, 則君自行. 然此大聘與朝, 晉文霸時所制也."라고 풀이했다. 후대에는 서로 찾아가서 만나보는 것을 '조빙'이라고 범칭하기도 했다.

4) 회맹(會盟)은 제후들끼리 모여서 서로 조약을 체결하는 것이다.

로써 천자를 돕는 것이다. '국사(國事)'는 한 나라에서 시행되는 정령으로, 이를 통해 그 나라의 백성들을 다스리는 것이다.

集解 愚謂: 弁, 服弁也. 司服, "凡凶事, 服弁服." 服弁者, 用喪冠之物, 而如弁之制爲之者也. 士喪服以冠, 大夫以上喪服以弁. 絰·帶, 卒哭所受之葛絰·葛帶也. 弁·絰·帶, 金革之事無辟, 言服喪服以從軍事也. 上云"大夫士旣葬", 而下言"弁·絰·帶", 惟據大夫言之者, 士位卑人衆, 大夫位尊人少, 卒哭而從金革之事者在士恒少, 在大夫恒多也.

번역 내가 생각하기에, '변(弁)'자는 복변(服弁)을 뜻이다. 『주례』「사복(司服)」편에서는 "무릇 흉사에서는 복변(服弁)을 착용한다."[5]라고 했다. 복변은 상에 쓰는 관의 재질을 이용해서 만드는데, 변(弁)을 만드는 제도에 따라서 만든 것이다. 사는 상복을 착용할 때 관(冠)을 쓰고, 대부로부터 그 이상의 계급은 상복을 착용할 때 변(弁)을 쓴다. 질(絰)과 대(帶)는 졸곡(卒哭)을 치르고서 받게 되는 갈(葛)로 만든 질(絰)과 대(帶)이다. "변(弁)·질(絰)·대(帶)를 차면 전쟁 등의 사안도 피하지 않는다."라고 했는데, 상복을 착용하고서 전쟁의 사안을 치른다는 뜻이다. 앞에서는 "대부와 사가 이미 장례를 치렀다."라고 했고, 뒤에서는 "변(弁)·질(絰)·대(帶)를 착용했다."라고 했으니, 이것은 오직 대부를 기준으로 말한 것으로, 사는 지위가 낮고 사람들도 많지만, 대부는 지위가 높고 사람들도 적어서, 졸곡을 치른 뒤에 전쟁 등의 사안에 참여해야만 할 때, 사에 해당하는 자는 항상 적고, 대부의 경우에는 항상 많기 때문이다.

集解 王制, "父母之喪, 三年不從政." 又曰, "喪不貳事." 雜記, "三年之喪, 祥而從政." 公羊傳, "古者臣有大喪, 君三年不呼其門." 此皆謂尋常無事之時, 必終三年之喪, 然後出而從政也. 喪大記, "旣葬, 君言王事, 不言國事. 大夫士言公事, 不言家事." 此謂議論謀度之爾, 非謂出而從政也. 喪大記又云, "君旣

5) 『주례』「춘관(春官)·사복(司服)」: 凡凶事, 服弁服.

葬, 王政入於國, 旣卒哭而服王事. 大夫士旣葬, 公政入於家, 旣卒哭, 弁·絰·帶, 金革之事無避也." 禮運云, "三年之喪, 與新有昏者, 期不使." 檀弓云, "父母之喪, 使必知其反也." 此皆謂國家有事, 則或有旣卒哭·旣練而出而從公者, 鄭氏所謂"權制"也. 然金革之事尤急, 故以卒哭爲斷, 出使之事稍緩, 故以期年爲則. 於權制之中, 而其中又有權衡. 然此皆謂國家安危所係, 不得已而變通之者, 苟非不得已, 則君三年不呼其門, 所謂"君子不奪人喪"也.

번역 『예기』「왕제(王制)」편에서는 "부모의 상을 치를 때에는 3년 동안 부역에 종사하지 않도록 한다."[6]라고 했고, 또 "상을 치를 때에는 다른 일을 하지 않는다."[7]라고 했다. 『예기』「잡기(雜記)」편에서는 "삼년상을 치르는 경우에는 대상(大祥)을 끝내고서 부역에 참여한다."[8]라고 했다. 『공양전』에서는 "고대에는 신하에게 중대한 상이 발생하면, 군주는 3년 동안 그를 부르지 않는다."[9]라고 했다. 이러한 기록들은 모두 특별한 일이 없는 일상적인 시기에는 반드시 삼년상을 마친 뒤에야 밖으로 나와서 정무를 시행한다는 뜻이다. 그런데 「상대기」편에서는 "장례를 치른 뒤에는 제후는 왕사(王事)를 말하지만 국사(國事)를 말하지 않는다. 대부와 사는 공사(公事)를 말하지만 가사(家事)를 말하지 않는다."라고 했는데, 이것은 의론하고 계획을 짠다는 뜻일 뿐이며, 직접 밖으로 나와서 정무에 종사한다는 뜻이 아니다. 「상대기」편에서는 또한 "제후가 장례를 치르면 왕정(王政)이 국가로 들어오고, 졸곡(卒哭)을 치르고서 왕사에 복무한다. 대부와 사는 장례를 치르면 공정(公政)이 가(家)로 들어오고, 졸곡을 치르고서 변(弁)·질(絰)·대(帶)를 차면 전쟁 등의 사안도 피하지 않는다."라고 했다. 『예기』

---

6) 『예기』「왕제(王制)」【180a】: 八十者一子不從政, 九十者其家不從政. 廢疾非人不養者, 一人不從政. <u>父母之喪, 三年不從政</u>, 齊衰大功之喪, 三月不從政. 將徙於諸侯, 三月不從政, 自諸侯來徙家, 期不從政.

7) 『예기』「왕제(王制)」【158d】: 庶人, 縣封, 葬不爲雨止, 不封不樹, <u>喪不貳事</u>.

8) 『예기』「잡기하(雜記下)」【515b】: <u>三年之喪, 祥而從政</u>. 期之喪, 卒哭而從政. 九月之喪, 旣葬而從政. 小功緦之喪, 旣殯而從政.

9) 『춘추공양전』「선공(宣公) 1년」: 大夫待放, 正也. <u>古者臣有大喪, 則君三年不呼其門</u>. 已練可以弁冕. 服金革之事. 君使之, 非也.

「예운(禮運)」편에서는 "삼년상을 치른 자이거나 혼례를 치른 자에게는 1년 동안 업무를 맡기지 않는다."10)라고 했다. 『예기』「단궁(檀弓)」편에서는 "부모의 상을 치를 때에는 되돌아왔을 때 반드시 제사를 지내어, 자신이 되돌아온 사실을 알게끔 해야 한다."11)라고 했다. 이러한 기록들은 모두 국가에 특별한 일이 발생하여, 어떤 경우에는 졸곡(卒哭)을 끝내거나 소상(小祥)을 끝내고서 밖으로 나와 국가의 일에 복무하는 것을 뜻하니, 정현이 말한 '권도에 따른 제도'에 해당한다. 그러나 전쟁 등의 사안은 더욱 다급한 일이다. 그렇기 때문에 졸곡을 기준으로 판정한 것이며, 밖으로 나와서 복무하는 일은 다소 느긋한 일이기 때문에 1년을 기점으로 삼는다. 권도에 따른 제도에 해당한다고 하더라도, 그 속에서는 또한 저울질해야 할 경우가 있다. 그러므로 이곳에서 언급한 일들은 모두 국가의 안위와 연관되어 부득이하게 변통한 예법을 말하니, 부득이한 경우가 아니라면 군주는 3년 동안 그를 찾지 않는 것으로, 이른바 "군자는 남의 상을 빼앗지 않는다."라는 뜻에 해당한다.

---

10) 『예기』「예운(禮運)」【274b】: 故仕於公曰臣, 仕於家曰僕. 三年之喪與新有昏者, 期不使. 以衰裳入朝, 與家僕雜居齊齒, 非禮也, 是謂君與臣同國.

11) 『예기』「단궁상(檀弓上)」【103c】: 父母之喪, 哭無時; 使必知其反也.

• 제 22 절 •

소상(小祥) 이후의 상례 규정

【539a】

既練, 居堊室, 不與人居. 君謀國政, 大夫·士謀家事. 既祥, 黝堊. 祥而外無哭者, 禫而內無哭者, 樂作矣故也.

직역 既히 練하면, 堊室에 居하되, 人과 與하여 居함은 不한다. 君은 國政을 謀하고, 大夫와 士는 家事를 謀한다. 既히 祥하면, 黝하고 堊한다. 祥하면 外에서 哭이 無한 者와 禫하면 內에서 哭이 無한 者는 樂을 作하기 故라.

의역 소상(小祥)을 치르게 되면, 악실(堊室)에 머물되 남과 함께 머물지 않는다. 제후는 국정을 모의하고, 대부와 사는 가사를 모의한다. 대상(大祥)을 치르게 되면, 악실의 바닥은 검게 칠하고 벽면은 하얗게 칠한다. 대상을 치른 뒤에는 중문(中門) 밖에서 곡(哭)을 하지 않고, 담제(禫祭)를 치른 뒤에는 중문 안에서도 곡을 하지 않으니, 음악을 연주하기 때문이다.

集說 堊室在中門外, 練後服漸輕, 可以謀國政·謀家事也. 祥, 大祥也. 黝, 治堊室之地令黑. 堊, 塗堊室之壁令白. 皆稍致其飾也. 祥後中門外不哭, 故曰"祥而外無哭者"; 禫則門內亦不復哭, 故曰"禫而內無哭者". 所以然者, 以樂作故也.

번역 악실(堊室)[1]은 중문(中門) 밖에 있는데, 소상(小祥)을 치른 뒤에는

---

1) 악실(堊室)은 상중(喪中)에 임시로 거처하던 가옥으로, 네 벽면에 흰색의 회칠을 하였다.

상복의 수위가 보다 가벼워지기 때문에, 국정과 가사를 모의할 수 있다. '상(祥)'자는 대상(大祥)을 뜻한다. '유(黝)'는 악실의 바닥을 검게 칠한다는 뜻이다. '악(堊)'은 악실의 벽을 하얗게 칠한다는 뜻이다. 이 모두는 보다 장식을 꾸민 것이다. 대상을 치른 뒤 중문 밖에서는 곡(哭)을 하지 않는다. 그렇기 때문에 "대상을 치르고서 밖에서 곡을 함이 없다."라고 말한 것이다. 담제(禫祭)를 치르게 되면 중문 안쪽에서도 재차 곡을 하지 않는다. 그렇기 때문에 "담제를 치르고서 안에서 곡을 함이 없다."라고 말한 것이다. 이처럼 하는 이유는 음악을 연주하기 때문이다.

大全 嚴陵方氏曰: 旣練, 君謀國政, 異乎旣葬之不言國事矣. 大夫士謀家事, 異乎旣葬之不言家事矣. 或言政, 或言事者, 主在上則曰政, 兼在下則曰事. 蓋潔其地, 使微靑, 塗其牆, 使純白. 以吉之先見, 故致飾, 以變其凶. 若旣練所居之室以堊, 則以表哀素之心耳, 非致飾也.

번역 엄릉방씨가 말하길, 소상(小祥)을 치르면 제후는 국정(國政)을 모의하니, 장례를 치르고서 국사(國事)를 말하지 않는 것과는 다르다. 대부와 사는 가사(家事)를 모의하니, 장례를 치르고서 가사를 말하지 않는 것과는 다르다. 어떤 경우에는 '정(政)'이라고 말하고 또 어떤 경우에는 '사(事)'라고 말했는데, 윗사람에 대한 것이 위주가 되면 '정(政)'이라고 부르고, 아랫사람에 대한 일까지도 겸하게 되면 '사(事)'라고 부른다. 그 바닥을 청결하게 해서 조금 푸르게 만드는 것이며, 벽에 흙칠을 하여 순백색을 띠도록 한다. 길함을 먼저 드러내기 때문에 장식을 하여 흉례에서 바꾸는 것이다. 소상을 치르고서 머물게 되는 거처에 회칠을 하는 것은 애통한 본래의 마음을 드러내는 것일 뿐이니, 장식을 하는 것이 아니다.

鄭注 黝堊, 堊室之節也. 地謂之黝, 牆謂之堊. 外無哭者, 於門外不哭也. 內無哭者, 入門不哭也. 祥踰月而可作樂, 樂[2]作無哭者. 黝堊, 或爲要期. 禫

2) '악(樂)'자에 대하여. '악'자는 본래 없던 글자인데, 완원(阮元)의 『교감기(교감

或皆作道.

번역 '유악(黝堊)'은 악실(堊室)에 대한 규범이다. 바닥 꾸미는 것을 '유(黝)'라고 부르며, 벽면 꾸미는 것을 '악(堊)'이라고 부른다. '외무곡(外無哭)'이라는 말은 문밖에서 곡(哭)을 하지 않는다는 뜻이다. '내무곡(內無哭)'이라는 말은 문으로 들어가서도 곡을 하지 않는다는 뜻이다. 대상(大祥)을 치르고 그 달을 넘기게 되면 음악을 연주할 수 있다. 음악을 연주하면 곡(哭)을 함이 없다. '유악(黝堊)'을 다른 판본에서는 '요기(要期)'라고도 기록한다. '담(禫)'자를 다른 판본에서는 모두 '도(道)'자로도 기록한다.

釋文 黝, 於糾反. 堊, 烏路反, 又烏谷反, 注同. 禫, 大感反. 道音導.

번역 '黝'자는 '於(어)'자와 '糾(규)'자의 반절음이다. '堊'자는 '烏(오)'자와 '路(로)'자의 반절음이며, 또한 '烏(오)'자와 '谷(곡)'자의 반절음도 되는데, 정현의 주에 나오는 글자도 그 음이 이와 같다. '禫'자는 '大(대)'자와 '感(감)'자의 반절음이다. '道'자의 음은 '導(도)'이다.

孔疏 ●"既練"至"故也". ○正義曰: 此一經論練及祥·禫之節.

번역 ●經文: "既練"~"故也". ○이곳 경문은 소상(小祥)·대상(大祥)·담제(禫祭)의 절차를 논의하고 있다.

孔疏 ●"不與人居"者, 謂在堊室之中, 猶不與人居也.

번역 ●經文: "不與人居". ○악실(堊室)에 머물 때에는 여전히 다른 사람과 함께 기거할 수 없다는 뜻이다.

記)』에서는 "『모본(毛本)』에는 '악악(樂樂)'이라고 기록했고, 『악본(岳本)』·『가정본(嘉靖本)』 및 위씨(衛氏)의 『집설(集說)』에도 동일하게 기록되어 있다. 따라서 이곳 판본에는 '악'이라는 한 글자가 누락된 것이다."라고 했다.

孔疏 ●"君謀國政, 大夫·士謀家事"者, 此常禮也. 練後漸輕, 故得自謀己國家事也.

번역 ●經文: "君謀國政, 大夫·士謀家事". ○이것은 항상된 예법이다. 소상(小祥)을 치른 뒤에는 상복의 수위가 보다 가벼워졌기 때문에, 스스로 자기 국가와 집안의 일을 모의할 수 있다.

孔疏 ●"旣祥, 黝堊"者, 祥, 大祥也. 黝, 黑也, 平治其地令黑也. 堊, 白也, 新塗堊於牆壁, 令白, 稍飾故也.

번역 ●經文: "旣祥, 黝堊". ○'상(祥)'자는 대상(大祥)을 뜻한다. '유(黝)'자는 "흑색으로 칠한다[黑]."는 뜻이니, 바닥을 평평하게 다듬으며 흑색으로 만든다는 뜻이다. '악(堊)'자는 "백색으로 칠한다[白]."는 뜻이다. 새롭게 흙칠을 하여 벽면을 하얗게 만든다는 뜻이다. 이것은 보다 장식을 꾸미기 때문이다.

孔疏 ●"祥而外無哭"者, 祥亦大祥也. 外, 中門外, 卽堊室中也. 祥之日鼓素琴, 故中門外不哭也.

번역 ●經文: "祥而外無哭". ○'상(祥)'자 또한 대상(大祥)을 뜻한다. '외(外)'자는 중문(中門) 밖을 뜻하니, 곧 악실(堊室) 안을 의미한다. 대상을 치르는 날에는 소금(素琴)을 연주한다.[3] 그렇기 때문에 중문 밖에서 곡(哭)을 하지 않는다.

孔疏 ●"祥而內無哭"者, 內, 中門內也. 禫已縣八音於庭, 故門內不復哭也.

---

3) 『예기』「상복사제(喪服四制)」【721b】: 三日而食, 三月而沐, 期而練, 毁不滅性, 不以死傷生也. 喪不過三年, 苴衰不補, 墳墓不培, 祥之日鼓素琴, 告民有終也, 以節制者也.

번역 ●經文: "祥而內無哭". ○'내(內)'자는 중문(中門) 안쪽을 뜻한다. 담제(禫祭)에서는 이미 마당에 팔음(八音)[4]을 걸어두게 된다. 그렇기 때문에 중문 안쪽에서는 재차 곡(哭)을 하지 않는다.

孔疏 ●"樂[5]作矣故也"者, 二處兩時不哭, 是並有樂作故也. 隱義云: "練後三日一哭於次, 次在中門外, 謂堊室也. 至大祥則不復於外. 若有弔者, 則入卽位哭, 是外無哭者."

번역 ●經文: "樂作矣故也". ○두 장소에 따른 두 시기에는 곡(哭)을 하지 않는데, 이 모두는 음악을 연주하기 때문이다. 『은의』에서는 "소상(小祥)을 치른 뒤에는 3일 뒤에 한 차례 차(次)에서 곡을 하는데, 차는 중문(中門) 밖에 있으니 악실(堊室)을 뜻한다. 대상(大祥)을 치르게 되면 재차 밖에서 곡을 하지 않는다. 만약 조문을 온 자가 있다면 들어가서 자신의 자리로 나아가 곡을 하니, 이것은 밖에서 곡을 함이 없다는 뜻이다."라고 했다.

---

4) 팔음(八音)은 여덟 가지의 악기들을 뜻한다. 여덟 종류의 악기에는 8종류의 서로 다른 재질이 사용되기 때문에, 붙여진 이름이다. 여기에서 여덟 가지 재질이란 통상적으로 쇠[金], 돌[石], 실[絲], 대나무[竹], 박[匏], 흙[土], 가죽[革], 나무[木]를 가리킨다. 『서』「우서(虞書)·순전(舜典)」편에는 "三載, 四海遏密八音."이란 기록이 있는데, 이에 대한 공안국(孔安國)의 전(傳)에서는 "八音, 金石絲竹匏土革木."이라고 풀이하였다. 또한 여덟 가지 재질에 따른 악기에 대해서 설명하자면, 금(金)에는 종(鐘)과 박(鎛)이 있고, 석(石)에는 경(磬)이 있으며, 토(土)에는 훈(塤)이 있고, 혁(革)에는 고(鼓)와 도(鼗)가 있으며, 사(絲)에는 금(琴)과 슬(瑟)이 있고, 목(木)에는 축(柷)과 어(敔)가 있으며, 포(匏)에는 생(笙)이 있고, 죽(竹)에는 관(管과 소(簫)가 있다. 『주례』「춘관(春官)·대사(大師)」편에는 "皆播之以八音, 金石土革絲木匏竹."이라는 기록이 있는데, 이에 대한 정현의 주에서는 "金, 鐘鎛也. 石, 磬也. 土, 塤也. 革, 鼓鼗也. 絲, 琴瑟也. 木, 柷敔也. 匏, 笙也. 竹, 管簫也."라고 풀이하였다.

5) '악(樂)'자에 대하여. '악'자는 본래 '안(案)'자로 기록되어 있었는데, 『십삼경주소(十三經注疏)』 북경대 출판본에서는 "앞의 경문에서는 '악'자로 기록했고, 이곳 문장은 경문을 인용한 것이기 때문에, 차이가 있을 수 없다. 이에 따라 글자를 수정하였다."라고 했다.

孔疏 ◎注"黝堊"至"哭者". ○正義曰: 黝, 謂治堊室之地. 堊, 謂塗堊室之牆. 云"地謂之黝, 牆謂之堊"者, 釋宮文. 云"祥踰月而可作樂"者, 檀弓云"魯人有朝祥而暮歌"者, 孔子曰"踰月則其善也", 是祥踰月而可作樂也. 云"樂作無哭"者, 以其樂作, 故無哭. 如鄭此注之意, 以祥踰月作樂, 故禫時無哭矣, 則經云"樂作"之文, 但釋禫時無哭之意, 不釋祥之無哭. 皇氏以爲祥之日鼓素琴, "樂作"之文, 釋"二處兩時無哭", 與鄭注違, 皇說非也. 定本"禫踰月而可[6]作樂", 祥字作禫字, 禫之踰月, 自然從吉, 樂作可知, 恐禫字非也.

번역 ◎鄭注: "黝堊"~"哭者". ○'유(黝)'는 악실(堊室)의 바닥을 정돈한다는 뜻이다. '악(堊)'은 악실의 벽면에 흙칠을 한다는 뜻이다. 정현이 "바닥 꾸미는 것을 '유(黝)'라고 부르며, 벽면 꾸미는 것을 '악(堊)'이라고 부른다."라고 했는데, 이것은 『이아』「석궁(釋宮)」편의 문장이다.[7] 정현이 "대상(大祥)을 치르고 그 달을 넘기게 되면 음악을 연주할 수 있다."라고 했는데, 『예기』「단궁(檀弓)」편에서는 "노(魯)나라 사람 중에는 아침에 대상을 치르고, 그날 저녁에 노래를 부른 자가 있었다."라고 했고, 공자는 "한 달을 넘기고 나서 노래를 불렀다면, 그의 행동은 올바른 행동이 되었을 것이다."라고 했으니,[8] 이것은 대상을 치르고서 그 달을 넘긴 뒤라면 음악을 연주할 수 있다는 뜻을 나타낸다. 정현이 "음악을 연주하면 곡(哭)을 함이 없다."라고 했는데, 음악을 연주하기 때문에 곡을 하지 않는 것이다. 정현의 이러한 주장에 따른다면, 대상을 치르고서 그 달을 넘기게 되면 음악을 연주한다. 그렇기 때문에 담제(禫祭)를 치를 때에는 곡을 하지 않으니, 경문에서 "음악을 연주한다."라고 한 문장은 단지 담제를 치를 때 곡을 하지 않는다는

---

6) '이가(而可)'에 대하여. '이가'라는 두 글자는 본래 없던 글자인데, 완원(阮元)의 『교감기(校勘記)』에서는 "혜동(惠棟)의 『교송본(校宋本)』에는 '유월(踰月)'이라는 글자 뒤에 '이가'라는 두 글자가 기록되어 있으니, 이곳 판본에는 이 글자들이 누락된 것이다."라고 했다.

7) 『이아』「석궁(釋宮)」: 鏝謂之杇. 椹謂之榩. 地謂之黝. 牆謂之堊.

8) 『예기』「단궁상(檀弓上)」【74c】: 魯人有朝祥而莫歌者, 子路笑之. 夫子曰: "由! 爾責於人, 終無已夫! 三年之喪, 亦已久矣夫!" 子路出, 夫子曰: "又多乎哉! 踰月則其善也."

뜻을 풀이한 것이며, 대상 때 곡을 하지 않는다고 풀이한 말이 아니다. 황간은 대상을 치르는 날 소금(素琴)을 연주한다고 여겨서, "음악을 연주한다."는 문장을 "두 장소와 두 시기에 곡을 하지 않는다."고 풀이했으니, 정현의 주장과 위배되므로, 황간의 주장은 잘못된 말이다. 『정본』에는 "담제를 치르고 그 달을 넘겨서 음악을 연주할 수 있다."라고 하여, '상(祥)'자를 '담(禫)'자로 기록했는데, 담제를 치르고 그 달을 넘기게 되면, 자연히 길한 시기의 예법에 따르므로, 음악을 연주할 수 있다는 사실을 알 수 있다. 따라서 '담(禫)'자로 기록한 것은 아마도 잘못된 기록인 것 같다.

集解 堊室者, 疏衰者始喪之所居. 卒哭之後, 疏衰者還居寢室, 斬衰者旣練則徙而居焉. 鄭註喪服云, "堊室, 於中門外屋下壘墼爲之, 不塗塈." 蓋在殯宮門外東霤之下, 就東塾之外壁, 而累土於其三面以爲室焉. 黝, 黑也, 謂平治其土令黑也. 堊, 白土也, 謂以堊塗牆壁令白也. 爾雅, "地謂之黝, 牆謂之堊." 旣祥之後, 入居殯宮, 間傳曰, "大祥居復寢", 是也. 殯宮乃死者所居, 故塗其屋令白, 又平治其地令黑, 若欲新之然也. 其甸人所徹西北厞, 亦當於祥前修治之也. 內外, 謂殯宮門之內外也. 大祥入居殯宮, 故外無哭者, 而猶有無時思憶之哭在於殯宮. 至禫則不復哭, 故內無哭者. 樂作有漸, 檀弓曰, "孔子旣祥, 五日彈琴而不成聲, 十日而成笙歌." 又曰, "孟獻子祥, 縣而不作." 又曰, "是月禫, 徙月樂." 是樂之作始於琴瑟, 成於笙歌, 而極於金石也. 哀樂之情不並行, 哀除故樂作, 而哭於是乎止也.

번역 '악실(堊室)'은 소최(疏衰)를 착용하는 자가 처음 상을 치르며 머무는 곳이다. 졸곡(卒哭)을 치른 뒤 소최를 착용하는 자는 침실로 되돌아가 머물게 되며, 참최복(斬衰服)을 착용하는 자는 소상(小祥)을 치르게 되면, 장소를 옮겨서 거처하게 된다. 『의례』「상복(喪服)」편에 대한 정현의 주에서는 "악실은 중문(中門) 밖 지붕 아래에 벽돌을 쌓아서 만들게 되며, 흙칠을 하지 않는다."[9]라고 했다. 무릇 빈소의 문밖 동쪽 처마 밑에서도 동숙

9) 이 문장은 『의례』「상복(喪服)」편의 "傳曰: 斬者何? 不緝也. …… 旣練, 舍外

(東塾)의 외벽에 흙을 세 방면에 쌓아서 방을 만든 것이다. '유(黝)'자는 흑색을 뜻하니, 흙을 평평하게 다듬어서 흑색으로 만든다는 뜻이다. '악(堊)'은 백색의 흙을 뜻하니, 백색의 흙을 벽면에 발라서 하얗게 만든다는 뜻이다. 『이아』에서는 "바닥 다듬는 것을 유(黝)라고 부르고, 담장 다듬는 것을 악(堊)이라고 부른다."라고 했다. 대상(大祥)을 치른 뒤에는 빈소에 들어가서 머물게 되니, 『예기』「간전(間傳)」편에서 "대상을 치르면 침(寢)으로 되돌아가서 머문다."[10]라고 한 말이 이러한 사실을 나타낸다. 빈소는 죽은 자가 머물던 곳이다. 그렇기 때문에 지붕에 흙칠을 하여 하얗게 만들고, 또 바닥을 평평하게 다듬어서 흑색으로 만드는데, 마치 새롭게 만든 것처럼 나타내고자 했기 때문이다. 전인(甸人)이 치우게 되는 서북쪽 모퉁이에 있던 땔감[11] 또한 대상을 치를 때에는 그보다 앞서 정리하게 된다. '내외(內外)'는 빈소의 문을 기준으로 한 내외를 뜻한다. 대상 때에는 안으로 들어가서 빈소에 머물기 때문에 문밖에서 곡을 하는 일이 없지만, 빈소 안에서라면 여전히 그리워하는 마음이 들어 시도 때도 없이 곡은 시행한다. 그러나 담제(禫祭)를 치르게 되면 재차 곡을 하지 않는다. 그렇기 때문에 안에서도 곡을 함이 없다. 음악을 연주할 때에는 점진적으로 진행되는 점이 있다. 『예기』「단궁(檀弓)」편에서는 "공자는 대상(大祥)을 끝내고, 5일이 지난 후에 금(琴)을 연주했지만, 소리가 제대로 나지 않았고, 10일이 지난 후에 생황을 연주하고 노래를 불렀는데, 그제야 조화를 이루었다."[12]라고 했고, 또 "맹헌자가 대상을 치르고서 악기를 걸어두기만 하고 연주를 하지 않았다."[13]라고 했고, 또 "그 달에 담(禫)제사를 지내면, 그 달을 넘겨서

寢, 始食菜果, 飯素食, 哭無時."라는 기록에 대한 정현의 주이다.

10) 『예기』「간전(間傳)」【666c】: 父母之喪, 旣虞卒哭, 柱楣翦屛, 芐翦不納. 期而小祥居堊室, 寢有席. 又期而大祥居復寢. 中月而禫, 禫而牀.

11) 『예기』「상대기」【532d~533a】: 管人汲授御者, 御者差沐于堂上. 君沐粱, 大夫沐稷, 士沐粱. 甸人爲垼于西牆下, 陶人出重鬲, 管人受沐, 乃煮之. 甸人取所徹廟之西北厞薪, 用爨之. 管人授御者沐, 乃沐. 沐用瓦盤, 挋用巾, 如他日. 小臣爪手翦須. 濡濯棄于坎.

12) 『예기』「단궁상(檀弓上)」【77c~d】: 孔子旣祥, 五日彈琴而不成聲, 十日而成笙歌. 有子, 蓋旣祥而絲屨・組纓.

음악을 연주한다."[14]라고 했으니, 이것은 음악을 처음 연주할 때 금슬(琴瑟)부터 시작하고, 이후 생황과 노래를 불러서 완성되며, 쇠와 돌로 된 악기를 연주하는 데에서 지극해진다는 뜻이다. 애통함과 즐거움의 감정은 동시에 나타날 수 없으니, 애통함을 제거하였기 때문에 음악을 연주하는 것이고, 곡을 하는 것도 이 시점에 그치게 된다.

集解 鄭氏以黝堊爲堊室, 非也. 祥而復寢, 豈復居堊室乎?

번역 정현은 '유악(黝堊)'을 악실(堊室)에 대한 내용으로 여겼는데, 이것은 잘못된 주장이다. 대상(大祥)을 치르게 되면 침(寢)으로 되돌아가서 머물게 되는데, 어찌 재차 악실에 머물 수 있겠는가?

---

13) 『예기』「단궁상(檀弓上)」【77b】: 孟獻子禫, 縣而不樂, 比御而不入. 夫子曰: "獻子加於人一等矣."

14) 『예기』「단궁상(檀弓上)」【106c】: 祥而縞, 是月禫, 徙月樂.

그림 22-1 생(笙)

笙

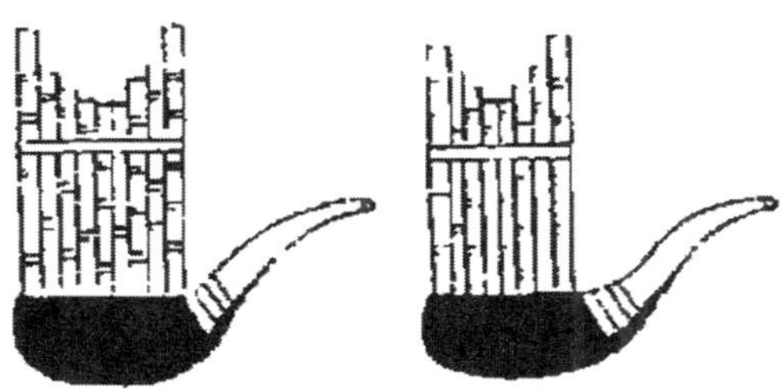

※ **출처:** 『삼례도집주(三禮圖集注)』 5권

【539b】

禫而從御, 吉祭而復寢.

직역 禫하고서 御를 從하고, 吉祭하고서 寢에 復한다.

의역 담제(禫祭)를 치른 뒤에는 직무를 처리하고, 길제(吉祭)를 치른 뒤에는 침소로 되돌아간다.

集說 從御, 鄭氏謂御婦人, 杜預謂從政而御職事. 杜說近是. 蓋復寢, 乃復其平時婦人當御之寢耳. 吉祭, 四時之常祭也. 禫祭後値吉祭同月, 則吉祭畢而復寢; 若禫祭不値當吉祭之月, 則踰月而吉祭乃復寢也. 孔氏以下文不御於內爲證, 故從鄭說. 又按: 間傳言旣祥復寢者, 謂大祥後復殯宮之寢, 與此復寢異.

번역 '종어(從御)'에 대해서 정현은 부인을 시중들게 한다고 했고, 두예는 정무에 종사하며 직무를 다스린다고 했다. 두예의 주장이 정답에 가깝다. 무릇 복침(復寢)은 평상시 부인이 시중을 들던 침소로 되돌아간다는 뜻이기 때문이다. '길제(吉祭)'는 사계절마다 지내는 정규 제사를 뜻한다. 담제(禫祭)를 치른 이후 길제를 같은 달에 치르게 되면, 길제를 끝내고서 침소로 되돌아간다. 만약 담제를 치르는 달이 길제를 치르는 달에 해당하지 않다면, 그 달을 넘기고 길제를 치른 뒤에 침소로 되돌아간다. 공영달은 아래 문장에서 "안에서 시중을 들지 않는다."라고 한 문장으로 증명을 했으니, 정현의 주장에 따른 것이다. 재차 살펴보니, 『예기』「간전(間傳)」편에서는 대상(大祥)을 치르고서 침소로 되돌아간다고 했는데,[15] 이것은 대상을 치른 이후 빈궁의 침소로 되돌아간다는 뜻으로, 여기에서 침소로 되돌아간다고 한 말과는 다르다.

15) 『예기』「간전(間傳)」【666c】: 父母之喪, 旣虞卒哭, 柱楣翦屛, 芐翦不納. 期而小祥居堊室, 寢有席. 又期而大祥居復寢. 中月而禫, 禫而牀.

鄭注 從御, 御婦人也. 復寢, 不復宿殯宮也.

번역 '종어(從御)'는 부인을 시중들게 한다는 뜻이다. '복침(復寢)'은 재차 빈소에 머물지 않는다는 뜻이다.

釋文 不復, 扶又反.

번역 '不復'에서의 '復'자는 '扶(부)'자와 '又(우)'자의 반절음이다.

孔疏 ●"禫而"至"而歸". ○正義曰: 此一經明釋禫節, 言禫時從御婦人於內也.

번역 ●經文: "禫而"~"而歸". ○이곳 경문은 담제(禫祭)의 절차를 풀이한 것이니, 담제를 치를 때에는 침소 내에서 부인을 시중들게 한다는 뜻이다.

孔疏 ●"吉祭而復寢"者, 謂禫祭之後, 同月之內值吉祭之節, 祭吉祭訖, 而後復寢. 若不當四時吉祭, 則踰月吉祭, 乃復寢, 故士虞記云"中月禫, 是月也, 吉祭, 猶未配", 注云"是月, 是禫月也". 當四時之祭月, 則祭也, 亦不待踰月, 故熊氏云"不當四時祭月, 則待踰月也". 按間傳: "旣祥, 復寢", 與此吉祭復寢不同者, 彼謂不復宿中門外, 復於殯宮之寢. 此吉祭後不復宿殯宮, 復於平常之寢. 文雖同, 義別, 故此注"不復宿殯宮也". 明大祥後宿殯宮也. 杜預以爲"禫而從御", 謂從政御職事, 鄭以爲御婦人者, 下文云"期, 居廬, 終喪不御於內". 旣言"不御於內", 故知此御是御婦人也.

번역 ●經文: "吉祭而復寢". ○담제(禫祭)를 치른 이후 같은 달 안에 길제(吉祭)를 치러야 하는 날이 포함되면, 길제를 치르고 제사가 끝난 뒤에 침소로 되돌아간다는 뜻이다. 만약 그 시기가 사계절마다 지내는 길제의 시기에 해당하지 않는다면, 그 달을 넘겨서 길제를 치르고서 침소로 되돌아간다. 그러므로 『의례』「사우례(士虞禮)」편의 기문에서는 "그 달을 벌려서 담제를 치르고, 이 달에 길제를 치르게 되면 아직까지 부인을 함께 배향하지 않는다."16)라고 했고, 정현의 주에서는 "시월(是月)은 담제를 치르는 달이다."라고 했다. 사계절마다 지내는 정규 제사의 달에 해당한다면 제사를 지내며, 또한 그 달을 넘길 때까지 기다리지 않는다. 그렇기 때문에 웅안생은 "사계절마다 지내는 제사의 달에 해당하지 않는다면, 그 달을 넘길 때까지 기다린다."라고 했다. 『예기』「간전(間傳)」편을 살펴보면, "대상(大祥)을 치르고서 침소로 되돌아간다."라고 했는데, 이곳에서 길제를 치르고서 침소로 되돌아간다고 했을 때의 뜻은 다르다. 「간전」편의 뜻은 중문 밖에서 재차 머물지 않고, 빈소의 침소로 되돌아간다는 뜻이다. 이곳의 내용은 길제를 치른 뒤 재차 빈소에 머물지 않고, 평상시 머물던 침소로 되돌아간다는 뜻이다. 문장이 비록 동일하지만 뜻은 구별된다. 그렇기 때문에 이곳 주에서는 "재차 빈소에 머물지 않는다."라고 한 것이다. 즉 대상을 치른 뒤에는 빈소에 머물게 된다는 사실을 나타낸다. 두예는 '담이종어(禫而從御)'라는 말을 정무에 복무하고 직무를 처리한다고 여겼고, 정현은 부인을 시중들게 한다고 했는데, 아래문장에서 "기년상(期年喪)에서는 의려(倚廬)에 머물며 상을 끝낼 때까지 침소 안에서 부인을 시중들게 하지 않는다."라고 했다. 이미 "침소 안에서 시중들게 하지 않는다."라고 했기 때문에, 이곳에 나온 '어(御)'자가 부인을 시중들게 한다는 뜻임을 알 수 있다.

集解 愚謂: 吉祭乃復寢, 則禫後尚在殯宮也. 殯宮乃正寢, 非御婦人之所, 而曰"從御"者, 謂婦人當御者從於燕寢侍御之所, 而主人猶未入, 檀弓"孟獻子禫, 比御而不入", 是也. 所以雖未入而必比御者, 亦示卽事之漸也. 吉祭, 謂奉主入廟, 而以吉禮祭之也. 士虞記曰, "是月也, 吉祭, 猶未配." 禫祭若當四時常祭之月, 則於禫月行吉祭; 若常祭在禫之後月, 則待後月而祭. 間傳言"祥而復寢"者, 謂復於平時之正寢也. 此云"吉祭而復寢"者, 謂復於平時之燕寢也. 孔氏謂"間傳旣祥復寢, 謂不復宿中門外, 復於殯宮之寢; 吉祭後不復宿殯宮, 復於平常之寢", 是也.

---

16) 『의례』「사우례(士虞禮)」: 朞而小祥, 曰, "薦此常事." 又朞而大祥, 曰, "薦此祥事." 中月而禫. 是月也吉祭, 猶未配.

번역 내가 생각하기에, 길제(吉祭)를 치른 뒤 침소로 되돌아간다면, 담제(禫祭)를 치른 뒤에는 여전히 빈소에 머물게 된다. 빈소는 곧 정침(正寢)에 해당하니, 부인을 시중들게 하는 장소가 아닌데도 '종어(從御)'라고 말한 것은 부인이 시중을 들 때에는 시중을 드는 연침(燕寢)[17]에서 하게 되는데, 상주가 아직 연침으로 들어가지 않았기 때문이다. 『예기』「단궁(檀弓)」편에서 "맹헌자가 담제(禫祭)를 치렀는데, 그의 부인이 시중드는 때가 되었는데도 침소로 들어가지 않았다."[18]라고 한 말이 이러한 사실을 나타낸다. 비록 아직 들어가지 않았지만 기어코 시중드는 때가 되었다고 한 것은 이것을 통해서 또한 그 사안을 처리함에도 점진적이라는 사실을 나타내기 위해서이다. '길제(吉祭)'는 신주를 받들어 묘(廟)에 안치하고, 길례에 따라서 제사를 지낸다는 뜻이다. 『의례』「사우례(士虞禮)」편의 기문에서는 "이 달에 길제를 치르게 되면 아직까지 부인을 함께 배향하지 않는다."라고 했는데, 담제를 치르는 달이 만약 사계절마다 정규적으로 지내는 제사의 달이 된다면, 담제를 치르는 달에 길제를 시행하고, 만약 정규 제사가 담제를 치른 다음 달이 된다면, 다음 달까지 기다린 뒤에 제사를 지낸다. 『예기』「간전(間傳)」편에서 "대상(大祥)을 치르고서 침소로 되돌아간다."라고 했는데, 이것은 평상시 사용하는 정침(正寢)으로 되돌아간다는 뜻이다. 이곳에서 "길제를 치르고서 침소로 되돌아간다."라고 한 말은 평상시 사용하는 연침(燕寢)으로 되돌아간다는 뜻이다. 공영달은 "「간전」편에서 대상을 치르고서 침소로 되돌아간다고 한 말은 중문 밖에서 재차 머물지 않고, 빈소의 침소로 되돌아간다는 뜻이며, 길제를 치른 뒤에는 빈소에 재차 머물지 않고, 평상시 머무는 침소로 되돌아간다."라고 했는데, 이것은 옳은 주장이다.

---

17) 연침(燕寢)은 본래 천자 및 제후들이 휴식을 취하던 장소를 가리킨다. 천자에게는 6개의 침(寢)이 있었는데, 앞쪽에 있는 1개의 침은 정전(正寢)으로, 이것을 노침(路寢)이라고 부르며, 뒤쪽에 있는 다섯 개의 침을 통칭하여, '연침'이라고 부른다. 『예기』「곡례하(曲禮下)」편에는 "天子有后, 有夫人"이라는 기록이 있는데, 이에 대한 공영달(孔穎達)의 소(疏)에서는 "周禮王有六寢, 一是正寢, 餘五寢在後, 通名燕寢."이라고 풀이하였다.

18) 『예기』「단궁상(檀弓上)」【77b】: <u>孟獻子禫</u>, 縣而不樂, <u>比御而不入</u>. 夫子曰: "獻子加於人一等矣."

• 제 23 절 •

상(喪)의 종류와 거(居) · 귀(歸)의 규정

【539c】

期居廬, 終喪不御於內者, 父在爲母·爲妻. 齊衰期者, 大功布衰九月者, 皆三月不御於內. 婦人不居廬, 不寢苫; 喪父母, 旣練而歸; 期九月者, 旣葬而歸.

직역 期에는 廬에 居하고, 喪을 終할 때까지 內에서 不御하는 者는 父가 在함에 母를 爲하고 妻를 爲함이다. 齊衰하고 期한 者와 大功布衰에서 九月하는 者는 皆히 三月까지 內에서 不御한다. 婦人은 廬에 不居하고, 苫에 不寢하며; 父母를 喪함에, 旣히 練하면 歸하고; 期九月하는 者는 旣히 葬하면 歸한다.

의역 기년상(期年喪)을 치를 때에는 의려(倚廬)에 머물며, 상 기간을 끝낼 때까지 침소 안에서 부인을 시중들게 하지 않으니, 부친이 생존해 계실 때 돌아가신 모친의 상을 치르거나 죽은 처의 상을 치를 때이다. 자최복(齊衰服)을 착용하고 기년상을 치르며, 또 대공복(大功服)을 착용하고 9개월 동안 상을 치르는 경우에도 모두 3개월 동안 침소 안에서 부인을 시중들게 하지 않는다. 부인은 의려에 머물지 않고, 거적을 깔고 자지 않는다. 부인이 친부모의 상을 당하게 되면 소상(小祥)을 끝내고 남편의 집으로 되돌아가고, 기년상과 9개월 상을 치를 때에는 장례를 치른 뒤에 되돌아간다.

集說 喪父母, 謂婦人有父母之喪也. 旣練而歸, 練後乃歸夫家也. 女子出嫁爲祖父母, 及爲父後之兄弟皆期服. 九月者, 謂本是期服而降在大功者, 此皆哀殺, 故葬後卽歸也.

번역 '상부모(喪父母)'는 부인에게 친부모의 상이 발생했다는 뜻이다. '기련이귀(旣練而歸)'는 소상(小祥)을 치른 뒤에는 남편의 집으로 되돌아간다는 뜻이다. 출가한 여자는 조부모 및 부친의 후계자가 된 형제를 위해서 모두 기년복(朞年服)을 착용한다. '구월(九月)'은 본래는 기년복에 해당하지만 강복(降服)하여 대공복(大功服)을 착용한 경우인데, 이러한 경우에는 모두 애통함이 줄어들기 때문에, 장례를 치른 뒤에 곧바로 되돌아간다.

鄭注 歸, 謂歸夫家也.

번역 '귀(歸)'자는 남편의 집으로 되돌아간다는 뜻이다.

釋文 期音基, 下同. "爲母"・"爲妻", 並于僞反, 下"爲之賜"・注"爲之"・"則爲", 並同.

번역 '期'자의 음은 '基(기)'이며, 아래문장에 나오는 글자도 그 음이 이와 같다. '爲母'와 '爲妻'에서의 '爲'자는 모두 '于(우)'자와 '僞(위)'자의 반절음이고, 아래문장에 나오는 '爲之賜'에서의 '爲'자와 정현의 주에 나오는 '爲之'・'則爲'에서의 '爲'자는 모두 그 음이 이와 같다.

孔疏 ●"喪父母, 旣練而歸. 期九月者, 旣葬而歸", 注云"歸, 謂歸夫家也". ○正義曰: 女子出嫁, 爲祖父母及兄弟爲父後者皆期, 九月謂本是期而降在大功者. 按喪服: 女子爲父母"卒哭, 折笄首", 玄謂"卒哭, 喪之大事畢, 可以歸於夫家". 此是旣練歸, 不同者, 熊氏云: "喪服注云卒哭可以歸, 是可以歸之節, 其實歸時在練後也."

번역 ●經文: "喪父母, 旣練而歸. 期九月者, 旣葬而歸", 鄭注: "歸, 謂歸夫家也". ○여자가 출가하게 되면 조부모 및 형제 중 부친의 후계자가 된 자를 위해서는 모두 기년복(朞年服)을 착용하고, 9개월 상은 본래는 기년복에 해당하지만 강복(降服)하여 대공복(大功服)을 착용한 경우이다. 『의례』「상복(喪服)」편을 살펴보면, 딸자식은 부모를 위해서 "졸곡(卒哭)을 하고, 악계(惡笄)의 머리 부분을 꺾는다."[1]라고 했고, 정현은 "졸곡은 상 중에서도 중대한 사안이 끝난 것이므로, 남편의 집으로 되돌아갈 수 있다."[2]라고 했다. 그런데 이곳에서는 소상(小祥)을 치른 뒤에 되돌아간다고 하여 차이를 보이고 있다. 그 이유에 대해서 옹안생은 "「상복」편에 대한 정현 주에서는 졸곡을 치른 뒤에 되돌아갈 수 있다고 했는데, 이것은 되돌아갈 수 있는 절차를 말한 것으로, 실제로 되돌아가는 시점은 소상을 치른 이후가 된다."라고 했다.

集解 期, 期喪也. 父在爲母及爲妻, 雖並爲期喪, 而初喪居倚廬, 不居堊室, 且終喪不御於內. 此二事, 與餘期喪異也. 蓋父母之恩一也. 爲父三年, 而父在爲母止於期, 則以不敢同於父也. 凡尊長於卑幼之服皆報, 夫婦齊體, 妻爲夫三年, 則夫宜報服, 而其服乃止於期, 則以不敢同於母也. 二服本由三年而屈, 故其初喪居倚廬, 終喪不御內, 與其祥·禫之祭, 杖屨之服, 皆與三年者同也. 三年之喪, 旣練而居堊室, 此初喪居廬, 蓋爲母旣練而居堊室, 爲妻旣葬而居堊室與. 然父在爲母, 終喪不御於內, 特對夫他期喪之三月不御於內而言爾, 其實喪雖已除, 而心喪以終三年, 未三年, 不可以御於內也. 喪服傳曰, "父必三年然後娶, 達子之志也." 用是推之, 則妻喪雖除, 亦未可遽御於內矣.

번역 '기(期)'자는 기년상(期年喪)을 뜻한다. 부친이 생존해 계실 때, 돌아가신 모친 및 죽은 처를 위해 상을 치를 때에는 비록 모두에 대해서 기년상을 치르지만, 초상 때에는 의려(倚廬)에 머물며 악실(堊室)에 머물지 않고, 또 상을 끝낼 때까지 침소 안에서 부인을 시중들게 하지 않는다. 이

---

1) 『의례』「상복(喪服)」: 女子子適人者爲其父母, 婦爲舅姑, 惡笄有首以髽. 卒哭, 子折笄首以笄, 布總.

2) 이 문장은 『의례』「상복(喪服)」편의 "傳曰: 笄有首者, 惡笄之有首也. 惡笄者, 櫛笄也. 折笄首者, 折吉笄之首也. 吉笄者, 象笄也. 何以言子折笄首而不言婦? 終之也."라는 기록에 대한 정현의 주이다.

두 가지 사안은 다른 기년상과 차이를 보이는 점이다. 무릇 부모에 대한 은정은 동일하다. 그러나 부친을 위해서 삼년상을 치르지만, 부친이 생존해 계실 때 돌아가신 모친을 위해서 기년상에만 그치는 것은 감히 부친에 대한 경우와 동일하게 치를 수 없기 때문이다. 무릇 존장자가 미천하고 어린 자를 위해 착용하는 상복은 모두 상대에 대해 보답하는 차원에서 착용하는 상복이며, 남편과 처는 동체가 되어, 처는 남편을 위해서 삼년상을 치르니, 남편도 마땅히 보답 차원에서 상복을 착용해야 한다. 그러나 착용하는 복장은 기년복에 그치니, 감히 모친에 대한 경우와 동일하게 치를 수 없기 때문이다. 두 가지 경우에 착용하는 상복은 본래는 삼년상에서 비롯되었지만 굽힌 것이다. 그렇기 때문에 초상 때에는 의려에 머무는 것이고, 상을 끝낼 때까지 침소 안에서 시중을 들게 하지 않으며, 대상(大祥)과 담제(禫祭)를 치르며 지팡이나 신발을 신는 복장 규정들은 모두 삼년상을 치르는 경우와 동일하다. 삼년상을 치를 때에는 소상(小祥)을 치르면 악실에 머물게 되는데, 이곳에서는 초상 때부터 의려에 머문다고 했다. 따라서 모친의 상을 치를 때에는 소상을 치르고서 악실에 머무는 것이며, 처를 위해서는 장례를 끝내고서 악실에 머물 것이다. 그런데 부친이 생존해 계실 때 돌아가신 모친의 상을 치를 때에는 상을 끝낼 때까지 침소 안에서 부인을 시중들게 하지 않는다고 한 말은 특별히 남편이 다른 기년상에서 3개월 동안 침소 안에서 부인을 시중들게 하지 않는다는 것과 대비해서 말한 것일 뿐이니, 실제로는 상을 치를 때 비록 상복을 제거했더라도, 심상(心喪)[3]으로 3년의 기간을 끝내게 되므로, 3년이 경과하지 않았다면 침소 안에서 부인을 시중들게 할 수 없다. 『의례』「상복(喪服)」편의 전문에서는 "부친은 반드시 3년이 경과하길 기다린 뒤에야 재취를 하니, 자식의 뜻을 이뤄주고자 해서이다."[4]라고 했다. 이러한 기록을 통해 추론해보면, 처에 대한 상에서

3) 심상(心喪)은 죽음에 대해 애도함이 상을 치르는 것과 같지만, 실제적으로 상복을 입지 않는 것을 뜻한다. 주로 스승이 죽었을 때, 제자들이 치르는 상을 가리킨다. 『예기』「단궁상(檀弓上)」편에서는 "事師無犯無隱, 左右就養無方, 服勤至死, 心喪三年."이라는 기록이 있고, 이에 대한 정현의 주에서는 "心喪, 戚容如父而無服也."라고 풀이했다.

는 비록 상복을 제거했더라도, 갑작스럽게 침소 안에서 시중을 들게 할 수 없다.

集解 朱子曰: 小功·緦, 禮旣無文, 卽當自如矣, 服輕故也.

번역 주자가 말하길, 소공복(小功服)과 시마복(緦麻服)을 입고 치르는 상에 대해서는 『예기』에 관련 문장이 없으므로, 마땅히 자기 뜻대로 해야 하니, 상복의 수위가 낮기 때문이다.

集解 不居廬者, 婦人居喪於房中, 不次於外也. 不寢苫, 以質弱, 優之也. 不居廬, 不寢苫, 據三年者言, 則期以下輕喪可知也.

번역 "의려(倚廬)에 머물지 않는다."라고 했는데, 부인은 상을 치르며 방안에 머물고 밖에 거처하지 않는다. 거적을 깔고 자지 않는 것은 부인은 본래 연약하여 우대를 해주기 때문이다. 의려에 머물지 않고 거적을 깔고 자지 않는다는 말은 삼년상에 근거해서 한 말이니, 기년상으로부터 그 이하의 경우처럼 상복의 수위가 낮은 경우에 대해서도 알 수 있다.

4) 『의례』「상복(喪服)」: 傳曰: 何以期也? 屈也. 至尊在, 不敢伸其私尊也. 父必三年然後娶, 達子之志也.

그림 23-1 길계(吉笄)와 악계(惡笄)

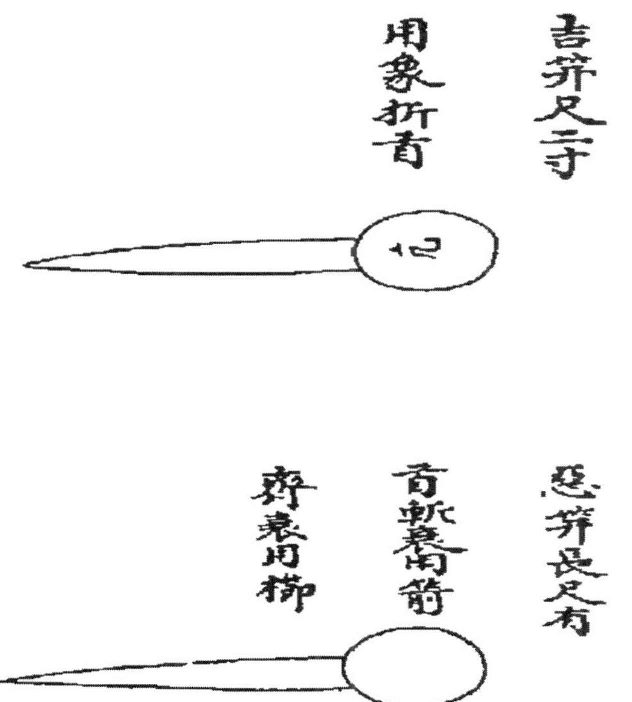

※ **출처:**『삼례도(三禮圖)』3권

【539d】

公之喪, 大夫俟練, 士卒哭而歸.

직역 公의 喪에, 大夫는 練을 俟하고, 士는 卒哭하고서 歸한다.

의역 채지를 소유한 대부의 상이 발생했을 때, 그의 채지를 다스렸던 대부는 소상(小祥)을 끝내고서 다스리던 곳으로 되돌아가며, 채지를 다스렸던 사는 졸곡(卒哭)을 끝내고서 되돌아간다.

集說 雜記曰, "大夫次於公館以終喪, 士練而歸", 言大夫士爲國君喪之禮也. 此言公者, 家臣稱有地之大夫爲公也. 有地大夫之喪, 其大夫與士治其采地者, 皆來奔喪, 大夫則俟小祥而反其所治, 士則待卒哭而反其所治也.

번역 『예기』「잡기(雜記)」편에서는 "대부는 공관(公館)[5]에 머물며 군주의 상을 끝내고, 읍재인 사는 소상(小祥)를 끝내면 되돌아간다."[6]라고 했는데, 대부와 사가 제후의 상을 치르는 예법을 뜻한다. 이곳에서 '공(公)'이라고 한 말은 가신들이 채지를 소유한 대부를 '공(公)'이라고 부른다는 것을 가리킨다. 채지를 소유한 대부의 상이 발생하면, 그 채지를 다스리고 있는 대부와 사는 모두 찾아와 분상(奔喪)을 하게 되는데, 대부의 경우라면 소상을 끝낼 때까지 기다린 뒤에 다스리던 곳으로 되돌아가고, 사의 경우라면 졸곡을 끝낼 때까지 기다린 뒤에 다스리던 곳으로 되돌아간다.

---

5) 공관(公館)은 군주가 빈객(賓客)들을 머물게 하기 위해 만든 숙소이다. 군주의 신하들이 가지고 있는 건물은 사관(私館)에 해당하는데, 빈객이 사관에 머물 때, 군주가 명령을 내리게 되면, 그 장소는 '공관'이 되어, 빈객이 필요로 하는 것들을 지급하게 된다. 또한 '공관'은 궁중에 있는 건물을 가리키기도 하며, 궁실의 건물과 떨어져 있는 별도의 건물을 뜻하기도 한다.

6) 『예기』「잡기상(雜記上)」【492c】: 大夫次於公館以終喪, 士練而歸, 士次於公館. 大夫居廬, 士居堊室.

大全 山陰陸氏曰: 言俟, 著哀之殺早矣. 據父母旣練而歸曰旣, 哀有餘也.

번역 산음육씨가 말하길, '사(俟)'라고 말한 것은 애통함이 일찍 줄어든다는 뜻을 나타낸 것이다. 부인이 친부모의 상에서 소상(小祥)을 치른 뒤에 되돌아갈 때에는 '기(旣)'라고 했으니, 애통함이 여전히 남아있기 때문이다.

鄭注 此公, 公士·大夫有地者也. 其大夫·士歸者, 謂素在君所食都邑之臣.

번역 여기에서 말한 '공(公)'은 공사(公士)[7]와 대부들 중 채지를 소유한 자이다. 대부와 사 중 되돌아가는 자들은 평소 주군이 식읍으로 받은 땅의 도읍에 소속된 신하를 뜻한다.

孔疏 ●"公之"至"而歸". ○正義曰: 此一經明公士·大夫有地之君喪, 其臣歸之節.

번역 ●經文: "公之"~"而歸". ○이곳 경문은 공사(公士)와 대부들 중 채지를 가진 자의 상이 발생하여, 그들의 신하가 되돌아가는 절차를 나타내고 있다.

孔疏 ●"公之喪"者, 臣下呼此有地大夫之君爲公, 故云"公之喪".

번역 ●經文: "公之喪". ○채지를 소유한 대부인 주군을 신하들은 '공(公)'이라고 부른다. 그렇기 때문에 '공지상(公之喪)'이라고 말했다.

孔疏 ●"大夫俟練"者, 此君下之臣大夫待練而歸.

---

7) 공사(公士)는 제후의 조정에 속한 사이다. 제후의 조정 및 관부를 '공가(公家)'라고 부르기 때문에, '공사'라고 부른다.

번역 ●經文: "大夫俟練". ○주군에게 소속된 대부라는 신하는 소상(小祥)을 끝낼 때까지 기다린 뒤에 되돌아간다.

孔疏 ◎注"此公"至"之臣". ○正義曰: 知此公是"公士大夫有地"者, 以其臣大夫待練, 士待卒哭, 故知非正君. 若正君, 按雜記"大夫次於公館以終喪, 士練而歸". 彼謂正君, 與此殊, 故知此非正君. 云"其大夫·士歸者, 謂素在君所食都邑之臣"者, 皇氏云"素, 先也. 君所食都邑, 謂公士·大夫之君采地, 言公士·大夫在朝廷而死, 此臣先在其君所食之采邑, 故云'素在君所食都邑之臣', 君喪而來服, 至小祥而各反, 故云歸也". 皇氏所解於文爲便. 然唯近國中而死, 若在采邑, 理則不包也. 熊氏云: "素在君之所, 謂此家臣爲大夫者素先在君所; 食都邑之臣, 謂家臣不在君所·出外食都邑者. 今君喪皆在, 若大夫·士練及卒哭後, 素在君所者歸於家, 素食都邑者歸於都邑." 若如熊氏解, 鄭當云"素在君所及食都邑之臣". 今不云"及", 其義疑也.

번역 ◎鄭注: "此公"~"之臣". ○이곳에 나온 '공(公)'자가 정현의 말처럼 "공사(公士)와 대부들 중 채지를 소유한 자이다."는 뜻이 됨을 알 수 있는 이유는 그에게 소속된 대부 신하는 소상(小祥)을 끝낼 때까지 기다리고, 사는 졸곡(卒哭)을 끝낼 때까지 기다리기 때문에, 제후가 아니라는 사실을 알 수 있다. 만약 제후의 경우라면, 『예기』「잡기(雜記)」편을 살펴보면 "대부는 공관(公館)에 머물며 군주의 상을 끝내고, 읍재인 사는 소상(小祥)을 끝내면 되돌아간다."라고 했으니, 「잡기」편에서 말한 내용은 제후에 대한 내용으로, 이곳의 기록과 차이를 보인다. 그렇기 때문에 이곳에서 말한 '공(公)'이 제후가 아님을 알 수 있다. 정현이 "대부와 사들 중 되돌아가는 자들은 평소 주군이 식읍으로 받은 땅의 도읍에 소속된 신하를 뜻한다."라고 했는데, 황간은 "소(素)자는 이전이라는 뜻이다. 주군이 식읍으로 받은 도읍은 공사와 대부 중 주군인 자가 채지로 받은 땅을 뜻하니, 공사와 대부들이 조정에 몸담고 있다가 죽게 되면, 여기에서 말한 신하들은 이전에 주군이 식읍으로 받은 채읍에 속한 자들이므로, '평소 주군이 식읍으로 받은 땅의 도읍에 소속된 신하를 뜻한다.'라고 말한 것이니, 주군의 상을 치르기 위해 찾아와 복상하는 것이며, 소상을 치르게 되면 각각 되돌아가므로, '귀(歸)'라고 말했다."라고 했다. 황간이 풀이한 말은 문장의 해석상 편리하다. 그러나 오직 나라 안과 가까운 곳에 있다가 죽은 경우에만 한정되니, 만약 채읍에 있었다면 이치상 포함되지 않는다. 웅안생은 "평소 주군이 있던 장소에 있었다는 말은 여기에서 말한 가신이 대부를 위해 일하며 평소 주군이 있던 장소에 있었다는 뜻이며, 식읍의 도읍에 있는 신하는 가신들 중 주군이 계신 장소에 있지 않거나 외지로 나가 식읍의 도읍에 있었던 자를 뜻한다. 현재 주군의 상이 발생하여, 만약 대부와 사가 소상 및 졸곡을 끝내고 되돌아간다면, 평소 주군이 계신 장소에 있었던 자들은 자신의 집으로 되돌아가는 것이고, 평소 식읍의 도읍에 있었던 자들은 도읍으로 되돌아가는 것이다."라고 했다. 웅안생의 해석대로라면, 정현은 마땅히 "평소 주군이 계신 장소나 식읍의 도읍에 있었던 신하들이다."라고 말해야 한다. 그런데 현재 '급(及)'자를 언급하지 않았으니, 그 풀이가 의심스럽다.

集解 歸, 謂歸其家. 此謂異姓之卿·大夫·士與君無服者, 若與君有服, 則雜記云, "大夫次於公館以終喪, 士練而歸."

번역 '귀(歸)'자는 자신의 집으로 되돌아간다는 뜻이다. 이곳에서 말한 자들은 성씨가 다른 경·대부·사로, 군주에 대해서 본래 상복관계가 성립되지 않는 자들이다. 만약 군주에 대해 본래부터 상복관계에 속한 자들이라면, 『예기』「잡기(雜記)」편에서는 "대부는 공관(公館)에 머물며 군주의 상을 끝내고, 읍재인 사는 소상(小祥)을 끝내면 되돌아간다."라고 했다.

【539d】

大夫·士, 父母之喪, 旣練而歸; 朔日·忌日, 則歸哭于宗室. 諸父·兄弟之喪, 旣卒哭而歸.

직역 大夫와 士는 父母의 喪에서, 旣히 練하면 歸하고; 朔日과 忌日이라면, 宗室에 歸하여 哭한다. 諸父와 兄弟의 喪에서는 旣히 卒哭하면 歸한다.

의역 서자들 중 대부나 사가 된 자가 부모의 상을 당하게 된다면, 적자의 집에 가서 상을 치르는데, 소상(小祥)을 치르게 되면 자신이 거주하는 건물로 되돌아간다. 또 매월 초하루나 부모가 돌아가신 날이 되면, 종자의 집에 마련된 빈소로 가서 곡(哭)을 한다. 제부들이나 형제의 상에 대해서라면, 졸곡(卒哭)을 끝내고 되돌아간다.

集說 命士以上, 父子皆異宮. 庶子爲大夫・士, 而遭父母之喪, 殯宮在適子家. 旣練, 各歸其宮. 至月朔與死之日, 則往哭于宗子之家, 謂殯宮也. 諸父・兄弟期服輕, 故卒哭卽歸也.

번역 명사(命士)[8]로부터 그 이상의 계층은 부모와 자식이 모두 다른 건물에 거주한다. 서자들 중 대부나 사가 된 자가 부모의 상을 당하게 된다면, 빈소는 적자의 집에 있게 된다. 소상(小祥)을 치르게 되면 각각 그들의 집으로 되돌아간다. 매월 초하루와 부모가 돌아가신 날이 되면, 종자의 집으로 찾아가서 곡(哭)을 하니, 종자의 집에 마련된 빈소를 뜻한다. 제부들과 형제들에 대해서는 기년복(朞年服)을 착용하여 수위가 상대적으로 낮기 때문에, 졸곡(卒哭)을 치르면 되돌아간다.

鄭注 歸, 謂歸其宮也. 忌日, 死日也. 宗室, 宗子之家, 謂殯宮也. 禮: 命士以上, 父子異宮.

번역 '귀(歸)'자는 자신이 거주하는 건물로 되돌아간다는 뜻이다. '기일(忌日)'은 부모가 돌아가신 날이다. '종실(宗室)'은 종자의 집을 뜻하니 빈소

---

8) 명사(命士)는 사(士) 중에서도 작명(爵命)을 받은 자를 뜻한다. 『예기』「내칙(內則)」편에는 "由命士以上, 父子皆異宮, 昧爽而朝, 慈以旨甘."이라는 용례가 나온다.

가 마련된 곳이다. 예법에 따르면, 명사(命士)로부터 그 이상의 계층은 부모와 자식이 다른 건물에 거주한다.

釋文 上, 時掌反.

번역 '上'자는 '時(시)'자와 '掌(장)'자의 반절음이다.

孔疏 ●"大夫"至"而歸". ○正義曰: 此一經明庶子遭喪歸家之節. 大夫·士, 謂庶子爲大夫·士也. 禮: 命士以上, 父子異宮. 故大夫·士有父母之喪, 至小祥各歸其宮也. 隱義曰: "大夫·士父母之喪, 旣小祥而歸, 庶子爲大夫·士者也, 適子終喪在殯宮也."

번역 ●經文: "大夫"~"而歸". ○이곳 경문은 서자들이 상을 당하여 집으로 되돌아가는 절차를 나타내고 있다. 대부와 사는 서자들 중 대부나 사가 된 자들을 뜻한다. 예법에 따르면, 명사(命士)로부터 그 이상의 계층은 부모와 자식이 다른 건물에 거주한다. 그렇기 때문에 대부와 사 중 부모의 상을 당한 자라면, 소상(小祥)을 치르고 나서 각각 자신이 거주하는 건물로 되돌아간다. 『은의』에서는 "대부와 사가 부모의 상을 당하게 되어, 소상을 치르고 되돌아간다고 했는데, 이것은 서자 중 대부와 사가 된 자들을 뜻하니, 적자의 경우라면 상을 끝낼 때까지 빈소에 머물게 된다."라고 했다.

孔疏 ●"朔月·忌日則歸哭于宗室"者, 朔月, 朔·望也. 忌日, 死日也. 宗室, 適子家殯宮也. 雖練各歸, 至忌日及朔·望而歸殯宮也.

번역 ●經文: "朔月·忌日則歸哭于宗室". ○'삭월(朔月)'은 매월 초하루와 보름을 뜻한다. '기일(忌日)'은 돌아가신 날을 뜻한다. '종실(宗室)'은 적자의 집에 마련된 빈소를 뜻한다. 비록 소상(小祥)을 치르고서 각각 자신이 거주하는 건물로 되돌아가지만, 기일이나 매월 초하루 및 보름이 된다면, 빈소로 돌아오는 것이다.

孔疏 ●"諸父·兄弟之喪, 旣卒哭而歸"者, 諸父諸兄弟並期爲輕, 故至卒哭而各歸. 賀氏云: "此弟謂適弟, 則庶兄爲之次, 云至卒哭乃歸也. 下云兄不次於弟, 謂庶弟也."

번역 ●經文: "諸父·兄弟之喪, 旣卒哭而歸". ○제부 및 여러 형제들에 대해서는 모두 기년상(期年喪)을 치르게 되어 상대적으로 수위가 낮다. 그렇기 때문에 졸곡(卒哭)을 치르게 되면 각각 되돌아간다. 하씨는 "여기에서 말한 동생은 적자인 동생을 뜻하니, 서자의 형들은 그를 위해 임시숙소에 머물게 되므로, 졸곡을 치르고서 되돌아간다고 말했다. 아래문장에서는 형은 동생을 위해서 임시숙소에 머물지 않는다고 했는데, 이것은 서자인 동생을 뜻한다."라고 했다.

集解 愚謂: 大夫士爲君旣練·旣卒哭而歸, 及庶子爲父母旣練而歸, 皆於其宮之外爲喪次以居, 其飮食居處皆與其次於殯宮外者無異也.

번역 내가 생각하기에, 대부와 사는 군주를 위해서 소상(小祥)을 치르거나 졸곡(卒哭)을 치르게 되면 되돌아가고, 서자가 부모의 상을 치를 때 소상을 치르면 되돌아가는데, 이 모든 경우에 있어서 빈소 밖에 상중에 머무는 임시숙소를 마련하여 그곳에 거처하고, 해당 시기를 넘긴 뒤 음식을 먹거나 거처를 할 때에는 모두 빈소 밖의 임시 숙소에 머물 때 행동했던 것과 차이를 두지 않는다.

【540a】

父不次於子, 兄不次於弟.

직역 父는 子에 대해 不次하고, 兄은 弟에 대해 不次한다.

의역 부친은 자식의 상을 치를 때 임시숙소에 머물지 않고, 형은 동생의 상을 치를 때 임시숙소에 머물지 않는다.

集說 疏曰: 喪卑, 故尊者不居其殯宮之次也.

번역 공영달의 소에서 말하길, 상대적으로 미천한 자의 상을 치르기 때문에, 존귀한 자는 그들의 빈소에 마련된 임시숙소에 머물지 않는다.

鄭注 謂不就其殯宮爲次而居.

번역 빈소에 나아가 임시숙소를 마련하여 거주하지 않는다는 뜻이다.

孔疏 ●"父不"至"於弟". ○正義曰: 喪旣卑[9], 故尊者不居其殯宮次也.

번역 ●經文: "父不"~"於弟". ○상 자체가 미천한 자에 대해서 치르는 것이기 때문에, 존귀한 자는 빈소에 마련된 임시숙소에 머물지 않는다.

集解 愚謂: 子, 謂衆子也. 小記曰, "父不爲衆子次於外."

번역 내가 생각하기에, 여기에서 말한 '자(子)'자는 적장자를 제외한 나머지 아들들을 뜻한다. 『예기』「상복소기(喪服小記)」편에서는 "부친은 적장자를 제외한 나머지 아들들의 상을 치를 때, 중문 밖에 임시숙소를 마련하지 않는다."[10]라고 했다.

---

9) '비(卑)'자에 대하여. '비'자는 본래 '필(畢)'자로 기록되어 있었는데, 『집설(集說)』에서 인용한 기록과 문맥에 따르면, 이 글자는 '비'자의 오자인 것 같다.
10) 『예기』「상복소기(喪服小記)」【420c】: 父不爲衆子次於外.

• 제 24 절 •

각 계층에 따른 조문[弔]의 규정

【540a】

君於大夫·世婦, 大斂焉; 爲之賜, 則小斂焉. 於外命婦, 旣加蓋而君至. 於士, 旣殯而往; 爲之賜, 大斂焉.

직역 君은 大夫와 世婦에 대해서, 大斂하고; 之를 爲하여 賜하면, 小斂한다. 外命婦에 대해서는 旣히 蓋를 加하고 君이 至한다. 士에 대해서는 旣히 殯하고서 往하며; 之를 爲하여 賜하면, 大斂한다.

의역 군주는 대부와 내명부(內命婦)에 대해서 그들이 죽었을 때, 대렴(大斂) 때 찾아가서 조문하며 그 일들을 살피고, 그들에게 은혜를 베풀게 된다면, 소렴(小斂) 때 찾아가서 조문하며 그 일들을 살핀다. 신하의 처에 대해서는 은정이 낮으므로, 그녀들의 대렴이 끝나서 관의 뚜껑을 닫은 이후에 군주가 찾아가서 조문한다. 사에 대해서는 빈소를 마련한 뒤에 찾아가서 조문하는데, 그들에게 은혜를 베풀게 된다면, 대렴 때 찾아가서 조문하고 그 일들을 살핀다.

集說 君於大夫及內命婦之喪, 而視其大斂, 常禮也. 若爲之加恩賜, 則視其小斂也. 外命婦, 乃臣之妻, 其恩輕, 故君待其大斂入棺加蓋之後, 而後至也. 士雖卑, 亦宜有恩賜, 故亦視其大斂.

번역 군주는 대부와 내명부(內命婦)의 상에 대해서, 그들의 대렴(大斂)을 살피는 것이 일반적인 예법이다. 만약 그들에게 은혜를 베풀게 된다면, 그들의 소렴(小斂)을 살핀다. '외명부(外命婦)'는 신하의 처를 뜻하니, 그녀들에 대한 은정이 상대적으로 낮기 때문에, 군주는 그녀들의 대렴(大斂)이 끝나서 관에 안치하고 뚜껑을 닫은 이후까지 기다렸다가 그 이후에 찾아가게 된다. 사는 비록 신분이 미천하지만 또한 그들에 대해 은혜를 베풀었기 때문에 이러한 경우에도 또한 그들의 대렴을 살피게 된다.

大全 嚴陵方氏曰: 小斂在先, 大斂在後. 喪事以速爲敬, 故大斂而往者, 禮之常, 小斂而往者, 爲之賜也.

번역 엄릉방씨가 말하길, 소렴(小斂)은 먼저 치르고 대렴(大斂)은 뒤에 치른다. 상사에서는 신속히 치르는 것을 공경함으로 삼는다. 그렇기 때문에 대렴 때 찾아가는 것은 예법 중 일상적인 것이며, 소렴 때 찾아가는 것은 그들에게 은정을 베푼 경우이다.

鄭注 爲之賜, 謂有恩惠也. 於臣之妻略也.

번역 '위지사(爲之賜)'는 은혜를 베풀었다는 뜻이다. 신하의 처에 대해서는 약소하게 한다.

孔疏 ●"君於"至"斂焉". ○正義曰: 此經以下至"君退必奠", 明君於大夫及士・幷夫人於大夫・士恩賜・弔臨, 主人迎送之節, 各隨文解之.

번역 ●經文: "君於"~"斂焉". ○이곳 경문으로부터 그 아래로 "군주가 물러가게 되면 반드시 은전을 지낸다."[1]라는 구문까지는 군주가 대부 및 사에 대해서, 또 군주의 부인(夫人)이 대부 및 사의 부인들에 대해서 은혜를 베풀고 조문하며 그 사안에 임하는 일들을 나타내고, 상주가 맞이하고 전송하는 절차를 나타내고 있으니, 각각의 문장에 따라서 풀이하겠다.

---

1) 『예기』「상대기」【542a】: 大夫・士, 若君不戒而往, 不具殷奠, 君退必奠.

孔疏 ○此一經論君於大夫·世婦之禮. 此世婦, 謂內命婦, 大斂爲常, 爲之恩賜則小斂而往. 然則君於大夫, 大斂是常, 小斂是恩賜. 按隱元年"公子益師卒", "公不與小斂, 故不書日"者, 熊氏云"彼謂卿也, 卿則小斂焉, 爲之賜則未襲而往". 故昭十五年"有事于武宮, 籥入, 叔弓卒, 去樂卒事", 公羊云"君聞大夫之喪, 去樂卒事而往可也", 故鄭云"去樂卒事而往, 未襲也". 是卿未襲而往. 按柳莊非卿, 衛君卽弔, 急弔賢也.

번역 ○이곳 경문은 군주가 대부 및 세부(世婦)들을 대하는 예법을 나타내고 있다. 이곳에서 말한 '세부(世婦)'는 내명부(內命婦)의 여자들을 뜻하니, 대렴(大斂) 때 살펴보는 것은 일상적인 예법이며, 그들에게 은혜를 베풀게 되면 소렴(小斂) 때 찾아가게 된다. 그러므로 군주가 대부의 상을 접하여, 대렴 때 찾아가 살피는 것은 일상적인 것이며, 소렴 때 찾아가서 살피는 것은 은혜를 베푼 경우이다. 은공(隱公) 1년에 대한 기록을 살펴보면, "공자 익사가 죽었다."[2]라고 했고, "군주가 소렴에 참여하지 않았기 때문에 그 날짜를 기록하지 않았다."[3]라고 했는데, 이 문제에 대해서 웅안생은 "그 기록은 경에 대한 내용이다. 경에 대해서는 소렴 때 찾아가서 살피고, 그들에게 은혜를 베풀게 되면 습(襲)을 하기 이전에 찾아간다."라고 했다. 그러므로 소공(昭公) 15년에는 "무궁(武宮)에서 제사를 지내게 되어, 약무(籥舞)를 추는 무용수들이 들어왔는데, 숙궁이 갑작스럽게 죽었으므로, 음악을 제거하고 제사를 마쳤다."[4]라고 했고, 『공양전』에서는 "군주가 대부의 상 소식을 듣게 되어, 음악을 제거하고 제사를 마치고서 찾아간 것은 옳다."[5]라고 했다. 그래서 정현은 "음악을 제거하고 제사를 마치고서 찾아간 것은 아직 습(襲)을 하지 않았을 때이다."라고 한 것이다. 이것은 경에 대해서 아직 습(襲)을 하기 이전에 찾아간다는 사실을 나타낸다. 살펴

---

2) 『춘추』「은공(隱公) 1년」 : 公子益師卒.

3) 『춘추좌씨전』「은공(隱公) 1년」 : 衆父卒, 公不與小斂, 故不書日.

4) 『춘추』「소공(昭公) 15년」 : 二月, 癸酉, 有事于武宮, 籥入, 叔弓卒, 去樂卒事.

5) 『춘추공양전』「소공(昭公) 15년」 : 二月, 癸酉, 有事于武宮, 籥入, 叔弓卒, 去樂卒事, 其言去樂卒事何? 禮也. 君有事于廟, 聞大夫之喪, 去樂, 卒事. 大夫聞君之喪, 攝主而往. 大夫聞大夫之喪, 尸事畢而往.

보니 유장은 경의 신분이 아닌데, 위(衛)나라 군주가 곧바로 조문을 갔으니, 현자에 대해 조문하는 일을 신속히 처리했기 때문이다.[6]

孔疏 ●"於外"至"君至". ○正義曰: 外命婦恩輕, 故旣大斂入棺·加蓋之後而君至也. 則知大夫及世婦未加蓋以前君至也.

번역 ●經文: "於外"~"君至". ○외명부(外命婦)에 대해서는 은정이 상대적으로 낮기 때문에, 그녀들에 대해 대렴(大斂)을 치러서 관에 안치하고 뚜껑을 닫은 뒤에 군주가 찾아가는 것이다. 따라서 이를 통해 대부와 세부(世婦)에 대해서는 아직 뚜껑을 닫기 이전에 군주가 찾아간다는 사실을 알 수 있다.

【540b】

夫人於世婦, 大斂焉; 爲之賜, 小斂焉. 於諸妻, 爲之賜, 大斂焉. 於大夫·外命婦, 旣殯而往.

직역 夫人은 世婦에 대해서, 大斂하며; 之를 爲하여 賜하면, 小斂한다. 諸妻에 대해서는 之를 爲하여 賜하면, 大斂한다. 大夫와 外命婦에 대해서는 旣히 殯하고서 往한다.

의역 제후의 부인은 내명부(內命婦)에 대해서 그녀들이 죽었을 때 대렴(大斂) 때 찾아가서 조문하며 그 일들을 살피고, 그녀들에게 은혜를 베풀게 된다면, 소렴(小斂) 때 찾아가서 조문하며 그 일들을 살핀다. 제처(諸妻)에 대해서는 그녀들에

---

6) 『예기』「단궁하(檀弓下)」【125d】: 衛有太史曰柳莊, 寢疾. 公曰: "若疾革, 雖當祭必告." 公再拜稽首請於尸曰: "有臣柳莊也者, 非寡人之臣, 社稷之臣也. 聞之死, 請往." 不釋服而往, 遂以襚之, 與之邑裘氏與縣潘氏, 書而納諸棺曰: "世世萬子孫毋變也."

게 은혜를 베풀게 된다면 대렴 때 찾아가서 조문하며 그 일들을 살핀다. 대부와 신하의 처들에 대해서는 빈소를 마련한 뒤에 찾아가서 조문한다.

集說 疏曰, "諸妻, 姪娣及同姓女也, 同士禮, 故賜大斂. 若夫人姪娣尊同世婦, 當賜小斂." 已上言君夫人視之皆有常禮, 而爲之賜, 則加禮也.

번역 공영달의 소에서는 "'제처(諸妻)'는 여조카 및 여동생과 동성(同姓)인 여자들을 뜻하는데, 사에 대한 예법과 동일하게 따르기 때문에 은혜를 베풀면 대렴(大斂) 때 찾아가서 살펴본다. 만약 부인(夫人)의 여조카 및 여동생이라면 그녀들의 존귀함은 세부(世婦)와 동일하기 때문에 은혜를 베풀게 되면 소렴(小斂) 때 찾아가서 살펴본다."라고 했다. 이러한 말들은 군주와 그의 부인이 다른 사람의 상에 찾아가서 살펴볼 때에는 모두 일반적인 예법이 있는데, 그 대상을 위해 은혜를 베풀게 되면 예법의 수위를 높인다는 뜻이다.

孔疏 ●"於士"至"人踊". ○正義曰: 此一經明君賜及夫人於大夫·士及妻妾恩賜之差, 又明君弔士·大夫之禮.

번역 ●經文: "於士"~"人踊". ○이곳 경문은 군주가 은혜를 베풀고 또 부인이 대부와 사 및 처와 첩들에 대해 은혜를 베푸는 차등을 나타내고 있고, 또한 군주가 사와 대부에게 조문하는 예법을 나타내고 있다.

孔疏 ●"於諸妻, 爲之賜, 大斂焉", 諸妻, 姪娣及同姓女也, 同士禮, 故爲之賜[7], 大斂焉. 若夫人姪娣尊同世婦, 當大斂焉; 爲之賜, 小斂焉.

번역 ●經文: "於諸妻, 爲之賜, 大斂焉". ○'제처(諸妻)'는 여조카 및 여

7) '사(賜)'자에 대하여. '사'자 뒤에는 본래 '지(之)'자가 기록되어 있었는데, 완원(阮元)의 『교감기(校勘記)』에서는 "혜동(惠棟)의 『교송본(校宋本)』에는 '지'자가 없다."라고 했다.

동생과 동성(同姓)인 여자들을 뜻하는데, 사에 대한 예법과 동일하게 따르기 때문에, 은혜를 베풀면 대렴(大斂) 때 찾아가서 살펴본다. 만약 부인(夫人)의 여조카 및 여동생이라면 그녀들의 존귀함은 세부(世婦)와 동일하기 때문에 대렴 때 찾아가서 살펴보고, 은혜를 베풀면 소렴(小斂) 때 찾아가서 살펴본다.

孔疏 ●"於大夫·外命婦, 旣殯而往"者, 謂夫人於大夫及外命婦, 旣殯而往, 但有一禮, 無恩賜差降之事.

번역 ●經文: "於大夫·外命婦, 旣殯而往". ○부인(夫人)은 대부 및 외명부(外命婦)에 대해서 빈소를 마련한 뒤에 찾아가서 조문하는데, 단지 한 차례의 의례만 시행하며 은혜를 베풀어서 생기는 차등이 없다.

集解 愚謂: 世婦, 皆謂君之世婦也. 外命婦, 卿大夫之妻也. 凡爲之賜而小斂者, 皆於小斂·大斂而再往也. 夫人於大夫·外命婦, 旣殯而往, 謂有親屬之恩者也, 非是則不往.

번역 내가 생각하기에, '세부(世婦)'는 모두 군주의 세부들을 뜻한다. '외명부(外命婦)'는 경과 대부의 처를 뜻한다. 무릇 그 대상에게 은혜를 베풀어서 소렴(小斂) 때 찾아가는 경우는 소렴과 대렴(大斂)에 대해서 모두 두 차례 찾아가는 것이다. 부인(夫人)은 대부와 외명부에 대해서 빈소를 차린 뒤에 찾아간다고 했는데, 친족 중 은정이 깊은 자에 대한 내용으로, 이러한 대상이 아니라면 찾아가지 않는다.

【540c】

大夫·士旣殯, 而君往焉, 使人戒之. 主人具殷奠之禮, 俟于門外; 見馬首, 先入門右. 巫止于門外, 祝代之先. 君釋菜于門內. 祝先升自阼階, 負墉南面. 君卽位于阼, 小臣二人執戈立于前, 二人立于後. 擯者進, 主人拜稽顙. 君稱言, 視祝而踊, 主人踊.

직역 大夫와 士가 旣히 殯하고, 君이 往하면, 人을 使하여 戒한다. 主人은 殷奠의 禮를 具하고, 門外에서 俟하며 馬首가 見하면, 先히 門으로 入하여 右한다. 巫는 門外에서 止하고, 祝이 代하여 先한다. 君은 門內에서 釋菜한다. 祝이 先히 升하길 阼階로 自하여, 墉을 負하고 南面한다. 君은 阼에서 位로 卽하며, 小臣二人이 戈를 執하고 前에 立하고, 二人은 後에 立한다. 擯者가 進하면, 主人은 拜하며 顙을 稽한다. 君은 言을 稱하고, 祝을 視하여 踊하고, 主人이 踊한다.

의역 대부와 사의 상이 발생했는데, 군주에게 사정이 있어서 염(斂)을 할 때 찾아가지 못했다면, 빈소를 마련한 뒤에 찾아가게 된다. 이러한 경우에는 사람을 시켜서 군주가 온다는 사실을 알린다. 상주가 그 소식을 접하면 성대한 전제사의 의례를 갖추고, 문밖으로 나와서 기다린다. 군주의 수레 말머리가 보이면 먼저 문으로 들어가서 우측에 위치한다. 군주 앞에 위치했던 무(巫)는 문밖에 멈추고, 축(祝)이 무(巫)를 대신하여 먼저 문으로 들어간다. 군주는 문의 안쪽에서 석채(釋菜)를 지내서 문의 신을 예우하는데, 이 시기에 축(祝)은 먼저 동쪽 계단을 통하여 당상(堂上)으로 올라가며, 동쪽 방의 담장을 등지고 남쪽을 바라보며 서 있게 된다. 군주가 동쪽 계단 위의 자리로 나아가게 되면, 소신 2명이 창을 들고서 군주 앞에 위치하고, 또 다른 2명이 군주 뒤에 위치한다. 상주의 부관이 상주 앞으로 나아가 의례절차를 아뢰면, 상주는 마당에서 북쪽을 바라보며 절을 하고 이마를 땅에 닿도록 한다. 군주가 조문하는 말을 건네면, 축(祝)이 용(踊)하는 것을 살펴서 군주도 용(踊)을 하고, 군주의 용(踊)이 끝나면 곧 상주가 용(踊)을 한다.

集說 大夫・士之喪, 君或以他故不及斂者, 則殯後亦往, 先使告戒主人使知之. 主人具盛饌之奠, 身自出候於門外, 見君車前之馬首, 入立于門東北面. 巫本在君之前, 今巫止不入, 祝乃代巫先君而入. 君釋菜以禮門神之時, 祝先由東階以升. 負墉南面者, 在房戶之東, 背壁而向南也. 主人拜稽顙者, 以君之臨喪, 故於庭中北面拜而稽顙也. 君稱言者, 君擧其所來之言, 謂弔辭也. 祝相君之禮, 稱言畢而祝踊, 故君視祝而踊. 君踊畢, 主人乃踊也.

번역 대부와 사의 상에서 군주가 간혹 다른 사안 때문에 염(斂)을 하는 시기에 당도하지 못했다면, 빈소를 마련한 이후에 또한 찾아가게 되니, 먼저 다른 사람을 시켜서 상주에게 알려 군주가 찾아온다는 사실을 인지하게끔 한다. 상주는 성찬을 차리는 전제사를 갖추고서 본인이 직접 문밖으로 나가서 기다리고, 군주의 수레 앞에 있는 말머리가 보이게 되면, 문으로 들어와서 동쪽에 서서 북쪽을 바라본다. 무(巫)는 본래 군주 앞에 위치하는데, 현재 무(巫)가 멈추고 문으로 들어가지 않는다고 했으니, 축(祝)이 무(巫)를 대신하여 군주보다 먼저 들어간다. 군주가 석채(釋菜)를 지내서 문의 신을 예우할 때, 축(祝)은 먼저 동쪽 계단을 통해서 당상(堂上)으로 올라간다. "담장을 등지고 남쪽을 바라본다."고 했는데, 방문의 동쪽에서 벽을 등지고서 남쪽을 향해 선다는 뜻이다. "상주가 절을 하며 이마를 땅에 닿도록 한다."고 했는데, 군주가 상에 임했기 때문에 마당에서 북쪽을 바라보며 절을 하고 이마를 땅에 닿도록 하는 것이다. '군칭언(君稱言)'은 군주가 찾아오게 된 말을 전한다는 뜻이니, 조문하는 말에 해당한다. 축(祝)은 군주가 시행하는 의례를 돕는데, 조문하는 말이 끝나면 축(祝)이 용(踊)을 한다. 그렇기 때문에 군주는 축(祝)이 용(踊)하는 것을 살펴보고서 용(踊)을 한다. 군주가 용(踊)하는 절차를 끝내면 상주가 곧 용(踊)을 한다.

鄭注 殷, 猶大也. 朝夕小奠, 至月朔則大奠. 君將來, 則具大奠之禮以待之, 榮君之來也. 祝負墉南面, 直君北, 房戶東也. 小臣執戈先・後君, 君升而夾階立. 大夫殯卽成服, 成服則君亦成服, 錫衰而往弔之. 當贊主人也. 始立門東北面. 稱言, 擧所以來之辭也. 視祝而踊, 祝相君之禮, 當節之也.

번역 '은(殷)'자는 "크다[大]."는 뜻이다. 아침저녁으로 지내는 전제사는 규모가 작고, 초하루가 되어 지내는 전제사는 규모가 크다. 군주가 찾아오기 때문에 성대한 전제사의 예법을 갖추고서 기다리니, 군주가 찾아온 것을 영예롭게 여기기 때문이다. 축(祝)이 담장을 등지고 남쪽을 바라보는 것은 군주의 북쪽에 해당하니 방문의 동쪽이다. 소신이 창을 들고 군주의 앞뒤에 위치하는데, 군주가 당상(堂上)으로 오르게 되면 양옆에서 계단을 사이에 끼고 위치한다. 대부는 빈소를 마련한 뒤에 성복(成服)을 하는데, 성복을 하게 되면 군주 또한 성복을 하게 되어, 석최(錫衰)를 착용하고 찾아가서 조문한다. 빈자(擯者)는 주인을 도와야 하는 자이다. 처음에는 문의 동쪽에 서서 북쪽을 바라본다. '칭언(稱言)'은 찾아오게 된 말을 전한다는 뜻이다. 축(祝)을 살펴서 용(踊)을 하니, 축(祝)은 군주의 의례 진행을 돕게 되니 마땅히 절도에 맞춰 의례를 진행시켜야 한다.

釋文 直如字, 又音值, 當也. 先後, 悉見反, 下胡豆反; 一音並如字. 夾, 古洽反. 相, 息亮反, 下"相君"並同.

번역 '直'자는 글자 그대로 읽으며, 또 다른 음은 '値(치)'인데, "～에 해당한다."는 뜻이다. '先後'에서의 '先'자는 '悉(실)'자와 '見(견)'자의 반절음이고, '後'자는 '胡(호)'자와 '豆(두)'자의 반절음이며, 다른 음은 두 글자 모두 글자 그대로 읽는다. '夾'자는 '古(고)'자와 '洽(흡)'자의 반절음이다. '相'자는 '息(식)'자와 '亮(량)'자의 반절음이며, 아래문장에 나오는 '相君'에서의 '相'자도 모두 그 음이 이와 같다.

孔疏 ●"大夫・士旣殯而君往焉"者, 君於大夫, 雖視大斂, 或有旣殯之後而始往, 與士同也.

번역 ●經文: "大夫・士旣殯而君往焉". ○군주는 대부에 대해서 비록

대렴(大斂) 때 찾아가서 살펴보아야 하지만, 간혹 빈소를 마련한 이후에 처음으로 찾아가는 경우도 있으니, 사의 경우와 동일하다.

孔疏 ●"使人戒之"者, 謂君將往, 使人豫戒告主人, 使知之.

번역 ●經文: "使人戒之". ○군주가 찾아가게 되면, 다른 사람을 시켜서 미리 상주에게 그 사실을 알려, 상주로 하여금 군주가 온다는 사실을 알게끔 한다는 뜻이다.

孔疏 ●"主人具殷奠之禮"者, 殷, 大也. 主人得君之戒告, 先備具月朔大奠之禮, 重君之來故也.

번역 ●經文: "主人具殷奠之禮". ○'은(殷)'자는 "크다[大]."는 뜻이다. 상주는 군주가 온다는 사실을 보고받았으므로, 먼저 매월 초하루에 지내는 성대한 전제사의 예법을 갖추게 되니, 군주가 찾아온다는 사실을 중시 여기기 때문이다.

孔疏 ●"俟于門外"者, 君來之時, 主人待於門外.

번역 ●經文: "俟于門外". ○군주가 찾아올 때, 상주는 문밖에서 기다린다.

孔疏 ●"見馬首, 先入門右"者, 謂見君馬首, 先君而入門右, 謂門東北面.

번역 ●經文: "見馬首, 先入門右". ○군주의 수레 말머리를 보게 되면, 군주보다 먼저 문으로 들어가서 우측에 위치한다는 뜻으로, 문의 동쪽에서 북쪽을 바라본다는 의미이다.

孔疏 ●"祝先升自阼階"者, 君應升自阼階, 故祝先道君升阼階.

번역 ●經文: "祝先升自阼階". ○군주는 마땅히 당상(堂上)에 올라갈 때 동쪽 계단을 이용해야 한다. 그렇기 때문에 축(祝)이 군주보다 앞서 군주를 인도하여 동쪽 계단으로 올라가는 것이다.

孔疏 ●"負墉南面"者, 墉, 壁也. 祝先升阼階, 在君之北, 立於房戶之東, 皆負辟而鄕南也.

번역 ●經文: "負墉南面". ○'용(墉)'자는 벽[壁]을 뜻한다. 축(祝)이 먼저 동쪽 계단으로 올라가면, 군주의 북쪽에 위치하니, 방문의 동쪽에 서는 것이며, 모든 경우 벽을 등지고 남쪽을 향해 서 있게 된다.

孔疏 ●"君卽位于阼"者, 主人不敢有其室, 故君位于阼而西向也.

번역 ●經文: "君卽位于阼". ○상주는 감히 그 건물을 자신의 소유로 여길 수 없기 때문에, 군주는 동쪽 계단 위에 위치하여 서쪽을 바라보는 것이다.

孔疏 ●"小臣二人執戈立于前, 二人立于後"者, 前後小臣各二人執戈, 辟邪氣也. 君升而小臣夾階, 北面俟君也. 盧云: "上言'卽位于序端', 謂君臨大夫將大斂時. 禮未成, 辟執事, 故卽位于序端. 此是大夫·士旣殯而君往, 禮已成, 故卽位于阼階也."

번역 ●經文: "小臣二人執戈立于前, 二人立于後". ○앞뒤의 소신 각각 2명이 창을 들고 사벽한 기운을 물리친다. 군주가 당상(堂上)에 오르게 되면, 소신들은 양쪽에서 계단을 끼고 북쪽을 바라보며 군주를 기다린다. 노식은 "앞에서는 '동서(東序)의 남쪽 끝으로 나아가 자리한다.'[8]라고 했는

---

8) 『예기』「상대기」【537a~b】: 【537b~c】大夫之喪, 將大斂, 旣鋪絞·紟·衾·衣, 君至, 主人迎, 先入門右, 巫止于門外. 君釋菜, 祝先入, 升堂. 君卽位于序端; 卿大夫卽位于堂廉楹西, 北面東上; 主人房外南面; 主婦尸西, 東面. 遷尸卒斂, 宰告, 主人降, 北面于堂下, 君撫之, 主人拜稽顙. 君降, 升主人馮之, 命主

데, 이것은 군주가 대부의 상에서 대렴(大斂)을 치르고자 할 때 임하는 것이다. 예법의 절차가 완전히 갖춰지지 않아서 일을 맡아보는 자의 위치를 피하기 때문에, 동서의 남쪽 끝으로 나아가 자리하는 것이다. 이곳의 내용은 대부와 사의 상에서 빈소를 마련한 뒤 군주가 찾아온 경우이며, 예법의 절차가 이미 갖춰졌기 때문에, 동쪽 계단 위의 자리로 나아가게 된다."라고 했다.

孔疏 ◎注"祝負"至"弔之". ○正義曰: "直君北"者, 直, 當也. 君旣在阼階, 祝立當君北, 在房戶東而南向也. 云"小臣執戈先·後君, 君升而夾階立"者, 顧命云"夾階上刃", 是夾階立也. 云"大夫殯卽成服"者, 大夫除死日, 三日殯, 與成服同日. 主人旣成服, 故君錫衰而往弔. "擯者進", 擯謂贊於主人禮者. 擯者始在門東, 北面. 今君旣升阼, 則此擯者進於孝子前, 告孝子使行禮也. 然喪贊曰相, 而此云擯者, 以君之弔禮, 無嫌擯道之義, 故得以擯言之也.

번역 ◎鄭注: "祝負"~"弔之". ○정현이 "군주의 북쪽에 해당한다."라고 했는데, '직(直)'자는 "~에 해당한다[當]."는 뜻이다. 군주가 이미 동쪽 계단 위에 있으니, 축(祝)의 위치는 마땅히 군주의 북쪽에 해당하여, 방문의 동쪽에서 남쪽을 바라보는 것이다. 정현이 "소신이 창을 들고 군주의 앞뒤에 위치하는데, 군주가 당상(堂上)으로 올라가면 양옆에서 계단을 사이에 끼고 위치한다."라고 했는데, 『서』「고명(顧命)」편에서는 "양쪽의 계단을 끼고서 칼날을 위로 한다."[9]라고 했으니, 이것은 양쪽에서 계단을 끼고 위치한다는 사실을 나타낸다. 정현이 "대부는 빈소를 마련한 뒤에 성복(成服)한다."라고 했는데, 대부는 죽은 날을 제외하고 3일이 지난 뒤에 빈소를 마련하니, 성복을 하는 날짜와 동일하다. 상주가 이미 성복을 했기 때문에 군주도 석최(錫衰)를 착용하고 찾아가 조문한다. '빈자진(擯者進)'이라고

婦馮之.

9) 『서』「주서(周書)·고명(顧命)」: 二人雀弁執惠, 立于畢門之內. 四人綦弁執戈上刃, 夾兩階戺.

했는데, '빈(擯)'은 상주가 시행하는 의례의 진행을 돕는 자이다. 빈(擯)은 처음 문의 동쪽에서 북쪽을 바라보고 있게 된다. 현재 군주가 이미 동쪽 계단을 통해 당상으로 올라갔으니, 빈(擯)은 상주 앞으로 나아가서, 상주에게 해당 의례를 시행하도록 아뢴다. 그런데 본래는 상례의 진행을 돕는 부관을 '상(相)'이라고 부르는데, 이곳에서 '빈(擯)'이라고 말한 것은 군주가 조문하는 예법에서는 빈객과의 의례를 돕는다는 혐의를 없애고자 했기 때문에, '빈(擯)'이라고 말할 수 있다.

孔疏 ●"主人拜稽顙"者, 以君臨視, 故主人于庭中北面拜而稽顙.

번역 ●經文: "主人拜稽顙". ○군주가 그 사안에 임하여 살펴보기 때문에, 상주는 마당에서 북쪽을 바라보며 절을 하고 머리를 땅에 댄다.

孔疏 ●"君稱言"者, 稱, 擧也. 君擧其所來之言, 謂弔辭也. 擧言旣畢, 當哭踊. 祝以相君, 祝先踊, 君乃視祝而踊. 君踊畢, 主人乃踊.

번역 ●經文: "君稱言". ○'칭(稱)'자는 "거론하다[擧]."는 뜻이다. 군주가 찾아오게 된 말을 거론하는 것이니, 곧 조문하는 말에 해당한다. 조문하는 말을 전달하고 나면 곡(哭)과 용(踊)을 해야 한다. 축(祝)은 군주의 의례 진행을 돕게 되니, 축(祝)이 먼저 용(踊)을 하고, 군주는 곧 축(祝)을 살펴보고서 용(踊)을 한다. 군주가 용(踊)하는 것을 끝내면, 상주가 곧 용(踊)을 한다.

【540d】

大夫則奠可也; 士則出俟于門外, 命之反奠乃反奠. 卒奠, 主人先俟于門外. 君退, 主人送于門外, 拜稽顙.

직역 大夫라면 奠하면 可하며; 士라면 門外로 出하여 俟하고, 命하여 反하여 奠하면 反하여 奠한다. 奠을 卒하면, 主人은 先히 門外에서 俟한다. 君이 退하면, 主人은 門外에서 送하고, 拜하며 顙을 稽한다.

의역 군주가 대부의 상에 임하게 된다면, 대부는 용(踊)이 끝난 뒤 곧바로 전제사를 지내도 괜찮다. 그러나 사의 경우라면, 상주는 먼저 문밖으로 나가서 기다리니, 전제사를 끝낼 때까지 군주를 기다리게 만들 수 없기 때문이다. 군주가 다른 사람을 시켜 상주에게 되돌아가서 전제사를 지내라고 명령하면, 그제야 되돌아가서 전제사를 지낸다. 전제사를 마치면 상주는 먼저 문밖으로 나가서 기다린다. 군주가 물러가게 되면 상주는 문밖에서 전송하며, 절을 하고 이마를 땅에 닿도록 한다.

集說 若君所臨是大夫喪, 則踊畢, 卽釋此殷奠于殯可也. 若是士喪, 則主人卑, 不敢留君待奠, 故先出俟于門, 謂君將去也, 君使人命其反而奠乃反奠. 奠畢, 主人又先俟于門外, 君去卽拜以送也. 奠畢出俟, 大夫與士皆然.

번역 군주가 상에 임한 것이 대부의 상이라면, 용(踊)을 끝내고서 빈소에 은전(殷奠)[10]의 음식들을 진설하여도 괜찮다. 만약 사의 상이라면, 상주는 신분이 낮으므로 감히 군주를 머물게 하며 전제사를 지낼 때까지 기다리도록 할 수 없다. 그렇기 때문에 먼저 문밖으로 나가서 기다리니, 군주가 떠나려고 할 때, 군주는 다른 사람을 시켜서 상주에게 되돌아가서 전제사를 지내라고 명령하면 되돌아가 전제사를 지낸다는 뜻이다. 전제사가 끝나면 상주는 또한 먼저 문밖으로 나가서 기다리고, 군주가 떠나게 되면 절을 하며 전송한다. 전제사가 끝나서 밖으로 나가 기다리는 것은 대부와 사가

10) 은전(殷奠)은 성대하게 지내는 전제사[奠祭]를 뜻한다. 『의례』「사상례(士喪禮)」편에는 "月半不殷奠."이라는 기록이 있다. 즉 사(士)의 경우에는 매월 보름에는 은전을 지내지 않는다는 뜻인데, 이 기록에 대한 정현의 주에서는 "殷, 盛也. 士月半不復如朔盛奠, 下尊者."라고 풀이했다. 즉 '은(殷)'은 성대하다는 뜻이고, 사의 경우에는 보름마다 초하루처럼 융성한 전제사를 지내지 못한다. 그 이유는 자신보다 신분이 높은 대부(大夫)에 대한 禮法보다 낮추기 때문이다.

모두 동일하다.

鄭注 迎不拜, 拜送者, 拜迎則爲君之答己.

번역 맞이할 때에는 절을 하지 않고 전송할 때 절을 하는 것은 절을 하며 맞이한다면 군주가 자신에게 답배를 하도록 만들기 때문이다.

孔疏 ●"大夫"至"往焉". ○正義曰: 此一節明君來弔士與大夫, 其禮不同.

번역 ●經文: "大夫"~"往焉". ○이곳 문단은 군주가 사 및 대부에게 찾아가 조문을 하는데, 그 예법에 나타난 차이점을 밝히고 있다.

孔疏 ●"大夫則奠可也"者, 君旣在阼, 主人在庭, 踊畢, 則釋此殷奠于殯可也. 言對人君可爲此奠.

번역 ●經文: "大夫則奠可也". ○군주가 이미 동쪽 계단 위에 있고 상주가 마당에 있으니, 용(踊)을 끝낸 뒤에는 빈소에 은전(殷奠)을 진설해도 괜찮다. 즉 군주를 대면하면서도 이러한 전제사를 지내도 괜찮다는 뜻이다.

孔疏 ●"士則出俟于門外"者, 士卑, 不敢留君待奠, 故先出, 俟君於門外, 謂君將去也.

번역 ●經文: "士則出俟于門外". ○사는 미천하기 때문에 감히 군주를 머물게 하여 전제사를 지낼 때까지 기다리게 만들 수 없다. 그렇기 때문에 먼저 밖으로 나가서 문밖에서 군주를 기다리는 것이니, 군주가 떠나려고 한다는 뜻이다.

孔疏 ●"命之反奠, 乃反奠"者, 君使人命反設奠, 士乃反入設奠也.

번역 ●經文: "命之反奠, 乃反奠". ○군주가 다른 사람을 시켜 되돌아가 전제사를 지내도록 명령하면, 사는 되돌아가 안으로 들어가서 전제사를 진설한다.

孔疏 ●"卒奠"者, 設奠畢也.

번역 ●經文: "卒奠". ○전제사 지내는 것이 끝났다는 뜻이다.

孔疏 ●"主人先俟于門外"者, 奠畢, 主人又先出門待君, 大夫・士同然.

번역 ●經文: "主人先俟于門外". ○전제사가 끝나면 상주는 또한 먼저 문밖으로 나가서 군주를 기다리니, 대부와 사가 동일하게 따른다.

孔疏 ●"君退, 主人送于門外, 拜稽顙"者, 出去也, 主人于門外送之而拜也.

번역 ●經文: "君退, 主人送于門外, 拜稽顙". ○군주가 떠나갈 때, 상주는 문밖에서 그를 전송하며 절을 한다.

孔疏 ◎注"迎不"至"答己". ○正義曰: 按曲禮"凡非弔喪, 非見國君, 無不答拜". 然則喪法孝子拜賓, 無答拜之理. 今者君出, 孝子雖拜, 君無答理. 而云"拜迎, 則爲君之答己"者, 以尋常禮敵, 孝子雖拜, 賓無答理. 今君來臨臣, 臣旣拜迎, 尊卑禮隔, 意恐君之答己, 故不敢拜迎. 按僖二[11]十四年有傳"宋, 先代之後, 於周爲客. 有喪, 拜焉"者, 謂其餘諸侯來弔國喪, 以其卑, 王不拜之; 若宋來弔, 王用敵禮拜謝之, 亦是主人拜賓之義也.

번역 ◎鄭注: "迎不"~"答己". ○『예기』「곡례(曲禮)」편을 살펴보면, "무

11) '이(二)'자에 대하여. '이'자는 본래 '삼(三)'자로 기록되어 있었는데, 『좌전』의 기록에 따르면 이 글자는 '이'자가 되어야 한다.

릇 상사에 조문하는 경우가 아니거나 군주를 찾아뵙는 경우가 아니라면, 답배(答拜)를 하지 않는 경우가 없다."[12]라고 했다. 그렇다면 상례에서 상주가 빈객에게 절을 할 때에는 답배를 하는 이치가 없다. 현재 군주가 밖으로 나갈 때, 상주가 비록 절을 하지만, 군주에게는 답배를 해야 할 이치가 없다. 그런데도 "절을 하며 맞이한다면 군주가 자신에게 답배를 하도록 만들기 때문이다."라고 말한 것은 일상적인 예법에서는 신분이 서로 대등할 때, 자식이 비록 절을 하더라도 빈객에게는 답배를 하는 이치가 없다. 그러나 현재는 군주가 찾아와서 신하의 상에 임한 것이고, 신하는 이미 절을 하며 전송을 하는데, 신분의 차이에 따라 예법에서도 대등하지 않으므로, 아마도 군주가 자신에게 답배를 하게 될 것을 염려한 것이다. 그렇기 때문에 감히 절을 하며 맞이하지 않는다. 희공(僖公) 24년의 기록을 살펴보면, 전문에서는 "송(宋)나라는 선대의 후예이니 주(周)나라에 대해서는 손님이 됩니다. 상사가 발생하여 그들이 조문하면 절을 합니다."[13]라고 했는데, 이것은 나머지 제후국들이 찾아와서 국상에 조문하게 되면 그들은 신분이 낮기 때문에 천자가 그들에게 절을 하지 않지만, 송나라에서 찾아와 조문을 하게 되면 천자는 서로 신분이 대등할 때의 예법에 따라서 그에게 절을 하며 감사를 표한다는 사실을 나타내니, 이 또한 주인이 빈객에게 절을 한다는 뜻에 해당한다.

集解 愚謂: 上云"於士, 既殯而往", 謂殯日既殯之後也. 此云"既殯而往", 謂既殯以後, 未葬以前也. 戒, 猶告也. 既殯君往, 無常期, 故先使人告之. 士喪禮, "小臣二人執戈先, 二人後", 謂君行時也. 此云"二人執戈立於前, 二人立於後"者, 謂君升卽位時也. 君卽位於阼階上, 西面, 二人北面立於阼階東, 在君之後, 二人北面立於阼階西, 在君之前也. 小臣執戈先後君者, 君之常儀也, 故左傳"二執戈者前矣", 非謂喪辟凶邪也. 檀弓, "君臨臣喪, 以巫祝桃·茢·

---

12) 『예기』「곡례하(曲禮下)」【52c】: 凡非弔喪, 非見國君, 無不答拜者.

13) 『춘추좌씨전』「희공(僖公) 24년」: <u>宋, 先代之後也, 於周爲客</u>. 天子有事, 膰焉; <u>有喪, 拜焉</u>. 豐厚可也.

執戈", 先此旣有巫, 則亦有桃茢矣, 不言者, 文略也. 擯, 相主人之禮者也. 擯者之位, 蓋負東塾, 君旣卽位, 則進而告主人使受弔也. 拜稽顙, 拜於阼階下之中庭也. 凡臣於君臨其喪, 皆卽位於門右, 受禮於中庭. 士喪禮, "主人中庭, 君哭, 主人哭, 拜稽顙, 成踊." 君稱言者, 蓋擧其慰問主人之辭, 非弔辭也. 出俟於門外, 不敢必君之留也. 門外, 外門外也.

번역 내가 생각하기에, 앞에서는 "사에 대해서는 빈소를 차린 뒤에 찾아간다."고 했는데, 이것은 빈소를 차리는 날 빈소를 다 차린 이후를 뜻한다. 이곳에서 "빈소를 차린 뒤에 찾아간다."라고 한 말은 빈소를 차린 이후 아직 장례를 치르기 이전의 기간을 뜻한다. '계(戒)'자는 "알린다[告]."는 뜻이다. 빈소를 차린 뒤에 군주가 찾아가게 되면 정해진 시기가 있는 것이 아니기 때문에, 먼저 사람을 보내서 그에게 군주가 온다는 사실을 알린다. 『의례』「사상례(士喪禮)」편에서는 "소신 2명이 창을 들고 앞에 있고 2명은 뒤에 있다."[14]라고 했는데, 이것은 군주가 이동할 때를 뜻한다. 이곳에서 "2명이 창을 들고 앞에 서며, 2명이 뒤에 선다."라고 한 말은 군주가 당상(堂上)에 올라가서 자신의 자리로 나아가는 때를 뜻한다. 군주는 동쪽 계단 위의 자리로 나아가서 서쪽을 바라보니, 2명은 북쪽을 바라보며 동쪽 계단의 동쪽에 위치하여 군주의 뒤에 있게 되고, 다른 2명은 북쪽을 바라보며 동쪽 계단의 서쪽에 있게 되니, 군주의 앞에 있게 된다. 소신이 창을 들고 군주의 앞뒤에 위치하는 것은 군주에게 적용되는 일상적인 의례이다. 그렇기 때문에 『좌전』에서는 "창을 들고 있는 2명이 앞에 있다."[15]라고 말한 것이니, 상사에서 흉악하고 사벽한 기운을 물리치기 위해서가 아니다. 『예기』「단궁(檀弓)」편에서는 "군주가 신하의 상에 임하게 되면, 무(巫)와 축(祝)은 복숭아나무 가지와 갈대로 엮은 빗자루를 들고, 소신들은 창을 든다."[16]라고

14) 『의례』「사상례(士喪禮)」: 巫止于廟門外, 祝代之. 小臣二人執戈先, 二人後.

15) 『춘추좌씨전』「소공(昭公) 1년」: 叔孫穆子曰, "楚公子美矣, 君哉!" 鄭子皮曰, "二執戈者前矣."

16) 『예기』「단궁하(檀弓下)」【117a】: 君臨臣喪, 以巫祝桃茢, 執戈, 惡之也, 所以異於生也. 喪有死之道焉, 先王之所難言也.

했는데, 앞서 이곳 기록에서도 무(巫)가 포함된다고 했으니, 이러한 경우에도 또한 복숭아나무 가지와 갈대로 엮은 빗자루를 들게 되는데, 이곳에서 그 사실을 언급하지 않은 것은 문장을 간략히 기록했기 때문이다. '빈(擯)'은 주인의 의례 진행을 돕는 부관이다. 빈(擯)의 위치는 아마도 동쪽 숙(塾)을 등지고 있었을 것이니, 군주가 이미 자신의 자리로 나아갔다면, 앞으로 나아가서 상주에게 조문을 받게끔 아뢰는 것이다. 절을 하며 이마를 땅에 대는 것은 동쪽 계단 밑의 마당에서 절을 한다는 뜻이다. 무릇 신하는 군주가 자신의 상에 임했을 때, 모두 문의 우측 자리로 나아가고, 마당에서 조문의 의례 절차를 받게 된다. 『의례』「사상례(士喪禮)」편에서는 "상주가 마당에 있고, 군주가 곡(哭)을 하면 상주도 곡을 하고, 절을 하며 이마를 땅에 닿도록 하고서 용(踊)의 절차를 마무리 짓는다."[17]라고 했다. '군칭언(君稱言)'은 아마도 상주를 위로하는 말을 꺼낸다는 뜻이니, 조문하는 말이 아니다. 문밖으로 나가서 기다리는 것은 감히 군주를 머물러 있게 할 수 없기 때문이다. 문밖은 외문(外門)[18] 밖을 뜻한다.

集解 鄭氏云, "迎不拜, 拜送者, 拜迎則爲君之答己", 非也. 禮, 弔賓不答拜, 況君之於臣乎? 臣於君弔不拜迎, 蓋禮然爾, 說已見前.

번역 정현은 "맞이할 때에는 절을 하지 않고 전송할 때 절을 하는 것은 절을 하며 맞이한다면 군주가 자신에게 답배를 하도록 만들기 때문이다."라고 했는데, 이것은 잘못된 주장이다. 예법에 따르면 조문으로 온 빈객은 답배를 하지 않는데, 하물며 군주가 신하의 상에 조문을 갔을 때는 어떻겠는가? 신하는 군주의 조문에 대해서 절을 하며 맞이하지 않는데, 아마도 예법에 따라 그처럼 하는 것일 뿐이니, 해당 설명은 이미 앞에서 기술했다.

---

17) 『의례』「사상례(士喪禮)」: 君升自阼階, 西鄉. 祝負墉, 南面. 主人中庭. 君哭. 主人哭拜稽顙, 成踊, 出.

18) 외문(外門)은 대문(大門)을 뜻한다. 대문이 그 건물의 가장 바깥쪽에 있기 때문에, 대문을 또한 '외문'이라고도 부르는 것이다.

【541a】

君於大夫疾, 三問之; 在殯, 三往焉. 士疾, 一問之; 在殯, 一往焉. 君弔, 則復殯服.

직역 君은 大夫의 疾에, 三問하고; 殯에 在하면, 三往한다. 士의 疾에, 一問하고; 殯에 在하면, 一往한다. 君이 弔하면, 殯服을 復한다.

의역 군주는 대부가 병에 걸렸을 때 세 차례 병문안을 가고, 그가 죽었다면 장례를 치르기 이전까지 세 차례 찾아가서 조문한다. 사의 병에 대해서는 한 차례 병문안을 가고, 그가 죽었을 때에는 한 차례 찾아가서 조문한다. 군주가 조문을 오게 되면, 상주가 이미 성복(成服)을 한 상태라도 빈소를 마련할 때의 복장으로 갈아입는다.

集說 殯後主人已成服, 而君始來弔, 主人則還著殯時未成服之服. 蓋苴絰・免布・深衣也, 不散帶. 故小記云, "君弔雖不當免時也, 主人必免, 不散麻." 一則不敢謂君之弔後時, 又且以君來, 故新其禮也.

번역 빈소를 마련한 이후 상주는 이미 성복(成服)을 한 상태인데, 군주가 처음 찾아와서 조문을 하게 되면, 상주는 빈소를 마련할 때 즉 아직 성복하기 이전의 복장으로 갈아입는다. 아마도 저질(苴絰)・면포(免布)・심의(深衣)를 착용하고, 대(帶)의 끝을 늘어트리지 않았을 것이다. 그렇기 때문에 『예기』「상복소기(喪服小記)」편에서는 "자기 나라의 군주가 조문을 오면, 비록 면(免)을 해야 할 시기가 아니더라도, 상주는 반드시 면(免)을 하며, 요질(要絰)의 끝을 늘어트리지 않는다."[19]라고 한 것이다. 그 이유는 감히 군주의 조문이 뒤늦게 왔다고 말할 수 없기 때문이며, 또 군주가 찾아왔기 때문에 그 예법을 새롭게 하고자 해서이다.

---

19) 『예기』「상복소기(喪服小記)」【422c】: 君弔雖不當免時也, 主人必免, 不散麻. 雖異國之君, 免也, 親者皆免.

鄭注 所以致殷勤也. 復, 反也. 反其未殯未成服之服, 新君事也. 謂臣喪旣殯後, 君乃始來弔也. 復, 或爲服.

번역 정감과 뜻을 지극히 나타내기 위해서이다. '복(復)'자는 "돌이킨다[反]."는 뜻이다. 즉 아직 빈소를 차리기 이전 성복(成服) 하기 전의 복장으로 갈아입는다는 뜻이니, 군주가 찾아온 사안을 새롭게 나타내고자 해서이다. 신하의 상에서 이미 빈소를 차린 뒤인데 군주가 그제야 비로소 찾아와 조문한 경우이다. '복(復)'자를 다른 판본에서는 '복(服)'자로도 기록한다.

孔疏 ●"君弔"至"殯服". ○正義曰: 謂臣喪大斂與殯之時, 君有故不得來; 至殯後, 主人已成服, 而君始來弔, 主人則復殯服者. 復, 反也. 殯服謂殯時未成服之服, 主人于時反服此服, 新君之事, 其服則首絰·免布·深衣也, 不散帶. 故小記云"君弔, 雖不當免時也, 主人必免, 不散麻", 注云"爲人君變, 貶於大斂之前·旣啓之後也".

번역 ●經文: "君弔"~"殯服". ○신하의 상에서 대렴(大斂)을 치르고 빈소를 마련할 때, 군주에게 특별한 사정이 생겨서 찾아오지 못했고, 빈소를 차린 뒤 상주가 이미 성복(成服)을 했는데, 군주가 비로소 찾아와 조문한 경우이니, 상주는 빈소를 마련할 때의 복장으로 갈아입는다. '복(復)'자는 "돌이킨다[反]."는 뜻이다. '빈복(殯服)'은 빈소를 차릴 때 아직 성복하기 이전의 복장을 뜻하는데, 상주는 이 시기에 이러한 복장으로 갈아입으니, 군주가 찾아온 사안을 새롭게 나타내고자 해서이며, 그 복장은 수질(首絰)·면포(免布)·심의(深衣)를 착용하는 것이고, 대(帶)의 끝은 늘어트리지 않는다. 그러므로 『예기』「상복소기(喪服小記)」편에서는 "자기 나라의 군주가 조문을 오면, 비록 면(免)을 해야 할 시기가 아니더라도, 상주는 반드시 면(免)을 하며, 요질(要絰)의 끝을 늘어트리지 않는다."라고 한 것이고, 정현의 주에서는 "군주를 위해서 변화를 주니, 대렴을 하기 이전과 이미 계빈(啓殯)을 한 이후보다 낮추기 때문이다."라고 한 것이다.

訓纂 應子和曰: 古之君臣, 猶一體也, 頭目手足, 疾痛慘楚, 彼此無不相應. 君臣猶一家也, 父兄子弟, 吉凶休戚, 上下無不相關. 視之如一體, 故疾則君三問再問, 喪則或撫或踊, 眞若手足之虧折焉. 視之如一家, 故君喪則大夫士位乎東, 世婦士妻位乎西, 不啻父兄之痛也.

번역 응자화가 말하길, 고대의 군주와 신하는 한 몸과 같았으니, 머리와 사지에 병이 들고 고통을 느낄 때 서로가 상대에 대해 감응하지 않는 경우가 없었다. 군주와 신하는 한 가족과 같아서, 부형이나 자제에 대한 길례와 흉례 및 기쁜 일과 슬픈 일이 발생했을 때, 상하 계층이 서로에 대해 참여하지 않은 적이 없었다. 한 몸처럼 간주하기 때문에 신하가 병이 들었을 때, 군주가 세 차례 병문안을 하고 두 차례 병문안을 하는 것이며, 상을 치르게 되면 어루만지기도 하고 용(踊)을 하기도 하니, 마치 자신의 수족이 잘려나간 것처럼 느끼는 것이다. 또 한 집안처럼 간주하기 때문에 군주의 상에서 대부와 사는 동쪽에 위치하고, 세부와 사의 처는 서쪽에 위치하니, 부형을 잃은 아픔처럼 느낄 뿐만이 아니다.

集解 愚謂: 在殯而往者, 謂旣弔又於殯後更往, 以致其慰問殷勤之意, 卽上文"大夫旣殯而君往", 是也. 然士喪禮不見有殯後君弔之禮, 此蓋謂於君有親屬之恩, 故在殯又往與.

번역 내가 생각하기에, '재빈이왕(在殯而往)'이라는 말은 이미 조문을 했는데 빈소를 마련한 이후에 재차 찾아갔다는 뜻으로, 위문을 하고 정감과 뜻을 지극히 나타내고자 했기 때문이며, 앞에서 "대부에 대해 빈소를 마련하고서 군주가 찾아갔다."라고 한 경우에 해당한다. 그러나 『의례』「사상례(士喪禮)」편에는 빈소를 마련한 이후 군주가 조문하는 예법이 수록되어 있지 않으니, 이것은 아마도 군주에 대해 친족의 은정이 있는 신하의 경우이다. 그렇기 때문에 빈소를 마련한 뒤에 재차 찾아가는 것이다.

集解 愚謂: 復殯服, 謂免也. 小記曰, "君弔, 雖不當免時也, 主人必免, 不散麻. 親者皆免." 其齊・斬之服無變也. 註疏謂"殯服爲殯時未成服之服", 非也. 小記又曰, "君弔, 必皮弁・錫衰", "主人未喪服, 則君亦不錫衰", 則君弔於殯後, 主人之服不變也, 惟加免爲異耳.

번역 내가 생각하기에, "빈복(殯服)으로 갈아입는다."라고 했는데, 이것은 면(免)을 한다는 뜻이다. 『예기』「상복소기(喪服小記)」편에서는 "자기 나라의 군주가 조문을 오면, 비록 면(免)을 해야 할 시기가 아니더라도, 상주는 반드시 면(免)을 하며, 요질(要絰)의 끝을 늘어트리지 않는다. 대공복 이상의 친족들도 모두 면(免)을 한다."라고 했다. 자최복(齊衰服)과 참최복(斬衰服)을 착용했을 때에는 복장의 변화가 없다. 그러므로 정현의 주와 공영달의 소에서 "빈복은 빈소를 마련할 때 아직 성복(成服)을 하지 않았을 때의 복장이다."라고 한 말은 잘못된 주장이다. 또 「상복소기」편에서는 "제후가 신하에게 조문을 할 때에는 반드시 피변(皮弁)에 석최(錫衰)를 한다."라고 했고, "상주가 아직 성복을 하지 않았다면, 제후 또한 석최를 착용하지 않는다."라고 했으니,[20] 빈소를 마련한 뒤 군주가 조문을 하게 되면 상주의 복장에는 변화를 주지 않고, 오직 면(免)만 덧대는 것이 다를 뿐이다.

【541b】

夫人弔於大夫·士, 主人出迎于門外. 見馬首, 先入門右. 夫人入, 升堂卽位. 主婦降自西階, 拜稽顙于下. 夫人視世子而踊, 奠如君至之禮. 夫人退, 主婦送于門內, 拜稽顙; 主人送于大門之外, 不拜.

직역 夫人이 大夫와 士에게 弔하면, 主人은 門外에 出하여 迎한다. 馬首를 見하면, 先히 門으로 入하여 右한다. 夫人이 入하여, 堂에 升하여 位에 卽한다. 主婦는

20) 『예기』「상복소기(喪服小記)」【419b】: 諸侯弔必皮弁錫衰, 所弔雖已葬, 主人必免. 主人未喪服, 則君亦不錫衰.

降하길 西階로 自하며, 下에서 拜하며 顙을 稽한다. 夫人은 世子를 視하여 踊하고, 奠은 君이 至한 禮와 如하다. 夫人이 退하면, 主婦는 門內에서 送하며, 拜하며 顙을 稽하고; 主人은 大門의 外에서 送하되, 不拜한다.

의역 제후의 부인(夫人)이 대부와 사에 대해서 조문을 하게 되면, 주인은 문밖으로 나와서 맞이한다. 부인의 수레 말머리가 보이면, 상주는 먼저 문으로 들어와 우측에 위치한다. 부인은 안으로 들어와서 당상(堂上)으로 올라가 자신의 자리로 나아간다. 주부는 서쪽 계단으로 내려와서 당하(堂下)에서 절을 하며 이마를 땅에 닿도록 한다. 부인의 세자(世子)는 부인 앞에서 인도를 하는데, 부인은 세자를 살펴보고서 용(踊)을 하고, 전제사의 경우는 군주가 당도했을 때의 예법과 같다. 부인이 물러가게 되면 주부는 문의 안쪽에서 그녀를 전송하고, 절을 하며 이마를 땅에 닿도록 한다. 한편 주인은 대문 밖에서 그녀를 전송하지만, 주부가 이미 절을 했으므로, 부인에 대해 절을 하지 않는다.

集說 夫人弔, 則主婦爲喪主, 故主婦之待夫人, 猶主人之待君也. 世子, 夫人之世子也. 夫人來弔, 則世子在前道引, 其禮如祝之道君, 故夫人視世子而踊也. 主人送而不拜者, 喪無二主, 主婦已拜, 主人不當拜也.

번역 제후의 부인(夫人)이 조문을 하게 되면, 주부가 상주를 맡는다. 그렇기 때문에 주부가 부인을 응대하는 것이니, 주인이 군주를 응대하는 경우와 같다. '세자(世子)'는 제후 부인의 세자이다. 부인이 찾아와서 조문하게 되면, 세자가 그 앞에 위치하여 부인을 인도하니, 그 예법은 축(祝)이 군주를 인도하는 경우와 같다. 그렇기 때문에 부인은 세자를 살펴서 용(踊)을 한다. 주인이 전송을 하면서도 절을 하지 않는 것은 상에서는 2명의 상주가 있을 수 없기 때문으로, 주부가 이미 절을 했으니 주인은 절을 해서는 안 된다.

大全 金華應氏曰: 君臣之際, 猶家人也. 君於外內婦, 旣殯往, 夫人於大夫士之家, 亦往弔之. 然則弔內子士妻之禮, 亦在其中矣. 主人迎而先入門右, 夫人升而自阼階, 待夫人, 猶待君也. 主婦拜稽顙于下, 執妾禮, 猶臣禮也. 夫人之行, 世子實侍之, 世子視祝而踊, 夫人則視世子而踊也. 退則送于門外, 婦人迎送不下堂, 而特至門者, 爲所尊變也. 其來也, 主人迎于門外, 送亦如之, 所以代主婦而伸敬也. 門外者, 男子之所有事, 婦人迎送不出門, 雖對所尊而不敢變也. 古之君臣, 猶一體也, 頭目手足, 疾痛慘楚, 彼此無不相應. 君臣猶一家也, 父兄子弟, 吉凶休戚, 上下無不相關. 視之如一體, 故疾則君三問再問, 喪則君或撫或踊, 眞若吾手足之虧折焉. 視之如一家, 故君喪則大夫士位乎東, 世婦士妻位乎西, 不翅父兄之痛也. 及臣之有故, 則君視之, 夫人視之, 世子視之, 眞若子弟之失亡焉. 然諸婦之至君所, 惟喪祭爲然. 詩曰, 諸宰君婦, 廢徹不遲. 諸侯非問疾弔喪, 則不入諸臣之家. 夫人之行, 必與世子偕其動也, 不苟矣.

번역 금화응씨가 말하길, 군주와 신하의 사이는 가족과 같다. 군주는 외명부(外命婦)에 대해서 빈소를 차린 뒤에 찾아가고, 제후의 부인(夫人)도 대부와 사의 집에 또한 찾아가서 조문한다. 그렇다면 내자(內子)와 사의 처에 대해 조문하는 예법도 그 안에 포함된다. 주인이 맞이할 때 먼저 문으로 들어가서 우측에 위치하고, 부인이 동쪽 계단을 통해 당상(堂上)에 올라가는데, 부인을 응대하는 것은 군주를 응대하는 경우와 같다. 주부가 당하(堂下)에서 절을 하며 이마를 땅에 대는데, 첩의 예법을 처리하는 것도 신하의 예법과 같다. 부인이 행차를 할 때 세자(世子)가 시중을 들고, 세자는 축(祝)을 살펴서 용(踊)을 하며, 부인은 세자를 살펴서 용(踊)을 한다. 물러나게 되면 문밖에서 전송하는데, 부인(婦人)이 맞이하거나 전송할 때에는 당하로 내려가지 않지만, 특별히 문까지 오는 것은 존귀한 자를 위해 변화를 준 것이다. 제후의 부인이 찾아왔을 때, 주인이 문밖에서 맞이하고, 전송할 때에도 이처럼 하니, 주부를 대신하여 공경의 뜻을 펼치기 때문이다. 문밖은 남자가 어떤 일을 시행하는 곳이므로, 부인(婦人)이 맞이하거나 전송할 때에는 문밖으로 나오지 않으니, 비록 존귀한 자를 대하는 경우라도 감히 바꿀 수 없다. 고대의 군주와 신하는 한 몸과 같았으니, 머리와 사지에 병이 들고 고통을 느낄 때 서로가 상대에 대해 감응하지 않는 경우가 없었다. 군주와 신하는 한 가족과 같아서, 부형이나 자제에 대한 길례와 흉례 및 기쁜 일과 슬픈 일이 발생했을 때, 상하 계층이 서로에 대해 참여하지 않은 적이 없었다. 한 몸처럼 간주하기 때문에 신하가 병이 들었을 때, 군주가 세 차례 병문안을 하고 두 차례 병문안을 하는 것이며, 상을 치르게 되면 어루만지기도 하고 용(踊)을 하기도 하니, 마치 자신의 수족이 잘려나간 것처럼 느끼는 것이다. 또 한 집안처럼 간주하기 때문에 군주의 상에서 대부와 사는 동쪽에 위치하고, 세부와 사의 처는 서쪽에 위치하니, 부형을 잃은 아픔처럼 느낄 뿐만이 아니다. 신하에게 변고가 발생하게 되면, 군주가 살펴보고 부인이 살펴보며 세자가 살펴보니, 마치 자제를 잃은 것처럼 느끼는 것이다. 그러나 여러 부인들이 군주가 있는 장소로 가는 것은 오직 상제(喪祭)에서만 그렇게 하는 것이다. 『시』에서는 "제재(諸宰)와 군부(君婦)가 철상을 하는데 더디게 하지 않는다."[21]라고 했다. 제후는 병문안을 하거나 상에 조문하는 일이 아니라면, 신하들의 집에 들어가지 않는다. 제후의 부인이 행차를 할 때에도 반드시 세자와 함께 행동하니, 소홀히 하지 않고자 해서이다.

鄭注 視世子而踊, 世子從夫人, 夫人以爲節也. 世子之從夫人, 位如祝從君也.

번역 세자(世子)를 보고서 용(踊)을 한다고 했는데, 세자는 부인(夫人)을 따라가게 되어, 부인은 그의 행동을 통해 예법의 절차로 삼는다. 세자가 부인을 따라갈 때, 그의 위치는 축(祝)이 군주를 따라갈 때의 자리와 같다.

孔疏 ●"夫人"至"不拜". ○正義曰: 此一經明夫人弔臣禮.

번역 ●經文: "夫人"~"不拜". ○이곳 경문은 부인(夫人)이 신하에게 조문하는 예법을 나타내고 있다.

---

21) 『시』「소아(小雅)・초자(楚茨)」: 禮儀既備, 鍾鼓既戒. 孝孫徂位, 工祝致告. 神具醉止, 皇尸載起. 鼓鍾送尸, 神保聿歸. 諸宰君婦, 廢徹不遲. 諸父兄弟, 備言燕私.

孔疏 ●"先入門右"者, 門, 亦大門也, 謂孝子迎君之妻禮, 亦如迎君禮也.

번역 ●經文: "先入門右". ○'문(門)'자 또한 대문을 뜻하니, 상주는 군주의 처를 맞이하는 예법을 군주를 맞이할 때의 예법처럼 한다는 뜻이다.

孔疏 ●"夫人入, 升堂卽位"者, 亦升阼階, 西向, 如君也.

번역 ●經文: "夫人入, 升堂卽位". ○이 또한 동쪽 계단을 통해 당상(堂上)에 올라가서 서쪽을 바라본다는 뜻으로, 군주의 경우와 같다.

孔疏 ●"主婦降自西階, 拜稽顙于下"者, 主婦, 臣妻也. 旣夫人來弔, 故婦人爲主人. 當夫人升堂卽位時, 而主婦從西階而下, 拜稽顙於堂下, 如男主也.

번역 ●經文: "主婦降自西階, 拜稽顙于下". ○'주부(主婦)'는 신하의 처이다. 이미 제후의 부인(夫人)이 찾아와서 조문을 하는 경우이기 때문에, 신하의 부인이 상주를 맡는다. 제후의 부인이 당상(堂上)에 올라가서 자신의 자리로 나아갈 때, 주부는 서쪽 계단을 통해 내려가서, 당하(堂下)에서 절을 하며 이마를 땅에 대니, 남자 상주가 하는 예법과 같다.

孔疏 ●"夫人視世子而踊"者, 世子, 夫人之世子, 隨夫人來也. 夫人來弔, 則世子在前道引, 其禮如祝道君也.

번역 ●經文: "夫人視世子而踊". ○'세자(世子)'는 부인(夫人)의 세자이니, 부인을 따라서 함께 온 것이다. 부인이 찾아와서 조문을 하게 되면, 세자는 부인 앞에 위치하여 인도하며, 그 예법은 축(祝)이 군주를 인도하는 것과 같다.

孔疏 ●"奠如君至之禮"者, 亦先戒, 乃具殷奠. 夫人卽位哭後, 主婦拜竟而設奠事, 如君弔禮者. 若士則亦主人先出而聽命反奠也.

번역 ●經文: "奠如君至之禮". ○이러한 경우에도 먼저 부인(夫人)이 조문을 온다는 사실을 아뢰며, 그 소식을 접하면 은전(殷奠)을 갖춘다. 부인이 자신의 자리로 나아가 곡(哭)을 한 이후, 주부가 절하는 절차를 마치면 전제사를 진행하는데, 군주가 조문했을 때의 예법과 같다. 만약 사의 경우라면, 또한 주인이 먼저 밖으로 나가고, 부인의 명령을 받게 되면 되돌아가 전제사를 지낸다.

孔疏 ●"夫人退, 主婦送于門內, 拜稽顙"者, 門, 寢門也. 婦人迎送不出門, 故夫人去, 於路寢門內而拜送之. 而不拜迎而拜送之義, 與君同也.

번역 ●經文: "夫人退, 主婦送于門內, 拜稽顙". ○'문(門)'자는 침문(寢門)을 뜻한다. 부인(婦人)이 맞이하거나 전송할 때에는 문밖으로 나가지 않는다. 그렇기 때문에 제후의 부인(夫人)이 떠나갈 때, 노침(路寢)의 문안에서 절을 하며 전송한다. 그리고 절을 하며 맞이하지 않지만 절을 하며 전송하는 뜻은 군주에 대한 경우와 같다.

孔疏 ●"主人送于大門之外, 不拜"者, 亦如送君也. 而不拜者, 喪無二主, 主婦已拜, 故主人不拜.

번역 ●經文: "主人送于大門之外, 不拜". ○이 또한 군주를 전송하는 경우와 같다는 뜻이다. 절을 하지 않는 것은 상에는 2명의 상주가 있을 수 없기 때문이니, 주부가 이미 절을 했으므로 주인은 절을 하지 않는다.

集解 夫人於大夫士, 旣殯而往, 升堂卽位, 卽位於阼階上也. 拜稽顙於下, 拜於阼階下中庭. 必以主婦拜者, 喪禮男主拜男賓, 女主拜女賓, 雖於君·夫人之弔亦然也. 世子非所以相夫人之禮事者, 周禮女巫, "王后弔, 則與祝前."

祝, 謂天官女祝也. 則夫人之弔, 當女巫止於門外, 女祝代之而詔相其禮矣. 前云"君視祝而踊", 則夫人當視女祝而踊, "世子"蓋"女祝"之誤也.

번역 부인(夫人)은 대부와 사에 대해서 빈소를 마련한 뒤에 찾아가서 조문을 하며, "당상(堂上)에 올라가서 자신의 자리로 나아간다."는 말은 동쪽 계단 위의 자리로 나아간다는 뜻이다. "아래에서 절을 하며 이마를 땅에 닿도록 한다."는 말은 동쪽 계단 밑의 마당에서 절을 한다는 뜻이다. 반드시 주부로 하여금 절을 하도록 하는 것은 상례를 치를 때 남자 상주는 남자 빈객에게 절을 하고, 여자 상주는 여자 빈객에게 절을 하니, 비록 군주나 그의 부인이 조문을 한 경우라도 또한 이처럼 하기 때문이다. '세자(世子)'는 부인의 의례와 관련된 사안을 돕는 자가 아니다. 『주례』「여무(女巫)」편에서는 "왕후(王后)가 조문을 하게 되면, 축(祝)과 함께 그 앞에 위치한다."[22] 라고 했다. '축(祝)'은 천관(天官)에 소속된 여축(女祝)이다. 즉 부인이 조문을 하게 되면 마땅히 여무는 문밖에 멈춰서고, 여축이 여무를 대신하여 해당 의례 절차를 아뢰고 돕는다. 앞에서 "군주가 축(祝)을 보고서 용(踊)을 한다."라고 했으니, 부인은 마땅히 여축을 보고서 용(踊)을 하는 것으로, 이곳에 나온 '세자(世子)'라는 글자는 아마도 '여축(女祝)'의 오자인 것 같다.

【541d】

大夫君, 不迎于門外, 入卽位于堂下. 主人北面, 衆主人南面, 婦人卽位于房中. 若有君命·命夫命婦之命·四隣賓客, 其君後主人而拜.

직역 大夫인 君에 대해서는 門外에서 不迎하고, 入하여 堂下에서 位로 卽한다. 主人은 北面하고, 衆主人은 南面하며, 婦人은 房中에서 位로 卽한다. 若히 君命·命

22) 『주례』「춘관(春官)·여무(女巫)」: 若王后弔, 則與祝前.

夫命婦之命·四隣賓客이 有하면, 그 君이 主人을 後하고서 拜한다.

의역 대부인 주군이 자신에게 소속된 신하의 상에 조문하게 되면, 상주는 문밖에서 대부인 주군을 맞이하지 않고, 대부인 주군이 안으로 들어가면 당하(堂下)의 동쪽 계단에 있는 자신의 자리로 나아가 서쪽을 바라본다. 상주는 그의 남쪽에 위치하여 북쪽을 바라보고, 상주의 형제들은 남쪽을 바라보며, 부인들은 방안에 있는 자신의 자리로 나아간다. 대부인 주군이 조문을 할 때, 만약 군주의 명령이나 같은 나라에 살고 있는 대부 및 명부(命婦)의 명령 또는 이웃 나라에서 찾아온 조문객이 있다면, 대부인 주군이 상주를 자신의 뒤에 서도록 하고, 명령 및 빈객에 대해 먼저 절을 한다.

集說 大夫之臣, 亦以大夫爲君, 故曰大夫君也. 言此大夫君之弔其臣喪也, 主人不迎于門外, 此君入而卽堂下之位, 位在阼階下西向, 主人在其位之南而北面也. 此大夫君來弔之時, 若有本國之君命・或有國中大夫及命婦之命・或隣國卿大夫遣使來弔者, 此大夫君必代主人拜命及拜賓, 以喪用尊者主其禮故也. 然此君終不敢如國君專代爲主, 必以主人在己後, 待此君拜竟, 主人復拜也.

번역 대부의 신하는 또한 대부를 주군으로 섬기기 때문에, '대부군(大夫君)'이라고 말했다. 이것은 대부인 주군이 그의 신하에 대한 상에 조문을 한다는 뜻이니, 상주는 문밖에서 맞이하지 않고, 대부인 주군이 안으로 들어가게 되면 당하(堂下)의 자리로 나아가는데, 그 자리는 동쪽 계단 아래에서 서쪽을 바라보는 곳이며, 상주는 그 자리의 남쪽에 위치하여 북쪽을 바라본다. 대부인 주군이 찾아와서 조문을 할 때, 만약 본국의 군주로부터 명령이 전달되거나 혹은 같은 나라에 살고 있는 대부 및 명부(命婦)의 명령이 전달되거나 혹은 이웃 나라의 경과 대부가 사신을 보내와서 조문을 하는 일이 발생한다면, 대부인 주군은 반드시 상주를 대신하여 명령 및 빈객에게 절을 하니, 상례에서는 존귀한 자가 그 예법을 주관하기 때문이다. 그러나 여기에서 말한 대부인 주군은 감히 제후가 전적으로 상주를 대신하여 상주를 맡는 것과 동일하게 할 수 없으니, 반드시 상주를 자기 뒤에 위치하도록 해야 하고, 대부인 주군이 절하는 절차가 끝날 때까지 기다린 뒤에 상주가 재차 절을 한다.

集說 石梁王氏曰: 後主人者, 己在前拜, 使主人陪後.

번역 석량왕씨[23]가 말하길, '후주인(後主人)'이라는 말은 본인이 앞에 위치하여 절을 하고, 상주로 하여금 뒤에서 돕도록 한다는 뜻이다.

鄭注 入卽位于下, 不升堂而立阼階之下, 西面, 下正君也. 衆主人南面於其北, 婦人卽位於房中. 君雖不升堂, 猶辟之也. 後主人而拜者, 將拜賓, 使主人陪其後, 而君前拜. 不俱拜者, 主人無二也.

번역 "들어와서 당하(堂下)의 자리로 나아간다."라고 했는데, 당상(堂上)에 올라가지 않고, 동쪽 계단 아래의 자리로 나아가 위치하며 서쪽을 바라보는 것이니, 정식 군주보다 낮추기 때문이다. 상주의 형제들은 그의 북쪽에서 남쪽을 바라보게 되고, 부인들은 방안에서 자신의 자리로 나아가게 된다. 대부인 주군이 비록 당상으로 올라가지 않지만, 여전히 그의 자리를 피해준다. 상주를 자신의 뒤에 두고서 절을 하는 것은 빈객에게 절을 하려고 할 때, 상주로 하여금 뒤에서 돕도록 하고, 대부인 주군이 그 앞에 위치하여 절을 하는 것이다. 함께 절을 하지 않는 것은 상주는 2명이 있을 수 없기 때문이다.

釋文 下正, 戶嫁反.

번역 '下正'에서의 '下'자는 '戶(호)'자와 '嫁(가)'자의 반절음이다.

23) 석량왕씨(石梁王氏, ?~?) : 자세한 이력이 남아 있지 않다.

孔疏 ●"大夫"至"而拜". ○正義曰: 此一節明大夫君之禮, 不迎于門外者, 貶於正君. 謂大夫下臣稱大夫爲君, 故曰"大夫君"也.

번역 ●經文: "大夫"~"而拜". ○이곳 문단은 대부인 주군의 예법을 나타내고 있다. 문밖으로 나가서 맞이하지 않는 것은 정식 군주에 비해 낮추기 때문이다. 즉 대부에게 소속된 신하는 대부를 가리켜서 주군[君]이라고 부른다. 그렇기 때문에 '대부군(大夫君)'이라고 말한 것이다.

孔疏 ●"入卽位于堂下"者, 阼階下也. 大夫君入寢門, 不得升堂, 乃卽阼階下位而西向也.

번역 ●經文: "入卽位于堂下". ○동쪽 계단 아래에 있는 것이다. 대부인 주군이 침문(寢門)으로 들어서면, 당상(堂上)으로 올라갈 수 없으니, 곧 동쪽 계단 아래에 있는 자리로 나아가서 서쪽을 바라본다.

孔疏 ●"主人北面"者, 主人, 適子也. 其君旣卽阼階下位, 故適子辟之, 位所以在君之南, 北面也.

번역 ●經文: "主人北面". ○'주인(主人)'은 적장자를 뜻한다. 대부인 주군은 이미 동쪽 계단 아래의 자리로 나아갔기 때문에, 적장자가 그 자리를 피해주니, 대부인 주군이 있는 위치의 남쪽에 자리를 잡고 북쪽을 바라보는 이유이다.

孔疏 ●"衆主人南面, 婦人卽位于房中"者, 婦人之位在堂, 其君旣來, 故婦人並爲位于東房中也. 然此言婦人卽位房中, 非止大夫之君, 亦總正君來禮如此也. 又不言大夫君之[24]妻來者, 當同夫人禮也. 又前君臨大斂, 云"主婦尸

24) '군지(君之)'에 대하여. '군지'는 본래 '지군(之君)'으로 기록되어 있었는데, 완원(阮元)의 『교감기(校勘記)』에서는 "혜동(惠棟)의 『교송본(校宋本)』에는 '군지'라고 기록했다. 위씨(衛氏)의 『집설(集說)』에도 동일하게 기록되어 있으

西", 不言辟者, 大斂哀深, 故不辟君. 今既殯後哀殺, 故辟也. 亦與前互也.

번역 ●經文: "衆主人南面, 婦人卽位于房中". ○부인들은 자리는 당상(堂上)에 있게 되는데, 대부인 주군이 찾아와서 조문을 했기 때문에, 부인들은 모두 동쪽 방안에 자리를 마련하게 된다. 그러므로 여기에서 부인이 방안의 자리로 나아간다는 말은 단지 대부인 주군의 경우에만 그치는 것이 아니며 또한 정식 군주가 찾아왔을 때의 예법도 이와 같음을 총괄적으로 나타낸다. 또 대부인 주군의 처가 찾아와서 조문하는 경우를 언급하지 않은 것은 마땅히 제후의 부인(夫人)이 시행하는 예법과 동일하게 치르기 때문이다. 또 앞에서는 군주가 대렴(大斂)에 임하게 되면, "주부는 시신의 서쪽에 위치한다."[25]라고 하여, 자리를 피한다고 말하지 않았는데, 대렴 때에는 애통함이 극심하기 때문에, 군주의 자리를 피해주지 않는 것이다. 그런데 지금은 이미 빈소를 차린 뒤여서 애통함이 줄어들었기 때문에 자리를 피해주니, 이 또한 앞의 문장과 상호 보완적으로 그 뜻을 나타낸다.

孔疏 ●"若有君命·命夫命婦之命·四鄰賓客, 其君後主人而拜"者, 若當此大夫君來弔時, 或有其本國之君命, 或有國中大夫·命婦之命, 或有昔經使四鄰之國卿大夫遣使來弔. 若或有此諸賓在庭, 則此大夫之君代主人拜命及拜諸賓也. 所以爾者, 喪用尊者拜賓故也. 君雖代爲主拜賓, 而猶不敢同於國君專代爲主, 故以主人倍置君之後也. 主人在君後而拜, 謂君先拜, 主人後拜也.

번역 ●經文: "若有君命·命夫命婦之命·四鄰賓客, 其君後主人而拜". ○만약 대부인 주군이 찾아와서 조문을 할 때, 본국의 군주로부터 명령이 왔거나 같은 나라에 있는 대부 및 명부(命婦)의 명령이 왔거나 또는 이전에

니, 이곳 판본에는 '군지'라는 두 글자가 잘못하여 전도된 것이다."라고 했다.

25) 『예기』「상대기」【537b~c】: 大夫之喪, 將大斂, 既鋪絞·紟·衾·衣, 君至, 主人迎, 先入門右, 巫止于門外. 君釋菜, 祝先入, 升堂. 君卽位于序端; 卿大夫卽位于堂廉楹西, 北面東上; 主人房外南面; 主婦尸西, 東面. 遷尸卒斂, 宰告, 主人降, 北面于堂下, 君撫之, 主人拜稽顙. 君降, 升主人馮之, 命主婦馮之.

사방 이웃 나라와 교류를 하여 그 나라의 경과 대부가 사신을 파견하여 조문을 해오게 된 경우이다. 이러한 여러 빈객들이 마당에 있게 되면, 대부인 주군은 상주를 대신하여 명령에 대해 절을 하고 빈객들에 대해 절을 한다. 이처럼 하는 이유는 상사에서는 존귀한 자가 빈객에게 절을 하기 때문이다. 대부인 주군이 비록 상주를 대신하여 빈객에게 절을 하더라도, 여전히 제후가 상주를 대신하여 전적으로 상주의 역할을 수행하는 것과는 감히 동일하게 할 수 없다. 그렇기 때문에 상주를 자신의 뒤에 위치하도록 한다. 상주는 대부인 주군 뒤에 위치하여 절을 하는데, 대부인 주군이 먼저 절을 하고, 상주가 뒤에 절을 하는 것이다.

孔疏 ◎注"婦人"至"二也". ○正義曰: "婦人卽位于房中"者, 東房中也. "君雖不升堂, 猶辟之也"者, 以婦人合在戶西東面, 君來升堂, 婦人辟之在房中. 今大夫君來雖不升堂, 婦人猶辟之於房中也. 然按未大斂之前, 君雖來, 主婦猶在尸西, 其旣殯已後, 君雖來, 不顯婦人之位. 今此大夫君云"婦人卽位房中", 明正君旣殯而來, 婦人亦卽位房中也, 故云"猶辟之". 云"而君前拜. 不俱拜者, 主人無二也"者, 以經云"其君後主人而拜", 是君在前, 主人在後. 又君拜在前, 主人拜在後, 是主人立與拜皆在君後, 不與君同時拜. 君旣爲主, 當推君在前, 故云"主人無二"也.

번역 ◎鄭注: "婦人"~"二也". ○정현이 "부인들은 방안에서 자신의 자리로 나아가게 된다."라고 했는데, 동쪽 방안을 뜻한다. 정현이 "대부인 주군이 비록 당상으로 올라가지 않지만, 여전히 그의 자리를 피해준다."라고 했는데, 부인은 모두 방문의 서쪽에서 동쪽을 바라보고 있고, 군주가 찾아와서 조문을 하며 당상(堂上)에 오르게 된다면, 부인들은 그 자리를 피해 방안에 있게 된다. 그런데 현재의 상황은 대부인 주군이 찾아온 경우이며, 비록 당상으로 올라가지 않더라도, 부인들은 여전히 그 자리를 피해 방안에 있게 된다. 그런데 살펴보니 대렴(大斂)을 치르기 이전이라면, 군주가 비록 찾아와서 조문을 하더라도, 주부는 여전히 시신의 서쪽에 있게 된다.

그리고 빈소를 마련한 뒤의 상황에 대해서 군주가 찾아와 조문을 하는 경우에는 부인들의 자리를 언급하지 않았다. 현재 이곳에서는 대부인 주군이 찾아와서 조문을 할 때, "부인들은 방안에서 자신의 자리로 나아가게 된다."라고 했으니, 정식 군주가 빈소를 마련한 뒤 찾아왔을 때, 부인들 또한 방안에서 자신의 자리로 나아가게 됨을 뜻한다. 그렇기 때문에 "여전히 그의 자리를 피해준다."라고 말한 것이다. 정현이 "대부인 주군이 그 앞에 위치하여 절을 하는 것이다. 함께 절을 하지 않는 것은 상주는 2명이 있을 수 없기 때문이다."라고 했는데, 경문에서는 "대부인 주군이 상주를 뒤로 두고 절을 한다."라고 했으니, 이것은 대부인 주군이 상주 앞에 위치하고, 상주가 그 뒤에 위치한다는 사실을 나타낸다. 또 대부인 주군이 앞서 절을 하므로, 상주는 뒤에 절을 하게 되니, 이것은 상주의 위치와 절을 하는 시기가 모두 대부인 주군의 뒤가 되며, 대부인 주군과 동시에 절을 할 수 없음을 나타낸다. 대부인 주군이 이미 상주의 역할을 수행하므로, 대부인 주군을 추대해서 앞에 위치시켜야 한다. 그렇기 때문에 "상주는 2명이 있을 수 없기 때문이다."라고 말한 것이다.

訓纂 鄭氏元慶曰: 君後主人而拜者, 明主人拜已, 君然後拜之.

번역 정원경[26]이 말하길, '군후주인이배(君後主人而拜)'라는 말은 상주가 절하는 절차를 끝내면, 대부인 주군이 그 뒤에 절을 한다는 사실을 나타낸다.

集解 愚謂: 大夫君卽位於堂下, 非徒下正君, 亦爲不可以君道臨其臣之賓客也. 主人北面, 在阼階下中庭而北面也. 此所降於正君之禮有三焉: 不迎於

26) 정원경(鄭元慶, A.D.1660～A.D.1730) : =정경원(鄭慶元). 청(淸)나라 때의 학자이다. 자(字)는 자여(子余)·지휴(芷畦)이다. 부친 정준손(鄭駿孫)의 영향으로 어려서부터 역학(易學)과 예학(禮學)을 연구하였다. 금석문(金石文)에도 정통하였다. 모기령(毛奇齡)·주이존(朱彝尊) 등과 교유하였다. 저서로는 『예기집설참동(禮記集說參同)』·『주례집설(周禮集說)』 등이 있다.

門外, 一也. 卽位於堂下, 二也. 主人北面, 不卽位於門右, 三也. 此謂大夫君於旣殯後至者, 若當大斂時, 則當升堂視斂, 大夫君與主人·主婦·卿·大夫之位, 皆當如君視大夫大斂之禮也. 衆主人南面, 爲君辟也. 士喪禮君視大斂, "衆主人辟於東壁, 南面", 註云, "南面, 則當坫之東." 賈疏云, "南面, 則西頭爲首者當堂角之坫." 此衆主人之位亦然也. 其君後主人而拜者, 其君使主人陪於其後, 而己代主人拜賓, 亦猶諸侯弔於異國之臣, 其君爲主之義也. 然君命與命夫·命婦之命及四鄰賓客來弔, 大夫君與主人之位不同. 若君命, 則弔者升堂西面, 大夫君當在中庭稽顙, 主人北面於門內之右, 在大夫之後, 哭而不拜也. 若命夫·命婦之命及四鄰賓客來弔, 則弔賓卽位於阼階之南, 大夫君東面拜之, 主人亦東面立於大夫君之後, 哭而不拜也. 疏謂"君拜在前, 主人拜在後", 誤也. 如其說, 則是喪有二孤矣, 此季康子之所以見譏也.

번역 내가 생각하기에, 대부인 주군은 당하(堂下)의 자리로 나아간다고 했는데, 이것은 정식 군주보다 낮추는 것뿐 아니라, 또한 군주의 도리로써 신하의 상에 찾아온 빈객들을 대할 수 없다는 뜻이 된다. 상주가 북면을 하는 것은 동쪽 계단 아래의 마당에서 북쪽을 바라본다는 뜻이다. 이러한 경우 정식 군주에 대한 예법보다 낮추는 것으로는 세 가지가 있다. 첫 번째는 문밖에서 맞이하지 않는 것이다. 두 번째는 당하의 자리로 나아가는 것이다. 세 번째는 상주가 북면을 할 때, 문의 우측으로 가서 자리하지 않는 것이다. 이 내용은 대부인 주군이 자신의 신하 상에서 이미 빈소를 마련한 뒤에 찾아온 경우인데, 만약 대렴(大斂)을 치를 때 당도한다면, 마땅히 당상(堂上)으로 올라가서 염(斂)하는 것을 살펴보고, 대부인 주군과 상주·주부·경·대부의 자리는 모두 군주가 대부의 대렴(大斂)에 찾아와서 살펴보는 예법과 같게 된다. 상주의 형제들이 남쪽을 바라보는 것은 대부인 주군을 위해 자리를 피해주기 때문이다. 『의례』「사상례(士喪禮)」편에서는 군주가 대렴을 살펴볼 때, "중주인이 동쪽 벽으로 자리를 피하여 남쪽을 바라본다."[27]라고 했고, 정현의 주에서는 "남쪽을 바라본다면, 술 받침대의 동쪽

---

27) 『의례』「사상례(士喪禮)」: 君反之, 復初位. <u>衆主人辟于東壁, 南面</u>.

에 있게 된다."라고 했으며, 가공언의 소에서는 "남쪽을 바라본다면 서쪽 끝을 상등의 자리로 삼으니, 당(堂)의 모서리가 진 지점 중 술 받침대가 있는 곳에 해당한다."라고 했다. 이곳에서 중주인이 위치하는 자리 또한 이와 같다. '기군후주인이배(其君後主人而拜)'라는 말은 대부인 주군이 상주로 하여금 자신의 뒤에서 돕도록 시키고, 본인이 상주를 대신하여 빈객에게 절을 한다는 뜻이니, 제후가 이웃 나라의 신하에게 조문을 했을 때, 그 나라의 군주가 상주를 맡는 뜻과 같다. 그러나 군주의 명령 및 명부(命夫)·명부(命婦)의 명령, 또 사방 이웃 나라에서 조문으로 찾아온 빈객들에 대해서는 대부인 주군과 상주의 자리가 달라진다. 만약 군주의 명령에 대해서라면, 조문하는 자는 당상에 올라가서 서쪽을 바라보니, 대부인 주군은 마땅히 마당에서 이마를 땅에 닿도록 조아려야 하고, 상주는 문안의 우측 자리에서 북쪽을 바라보게 되니, 대부의 뒤에 위치하는 것이고, 곡(哭)은 하지만 절은 하지 않는다. 명부(命夫)·명부(命婦)의 명령, 또 사방 이웃 나라에서 조문으로 찾아온 빈객에 대해서라면, 조문으로 찾아온 빈객은 동쪽 계단의 남쪽에서 자신의 자리로 나아가니, 대부인 주군은 동쪽을 바라보고 절을 하고, 상주 또한 동쪽을 바라보며 대부인 주군 뒤에 위치하게 되고, 곡은 하지만 절은 하지 않는다. 공영달의 소에서는 "대부인 주군이 앞서 절을 하고 상주가 뒤에 절을 한다."라고 했는데, 이것은 잘못된 주장이다. 만약 그의 말대로라면 이것은 상사에 두 명의 상주가 있는 꼴이며, 이것은 계강자가 기롱을 당한 이유이기도 하다.[28]

---

28) 『예기』「증자문(曾子問)」【233c~d】: 喪之二孤, 則昔者, 衛靈公, 適魯, 遭季桓子之喪. 衛君請弔, 哀公辭, 不得命. 公爲主, 客入弔, 康子立於門右, 北面, 公揖讓, 升自東階, 西鄕, 客升自西階, 弔. 公拜興哭, 康子拜稽顙於位, 有司弗辯也. 今之二孤, 自季康子之過也.

【542a】

君弔, 見尸柩而后踊.

직역 君이 弔하면, 尸柩를 見한 后에 踊한다.

의역 군주가 조문을 하면, 시신을 안치한 관을 본 이후에 용(踊)을 한다.

集說 前章旣殯而君往, 是不見尸柩也, 乃視祝而踊. 此言見尸柩而后踊似與前文異, 舊說殯而未塗則踊, 塗後乃不踊, 未知是否.

번역 앞에서는 빈소를 차린 뒤에 군주가 찾아왔다고 했는데, 이때에는 시신을 안치한 관을 보지 않고, 곧 축(祝)을 살펴서 용(踊)을 한다. 이곳에서는 시신을 안치한 관을 본 이후에 용(踊)을 한다고 했으니, 아마도 앞에 나온 상황과는 차이가 있을 것이다. 옛 학설에서는 빈소를 설치했는데, 아직 흙을 바르지 않았다면 용(踊)을 하고, 흙을 바른 뒤에는 용(踊)을 하지 않는다고 했는데, 옳은 말인지는 모르겠다.

鄭注 塗之後, 雖往不踊也. 踊, 或爲哭, 或爲浴.

번역 흙을 바른 이후라면, 비록 찾아와서 조문을 하더라도 용(踊)을 하지 않는다. '용(踊)'자를 다른 판본에서는 '곡(哭)'이라고도 기록하고, '욕(浴)'이라고도 기록한다.

孔疏 ●"君弔"至"后踊". ○正義曰: 君弔臣, 唯見尸柩乃踊者. 若不見尸柩, 則不踊. 按前文"旣殯", 君往, "視祝而踊". 殯後有踊者, 皇氏云"雖殯未塗, 則得踊", 故鄭此注云"塗之後, 雖往不踊也". 是旣殯未塗, 得有踊也.

번역 ●經文: "君弔"~"后踊". ○군주가 신하를 조문하게 되면, 오직 시신을 안치한 관을 본 뒤에야 용(踊)을 한다. 만약 시신을 안치한 관을 보지 않았다면 용(踊)을 하지 않는다. 앞에서는 "빈소를 마련했다."라고 했고, 군주가 찾아와서 조문을 할 때, "축(祝)을 보고서 용(踊)을 한다."라고 했다. 빈소를 마련한 뒤 용(踊)을 하는 것에 대해, 황간은 "비록 빈소를 마련했더라도, 아직 흙을 바르지 않았다면 용(踊)을 할 수 있다."라고 했다. 그렇기 때문에 이곳 문장에 대한 정현의 주에서는 "흙을 바른 이후라면, 비록 찾아와서 조문을 하더라도 용(踊)을 하지 않는다."라고 말한 것이다. 이곳의 상황은 이미 빈소를 마련했지만 아직 흙을 바르지 않았기 때문에 용(踊)을 할 수 있다.

集解 見尸, 謂未殯時; 見柩, 謂未葬時也. 故上言"旣殯君往", "視祝而踊", 若旣葬君弔, 則不踊也. 檀弓曰, "葬也者, 藏也." 又曰, "反而亡焉, 失之矣." 殯時柩雖在塗內, 猶爲未藏未亡也.

번역 "시신을 본다."는 말은 아직 빈소를 마련하지 않았을 때를 뜻하며, "영구를 본다."는 말은 아직 장례를 치르지 않았을 때를 뜻한다. 그러므로 앞에서 "빈소를 마련한 뒤에 군주가 찾아가서 조문한다."라고 말하고, "축(祝)을 보고서 용(踊)을 한다."라고 말한 것이니, 만약 장례를 마쳤는데 군주가 조문을 하게 된다면, 용(踊)을 하지 않는다. 『예기』「단궁(檀弓)」편에서는 "장례(葬禮)를 치른다고 할 때, 장(葬)자는 감춘다는 뜻이다."[29]라고 했고, 또 "상주가 장례를 마치고 되돌아왔는데, 부친이 이미 없어졌고, 그 모습을 다시는 볼 수 없게 되었다."[30]라고 했다. 빈소를 마련했을 때의 영구는 비록 흙칠을 한 곳 내부에 보관되지만, 아직까지 장례를 치르지 않아서 시신의 모습이 완전히 없어진 것은 아니다.

---

29) 『예기』「단궁상(檀弓上)」【100d】: 國子高曰: "葬也者, 藏也. 藏也者, 欲人之弗得見也. 是故衣足以飾身, 棺周於衣, 椁周於棺, 土周於椁, 反壤樹之哉!"

30) 『예기』「단궁하(檀弓下)」【115a】: 反哭之弔也, 哀之至也. 反而亡焉, 失之矣, 於是爲甚.

【542a】

大夫·士, 若君不戒而往, 不具殷奠, 君退必奠.

직역 大夫와 士에게 있어서, 若히 君이 不戒하고 往하면, 殷奠을 不具하되, 君이 退하면 必히 奠한다.

의역 대부와 사의 상에 있어서, 만약 군주가 미리 기별을 하지 않고 찾아와 조문하게 된다면, 은전(殷奠)을 준비하지 않지만, 군주가 물러가게 되면 반드시 은전을 지내어 그 사실을 죽은 자에게 아뢴다.

集說 以君之來告於死者, 且以爲榮也.

번역 전제사를 지내는 이유는 군주가 찾아온 사실을 죽은 자에게 아뢰기 때문이며, 또한 그것을 영예로 여기기 때문이다.

鄭注 榮君之來.

번역 군주가 찾아온 사실을 영예로 여기기 때문이다.

孔疏 ●"大夫"至"必奠". ○正義曰: 君不先戒, 故臣不得具殷奠.

번역 ●經文: "大夫"~"必奠". ○군주가 먼저 알리지 않았기 때문에, 신하는 은전(殷奠)을 준비할 수 없는 것이다.

孔疏 ●"君退, 必奠"者, 君來不先戒, 當時雖不得殷奠, 而君去後必設奠告殯, 以榮君來故也.

번역 ●經文: "君退, 必奠". ○군주가 찾아올 때 미리 알리지 않았는데,

당시에 비록 은전(殷奠)을 치를 수 없었더라도, 군주가 떠난 뒤에는 반드시 전제사를 지내서 빈소에 그 사실을 아뢰니, 군주가 찾아온 사실을 영예로 여기기 때문이다.

集解 愚謂: 殷奠非倉卒可具, 不具殷奠, 亦爲不敢久留君也.

번역 내가 생각하기에, 은전(殷奠)은 갑작스럽게 준비할 수 있는 것이 아니니, 은전을 준비하지 않는 것 또한 감히 군주를 오랫동안 머물도록 할 수 없기 때문이다.

• 제 25 절 •

관(棺)에 대한 규정

【542b】

君大棺八寸, 屬六寸, 椑四寸. 上大夫大棺八寸, 屬六寸. 下大夫大棺六寸, 屬四寸. 士棺六寸.

직역 君은 大棺은 八寸이고, 屬은 六寸이며, 椑는 四寸이다. 上大夫는 大棺은 八寸이고, 屬은 六寸이다. 下大夫는 大棺은 六寸이고, 屬은 四寸이다. 士는 棺은 六寸이다.

의역 제후의 관은 3중으로 만드니, 가장 바깥쪽의 대관(大棺)은 그 두께가 8촌(寸)이고, 대관 안의 속(屬)은 6촌이며, 속 안의 비(椑)는 4촌이다. 하대부의 관은 2중으로 만드니, 대관은 6촌이고, 속은 4촌이다. 사의 관은 1중으로 만드니 그 두께는 6촌이다.

集說 君, 國君也. 大棺最在外, 屬在大棺之內, 椑又在屬之內, 是國君之棺三重也. 寸數以厚薄而言.

번역 '군(君)'자는 제후를 뜻한다. 대관(大棺)은 가장 바깥쪽에 있는 관이며, 속(屬)은 대관의 안에 있는 관이고, 비(椑)는 또한 속(屬) 안에 있는 관이니, 이것은 제후의 관은 3중으로 만든다는 사실을 나타낸다. 여기에서 말한 촌(寸)은 두께를 나타낸다.

鄭注 大棺, 棺之在表者也. 檀弓曰: "天子之棺四重, 水・兕革棺被之, 其厚三寸; 杝棺一, 梓棺二, 四者皆周." 此以內說而出也. 然則大棺及屬用梓, 椑用杝, 以是差之, 上公革棺不被, 三重也. 諸侯[1]無革棺, 再重也. 大夫無椑, 一重也. 士無屬, 不重也. 庶人之棺四寸. 上大夫, 謂列國之卿也. 趙簡子云: "不設屬·椑." 時僭也.

번역 '대관(大棺)'은 관 중에서도 겉에 있는 것이다. 『예기』「단궁(檀弓)」편에서는 "천자가 사용하는 관은 4중으로 만든다. 첫 번째 관은 물소와 들소의 가죽으로 만든 관으로, 시신을 직접 감싸는 관이 되는데, 그 두께는 3촌(寸)이다. 그리고 그 겉에는 피나무로 만든 이관(杝棺)이 있게 되니, 1겹으로 만든다. 그리고 그 겉에는 가래나무로 만든 재관(梓棺)이 있게 되는데, 2겹으로 되어 있다. 이처럼 4중으로 되어 있는 관들은 상하 및 사방을 둘러싼 형태로 제작한다."[2]라고 했다. 이것은 안쪽으로부터 설명하여 그 바깥쪽에 있는 것을 언급했다. 그런데 대관(大棺)과 속(屬)은 가래나무[梓]를 이용해서 만들고, 비(椑)는 피나무[杝]를 이용해서 만드는데, 이를 통해 차등을 두게 되어, 상공(上公)은 혁관(革棺)에 가죽을 입히지 않으니, 총 3중으로 만든다. 제후에게는 혁관(革棺)이 없으니, 2중으로 만든다. 대부에게는 비(椑)가 없으니 1중으로 만든다. 사는 속(屬)이 없으니, 겹으로 만들지 않는다. 서인의 관은 그 두께가 4촌(寸)이다. 상대부(上大夫)는 제후국에 소속된 경(卿)을 뜻한다. 조간자는 "속관(屬棺)도 하지 말고 비관(椑棺)도 하지 말라."[3]라고 했는데, 이것은 당시에 참람된 예법을 나타낸다.

釋文 屬音燭, 後皆同. 椑, 步歷反. 重, 直龍反, 下同. 兕, 詞履反. 被, 皮義反, 下同. 厚, 尸豆反. 杝, 以支反. 差, 初佳反, 徐初宜反. 僭, 子念反.

---

1) '후(侯)'자에 대하여. '후'자는 본래 없던 글자인데, 완원(阮元)의 『교감기(校勘記)』에서는 "'제(諸)'자 뒤에는 마땅히 '후'자가 있어야 하니, 이곳 판본에는 잘못하여 글자가 누락된 것이다."라고 했다.

2) 『예기』「단궁상(檀弓上)」【104d】: 天子之棺四重, 水兕革棺被之, 其厚三寸, 杝棺一, 梓棺二. 四者皆周.

3) 『춘추좌씨전』「애공(哀公) 2년」: 若其有罪, 絞縊以戮, 桐棺三寸, 不設屬辟, 素車·樸馬, 無入于兆, 下卿之罰也.

번역 '屬'자의 음은 '燭(촉)'이며, 뒤에 나오는 글자도 모두 그 음이 이와 같다. '椑'자는 '步(보)'자와 '歷(력)'자의 반절음이다. '重'자는 '直(직)'자와 '龍(룡)'자의 반절음이며, 아래문장에 나오는 글자도 그 음이 이와 같다. '兕'자는 '訶(가)'자와 '履(리)'자의 반절음이다. '被'자는 '皮(피)'자와 '義(의)'자의 반절음이며, 아래문장에 나오는 글자도 그 음이 이와 같다. '厚'자는 '尸(시)'자와 '豆(두)'자의 반절음이다. '杝'자는 '以(이)'자와 '支(진)'자의 반절음이다. '差'자는 '初(초)'자와 '隹(추)'자의 반절음이며, 서음(徐音)은 '初(초)'자와 '宜(의)'자의 반절음이다. '僭'자는 '子(자)'자와 '念(념)'자의 반절음이다.

孔疏 ●"君大"至"六寸". ○正義曰: 此一節以下至篇末, 總論君・大夫・士等棺槨及飾棺之異, 幷碑綍之殊, 各依文解之.

번역 ●經文: "君大"~"六寸". ○이곳 문단으로부터 그 이하로 「상대기」편의 끝까지는 군주・대부・사 등의 내관(內棺) 및 외관(外棺)과 관을 장식할 때 나타나는 차이에 대해서 총괄적으로 논의하고 있으며, 아울러 비률(碑綍)의 차이를 나타내고 있으니, 각각의 문장에 따라서 풀이하겠다.

孔疏 ○此一經論君・大夫・士等棺槨厚薄之制. 禮: 天子之棺四重, 故檀弓云"水・兕革棺被之, 其厚三寸, 杝棺一", 注云"所謂椑棺也"; "梓棺二", 注云"所謂屬與大棺". 然則天子四重之棺, 都合厚三尺四寸也. 若上公棺則去水皮, 所餘三重, 合厚二尺一寸也. 若侯・伯・子・男則又去兕皮, 但餘三棺, 爲二重, 合厚一尺八寸也. 若上大夫則又去椑, 所餘屬六寸及大棺八寸, 爲一重, 合厚一尺四寸. 若下大夫亦有屬四寸及大棺六寸, 但寸數減耳. 大棺六寸, 屬四寸, 合厚一尺也. 若士則不重, 唯大棺六寸也.

번역 ○이곳 경문은 군주・대부・사 등의 내관(內棺) 및 외관(外棺)에 나타나는 두께의 제도를 논의하고 있다. 예법에 따르면 천자의 관은 4중으로 만든다. 그렇기 때문에 『예기』「단궁(檀弓)」편에서는 "물소와 들소의 가죽으로 만든 관으로, 시신을 직접 감싸는 관이 되는데, 그 두께는 3촌(寸)이다. 그리고 그 겉에는 피나무로 만든 이관(杝棺)이 있게 되니, 1겹으로 만든다."라고 했고, 정현의 주에서는 "이관(杝棺)은 이른바 비관(椑棺)을 뜻한다."라고 했다. 또 "그 겉에는 가래나무로 만든 재관(梓棺)이 있게 되는데, 2겹으로 되어 있다."라고 했고, 정현의 주에서는 "재관(梓棺)이 2겹이라는 말은 이른바 속관(屬棺)과 대관(大棺)을 뜻한다."라고 했다. 그렇다면 천자는 4중으로 된 관을 사용하여, 그 두께의 합은 3척(尺) 4촌(寸)이 된다. 상공(上公)이 사용하는 관이라면 물소의 가죽을 제거하니, 그 나머지는 3중이 되어 두께의 합은 2척 1촌이 된다. 후작·백작·자작·남작의 경우라면, 또한 들소의 가죽도 제거하게 되며, 나머지 3개의 관은 2중이 되어, 그 두께의 합은 1척 8촌이 된다. 상대부의 경우라면 재차 비(椑)를 제거하고, 나머지 속(屬)은 6촌이고, 대관(大棺)은 8촌이 되는데, 이것을 합하여 1중으로 삼으니, 그 두께의 합은 1척 4촌이 된다. 하대부의 경우라면 또한 속(屬)은 4촌이고, 대관(大棺)은 6촌이 되어, 두께에 있어서만 줄일 따름이다. 대관(大棺)의 두께가 6촌이고, 속(屬)의 두께가 4촌이므로, 그 두께의 합은 1척이 된다. 사의 경우라면 겹으로 만들지 않으니, 오직 6촌의 두께를 가진 대관(大棺)만 사용한다.

孔疏 ●"君大棺八寸, 屬六寸, 椑四寸"者, 屬六寸, 椑四寸, 二者合一尺, 就大棺八寸爲一尺八寸.

번역 ●經文: "君大棺八寸, 屬六寸, 椑四寸". ○속(屬)의 두께는 6촌(寸)이고, 비(椑)의 두께는 4촌이니, 두 개의 두께는 총 1척(尺)이 되며, 대관(大棺)의 두께 8촌을 합하면 1척 8촌이 된다.

孔疏 ●"上大夫大棺八寸, 屬六寸", 去椑四寸, 所餘二種合爲一尺四寸.

번역 ●經文: "上大夫大棺八寸, 屬六寸". ○4촌의 두께를 가진 비(椑)를 제거하니, 나머지 2중의 관을 합하면 그 두께는 1척(尺) 4촌(寸)이다.

孔疏 ●"下大夫大棺六寸, 屬四寸"者, 各減二寸, 合餘一尺也.

번역 ●經文: "下大夫大棺六寸, 屬四寸". ○각각 2촌(寸)씩 줄이니, 그 두께의 합은 1척(尺)이 된다.

孔疏 ●"士棺六寸"者, 無屬, 唯大棺六寸也.

번역 ●經文: "士棺六寸". ○속(屬)이 없고, 오직 6촌(寸)의 두께를 가진 대관(大棺)만 사용한다.

孔疏 ◎注"大棺"至"僭也". ○正義曰: 以名大棺, 故知在表, 云"四者皆周"者, 謂水·兕革棺·杝棺·梓棺等皆周於尸, 惟椁不周. "此以內說而出也"者, 謂檀弓此文從內而說, 以次出外, 而謂近尸有水革, 次外有兕革, 次外有椑, 次外有屬, 次外有大棺. 云"然則大棺及屬用梓, 椑用杝"者, 以檀弓云"杝棺一, 梓棺二", 從內出外而言. 此先云大棺及屬, 乃始云椑, 是從外鄉內而說, 故知大棺及屬當梓棺也, 椑當杝棺也. 云"上公革棺不被, 三重也"者, 以天子四, 上公三, 去其一重, 故知革棺不被, 但有兕也. 云"諸侯無革棺, 再重也"者, 以此經但云君大棺·屬·椑, 不云革, 故知無革棺也. 此"君"謂侯·伯·子·男也. 此經上·下大夫但云大棺與屬, 無杝椑, 是大夫無椑, 一重也. 經唯云"大棺六寸", 是士無屬, 不重也. 按檀弓"孔子爲中都宰, 制四寸之棺, 五寸之椁", 是庶人之棺四寸. 云"趙簡子云, 不設屬·椑, 時僭也"者, 按哀公二年, 趙簡子與鄭師戰于鐵. 簡子自誓云"桐棺三寸, 不設屬·辟", "下卿之罰也". 按此, 大夫依禮無椑, 趙簡子所云罰始無椑, 故知當時大夫常禮用椑, 是時僭也.

번역 ◎鄭注: "大棺"~"僭也". ○'대관(大棺)'이라고 불렀기 때문에, 가

장 곁에 있는 것임을 알 수 있다. 정현이 『예기』「단궁(檀弓)」편을 인용하여, "상하 및 사방을 둘러싼 형태로 제작한다."라고 했는데, 물소와 들소의 가죽으로 된 관·이관(杝棺)·재관(梓棺) 등은 모두 시신을 상하 및 사방으로 둘러싸게 되지만, 오직 곽(椁)만은 모든 면을 두르지 않는다는 뜻이다. 정현이 "이것은 안쪽으로부터 설명하여 그 바깥쪽에 있는 것을 언급했다."라고 했는데, 「단궁」편의 기록은 안에 있는 것으로부터 설명을 시작하여 순차적으로 바깥쪽에 있는 것을 설명했다는 뜻이니, 시신과 가장 가까이 있는 것은 물소의 가죽으로 만든 것이며, 그 곁에는 들소의 가죽으로 만든 것이 있고, 또 그 곁에는 비(椑)가 있으며, 또 그 곁에는 속(屬)이 있고, 또 그 곁에는 대관(大棺)이 있다는 의미이다. 정현이 "그런데 대관(大棺)과 속(屬)은 가래나무[梓]를 이용해서 만들고, 비(椑)는 피나무[杝]를 이용해서 만든다."라고 했는데, 「단궁」편에서 "이관은 1겹이고, 재관은 2겹이다."라고 했고, 안쪽으로부터 바깥쪽 순으로 말했기 때문이다. 이곳에서는 먼저 대관(大棺)과 속(屬)을 언급했고, 그 이후에야 비로소 비(椑)를 언급했으니, 이것은 바깥쪽으로부터 안쪽 순으로 말한 것이다. 그러므로 대관(大棺)과 속(屬)이 재관(梓棺)에 해당하고, 비(椑)가 이관(杝棺)에 해당한다는 사실을 알 수 있다. 정현이 "상공(上公)은 혁관(革棺)에 가죽을 입히지 않으니 총 3중으로 만든다."라고 했는데, 천자는 4중으로 만들고, 상공은 3중으로 만드는데, 4중에서 1중을 제거한 것이다. 그렇기 때문에 혁관에 가죽을 입히지 않고 단지 들소의 가죽을 사용하게 된다는 사실을 알 수 있다. 정현이 "제후에게는 혁관(革棺)이 없으니, 2중으로 만든다."라고 했는데, 경문에서는 단지 "군주는 대관(大棺)·속(屬)·비(椑)를 사용한다."라고 말하고, '혁(革)'을 언급하지 않았기 때문에, 혁관이 없다는 사실을 알 수 있다. 여기에서 말한 '군(君)'자는 후작·백작·자작·남작을 뜻한다. 이곳 경문에서는 상대부와 하대부에 대해서 단지 "대관(大棺)과 속(屬)을 사용한다."라고 말하여, 이비(杝椑)가 없는데, 이것은 대부가 비(椑)를 사용하지 않고 1중으로 만든다는 사실을 나타낸다. 경문에서는 단지 "대관(大棺)의 두께는 6촌(寸)이다."라고 했는데, 이것은 사에게는 속(屬)이 없어서 겹으로 만들지 않는다는 사실을 나타낸다. 「단궁」편을 살펴보면, "공자가 중도재(中都宰)가 되었을 때, 관(棺)은 4촌의 두께로 만들었고, 곽(槨)은 5촌의 두께로 만들었다."[4)]라고 했는데, 이것은 서인이 사용하는 관은 그 두께가 4촌이라는 사실을 나타낸다. 정현이 "조간자는 '속관(屬棺)도 하지 말고 비관(椑棺)도 하지 말라.'라고 했는데, 이것은 당시에 참람된 예법을 나타낸다."라고 했는데, 애공(哀公) 2년의 기록을 살펴보면, 조간자는 정나라 군대와 철(鐵) 땅에서 전쟁을 했다. 조간자는 스스로 맹세를 하며, "동관(桐棺)은 3촌의 두께로 만들고, 속관도 하지 말고 비관도 하지 말라."라고 했고, "하경(下卿)에게 내리는 벌이다."라고 했다. 이 기록을 살펴보면, 대부는 예법에 따르면 비(椑)가 없는데, 조간자는 벌을 내린다고 하면서, 그제야 비(椑)를 하지 말라고 했다. 그렇기 때문에 당시에 대부에게 적용되는 일상적인 예법에서는 비(椑)를 사용했다는 사실을 알 수 있으니, 이것은 당시의 참람된 예법에 해당한다.

集解 愚謂: 君, 謂五等之君也. 大棺, 外棺也. 椑, 親身之棺也. 大棺與屬, 以梓木爲之, 檀弓所謂"梓棺"也. 椑以杝木爲之, 檀弓所謂"杝棺"也. 天子之棺四重: 水・兕革棺被之, 一也. 梓棺二, 三也. 杝棺一, 四也. 諸侯無水・兕革棺, 棺三重; 大夫無椑, 棺二重; 士惟大棺一重而已. 庶人棺四寸, 士棺六寸, 大夫加屬四寸爲一尺, 上大夫大棺及屬加二寸爲一尺四寸, 君加椑四寸爲一尺八寸. 天子之大棺蓋九寸, 屬六寸, 椑四寸, 水・兕革棺三寸, 共爲二尺二寸. <鏘鳴按: 此說天子棺制, 與檀弓注互異, 似當再考.> 天子以下至士, 皆以四寸爲差降也.

번역 내가 생각하기에, '군(君)'자는 다섯 등급의 제후들을 뜻한다. '대관(大棺)'은 외관이다. '비(椑)'는 시신의 몸에 직접 닿는 관이다. 대관(大棺)과

4) 『예기』「단궁상(檀弓上)」【95b】: 曾子以子游之言告於有子. 有子曰: "然. 吾固曰非夫子之言也." 曾子曰: "子何以知之?" 有子曰: "夫子制於中都, 四寸之棺, 五寸之槨, 以斯知不欲速朽也. 昔者夫子失魯司寇, 將之荊, 蓋先之以子夏, 又申之以冉有, 以斯知不欲速貧也."

속(屬)은 가래나무를 이용해서 만드니, 『예기』「단궁(檀弓)」편에서 말한 '재관(梓棺)'에 해당한다. 비(椑)는 피나무를 이용해서 만드니, 「단궁」편에서 말한 '이관(杝棺)'에 해당한다. 천자의 관은 4중으로 만든다. 물소와 들소의 가죽으로 만든 관을 씌우니, 이것이 1중이다. 재관을 2중으로 하니 여기까지가 3중이다. 이관을 1중으로 하니 여기까지가 4중이다. 제후에게는 물소와 들소의 가죽으로 만든 혁관이 없으니 관은 3중으로 만든다. 대부에게는 비(椑)가 없으니 관은 2중으로 만든다. 사는 오직 대관만 사용하여 1중으로 할 따름이다. 서인의 관은 두께가 4촌이고, 사의 관은 6촌이며, 대부는 4촌의 두께를 가진 속(屬)이 추가되어 1척이 되고, 상대부는 대관(大棺) 및 속(屬)에 2촌이 더해져서 총 1척 4촌이 되며, 제후는 4촌의 두께를 가진 비(椑)가 더해져서 총 1척 8촌이 된다. 천자의 대관(大棺)은 아마도 그 두께가 9촌이고, 속(屬)은 6촌이며, 비(椑)는 4촌이고, 물소와 들소의 가죽으로 만든 혁관은 3촌이라서, 총 2척 2촌이 된다. <내[5]가 생각하기에, 이곳에서 천자의 관제(棺制)를 설명한 것은 「단궁」편에 대한 주 기록과 서로 차이를 보이니, 아마도 재차 검토해보아야만 한다.> 천자로부터 그 이하로 사에 이르기까지 모두 4촌의 두께로 층차적으로 낮춘다.

---

5) 손장명(孫鏘鳴, A.D.1817~A.D.1901) : 청(淸)나라 때의 학자이다. 자(字)는 소보(紹甫)이고, 호(號)는 거전(蕖田)·지암(止庵)이다. 손희단(孫希旦)의 『예기집해(禮記集解)』를 편찬하였다.

그림 25-1 비(椑)

※ **출처:** 『삼례도집주(三禮圖集注)』 18권

【542b】

君裏棺用朱綠, 用雜金鐕. 大夫裏棺用玄綠, 用牛骨鐕. 士不綠.

직역 君은 棺을 裏함에 朱綠을 用하고, 雜金의 鐕을 用한다. 大夫는 棺을 裏함에 玄綠을 用하고, 牛骨의 鐕을 用한다. 士는 不綠한다.

의역 군주의 경우 관의 내부에 대해서, 네 방면은 주색의 비단을 붙이고 네 모서리는 녹색의 비단을 붙이는데, 붙일 때에는 쇠로 만든 못을 이용해서 붙인다. 대부의 경우 관의 내부 중 네 방면은 현색의 비단을 붙이고 네 모서리는 녹색의 비단을 붙이는데, 붙일 때에는 소뼈로 만든 못을 이용해서 붙인다. 사의 경우 관의 내부는 모두 현색의 비단을 붙이며, 녹색의 비단을 사용하지 않고, 붙일 때에는 소뼈로 만든 못을 사용한다.

集說 疏曰: 裏棺, 謂以繒貼棺裏也. 朱繒貼四方, 綠繒貼四角. 鐕, 釘也, 用金釘以琢朱綠著棺也. 大夫四面玄, 四角綠. 士不綠者, 悉用玄也, 亦用大夫牛骨鐕.

번역 공영달의 소에서 말하길, '이관(裏棺)'은 비단을 관의 내부에 붙인다는 뜻이다. 주색의 비단으로는 사방에 붙이고, 녹색의 비단으로는 네 모서리에 붙인다. '잠(鐕)'자는 못[釘]을 뜻하니, 쇠로 된 못을 사용하여 주색과 녹색의 비단을 관에 붙인다. 대부는 네 면에 현색의 비단을 붙이고, 네 모서리에는 녹색의 비단을 붙인다. "사는 녹색을 사용하지 않는다."라고 했는데, 모든 곳에 현색의 비단을 붙이고, 또 대부가 사용하는 소뼈로 된 못을 이용해서 붙인다.

集說 石梁王氏曰: 用牛骨爲釘, 不可從.

번역 석량왕씨가 말하길, 소뼈를 이용해서 못을 만든다는 것은 따를 수 없다.

大全 臨川吳氏曰: 按定本近是. 蓋裏棺兼用綠色, 無義. 疏說分二色, 貼四邊, 貼四隅, 亦無義, 且未詳何據. 若依定本, 以綠爲琢, 則朱玄句絶, 琢字屬下句. 士用玄裏棺, 與大夫同, 但不用釘琢之爲異爾.

번역 임천오씨가 말하길, 『정본』을 살펴보니 그 기록이 옳다. 무릇 관의 내면에 비단을 붙일 때 녹색의 비단을 함께 사용하는 것에 대해서는 정론이 없다. 공영달의 소에서는 두 색깔을 구분하여 하나는 네 방면에 붙이고 다른 하나는 네 모서리에 붙인다고 했는데, 여기에 대해서도 정론이 없고, 또 어떤 기록에 근거했는지 알 수 없다. 『정본』의 기록에 따른다면 '녹(綠)'자를 '탁(琢)'자로 기록했으니, '주현(朱玄)'에서 구문을 끊고 '탁(琢)'자는 뒤의 구문과 연결시킨다. 사가 현색의 비단으로 관의 내부에 붙인다는 것은 대부와 동일하다. 다만 못을 이용해서 다듬지 않는 것만 다를 뿐이다.

鄭注 鐕, 所以琢著裏.

번역 못[鐕]은 못질을 하여 내면에 비단을 붙일 때 사용하는 것이다.

釋文 鐕, 子南反, 釘也. 椓, 陟角反, 本又作椓. 著, 直略反.

번역 '鐕'자는 '子(자)'자와 '南(남)'자의 반절음이며, 못을 뜻한다. '椓'자는 '陟(척)'자와 '角(각)'자의 반절음이며, 판본에 따라서는 또한 '椓'자로도 기록한다. '著'자는 '直(직)'자와 '略(략)'자의 반절음이다.

孔疏 ●"君裏"至"不綠". ○正義曰: 此一經明裏棺之制. 裏棺, 謂以繪貼棺裏也. 朱繒貼四方, 以綠繒貼四角. 定本經中"綠"字皆作"琢", 琢謂鐕, 琢朱繒貼著於棺也.

번역 ●經文: "君裏"~"不綠". ○이곳 경문은 관의 내부를 꾸미는 제도에 대해서 나타내고 있다. '이관(裏棺)'은 비단을 관의 내부에 붙인다는 뜻이다. 주색의 비단으로 네 방면에 붙이고, 녹색의 비단으로 네 모서리에 붙인다. 『정본』에서는 경문의 '녹(綠)'자를 모두 '탁(琢)'자로 기록했는데, '탁(琢)'자는 못[鐕]을 뜻하여, 주색의 비단에 못질을 하여 관에 붙인다는 뜻이다.

孔疏 ●"用雜金鐕"者, 鐕, 釘也. 舊說云用金釘, 又用象牙釘, 雜之以琢朱綠著棺也. 釋義云: "朱綠皆繒也."

번역 ●經文: "用雜金鐕". ○'잠(鐕)'자는 못[釘]을 뜻한다. 옛 학설에서는 쇠로 만든 못을 사용하고 또 상아로 만든 못을 사용하는데, 이것들을 섞어서 주색과 녹색의 비단에 못질을 하여 관에 붙인다고 했다. 『석의』에서는 "주색과 녹색은 모두 비단의 색깔을 뜻한다."라고 했다.

孔疏 ●"雜金鐕", 尙書曰: "貢金三品", 黃·白·靑色.

번역 ●經文: "雜金鐕". ○『상서』에서는 "쇠 세 가지 품종을 공납한다."[6] 라고 했는데, 황색·백색·청색의 쇠를 뜻한다.

孔疏 ●"大夫裏棺用玄綠"者, 四面玄, 四角綠.

번역 ●經文: "大夫裏棺用玄綠". ○네 방면에는 현색의 비단을 붙이고, 네 모서리에는 녹색의 비단을 붙인다.

6) 『서』「하서(夏書)·우공(禹貢)」: 厥土惟塗泥, 厥田惟下下, 厥賦下上錯, 厥貢惟金三品.

孔疏 ●"用牛骨鐕"者, 不用牙金也.

번역 ●經文: "用牛骨鐕". ○상아나 쇠로 만든 못을 사용하지 않는다.

孔疏 ●"士不綠"者, 悉用玄也. 亦同大夫用牛骨僭, 不言, 從可知也.

번역 ●經文: "士不綠". ○모두 현색의 비단으로 붙인다. 또한 대부와 동일하게 소뼈로 만든 못을 사용하는데, 이 사실을 언급하지 않은 것은 앞의 내용을 통해서 알 수 있기 때문이다.

訓纂 說文, "祁, 棺中縑裏也." 段氏玉裁曰, "喪大記, '君裏棺用朱綠, 用雜金鐕. 大夫裏棺用玄綠, 用牛骨鐕, 士不綠.' 正義, '君用朱繒貼四面, 綠繒貼四角. 大夫四面玄, 四角綠. 士不綠, 悉用玄.' 按如其說, 則當云'士玄', 不當云'不綠'也. 且顏師古定本綠皆作琢, 謂'鐕琢繒則著於棺', 則'士不琢'尤爲不辭. 蓋綠與琢皆字之誤. 古本三綠皆正作祁. 以縑裏棺曰祁. 縑, 并絲繒也. 君朱祁, 以三色金鐕椓著之. 大夫玄祁, 以牛骨鐕椓著之. 士賤不祁, 則不用鐕. 士喪禮纖悉畢載, 而不言'裏棺', 可證也. 鄭曰, '鐕, 所以椓著裏.' 金部曰, '鐕, 所以綴著物者', 與鄭合. 鐕與祁, 皆據喪大記而言." 又說文"鐕"字下, 段云, "按今所謂'釘'者皆是, 非獨棺釘也."

번역 『설문』에서는 "'조(祁)'는 관 안에 까는 비단이다."라고 했고, 단옥재[7]는 "『예기』「상대기」편에서는 '군주는 관의 안쪽에 비단을 깔며 주색과 녹색의 비단을 사용하고, 잡금의 못을 사용한다. 대부는 관의 안쪽에 비단을 깔며 현색과 녹색의 비단을 사용하고, 소뼈의 못을 사용한다. 사는 녹색의 비단을 사용하지 않는다.'라고 했고, 『정의』에서는 '군주는 주색의 비단으로 네 방면에 붙이고, 녹색의 비단으로 네 모서리에 붙인다. 대부는 네

7) 단옥재(段玉裁, A.D.1735~A.D.1815) : 청(淸)나라 때의 학자이다. 자(字)는 약응(若膺)이고, 호(號)는 무당(懋堂)이다. 저서로는 『설문해자주(說文解字注)』, 『육서음균표(六書音均表)』, 『고문상서찬이(古文尙書撰異)』 등이 있다.

방면에 현색의 비단을 붙이고, 네 모서리에 녹색의 비단을 붙인다. 사는 녹색의 비단을 사용하지 않고, 모두 현색의 비단을 사용한다.'라고 했다. 내가 생각하기에, 그 주장에 따른다면 마땅히 '사는 현색의 비단을 사용한다.'라고 말해야 하지, '녹색의 비단을 사용하지 않는다.'라고 말해서는 안 된다. 또 안사고[8]는 『정본』에는 '녹(綠)'자를 모두 '탁(琢)'자로 기록했으니, '못으로 비단을 붙인다면 관에 붙인다.'는 뜻이 되는데, '사는 못질을 하지 않는다.'라는 말은 더욱 말이 되지 않는다. 아마도 '녹(綠)'자와 '탁(琢)'자는 모두 글자가 비슷해서 잘못 기록된 것이다. 『고본』에는 3개의 '녹(綠)'자를 모두 '조(褅)'자로 바로잡아 기록했다. 겸(縑)을 관의 안쪽에 붙이는 것을 '조(褅)'라고 부른다. '겸(縑)'은 생사를 겹친 것이다. 군주는 주색의 비단을 붙이는데 세 가지 색깔의 쇠로 만든 못으로 못질을 하여 붙인다는 뜻이다. 또 대부는 현색의 비단을 붙이는데 소뼈로 만든 못으로 못질을 하여 붙인다는 뜻이다. 또 사는 미천하므로 관의 내부에 비단을 붙이지 않으니, 못을 사용하지 않는 것이다. 『의례』「사상례(士喪禮)」편에서는 관련 기록들을 상세히 수록하고 있는데, '이관(裏棺)'을 언급하지 않았던 것이 증거가 된다. 정현은 '잠(鐕)은 못질을 하여 안에 붙이는 것이다.'라고 했고, 『설문』의 금부(金部)에서는 '잠(鐕)은 다른 사물에 연결시키는 것이다.'라고 하여, 정현의 주장과 일치한다. '잠(鐕)'자와 '조(褅)'자의 뜻은 모두 「상대기」편의 기록에 근거해서 한 말이다."라고 했다. 또 『설문』에 나오는 '잠(鐕)'자 밑에 단옥재는 "살펴보니 현재 '정(釘)'이라고 말한 것이 모두 여기에 해당하니, 관에 박는 못만 가리키는 것이 아니다."라고 했다.

---

8) 안사고(顔師古, A.D.581～A.D.645) : 당(唐)나라 때의 학자이다. 자(字)는 주(籀)이다. 안지추(顔之推)의 손자이다. 훈고학(訓詁學)에 뛰어났다. 오경(五經)의 문자를 교정하여, 『오경정본(五經定本)』을 찬술하기도 하였다.

【542c】

君蓋用漆, 三衽三束. 大夫蓋用漆, 二衽二束. 士蓋不用漆, 二衽二束.

직역 君의 蓋에는 漆을 用하고, 三衽三束한다. 大夫의 蓋에는 漆을 用하며, 二衽二束한다. 士의 蓋에는 漆을 不用하고, 二衽二束한다.

의역 군주의 관 뚜껑은 이음새에 옻칠을 하고, 3개의 임(衽)을 사용하며 3개의 묶음을 짓는다. 대부의 관 뚜껑은 이음새에 옻칠을 하고, 2개의 임(衽)을 사용하며 2개의 묶음을 짓는다. 사의 관 뚜껑은 이음새에 옻칠을 하지 않고, 2개의 임(衽)을 사용하며 2개의 묶음을 짓는다.

集說 蓋, 棺之蓋板也. 用漆, 謂以漆塗其合縫用衽處也. 衽束, 並說見檀弓.

번역 '개(蓋)'는 관의 뚜껑을 뜻한다. '용칠(用漆)'은 옻으로 이음새 즉 임(衽)을 사용하는 곳에 바른다는 뜻이다. '임(衽)'과 '속(束)'에 대해서는 그 설명이 모두 『예기』「단궁(檀弓)」편에 나온다.[9]

---

9) 『예기』「단궁상(檀弓上)」【105a】에는 "棺束, 縮二衡三; 衽, 每束一."이라는 기록이 있고, 이에 대한 진호(陳澔)의 『집설(集說)』에서는 "古者棺不用釘, 惟以皮條直束之二道, 橫束之三道. 衽, 形如今之銀則子, 兩端大而中小, 漢時呼爲小要. 不言何物爲之, 其亦木乎. 衣之縫合處曰衽, 以小要連合棺與蓋之際, 故亦名衽. 先鑿木置衽, 然後束以皮, 每束處必用一衽, 故云'衽每束一'也."라고 했다. 즉 "고대에는 관(棺)에 못을 사용하지 않았고, 오직 가죽 끈을 이용해서 세로로 2줄을 묶고, 가로로 3줄을 묶었다. '임(衽)'이라는 것은 그 형태가 오늘날 은(銀)으로 만든 칙자(則子)와 같은 것인데, 양쪽 끝단은 크고 중앙은 작으며, 한(漢)나라 때에는 이것을 '소요(小要)'라고 불렀다. 어떠한 재료로 만든다고 언급하지 않았으니, 이 또한 나무로 만들었을 것이다. 옷에서 봉합한 곳을 '임(衽)'이라고 부르는데, 소요(小要)로는 관(棺)과 덮개가 합쳐지는 곳에 연결시킨다. 그렇기 때문에 또한 그 명칭을 '임(衽)'이라고도 하는 것이다. 먼저 나무에 구멍을 뚫어서 임(衽)을 끼우고, 그런 뒤에 가죽 끈으로 묶게 되는데, 매 가죽 끈마다 반드시 한 개의 임(衽)을 사용해야만 한다. 그렇기 때

鄭注 用漆者, 塗合牝牡之中也. 衽, 小要也.

번역 옻칠을 한다는 것은 튀어나오고 들어간 봉합지점에 칠을 한다는 뜻이다. '임(衽)'은 오늘날의 소요(小要)에 해당한다.

釋文 要, 一遙反, 下同.

번역 '要'자는 '一(일)'자와 '遙(요)'자의 반절음이며, 아래문장에 나오는 글자도 그 음이 이와 같다.

孔疏 ●"君蓋"至"二束". ○正義曰: 此一經明衽束之數.

번역 ●經文: "君蓋"~"二束". ○이곳 경문은 임(衽)과 속(束)의 수를 나타내고 있다.

孔疏 ●"君蓋用漆"者, 蓋棺上蓋用漆, 謂漆其衽合縫處也.

번역 ●經文: "君蓋用漆". ○관의 뚜껑에는 옻칠을 하는데, 임(衽)으로 봉합한 부분에 옻칠을 한다는 뜻이다.

孔疏 ●"三衽三束"者, 衽, 謂燕尾合棺縫際也. 束, 謂以皮束棺也. 棺兩邊各三衽, 每當衽上輒以牛皮束之, 故云"三衽三束"也.

번역 ●經文: "三衽三束". ○'임(衽)'은 끝부분으로 관과 뚜껑을 합하여 틈을 봉합한다는 뜻이다. '속(束)'은 가죽으로 관을 묶는다는 뜻이다. 관의 양쪽 측면에 각각 3개의 임(衽)이 있고, 매 임(衽)마다 그 위를 소의 가죽을 이용해서 묶는다. 그렇기 때문에 "3개의 임(衽)을 사용하며 3개의 묶음을 짓는다."라고 말한 것이다.

문에 '임(衽)은 매 묶음마다 1개씩이다.'라고 말한 것이다."라는 뜻이다.

孔疏 ●"大夫蓋用漆, 二衽二束"者, 亦漆衽合縫處也. 大夫·士橫衽有束, 每衽有束, 故云"二衽二束"也.

번역 ●經文: "大夫蓋用漆, 二衽二束". ○이 또한 임(衽)으로 봉합한 부분에 옻칠을 하는 것이다. 대부와 사는 임(衽)을 가로로 두고 매듭을 짓는데, 매 임(衽)마다 매듭을 짓기 때문에 "2개의 임(衽)을 사용하며 2개의 묶음을 짓는다."라고 말한 것이다.

孔疏 ●"士蓋不用漆, 二衽二束"者, 士卑, 故不漆也. 言二衽二束者, 與大夫同. 檀弓云"棺束, 縮二, 衡三"者, 據君言也. 若大夫·士, 橫唯二束, 此文是也. 故鄭注司士云: "結披必當棺束, 於束繫紐, 天子·諸侯載柩三束, 大夫·士二束." 喪大記曰: "君纁披六, 大夫披四, 前纁後玄. 士二披, 用纁." 人君禮文, 欲其數多, 圍數兩旁言六耳, 其實旁三是也. 皇氏不見鄭之此注, 以爲此經大夫·士二衽二束者, 據披從束而言, 其橫皆爲三束, 其義非也.

번역 ●經文: "士蓋不用漆, 二衽二束". ○사는 신분이 미천하기 때문에 옻칠을 하지 않는다. 2개의 임(衽)을 사용하고 2개의 묶음을 짓는다는 것은 대부의 경우와 동일하다. 『예기』「단궁(檀弓)」편에서는 "관을 묶을 때에는 못을 사용하지 않았으므로, 가죽 끈을 이용해서 세로로 2줄을 묶고, 가로로 3줄을 묶는다."라고 했는데, 이것은 군주의 경우를 근거로 말한 것이다. 대부와 사의 경우라면 가로로만 2개의 묶음을 지으니, 이곳의 문장이 바로 이러한 사실을 나타낸다. 그러므로 『주례』「사사(司士)」편에 대한 정현의 주에서는 "관을 지지하는 피(披)를 묶을 때에는 반드시 관에 매듭을 지은 부분에 하니, 매듭 부분에 끈을 연결하는 것으로, 천자와 제후가 관을 수레에 실을 때에는 3개의 묶음을 짓고, 대부와 사는 2개의 묶음을 짓는다."[10]라고 한 것이다. 「상대기」편에서는 "군주는 훈피(纁披)가 6개이고, 대부는 피(披)가 4개인데, 앞은 분홍색으로 하고 뒤는 현색으로 한다. 사는 피(披)

10) 이 문장은 『주례』「하관(夏官)·사사(司士)」편의 "作六軍之事執披."라는 기록에 대한 정현의 주이다.

가 2개인데, 분홍색만 사용한다."라고 했다. 군주에게 적용되는 예법은 격식을 갖추니, 그 수를 많이 나타내고자 해서 양쪽 측면에 있는 것을 합쳐 6개라고 말한 것일 뿐으로, 실제로 한쪽 측면에는 3개가 있게 된다. 황간은 정현의 이러한 주장을 보지 못하고서, 이곳 경문에 대부와 사가 2개의 임(衽)과 2개의 묶음을 짓는다는 것이 피(披)가 묶음에 따른다는 것을 기준으로 말한 것이라고 여겼고, 그에 따라 가로 방향으로 모두 3개의 묶음을 짓는다고 했으니, 그의 주장은 잘못되었다.

集解 愚謂: 君蓋用漆者, 謂棺旣加蓋, 而用漆塗合其縫際牝牡之間也. 衽, 小要也, 所以連合棺之縫際者. 以木爲之, 兩端廣, 中央狹, 有似深衣之衽, 故名焉. 古棺無釘, 君與大夫以漆塗合縫際, 又鑿身與蓋合際處作坎, 內小要於坎中, 以連合之. 又每當衽上, 用牛皮束之以爲固也. 衽與束有橫有縮, 此云"三束"·"二束", 惟據其橫者言之也. 大夫二衽二束, 降於君也. 士蓋不用漆, 又降於大夫也. 檀弓曰, "棺束, 縮二, 衡三, 衽每束一", 謂天子也. 諸侯之衽與束, 其橫者與天子同, 則其縮者亦與天子同矣. 大夫士橫者二, 則其縮者一與.

번역 내가 생각하기에, '군개용칠(君蓋用漆)'이라는 말은 관에 뚜껑을 덮게 되면, 봉합되어 자물쇠의 암수처럼 맞물린 곳에 옻칠을 한다는 뜻이다. '임(衽)'은 소요(小要)를 뜻하니, 관의 봉합된 틈에 연결하여 합치는 것이다. 나무로 만들게 되는데, 양쪽 끝단은 넓게 만들고, 중앙은 가늘게 만들며, 심의(深衣)에 다는 임(衽)과 흡사한 점이 있기 때문에 '임(衽)'이라고 부른다. 고대에는 관을 결합할 때 못을 사용하지 않았고, 군주와 대부는 봉합된 부분에 옻칠을 하여 틈을 매웠고, 또 관의 몸체와 뚜껑의 봉합되는 지점을 깎아서 틈을 만들었고, 소요를 그 틈으로 집어넣어서 결합했다. 또 매 임(衽)마다 그 위에는 소의 가죽을 이용해서 결속하고 이를 통해 고정시켰다. 임(衽)과 속(束)에는 가로로 된 것도 있고 세로로 된 것도 있는데, 이곳에서 '3개의 속(束)', '2개의 속(束)'이라고 말한 것들은 가로로 짓는 매듭을 기준으로 말한 것이다. 대부가 2개의 임(衽)과 2개의 속(束)을 사용하는 것은 군주보다 낮추기 때문이다. 사의 관 뚜껑에는 옻칠을 하지 않으니, 또한 대부보다도 낮추기 때문이다. 『예기』「단궁(檀弓)」편에서 "관을 묶을 때에는 못을 사용하지 않았으므로, 가죽 끈을 이용해서 세로로 2줄을 묶고, 가로로 3줄을 묶는데, 결속에 사용하는 임(衽)은 매 묶음마다 1개씩 사용한다."라고 했는데, 이것은 천자의 예법을 나타낸다. 제후가 이용하는 임(衽)과 속(束)에 있어서 가로로 들어가는 것은 천자의 경우와 동일하니, 세로로 들어가는 것 또한 천자의 경우와 동일한 것이다. 대부와 사가 가로로 2개씩 사용한다면, 세로에는 1개씩 사용했을 것이다.

集解 棺束有二: 一是大斂加蓋後之束, 專屬於棺者, 此與檀弓所言者, 是也. 一是葬時柩車旣載後之束, 以繫棺於柩車者, 士喪禮"乃載, 踊無算, 卒束, 襲", 是也. 在棺之束有橫有縮, 柩車之束則但有橫者耳.

번역 관의 속(束)에는 두 종류가 있다. 첫 번째는 대렴(大斂) 때 뚜껑을 덮은 이후 결속하는 것이니, 이것은 전적을 관에만 연결시키는 것으로, 이곳 기록과 『예기』「단궁(檀弓)」편에서 말한 것이 바로 이것에 해당한다. 다른 하나는 장례를 치르며 영구에 관을 실은 뒤에 묶는 속(束)이니, 이것은 관을 영구에 결속할 때 사용하는 것으로, 『의례』「사상례(士喪禮)」편에서 "관을 싣고서 용(踊)을 함에는 정해진 수치가 없고, 속(束)을 끝내고서 습(襲)을 한다."[11]라고 했는데, 바로 이것에 해당한다. 관에 있는 속(束)에는 가로로 묶는 것도 있고 세로로 묶는 것도 있는데, 영구에 결속하는 속(束)은 단지 가로로 묶는 것만 있을 뿐이다.

---

11) 『의례』「기석례(旣夕禮)」: 有司請祖期. 曰, "日側." 主人入, 袒. 乃載. 踊無筭. 卒束, 襲. 降奠當前束. 商祝飾柩, 一池, 紐前經後緇, 齊三采, 無貝. 設披, 屬引.

• 제 26 절 •

죽은 자의 손발톱 및 머리카락 처리

【542d】

君·大夫鬊爪, 實于綠中. 士埋之.

직역 君과 大夫는 鬊와 爪를 綠中에 實한다. 士는 埋한다.

의역 군주와 대부의 상을 치를 때, 그들이 평소에 모아둔 머리카락과 손발톱은 주머니에 넣어 관의 네 구석에 담는다. 사의 경우라면 관에 담지 않고 매장한다.

集說 鬊, 亂髮也. 爪, 手足之爪甲也. 生時積而不棄, 今死爲小囊盛之而實于棺內之四隅. 故讀綠爲角, 四角之處也. 士則以物盛而埋之耳.

번역 '순(鬊)'은 빠진 머리카락을 뜻한다. '조(爪)'는 손톱과 발톱이다. 생전에는 그것을 모아두고 버리지 않는데, 현재 그가 죽어서 작은 주머니에 그것들을 담고 관의 내부 중 네 모퉁이에 넣는다. 그렇기 때문에 '녹(綠)'자를 '각(角)'자로 풀이하는 것이니, 네 모서리 부근을 뜻한다. 사의 경우라면 다른 것을 이용해 그것을 담기는 하지만 매장만 할 따름이다.

鄭注 綠當爲角, 聲之誤也. 角中, 謂棺內四隅也. 鬊, 亂髮也. 將實爪・髮棺中, 必爲小囊盛之. 此綠或爲簍.

번역 '녹(綠)'자는 마땅히 '각(角)'자가 되어야 하니, 소리가 비슷해서 생긴 오류이다. '각중(角中)'은 관 내부의 네 모서리를 뜻한다. '순(鬊)'은 빠진 머리카락을 뜻한다. 손발톱이나 머리카락을 관 속에 넣을 때에는 반드시 작은 주머니에 그것들을 담아야 한다. 이곳에 나온 '녹(綠)'자를 다른 판본에서는 '누(簍)'자로 기록하기도 한다.

釋文 鬊音舜. 爪, 側巧反. 囊, 乃剛反, 徐音託. 盛音成. 簍, 魯口反.

번역 '鬊'자의 음은 '舜(순)'이다. '爪'자는 '側(측)'자와 '巧(교)'자의 반절음이다. '囊'자는 '乃(내)'자와 '剛(강)'자의 반절음이고, 서음(徐音)은 '託(탁)'이다. '盛'자의 음은 '成(성)'이다. '簍'자는 '魯(로)'자와 '口(구)'자의 반절음이다.

孔疏 ●"君大"至"埋之". ○正義曰: 此一節明鬊·爪之異.

번역 ●經文: "君大"~"埋之". ○이곳 경문은 머리카락과 손발톱을 다루는 차이점을 나타내고 있다.

孔疏 ●"實于綠中"者, 綠卽棺角也, 其死者亂髮及手足之爪, 盛于小囊, 實于棺角之中.

번역 ●經文: "實于綠中". ○'녹(綠)'자는 관의 모서리를 뜻하니, 죽은 자의 머리카락과 손발톱을 작은 주머니에 담아서 관의 모서리 부근에 넣는다.

孔疏 ●"士埋之"者, 士賤, 亦有物盛髮·爪而埋之.

번역 ●經文: "士埋之". ○사는 신분이 미천하기 때문에 다른 것을 이용해 머리카락과 손발톱을 담고 매장한다.

孔疏 ◎注"綠當爲角". ○正義曰: 知綠當爲角者, 上文綠爲色, 以飾棺裏,非藏物之處. 以綠與角聲相近, 經云綠中, 故讀綠爲角.

번역 ◎鄭注: "綠當爲角". ○정현의 말처럼 '녹(綠)'자가 마땅히 '각(角)'자가 되어야 한다는 사실을 알 수 있는 이유는 앞의 문장에 나온 '녹(綠)'자는 색깔에 해당하며, 이를 통해 관의 내부를 장식하니, 부장품을 넣는 지점을 뜻하지 않는다. 그리고 '녹(綠)'자와 '각(角)'자는 소리가 서로 비슷하고, 경문에서 '녹중(綠中)'이라고 했기 때문에 '녹(綠)'자를 '각(角)'자로 풀이한 것이다.

集解 愚謂: 綠當作"簍". 檀弓曰, "設簍 · 翣." 簍, 柳也. 實於簍中者, 殯時置棺外, 及葬則實於棺外柳內也. 士埋之者, 沐浴之後, 埋於甸人所掘兩階間之坎也.

번역 내가 생각하기에, '녹(綠)'자는 마땅히 '누(簍)'자로 기록해야 한다. 『예기』「단궁(檀弓)」편에서는 "관(棺)을 치장하는 누(蔞)와 삽(翣)을 설치한다."[1]라고 했는데, '누(簍)'자는 관을 가리며 장식하는 유(柳)에 해당한다. '실어루중(實於簍中)'이라는 말은 빈소를 마련할 때 관의 밖에 설치하고, 장례를 치르게 되면 관의 밖과 유(柳)의 안쪽에 채운다는 뜻이다. "사는 매장한다."는 말은 시신에게 목욕을 시킨 이후 전인(甸人)이 파두었던 양쪽 계단 사이의 구덩이에 묻는다는 뜻이다.

---

1) 『예기』「단궁하(檀弓下)」【121c】: 人死, 斯惡之矣; 無能也, 斯倍之矣. 是故制絞 · 衾, 設蔞 · 翣, 爲使人勿惡也.

그림 26-1 삽(翣)

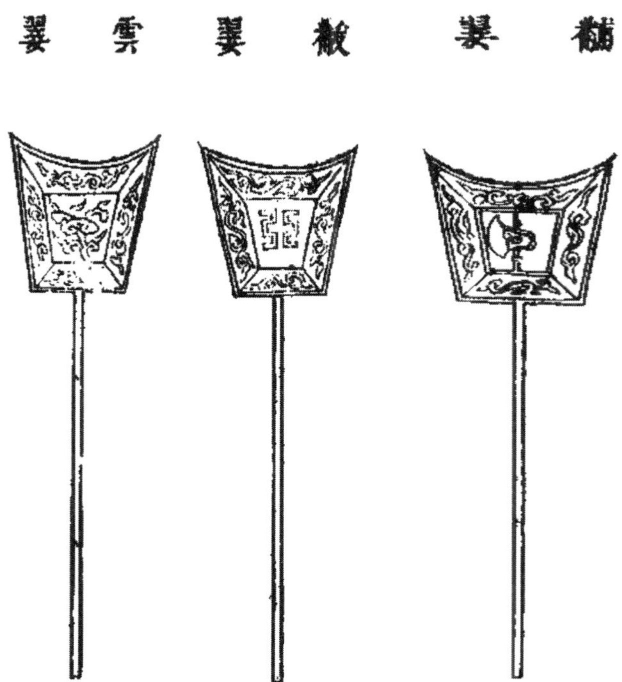

※ **출처:** 『삼재도회(三才圖會)』「의제(儀制)」 7권

• 제 27 절 •

빈소를 설치하는 규정

【542d】

君殯用輴, 欑至[1]于上, 畢塗屋. 大夫殯以幬, 欑至于西序, 塗不暨于棺. 士殯見衽, 塗上帷之.

직역 君의 殯에는 輴을 用하고, 欑하여 上에 至하며, 屋을 畢塗한다. 大夫의 殯에는 幬로써 하고, 欑하여 西序에 至하며, 塗하되 棺에 不暨한다. 士의 殯에는 衽을 見하고, 上을 塗하여 帷한다.

의역 군주의 빈소를 마련할 때에는 순거(輴車)를 사용하여 관을 안치하고, 네 방면에 나무를 쌓아올리는데, 관보다 높게 쌓아 지붕처럼 만들며, 진흙으로 모두 바른다. 대부의 빈소를 마련할 때에는 순거를 사용하지 않고, 나무를 쌓아 지붕처럼 만들지 않으며 천으로 그 위를 덮게 되고, 관의 한쪽 측면을 서쪽 서(序)에 붙이고 나머지 세 방면에만 나무를 쌓아 올리는데, 진흙을 바른 것은 관까지 닿지 않게 한다. 사의 빈소를 마련할 때에는 관과 뚜껑을 봉합한 임(衽)을 드러내고, 임 위에 나무를 덮고 그 위에 진흙을 바르고, 장막을 친다.

---

1) '지(至)'자에 대하여. 『십삼경주소(十三經注疏)』 북경대 출판본에서는 "완원(阮元)의 『교감기(校勘記)』에서는 '혜동(惠棟)의 『교송본(校宋本)』, 『석경(石經)』·『악본(岳本)』·『가정본(嘉靖本)』 및 위씨(衛氏)의 『집설(集說)』에는 치(置)자로 기록했다. 『민본(閩本)』·『감본(監本)』·『모본(毛本)』에서는 지(至)자로 기록했는데, 잘못된 기록이다. 『석경고문제요(石經考文提要)』에서 『송대자본(宋大字本)』·『송본구경(宋本九經)』·『남송건상본(南宋巾箱本)』·『여인중본(余仁仲本)』·『유숙강본(劉叔剛本)』에서는 모두 치(置)자로 기록했다. 살펴보니 『의례』「사상례(士喪禮)」편의 주에서도 이곳 기록을 인용하며 치(置)자로 기록했다.'"라고 했다.

集說 君, 諸侯也. 輴, 盛柩之車也. 殯時以柩置輴上. 欑, 猶叢也. 叢木于輴之四面, 至于棺上. 畢, 盡也, 以泥盡塗之. 此欑木似屋形, 故曰畢塗屋也. 大夫之殯不用輴, 其棺一面貼西序之壁, 而欑其三面, 上不爲屋形, 但以棺衣覆之. 幬, 覆也. 故言大夫殯以幬, 欑至于西序也. 塗不暨于棺者, 天子・諸侯之欑木廣而去棺遠, 大夫欑狹而去棺近, 所塗者僅僅不及于棺而已. 士殯掘肂以容棺. 肂, 卽坎也. 棺在肂中不沒, 其蓋縫用衽處, 猶在外而可見, 其衽以上, 亦用木覆而塗之. 帷, 幛也. 貴賤皆有帷, 故惟朝夕之哭乃褰擧其帷耳. 所以帷者, 鬼神尙幽闇故也. 此章以檀弓參之, 制度不同.

번역 '군(君)'자는 제후를 뜻한다. '순(輴)'은 영구를 싣는 수레이다. 빈소를 마련할 때, 영구는 순거(輴車) 위에 싣는다. '찬(欑)'자는 "모으다[叢]."는 뜻이다. 순거의 네 방면에 나무를 쌓아서 관의 윗부분까지 쌓는다. '필(畢)'자는 모두[盡]라는 뜻이니, 진흙으로 모두 바른다는 의미이다. 이처럼 나무를 쌓은 것은 지붕의 형태와 유사하기 때문에 "지붕까지 모두 바른다."라고 말했다. 대부의 빈소를 마련할 때에는 순거를 사용하지 않고, 관의 한 방면을 서쪽 서(序)의 담장에 붙이고, 나머지 세 방면에 나무를 쌓게 되는데, 위는 지붕의 형태로 만들지 않고, 단지 관을 덮는 천으로 그 위를 덮기만 한다. '주(幬)'자는 덮개[覆]를 뜻한다. 그러므로 "대부의 빈소를 마련할 때에는 관의를 사용하여 덮고, 나무를 쌓되 서쪽 서(序)까지 이른다."라고 말한 것이다. 진흙을 바르는 것이 관까지 미치지 않는 것은 천자와 제후의 경우 나무를 쌓는 것이 폭이 넓어 관과 멀리 떨어져 있고, 대부의 경우 나무를 쌓은 폭이 좁아서 관과의 거리가 짧으니, 진흙을 바른 것이 간신히 관까지는 미치지 않을 따름이다. 사의 빈소를 마련할 때에는 땅을 파고서 관을 안치할 따름이다. '사(肂)'자는 구덩이[坎]이다. 관을 구덩이 속에 안치하지만 매장하지는 않고, 관의 뚜껑 중 봉합한 부분에 사용한 임(衽)은 바깥쪽에 있어서 볼 수 있는데, 임(衽) 위에는 또한 나무를 이용해서 덮고 그곳에 흙칠을 한다. '유(帷)'자는 장막[幛]이다. 신분의 차등에 상관없이 모두 장막을 설치하게 된다. 그렇기 때문에 아침저녁으로 곡(哭)을 할 때에는 장막을 걷어 올리고 할 따름이다. 장막을 치는 이유는 귀신은 그윽하고 어두운 곳을 숭상하기 때문이다. 이곳의 내용은 『예기』「단궁(檀弓)」편의 내용과 함께 참고해보면, 그 제도가 동일하지 않다.

鄭注 欑, 猶菆也. 屋, 殯上覆如屋者也. 幬, 覆也. 暨, 及也. 此記參差, 以檀弓參之, 天子之殯, 居棺以龍輴, 欑木題湊象椁, 上四注如屋以覆之, 盡塗之. 諸侯輴不畫龍, 欑不題湊象椁, 其他亦如之. 大夫之殯, 廢輴, 置棺西牆下, 就牆欑其三面塗之. 不及棺者, 言欑中狹小, 裁取容棺. 然則天子·諸侯差寬大矣. 士不欑, 掘地下棺, 見小要耳. 帷之, 鬼神尙幽闇也. 士達於天子皆然. 幬, 或作錞, 或作焞.

번역 '찬(欑)'자는 "쌓다[菆]."는 뜻이다. '옥(屋)'자는 빈소를 차린 곳 위를 덮는데 그 모습이 지붕과 같다는 뜻이다. '주(幬)'자는 덮개[覆]를 뜻한다. '기(暨)'자는 "~에 이르다[及]."는 뜻이다. 이곳 기록은 설명이 다소 정돈되어 있지 않으니, 『예기』「단궁(檀弓)」편의 기록을 통해 참고해보면, 천자의 빈소를 마련할 때에는 관을 안치할 때 용(龍)의 그림이 그려진 순거(輴車)를 사용하고, 나무를 쌓아서 제주(題湊)[2]를 만들어 곽(椁)을 형상화하고, 상단부에는 네 방면에 물받이를 두어서 지붕처럼 만든 뒤 그 위를 덮고, 모두 진흙으로 바른다. 제후의 순거에는 용을 그리지 않고, 나무를 쌓되 제주를 달아서 곽(椁)처럼 만들지 않으며, 나머지 것들은 또한 천자의 경우와 같다. 대부의 빈소를 만들 때에는 순거를 사용하지 않고, 서쪽 담장 아래에 관을 안치한 뒤, 벽면에 닿은 곳 외의 세 방면에 나무를 쌓고 진흙을 바른다. '불급관(不及棺)'이라고 했는데, 나무를 쌓은 곳 내부는 협소하지만, 관을 넣을 수 있도록 만든다는 뜻이다. 그러나 천자와 제후는 보다 폭이 넓게 된다. 사의 빈소를 만들 때에는 나무를 쌓지 않고 땅을 파고서 하관을

---

2) 제주(題湊)는 고대에 천자(天子)의 빈소를 만들 때 사용하던 방법이다. 나무를 포개서 곽(椁)을 두르게 되는데, 나무의 머리 쪽이 모두 내부를 향하도록 설치하여, 곽(椁)의 덮개처럼 씌운다. 나무를 쌓은 전체적인 모습은 위는 뾰족하게 되고 밑은 사각형으로 퍼지게 되니, 마치 지붕을 네 방면으로 빗물이 흐르도록 만들었던 것과 유사하다. 그래서 '제주'라고 부르는 것이다.

하고 소요(小要)를 드러낼 따름이다. 장막을 치는 것은 귀신이 그윽하고 어두운 곳을 숭상하기 때문이다. 사로부터 천자에 이르기까지 모두 장막을 친다. '주(幬)'자를 다른 판본에서는 '순(錞)'자로 기록했고, 또 '돈(焞)'자로도 기록했다.

釋文 輴, 敕倫反. 欑, 才冠反, 下同. 幬音道, 注同. 暨, 其器反, 注同. 見, 賢遍反, 注同. 菆, 才工反, 本亦作叢. 參, 初金反. 差, 初宜反. 題音啼. 湊, 七豆反, 注, 徐之樹反, 下同. 差寬, 初賣反, 又初佳反. 掘, 其越反, 又其勿反. 錞, 徒對反, 又徒臥反, 又徒偎反. 焞依字支允反, 又支悶反, 徐都臥反, 沈都雷反.

번역 '輴'자는 '敕(칙)'자와 '倫(륜)'자의 반절음이다. '欑'자는 '才(재)'자와 '冠(관)'자의 반절음이며, 아래문장에 나오는 글자도 그 음이 이와 같다. '幬'자의 음은 '道(도)'이며, 정현의 주에 나오는 글자도 그 음이 이와 같다. '暨'자는 '其(기)'자와 '器(기)'자의 반절음이며, 정현의 주에 나오는 글자도 그 음이 이와 같다. '見'자는 '賢(현)'자와 '遍(편)'자의 반절음이며, 정현의 주에 나오는 글자도 그 음이 이와 같다. '菆'자는 '才(재)'자와 '工(공)'자의 반절음이며, 판본에 따라서는 또한 '叢'자로도 기록한다. '參'자는 '初(초)'자와 '金(금)'자의 반절음이다. '差'자는 '初(초)'자와 '宜(의)'자의 반절음이다. '題'자의 음은 '啼(제)'이다. '湊'자는 '七(칠)'자와 '豆(두)'자의 반절음이며, '注'자의 서음(徐音)은 '之(지)'자와 '樹(수)'자의 반절음이고, 아래문장에 나오는 글자도 그 음이 이와 같다. '差寬'에서의 '差'자는 '初(초)'자와 '賣(매)'자의 반절음이며, 또한 '初(초)'자와 '佳(추)'자의 반절음도 된다. '掘'자는 '其(기)'자와 '越(월)'자의 반절음이고, 또한 '其(기)'자와 '勿(물)'자의 반절음도 된다. '錞'자는 '徒(도)'자와 '對(대)'자의 반절음이고, 또 '徒(도)'자와 '臥(와)'자의 반절음도 되며, 또 '徒(도)'자와 '偎(외)'자의 반절음도 된다. '焞'자는 자형에 따르면 그 음은 '支(지)'자와 '允(윤)'자의 반절음이고, 또한 '支(지)'자와 '悶(민)'자의 반절음도 되며, 서음은 '都(도)'자와 '臥(와)'자의 반절임이고, 심음(沈音)은 '都(도)'자와 '雷(뢰)'자의 반절음이다.

孔疏 ●"君殯"至"帷之". ○正義曰: 此一經明尊卑殯之制度.

번역 ●經文: "君殯"~"帷之". ○이곳 경문은 신분의 차등에 따른 빈소의 제도를 나타내고 있다.

孔疏 ●"君殯用輴"者, 君, 諸侯也. 殯時置棺於輴內.

번역 ●經文: "君殯用輴". ○'군(君)'자는 제후를 뜻한다. 빈소를 만들 때 순거(輴車) 안에 관을 안치한다.

孔疏 ●"欑至于上"者, 以木欑輴至於棺上.

번역 ●經文: "欑至于上". ○나무를 순거(輴車) 주변에 쌓아서 관의 위까지 올린다.

孔疏 ●"畢塗屋"者, 畢, 盡也. 此所欑殯之大, 有似屋形. 欑之旣訖, 盡塗其屋也.

번역 ●經文: "畢塗屋". ○'필(畢)'자는 모두[盡]라는 뜻이다. 빈소에 쌓은 나무가 많고 높아서 지붕의 형태와 비슷한 점이 있다. 나무 쌓는 일이 끝나면 지붕 부분에 모두 진흙을 바른다.

孔疏 ●"大夫殯以幬"者, 幬, 覆也, 謂棺衣覆之也. 大夫言幬覆, 則王侯並幬覆也. 謂棺衣覆之, 言大夫幬卽加斧之類是也.

번역 ●經文: "大夫殯以幬". ○'주(幬)'자는 덮개[覆]를 뜻하니, 관의(棺衣)로 덮는다는 뜻이다. 대부에 대해서는 덮개로 덮는다고 말했다면, 천자와 제후도 모두 덮개로 덮는다. 관의로 덮는다고 한 것은 대부가 사용하는 덮개에는 도끼무늬를 새기는 부류를 뜻한다.

孔疏 ●"欑置于西序"者, 屋堂西頭壁也. 大夫不輴, 又不四面欑, 以一面倚西壁, 而三面欑之, 又上不爲屋也.

번역 ●經文: "欑置于西序". ○지붕 밑의 당상 서쪽 끝부분 벽면을 뜻한다. 대부는 순거(輴車)를 사용하지 않고, 또 네 방면에 나무를 쌓지 않으니, 한쪽 측면은 서쪽 담장에 붙여두고, 나머지 세 방면에만 나무를 쌓아서 올리고, 또 상단부에는 나무를 지붕처럼 만들지 않는다.

孔疏 ●"塗不暨於棺"者, 暨, 及也. 王侯塗之, 而欑廣, 去棺遠; 大夫亦塗, 而欑狹, 去棺近, 裁使塗不及棺, 故云"不暨棺"也.

번역 ●經文: "塗不暨於棺". ○'기(暨)'자는 "~에 이르다[及]."는 뜻이다. 천자와 제후는 그곳을 진흙으로 바르고, 또 나무를 쌓은 내부의 폭이 넓어서 관과 나무와의 거리가 멀다. 반면 대부 또한 진흙을 바르기는 하지만, 나무를 쌓은 내부의 폭이 좁아서 관과 나무와의 거리가 좁다. 그러나 진흙을 바르면서 관에 미치지 않도록 하기 때문에, "관까지 바르지 않는다."라고 했다.

孔疏 ●"士殯見衽, 塗上帷之"者, 士掘肂見衽, 其衽之上所出之處亦以木覆上而塗之, 故謂"塗上"也. 士喪禮云: "乃塗." 注云: "以木覆棺上而塗之, 爲火備也." 帷之者, 帷, 障也. 貴賤悉然, 故朝夕哭乃徹帷也.

번역 ●經文: "士殯見衽, 塗上帷之". ○사는 구덩이를 파고 임(衽)을 드러내는데, 임(衽)의 위, 즉 돌출된 부분에는 또한 나무를 덮고서 진흙을 바른다. 그렇기 때문에 "그 위를 진흙으로 바른다."라고 한 것이다. 『의례』「사상례(士喪禮)」편에서는 "곧 진흙을 바른다."[3]라고 했고, 정현은 "나무로 관 위를 덮고 진흙을 바르는데, 화재에 대비하기 위해서이다."라고 했다. '유지

---

3) 『의례』「사상례(士喪禮)」: 設熬, 旁一筐, 乃塗.

(帷之)'라고 했는데, '유(帷)'자는 장막[障]을 뜻한다. 신분의 차등에 상관없이 모두 장막을 친다. 그렇기 때문에 아침저녁으로 곡(哭)을 할 때에는 장막을 걷게 된다.

孔疏 ◎注"欑猶"至"皆然". ○正義曰: 云"欑猶菆也"者, 謂菆聚其木, 周於外也. 云"屋, 殯上覆如屋者"也, 解經"畢塗屋", 屋是殯上之覆, 形似於屋, 故云"如屋". 云"此記參差"者, 謂記此大記之文, 其事參差. 若君據天子, 應稱龍輴, 不得直云殯用輴. 若君據諸侯, 不得云"欑至于上, 畢塗屋". 其文或似天子, 或似諸侯, 故云參差. 云"以檀弓參之", 檀弓云: "天子之殯, 菆塗龍輴以椁", 故知天子殯居棺以龍輴. 又云"以椁", 故知欑木題湊象椁. 云"上四注如屋以覆之"者, 謂上以四注垂而鄉下, 如似屋簷, 以覆其上. 云"盡塗之"者, 謂四邊及上皆塗之. 云"諸侯輴不畫龍, 欑不題湊象椁"者, 以檀弓唯云"天子龍輴", 此經直云"君殯用輴", 不云龍, 是諸侯不龍也, 謂不畫輴轅爲龍. 檀弓唯云"天子菆塗龍輴以椁", 則知諸侯不題湊象椁. 云"其他亦如之"者, 除此龍輴·題湊象椁之外, 其他亦如之. 其他謂菆木·畢塗屋, 亦如天子也. 必知天子椁四阿者, 成二年左傳云"宋文公卒, 椁有四阿", 是僭天子禮. 但凡殯之禮, 天子先以龍輴置於客位殯處, 然後從阼階擧棺於輴中, 輴外以木菆輴之四邊, 木高於棺, 乃從上加綃黼於棺上, 然後以木題湊. 題, 頭也. 湊, 鄉也, 謂以木頭相湊鄉內也. 象椁上之四注以覆之如屋形, 以泥塗之於屋之上, 又加席三重於殯上. 其諸侯則居棺以輴, 亦菆木輴外, 木高於棺, 後加布幕於棺上, 又菆木於塗上, 不題湊象椁也. 雖不象椁, 亦中央高似屋形, 但不爲四注, 故經云"畢塗屋", 總包君也. 塗上加席三重. 云大夫之殯廢輴者, 按下檀弓云"三臣廢輴", 據殯時也, 是大夫之殯廢輴. 云"欑中狹小, 裁取容棺"者, 以經云"塗不暨于棺", 明其狹小. 卑者旣狹, 則知天子諸侯差寬大矣. 云"士達於天子皆然"者, 謂皆帷之.

번역 ◎鄭注: "欑猶"~"皆然". ○정현이 "'찬(欑)'자는 '쌓다[菆].'는 뜻이다."라고 했는데, 나무를 쌓아서 외부를 두른다는 뜻이다. 정현이 "'옥(屋)'자는 빈소를 차린 곳 위를 덮는데 그 모습이 지붕과 같다는 뜻이다."라고 했는데, 이것은 경문에 나오는 ‘필도옥(畢塗屋)’이라는 말을 풀이한 것이니, ‘옥(屋)’은 빈소 위를 가리는 덮개를 뜻하며, 그 모습이 지붕과 유사하다. 그렇기 때문에 “지붕과 같다.”라고 했다. 정현이 “이곳 기록은 설명이 다소 정돈되어 있지 않다.”라고 했는데, ‘기(記)’자는 바로 이곳 「상대기」편의 기록을 뜻하며, 그 사안이 다소 정돈되어 있지 않다는 뜻이다. 만약 ‘군(君)’자가 천자를 뜻한다면, 마땅히 ‘용순(龍輴)’을 사용한다고 지칭해야 하며, 단지 “빈소를 마련할 때 순(輴)을 사용한다.”라고 말할 수 없다. 또 ‘군(君)’자가 제후를 뜻한다면, “나무를 쌓아서 그 위까지 올리고, 지붕부분을 모두 흙칠한다.”라고 말할 수 없다. 이 문장은 어떤 부분은 천자의 경우와 유사한 점이 있고, 또 어떤 부분은 제후의 경우와 유사한 점이 있다. 그렇기 때문에 “다소 정돈되어 있지 않다.”라고 말한 것이다. 정현이 ‘『예기』「단궁(檀弓)」편의 기록을 통해 참고해보면’이라고 했는데, 「단궁」편에서는 “천자의 빈소를 만들 때에는 끌채에 용의 무늬가 들어간 순거(輴車)를 사용해서 영구(靈柩)를 싣고, 수레 주변에 나무를 쌓고 진흙을 발라서 마치 곽(槨)의 형태로 만든다.”[4]라고 했다. 그러므로 천자의 빈소를 만들 때 관을 안치시키며 용순(龍輴)을 사용한다는 사실을 알 수 있다. 또 “곽(槨)처럼 만든다.”라고 했기 때문에, 나무를 쌓고 제주(題湊)를 만들어서 곽(槨)을 본뜬다는 사실을 알 수 있다. 정현이 “상단부에는 네 방면에 물받이를 두어서 지붕처럼 만든 뒤 그 위를 덮는다.”라고 했는데, 상단부에 다는 네 방면의 물받이는 밑으로 내려서 아래를 향하니, 마치 지붕에 다는 처마와 유사한 점이 있고, 이것을 이용해 그 위를 덮는다는 뜻이다. 정현이 “모두 진흙으로 바른다.”라고 했는데, 네 방면 및 상단부는 모두 진흙으로 바른다는 뜻이다. 정현이 “제후의 순거에는 용을 그리지 않고, 나무를 쌓되 제주를 달아서 곽(槨)처럼 만들지 않는다.”라고 했는데, 「단궁」편에서는 오직 “천자가 용순을 사용한다.”라고 했고, 이곳 경문에서는 단지 “제후의 빈소를 만들 때에는 순(輴)을 이용한다.”라고 하여, ‘용(龍)’을 언급하지 않았으니, 이것은

---

4) 『예기』「단궁상(檀弓上)」【105c】: 天子之殯也, 菆塗龍輴以槨, 加斧于槨上, 畢塗屋, 天子之禮也.

제후의 순거에는 용을 그리지 않는다는 사실을 뜻한다. 즉 순거의 끌채에 용을 그리지 않는다는 의미이다. 「단궁」편에서는 오직 "천자에 대해서는 끌채에 용의 무늬가 들어간 순거(輴車)를 사용해서 영구(靈柩)를 싣고, 수레 주변에 나무를 쌓고 진흙을 발라서 마치 곽(槨)의 형태로 만든다."라고 했으니, 제후는 제주(題湊)를 달아서 곽(槨)처럼만 만들지 않는다는 사실을 알 수 있다. 정현이 "나머지 것들은 또한 천자의 경우와 같다."라고 했는데, 순거의 끌채에 용을 그리고 제주를 달아서 곽(槨)처럼 본뜨는 것 이외에 나머지 것들은 또한 천자의 경우와 같다는 뜻이다. '기타(其他)'는 나무를 쌓는 것과 지붕 등에 모두 흙칠을 하는 것이 또한 천자의 경우와 같다는 뜻이다. 천자의 곽(槨) 지붕 부분에 네 방면에 모두 처마처럼 튀어나온 것이 있다는 사실을 분명히 알 수 있는 이유는 성공(成公) 2년에 대한 『좌전』의 기록에서 "송(宋)나라 문공(文公)이 죽었는데, 곽(槨)에 사아(四阿)가 있다."[5]라고 했기 때문인데, 이것은 비록 천자의 예법을 참람되게 따른 것이지만, 사아가 있었다는 사실을 나타낸다. 다만 빈소를 마련하는 예법에서 천자는 우선적으로 용순을 이용해 빈객의 위치에 빈소를 마련하고, 그 뒤에 동쪽 계단을 통해 용순에서 관을 들어 올리고, 순거 밖에 나무를 쌓아서 순거의 네 방면을 가리게 되며, 쌓은 나무의 높이는 관보다 높고, 또 그 위를 통해 보(黼) 무늬를 새긴 비단으로 관 위를 덮고, 그런 뒤에 나무로 제주(題湊)를 만들게 된다. '단(端)'자는 밑동[頭]을 뜻한다. '주(湊)'자는 "향한다[鄕]."는 뜻이다. 즉 나무를 쌓을 때 밑동이 내부를 향하도록 한다는 뜻이다. 이것은 곽(槨) 위에 네 방면에 물받이가 있는 것을 본떠서, 이것을 이용해 그 위를 덮어 마치 지붕의 형태처럼 만드는 것이며, 진흙으로 지붕 위를 바르고, 또 빈소 위에 자리를 3중으로 올리게 된다. 제후의 경우라면 관을 안치하며 순거를 사용하고, 또 나무를 순거 밖에 쌓아두는데, 나무의 높이는 관의 높이보다 높고, 그 뒤에 포(布)로 만든 덮개로 관 위를 덮으며, 또 진흙을 바른 것 위에 나무를 쌓는데, 제주를 달아서 곽(槨)처럼 만들지

5) 『춘추좌씨전』「성공(成公) 2년」: 八月, 宋文公卒, 始厚葬, 用蜃·炭, 益車·馬, 始用殉, 重器備. 槨有四阿, 棺有翰·檜.

않는다. 비록 곽(槨)처럼 만들지 않지만, 또한 중앙 지점은 높게 솟아서 지붕의 형태와 유사하다. 다만 네 방면에 물받이는 만들지 않는다. 그렇기 때문에 경문에서는 "지붕에 모두 흙칠을 한다."라고 말한 것이니, 이것은 제후의 경우까지도 포괄해서 말한 것이다. 진흙을 바른 것 위에는 자리를 3중으로 올리게 된다. 정현이 "대부의 빈소를 마련할 때에는 순거를 사용하지 않는다."라고 했는데, 「단궁하」편을 살펴보면, "세 가문의 신하들은 순거를 사용하지 않았다."[6]라고 했으니, 이것은 빈소를 마련하는 때에 기준을 둔 기록이다. 즉 대부의 빈소를 마련할 때에는 순거를 사용하지 않는다는 뜻을 나타낸다. 정현이 "나무를 쌓은 곳 내부는 협소하지만, 관을 넣을 수 있도록 만든다는 뜻이다."라고 했는데, 경문에서 "흙칠을 하지만 관까지는 미치지 않는다."라고 했으니, 그 안이 협소하다는 사실을 나타낸다. 신분이 미천한 자는 이미 그 내부를 협소하게 만든다고 했다면, 천자와 제후의 경우라면 보다 넓게 만든다는 사실을 알 수 있다. 정현이 "사로부터 천자에 이르기까지 모두 그렇다."라고 했는데, 모든 계층이 빈소에 장막을 친다는 뜻이다.

集解 按: 欑置, 毛本誤作"至". 疏中作"欑置", 不誤.

번역 살펴보니, '찬치(欑置)'에서의 '치(置)'자를 『모본』에서는 '지(至)'자로 잘못 기록하였다. 공영달의 소에 나오는 '찬치(欑置)'라는 기록은 잘못된 기록이 아니다.

集解 愚謂: 喪自大斂之後, 未葬之前, 必殯之者, 所以爲火備也. 蓋棺柩重大, 猝難移徙, 故預爲之備如此. 且不獨此也, 尸柩者, 人子之所見而深感, 而不能以暫離者也. 若如是以至於葬, 使之晝夜哀號乎其側, 必至於滅性矣. 故

6) 『예기』「단궁하(檀弓下)」【130d】: 孺子䵽之喪, 哀公欲設撥, 問於有若. 有若曰: "其可也. 君之三臣猶設之." 顔柳曰: "天子龍輴而槨幬, 諸侯輴而設幬, 爲榆沈, 故設撥. 三臣者廢輴而設撥, 竊禮之不中者也, 而君何學焉?"

旣斂於棺, 則殯之而使暫藏焉. 於是節之以朝夕哭, 而哀痛可以少殺; 休之以喪次, 而勞憊亦可以少息也. 輴, 輴車也, 天子畫龍於轅, 諸侯不畫龍. 欑, 叢木也. 塗, 以土塗之也. 諸侯之殯, 以輴居柩, 欑木於柩之四旁, 上高於柩, 乃以木題湊而盡塗之. 屋者, 言其題湊之形, 中高而旁下, 如屋之形也. 左傳"宋葬文公, 椁有四阿", 言其僭天子也. 天子椁有四阿, 其菆塗象椁亦爲四阿可知. 諸侯椁不得爲四阿, 則爲兩下之形, 其欑塗亦爲兩下之形, 象椁也. 四阿者, 殿屋之形. 兩下者, 夏屋之形. 故檀弓言"天子之殯", 此言諸侯之殯, 而皆曰"畢塗屋"也. 鄭氏以此言諸侯"畢塗屋"爲參差, 非也. 孔疏云"諸侯雖不象椁, 亦中央高似屋形, 但不爲四注", 此則已破鄭義矣. 然謂"諸侯不象椁", 亦非也. 天子椁四阿, 諸侯椁兩下, 其菆塗正各象其椁形爾. 幬, 覆也, 謂覆棺以夷衾也. 尊卑皆然, 獨於大夫言之者, 擧中以見上下也. 大夫殯無輴車, 以一面倚西序, 欑木於其三面而塗之, 其上正, 不爲屋形也.

번역 내가 생각하기에, 상을 치를 때 대렴(大斂) 이후로부터 아직 장례를 치르기 이전까지는 반드시 빈소를 마련하게 되는데, 이것은 화재를 대비하기 위해서이다. 관은 무겁고 크기 때문에 뜻밖의 일을 당했을 때 옮기기가 어렵다. 그렇기 때문에 미리 이처럼 대비를 하게 된다. 또한 이 뿐만 아니라, 시신을 실은 영구는 자식이 그것을 보고 깊은 슬픔을 느끼게 되므로, 잠시도 떨어트려 놓을 수 없다. 그러나 만약 장례를 치르는 기간까지 이처럼 방치하게 된다면, 밤낮을 가릴 것 없이 그 주변에서 슬프게 울부짖게 되어, 분명 생명을 잃는 지경에 이르게 된다. 그러므로 시신을 관에 안치하게 되면 빈소를 마련하여 잠시 가려두게 된다. 이 시기에는 아침저녁으로 곡하는 것으로 조절하여, 애통한 마음을 줄어들게 할 수 있고, 상을 치르는 자들로 하여금 임시숙소에서 머물며 휴식을 취하도록 하여 고달픔을 덜어낼 수 있다. '순(輴)'자는 순거(輴車)를 뜻한다. 천자는 순거의 끌채에 용을 그리고, 제후는 용을 그리지 않는다. '찬(欑)'자는 나무를 쌓는다는 뜻이다. '도(塗)'자는 흙을 바른다는 뜻이다. 제후의 빈소를 마련할 때에는 순거를 이용해서 관을 싣고, 네 방면에 나무를 쌓아서 올리는데, 그 높이는 관보다도 높고, 나무로 제주(題湊)를 만들며 모두 흙칠을 한다. '옥(屋)'은 제주의 형상을 뜻하니, 가운데는 높게 솟아 있고 측면은 내려가 있어서, 지붕의 형태와 같다. 『좌전』에서는 "송(宋)나라에서 문공(文公)의 장례를 치렀는데, 곽(槨)의 네 측면에 처마처럼 튀어나온 부분이 있었다."라고 했는데, 이것은 천자의 예법을 참람되게 사용했음을 뜻한다. 따라서 천자의 곽(槨)에는 사아(四阿)가 있었고, 나무를 쌓고 진흙을 발라서 곽(槨)의 형태를 만들 때에도 또한 네 방면에 처마처럼 튀어나온 부분을 만들었음을 알 수 있다. 제후의 곽(槨)에는 사아를 둘 수 없으니, 양쪽으로만 밑으로 내려간 형태가 되며, 나무를 쌓고 진흙을 바를 때에도 또한 양쪽으로만 밑으로 내려가는 형태로 만들어서 곽(槨)의 형태를 본뜨게 된다. '사아(四阿)'는 전각의 지붕 형태를 뜻한다. 양쪽으로만 내려간 것은 하옥(夏屋)의 형태이다. 그러므로 『예기』「단궁(檀弓)」편에서는 '천자의 빈소'라고 말한 것이고, 이곳에서는 제후의 빈소를 언급하면서도 모두 "지붕에 모두 흙칠을 한다."라고 말한 것이다. 정현은 이곳에서 제후에 대해 "지붕에 모두 흙칠을 한다."라고 했던 말이 정돈되지 않은 기록이라고 여겼는데, 잘못된 주장이다. 공영달의 소에서는 "제후는 비록 곽(槨)의 형태를 본뜨지 않지만 또한 중앙 부분은 높게 만들어서 지붕의 형태와 유사하게 만든다. 다만 네 방면에 물받이는 달지 않는다."라고 했으니, 여기에서도 이미 정현의 주장을 반박하고 있다. 그러나 "제후는 곽(槨)을 본뜨지 않는다."라고 한 말은 또한 잘못된 주장이다. 천자의 곽(槨)에는 사아를 달고, 제후의 곽(槨)은 양쪽으로만 밑으로 내려가게 되는데, 나무를 쌓고 진흙을 바르는 것은 바로 각각 그들이 사용하는 곽(槨)의 형태를 본뜨는 것이다. '주(幬)'자는 덮개[覆]를 뜻하니 관을 덮을 때에는 이금(夷衾)를 사용한다는 뜻이다. 신분의 차등에 상관없이 모두 그러한데도 유독 대부에 대해서 말한 것은 중간 계층에 대한 내용을 제시하여 상하 계층의 내용까지도 나타냈기 때문이다. 대부의 빈소를 만들 때에는 순거가 없고, 관의 한 측면은 서쪽 서(序)에 기대어 두고 나머지 세 방면에만 나무를 쌓아 올리고서 흙칠을 하니, 상단부는 정사각형이 되어, 지붕의 형태로 만들 수 없다.

그림 27-1 용순(龍輴)

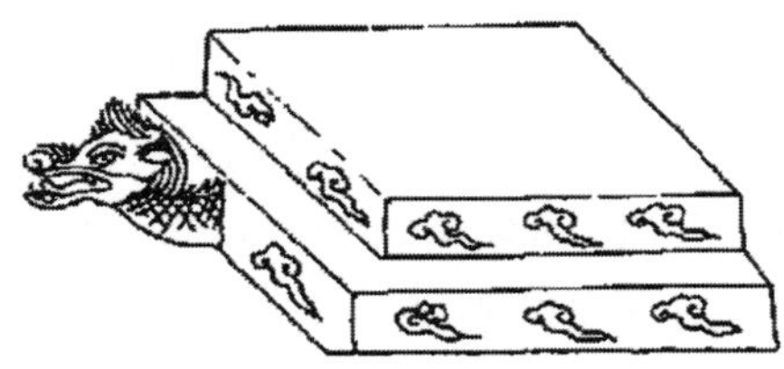

※ **출처:**『삼례도집주(三禮圖集注)』18권

• 제 28 절 •

관에 부장하는 오(熬)의 규정

【543b】

熬: 君四種八筐, 大夫三種六筐, 士二種四筐, 加魚·腊焉.

직역 熬에 있어서, 君은 四種으로 八筐하며, 大夫는 三種으로 六筐하고, 士는 二種으로 四筐하니, 魚·腊을 加한다.

의역 볶은 알곡을 관에 넣을 때, 군주의 경우에는 4종류의 알곡을 8개의 광주리에 담아서 넣는다. 대부의 경우에는 3종류의 알곡을 6개의 광주리에 담아서 넣는다. 사의 경우에는 2종류의 알곡을 4개의 광주리에 담아서 넣는다. 여기에는 모두 물고기와 육포를 추가해서 넣는다.

集說 熬, 以火熓穀令熟也. 熟則香, 置之棺旁, 使蚍蜉聞香而來食, 免侵尸也. 四種, 黍·稷·稻·粱也. 每種二筐. 三種, 黍·稷·粱. 二種, 黍·稷也. 加魚與腊, 筐同異未聞.

번역 '오(熬)'는 알곡을 볶아서 익힌 것이다. 익힌다면 향기를 내니, 그것을 관의 측면에 넣어두어 개미들이 그 냄새를 맡고 찾아와 먹도록 하여, 시신을 갉아먹는 일을 방지한다. 4종류는 메기장[黍]·차기장[稷]·쌀[稻]·조[粱]를 뜻한다. 매 종류마다 2개의 광주리에 담는다. 3종류는 메기장[黍]·차기장[稷]·조[粱]를 뜻한다. 2종류는 메기장[黍]·차기장[稷]을 뜻한다. 물고기와 육포를 추가하는데, 광주리를 쓰는지 또는 다른 것을 쓰는지에 대해서는 들어보지 못했다.

集說 石梁王氏曰: 棺旁用熬穀加魚腊, 不可從.

번역 석량왕씨가 말하길, 관의 측면에 볶은 알곡을 넣고 물고기와 육포를 넣는다는 것은 따를 수 없다.

鄭注 熬者, 煎穀也, 將塗, 設於棺旁, 所以惑[1]蚍蜉, 使不至棺也. 士喪禮曰: "熬, 黍稷各二筐." 又曰: "設熬, 旁各一筐." 大夫三種, 加以粱. 君四種, 加以稻, 四筐, 則手足皆一, 其餘設於左右.

번역 '오(熬)'는 알곡을 익힌 것이니, 흙을 바르려고 할 때, 관의 측면에 넣어두어, 이것을 통해 개미를 끌어들여, 관까지 가지 못하도록 한다. 『의례』「사상례(士喪禮)」편에서는 "오(熬)는 서(黍)·직(稷)을 각각 2개의 광주리에 담는다."[2]라고 했고, 또 "오(熬)를 설치할 때 그 측면에 각각 1개의 광주리를 놓는다."[3]라고 했다. 대부는 3종류의 알곡을 사용하니, 량(粱)을 추가한다. 군주는 4종류의 알곡을 사용하니, 도(稻)를 추가한다. 4개의 광주리는 손과 발에 각각 1개씩 놓아두고, 나머지 것들은 좌우에 놓아둔다.

釋文 熬, 五羔反. 種, 章勇反, 下及注同. 筐音匡. 腊音昔. 蚍音毗. 蜉音浮.

번역 '熬'자는 '五(오)'자와 '羔(고)'자의 반절음이다. '種'자는 '章(장)'자와 '勇(용)'자의 반절음이고, 아래문장 및 정현의 주에 나오는 글자도 그 음이 이와 같다. '筐'자의 음은 '匡(광)'이다. '腊'자의 음은 '昔(석)'이다. '蚍'

---

1) '혹(惑)'자에 대하여. '혹'자는 본래 '감(感)'자로 기록되어 있었는데, 완원(阮元)의 『교감기(校勘記)』에서는 "혜동(惠棟)의 『교송본(校宋本)』에는 '감'자를 '혹'자로 기록했고, 『악본(岳本)』, 위씨(衛氏)의 『집설(集說)』, 『고문(考文)』에서 인용하고 있는 『고본(古本)』에서도 동일하게 기록하고 있다. 『의례』에 대한 정현의 주를 살펴보니, '감'자는 마땅히 '혹'자로 기록해야 하며, 이곳 판본의 소 기록에서도 '혹'자로 기록했다."라고 했다.

2) 『의례』「사상례(士喪禮)」: 熬黍稷各二筐, 有魚腊, 饌于西坫南.

3) 『의례』「사상례(士喪禮)」: 婦人東復位. 設熬, 旁一筐, 乃塗.

자의 음은 '毗(비)'이다. '蜉'자의 음은 '浮(부)'이다.

孔疏 ●"熬君"至"腊焉". ○正義曰: 此一經明熬穀之異. 熬者謂火熬其穀使香, 欲使蚍蜉聞其香氣食穀, 不侵尸也.

번역 ●經文: "熬君"~"腊焉". ○이곳 경문은 알곡을 익힌 것을 사용할 때 나타나는 차이를 밝히고 있다. '오(熬)'는 불로 알곡을 익혀서 냄새가 나도록 하는 것이니, 이를 통해 개미들이 그 냄새를 맡고 알곡을 먹도록 하여 시신까지 침범하지 못하도록 하는 것이다.

孔疏 ●"加魚腊焉"者, 魚腊謂乾腊. 按特牲士腊用兎, 少牢大夫腊用麋, 天子諸侯無文, 當用六獸之屬, 亦爲感蚍蜉.

번역 ●經文: "加魚腊焉". ○'어석(魚腊)'은 말린 어포와 육포이다. 『의례』「특생궤식례(特牲饋食禮)」편을 살펴보면, 사는 육포로 토끼고기를 사용하고, 『의례』「소뢰궤식례(少牢饋食禮)」편에서는 대부의 육포는 큰 사슴고기를 사용한다고 했지만, 천자와 제후가 사용하는 육포에 대해서는 남아있는 기록이 없다. 그러나 마땅히 여섯 짐승들의 고기를 사용했을 것이며, 이 또한 개미들을 끌어들이기 위한 것이다.

孔疏 ◎注"士喪"至"左右". ○正義曰: 此云"士二種四筐", 士喪禮"熬, 黍·稷各二筐", 又與此同, 故引之. 又引士喪禮云"設熬, 旁一筐"者, 證設熬之處. 云"大夫三種, 加以粱"者, 以曲禮云"歲凶, 大夫不食粱". 明豐年常食粱, 故知大夫加以粱. 公食大夫禮: "黍·稷·稻·粱." 云"君四種, 加以稻, 四筐, 則手足皆一"者, 當以士喪四筐, 設熬旁各一筐, 則兩旁有兩筐, 首有一筐, 足有一筐也. 云"其餘設於左右"者, 兩旁在首足以外, 皆設於左右旁也.

번역 ◎鄭注: "士喪"~"左右". ○이곳에서는 "사는 2종류의 알곡을 사용하며 4개의 광주리에 담는다."라고 했는데, 『의례』「사상례(士喪禮)」편에서는 "오(熬)는 서(黍)·직(稷)을 각각 2개의 광주리에 담는다."라고 하여, 또한 이곳의 기록과 동일하다. 그렇기 때문에 정현이 그 문장을 인용한 것이다. 정현은 또한 「사상례」편에서 "오(熬)를 설치할 때 그 측면에 각각 1개의 광주리를 놓는다."라는 말을 인용했는데, 이것은 오(熬)를 놓는 장소를 증명하기 위한 것이다. 정현이 "대부는 3종류의 알곡을 사용하니, 량(粱)을 추가한다."라고 했는데, 『예기』「곡례(曲禮)」편에서는 "흉년이 들었을 때, 대부는 조밥을 추가적으로 차리지 않는다."[4]라고 했기 때문이다. 즉 이 말은 풍년이 들었을 때에는 항상 조밥을 추가적으로 차리게 됨을 나타낸다. 그렇기 때문에 대부의 경우 량(粱)을 추가한다는 사실을 알 수 있다. 『의례』「공사대부례(公食大夫禮)」편에는 서(黍)·직(稷)·도(稻)·량(粱)이 나온다. 정현이 "군주는 4종류의 알곡을 사용하니, 도(稻)를 추가한다. 4개의 광주리는 손과 발쪽에 각각 1개씩 놓아둔다."라고 했는데, 사의 상례에서는 4개의 광주리에 담게 되고, 볶은 곡식을 측면에 각각 1개의 광주리에 담아 놓는다고 했으니, 양쪽 측면에는 2개의 광주리가 놓이고, 머리 쪽에는 1개의 광주리가 있으며, 다리 쪽에도 1개의 광주리가 있는 것이다. 정현이 "나머지 것들은 좌우에 놓아둔다."라고 했는데, 양쪽 측면은 머리와 발쪽에는 포함되지 않고, 모두 좌우측 측면에 놓아둔다.

訓纂 聶氏三禮圖曰: 大筐, 舊圖說, "筐受五斛." 小筐, 舊圖云, "以竹爲之, 受五斗, 以盛米. 或君致饔餼於聘賓, 雜筥以用之."

번역 섭씨의 『삼례도』[5]에서 말하길, '대광(大筐)'에 대해서 옛 도설에서

---

4) 『예기』「곡례하(曲禮下)」【53a】: 歲凶, 年穀不登, 君膳不祭肺, 馬不食穀, 馳道不除, 祭事不縣. 大夫不食粱, 士飮酒不樂.

5) 『삼례도(三禮圖)』는 삼례(三禮)에 나타나는 각종 명물(名物) 등에 대한 도해(圖解)를 한 책이다. 『수서(隋書)』「경적지(經籍志)」를 비롯하여, 각종 사서(史書)에는 각 시대마다 편찬된 『삼례도』에 대한 기록이 나오지만, 현재는 전해지지 않는다. 현재 남아있는 『삼례도』는 송대(宋代) 섭숭의(聶崇義)의 『삼례도』 20권과 명대(明代) 유적(劉績)의 『삼례도』 4권이다.

는 "광(筐)의 용적은 5곡(斛)[6]이다."라고 했고, '소광(小筐)'에 대해서 옛 도설에서는 "대나무로 만드는데, 용적은 5두(斗)이며, 쌀알을 담는다. 간혹 군주가 빙문으로 찾아온 빈객에게 옹희(饔餼)[7]를 할 때, 거(筥)와 함께 사용하기도 한다."라고 했다.

集解 賈氏公彦曰: 天子當加麥・苽, 六種十筐.

번역 가공언이 말하길, 천자는 마땅히 보리[麥]와 줄[苽]을 추가하게 되어 6종류의 알곡을 10개의 광주리에 담게 된다.

集解 敖氏繼公曰: 孝子以尸柩旣殯, 不得復奠於其旁, 雖有奠在室, 而不知神之所在, 故置熬於棺旁, 亦所以致其愛敬也.

번역 오계공이 말하길, 자식은 시신을 관에 안치하고 빈소를 마련하였으므로, 재차 그 곁에 전제사를 지낼 수 없고, 비록 빈소에서 지내는 전제사가 있지만, 신령이 계신 곳을 알 수 없다. 그렇기 때문에 관의 측면에 볶은 알곡을 놓아두는 것이니, 이 또한 애경하는 마음을 다하기 위해서이다.

集解 愚謂: 加魚・腊, 蓋以腊節折之, 而與魚各加於每筐之中也. 葬時槨內有黍・稷・遣奠之屬, 故殯時略倣其禮, 亦有熬與黍稷之屬, 皆孝子事死如

---

6) 곡(斛)은 곡(觳)이라고도 기록한다. '곡'은 곡식의 양을 재는 기구이자, 그 수량을 표시하는 단위였다. 지역 및 각 시대마다 다소 차이를 보이는데, 고대에는 10두(斗)가 1곡이었다. 『의례』「빙례(聘禮)」편에는 "十斗曰斛."이라는 기록이 있다.

7) 옹희(饔餼)는 빈객(賓客)과 상견례(相見禮)를 하고 나서 성대하게 음식을 마련해 접대하는 것을 뜻한다. 『주례』「추관(秋官)・사의(司儀)」편에는 "致飧如致積之禮."라는 기록이 있는데, 이에 대한 정현의 주에서는 "小禮曰飧, 大禮曰饔餼."라고 풀이하였다. 즉 '옹희'와 '손'은 모두 빈객 등을 접대하는 예법들인데, '옹희'는 성대한 예법에 해당하여, '손'보다도 융숭하게 대접하는 것이다.

事生之意. 敖氏謂"致其愛敬", 是也. 鄭以爲惑蚍蜉, 謬說也.

번역 내가 생각하기에, "물고기와 육포를 추가한다."라고 했는데, 아마도 육포는 마디에 따라 자르고, 물고기와 함께 매 광주리마다 추가했을 것이다. 장례를 치를 때 곽(槨) 안에는 서직(黍稷)이나 견전(遣奠) 때 바쳤던 음식들이 포함된다. 그렇기 때문에 빈소를 마련할 때에도 대략적으로 그 예법을 모방하게 되니, 또한 익힌 알곡이나 서직 등이 포함되는 것으로, 이 모두는 자식이 죽은 부모를 섬길 때 살아계셨을 때처럼 섬기는 뜻에 해당한다. 오계공이 "애경하는 마음을 다한다."라고 했는데, 이것은 옳은 주장이다. 정현이 개미를 끌어들이기 위한 수단이라고 여겼는데, 이것은 망령된 해설이다.

그림 28-1 광(筐)과 거(筥)

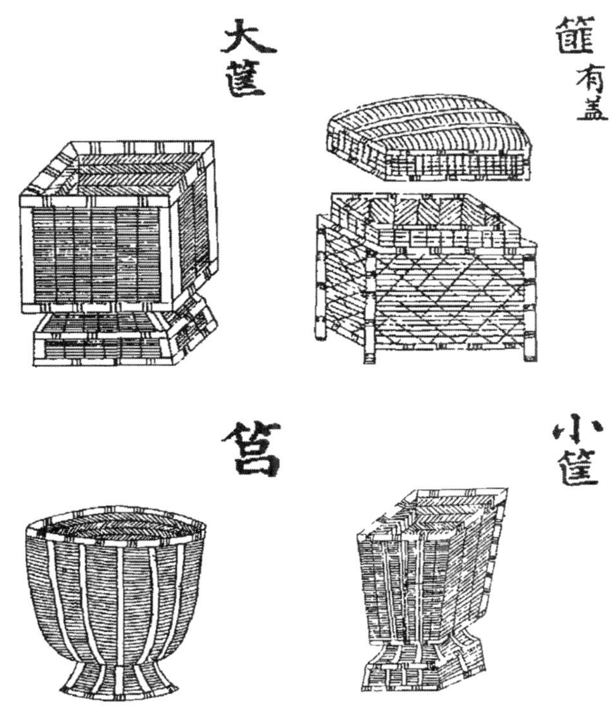

※ 출처: 『삼례도집주(三禮圖集注)』 12권

• 제 29 절 •

관을 치장하는 규정

【543b】

飾棺: 君龍帷·三池.

직역 棺을 飾함에는 君은 龍帷하고 三池한다.

의역 관을 치장함에 있어서, 제후의 경우에는 용을 그린 장막으로 영구를 가리고, 유거(柳車)에는 3개의 빗물받이를 단다.

集說 疏曰: 君, 諸侯也. 帷, 柳車邊障也, 以白布爲之. 王侯皆畫爲龍, 故云君龍帷也. 池者, 織竹爲籠, 衣以靑布, 挂於柳上荒邊爪端, 象宮室承霤. 天子四注, 屋四面承霤, 柳亦四池. 諸侯屋亦四注而柳降一池, 闕後, 故三池也.

번역 공영달의 소에서 말하길, '군(君)'자는 제후를 뜻한다. '유(帷)'는 유거(柳車) 주변을 가리는 장막이니, 백색의 포(布)로 만든다. 천자와 제후는 모두 그림을 그려서 용의 무늬를 새긴다. 그렇기 때문에 "제후는 용유(龍帷)를 한다."라고 했다. '지(池)'는 대나무살을 짜서 대바구니를 만들고, 청색의 포(布)를 입히고서 유거의 위 상단부분인 황(荒) 측면 중 끝부분에 걸어두니, 건물에 빗물이 모여서 떨어지도록 한 류(霤)가 있는 것을 상징한다. 천자의 경우에는 네 방면에 빗물받이를 다니, 지붕의 네 방면에 모두 류(霤)가 있으므로, 유거에도 또한 4개의 지(池)가 있다. 제후의 경우 건물의 지붕에는 또한 4개의 빗물받이가 있지만, 유거에는 1개의 지(池)를 줄이게 되어, 후면의 것을 뺀다. 그렇기 때문에 3개의 지(池)를 단다.

孔疏 ●"飾棺"至"用纁". ○正義曰: 此一經明葬時尊卑棺飾.

번역 ●經文: "飾棺"~"用纁". ○이곳 경문은 장례를 치를 때 신분의 차등에 따른 관의 장식을 나타내고 있다.

孔疏 ●"君龍帷"者, 君, 諸侯也. 帷, 柳車邊障也, 以白布爲之. 王侯皆畫爲龍, 象人君之德, 故云"龍帷"也.

번역 ●經文: "君龍帷". ○'군(君)'자는 제후를 뜻한다. '유(帷)'는 유거(柳車) 주변을 가리는 장막이니, 백색의 포(布)로 만든다. 천자와 제후는 모두 유(帷)에 용을 그리니, 군주의 덕을 상징한다. 그렇기 때문에 "용유(龍帷)를 단다."라고 했다.

孔疏 ●"三池"者, 諸侯禮也. 池謂織竹爲籠, 衣以青布, 挂著於柳上荒邊爪端, 象平生宮室有承霤也. 天子生有四注屋, 四面承霤, 柳亦四池, 象之. 諸侯屋亦四注, 而柳降一池, 闕於後一, 故三池也.

번역 ●經文: "三池". ○제후에게 해당하는 예법이다. '지(池)'는 대나무살을 짜서 대바구니를 만들고, 청색의 포(布)로 입힌 것인데, 유거(柳車) 위 상단부분인 황(荒)의 측면 중 끝부분에 걸어두니, 평소 생활하던 건물에 빗물이 모여서 떨어지도록 한 류(霤)가 있는 것을 상징한다. 천자는 생전에 거주하던 건물의 지붕에 4개의 빗물받이를 설치하여, 네 방면에 류(霤)가 있었으므로, 유거에도 또한 4개의 지(池)를 두어서 그것을 형상화한다. 제후의 경우 지붕에는 또한 4개의 빗물받이가 있지만, 유거의 경우에는 1개의 지(池)를 줄이니, 후면의 1개를 뺀다. 그렇기 때문에 3개의 지(池)를 단다.

그림 29-1 유거(柳車)

※ 출처: 『삼례도집주(三禮圖集注)』 19권

【543c】

振容.

직역 振容한다.

의역 제후의 관을 치장할 때에는 지(池) 밑에 진용(振容)을 단다.

集說 振容者, 振動容飾也, 以青黃之繒, 長丈餘如幡, 畫爲雉, 懸於池下爲容飾, 車行則幡動, 故曰振容也.

번역 '진용(振容)'은 움직일 때 함께 흔들리는 장식이니, 청색과 황색의 비단으로 만드는데, 그 길이는 깃발과 같고, 꿩을 그려서, 지(池) 밑에 달아 장식으로 삼으니, 수레가 움직일 때 함께 흔들리므로, '흔들리는 장식[振容]'이라고 했다.

孔疏 ●"振容"者, 振, 動也. 容, 飾也, 謂以絞繒爲之, 長丈餘, 如幡. 畫幡上爲雉, 縣於池下爲容飾. 車行則幡動, 故曰"振容".

번역 ●經文: "振容". ○'진(振)'자는 "움직이다[動]."는 뜻이다. '용(容)'자는 장식[飾]을 뜻한다. 즉 비단을 꼬아서 만들게 되는데, 그 길이는 깃발과 같다. 깃발에는 꿩을 그리고, 지(池) 밑에 달아서 장식으로 삼는데, 수레가 움직이게 되면 깃발이 움직이기 때문에 '진용(振容)'이라고 했다.

【543c】

黼荒, 火三列, 黻三列.

직역 黼荒하고, 火가 三列이고, 黻이 三列이다.

의역 제후의 관을 치장할 때에는 유거(柳車)의 덮개는 변두리에 백색과 흑색으로 도끼무늬를 그린 보황(黼荒)을 사용하고, 덮개의 중앙 지점에는 또한 화(火)의 무늬를 그린 것이 3줄이고, 불(黻)의 무늬를 그린 것이 3줄이다.

集說 荒, 蒙也. 柳車上覆, 謂鼈甲也, 緣荒邊爲白黑斧文, 故云黼荒. 荒之中央又畫爲火三行, 故云火三列. 又畫兩己相背爲三行, 故云黻三列.

번역 '황(荒)'은 덮개[蒙]를 뜻한다. 유거(柳車)의 덮개이니, 별갑(鼈甲)이라고도 부른다. 덮개 변두리에 가선을 대며 백색과 흑색으로 도끼무늬를 새기기 때문에, '보황(黼荒)'이라고 했다. 덮개의 중앙 부분에는 또한 화(火)의 무늬를 그린 것이 3줄이다. 그렇기 때문에 "화(火)가 3렬이다."라고 했다. 또 두 개의 기(己)자가 서로 등지도록 그림을 그린 것이 3줄이다. 그렇기 때문에 "불(黻)이 3렬이다."라고 했다.

孔疏 ●"黼荒"者, 荒, 蒙也, 謂柳車上覆, 謂鱉甲也. 緣荒邊爲白黑斧文, 故云黼荒.

번역 ●經文: "黼荒". ○'황(荒)'은 덮개[蒙]를 뜻하니, 유거(柳車) 위의 덮개를 의미하며, '별갑(鱉甲)'이라고도 부른다. 덮개의 변두리에 가선을 두르며, 백색과 흑색으로 도끼무늬를 새긴다. 그렇기 때문에 '보황(黼荒)'이라고 부른다.

孔疏 ●"火三列"者, 列, 行也. 於鱉甲黼文之上, 荒中央, 又畫爲火三行也. 火, 形如半環也.

번역 ●經文: "火三列". ○'열(列)'자는 행[行]을 뜻한다. 별갑(鱉甲) 중 보(黼)무늬를 새긴 것 위, 즉 덮개의 중앙부분에는 또한 화(火)의 무늬를 새긴 것이 3줄이다. '화(火)'는 그 모습이 둥근 고리의 반쪽과 같다.

孔疏 ●"黼三列"者, 又畫爲兩"己"相背, 爲三行也.

번역 ●經文: "黼三列". ○또한 두 개의 '기(己)'자를 서로 등지도록 그린 것이 3줄이다.

【543d】

素錦褚, 加僞荒.

직역 素錦의 褚를 하고, 僞荒을 加한다.

의역 제후의 관을 치장할 때에는 흰색의 비단으로 지붕을 만들어서 관을 덮고, 그 위에 주변을 가리는 유(帷)와 그 위를 덮는 황(荒)을 설치한다.

集說 素錦, 白錦也. 褚, 屋也. 荒下用白錦爲屋, 象宮室也. 加帷荒者, 帷是邊牆, 荒是上蓋, 褚覆竟, 而加帷荒於褚外也.

번역 '소금(素錦)'은 백색의 비단을 뜻한다. '저(褚)'자는 지붕[屋]을 뜻한다. 황(荒) 아래에는 백색의 비단을 이용해서 지붕처럼 만드니, 건물을 본뜨기 때문이다. "유황(帷荒)을 더한다."라고 했는데, '유(帷)'는 주변을 가리는 장막이고, '황(荒)'은 그 위를 덮는 덮개이니, 지붕 덮는 일이 끝나면 유(帷)와 황(荒)을 지붕 밖에 설치한다.

孔疏 ●"素錦褚"者, 素錦, 白錦也. 褚, 屋也. 於荒下又用白錦以爲屋也. 葬在路象宮室也. 故雜記云"素錦以爲屋而行", 卽褚是也.

번역 ●經文: "素錦褚". ○'소금(素錦)'은 백색의 비단이다. '저(褚)'는 지

붕[屋]이다. 황(荒) 밑 부분에 대해서는 또한 백색의 비단을 이용해서 지붕을 만든다. 장례 행렬이 도로에 있을 때, 이러한 장식은 건물을 상징한다. 그렇기 때문에 『예기』「잡기(雜記)」편에서는 "흰색의 비단을 지붕처럼 만들어서 관을 덮고서야 행차한다."[1]라고 말한 것이니, 곧 '저(褚)'를 가리킨다.

孔疏 ●"加僞荒"者, 帷是邊牆, 荒是上蓋, 褚覆竟而加帷荒加褚外也.

번역 ●經文: "加僞荒". ○'유(帷)'는 측면을 가리는 장막이며, '황(荒)'은 위를 덮는 덮개인데, 지붕으로 관을 덮는 일이 끝나면 지붕 겉에 유(帷)와 황(荒)을 설치한다는 뜻이다.

【543d】

纁紐六.

직역 纁紐가 六이다.

의역 제후의 관을 치장할 때에는 분홍색의 끈 6개를 양쪽 측면에 3개씩 두어서 덮개와 옆을 가리는 장막을 연결한다.

集說 上蓋與邊牆相離, 故又以纁帛爲紐連之, 兩旁各三, 凡六也.

번역 윗면의 덮개와 측면을 가리는 장막은 서로 떨어져 있기 때문에 분홍색의 비단으로 끈을 만들어서 연결하는데, 양쪽 측면에 각각 3개씩 설치하니, 총 6개가 된다.

---

1) 『예기』「잡기상(雜記上)」【491b】: 其輤有裧緇布裳帷, 素綿以爲屋而行.

孔疏 ●"纁紐六"者, 上蓋與邊牆相離, 故又以纁爲紐連之相著, 旁各三, 凡用六紐, 故云"纁紐六[2]"也.

번역 ●經文: "纁紐六". ○상부의 덮개와 측면의 장막은 서로 떨어져 있기 때문에, 또한 분홍색의 비단으로 끈을 만들어서 서로 연결하여 붙어 있게 하니, 측면에 각각 3개씩 두어, 총 6개의 끈을 사용한다. 그렇기 때문에 "분홍색의 끈이 6개이다."라고 했다.

【543d】

齊五采, 五貝.

직역 齊는 五采이며, 五貝한다.

의역 제후의 관을 치장할 때에는 수레의 덮개 부분 중 중앙에 해당하는 부분은 원형으로 만드는데, 다섯 가지 채색의 비단을 차례대로 넣어서 옷을 입히고, 그 위에는 조개를 엮어 만든 5개의 줄을 붙인다.

集說 齊者, 臍之義, 以當中而言, 謂鼈甲上當中形圓如車之蓋, 高三尺, 徑二尺餘, 以五采繒衣之, 列行相次. 五貝者, 又連貝爲五行, 交絡齊上也.

번역 '제(齊)'자에는 배꼽[臍]이라는 뜻이 있으니, 중앙에 해당한다는 뜻으로 한 말이다. 즉 별갑(鼈甲) 위의 중앙 부분은 원형으로 만들어서 수레의 덮개처럼 하는데, 높이는 3척(尺)이고 지름은 2척이 넘으며, 다섯 가지 채색의 비단으로 입히는데 각각의 채색은 행렬의 순서에 따라 들어간다.

---

2) '륙(六)'자에 대하여. '륙'자는 본래 없던 글자인데, 완원(阮元)의 『교감기(校勘記)』에서는 "혜동(惠棟)의 『교송본(校宋本)』에는 '뉴(紐)'자 뒤에 '륙'자가 기록되어 있으니, 이곳 판본에는 글자가 누락된 것이다."라고 했다.

‘오패(五貝)’는 또한 조개를 연결하여 5줄을 만든 것이니, 제(齊) 위에 연결한다.

孔疏 ●“齊五采”者, 謂鱉甲上當中央, 形員如華蓋, 高三尺, 徑二尺餘. 五采, 謂人君以五采繒衣之列行相次, 故云“五采”也.

번역 ●經文: “齊五采”. ○별갑(鱉甲)의 윗부분 중 중앙에 해당하는 부분은 원형으로 되어 있어서 수레의 덮개처럼 되어 있는데, 높이는 3척(尺)이고, 지름은 2척이 조금 넘는다. ‘오채(五采)’는 군주의 경우 다섯 가지 채색의 비단으로 씌우는데, 각 색깔의 행렬은 순차에 따른다. 그렇기 때문에 ‘오채(五采)’라고 했다.

孔疏 ●“五貝”者, 又連貝爲五行, 交絡齊上也.

번역 ●經文: “五貝”. ○또한 조개를 연결하여 5줄을 만들고, 제(齊) 위에 결속한다.

【544a】

黼翣二, 黻翣二, 畫翣二, 皆戴圭.

직역 黼翣이 二이고, 黻翣이 二이며, 畫翣이 二이니, 皆히 圭를 戴한다.

의역 제후의 관을 치장할 때에는 삽(翣)을 세우는데, 보(黼)무늬를 새긴 것이 2개이고, 불(黻)무늬를 새긴 것이 2개이며, 구름무늬를 새긴 것이 2개인데, 이 모두에 대해서는 양쪽 모서리에 규(圭)를 단다.

集說 翣形似扇, 木爲之, 在路則障車, 入椁則障柩. 二畫黼, 二畫黻, 二畫雲氣, 六翣之兩角皆戴圭玉也.

번역 '삽(翣)'의 형태는 부채와 유사한데, 나무로 만들며, 도로에 있을 때 수레를 가리고, 곽(槨)에 넣을 때에는 관을 가리게 된다. 2개에는 보(黼)무늬를 새기고, 2개에는 불(黻)무늬를 새기며, 2개에는 구름무늬를 새기는데, 여섯 개의 삽(翣) 양쪽 모서리에는 모두 규옥(圭玉)을 단다.

孔疏 ●"黼翣二, 黻翣二"者, "畫翣二"者, 翣形似扇, 以木爲之, 在路則障車, 入槨則障柩也. 凡有六枚, 二畫爲黼, 二畫爲黻, 二畫爲雲氣. 諸侯六, 天子八. 禮器云: "天子八翣, 諸侯六, 大夫四." 鄭注縫人云: "漢禮器制度, 飾棺, 天子龍・火・黼・黻, 皆五列. 又有龍翣二, 其載皆加璧也."

번역 ●經文: "黼翣二, 黻翣二, 畫翣二". ○'삽(翣)'의 형태는 부채와 유사한데, 나무로 만들게 되며, 도로에 있을 때에는 수레를 가리고, 곽(槨)에 넣을 때에는 관을 가리게 된다. 모두 6개를 사용하게 되는데, 2개에는 보(黼)무늬를 그리고, 2개에는 불(黻)무늬를 새기며, 2개에는 구름무늬를 새긴다. 제후는 6개를 사용하고, 천자는 8개를 사용한다. 『예기』「예기(禮器)」편에서는 "천자는 8개의 삽(翣)을 사용하고, 제후는 6개를 사용하며, 대부는 4개를 사용한다."[3]라고 했고, 『주례』「봉인(縫人)」편에 대한 정현의 주에서는 "『한예기제도』에서는 관을 치장할 때 천자는 용(龍)・화(火)・보(黼)・불(黻)을 새긴 것이 모두 5줄이다. 또 용(龍)을 그린 삽(翣) 2개를 추가하게 되며, 그것들에는 모두 벽(璧)을 단다."[4]라고 했다.

孔疏 ●"皆戴圭"者, 謂諸侯六翣, 兩角皆戴圭玉也.

---

3) 『예기』「예기(禮器)」【297d】: 天子崩, 七月而葬, 五重八翣, 諸侯五月而葬, 三重六翣, 大夫三月而葬, 再重四翣. 此以多爲貴也.

4) 이 문장은 『주례』「천관(天官)・봉인(縫人)」편의 "喪, 縫棺飾焉."이라는 기록에 대한 정현의 주이다.

번역 ●經文: "皆戴圭". ○제후는 6개의 삽(翣)을 사용하는데, 삽(翣)의 양쪽 모서리에는 모두 규옥(圭玉)을 단다는 뜻이다.

【544a】

魚躍拂池.

직역 魚躍은 池를 拂한다.

의역 제후의 관을 치장할 때에는 동으로 만든 물고기를 지(池) 아래에 달아서, 수레가 움직일 때 물고기가 흔들리며 지(池)를 움직이게 한다.

集說 以銅魚懸於池之下, 車行則魚跳躍, 上拂於池, 魚在振容間也.

번역 동으로 만든 물고기를 지(池) 아래에 달아서, 수레가 움직일 때, 물고기가 움직여서 위로 지(池)를 움직이게 하니, 어(魚)는 진용(振容) 사이에 둔다.

孔疏 ●"魚躍拂池"者, 凡池必有魚, 故此車池縣絞雉, 又縣銅魚於池下. 若車行則魚跳躍上拂池也. 隱義曰"振容在下", 是魚在振容間.

번역 ●經文: "魚躍拂池". ○무릇 '지(池)'에는 반드시 어(魚)를 단다. 그렇기 때문에 여기에서 말한 수레에서는 지(池)에 꿩을 그린 교(絞)를 매달고, 또 동으로 만든 물고기를 지(池) 밑에 단다. 수레가 움직이게 되면 물고기가 흔들리며 위로 뛰어 올라 지(池)를 흔든다. 『은의』에서는 "진용(振容)이 그 아래에 있다."라고 했는데, 이것은 어(魚)가 진용 사이에 있음을 뜻한다.

【544b】

君纁戴六.

직역 君은 纁戴가 六이다.

의역 제후의 관을 치장할 때에는 관의 끈과 유거(柳車)를 결속시키는 분홍색의 대(戴)가 6줄이다.

集說 戴, 猶值也, 用纁帛繫棺紐著柳骨, 棺之橫束有三, 每一束, 兩邊各屈皮爲紐, 三束則六紐, 今穿纁戴於紐以繫柳骨, 故有六戴也.

번역 '대(戴)'는 "꽂다[值]."는 뜻이니, 분홍색의 비단을 이용해서 관의 끈에 연결하고 이것으로 유거(柳車)의 본체에 결속하니, 관의 가로 방향에는 매듭을 짓는 것이 3개인데, 매 매듭마다 양쪽 측면에 각각 좁아지는 부분을 끈으로 삼아서, 3개의 매듭이 있게 되면 6개의 끈이 있는 것이고, 현재 분홍 비단으로 만든 대(戴)를 끈에 붙여서 유거의 본체와 결속을 한다고 했기 때문에, 6개의 대(戴)가 포함된다.

孔疏 ●"君纁戴六"者, 事異飾棺, 故更言君也. 纁藏, 謂用纁帛繫棺紐著[5]柳骨也. 謂之戴者, 戴, 值也. 使棺堅值, 棺橫束有三, 亦每一束兩邊輒各屈處爲紐, 三束有六紐. 今穿纁戴於紐以繫柳骨, 故有六戴也.

번역 ●經文: "君纁戴六". ○사안에 따라 관의 장식을 다르게 하기 때문에 재차 '군(君)'이라고 말했다. '훈장(纁藏)'는 분홍색의 비단을 이용해서 관의 끝인 뉴(紐)에 연결하여 관을 유거(柳車)에 결속시키는 것이다. 이것

5) '착(著)'자에 대하여. '착'자는 본래 '자(者)'자로 기록되어 있었는데, 손이양(孫詒讓)의 『교기(校記)』에서는 "'자'자는 마땅히 '착'자로 기록해야 하니, '초(艹)'자가 누락된 것일 뿐이다."라고 했다.

을 '대(戴)'라고 부르는 이유는 '대(戴)'자는 "꽂다[値]."는 뜻이기 때문이다. 관을 단단히 결속시키게 되는데, 관에는 가로로 3개의 매듭이 있고, 또 매 매듭마다 양쪽 측면의 좁아지는 부분을 끈으로 삼으니, 3개의 매듭이 있게 되면 6개의 끈이 있게 된다. 현재 분홍색의 비단으로 만든 대(戴)를 끈에 연결하여, 유거의 몸체에 결속을 시키기 때문에, 6개의 대(戴)가 포함된다.

【544b】

纁披六.

직역 纁披가 六이다.

의역 제후의 관을 치장할 때에는 수레가 기우는 것을 방지하기 위해 분홍색의 비단으로 만든 피(披)가 6줄이다.

集說 亦用絳帛爲之, 以一頭繫所連柳纁戴之中, 而出一頭於帷外, 人牽之, 每戴繫之, 故亦有六也. 謂之披者, 若牽車, 登高則引前以防軒車, 適下則引後以防䡝車, 欹左則引右, 欹右則引左, 使不傾覆也. 已上並孔說.

번역 이 또한 분홍색의 비단으로 만드는데, 한쪽 끝은 유거(柳車)를 결속했던 대(戴)의 중간 부분에 연결하고, 다른 한쪽 끝은 유(帷) 밖으로 돌출시켜서, 사람들이 잡아서 끌게 되니, 매 대(戴)마다 연결을 하기 때문에 또한 6줄이 있게 된다. 이것을 '피(披)'라고 부르는 것은 수레를 끌었을 때, 높은 곳으로 오르게 되면 앞쪽을 당겨서 수레가 뒤로 넘어가는 것을 방지하고, 낮은 곳으로 가게 되면 뒤쪽을 당겨서 수레가 앞으로 고꾸라지는 것을 방지하며, 좌측으로 기울어진 곳을 가게 되면 우측을 당기고 우측으로 기울어진 곳을 가게 되면 좌측을 당겨서 수레가 전복되지 않도록 한다. 이상의 설명은 모두 공영달의 주장이다.

孔疏 ●"纁披六"者, 纁, 謂亦用絳帛爲之, 以一頭繫所連柳纁戴之中, 而出一頭於帷外, 人牽之, 每戴繫之, 故亦有六也. 謂之披者, 若牽車登高, 則引前以防軒車; 適下則引後以防翻車, 欹左則引右, 欹右則引左, 使車不傾覆也.

번역 ●經文: "纁披六". ○'훈(纁)' 또한 분홍색의 비단으로 만드니, 한쪽 끝은 유거(柳車)를 결속했던 대(戴)의 중간 부분에 연결하고, 다른 한쪽 끝은 유(帷) 밖으로 돌출시켜서, 사람들이 잡아서 끌게 되니, 매 대(戴)마다 연결을 하기 때문에 또한 6줄이 있게 된다. 이것을 '피(披)'라고 부르는 것은 수레를 끌었을 때, 높은 곳으로 오르게 되면 앞쪽을 당겨서 수레가 뒤로 넘어가는 것을 방지하고, 낮은 곳으로 가게 되면 뒤쪽을 당겨서 수레가 앞으로 고꾸라지는 것을 방지하며, 좌측으로 기울어진 곳을 가게 되면 우측을 당기고 우측으로 기울어진 곳을 가게 되면 좌측을 당겨서 수레가 전복되지 않도록 한다.

集解 周官司士注曰: 披, 柩車行, 所以披持棺者. 有紐以結之, 謂之戴. 結披必當棺束, 於束繫紐.

번역 『주례』「사사(司士)」편에 대한 정현의 주에서 말하길, '피(披)'는 관을 실은 수레가 움직일 때, 관을 지지해주는 것이다. 끈을 연결하여 묶는데, 이것을 '대(戴)'라고 부른다. 피(披)를 결속할 때에는 반드시 관을 봉합했던 매듭에 하니, 매듭에 대해서 끈을 연결하는 것이다.

集解 賈氏公彦曰: 齊居柳之中央, 以若人之臍, 居身之中央也. 戴兩頭皆結於柳材, 又以披在棺上絡過, 然後貫穿戴之連繫棺束者, 乃結於戴, 餘披出之於外, 使人持之, 以備虧傾也.

번역 가공언이 말하길, '제(齊)'는 유거(柳車)의 중앙에 해당하니, 마치 사람의 배꼽이 신체의 중앙에 위치한 것과 같다. 대(戴)의 양쪽 끝은 모두 유거의 나무에 결속하고, 또 피(披)로는 관을 결속시킨 것 위로 통과시키고,

그런 뒤에 대(戴) 중에서도 관의 매듭과 연결된 부분으로 통과시켜서 대(戴)에 결속시키고, 나머지 피(披)의 부분은 밖으로 도출시켜, 사람들이 잡도록 해서 기울어지는 것을 대비한다.

集解 愚謂: 棺飾, 蓋以柳木爲骨, 衣以繒綵, 而外加帷荒焉. 故或謂之柳, 指其木材言之也. 或謂之牆, 言其四周於棺, 有似於宮室之牆也. 三池者, 闕其後也. 池視重霤, 諸侯屋雖四注, 而北無重霤, 故池亦象之. 褚, 囊也, 所以韜藏於物者. 左傳成三年, "荀罃之在楚也, 鄭賈人或謀置諸褚中以出." 柩以素錦韜之, 若囊形然, 故謂之褚. 紐有二: 經言"纁紐", 用帛爲之, 而連屬帷荒者也. 疏言"用纁帛繫棺紐", 屈束棺之皮爲之, 而戴之所貫者也. 士喪禮註云, "披絡柳棺上, 貫結於戴." 賈疏謂"披在棺上絡過, 然後穿戴而結之", 則是披橫絡棺上, 而兩端出於棺外, 以帛一條而爲二披也. 孔疏謂"披一頭繫柳戴, 一頭出帷外", 則帛一條止爲一披也. 士喪禮飾柩·設牆而後設披, 則披不得復絡棺而過, 以礙於帷荒故也. 且帛之長不過四十尺, 而古之尺度短, 若絡於棺上, 下結於戴, 則兩端之外出者無幾, 於牽輓亦不便, 疑孔氏之說爲是.

번역 내가 생각하기에, '관식(棺飾)'은 버드나무를 골격으로 하고 그곳에 비단을 입히고, 겉에 유(帷)와 황(荒)을 덧대어 꾸민다는 뜻이다. 그렇기 때문에 어떤 경우에는 '유(柳)'라고 부르니, 이것은 재료로 사용되는 나무를 기준으로 말한 것이다. 또 어떤 경우에는 '장(牆)'이라고 부르니, 관의 네 방면을 둘러싸서, 마치 건물의 담장과 유사한 점이 있기 때문이다. '삼지(三池)'는 후면에 다는 지(池)를 뺀 것이다. 지(池)는 생전에 가옥에 설치하던 중류(重霤)의 숫자에 견주게 되는데,[6] 제후의 가옥에 비록 4개의 빗물받이가 있더라도, 북쪽에는 그것을 받치는 중류가 없다. 그렇기 때문에 지(池) 또한 그것을 본뜨게 된다. '저(褚)'는 주머니[囊]이니, 물건을 담아서 보관하는 것이다. 『좌전』 성공(成公) 3년의 기록에서는 "순앵이 초나라에 잡혀 있었을 때, 정나라 상인 중 어떤 자가 그를 자루 속에 넣어서 탈출시켰다."[7]

---

6) 『예기』「단궁상(檀弓上)」【102b】: 池, 視重霤.

라고 했다. 관은 흰색의 비단으로 감싸게 되는데, 마치 주머니처럼 생겼기 때문에 '저(褚)'라고 부른다. '뉴(紐)'에는 두 종류가 있다. 경문에서 '훈뉴(纁紐)'라고 한 것은 비단으로 만든 것으로, 유(帷)와 황(荒)에 연결시키는 것이다. 공영달의 소에서는 "분홍색의 비단을 이용해서 관의 뉴(紐)에 연결시킨다."라고 했는데, 관을 결속시킨 가죽을 갈라서 만들고, 대(戴)를 넣는 부분이다. 『의례』「사상례(士喪禮)」편에 대한 정현의 주에서는 "피(披)는 유관(柳棺) 위와 연결시키고 대(戴)에 통과시켜 결속시킨다."[8]라고 했고, 가공언의 소에서는 "피(披)는 관 위의 연결시킨 부분으로 통과시킨 뒤에 대(戴)에 통과시켜 결속한다."라고 했으니, 이것은 피(披)를 관 위에 가로로 연결하여, 양쪽 끝을 관 밖으로 도출시키는 것이니, 비단 1줄을 사용하게 되면 2개의 피(披)가 있게 된다. 공영달의 소에서는 "피(披)의 한쪽 끝은 유거의 대(戴)에 연결하고, 다른 한쪽 끝을 유(帷) 밖으로 돌출시킨다."라고 했으니, 비단 1줄을 사용하게 되면 단지 1개의 피(披)만 있게 된다. 「사상례」편에서 관을 장식하고 담장과 같은 장막을 설치한 뒤에 피(披)를 설치한다고 했으므로, 피(披)는 재차 관을 묶은 뒤에 통과시킬 수 없으니, 유(帷)와 황(荒)을 설치한 것에 방해가 되기 때문이다. 또 비단의 길이는 40척(尺)을 넘길 수 없고, 고대의 단위에서 만약 관 위를 둘러싸고 밑으로 대(戴)에 결속했다면, 양쪽 끝단을 밖으로 돌출시켰을 때, 그 길이는 얼마 되지 않아서 수레를 끌어당길 때 불편하므로, 아마도 공영달의 설명이 옳은 것 같다.

7) 『춘추좌씨전』「성공(成公) 3년」 : 荀罃之在楚也, 鄭賈人有將寘諸褚中以出. 旣謀之, 未行, 而楚人歸之. 賈人如晉, 荀罃善視之, 如實出己.

8) 이 문장은 『의례』「사상례(士喪禮)」편의 "設披."라는 기록에 대한 정현의 주이다.

【544c】

大夫畫帷二池, 不振容, 畫荒, 火三列, 黻三列, 素錦褚; 纁紐二, 玄紐二, 齊三采三貝; 黻翣二, 畫翣二, 皆戴綏; 魚躍拂池. 大夫戴, 前纁後玄, 披亦如之.

직역 大夫는 畫帷하며 二池하고, 振容을 不하고, 畫荒하며, 火는 三列하고, 黻은 三列하며, 素錦으로 褚하고; 纁紐는 二하며, 玄紐는 二하고, 齊는 三采하고 三貝하며; 黻翣은 二하고, 畫翣은 二하니, 皆히 綏를 戴하며; 魚躍은 池를 拂한다. 大夫의 戴는 前纁하고 後玄하며, 披도 亦히 如한다.

의역 대부의 관을 치장할 때에는 구름무늬를 그린 장막으로 영구를 가리고, 유거(柳車)에는 2개의 빗물받이를 단다. 지(池) 밑에 진용(振容)을 달지 않는다. 유거의 덮개는 변두리에 구름무늬를 그린 화황(畫荒)을 사용하고, 덮개의 중앙 지점에는 또한 화(火)의 무늬를 그린 것이 3줄이고, 불(黻)의 무늬를 그린 것이 3줄이다. 흰색의 비단으로 지붕을 만들어서 관을 덮는다. 분홍색의 끈 2개와 현색의 끈 2개를 두어서 덮개와 옆을 가리는 장막을 연결한다. 수레의 덮개 부분 중 중앙에 해당하는 부분은 원형으로 만드는데, 세 가지 채색의 비단을 차례대로 넣어서 옷을 입히고, 그 위에는 조개를 엮어 만든 3개의 줄을 붙인다. 삽(翣)을 세우는데, 불(黻)무늬를 새긴 것이 2개이고, 구름무늬를 새긴 것이 2개인데, 이 모두에 대해서는 양쪽 모서리에 다섯 가지 채색의 깃털로 만든 술을 단다. 동으로 만든 물고기를 지(池) 아래에 달아서, 수레가 움직일 때 물고기가 흔들리며 지(池)를 움직이게 한다. 대부는 관의 끈과 유거(柳車)를 결속시키는 대(戴)를 앞의 것은 분홍색으로 만들고 뒤의 것은 현색으로 만든다. 피(披) 또한 그 색깔과 수량이 대(戴)와 같다.

集說 畫帷, 畫爲雲氣也. 二池, 一云兩邊各一, 一云前後各一. 畫荒, 亦畫爲雲氣也. 齊三采, 絳·黃·黑也. 皆戴綏者, 用五采羽作蕤, 綴翣之兩角也. 披亦如之, 謂色及數悉與戴同也.

번역 '화유(畫帷)'는 구름무늬를 그린 유(帷)를 뜻한다. '이지(二池)'라고 했는데, 양쪽 측면에 각각 1개씩 단다고 말하기도 하고, 또는 앞뒤로 각각 1개씩 단다고 말하기도 한다. '화황(畫荒)' 또한 구름무늬를 그린 황(荒)이다. 제(齊)에는 세 가지 채색을 사용하니, 분홍색·황색·흑색이다. '개대수(皆戴綏)'라는 말은 다섯 가지 채색의 깃털로 술을 만들어서, 삽(翣)의 양쪽 모서리에 연결시킨 것이다. '피역여지(披亦如之)'라고 했는데, 색깔과 들어가는 수는 모두 '대(戴)'와 같다는 뜻이다.

孔疏 ●"大夫畫帷"者, 不得爲龍, 畫爲雲氣.

번역 ●經文: "大夫畫帷". ○용을 그릴 수 없으므로, 구름을 그린다.

孔疏 ●"二池"者, 不得三, 故二也. 庾云: "兩邊而已." 賀云: "前後各一."

번역 ●經文: "二池". ○3개를 설치할 수 없기 때문에 2개를 설치한다. 유울은 "양쪽 측면에 달 따름이다."라고 했고, 하씨는 "앞뒤로 각각 1개씩 설치한다."라고 했다.

孔疏 ●"不振容"者, 謂不以揄絞屬於池下爲振容, 故云"不振容"也. 爲池上揄絞則有也.

번역 ●經文: "不振容". ○꿩을 그린 교(絞)를 지(池) 아래에 연결하여 진용(振容)으로 삼지 않는다. 그렇기 때문에 "진용을 하지 않는다."라고 했다. 그러나 지(池) 위에 다는 꿩을 그린 교(絞)는 여전히 달게 된다.

孔疏 ●"畫荒"者, 不爲斧而爲雲氣也.

번역 ●經文: "畫荒". ○도끼무늬를 새기지 않고 구름무늬를 새긴다.

孔疏 ●"火三列, 黼三列, 素錦褚"者, 與君同也.

번역 ●經文: "火三列, 黼三列, 素錦褚". ○군주의 경우와 동일하다.

孔疏 ●"纁紐二, 玄紐二"者, 不得六, 故用四, 以連四旁也. 不幷一色, 故二爲纁, 二爲玄也.

번역 ●經文: "纁紐二, 玄紐二". ○6줄을 달 수 없기 때문에 4줄을 사용하니, 이것을 통해 네 방면에 연결한다. 한 가지 색깔을 사용할 수 없기 때문에 2줄은 분홍색으로 만들고, 나머지 2줄은 현색으로 만든다.

孔疏 ●"齊三采"者, 降[9]黃·黑也.

번역 ●經文: "齊三采". ○다섯 가지 채색 중 황색과 흑색을 뺀다.

孔疏 ●"三貝"者, 又降二也.

번역 ●經文: "三貝". ○또한 5줄에서 2줄을 뺀다.

孔疏 ●"黻翣二, 畫翣二"者, 降兩黼也.

번역 ●經文: "黻翣二, 畫翣二". ○2개의 보삽(黼翣)을 뺀다.

孔疏 ●"皆戴綏"者, 翣角不圭, 但用五采用作綏, 注翣兩角也.

---

9) '강(降)'자에 대하여. '강'자는 본래 '강(絳)'자로 기록되어 있었는데, 완원(阮元)의 『교감기(校勘記)』에서는 "혜동(惠棟)의 『교송본(校宋本)』에는 '강(降)'자로 기록되어 있으니, 이곳 판본에서는 강(降)자를 강(絳)자로 잘못 기록한 것이다."라고 했다.

번역 ●經文: "皆戴綏". ○삽(翣)의 모서리에 규옥(圭玉)을 달지 않고, 단지 다섯 가지 채색을 사용하여 술을 만들어서, 삽의 양쪽 모서리에 단다.

孔疏 ●"魚躍拂池"者, 無絞雉而有縣銅魚也.

번역 ●經文: "魚躍拂池". ○꿩을 그린 교(絞)가 없지만, 동으로 만든 물고기는 매단다.

孔疏 ●"大夫戴前纁後玄"者, 事異, 故更言大夫也. 降人君, 故不並用纁也, 其數與披同, 用四也.

번역 ●經文: "大夫戴前纁後玄". ○사안이 달라졌기 때문에, 재차 '대부(大夫)'라고 말한 것이다. 군주보다 낮추기 때문에 모두에 대해 분홍색을 사용할 수 없고, 그 수량은 피(披)와 동일하여 4개를 사용한다.

孔疏 ●"披亦如之"者, 色及數悉與戴同也.

번역 ●經文: "披亦如之". ○색깔과 수량 모두 대(戴)와 동일하다는 뜻이다.

集解 陸氏佃曰: 戴玉者必戴綏, 戴綏者不必戴玉.

번역 육전이 말하길, 옥을 매달 때에는 반드시 술을 달게 되지만, 술을 달 때에는 반드시 옥을 매다는 것은 아니다.

集解 愚謂: 二池在前後, 大夫屋南北有承霤, 故其池象之也. 士喪禮註云, "齊, 以三采繒爲之, 上朱・中白・下蒼." 疏云, "聘禮記, '三采朱・白・蒼', 彼據繅藉, 此齊用三采亦然." 此疏以三采爲絳・黃・黑, 絳乃"降"字之誤, 言大夫降於人君, 少黃·黑二色也.

번역 내가 생각하기에, '이지(二池)'는 앞뒤로 있는 것이니, 대부의 가옥에 있어서 지붕의 남북쪽에는 빗물받이를 받치는 류(霤)가 있다. 그렇기 때문에 지(池)도 그것을 본뜨게 된다. 『의례』「사상례(士喪禮)」편에 대한 정현의 주에서는 "제(齊)는 세 가지 채색의 비단을 사용해서 만드는데, 상단은 주색, 중단은 백색, 하단은 푸른색이다."라고 했고, 가공언의 소에서는 "『의례』「빙례(聘禮)」편의 기문에서는 '3가지 채색은 주색·백색·푸른색이다.'라고 했는데, 그 기록은 옥을 받치는 깔개에 기준을 둔 것이지만, 이곳에서 제(齊)에 세 가지 채색을 사용한다고 했을 때에도 또한 동일한 색깔을 사용한다."라고 했다. 따라서 이곳 소에서 3가지 채색은 분홍색·황색·흑색이라고 했을 때의 '강(絳)'자는 '강(降)'자의 오자이니, 대부는 군주보다도 낮추므로, 황색과 흑색을 뺀다는 뜻이다.

【544c~d】

士布帷, 布荒, 一池, 揄絞; 纁紐二, 緇紐二, 齊三采一貝, 畫翣二, 皆戴綏. 士戴, 前纁後緇, 二披用纁.

직역 士는 布帷하며, 布荒하고, 一池하며, 揄絞하고; 纁紐는 二하며, 緇紐는 二하고, 齊는 三采하고 一貝하며, 畫翣은 二하니, 皆히 綏를 戴한다. 士의 戴는 前纁하고 後緇하며, 二披에는 纁을 用한다.

의역 사의 관을 치장할 때에는 그림을 그리지 않은 백색의 포(布)로 장막을 만들고 그것으로 영구를 가리며, 유거(柳車)의 덮개도 그림을 그리지 않은 백색의 포로 만든다. 유거에는 1개의 빗물받이를 단다. 지(池)에는 꿩을 그린 끈을 매단다. 분홍색의 끈 2개와 현색의 끈 2개를 두어서 덮개와 옆을 가리는 장막을 연결한다. 수레의 덮개 부분 중 중앙에 해당하는 부분은 원형으로 만드는데, 세 가지 채색의

비단을 차례대로 넣어서 옷을 입히고, 그 위에는 조개를 엮어 만든 1개의 줄을 붙인다. 삽(翣)을 세우는데, 구름무늬를 새긴 것이 2개이며, 삽의 양쪽 모서리에 다섯 가지 채색의 깃털로 만든 술을 단다. 사는 관의 끈과 유거(柳車)를 결속시키는 대(戴)를 앞의 것은 분홍색으로 만들고 뒤의 것은 검은색으로 만든다. 한쪽에 있는 2개의 피(披) 또한 분홍색으로 만든다.

集說 布帷布荒, 皆白布不畫也. 一池在前. 揄, 搖翟也, 雉類, 青質五色. 絞, 青黃之繒也. 畫翟於絞繒在池上. 戴當棺束, 每束各在兩邊, 前頭二戴用纁, 後二用緇. 二披用纁者, 據一邊前後各一披, 故云二披. 若通兩邊言之, 亦四披也.

번역 '포유(布帷)'와 '포황(布荒)'은 모두 백색의 포(布)로 만들며 그림을 그리지 않는다. 1개의 지(池)는 앞에 있다. '유(揄)'는 꿩을 그린 것이니, 꿩의 부류는 청색 바탕에 다섯 가지 색깔이 섞여 있다. '교(絞)'는 청색과 황색의 비단으로 만든다. 교(絞)에 꿩을 그리고, 그것은 지(池) 위에 단다. 대(戴)는 관의 봉합부분에 있는 매듭 위에 있는데, 매 매듭마다 각각 양쪽 측면에 연결하며, 앞쪽에 있는 2개의 대(戴)는 분홍색으로 만들고, 뒤쪽에 있는 2개의 대(戴)는 검은색으로 만든다. 2개의 피(披)는 분홍색으로 만드는데, 한쪽 측면의 앞뒤에 각각 1개의 피(披)가 달려 있는 것에 근거를 했기 때문에, '이피(二披)'라고 했다. 만약 양쪽 측면을 통괄해서 말한다면 또한 4개의 피(披)가 된다.

大全 山陰陸氏曰: 天子八翣, 皆戴璧, 諸侯六翣, 皆戴圭. 大夫四翣, 士二翣, 皆戴綏. 戴玉者, 必戴綏, 戴綏者, 未必戴玉. 綏, 旄也.

번역 산음육씨가 말하길, 천자는 8개의 삽(翣)을 사용하며 삽의 양쪽 모서리에는 모두 벽(璧)을 단다. 제후는 6개의 삽(翣)을 사용하며 삽의 양쪽 모서리에는 모두 규(圭)를 단다. 대부는 4개의 삽(翣)을 사용하고, 사는 2개의 삽(翣)을 사용하는데, 모두 수(綏)를 단다. 옥을 달 때에는 반드시 수(綏)

도 달게 되지만, 수(綏)를 달 때에는 반드시 옥까지 다는 것은 아니다. '수(綏)'는 조(旐)를 뜻한다.

鄭注 飾棺者, 以華道路及壙中, 不欲衆惡其親也. 荒, 蒙也, 在旁曰帷, 在上曰荒, 皆所以衣柳也. "士布帷, 布荒"者, 白布也. 君·大夫加文章焉. 黼荒, 緣邊爲黼文, 畫荒, 緣邊爲雲氣. 火黻爲列於其中耳. 僞, 當爲帷, 或作于, 聲之誤也. 大夫以上, 有褚以襯覆棺, 乃加帷荒於其上. 紐, 所以結連帷荒者也. 池, 以竹爲之, 如小車笭, 衣以青布, 柳象宮室, 縣池於荒之爪端, 若承霤然云. 君·大夫以銅爲魚, 縣於池下. 揄, 揄翟也, 青質五色, 畫之於絞繒而垂之, 以爲振容, 象水草之動搖, 行則又魚上拂池. 雜記曰"大夫不揄絞繒屬於池下", 是不振容也. 士則去魚. 齊, 象車蓋蕤, 縫合雜采爲之, 形如瓜分然. 綴貝落其上及[10]旁. 戴之言値也, 所以連繫棺束與柳材, 使相値, 因而結前後披也. 漢禮: 翣以木爲筐, 廣三尺, 高二尺四寸, 方, 兩角高, 衣以白布. 畫者, 畫雲氣, 其餘各如其象; 柄長五尺, 車行使人持之而從, 旣窆, 樹於壙中. 檀弓曰"周人牆置翣", 是也. 綏, 當爲緌, 讀如冠蕤之蕤, 蓋五采羽, 注於翣首也.

번역 관을 꾸미는 것은 도로를 이동할 때와 무덤에 매장할 때 화려하게 꾸며서 사람들이 자기 부모의 시신을 꺼려하지 않도록 하기 위한 것이다. '황(荒)'자는 덮개[蒙]를 뜻하니, 옆을 가리는 장막을 '유(帷)'라고 부르고, 위를 가리는 장막을 '황(荒)'이라고 부르며, 이 모두는 유(柳)를 둘러싸는 것이다. "사는 포(布)로 만든 유(帷)를 사용하고, 포(布)로 만든 황(荒)을 사용한다."라고 했는데, 이것은 백색의 포(布)를 뜻한다. 제후와 대부의 경우에는 무늬를 새기게 된다. '보황(黼荒)'은 변두리에 가선을 두르며 보(黼) 무늬를 그리는 것이며, '화황(畫荒)'은 변두리에 가선을 두르며 구름무늬를 새기는 것이다. 화(火)와 불(黻)의 무늬는 중앙 부분에 열을 맞춰서 새길

10) '급(及)'자에 대하여. '급'자는 본래 '내(乃)'자로 기록되어 있었는데, 손이양(孫詒讓)의 『교기(校記)』에서는 "『민본(閩本)』따라 '급'자로 바로잡았다."라고 했다.

따름이다. ‘위(僞)’자는 마땅히 ‘유(帷)’자가 되어야 하며, 다른 판본에서는 ‘우(于)’로도 기록하는데, 소리가 비슷해서 생긴 오류이다. 대부로부터 그 이상의 계급은 저(褚)를 두어서 관을 직접 덮게 되고, 그 위에 유(帷)와 황(荒)을 설치한다. ‘뉴(紐)’는 유(帷)와 황(荒)을 결속하는 끈이다. ‘지(池)’는 대나무로 만드니, 소거(小車)에 다는 대바구니와 같고, 청색의 포(布)로 옷을 입힌다. 유거(柳車)는 건물을 본떠서 만들게 되니, 지(池)를 황(荒)의 끝단에 달아서 마치 류(霤)를 받치고 있는 것처럼 한다. 군주와 대부는 동으로 물고기를 만들어서 지(池) 아래에 걸어둔다. ‘유(揄)’는 꿩을 그린 것이니, 청색 바탕에 다섯 가지 채색을 사용하여 비단으로 만든 교(絞)에 그리고서 늘어트리게 되니, 이것을 진용(振容)으로 삼고, 수초가 움직이는 것을 상징하며, 수레가 움직이면 또한 물고기가 위로 뛰어 오르며 지(池)를 움직인다. 『예기』「잡기(雜記)」편에서는 “대부는 꿩을 그린 교(絞)를 지(池) 아래에 결속하지 않는다.”[11]라고 했는데, 이것은 진용(振容)을 하지 않는다는 사실을 뜻한다. 사는 어(魚)를 제거한다. ‘제(齊)’는 수레의 덮개에 있는 술을 상징하니, 봉합된 부분에 채색을 섞어서 만들며, 그 모습은 참외가 갈라진 모습과 같다. 조개를 엮어서 그 위 및 측면에 연결하여 밑으로 떨어트린다. ‘대(戴)’자는 “꽂다[値].”는 뜻이니, 관의 매듭과 유거(柳車)의 몸체에 연결하여, 서로 결속시키며, 앞뒤로 연결하는 피(披)와 연결한다. 한나라 때의 예법에서는 삽(翣)은 나무로 네모지게 만드는데, 그 너비는 3척이고, 높이는 2척 4촌이며, 사각형의 양쪽 모서리는 튀어나오게 만들고 백색의 포(布)를 입힌다. ‘화(畫)’는 구름을 그린 것이니, 나머지는 각각 그것들의 무늬를 드러낸다. 자루의 길이는 5척이며, 수레가 움직일 때에는 사람들을 시켜서 이것을 들고 따르게 하며, 하관을 할 때에는 무덤 주위를 가린다. 『예기』「단궁(檀弓)」편에서 “주(周)나라 때에는 영구를 가릴 때 삽(翣)을 두었다.”[12]라고 한 것이 바로 이것을 가리킨다. ‘수(緌)’자는 마땅히 ‘유(緌)’자가 되어

---

11) 『예기』「잡기상(雜記上)」【495a】 : 大夫不揄絞屬於池下.

12) 『예기』「단궁상(檀弓上)」【72d】 : 有虞氏瓦棺, 夏后氏堲周, 殷人棺槨, <u>周人牆置翣</u>.

야 하니, 관유(冠蕤)의 유(蕤)처럼 풀이하며, 무릇 다섯 가지 채색의 깃털을 사용하여, 삽(翣)의 모서리에 달았을 것이다.

釋文 黻音弗. 褚, 張呂反, 下同. 僞, 依注讀爲. 帷, 位悲反, 齊如字, 徐才細反. 翣, 所甲反. 戴, 丁代反, 下及注同. 披, 彼義反, 徐甫髮反, 下同. 緌, 依注爲緌, 音蕤, 耳隹反, 下同. 揄音遙, 注同. 紐, 女九反. 緇, 側具反. 壙, 古晃反. 惡, 烏路反. 衣, 於旣反, 下"衣以"皆同. 以上, 時掌反, 下"魚上"同. 笭音零. 縣音玄, 下皆同. 搖音遙, 一音以照反. 去, 起呂反. "車蓋蕤"絶句, 一讀以蕤向下. 瓜, 古華反. 分, 扶問反, 又皮莧反, 又夫云反. 壙, 古曠反. 高, 古報反, 又如字. 長, 直諒反, 又如字, 後放此. 從, 才用反.

번역 '黻'자의 음은 '弗(불)'이다. '褚'자는 '張(장)'자와 '呂(려)'자의 반절음이고, 아래문장에 나오는 글자도 그 음이 이와 같다. '僞'자는 정현의 주에 따르면 '帷'자로 해석하니, 그 음은 '位(위)'자와 '悲(비)'자의 반절음이다. '齊'자는 글자대로 읽는데, 서음(徐音)은 '才(재)'자와 '細(세)'자의 반절음이다. '翣'자는 '所(소)'자와 '甲(갑)'자의 반절음이다. '戴'자는 '丁(정)'자와 '代(대)'자의 반절음이며, 아래문장 및 정현의 주에 나오는 글자도 그 음이 이와 같다. '披'자는 '彼(피)'자와 '義(의)'자의 반절음이며, 서음은 '甫(보)'자와 '髮(발)'자의 반절음이고, 아래문장에 나오는 글자도 그 음이 이와 같다. '緌'자는 정현의 주에 따르면 '緌'자로 기록하니, 그 음은 '蕤'로, '耳(이)'자와 '隹(추)'자의 반절음이고, 아래문장에 나오는 글자도 그 음이 이와 같다. '揄'자의 음은 '遙(요)'이며, 정현의 주에 나오는 글자도 그 음이 이와 같다. '紐'자는 '女(녀)'자와 '九(구)'자의 반절음이다. '緇'자는 '側(측)'자와 '具(구)'자의 반절음이다. '壙'자는 '古(고)'자와 '晃(황)'자의 반절음이다. '惡'자는 '烏(오)'자와 '路(로)'자의 반절음이다. '衣'자는 '於(어)'자와 '旣(기)'자의 반절음이며, 아래 '衣以'에서의 '衣'자도 모두 그 음이 이와 같다. '以上'에서의 '上'자는 '時(시)'자와 '掌(장)'자의 반절음이며, 아래 '魚上'에서의 '上'자도 그 음이 이와 같다. '笭'자의 음은 '零(령)'이다. '縣'자의 음은 '玄(현)'이며,

아래문장에 나오는 글자도 그 음이 모두 이와 같다. '搖'자의 음은 '遙(요)'이며, 다른 음은 '以(이)'자와 '照(조)'자의 반절음이다. '去'자는 '起(기)'자와 '呂(려)'자의 반절음이다. '車蓋蓑'에서 구문을 끊는데, 다른 해석법은 '蓑'자를 뒤의 구문과연결시키기도 한다. '瓜'자는 '古(고)'자와 '華(화)'자의 반절음이다. '分'자는 '扶(부)'자와 '問(문)'자의 반절음이며, 또한 '皮(피)'자와 '莧(현)'자의 반절음도 되고, 또한 '夫(부)'자와 '云(운)'자의 반절음도 된다. '壙'자는 '古(고)'자와 '曠(광)'자의 반절음이다. '高'자는 '古(고)'자와 '報(보)'자의 반절음이며, 또한 글자대로 읽기도 한다. '長'자는 '直(직)'자와 '諒(량)'자의 반절음이며, 또한 글자대로 읽기도 하는데, 이후에 나오는 글자는 모두 이와 같다. '從'자는 '才(재)'자와 '用(용)'자의 반절음이다.

孔疏 ●"士布帷, 布荒"者, 士帷及荒者, 白布爲之而不畫也.

번역 ●經文: "士布帷, 布荒". ○사의 유(帷)와 황(荒)은 모두 백색의 포(布)로 만들며 그림을 그리지 않는다.

孔疏 ●"一池"者, 唯一池在前也.

번역 ●經文: "一池". ○오직 1개의 지(池)만을 앞에 단다.

孔疏 ●"揄絞"者, 亦畫揄雉於絞, 在於池上, 而池下無振容. 知者, 大夫旣不振容, 明士亦不振容於池下.

번역 ●經文: "揄絞". ○교(絞)에 꿩의 그림을 그려서 지(池) 위에 달지만, 지(池) 밑에는 진용(振容)이 없다. 이러한 사실을 알 수 있는 이유는 대부도 이미 진용을 사용하지 않는다고 했으므로, 이것은 사 또한 지((池) 밑에 진용을 달지 않는다는 사실을 나타낸다.

孔疏 ●"纁紐二, 緇紐二"者, 又降玄用緇也, 猶用四, 連四旁.

번역 ●經文: "纁紐二, 緇紐二". ○또한 현색을 낮춰서 검은색을 사용하는 것이며, 4개를 사용하며 네 방면에 연결한다.

孔疏 ●"齊三采"者, 與大夫同也.

번역 ●經文: "齊三采". ○대부의 경우와 동일하다.

孔疏 ●"一貝"者, 又降二行, 但一行絡之耳.

번역 ●經文: "一貝". ○또한 2줄을 낮추게 되어, 단지 1개의 줄만 연결할 따름이다.

孔疏 ●"畫翣二, 皆戴綏"者, 又降二黻也. 池上翣悉綏, 故云"皆"也.

번역 ●經文: "畫翣二, 皆戴綏". ○또한 2개의 불삽(黻翣)을 줄이게 된다. 지(池) 위와 삽(翣)에는 모두 술을 단다. 그렇기 때문에 '개(皆)'라고 말했다.

孔疏 ●"士戴前纁後緇"者, 事異, 故直言士也. 戴當棺束, 每束各在兩邊, 前頭二戴用纁, 後頭二戴用緇, 通兩邊爲四戴, 擧一邊卽兩戴也.

번역 ●經文: "士戴前纁後緇". ○사안이 달려졌기 때문에 '사(士)'라고 말한 것이다. 대(戴)는 관의 결합부인 매듭 부분에 있게 되는데, 매 매듭마다 각각 양쪽 측면에 연결하며, 앞에 있는 2개의 대(戴)는 분홍색으로 만들고, 뒤에 있는 2개의 대(戴)는 검은색으로 만든다. 양쪽 측면에 있는 것을 합치면 4개의 대(戴)가 되는데, 한쪽 측면에 다는 것을 기준으로 하면, 2개의 대(戴)가 된다.

孔疏 ●"二披用纁"者, 據一邊前後各一披, 故云"二披用纁". 若通兩旁, 則亦四披也.

번역 ●經文: "二披用纁". ○한쪽 측면에 앞뒤로 각각 1개씩의 피(披)가 있는 것을 근거로 했기 때문에 "2개의 피(披)는 분홍색으로 만든다."라고 한 것이다. 만약 양쪽 측면에 있는 것을 통괄하면 또한 4개의 피(披)가 된다.

孔疏 ◎注"飾棺"至"首也". ○正義曰: "以華道路及壙中"者, 以翣入壙中, 則知餘物堪入壙中者皆入. 云"荒, 蒙也"者, 以爾雅荒・蒙俱訓爲"奄", 故荒得爲蒙. 云"皆所以衣柳也"者, 謂木材有此帷荒在外衣覆之, 故云"皆所以衣柳". 云"黼荒, 緣邊爲黼文, 畫荒, 緣邊爲雲氣"者, 旣云"黼荒・畫荒", 又云"火三列, 黻三列", 火・黻旣爲三列, 其處寬多, 宜在荒之中央, 則知黼之與畫宜在荒之外畔. 鄭云"僞當爲帷, 或作于"者, 僞字與帷聲相近. 又諸本僞字作于者, 于・帷聲又相近, 因聲相近而遂誤作僞字, 或作于字, 故云"聲之誤"也. 云"紐, 所以結連帷荒"者, 荒在上, 帷在旁, 屬紐以結之, 與束棺屬披之紐別也. 故鄭注司士云"謂結披必當棺束, 於束繫紐", 是披紐與此異也. 云"池以竹爲之, 如小車笭, 衣以靑布"者, 鄭以漢之制度而知"如小車笭"者, 以小車之箱必猶狹長, 故云"如小車笭". 云"縣池於荒之爪端, 若承霤然云"者, 荒之爪, 謂荒之材出外, 若人之指爪, 而縣此池於荒之爪端, 其池若官室之承霤然. 云, 語辭也. 云"以銅爲魚, 縣於池下"者, 以參漢之制度而知也. 云"揄, 揄翟也, 靑質五色"者, 爾雅・釋鳥文. 經云"揄絞", 故知畫揄於絞繒也. 經云"振容", 故知垂之以爲振容, 象水草之揄搖. 云"行則魚躍上拂池"者, 以經云"魚躍拂池", 躍是鄉上之名, 非行不動, 故知行則魚上拂池. 引雜記曰"大夫不揄絞屬於池下", 是不振容也者. 此經云"不振容", 雜記云: "大夫不揄絞屬於池下." 若屬於池, 則振容; 不屬於池下, 是不振容也. 云"士則去魚"者, 言士同大夫不振容, 更又去魚, 故云"士則去魚". 此云士揄絞, 明大夫亦揄絞, 但大夫不以揄絞屬於池下爲振容, 而皇氏不解鄭之此旨, 謂大夫不揄絞而有銅魚, 士無銅魚而有揄絞, 以爲魚陰而絞陽, 大夫偪君, 故奪其陽. 不尋其義, 一何疏妄之甚! 云"齊, 象車蓋蕤”者, 此車蓋四面有垂下蕤, 今此齊形象此車蓋及蕤, 謂上象車蓋, 旁象蓋蕤. 云“縫合雜采爲之, 形如爪分然”者, 言齊形旣圓, 上下縫合雜采, 豎有限襵, 如瓜內之子, 以穰爲分限然也. 皇氏云: “如虎掌之爪, 皮外其色有部分若然.” 此注唯據班瓜, 事恐不合耳. 云“所以連繫棺束與柳材, 使相値, 因而結前後披”者, 謂用此戴索連繫棺束之紐與外畔柳材, 使相當値. 謂連棺著柳, 將披一頭以結此戴, 更垂披頭鄕外, 使人執之, 備柩車傾動. 云“以木爲筐”者, 謂以木爲翣之筐, 若門戶四面筐也. 云“廣三尺, 高二尺四寸, 方, 兩角高”者, 謂廣·方, 正不圓曲也. 云“緌當爲緌”至“翣首也”者, 以周禮夏采掌染鳥羽爲夏翟之色, 故名夏采. 其職掌復建緌, 故知緌五采用注於[13]翣首, 謂翣之兩角, 諸侯則戴以圭.

번역 ◎鄭注: “飾棺”~“首也”. ○정현이 “도로를 이동할 때와 무덤에 매장할 때 화려하게 꾸미는 것이다.”라고 했는데, 삽(翣)을 무덤 속으로 넣게 된다면, 나머지 기물들도 관을 무덤 속에 넣을 때 함께 넣게 됨을 알 수 있다. 정현이 “‘황(荒)’자는 덮개[蒙]를 뜻한다.”라고 했는데, 『이아』에서는 ‘황(荒)’자와 ‘몽(蒙)’자를 모두 ‘가림막[奄]’이라고 풀이했다.[14] 그렇기 때문에 ‘황(荒)’자는 덮개[蒙]의 뜻이 된다. 정현이 “이 모두는 유(柳)를 둘러싸는 것이다.”라고 했는데, 목재부분 겉에는 이러한 유(帷)와 황(荒)이 있어서 그것을 가리게 된다. 그렇기 때문에 “이 모두는 유(柳)를 둘러싸는 것이다.”라고 말했다. 정현이 “‘보황(黼荒)’은 변두리에 가선을 두르며 보(黼)무늬를 그리는 것이며, ‘화황(畫荒)’은 변두리에 가선을 두르며 구름무늬를 새기는 것이다.”라고 했는데, 이미 ‘보황(黼荒)’과 ‘화황(畫荒)’이라고 했고, 또 “화(火)무늬를 새긴 것이 3줄이고, 불(黻)무늬를 새긴 것이 3줄이다.”라고 하여, 화와 불무늬를 새긴 것이 3줄이라고 했다면, 그 지점에는 많은 것들이 달려 있게 되므로, 마땅히 황(荒)의 중앙 부분에 있어야 한다. 따라서 보

---

13) ‘어(於)’자에 대하여. ‘어’자는 본래 없던 글자인데, 완원(阮元)의 『교감기(校勘記)』에서는 “혜동(惠棟)의 『교송본(校宋本)』에는 ‘어’자가 기록되어 있으니, 이곳 판본에는 ‘어’자가 누락된 것이다.”라고 했다.

14) 『이아』「석언(釋言)」: 蒙·荒, 奄也.

(黼)와 화(畫)라는 것은 마땅히 황(荒)의 변두리에 있게 됨을 알 수 있다. 정현이 "'위(僞)'자는 마땅히 '유(帷)'자가 되어야 하며, 다른 판본에서는 '우(于)'로도 기록한다."라고 했는데, '위(僞)'자와 '유(帷)'자는 소리가 서로 비슷하다. 또 여러 판본 중에는 '위(僞)'자를 '우(于)'자로 기록한 것도 있는데, '우(于)'자도 '유(帷)'자와 소리가 서로 비슷하다. 따라서 소리가 서로 비슷한 것에 따라 결국 '위(僞)'자로 잘못 표기한 것이며, 또는 '우(于)'자로도 기록한 것이다. 그러므로 "소리가 비슷해서 생긴 오류이다."라고 했다. 정현이 "'뉴(紐)'는 유(帷)와 황(荒)을 결속하는 끈이다."라고 했는데, 황(荒)은 상부에 있고 유(帷)는 측면에 있어서, 뉴(紐)를 연결하여 결속하는데, 관(棺)의 봉합부분에 있는 매듭을 피(披)와 연결시킬 때의 뉴(紐)와는 구별된다. 그러므로 『주례』「사사(司士)」편에 대한 정현의 주에서는 "피(披)에 결속할 때에는 반드시 관의 봉합부분에 있는 매듭 부분에 하게 되는데, 매듭에 뉴(紐)를 연결한다."라고 한 것이니, 이것은 피(披)에 연결하는 뉴(紐)가 이곳에서 말하는 뉴(紐)와 구별된다는 사실을 나타낸다. 정현이 "'지(池)'는 대나무로 만드니, 소거(小車)에 다는 대바구니와 같고, 청색의 포(布)로 옷을 입힌다."라고 했는데, 정현은 한(漢)나라 때의 제도를 통해서 "소거(小車)에 다는 대바구니와 같다."는 말이 사실임을 알았으니, 소거에 다는 상자는 반드시 폭이 좁고 길이가 길기 때문에, "소거(小車)에 다는 대바구니와 같다."라고 했다. 정현이 "지(池)를 황(荒)의 끝단에 달아서 마치 류(霤)를 받치고 있는 것처럼 한다."라고 했는데, 황(荒)의 끝단은 황(荒)의 재목 중 밖으로 돌출된 것이니, 마치 사람의 손톱과도 유사하며, 이러한 지(池)를 황(荒)의 끝단 중 손톱처럼 튀어나온 부분에 걸게 되니, 지(池)는 마치 건물에 류(霤)를 받치고 있는 것과 유사하게 된다. '운(云)'자는 어조사이다. 정현이 "동으로 물고기를 만들어서 지(池) 아래에 걸어둔다."라고 했는데, 한나라 때의 제도를 살펴보면 이러한 사실을 알 수 있다. 정현이 "'유(揄)'는 꿩을 그린 것이니, 청색 바탕에 다섯 가지 채색이 있다."라고 했는데, 이것은 『이아』「석조(釋鳥)」편의 문장이다.[15] 경문에서는 '유교(揄

15) 『이아』「석조(釋鳥)」: 鷂雉. 鷮雉. 鳪雉. 鷩雉. 秩秩, 海雉. 鸐, 山雉. 雗雉. 鵫

絞)'라고 했다. 그렇기 때문에 비단으로 된 교(絞)에 꿩을 그린 것임을 알 수 있다. 경문에서는 '진용(振容)'이라고 했다. 그렇기 때문에 화려하게 꾸며서 장식으로 삼으니, 수초 사이에 꿩이 날아오르는 것을 본뜨게 됨을 알 수 있다. 정현이 "수레가 움직이면 또한 물고기가 위로 뛰어 오르며 지(池)를 움직인다."라고 했는데, 경문에서는 '어약불지(魚躍拂池)'라고 했고, '약(躍)'자는 위를 향한다는 명칭이며, 수레가 움직이지 않으면 흔들리지 않는다. 그렇기 때문에 수레가 움직이면 물고기가 위로 뛰어 오르며 지(池)를 움직인다는 사실을 알 수 있다. 정현이 『예기』「잡기(雜記)」편에서 "대부는 꿩을 그린 교(絞)를 지(池) 아래에 결속하지 않는다."라고 한 말을 인용했는데, 이것은 진용(振容)을 하지 않는다는 사실을 나타낸다. 이곳 경문에서는 "진용(振容)을 하지 않는다."라고 했고, 「잡기」편에서는 "대부는 꿩을 그린 교(絞)를 지(池) 아래에 결속하지 않는다."라고 했다. 만약 지(池)에 결속한다면 진용(振容)을 한 것이고, 지(池)에 결속하지 않는다면 진용(振容)을 하지 않은 것이다. 정현이 "사는 어(魚)를 제거한다."라고 했는데, 이것은 사가 대부와 동일하게 진용(振容)을 하지 않는다는 사실을 나타내고, 또한 어(魚)를 제거한다는 사실도 나타낸다. 그렇기 때문에 "사는 어(魚)를 제거한다."라고 말한 것이다. 이곳에서는 사에 대해서 유교(揄絞)를 한다고 했으니, 이것은 대부 또한 교(絞)에 꿩을 그린다는 사실을 나타낸다. 다만 대부는 꿩을 그린 교(絞)를 지(池) 밑에 연결하여 진용(振容)으로 삼지 않는데, 황간은 정현의 이러한 논지를 풀이하지 않고, 대부는 유교(揄絞)를 하지 않지만 동으로 만든 물고기는 달고, 사는 동으로 만든 물고기가 없지만 유교(揄絞)를 하니, 물고기는 음(陰)이고 교(絞)는 양(陽)이므로, 대부가 참람되게 군주를 핍박할 수 있기 때문에, 양(陽)에 해당하는 것을 제거하는 것이라고 했다. 그러나 그 뜻을 자세히 살피지 않고, 어찌 이처럼 망령된 말을 할 수 있는가! 정현이 "'제(齊)'는 수레의 덮개에 있는 술을 상징한다."라고 했는데, 여기에서 말한 수레의 덮개에는 네 방면에 밑으로 늘어트리

雉. 雉絶有力, 奮. 伊洛而南, 素質五采皆備成章曰翬. 江淮而南, 青質五采皆備成章曰鷂.

는 술이 있으니, 이것은 이곳에서 말한 제(齊)의 형상이 수레의 덮개와 그곳에 달려 있는 술을 상징함을 나타낸다. 즉 위로 수레의 덮개를 상징하고, 옆으로 덮개에 달려 있는 술을 상징한다는 뜻이다. 정현이 "봉합된 부분에 채색을 섞어서 만들며, 그 모습은 참외가 갈라진 모습과 같다."라고 했는데, 제(齊)의 형태는 원형으로 되어 있고, 상하를 봉합한 부분에는 채색이 뒤섞여 있으며, 세로 방향으로 각각의 채색이 경계를 지으며 주름이 접혀 있는데, 이것은 참외의 과육이 표면의 틈에 따라 구분되는 것과 같다. 황간은 "호장(虎掌)이라는 식물의 조(爪) 부분과 같다는 뜻이니, 표피의 색깔에 구분이 있는 것을 뜻한다."라고 했다. 그러나 이곳 정현의 주에서는 명확하게 과(瓜)라고 했으므로, 아마도 그의 주장은 부합되지 않는 것 같다. 정현이 "관의 매듭과 유거(柳車)의 몸체에 연결하여, 서로 결속시키며, 앞뒤로 연결하는 피(披)와 연결한다."라고 했는데, 이러한 대(戴)를 관의 매듭에 연결된 뉴(紐)와 그 겉에 있는 유거의 몸체에 연결하여, 서로 결속시킨다는 뜻이다. 즉 관과 유거를 연결하고서 피(披)의 한쪽 끝을 대(戴)에 연결하고, 재차 다른 쪽 피(披)의 끝을 밖으로 빼내서, 사람들이 그것을 잡고서 수레가 전복되는 것을 대비한다는 의미이다. 정현이 "나무로 네모지게 만든다."라고 했는데, 나무로 삽(翣)의 네모난 판을 만드니, 이것은 마치 문의 네면이 네모지게 된 것과 같다는 뜻이다. 정현이 "너비는 3척이고, 높이는 2척 4촌이며, 사각형의 양쪽 모서리는 튀어나오게 만든다."라고 했는데, 너비라고 했고 사각형으로 만들었다는 것은 원형으로 만들지 않는다는 뜻이다. 정현이 "'수(緌)'자는 마땅히 '유(緌)'자가 되어야 한다."라는 구문부터 '삽(翣)의 모서리'라고 한 부분까지, 『주례』에 나온 하채(夏采)라는 관리는 새의 깃털을 염색하여 하적(夏翟)의 색깔 내는 것을 담당한다. 그렇기 때문에 관직명을 '하채(夏采)'라고 정한 것이다. 그의 직무에서는 초혼을 할 때 수(綏) 세우는 일을 담당한다고 했다.[16] 그렇기 때문에 수(綏)라는 것이 다섯 가지 채색을 이용해서 삽(翣)의 모서리에 다는 것임을 알 수 있다. 이것은 곧 삽(翣)의 양쪽 모서리에 단다는 뜻으로, 제후의 경우라면 규(圭)

16) 『주례』「천관(天官)·하채(夏采)」: 掌大喪以冕服復于大祖, 以乘車建綏復于四郊.

를 단다.

訓纂 說文: 翣, 羽飾也. 天子八, 諸侯六, 大夫四, 士二.

번역 『설문』에서 말하길, '삽(翣)'은 깃털 장식이다. 천자는 8개를 사용하고, 제후는 6개를 사용하며, 대부는 4개를 사용하고, 사는 2개를 사용한다.

訓纂 王氏念孫曰: 荒·幠一聲之轉, 皆謂覆也. 故柩車上覆謂之荒, 亦謂之幠. 褚, 卽"素錦褚"之褚. 幠·褚, 皆所以飾棺: 幠在上, 象幕; 褚在下, 象幄. 故曰其貌象帷幬尉也.

번역 왕념손이 말하길, '황(荒)'과 '무(幠)'는 동일한 소리가 전이되어 나타난 글자이니, 이 모두는 덮개[覆]를 뜻한다. 그렇기 때문에 관을 실은 수레의 상단부 덮개를 '황(荒)'이라고 부르고 또 '무(幠)'라고도 부르는 것이다. '저(褚)'는 곧 '소금저(素錦褚)'라고 할 때의 '저(褚)'이다. '무(幠)'와 '저(褚)'는 모두 관을 장식하는 것이다. 무(幠)는 상단부에 있으니 장막[幕]을 상징하고, 저(褚)는 하단부에 있으니 휘장[幄]을 상징한다. 그렇기 때문에 그 모습은 장막과 휘장이 둘러싸고 있는 것을 상징한다고 말한 것이다.

訓纂 王氏引之曰: 謹案上文"君纁戴六, 纁披六", "大夫戴前纁後玄, 披亦如之", 則披當與戴同色. 今云"一邊前後各一披, 皆用纁", 則結於前纁之戴者與戴同色, 結於後緇之戴者又與戴異色, 無是理也. 且纁披六者, 合左右各三, 此亦當合計左右, 何得但據一邊乎? 今按二披用纁者, 降於大夫四披前二披纁, 後二披玄. 士二披, 左右各一, 其色但用纁. 士戴前纁後緇, 而云"二披用纁", 則結於前纁之戴可知, 前戴用纁, 故披之結于前戴者亦纁也. 其後緇之戴蓋不結之以披, 若結之以披, 則其色亦當用緇, 披之色與數皆與戴等. 經當云"士戴前纁後緇, 披亦如之", 不得但云"二披用纁", 今後緇之戴無披, 故但有前二披也.

번역 왕인지가 말하길, 앞 문장을 살펴보니, "군주는 훈대(纁戴)가 6개이고 훈피(纁披)가 6개이다."라고 했고, "대부의 대(戴)는 전훈(前纁)하고 후현(後玄)하며, 피(披) 또한 이와 같다."라고 했으니, 피(披)는 마땅히 대(戴)와 동일한 색깔로 해야 한다. 현재 "한쪽 측면의 앞뒤로 각각 1개의 피(披)가 있고, 모두 분홍색으로 한다."라고 했다면, 앞에 있는 분홍색의 대(戴)에 결속하는 것과 대(戴)는 동일한 색깔이 되는데, 뒤에 있는 검은색의 대(戴)에 결속하는 것과 대(戴)는 다른 색깔이 되니, 이러한 이치란 없다. 또 훈피(纁披)가 6개라고 했는데, 이것은 좌우측에 각각 3개씩 있는 것을 합한 것이니 이 또한 마땅히 좌우를 합한 수가 되는데, 어떻게 단지 한쪽 측면만을 제시한 것이겠는가? 현재 '이피용훈(二披用纁)'이라는 말을 살펴보니, 이것은 대부가 다는 4개의 피(披) 중 앞에 다는 2개의 분홍색 피(披)와 뒤에 다는 2개의 검은색 피(披)보다 낮춘 것이다. 사가 2개의 피(披)를 사용하는 것은 좌우에 각각 1개씩 다는 것이며, 그 색깔은 단지 분홍색만 사용한다는 뜻이다. 사가 사용하는 대(戴)는 앞의 것은 분홍색으로 하고 뒤의 것은 검은색으로 한다고 했고, '이피용훈(二披用纁)'이라고 했으니, 앞에 다는 분홍색의 대(戴)에 결속했던 것임을 알 수 있다. 앞에 다는 대(戴)가 분홍색을 사용했기 때문에 앞의 대(戴)에 결속하는 피(披) 또한 분홍색을 사용하는 것이다. 뒤에 다는 검은색의 대(戴)에 대해서는 아마도 피(披)로 결속하지 않았을 것인데, 만약 피(披)에 결속을 했다면, 피(披)의 색깔 또한 검은색을 사용해야만, 피(披)의 색깔과 수량이 모두 대(戴)와 동등하게 된다. 그러나 이처럼 되려면 경문에서는 마땅히 "사의 대(戴)는 앞의 것은 분홍색이고 뒤의 것은 검은색이며, 피(披) 또한 이와 같다."라고 해야 하며, 단지 '이피용훈(二披用纁)'이라고 할 수 없다. 따라서 뒤의 검은색 대(戴)에 대해서는 결속하는 피(披)가 없었던 것이다. 그래서 단지 앞에만 2개의 피(披)가 있었던 것이다.

集解 愚謂: 此云"士一貝", 士喪禮云"無貝", 蓋亦禮俗之不同也. 披繫於棺束之橫者, 其數亦與棺束同. 人君棺三束, 故兩旁各三披; 大夫士棺二束, 故兩旁各二披. 但大夫旁二披前纁後玄, 士則前後皆纁, 亦降於大夫也.

번역 내가 생각하기에, 이곳에서는 "사는 1개의 조개줄을 단다."라고 했고, 『의례』「사상례(士喪禮)」편에서는 "조개를 엮은 줄이 없다."[17]라고 했는데, 아마도 이 또한 예법에 따른 풍속의 차이일 것이다. 피(披)는 관(棺)의 봉합부분에 있는 매듭 중 가로로 된 것에 연결을 하는데, 그 수량은 관의 매듭과 동일하다. 군주의 경우 관에는 3개의 매듭을 짓기 때문에 양쪽 측면에 각각 3개의 피(披)가 있게 되며, 대부와 사의 관에는 2개의 매듭을 짓기 때문에 양쪽 측면에 각각 2개의 피(披)가 있게 된다. 다만 대부의 경우 측면에 다는 2개의 피는 앞의 것은 분홍색으로 하고 뒤의 것은 검은색으로 하며, 사의 경우 앞뒤 모두 분홍색으로 한다. 이 또한 대부에 비해서 낮추기 때문이다.

17) 『의례』「기석례(旣夕禮)」: 有司請祖期. 曰, "日側." 主人入, 袒. 乃載. 踊無筭. 卒束, 襲. 降奠當前束. 商祝飾柩, 一池, 紐前經後緇, 齊三采, 無貝. 設披, 屬引.

• 제 30 절 •

장례[葬]를 치르는 규정

【544d~545a】

君葬用輴, 四綍二碑, 御棺用羽葆. 大夫葬用輴, 二綍二碑, 御棺用茅. 士葬用國車, 二綍無碑, 比出宮, 御棺用功布.

직역 君의 葬에는 輴을 用하고, 四綍하고 二碑하며, 棺을 御함에는 羽葆를 用한다. 大夫의 葬에는 輴을 用하고, 二綍하고 二碑하며, 棺을 御함에는 茅를 用한다. 士의 葬에는 國車를 用하며, 二綍이나 碑는 無하며, 宮을 出함에 比하여, 棺을 御함에는 功布를 用한다.

의역 군주의 장례를 치를 때에는 순거(輴車)를 사용하고, 관에는 4개의 끈인 발(綍)을 달고 하관을 할 때에는 2개의 비(碑)를 설치하며, 앞에서 수레를 이끌 때에는 우보(羽葆)라는 깃대를 이용해서 지휘한다. 대부의 장례를 치를 때에는 순거를 사용하고, 2개의 발(綍)을 달고 2개의 비(碑)를 설치하며, 수레를 이끌 때에는 모(茅)를 사용한다. 사의 장례를 치를 때에는 국거(國車)를 사용하고, 2개의 발(綍)을 달지만 비(碑)는 설치하지 않고, 집밖을 빠져나갈 때까지는 관을 이끌 때 공포(功布)를 사용한다.

集說 此章二輴字・一國字, 註皆讀爲輇船音, 然以檀弓"諸侯輴而設幬"言之, 則諸侯殯得用輴, 豈葬不得用輴乎? 今讀大夫葬用輴與國字, 並作船音; 君葬用輴, 音春.

번역 이곳 문장에 나온 2개의 '순(輴)'자와 1개의 '국(國)'자를 정현의 주에서는 모두 '輇'자로 풀이했으니, 그 음은 '船(선)'인데, 『예기』「단궁(檀弓)」

편에서 "제후의 경우에는 순거(輴車)는 사용하지만, 휘장으로만 그 위를 덮는다."[1]라고 한 기록에 따라 말을 해본다면, 제후의 빈소를 마련할 때에는 순거를 사용할 수 있는데, 어떻게 장례를 치를 때 순거를 사용할 수 없단 말인가? 현재 대부의 장례를 치를 때 '輴'을 사용한다는 것과 '國'을 사용한다고 했을 때의 두 글자는 모두 '船(선)'자의 음으로 풀이하며, 군주의 장례를 치를 때 '輴'을 사용한다고 했을 때의 '輴'자는 그 음이 '春(춘)'이다.

集說 天子之窆, 用大木爲碑, 謂之豐碑; 諸侯謂之桓楹. 碑綍, 詳見檀弓. 御棺羽葆, 並見雜記. 功布, 大功之布也. 輇車, 雜記作輲字.

번역 천자에 대해 하관을 할 때에는 큰 나무를 이용해서 기둥[碑]을 만드는데, 이것을 '풍비(豐碑)'라고 부르며, 제후에 대해 사용하는 것은 '환영(桓楹)'이라고 부른다. '비(碑)'와 '발(綍)'에 대해서는 그 설명이 『예기』「단궁(檀弓)」편에 나온다. '어관(御棺)'과 '우보(羽葆)'에 대해서는 그 설명이 『예기』「잡기(雜記)」편에 나온다. '공포(功布)'는 대공복(大功服)을 만들 때의 포(布)를 뜻한다. '전거(輇車)'의 '전(輇)'자를 「잡기」편에서는 '천(輲)'자로 기록했다.

鄭注 大夫廢輴, 此言輴, 非也. 輴, 皆當爲"載以輇車"之輇, 聲之誤也. 輇, 字或作團, 是以文誤爲國. 輇車, 柩車也, 尊卑之差也. 在棺[2]曰綍, 行道曰引, 至壙將窆又曰綍, 而設碑, 是以連言之. 碑, 桓楹也. 御棺, 居前爲節度也. 士言比出宮, 用功布, 則出宮而止, 至壙無矣. 綍, 或爲率.

---

1) 『예기』「단궁하(檀弓下)」【130d】: 孺子䵻之喪, 哀公欲設撥, 問於有若. 有若曰: "其可也. 君之三臣猶設之." 顏柳曰: "天子龍輴而槨幬, 諸侯輴而設幬, 爲榆沈, 故設撥. 三臣者廢輴而設撥, 竊禮之不中者也, 而君何學焉?"

2) '관(棺)'자에 대하여. '관'자는 본래 '곽(椁)'자로 기록되어 있었는데, 손이양(孫詒讓)의 『교기(校記)』에서는 "'관'자를 '곽'자로 잘못 기록한 것이다."라고 했다.

번역 대부는 순거(輴車)를 사용하지 않으니, 이곳에서 '순(輴)'이라고 한 말은 잘못된 기록이다. '순(輴)'자는 모두 "전거(輇車)에 싣는다."[3]라고 했을 때의 '전(輇)'자로 풀이해야 하니, 소리가 비슷해서 생긴 오류이다. '전(輇)'자는 그 자형을 또한 '단(團)'자로도 기록하는데, 이러한 이유로 글자가 비슷해서 '국(國)'자로 잘못 기록한 것이다. '전거(輇車)'는 관을 싣는 수레이니, 신분의 차등에 상관없이 동등하다. 관에 붙어 있는 끈을 '발(紼)'이라고 부르는데, 도로에서 움직일 때 잡는 끈은 '인(引)'이라고 부르며, 무덤에 이르러 하관할 때가 되면, 그 끈을 또한 '발(紼)'이라고 부르며, 비(碑)를 설치하므로, 연속해서 말한 것이다. '비(碑)'는 환영(桓楹)을 뜻한다. '어관(御棺)'은 앞에 위치하여 관을 움직이는 절도를 맞춘다는 뜻이다. 사에 대해서는 "집을 빠져나감에 미쳐서 공포(功布)를 사용한다."라고 했으니, 집을 빠져나가게 되면 사용하지 않는 것이며, 무덤에 이르러서도 사용하지 않는다. '발(紼)'자를 다른 판본에서는 '률(率)'자로도 기록한다.

釋文 輴依注音輇, 市專反, 下同; 王敕倫反. 紼音弗. 碑, 彼皮反. 御棺, 一本作御柩. 葆音保. 用國, 依注亦作輇, 市專反, 王如字, 云"一國所用". 比, 必例反, 注同. 柩, 尹九反. 引音胤. 率音律.

번역 '輴'자는 정현의 주에 따르면 그 음은 '輇'이니 '市(시)'자와 '專(전)'자의 반절음이고, 아래문장에 나오는 글자도 그 음이 이와 같고; 왕음(王音)은 '敕(칙)'자와 '倫(륜)'자의 반절음이다. '紼'자의 음은 '弗(불)'이다. '碑'자는 '彼(피)'자와 '皮(피)'자의 반절음이다. '御棺'을 다른 판본에서는 '御柩'라고도 기록한다. '葆'자의 음은 '保(보)'이다. '用國'에서의 '國'자는 정현의 주에 따르면 그 음은 '輇'이 되니, '市(시)'자와 '專(전)'자의 반절음이고, 왕음은 글자대로 읽으며, "한 나라 안에서 모두 사용하는 것이다"라고 했다.

---

3) 『예기』「잡기상(雜記上)」【491c~d】: 大夫士死於道, 則升其乘車之左轂以其綏復. 如於館死, 則其復如於家. 大夫以布爲輤而行, 至於家而說輤, <u>載以輲車</u>, 入自門, 至於阼階下而說車, 擧自阼階, 升適所殯.

'比'자는 '必(필)'자와 '例(례)'자의 반절음이며, 정현의 주에 나오는 글자도 그 음이 이와 같다. '柩'자는 '尹(윤)'자와 '九(구)'자의 반절음이다. '引'자의 음은 '胤(윤)'이다. '率'자의 음은 '律(률)'이다.

孔疏 ●"君葬"至"功布". ○正義曰: 此一經明葬時在路, 尊卑載柩之車及碑綍之等.

번역 ●經文: "君葬"~"功布". ○이곳 경문은 장례를 치르며 도로에 있을 때 신분의 차등에 따라 관을 싣는 수레 및 비(碑)와 발(綍) 등의 차등을 나타내고 있다.

孔疏 ●"君葬用輴"者, 諸侯載柩在路而用輴, 當用輇車, 用輴非也.

번역 ●經文: "君葬用輴". ○제후의 경우 관을 싣고 도로에서 움직일 때 순(輴)을 사용한다고 했는데, 제후는 마땅히 '전거(輇車)'를 사용해야 하므로, 순거(輴車)를 사용하는 것은 잘못된 기록이다.

孔疏 ●"四綍二碑"者, 綍有四條, 條有二所, 此諸侯也. 天子則六綍四碑.

번역 ●經文: "四綍二碑". ○'발(綍)'에는 네 가닥의 끈이 있게 되고, 이러한 가닥을 묶는 것에는 2지점이 있게 되니, 이것은 제후의 예법에 해당한다. 천자의 경우라면 6개의 발(綍)과 4개의 비(碑)를 사용한다.

孔疏 ●"御棺用羽葆"者, 雜記云: 諸侯用匠人執羽葆以鳥羽. 注: 於柄末如蓋, 而御者執之居前, 以指麾爲節度也.

번역 ●經文: "御棺用羽葆". ○『예기』「잡기(雜記)」편에서는 제후의 장례를 치를 때 장인(匠人)을 이용하여 새의 깃털로 만든 우보(羽葆)를 잡게 만든다고 했다.[4] 그리고 정현의 주에서는 자루의 끝부분은 덮개[蓋]처럼 생겼는데, 앞에서 지휘하는 자가 이것을 잡고 수레 앞에 위치하며, 휘두르는 것을 이동하는 절도로 삼는다고 했다.

孔疏 ●"大夫葬用輴"者, 言輴非, 亦當爲用輇也.

번역 ●經文: "大夫葬用輴". ○'순(輴)'이라고 한 말은 잘못된 기록이니, 대부 또한 마땅히 전거(輇車)를 사용해야 한다.

孔疏 ●"二綍二碑"者, 碑各一孔, 樹於壙之前後, 綍各穿之也.

번역 ●經文: "二綍二碑". ○비(碑)에는 각각 1개의 구멍이 있고, 수레의 앞뒤에 심어두며, 발(綍)을 각각 그 구멍에 끼운다.

孔疏 ●"士葬用國車"者, 國亦當爲輇也.

번역 ●經文: "士葬用國車". ○'국(國)'자 또한 마땅히 '전(輇)'자가 되어야 한다.

孔疏 ●"二綍無碑"者, 手縣下之.

번역 ●經文: "二綍無碑". ○손으로 당겨서 하관한다.

孔疏 ●"比出宮, 御棺用功布"者, 比出宮, 謂柩在宮牆內也. 功布, 大功布也, 士用大功布爲御也. 大夫用茅, 自廟至墓. 士卑, 御自廟至大門牆內而止, 出路便否, 至墓不復御也. 隱義云: "羽葆・功布等, 其象皆如麾."

---

4) 『예기』「잡기하(雜記下)」【518b】: 升正柩, 諸侯執綍五百人, 四綍皆銜枚, 司馬執鐸, 左八人, 右八人, 匠人執羽葆御柩. 大夫之喪, 其升正柩也, 執引者三百人, 執鐸者左右各四人, 御柩以茅.

번역 ●經文: "比出宮, 御棺用功布". ○'비출궁(比出宮)'은 관을 실은 수레가 집의 건물 담장 안에 있을 때를 뜻한다. '공포(功布)'는 대공복(大功服)을 만들 때 사용하는 포(布)를 뜻한다. 사는 대공포를 사용하여 수레를 지휘한다. 대부는 모(茅)를 상용하는데, 빈소에서 무덤에 이를 때까지 사용한다. 사는 미천하기 때문에 수레를 지휘할 때에는 빈소에서 대문의 담장 안까지만 사용하니, 도로로 나가게 되면 다시 사용하지 않고, 무덤에 이르러서도 다시 이것을 사용하여 지휘하지 않는다. 『은의』에서는 "우보(羽葆)와 공포 등은 그것들이 상징하는 것이 모두 깃발[麾]과 같다."라고 했다.

孔疏 ◎注"大夫"至"無矣". ○正義曰: 鄭引大夫廢輴, 此經云"葬用輴", 與檀弓違, 故云"此言輴, 非也". 云"輴皆當爲載以輇車之輇"者, 謂經云"君葬用輴", "大夫葬用輴", 此二"輴"皆當爲"載以輇車"之輇, 讀從雜記之文, 謂君及大夫皆載以輇車, 明不以輴也. 必知非輴者, 以此文云"士葬用國車", 國字與團字相似, 因誤耳. 團與輇聲相類, 輇則蜃車也. 在路載柩, 尊卑同用蜃車, 故知經云輴者, 非也. 輴·國皆當爲輇, 云尊卑之差也. "在棺曰紼"者, 皇氏云: "天子諸侯以下載柩車同皆用輇也. 其尊卑之差異, 在於棺飾耳, 則前經棺飾是尊卑異也." 熊氏云: "尊卑之差, 謂此經君四紼二碑, 御於用羽葆. 大夫二紼二碑, 御棺用茅, 士葬用二紼無碑, 御棺用功布", 失鄭注意, 其說非也. 云"行道曰引, 至壙將窆又曰紼, 而設碑, 是以連言之"者, 此一經所論在道之時, 未論窆時下棺之節, 既是在塗, 經當應云引. 而云"紼與碑"者, 其初時在塗, 後遂窆葬, 因在塗, 連言窆時, 故云"是以連言之". 至窆時下棺, 天子則更載以龍輴, 故遂師注云"蜃車, 柩路也. 行至壙, 乃說更[5]復載以龍輴". 是天子殯用龍輴, 至壙去蜃車, 載以龍輴. 以此約之, 則諸侯殯以輴, 葬則用輇明矣. 若大君, 唯朝廟用輴, 殯則不用輴, 葬時亦無輴也. 士則殯, 不用輴, 朝廟得用輴軸. 若天

5) '설갱(說更)'은 본래 '설전(設奠)'이라고 기록되어 있었는데, 손이양(孫詒讓)의 『교기(校記)』에서는 "'설전'은 마땅히 『주례』「수사(遂師)」편에 대한 정현의 주에 따라서 '설갱'으로 기록해야 하니, 이것은 글자를 필사하는 과정에서 잘못 기록한 것이다."라고 했다.

子元士, 葬亦用輴軸, 與大夫異. 禮有損之而益之也. 云"碑, 桓楹也"者, 下檀弓云"三家視桓楹", 是僭也, 則天子用大木爲碑, 謂之豐碑. 諸侯則樹兩大木爲碑, 謂之桓楹. 此經言稱二綍二碑, 故云"桓楹也". 謂每一碑樹兩楹. 云"士言此出宮, 用功布, 則出宮而止, 至壙無矣"者, 以士卑, 故出宮在路, 無御柩之物.

번역 ◎鄭注: "大夫"~"無矣". ○정현은 대부가 순거(輴車)를 사용하지 않는다는 사실을 인용했는데, 이곳 경문에서는 "장례를 치르며 순거를 사용한다."라고 하여, 『예기』「단궁(檀弓)」편의 기록과 차이를 보인다. 그렇기 때문에 "이곳에서 '순(輴)'이라고 한 말은 잘못된 기록이다."라고 했다. 정현이 "'순(輴)'자는 모두 '전거(輇車)에 싣는다.'라고 했을 때의 '전(輇)'자로 풀이해야 한다."라고 했는데, 경문에서는 "군주의 장례를 치를 때에는 순(輴)을 사용한다."라고 했고, "대부의 장례를 치를 때에는 순(輴)을 사용한다."라고 했는데, 이 기록에 나온 2개의 '순(輴)'자는 마땅히 "전거(輇車)에 싣는다."라고 할 때의 '전(輇)'자가 되어야 하니, 『예기』「잡기(雜記)」편의 기록에 따라 풀이한 것으로, 군주와 대부는 모두 관을 실을 때 전거를 사용한다는 뜻이며, 순거를 사용하지 않는다는 사실을 나타낸다. 정현이 순거를 사용하지 않는다는 사실을 분명히 알 수 있었던 이유는 이곳 경문에서 "사의 장례를 치를 때에는 국거(國車)를 사용한다."라고 했기 때문인데, '국(國)'자는 '단(團)'자와 자형이 비슷하여, 그에 따라 잘못 기록한 것일 뿐이다. '단(團)'자와 '전(輇)'자의 소리는 서로 유사하며, 전(輇)은 신거(蜃車)[6]를 뜻한다. 도로에 있을 때 관을 싣는 수레는 신분의 차등에 상관없이 모두 신거를 사용한다. 그렇기 때문에 경문에서 '순(輴)'자로 기록한 것이 잘못되었다는 사실을 알 수 있다. '순(輴)'자와 '국(國)'자는 모두 '전(輇)'자가 되어

6) 신거(蜃車)는 관(棺)을 싣는 상거(喪車)를 뜻한다. 관을 싣는 수레에는 유(柳)를 싣고, 네 바퀴가 지면과 가까이 닿은 상태에서 이동하게 되는데, 그 모습이 이무기[蜃]와 닮았기 때문에, 이 수레를 '신거'라고 부르는 것이다. 『주례』「지관(地官)·수사(遂師)」편에는 "大喪, 使帥其屬以幄帟先, 道野役及窆, 抱磨, 共丘籠及蜃車之役."이라는 기록이 있는데, 이에 대한 정현의 주에서는 "蜃車, 柩路也, 柩路載柳, 四輪迫地而行, 有似於蜃, 因取名焉."이라고 풀이했다.

야 한다. 그러므로 "신분의 차등에 상관없이 동등하다"라고 말한 것이다. 정현이 "관에 붙어 있는 끈을 '발(紼)'이라고 부른다."라고 했는데, 황간은 "천자와 제후로부터 그 이하의 계층은 관을 수레에 실을 때 모두 '전(輇)'을 사용한다. 신분의 차등에 따라 차이를 보이는 것은 관의 장식에 달려 있을 뿐이니, 앞의 경문에서 관식(棺飾)에 대해 설명한 것은 바로 신분의 차등에 따른 차이이다."라고 했고, 웅안생은 "신분의 차등에 따른 차이는 이곳 경문에서 군주는 4개의 발(紼)과 2개의 비(碑)를 이용하고, 수레를 지휘할 때에는 우보(羽葆)를 사용한다. 대부는 2개의 발(紼)과 2개의 비(碑)를 이용하고, 수레를 지휘할 때에는 모(茅)를 사용한다. 사의 장례를 치를 때에는 2개의 발(紼)을 사용하되 비(碑)는 없으며 수레를 지휘할 때 공포(功布)를 사용한다고 한 기록이다."라고 했는데, 이것은 정현의 주에서 설명하려고 했던 본지를 놓친 것이니, 그 주장은 잘못되었다. 정현이 "도로에서 움직일 때 잡는 끈은 '인(引)'이라고 부르며, 무덤에 이르러 하관할 때가 되면, 그 끈을 또한 '발(紼)'이라고 부르며, 비(碑)를 설치하므로, 연속해서 말한 것이다."라고 했는데, 이곳 경문에서 논의하는 내용은 도로에 있을 때를 뜻하며, 하관할 때 관을 내리는 절차는 논의하지 않았으니, 이미 도로에 있는 경우라면, 경문에서는 마땅히 '인(引)'이라고 말해야 한다. 그런데 '발(紼)'과 '비(碑)'를 언급한 것은 애당초 도로에 있었지만, 이후에 결국 하관을 하며 장례를 치르게 되어, 도로에 있을 때로부터 연유하여 연속해서 하관하는 때를 언급한 것이다. 그렇기 때문에 "이러한 까닭으로 연속해서 말한 것이다."라고 했다. 하관할 때 관을 무덤으로 내리게 되면, 천자는 재차 용순(龍輴)에 싣게 된다. 그렇기 때문에 『주례』「수사(遂師)」편에 대한 정현의 주에서는 "신거(蜃車)는 수레를 도로에서 움직일 때 사용하는 것이다. 무덤에 이르게 되면 재차 용순을 사용해서 관을 싣는다."[7]라고 한 것이다. 이것은 천자의 빈소를 마련할 때 용순을 사용하고, 무덤에 이르게 되면 신거를 제거하고, 용순에 관을 싣는다는 사실을 나타낸다. 이것을 요약해본다면, 제

7) 이 문장은 『주례』「지관(地官)·수사(遂師)」편의 "大喪, 使帥其屬以幄帟先, 道野役; 及窆, 抱磨, 共丘籠及蜃車之役."이라는 기록에 대한 정현의 주이다.

후의 경우에는 빈소를 마련할 때 순거를 사용하고, 장례를 치르게 되면 전거(輇車)를 사용한다는 사실이 명백해진다. 만약 대부인 주군이라면, 조묘(朝廟)를 할 때에만 순거를 사용하고, 빈소를 마련할 때에는 순거를 사용하지 않으며, 장례를 치를 때에도 또한 순거가 없게 된다. 사의 경우라면 빈소를 마련할 때 순거를 사용하지 않고, 조묘를 할 때에는 순축(輴軸)을 사용할 수 있다. 천자에게 소속된 원사라면, 장례를 치를 때 또한 순축을 사용할 수 있어서 대부와 차이를 보인다. 예법에서는 덜어내는 경우도 있고 더해주는 경우도 있기 때문이다. 정현이 "'비(碑)'는 환영(桓楹)을 뜻한다."라고 했는데, 『예기』「단궁하(檀弓下)」편에서는 "삼가(三家)에서는 환영(桓楹)에 견주어서, 그에 합당한 것을 사용한다."[8]라고 했는데, 이것은 참람된 예법을 뜻하니, 천자의 경우에는 큰 나무를 이용해서 비(碑)를 만들었고, 이것을 '풍비(豐碑)'라고 불렀다. 제후의 경우라면 양쪽에 큰 나무를 세워서 비(碑)를 만들었고, 이것을 '환영(桓楹)'이라고 불렀다. 이곳 경문에서는 '이발이비(二綍二碑)'라고 했기 때문에, "환영(桓楹)이다."라고 말한 것이다. 즉 한 개의 비(碑)마다 양쪽에 기둥을 세운다는 뜻이다. 정현이 "사에 대해서는 '집을 빠져나감에 미쳐서 공포(功布)를 사용한다.'라고 했으니, 집을 빠져나가게 되면 사용하지 않는 것이며, 무덤에 이르러서도 사용하지 않는다."라고 했는데, 사는 미천하기 때문에 집을 벗어나 도로에 있게 되면, 수레를 지휘하는 물건이 없게 된다.

集解 今按: "輴"當如字, 音敕倫反. "國"字亦當如字, 王說爲是.

번역 현재 살펴보니, '輴'자는 마땅히 글자대로 읽어야 하니, 그 음은 '敕(칙)'자와 '倫(륜)'자의 반절음이다. '國'자 또한 마땅히 글자대로 읽어야 하니, 왕씨의 주장이 옳다.

8) 『예기』「단궁하(檀弓下)」【127a】: 公室視豐碑, 三家視桓楹.

集解 愚謂: 載柩之車, 名爲輲車, 又曰蜃車. 此云"君葬用輴", "大夫葬用輴", 則是柩車又名爲輴車也. 天子諸侯所用以殯之車, 與載柩之車, 其制相似, 但其輪異耳, 是以皆名爲輴車也. 士之國車, 亦輴車也, 曰"國車"者, 言其爲國人所同用也. 鄕師云, "鄕共吉·凶·禮·樂之器." 君大夫之輴皆自造之, 士之柩車乃鄕器, 故謂之國車. 紼, 以麻爲之. 殯及朝廟時屬於輴及輁軸, 謂之紼, 葬時在塗, 屬於柩車, 謂之引, 及至壙說載除飾, 屬於柩束, 又謂之紼, 其實則一物也, 是以或通其名焉. 朝廟與在塗之紼, 皆屬於車兩旁, 至葬時說載, 則屬於柩. 天子六紼, 以四紼屬於前後之縮束, 以二紼屬於兩旁當中橫束. 諸侯四紼, 於前後左右分屬之. 大夫士二紼, 惟屬於前後束也. 碑, 以木爲之, 所以繞紼以下棺者也. 天子謂之豐碑, 諸侯謂之桓楹, 通而名之, 則大夫以上皆謂之碑也. 天子四碑, 分樹於壙之四旁: 前後二碑重鹿盧繫以四紼, 左右二碑分繫二紼也. 諸侯二碑, 樹於壙之前後, 繫以二紼, 其左右二紼, 則使人背壙而負之. 大夫二碑, 亦樹於壙之前後, 分繫二紼. 士無碑, 其二紼亦使人背而負之也. 御棺者, 居前指麾, 爲柩行抑揚進止之節也. 周禮喪祝, "及朝, 御匶, 乃奠. 及祖, 飾棺, 乃載, 遂御. 及葬, 御匶出宮, 乃代." 代, 謂代以鄕師及匠師也. 是天子之喪, 自朝廟以至葬, 皆有御匶. 諸侯大夫亦然. 比, 及也. 士喪禮朝廟無御柩, 至將爲祖奠還車之時, 乃云"商祝御柩"; 及將行, 又云"商祝執功布以御柩." 此言"比出宮, 御棺用功布", 明朝廟無御柩也. 士朝廟無御柩者, 士柩車差輕, 宮內道近, 且無險阻故也. 士祖時已御柩, 而云"比出宮, 御棺"者, 祖時但還車而未行, 故據出宮言之. 鄭氏謂"士出宮無御柩", 非是. 功布, 大功布也. 大夫之茅, 不如羽葆之華, 功布則又加質矣.

번역 내가 생각하기에, 관을 싣는 수레에 대해서는 '천거(輲車)'라고도 부르고, 또 '신거(蜃車)'라고도 부른다. 이곳에서는 "군주의 장례를 치를 때에는 순(輴)을 사용한다."라고 했고, "대부의 장례를 치를 때에는 순(輴)을 사용한다."라고 했으니, 이것은 관을 싣는 수레에 대해서 또한 '순거(輴車)'라고 부를 수 있음을 나타낸다. 천자와 제후가 사용하는 것은 빈소를 마련할 때 사용한 수레인데, 관을 싣는 수레와 제작방법이 유사하며, 단지 바퀴에 있어서만 차이를 보일 따름이므로, 이러한 이유로 모두에 대해 '순거(輴

車)'라고 부르는 것이다. 사가 사용하는 '국거(國車)'라는 것 또한 순거에 해당하는데, 이것을 '국거(國車)'라고 부른 것은 나라 사람들이 공동으로 사용하는 것이기 때문이다. 『주례』「향사(鄕師)」편에서는 "향(鄕)에서는 길흉에 따른 예악의 기물을 공급한다."[9]라고 했다. 군주와 대부가 사용하는 순거는 모두 그들이 직접 만들게 되지만, 사가 관을 싣는 수레는 곧 향에서 사용하는 기물이다. 그렇기 때문에 '국거(國車)'라고 부른 것이다. '발(紼)'은 마(麻)를 엮어서 만들게 된다. 빈소를 마련하거나 조묘(朝廟)를 할 때에는 순거 및 공축(輁軸)에 연결하는데, 이것을 '발(紼)'이라고 부르며, 장례를 치르게 되어 도로에 있게 되면, 관을 실은 수레에 연결하게 되는데, 이것을 '인(引)'이라고 부르며, 무덤에 이르게 되면 이것을 벗기고 장식을 제거하며, 이 끈을 관에 있는 매듭에 연결하는데, 이것을 또한 '발(紼)'이라고 부르니, 실제로는 동일한 사물이다. 이러한 까닭으로 어떤 경우에는 그 명칭을 통용해서 사용하는 것이다. 조묘 및 도로에 있을 때의 발(紼)은 모두 수레의 양쪽 측면에 연결하고, 장례를 치르게 되면 그것을 벗겨서 관에 연결한다. 천자의 경우 6개의 발(紼)을 사용하는데, 4개의 발(紼)은 앞뒤로 있는 세로의 묶음에 연결하고, 2개의 발(紼)은 양쪽 측면에 가로로 묶은 것에 연결한다. 제후는 4개의 발(紼)을 사용하는데, 전후좌우로 각각 나눠서 연결한다. 대부와 사는 2개의 발(紼)을 사용하는데, 오직 앞뒤의 묶음에만 연결한다. '비(碑)'는 나무로 만드는데, 발(紼)을 둘러서 관을 내릴 때 사용하는 것이다. 천자의 경우에는 이것을 '풍비(豐碑)'라고 부르고, 제후의 경우에는 '환영(桓楹)'이라고 부르는데, 통괄해서 부른다면 대부로부터 그 이상의 계층이 사용하는 것은 모두 '비(碑)'라고 부른다. 천자는 4개의 비(碑)를 사용하니, 무덤의 네 주변에 각각 나눠서 설치한다. 앞뒤로 있는 2개의 비(碑)에는 도르래[鹿盧]를 포개어 4개의 발(紼)을 연결하고, 좌우에 있는 2개의 비(碑)에는 나머지 2개의 발(紼)을 나눠서 연결한다. 제후의 경우 2개의 비(碑)는 무덤의 앞뒤에 설치하고, 2개의 발(紼)을 연결하는데, 좌우에 있

9) 『주례』「지관(地官)·향사(鄕師)」: 正歲, 稽其鄕器, 比共吉凶二服, 閭共祭器, 族共喪器, 黨共射器, 州共賓器, 鄕共吉凶禮樂之器.

는 2개의 발(紼)은 사람들로 하여금 무덤을 등지고 그것을 짊어지게 한다. 대부의 경우 2개의 비(碑)는 또한 무덤의 앞뒤에 설치하고 2개의 발(紼)을 나눠서 연결한다. 사는 비(碑)를 설치하지 않는다. 따라서 2개의 발(紼) 또한 사람들을 시켜서 무덤을 등지고 짊어지게 한다. '어관(御棺)'이라는 것은 앞에 위치해서 지휘를 하여, 관을 움직일 때 한쪽을 숙이거나 높이고 또 나아가거나 그치게 하는 절도로 삼는다는 뜻이다. 『주례』「상축(喪祝)」편에서는 "조묘를 하게 되면 관을 실은 수레를 인솔하고, 곧 전제사를 지낸다. 장례 행차를 시작하려고 하면 관을 장식하고 곧 관을 수레에 싣고서 관을 인도한다. 장례 행차를 떠나게 되면 관을 실은 수레를 인도하여 궁을 빠져 나가고 곧 교대한다."[10]라고 했다. '대(代)'는 향사(鄕師)나 장사(匠師)로 교대한다는 뜻이다. 이것은 천자의 상례에서 조묘(朝廟)를 치르는 것으로부터 장례를 치를 때까지 모두 관을 인솔하는 자가 있음을 나타낸다. 제후와 대부 또한 이와 같다. '비(比)'자는 "~에 이르다[及]."는 뜻이다. 『의례』「사상례(士喪禮)」편에는 조묘를 할 때 관을 인솔하는 것이 없고, 조전(祖奠)을 하고 수레를 되돌리려고 할 때가 되어서야 "상축(商祝)이 수레를 인솔한다."[11]라고 했으며, 장례 행렬을 떠나려고 할 때에는 또한 "상축이 공포(功布)를 들고서 수레를 인솔한다."[12]라고 했다. 이곳에서는 "집을 빠져나갈 때에 이르러서 수레를 인솔할 때 공포를 사용한다."라고 했으니, 이것은 조묘를 할 때 수레를 인솔하는 자가 없음을 나타낸다. 사가 조묘를 할 때 수레를 인솔하는 자가 없는 것은 사의 관을 실은 수레는 비교적 가볍고, 집안에서 움직이는 거리는 가까우며 또 험준한 지형이 없기 때문이다. 사가 장례 행렬을 떠나려고 할 때에 이미 수레를 인솔하는 자가 있다고 했고, "집을 빠져나갈 때에 이르러서 수레를 인솔한다."라고 했으니, 이것은 조(祖)를 할 때에는 단지 수레를 돌려서 아직 행차를 떠나지 않은 것이기 때

10) 『주례』「춘관(春官)·상축(喪祝)」: 及朝, 御柩, 乃奠. 及祖, 飾棺, 乃載, 遂御. 及葬, 御柩, 出宮乃代.

11) 『의례』「기석례(旣夕禮)」: 徹奠. 巾·席俟于西方. 主人要節而踊, 袒. 商祝御柩, 乃祖.

12) 『의례』「기석례(旣夕禮)」: 商祝執功布以御柩. 執披. 主人袒, 乃行, 踊無筭.

문에, 집을 빠져나가는 것을 기준으로 말한 것이다. 정현은 "사는 집을 빠져나가게 되면 수레를 인솔하는 자가 없다."라고 했는데, 이것은 잘못된 주장이다. '공포(功布)'라는 것은 대공복(大功服)의 포(布)를 사용하는 것이다. 대부의 모(茅)는 우보(羽葆)의 화려함만 못하니, 공포의 경우에는 더욱 질박한 것이다.

그림 30-1 도(翿)와 우보당(羽葆幢)

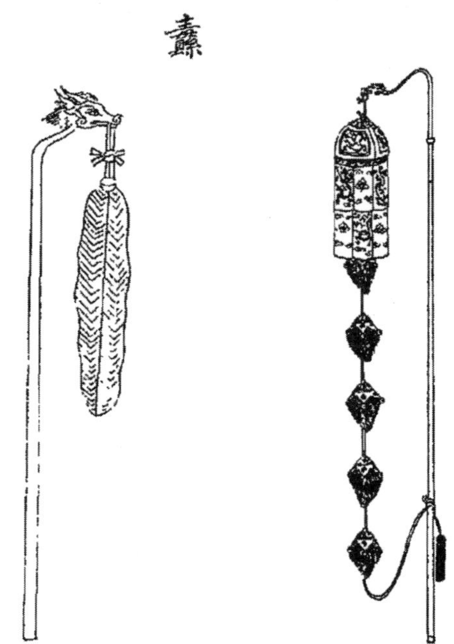

※ **출처:** 도-『삼례도집주(三禮圖集注)』 18권
우보당-『황조예기도식(皇朝禮器圖式)』 10권

그림 30-2 공포(功布)

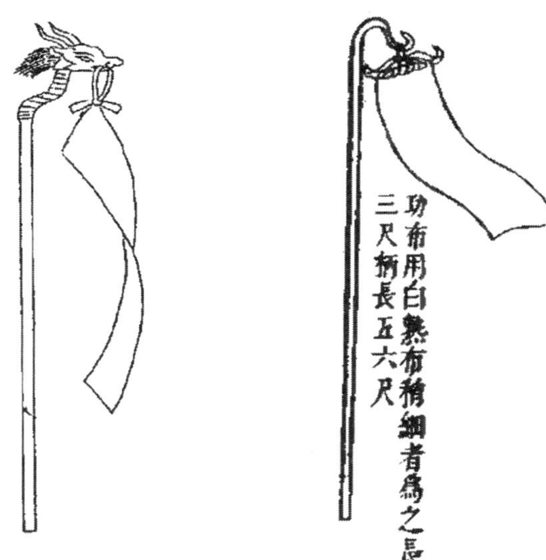

※ **출처:** 좌-『삼례도집주(三禮圖集注)』 18권
우-『삼재도회(三才圖會)』「의제(儀制)」 7권

그림 30-3 공포(功布)를 들고 가는 모습

車靈　翣　布功

※ **출처:**『삼재도회(三才圖會)』「의제(儀制)」 7권

그림 30-4 공축(輁軸)

※ **출처:**『삼례도집주(三禮圖集注)』18권

【545a~b】

凡封, 用綍, 去碑負引. 君封以衡, 大夫·士以咸. 君命毋譁, 以鼓封. 大夫命毋哭. 士哭者相止也.

직역 凡히 封함에는 綍을 用하며, 碑에 去하여 引을 負한다. 君의 封에는 衡으로써 하고, 大夫와 士는 咸으로써 한다. 君은 命하여 譁를 毋하게 하고, 鼓로써 封한다. 大夫는 命하여 哭을 毋하게 한다. 士는 哭者가 相히 止한다.

의역 무릇 하관을 할 때에는 발(綍)을 이용하게 되는데, 비(碑)와 떨어져 서서 인(引)을 짊어지고 관을 내린다. 군주의 하관에는 가로로 덧대는 나무를 사용하여 기울지 않도록 하고, 대부와 사의 경우라면 인(引)을 관의 매듭에 있는 끈에 연결만 하여 하관한다. 군주의 경우 사람들이 잡담하지 않도록 금지시키고, 인(引)을 짊어진 자들은 북소리에 맞춰서 하관한다. 대부의 경우에는 곡(哭)을 하지 않도록 금지시킨다. 사의 경우에는 단지 곡을 하는 자들이 서로에게 주의를 주어 곡을 하지 못하도록 한다.

集說 三封字, 皆讀爲窆, 謂下棺也.

번역 이곳에 나온 3개의 '봉(封)'자는 모두 '폄(窆)'자로 풀이하니, 하관한다는 뜻이다.

集說 疏曰: 下棺時, 將綍一頭繫棺緘, 又將一頭繞碑間鹿盧, 所引之人, 在碑外背碑而立, 負引者漸漸應鼓聲而下, 故云用綍去碑負引也. 以衡, 謂下棺時, 別以大木爲衡, 貫穿棺束之緘, 平持而下, 備傾頓也. 以緘者, 以綍直繫棺束之緘而下也. 命毋譁, 戒止其諠譁也. 以鼓封, 擊鼓爲負引者縱捨之節也. 命毋哭, 戒止哭聲也. 士則衆哭者自相止而已.

번역 공영달의 소에서 말하길, 하관할 때, 발(綍)의 한쪽 끝은 관을 묶은 줄에 매달고 다른 한쪽 끝은 비(碑)에 있는 도르래에 설치하며, 그것을 잡아당기는 사람은 비(碑) 바깥에서 비(碑)를 등지고 서 있게 되며, 인(引)을 짊어지고 당기는 자는 점진적으로 북소리에 맞춰서 관을 밑으로 내린다. 그렇기 때문에 "발(紼)을 이용하며, 비(碑)와 떨어져서 인(引)을 짊어진다."라고 말한 것이다. '이형(以衡)'이라고 했는데, 하관할 때 별도로 큰 나무를 가로로 덧대는 나무로 만들고, 관의 이음새에 있는 묶음의 끈에 연결하여, 평형을 유지하며 밑으로 내리는 것이니, 기우는 것을 대비하는 것이다. '이함(以緘)'이라고 했는데, 발(紼)을 직접적으로 관의 이음새에 있는 묶음의 끈에 연결하여 밑으로 내린다는 뜻이다. '명무화(命毋譁)'는 서로 잡담하며 떠드는 것을 금지시킨다는 뜻이다. '이고폄(以鼓封)'은 북소리를 울려서 인(引)을 짊어지는 자가 줄을 풀어주는 절도로 삼는다는 뜻이다. '명무곡(命毋哭)'은 곡(哭)하는 소리가 나오지 않도록 금지시킨다는 뜻이다. 사의 경우 곡(哭)을 하는 많은 자들이 제 스스로 서로 금지시킬 따름이다.

鄭注 封, 周禮作"窆", 窆, 下棺也. 此封, 或皆作斂, 檀弓曰"公輸若方小斂, 般請以機封", 謂此斂也. 然則棺之入坎爲斂, 與斂尸相似, 記時同之耳. 咸讀爲緘. 比柩車及壙, 說載除飾, 而屬紼於柩之緘, 又樹碑於壙之前後, 以紼繞碑間之鹿盧, 輓棺而下之. 此時棺下窆, 使輓者皆繫紼而繞要・負引, 舒縱之, 備失脫也. 用紼去碑者, 謂縱下之時也. 衡, 平也. 人君之喪, 又以木橫貫緘耳, 居旁持而平之, 又擊鼓爲縱舍之節. 大夫・士旁牽緘而已. 庶人縣窆, 不引紼也. 禮: 唯天子葬有隧. 今齊人謂棺束爲緘繩, 咸, 或爲椷.

번역 '봉(封)'자를 『주례』에서는 '폄(窆)'자로 기록했는데, '폄(窆)'자는 하관한다는 뜻이다. 이곳에 나온 '봉(封)'자를 다른 판본에서는 모두 '염(斂)'자로 기록했는데, 『예기』「단궁(檀弓)」편에서 "공수약은 나이가 너무 어렸는데, 염(斂)을 할 때 공수반은 자신이 만든 기구를 대신 이용하자고 청원했다."13)라고 했는데, 이것이 바로 염(斂)이라고 부른 용례가 된다. 그

---

13) 『예기』「단궁하(檀弓下)」【127a】: 季康子之母死, 公輸若方小. 斂, 般請以機

러므로 관을 무덤에 안치하는 것은 염(斂)이 되는데, 시신에 대해 염(斂)을 하는 것과 유사하므로, 『예기』를 기록할 당시에는 동일한 뜻으로 사용했던 것일 뿐이다. '함(咸)'자는 '함(緘)'자로 풀이한다. 관을 실은 수레가 무덤에 도착하게 되면, 끈을 제거하고 장식을 제거하며, 불(綍)을 관의 끈에 연결하게 되며, 또 무덤의 앞뒤에 비(碑)를 설치하고, 불(綍)을 비(碑)에 있는 도르래에 연결하여, 관을 끌어당겨 하관하게 된다. 이처럼 관을 하관할 때에는 끌어당기는 자로 하여금 모두들 불(綍)을 잡게 하여 허리에 두르거나 짊어지게 해서 천천히 줄을 푸니, 실수로 떨어트리는 것을 방지하기 위해서이다. '용불거비(用綍去碑)'라고 했는데, 짊어진 끈을 풀어서 하관하는 때를 뜻한다. '형(衡)'은 평평한 나무를 뜻한다. 군주의 장례를 치를 때에는 또한 가로로 된 나무를 관의 끈에 연결하고, 측면에서 지지하여 평형을 유지하도록 하고, 또 북을 울려서 줄을 푸는 절도로 삼는다. 대부와 사는 측면에서 관에 연결된 끈을 당길 따름이다. 서인은 매달린 끈을 당겨서 하관하며 불(綍)을 사용하지 않는다. 예법에 따르면 오직 천자만이 장례를 치를 때 수(隧)라는 것이 포함된다고 했다. 현재 제(齊)나라 지역 사람들은 관의 이음새에 묶은 끈을 '함승(緘繩)'이라고 부르는데, '함(咸)'자를 다른 판본에서는 '감(椷)'자로도 기록한다.

釋文 封, 依注作窆, 彼驗反, 下及注"機封"同. 咸, 依注讀爲緘, 古鹹反. *毋*音無, 下同. 譁音華. 說, 吐活反. 輓音晚. 繞, 而沿反. 要, 一遙反. 縱, 子用反, 下同. 舍音捨. 隧音遂, 延道也. 椷, 古咸反, 一本作緘.

번역 '封'자는 정현의 주에 따르면 '窆'자가 되니, 그 음은 '彼(피)'자와 '驗(험)'자의 반절음이고, 아래문장 및 정현의 주에 나오는 '機封'에서의 '封'자도 그 음이 이와 같다. '咸'자는 정현의 주에 따르면 '緘'자로 풀이하니, '古(고)'자와 '鹹(함)'자의 반절음이다. '*毋*'자의 음은 '無(무)'이며, 아래문장에 나오는 글자도 그 음이 이와 같다. '譁'자의 음은 '華(화)'이다. '說'자는

封, 將從之. 公肩假曰: "不可. 夫魯有初."

'吐(토)'자와 '活(활)'자의 반절음이다. '輓'자의 음은 '晚(만)'이다. '繞'자는 '而(이)'자와 '沿(연)'자의 반절음이다. '要'자는 '一(일)'자와 '遙(요)'자의 반절음이다. '縱'자는 '子(자)'자와 '用(용)'자의 반절음이며, 아래문장에 나오는 글자도 그 음이 이와 같다. '舍'자의 음은 '捨(사)'이다. '隧'자의 음은 '遂(수)'이니, 묘도(墓道)를 뜻한다. '椷'자는 '古(고)'자와 '咸(함)'자의 반절음이며, 다른 판본에서는 '緘'자로도 기록한다.

孔疏 ●"凡封"至"止也". ○正義曰: 此一經論尊卑下棺之制.

번역 ●經文: "凡封"~"止也". ○이곳 경문은 신분의 차등에 따라 하관하는 제도를 논의하고 있다.

孔疏 ●"凡封, 用綍去碑負引"者, 封當爲窆, 窆謂下棺. 下棺之時, 將綍一頭以繫棺緘, 又將一頭繞碑間鹿盧, 所引之人在碑外, 背碑而立. 負引者漸漸應鼓聲而下, 故云"用綍去碑負引"也.

번역 ●經文: "凡封, 用綍去碑負引". ○'봉(封)'자는 마땅히 '폄(窆)'자가 되니, '폄(窆)'자는 하관한다는 뜻이다. 하관할 때, 발(綍)의 한쪽 끝은 관의 끈에 연결하고, 또 다른 한쪽 끝은 비(碑)에 있는 도르래에 감게 되며, 그것을 당기는 자는 비(碑)의 바깥쪽에 위치하며, 비(碑)를 등지고 서 있게 된다. 등지고 짊어지는 자들은 점진적으로 북소리에 맞춰서 관을 내리게 된다. 그렇기 때문에 "발(綍)을 사용하고, 비(碑)와 떨어져서 등지고 짊어진다."라고 말한 것이다.

孔疏 ●"君封以衡"者, 諸侯禮大物多, 棺重, 恐棺不正, 下棺之時別以大木爲衡, 貫穿棺束之緘, 平持而下, 備傾頓也.

번역 ●經文: "君封以衡". ○제후가 사용하는 예물은 크기가 크고 수량도 많으며, 관도 여러 겹으로 되어 있으니, 아마도 관이 수평을 유지하지 못할 것을 염려했기 때문에, 하관할 때 별도로 큰 나무를 사용하여 가로로 덧대는 나무로 삼고, 이것을 관의 이음새 묶음에 연결된 끈에 연결하여, 평형을 유지하며 하관하게 되니, 기울 것을 대비하기 위해서이다.

孔疏 ●"大夫·士以咸"者, 大夫·士無衡, 使人以綍直繫棺束之緘, 而下於君也.

번역 ●經文: "大夫·士以咸". ○대부와 사는 형(衡)이 없어서, 사람들을 시켜 발(綍)을 관의 매듭에 연결된 끈에 묶게 하니, 군주보다 낮추기 때문이다.

孔疏 ●"君命無譁, 以鼓封"者, 謂君下棺時命令衆人無得諠譁, 以擊鼓爲窆時縱捨之節, 無[14]一鼓漸縱綍也.

번역 ●經文: "君命無譁, 以鼓封". ○군주의 하관 때에는 사람들에게 명령하여 떠들지 못하도록 하고, 북소리에 맞춰 하관할 때 줄을 풀어주는 절도로 삼으니, 매번 한 차례의 북소리에 맞춰 점진적으로 줄을 풀어준다.

孔疏 ●"大夫命毋哭"者, 大夫卑, 不得擊鼓, 直命人使無哭耳.

번역 ●經文: "大夫命毋哭". ○대부는 군주보다 미천하기 때문에 북을 울려서 절도를 삼을 수 없으니, 단지 사람들에게 명령하여 곡(哭)을 하지 못하게끔 한다.

---

14) '무(無)'자에 대하여. 『십삼경주소(十三經注疏)』 북경대 출판본에서는 "손이양(孫詒讓)의 『교기(校記)』에서는 '무'자는 아마도 '매(每)'자가 되어야 할 것 같다."라고 했다.

孔疏 ●"士哭者相止也"者, 士又卑, 不得施教令, 直以哭者自相止.

번역 ●經文: "士哭者相止也". ○사는 대부보다도 미천하므로, 사람들에게 명령을 내릴 수 없고, 단지 곡(哭)을 하는 자들 스스로가 서로에 대해서 하지 못하도록 한다.

孔疏 ◎注"封周"至"緘繩". ○正義曰: "此封, 或皆作斂"者, 謂禮記餘本此經中"封"字皆作"斂"字者, 鄭以窆有斂義, 故引檀弓之文, "斂, 般請以機窆", 故云謂此斂也. 云"然則棺之入坎爲斂, 以斂尸相似, 記時同之耳"者, 以下棺與斂尸相似, 故作記之時, 他本同稱斂, 故下棺亦以爲斂也. 云"屬紼於柩之緘者", 至壙說載除飾之後, 謂解此蜃車之紼, 繫於柩之緘束之繩. 云"又樹碑於壙之前後, 以紼繞碑間之鹿盧, 輓棺而下之"者, 諸侯四綍二碑, 前後二紼, 各繞前後二碑之鹿盧, 其餘兩綍於壙之兩旁, 人輓之而下. 其天子, 則下檀弓注云"天子六綍四碑, 前後各重鹿盧", 如鄭此注, 天子紼旣有六, 碑但有四, 故以前碑後碑各重[15]鹿盧, 每一碑用二綍, 前後用四綍, 其餘兩綍繫於兩旁之碑. 按下檀弓注云"諸侯之繂", 不云前後重鹿盧, 則諸侯之碑前後不重鹿盧也. 前碑後碑各用一紼, 其餘二紼在旁, 人持而下棺也. 經云"用綍去碑", 謂前後綍耳. 其在旁之綍無碑也, 故前經"士二綍, 無碑也", 是綍有人持之法, 不要在碑也. 按檀弓注云: "前後重鹿盧, 唯據天子." 皇氏云: "諸侯亦有前後重鹿盧, 四紼繫於前後二碑, 旁邊無紼." 旣違鄭注, 下棺又危, 其義恐非也. 云"禮: 唯天子葬有隧"者, 按僖二十五年左傳云: 晉侯請隧, 王弗許, 曰"王章也". 是隧爲天子典章, 諸侯請, 故知天子有隧也. 杜元凱注左傳: "闕地通路曰隧." 諸侯皆縣柩而下, 路則輴也. 故遂師注云"至壙說載除飾, 更復載以龍輴", 是載以輴入隧道. 皇氏云: "棺從而下, 遂以納明器." 其說兼路也. 云"今齊人謂棺束爲緘繩"者, 以今人之語證經緘是束棺之物.

---

15) '중(重)'자에 대하여. '중'자는 본래 없던 글자인데, 완원(阮元)의 『교감기(校勘記)』에서는 "혜동(惠棟)의 『교송본(校宋本)』에는 '각(各)'자 뒤에 '중'자가 기록되어 있고, 『속통해(續通解)』에도 동일하게 기록되어 있다. 따라서 이곳 판본에는 이 글자가 누락된 것이다."라고 했다.

번역 ◎鄭注: "封周"~"緘繩". ○정현이 "이곳에 나온 '봉(封)'자를 다른 판본에서는 모두 '염(斂)'자로 기록했다."라고 했는데, 『예기』의 여러 판본 중에는 이곳 경문에 나온 '봉(封)'자를 모두 '염(斂)'자로 기록한 것도 있다는 뜻이며, 정현은 '폄(窆)'자에 염(斂)자의 뜻이 있다고 여겼다. 그렇기 때문에 『예기』「단궁(檀弓)」편의 기록을 인용하여, "염(斂)을 할 때, 공수반은 자신이 만든 기구를 대신 이용하자고 청원했다."라고 말한 것이다. 그러므로 "이것이 바로 염(斂)이라고 부른 용례가 된다."라고 했다. 정현이 "그러므로 관을 무덤에 안치하는 것은 염(斂)이 되는데, 시신에 대해 염(斂)을 하는 것과 유사하므로, 『예기』를 기록할 당시에는 동일한 뜻으로 사용했던 것일 뿐이다."라고 했는데, 하관을 하는 것과 시신에 대해 염(斂)을 하는 것은 서로 유사하다. 그렇기 때문에 『예기』를 기록했을 당시에 다른 판본에서는 두 사안에 대해서 동일하게 '염(斂)'이라고 기록한 것이다. 그러므로 하관하는 일에 대해서도 또한 염(斂)이라고 여긴 것이다. 정현이 "불(紼)을 관의 끈에 연결한다."라고 했는데, 무덤에 도착하여 끈을 제거하고 장식을 제거한 이후이니, 즉 신거(蜃車)에 연결한 발(綍)을 풀어서 관의 매듭에 있는 줄에 연결했다는 뜻이다. 정현이 "또 무덤의 앞뒤에 비(碑)를 설치하고, 불(紼)을 비(碑)에 있는 도르래에 연결하여, 관을 끌어당겨 하관하게 된다."라고 했는데, 제후의 경우 4개의 발(綍)과 2개의 비(碑)를 사용하여, 앞뒤로 2개의 불(紼)을 설치하고 각각 앞뒤에 설치된 2개의 비(碑) 중 도르래에 두르게 되며, 나머지 2개의 발(綍)은 무덤의 양쪽 측면에 두어서, 사람들이 끌어 당겨서 하관하게 된다. 천자의 경우라면 「단궁하(檀弓下)」편에 대한 정현의 주에서 "천자는 발(綍)을 6개 사용하고 4개의 비(碑)를 설치하니, 앞뒤로 각각 도르래가 겹쳐지도록 설치하는 것이다."라고 한 것처럼 시행한다. 정현의 이러한 주석에 따른다면 천자의 불(紼)은 이미 6개가 있게 되지만 비(碑)는 단지 4개만 있게 된다. 그렇기 때문에 앞의 비(碑)와 뒤의 비(碑)에 각각 도르래가 겹쳐지도록 설치하고, 1개의 비(碑)에 2개의 발(綍)을 둘러서 사용하여, 앞뒤로 각각 4개의 발(綍)을 사용하고, 나머지 2개의 발(綍)은 양쪽 측면에 있는 비(碑)에 연결한다. 「단궁하」편에 대한 정현의 주를 살펴보면, '제후의 륜(綷)'을 설명하며, 앞뒤로 도르래를 겹치게 한다고 말하지 않았으니, 제후가 사용하는 비(碑)의 경우 앞뒤로 설치하는 것에는 도르래를 겹치게 하지 않는다. 앞의 비(碑)와 뒤의 비(碑)에는 각각 1개의 불(紼)을 연결하고, 나머지 2개의 불(紼)은 측면에 두어서, 사람들이 당겨서 하관하게 된다. 경문에서는 '용발거비(用綍去碑)'라고 했는데, 앞뒤로만 발(綍)을 사용할 따름이라는 뜻이다. 측면의 발(綍)인 경우 비(碑)가 없게 된다. 그렇기 때문에 앞의 경문에서는 "사는 2개의 발(綍)을 사용하고, 비(碑)가 없다."라고 한 것이니, 이것은 발(綍)은 사람들이 직접 잡아끄는 법도만 있고, 비(碑)에 두르지 않는다는 뜻을 나타낸다. 「단궁」편의 정현 주를 살펴보면, "앞뒤로 도르래를 겹치는 것은 오직 천자의 경우이다."라고 했는데, 황간은 "제후 또한 앞뒤로 도르래를 겹치니, 4개의 불(紼)은 앞뒤에 있는 2개의 비(碑)에 연결하고, 측면에는 불(紼)이 없게 된다."라고 했다. 이것은 이미 정현의 주석을 위배한 것이며, 하관을 할 때에도 또한 불안정하게 되므로, 그 주장은 아마도 잘못된 것 같다. 정현이 "예법에 따르면 오직 천자만이 장례를 치를 때 수(隧)라는 것이 포함된다고 했다."라고 했는데, 희공(僖公) 25년에 대한 『좌전』의 기록을 살펴보면, 진(晉)나라 후작은 수(隧)를 청원했지만, 천자가 허락하지 않고, "이것은 천자의 제도이다." 라고 했으니,[16] 이것은 수(隧)를 사용하는 것이 천자의 제도임을 나타내며, 제후가 청원을 했기 때문에, 천자의 장례를 치를 때에는 수(隧)가 포함된다는 사실을 알 수 있다. 두원개는 『좌전』에 대한 주에서 "땅을 파서 통로를 만드는 것을 '수(隧)'라고 부른다."라고 했다. 제후는 모두 관을 매달아서 하관하고, 도로에서는 순(輴)을 사용한다. 그렇기 때문에 『주례』「수사(遂師)」편에 대한 정현의 주에서는 "무덤에 이르러서는 끈을 풀고 장식을 제거하여 재차 용순(龍輴)에 관을 싣는다."라고 한 것이니, 이것은 순거(輴車)에 관을 싣고서 수도(隧道)로 들인다는 사실을 나타낸다. 황간은 "관이 뒤따라 내려가고, 뒤이어 명기(明器)[17]를 들인다."라고 했는데, 이것은 그 길

---

16) 『춘추좌씨전』「희공(僖公) 25년」: 戊午, 晉侯朝王. 王享醴, 命之宥. 請隧, 弗許, 曰, "王章也. 未有代德, 而有二王, 亦叔父之所惡也."

에 대해서도 함께 설명한 것이다. 정현이 "현재 제(齊)나라 지역 사람들은 관의 이음새에 묶은 끈을 '함승(緘繩)'이라고 부른다."라고 했는데, 현재 사람들의 말을 기준으로 경문에 나온 함(緘)이라는 것이 관을 묶었던 물건임을 증명한 것이다.

集解 愚謂: 君封以衡者, 諸侯下棺, 以木貫於棺束, 而以紼繫之, 其木橫而平正, 若稱之衡然也. 大夫士以緘者, 大夫士不得用衡, 直以紼繫於棺緘也. 命毋譁者, 主徒役者命之, 蓋鄕師·遂師之屬也. 以鼓封, 又擊鼓以爲下棺縱舍之節也. 大夫命毋哭, 蓋其宰命之也. 大夫但命毋哭, 則不得擊鼓也. 命毋譁者, 命徒役之辭也. 命毋哭者, 命主人以下之辭也. 君不命毋哭, 君尊, 不敢直命也. 士哭者相止, 主人以下, 自相止勿哭也. 周禮鄕師"及葬", "執斧以涖匠師", 塚人"及窆, 執斧以涖". 諸侯窆以鼓, 或去必用斧與.

번역 내가 생각하기에, "군주는 하관할 때 형(衡)으로써 한다."라고 했는데, 제후는 하관을 할 때 나무를 관의 묶음에 연결하고, 발(紼)을 그곳에 연결하게 되니, 나무가 가로로 되어 있어 평형을 이루어, 마치 저울의 가로대와 같은 것이다. "대부와 사는 함(緘)으로써 한다."라고 했는데, 대부와 사는 형(衡)을 사용할 수 없고, 단지 발(紼)을 관의 끈에 연결만 할 따름이다. '명무화(命毋譁)'는 동원된 일꾼들을 담당하는 자가 명령을 한다는 뜻으로, 아마도 향사(鄕師)나 수사(遂師) 등의 부류가 했을 것이다. "북으로써 하관한다."는 말은 또한 북을 울려서 하관을 하며 천천히 줄을 푸는 절차로 삼는다는 뜻이다. '대부명무곡(大夫命毋哭)'이라고 했는데, 아마도 대부에게 소속된 재(宰)가 명령을 했을 것이다. 대부에 대해서는 단지 곡을 하지 못하도록 명령한다고 했으니, 북을 울릴 수 없는 것이다. '명무화(命毋譁)'는 부역에 동원된 자들에게 명령하는 말이다. '명무곡(命毋哭)'은 주인으로부터 그 이하의 친족들에게 명령하는 말이다. 군주에 대해서는 곡을 하지

---

17) 명기(明器)는 명기(冥器)라고도 부른다. 장례(葬禮) 때 시신과 함께 매장하는 순장품을 뜻한다.

말라고 명령하지 않으니, 군주는 존귀하므로 직접적으로 명령할 수 없다. '사곡자상지(士哭者相止)'는 주인으로부터 그 이하의 친족들은 스스로 서로 곡을 하지 못하도록 한다는 뜻이다. 『주례』「향사(鄕師)」편에서는 '장례에 이르러'라고 했고, "도끼를 잡고서 장사(匠師)의 무리들이 하는 일을 감독한다."라고 했으며,[18] 「총인(冢人)」편에서는 "하관에 이르러 도끼를 잡고서 그 일을 감독한다."[19]라고 했다. 제후의 경우 하관할 때 북을 사용했다면, 아마도 도끼를 들고서 감독하는 절차는 제거했을 것이다.

---

18) 『주례』「지관(地官)・향사(鄕師)」: 及葬, 執纛以與匠師御柩而治役. 及窆, 執斧以涖匠師.

19) 『주례』「춘관(春官)・총인(冢人)」: 及窆, 執斧以涖.

• 제31절 •

곽(槨)에 대한 규정

【545c】

君松椁, 大夫栢椁, 士雜木椁.

직역 君은 松椁하고, 大夫는 栢椁하며, 士는 雜木椁한다.

의역 제후는 소나무로 만든 곽(槨)을 사용하고, 대부는 측백나무로 만든 곽을 사용하며, 사는 잡목으로 만든 곽을 사용한다.

集說 天子栢椁, 故諸侯以松. 大夫同於天子者, 卑遠不嫌僭也.

번역 천자는 측백나무로 만든 곽(槨)을 사용한다. 그렇기 때문에 제후는 소나무로 만든 곽(槨)을 사용한다. 대부가 천자의 예법과 동일하게 따를 수 있는 것은 대부의 신분은 천자에 비해 매우 낮으므로, 참람되다는 혐의를 받지 않기 때문이다.

鄭注 椁, 謂周棺者也. 天子柏椁以端, 長六尺. 夫子制於中都, 使庶人之槨五寸. 五寸, 謂端方也. 此謂尊者用大材, 卑者用小材耳. 自天子・諸侯・卿・大夫・士・庶人, 六等, 其槨長自六尺而下, 其方自五寸而上, 未聞其差所定也. 抗木之厚, 蓋與槨方齊. 天子五重, 上公四重, 諸侯三重, 大夫再重, 士一重.

번역 '곽(椁)'은 관을 둘러싸는 외관이다. 천자는 측백나무로 만든 곽(槨)을 사용하되 나무의 밑동을 사용하고, 그 길이는 6척(尺)이다.[1] 공자는 중도(中都)의 재(宰)를 맡았을 때, 서인들이 사용하는 곽(槨)의 두께를 5촌(寸)으로 제정하였다.[2] '오촌(五寸)'은 재목의 밑동 중 한쪽 측면의 두께를 의미한다. 이곳 문장은 존귀한 자는 큰 목재를 사용하고, 미천한 자는 작은 목재를 사용한다는 것을 뜻할 따름이다. 천자・제후・경・대부・사・서인 등 여섯 등급은 곽(槨)의 길이를 6척부터 낮추게 되며, 한쪽 측면의 두께는 5촌부터 늘려 가는데, 차등에 대한 규정은 들어보지 못했다. 항목(抗木)의 두께는 아마도 곽(槨)의 측면 두께와 동일했을 것이다. 천자는 5중으로 만들고, 상공(上公)은 4중으로 만들며, 제후는 3중으로 만들고, 대부는 2중으로 만들며, 사는 1중으로 만든다.

釋文 而上, 時掌反. 抗, 苦浪反, 徐戶剛反. 重, 直龍反, 下同.

번역 '而上'에서의 '上'자는 '時(시)'자와 '掌(장)'자의 반절음이다. '抗'자는 '苦(고)'자와 '浪(랑)'자의 반절음이고, 서음(徐音)은 '戶(호)'자와 '剛(강)'자의 반절음이다. '重'자는 '直(직)'자와 '龍(룡)'자의 반절음이며, 아래문장에 나오는 글자도 그 음이 이와 같다.

孔疏 ●"君松"至"木槨". ○正義曰: 此一經明所用槨木不同.

번역 ●經文: "君松"~"木槨". ○이곳 경문은 곽(槨)을 만드는데 사용하는 목재가 다르다는 사실을 나타내고 있다.

孔疏 ●"君松槨"者, 君, 諸侯也. 諸侯用松爲槨材也. 盧云: "以松黃腸爲槨." 庾[3]云: "黃腸, 松心也."

---

1) 『예기』「단궁상(檀弓上)」【105a】: 柏槨以端, 長六尺.

2) 『예기』「단궁상(檀弓上)」【95b】: 曾子以子游之言告於有子. 有子曰: "然. 吾固曰非夫子之言也." 曾子曰: "子何以知之?" 有子曰: "夫子制於中都, 四寸之棺, 五寸之槨, 以斯知不欲速朽也. 昔者夫子失魯司寇, 將之荊, 蓋先之以子夏, 又申之以冉有, 以斯知不欲速貧也."

번역 ●經文: "君松槨". ○'군(君)'자는 제후를 뜻한다. 제후는 곽(槨)을 만드는 재료로 소나무를 사용한다. 노식은 "소나무의 황장(黃腸)으로 곽(槨)을 만든다."라고 했다. 유울은 "황장(黃腸)은 소나무의 목심이다."라고 했다.

孔疏 ●"大夫柏槨"者, 以柏爲槨, 不用黃腸, 下天子也.

번역 ●經文: "大夫柏槨"者. ○측백나무로 곽(槨)을 만드는데, 측백나무의 목심은 사용하지 않으니 천자보다 낮추기 때문이다.

孔疏 ●"士雜木槨"者, 士卑, 不得同君, 故用雜木也.

번역 ●經文: "士雜木槨". ○사는 미천하기 때문에 제후와 동일하게 할 수 없다. 그렇기 때문에 잡목을 사용한다.

孔疏 ◎注"槨謂"至"一重". ○正義曰: "天子柏槨以端, 長六尺. 夫子制於中都, 使庶人之槨五寸, 五寸謂端方也"者, 鄭以槨木長短及厚薄無文, 故引柏槨以端·長六尺, 明槨材每段長六尺也. 又庶人厚五寸者, 欲明槨材每段厚薄廣狹五寸也, 故云"謂端方也". 端, 頭也, 謂材頭之方, 天子長六尺, 謂尊者用大材, 庶人方五寸, 是[4]卑者用小材. 云"六等, 其槨長自六尺而下, 其方自五寸而上, 未聞其差所定也"者, 天子旣六尺而下, 未知諸侯·卿·大夫·士·庶人節級之數, 庶人自五寸而上, 未知士及大夫·卿與諸侯·天子差益之數, 故云"未聞其差所定". 按檀弓"柏槨以端, 長六尺", 注云"其方蓋一尺". 以此差

---

3) '유(庾)'자에 대하여. '유'자는 본래 '노(盧)'자로 기록되어 있었는데, 『십삼경주소(十三經注疏)』 북경대 출판본에서는 "『예기훈찬(禮記訓纂)』의 기록에 근거해서 글자를 수정하였다."라고 했다.

4) '시(是)'자에 대하여. '시'자는 본래 '이(而)'자로 기록되어 있었는데, 완원(阮元)의 『교감기(校勘記)』에서는 "혜동(惠棟)의 『교송본(校宋本)』에는 '이'자를 '시'자로 기록하고 있으니, 이곳 판본은 잘못 기록된 것이다."라고 했다.

之, 諸侯方九寸, 卿方八寸, 大夫七寸, 士六寸, 庶人五寸. 雖有此約, 又無正文可定. 云"抗木之厚, 蓋與槨方齊"者, 以槨繞四旁, 抗木在上, 俱在於外, 故疑厚薄齊等. 云"天子五重"以下者, 據抗木之數言之, 故禮器"天子五重八翣", 是也. 每一重縮二在下, 衡三在上, 故旣夕注云"象天三[5]合地二也".

번역 ◎鄭注: "槨謂"~"一重". ○정현이 "천자는 측백나무로 만든 곽(槨)을 사용하되 나무의 밑동을 사용하고, 그 길이는 6척(尺)이다. 공자는 중도(中都)의 재(宰)를 맡았을 때, 서인들이 사용하는 곽(槨)의 두께를 5촌(寸)으로 제정하였다. '오촌(五寸)'은 재목의 밑동 중 한쪽 측면의 두께를 의미한다."라고 했는데, 정현은 곽(槨)을 만드는 재목의 길이 및 두께에 대한 경문 기록이 없기 때문에, 측백나무로 만든 곽(槨)은 나무의 밑동으로 만들며 그 길이는 6척이라는 기록을 인용하여, 곽(槨)을 만드는 재목은 마디마다의 길이가 6척이라는 사실을 나타내었다. 또 서인이 사용하는 곽(槨)의 두께는 5촌이라고 했는데, 이것은 곽(槨)을 만드는 재목은 마디마다의 두께와 폭이 5촌이라는 사실을 나타내고자 한 것이다. 그렇기 때문에 "재목의 밑동 중 한쪽 측면의 두께를 의미한다."라고 했다. '단(端)'자는 밑동[頭]을 뜻하니, 재목의 밑동 중 한쪽 측면에 있어서, 천자는 그 길이가 6척이니, 존귀한 자는 큰 재목을 사용하고, 서인은 한쪽 측면의 두께가 5촌이니, 미천한 자는 작은 재목을 사용한다는 사실을 나타낸다. 정현이 "여섯 등급은 곽(槨)의 길이를 6척부터 낮추게 되며, 한쪽 측면의 두께는 5촌부터 늘려가는데, 차등에 대한 규정은 들어보지 못했다."라고 했는데, 천자는 이미 6척의 길이를 사용한다고 했고, 차례대로 낮춘다고 했지만, 제후・경・대부・사・서인이 각각의 등급에 따라 차등적으로 낮아지는 수치는 확인하지 못했고, 서인은 5촌의 두께를 사용한다고 했고, 차례대로 높인다고 했지

5) '삼(三)'자에 대하여. '삼'자는 본래 '이(二)'자로 기록되어 있었는데, 완원(阮元)의 『교감기(校勘記)』에서는 "혜동(惠棟)의 『교송본(校宋本)』에는 '이'자를 '삼'자로 기록하고 있으니, 이곳 판본은 잘못 기록된 것이다. 『민본(閩本)』・『감본(監本)』・『모본(毛本)』에서는 '삼'자를 '일(一)'자로 잘못 기록했다."라고 했다.

만, 사・대부・경・제후・천자에게 있어서 차등적으로 늘어나는 수치는 확인하지 못했다. 그렇기 때문에 "차등에 대한 규정은 들어보지 못했다."라고 말한 것이다. 『예기』「단궁(檀弓)」편에서 "측백나무로 만든 곽(槨)을 사용하되 나무의 밑동을 사용하고, 그 길이는 6척(尺)이다."라고 했는데, 정현의 주에서는 "한 측면의 두께는 1척(尺)이었을 것이다."라고 했다. 이를 통해 차등적으로 정해보면, 제후는 한쪽 측면이 9촌이었을 것이고, 경은 8촌이었을 것이며, 대부는 7촌이었을 것이고, 사는 6촌이었을 것이며, 서인은 5촌이었을 것이다. 비록 이처럼 정리를 하더라도 증거로 삼을 수 있는 경문 기록이 없다. 정현이 "항목(抗木)의 두께는 아마도 곽(槨)의 측면 두께와 동일했을 것이다."라고 했는데, 곽(槨)은 사방을 두르고 있고, 항목은 그 위에 올리게 되는데, 이 모두는 관의 바깥에 있다. 그렇기 때문에 그 두께가 동일할 것이라고 의심을 품은 것이다. 정현이 "천자는 5중으로 만든다."라고 한 말로부터 그 이하의 내용은 항목의 수를 기준으로 말한 것이다. 그렇기 때문에 『예기』「예기(禮器)」편에서는 "천자는 5중으로 하고 8개의 삽(翣)을 사용한다."[6]라고 한 것이다. 매 1중마다 세로로 2개가 밑에 깔리고, 가로로 3개가 위에 깔린다. 그렇기 때문에 『의례』「기석례(旣夕禮)」편에 대한 정현의 주에서는 "하늘의 수인 3이 땅의 수인 2에 합함을 상징한다."[7]라고 말한 것이다.

集解 愚謂: 天子柏椁以端, 而大夫亦用柏椁者, 天子之柏椁, 諸侯之松椁, 皆用松柏之心, 所謂"黃腸"也; 大夫雖用柏椁, 而不得用黃腸, 則降於人君矣. 諸侯與上大夫大棺同八寸, 下大夫與士大棺同六寸, 庶人四寸. 庶人棺四寸, 而椁五寸, 椁大於棺一寸, 則棺六寸者椁七寸, 棺八寸者椁九寸. 天子椁一尺, 則大棺九寸也. <鏘鳴按: 此說天子椁制, 亦與檀弓注異.>

---

6) 『예기』「예기(禮器)」【297d】: 天子崩, 七月而葬, <u>五重八翣</u>, 諸侯五月而葬, 三重六翣, 大夫三月而葬, 再重四翣. 此以多爲貴也.

7) 이 문장은 『의례』「기석례(旣夕禮)」편의 "加茵, 用疏布, 緇翦, 有幅, 亦縮二橫三."이라는 기록에 대한 정현의 주이다.

번역 내가 생각하기에, 천자는 측백나무로 만든 곽(槨)을 사용하되 나무의 밑동을 사용하고, 대부 또한 측백나무로 만든 곽(槨)을 사용한다. 그 이유는 천자가 사용하는 측백나무의 곽(槨)과 제후가 사용하는 소나무의 곽(槨)은 모두 소나무와 측백나무의 목심을 사용하니, 바로 '황장(黃腸)'이라는 부분이다. 그러나 대부는 비록 측백나무로 만든 곽(槨)을 사용하더라도 황장을 사용할 수 없으니, 군주보다 낮추기 때문이다. 제후와 상대부가 사용하는 대관(大棺)은 동일하게 8촌(寸)의 두께이고, 하대부와 사의 대관은 동일하게 6촌의 두께이며, 서인은 4촌의 두께이다. 서인의 관이 4촌의 두께이고, 곽(槨)은 5촌의 두께인데, 곽(槨)이 관보다 1촌만큼 두껍다면, 관을 6촌으로 만드는 경우 곽(槨)은 7촌으로 만들고, 관을 8촌으로 만드는 경우 곽(槨)은 9촌으로 만든다. 천자의 곽(槨)은 그 두께가 1척이니, 대관은 9촌의 두께이다. <내가 살펴보기에, 이곳에서 천자의 곽(槨)에 대한 제도를 설명한 것은 또한 『예기』「단궁(檀弓)」편에 대한 주와 차이를 보인다.>

그림 31-1 항목(杭木: =抗木) · 인(茵) · 항석(杭席: =抗席)

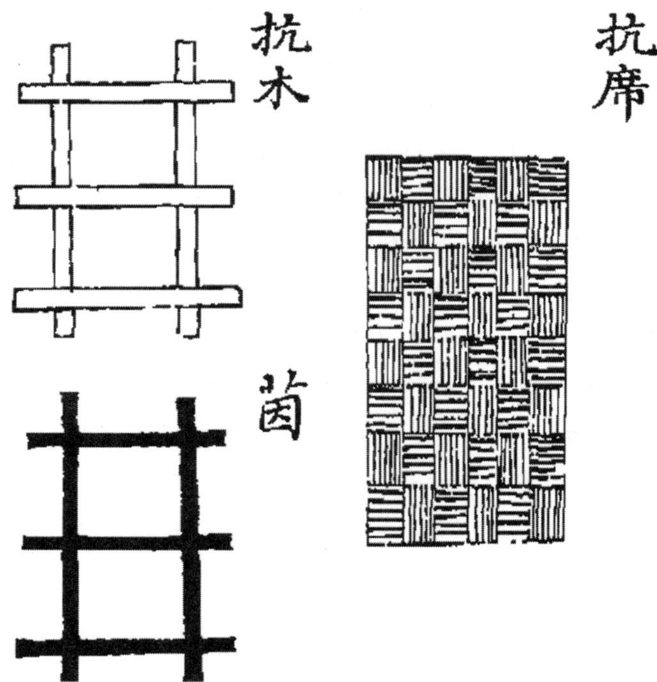

※ **출처:**『삼례도집주(三禮圖集注)』 18권

그림 31-2 항목(杭木: =抗木)·인(茵)·항석(杭席: =抗席)

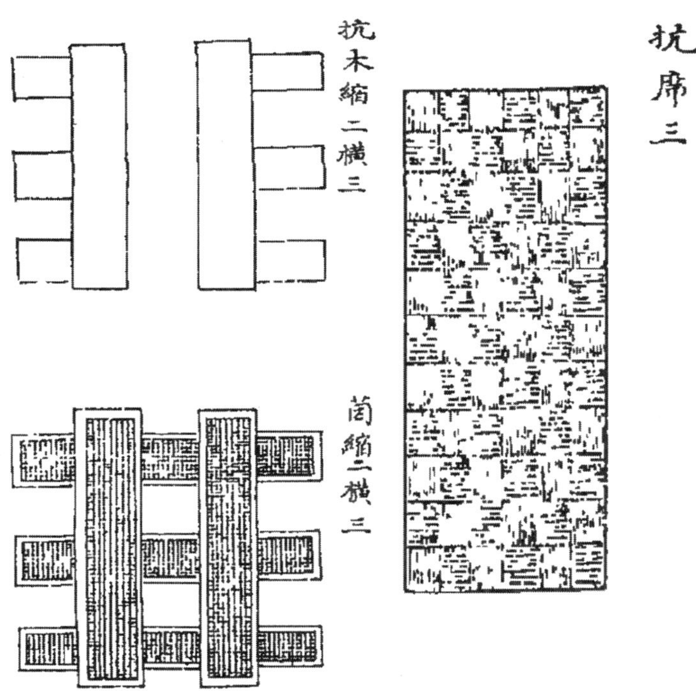

※ **출처:** 『삼례도(三禮圖)』 3권

【545c】

棺椁之間，君容柷，大夫容壺，士容甒.

직역 棺과 椁의 間에, 君은 柷을 容하고, 大夫는 壺를 容하며, 士는 甒를 容한다.

의역 관(棺)과 곽(槨) 사이에는 부장품을 넣는데, 군주의 경우에는 축(柷)을 넣었고, 대부는 호(壺)를 넣었으며, 사는 무(甒)를 넣었다.

集說 柷, 樂器, 形如桶. 壺, 漏水之器, 一說壺甒皆盛酒之器. 此言闊狹之度, 古者棺外椁內皆有藏器也.

번역 '축(柷)'은 악기이니, 그 모습은 옻칠을 한 통과 유사하다. '호(壺)'는 물을 떨어트리는 기구인데, 일설에는 호(壺)와 무(甒)가 모두 술을 담는 기구라고 한다. 이 내용은 폭의 넓이에 대해 나타내고 있으니, 고대에는 관 밖과 곽(槨) 내부에 모두 부장품을 넣었다.

大全 嚴陵方氏曰: 柷, 方二尺四寸, 深一尺八寸. 壺大一石, 甒五斗, 則其所容之大小可知. 君必以柷, 則與狄人設階同義.

번역 엄릉방씨가 말하길, '축(柷)'은 사방 2척(尺) 4촌(寸)의 크기이며, 깊이는 1척 8촌이다. 호(壺)의 용적은 1석(石)이고, 무(甒)는 5두(斗)이니, 용적의 차이를 알 수 있다. 군주의 경우 반드시 축(柷)을 사용하는 것은 적인(狄人)을 시켜서 사다리를 설치하는 뜻과 동일하다.[8)]

鄭注 間可以藏物, 因以爲節.

---

8) 『예기』「상대기」【527a】: 復, 有林麓, 則虞人設階, 無林麓則狄人設階.

번역 그 사이에는 부장품을 넣을 수 있으니, 이를 통해 절도를 삼는 것이다.

釋文 柷, 昌六反. 甒音武.

번역 '柷'자는 '昌(창)'자와 '六(륙)'자의 반절음이다. '甒'자의 음은 '武(무)'이다.

孔疏 ●"棺槨"至"容甒". ○正義曰: 此一經明棺槨之間廣狹所容也.

번역 ●經文: "棺槨"~"容甒". ○이곳 경문은 관과 곽 사이의 폭 차이에 따라 부장하는 것들을 나타내고 있다.

孔疏 ●"君容柷"者, 柷如漆筩, 是諸侯棺槨間所容也. 若天子棺槨間則差寬大, 故司几筵云"柏席用萑", 玄謂"柏, 槨字磨滅之餘. 槨席, 藏中神坐之席是也". 諸侯棺槨間亦容席, 故司几筵云"柏席", "諸侯則紛純", 稍狹於天子, 故此云"容柷".

번역 ●經文: "君容柷". ○'축(柷)'은 옻칠을 한 통과 유사하니, 제후가 관과 곽 사이에 부장하던 것이다. 천자의 경우라면 관과 곽 사이가 보다 넓다. 그렇기 때문에 『주례』「사궤연(司几筵)」편에서는 "백(柏)에 까는 자리는 추(萑)로 짠 자리를 사용한다."[9]라고 했고, 정현은 "'백(柏)'자는 '곽(槨)'자가 마멸되고 남은 부분이다. '곽석(槨席)'은 부장을 할 때 신령이 앉는 곳의 자리이다."라고 했다. 제후의 관과 곽 사이에도 또한 자리를 깔게 된다. 그렇기 때문에 「사궤연」편에서는 '백석(柏席)'이라고 말하고, "제후는 분순(紛純)을 사용한다."라고 한 것이니, 천자보다 조금 좁다. 그렇기

---

9) 『주례』「춘관(春官)·사궤연(司几筵)」: 凡喪事, 設葦席, 右素几. 其<u>柏席用萑</u>黼純, 諸侯則紛純, 每敦一几.

때문에 여기에서는 "축(柷)을 넣는다."라고 했다.

孔疏 ●"大夫容壺"者, 壺是漏水之器, 大夫所掌.

번역 ●經文: "大夫容壺". ○'호(壺)'는 물을 떨어트리는 기구이니, 대부가 담당하는 것이다.

孔疏 ●"士[10]容甒"者, 甒, 盛酒之器, 士所用也.

번역 ●經文: "士容甒". ○'무(甒)'는 술을 담는 기구이니, 사가 사용하는 것이다.

集解 愚謂: 柷, 樂器. 壺·甒, 皆盛酒之器也. 柷方二尺四寸, 壺容一石, 甒容五斗. 士喪禮, "甒二, 醴·酒." 凡藏器於棺·椁之間, 君之藏器柷爲大, 大夫之藏器壺爲大, 士之藏器甒爲大, 其棺·椁間皆可以容此物, 言以此爲廣狹之度也. 據司几筵, 則諸侯椁內有席, 席制三尺三分寸之一, 則視柷爲大. 今不據席而據柷者, 豈諸侯椁內之席小於常席?

번역 내가 생각하기에, '축(柷)'은 악기이다. '호(壺)'와 '무(甒)'는 모두 술을 담는 도구이다. 축(柷)은 사방 2척(尺) 4촌(寸)의 크기이며, 호(壺)의 용적은 1석(石)이고 무(甒)의 용적은 5두(斗)이다. 『의례』「사상례(士喪禮)」편에서는 "무(甒)는 2개이니, 단술과 술을 담는다."[11]라고 했다. 무릇 관과 곽 사이에 물건을 부장할 때, 군주의 부장품 중에는 축(柷)이 가장 크고,

---

10) '사(士)'자에 대하여. '사'자 앞에는 본래 '왈(曰)'자가 기록되어 있었는데, 완원(阮元)의 『교감기(校勘記)』에서는 "혜동(惠棟)의 『교송본(校宋本)』에는 '왈'자가 없다. 따라서 이곳 판본에는 잘못하여 연문으로 기록된 것이다."라고 했다.

11) 『의례』「기석례(既夕禮)」: 筲三, 黍, 稷, 麥. 罋三, 醯·醢·屑, 冪用疏布. 甒二, 醴·酒, 冪用功布.

대부의 부장품 중에는 호(壺)가 가장 크며, 사의 부장품 중에는 무(甒)가 가장 크다. 즉 관과 곽 사이에 이러한 물건을 부장할 수 있다는 말은 이러한 기물들로 폭의 차이를 정한다는 뜻이다. 『주례』「사궤연(司几筵)」편의 기록에 따른다면, 제후의 곽 안쪽에는 자리를 깔게 되는데, 자리를 만드는 제도는 3척과 3분의 1촌이니, 축과 비교해보면 더 크다. 그런데 이곳에서는 자리를 기준으로 하지 않고 축(柷)을 기준으로 삼았으니, 제후의 곽 안에 설치하는 자리가 일상적으로 사용하는 자리보다도 작아서가 아니겠는가?

그림 31-3 축(柷)

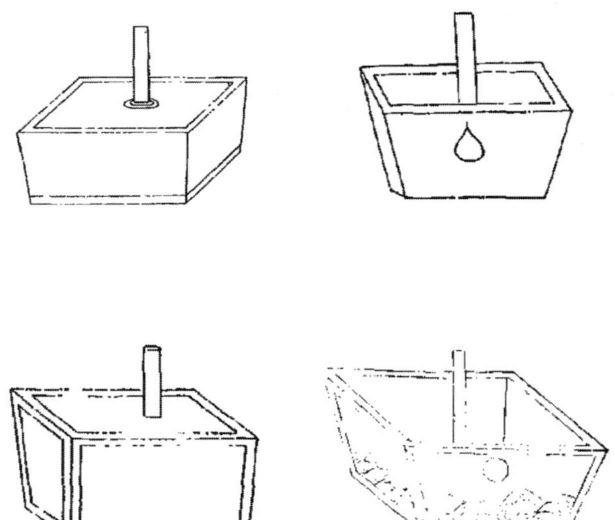

※ 출처: 상좌-『주례도설(周禮圖說)』 하권 ; 상우-『삼례도집주(三禮圖集注)』 5권
하좌-『육경도(六經圖)』 2권 ; 하우-『삼재도회(三才圖會)』「기용(器用)」 3권

그림 31-4 와무(瓦甒)

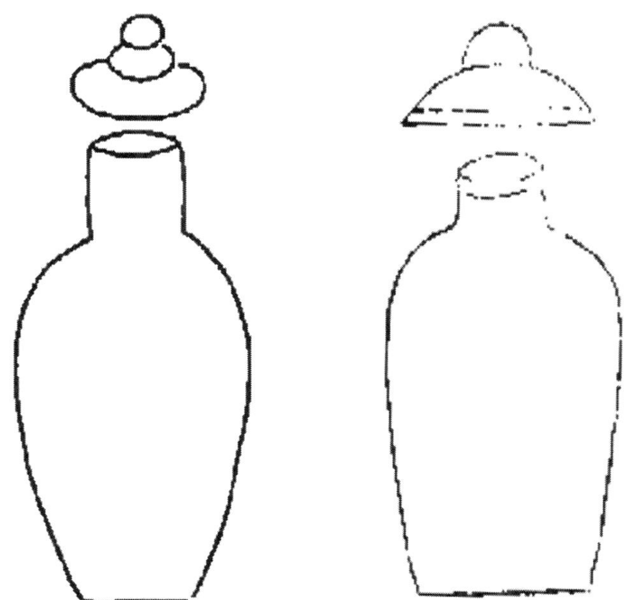

※ 출처: 우-『삼재도회(三才圖會)』「기용(器用)」 2권
좌-『삼례도집주(三禮圖集注)』 12권

【545c】

君裏椁虞筐. 大夫不裏椁. 士不虞筐.

직역 君은 椁을 裏라고 虞筐한다. 大夫는 椁을 不裏한다. 士는 虞筐을 不한다.

의역 군주의 경우 곽(槨)은 안쪽을 바르고 우광(虞筐)을 한다. 대부는 곽의 안쪽을 바르지 않는다. 사는 우광을 하지 않는다.

集說 疏曰: 盧氏雖有解釋, 鄭云未聞, 今不錄.

번역 공영달의 소에서 말하길, 노식이 비록 이 문장에 대해서 풀이를 한 것이 있지만, 정현은 들어보지 못했다고 했으니, 현재 그 풀이를 기록하지 않는다.

鄭注 裏槨之物, 虞筐之文, 未聞也.

번역 안쪽을 바르는 물건과 우광(虞筐)을 한다는 기록에 대해서는 들어보지 못했다.

孔疏 ●"君裏"至"虞筐". ○正義曰: 盧氏雖有解釋, 鄭云未聞, 今略盧氏不錄也.

번역 ●經文: "君裏"~"虞筐". ○노식이 비록 이것에 대해서 풀이를 한 것이 있지만, 정현은 들어보지 못했다고 했으니, 현재는 약술하여 노식의 주장을 기록하지 않는다.

集解 吳氏澄曰: 言君之椁有物裏之, 而又有虞筐. 大夫雖不裏椁, 而猶有虞筐也. 士則並虞筐亦無.

번역 오징이 말하길, 군주가 사용하는 곽(槨)은 다른 사물을 넣어서 안을 바르고, 또 우광(虞筐)을 둔다. 대부는 비록 곽(槨)의 안쪽을 바르지 않지만 여전히 우광을 둔다. 사는 우광 또한 두지 않는다.

喪大記 人名 및 用語 辭典

ㄱ

◎ 가공언(賈公彦, ?~?) : 당(唐)나라 때의 유학자이다. 정현(鄭玄)을 존숭하였다. 예학(禮學)에 조예가 깊었다. 『주례소(周禮疏)』, 『의례소(儀禮疏)』 등의 저서를 남겼으며, 이 저서들은 『십삼경주소(十三經注疏)』에 포함되었다.

◎ 가정본(嘉靖本) : 『가정본(嘉靖本)』에는 간행한 자의 정보가 기록되어 있지 않다. 『십삼경주소(十三經注疏)』의 판본이다. 20권으로 구성되어 있으며, 각 권의 뒤편에는 경문(經文)과 그에 따른 주(注)를 간략히 기록하고 있다. 단옥재(段玉裁)는 이 판본이 가정(嘉靖) 연간에 송본(宋本)을 모방하여 간행된 것이라고 여겼다.

◎ 간색(間色) : '간색'은 정색(正色)과 대비되는 말이다. 순일하지 못한 색깔을 지칭한다. '정색'은 청색(靑色)·적색(赤色)·황색(黃色)·백색(白色)·흑색(黑色) 등이 해당한다. 예를 들어 청색의 색깔이 순일한 경우에는 '정색'이라고 부르고, 순일하지 못한 청색 등에 대해서는 '간색'이라고 부른다.

◎ 갈홍(葛洪, A.D.283~A.D.343?) : 동진(東晋) 때의 학자이다. 자(字)는 아천(雅川)이고, 호(號)는 포박자(抱朴子)이다. 저서로는 『포박자(抱朴子)』 등이 있다.

◎ 감본(監本) : 『감본(監本)』은 명(明)나라 국자감(國子監)에서 간행한 『십삼경주소(十三經注疏)』의 판본이다.

◎ 강복(降服) : '강복'은 상(喪)의 수위를 본래의 등급보다 한 등급 낮추는 일에 해당한다. 예를 들어 자식은 부모에 대해 삼년상을 치러야 하지

만, 다른 집의 양자로 간 경우라면 자신의 친부모에 대해 삼년상을 치르지 않고, 한 등급 낮춰서 1년만 치르게 된다. 이것은 상(喪)의 기간에만 해당하는 것이 아니라, 상복(喪服) 및 상(喪)을 치르며 부수적으로 갖추게 되는 기물(器物)들에도 적용된다.

◎ **개성석경(開成石經)** : 『개성석경(開成石經)』은 당(唐)나라 만들어진 석경(石經)을 뜻한다. 돌에 경문(經文)을 새겼기 때문에, '석경'이라고 부른다. 당나라 때 만들어진 '석경'은 대화(大和) 7년(A.D.833)에 만들기 시작하여, 개성(開成) 2년(A.D.837)에 완성되었기 때문에, '개성석경'이라고도 부르는 것이다.

◎ **견(繭)** : '견'은 새로 뽑은 솜을 넣어서 만든 옷이다.

◎ **경(絅)** : '경'은 겉감만 있고 안감이 없는 옷이다.

◎ **계빈(啓殯)** : '계빈'은 장례(葬禮) 절차 중 하나이다. 장례를 치르기 위하여, 빈소에 임시로 가매장했던 영구를 꺼내는 절차를 뜻한다.

◎ **고문(庫門)** : '고문'에 대해서는 크게 두 가지 해설이 있다. 첫 번째는 치문(雉門)에 대한 해설처럼, 제후의 궁(宮)에 있는 문으로, 천자의 궁에 있는 고문(皐門)에 해당한다고 보는 의견이다. 이것은 치문과 마찬가지로 『예기』「명당위(明堂位)」편의 "大廟, 天子明堂. 庫門, 天子皐門. 雉門, 天子應門."이라는 기록에 근거한 해설이다. 손희단(孫希旦)의 『집해(集解)』에서는 이 문장 및 『시(詩)』, 『서(書)』, 『예(禮)』, 『춘추(春秋)』에 나타난 기록들을 근거로, 천자 및 제후는 실제로 3개의 문(門)만 설치했다고 풀이한다. 그러나 정현은 이 문장에 대해서, "言廟及門如天子之制也. 天子五門, 皐庫雉應路. 魯有庫雉路, 則諸侯三門與."라고 풀이하였다. 즉 종묘(宗廟) 및 문(門)에 대한 제도에서, 천자와 제후 사이에는 차등이 있다. 따라서 천자는 5개의 문을 궁에 설치하는데, 그 문들은 고문(皐門), 고문(庫門), 치문(雉門), 응문(應門), 노문(路門)이다. 제후의 경우에는 천자보다 적은 3개의 문을 궁에 설치하는데, 그 문들은 고문(庫門), 치문(雉門), 노문(路門)이다. 두 번째 설명은 천자의 궁에 설치된 문들 중에서, 치문(雉門) 밖에 설치하는 문으로 해석하는 의견이다. 즉 이때의 고문(庫門)은 치문과 고문(皐門) 사이에 설치하는 문이 된다. 『예기』「교특생(郊特牲)」편에는 "獻命庫門之內, 戒百官也."라는 기록이 있는데, 이에 대한 정현의 주에서는 "庫門, 在雉門之外. 入庫門則至廟門外矣."라고 풀이하고 있다.

◎ 고문송판(考文宋板) : 『고문송판(考文宋板)』은 일본 학자 산정정(山井鼎) 등이 출간한 『칠경맹자고문보유(七經孟子考文補遺)』에 수록된 『예기정의(禮記正義)』를 뜻한다. 산정정은 『예기정의』를 수록할 때, 송(宋)나라 때의 판본을 저본으로 삼았다.

◎ 고항(高閌, A.D.1097~A.D.1153) : 남송(南宋) 때의 학자이다. 자(字)는 억숭(抑崇)이며, 시호(諡號)는 헌민(憲敏)이다. 저서로는 『춘추집주(春秋集註)』 등이 있다.

◎ 곡(斛) : '곡'은 곡(斛)이라고도 기록한다. '곡'은 곡식의 양을 재는 기구이자, 그 수량을 표시하는 단위였다. 지역 및 각 시대마다 다소 차이를 보이는데, 고대에는 10두(斗)가 1곡이었다. 『의례』「빙례(聘禮)」편에는 "十斗曰斛."이라는 기록이 있다.

◎ 곡(觳) : =곡(斛)

◎ 공관(公館) : '공관'은 군주가 빈객(賓客)들을 머물게 하기 위해 만든 숙소이다. 군주의 신하들이 가지고 있는 건물은 사관(私館)에 해당하는데, 빈객이 사관에 머물 때, 군주가 명령을 내리게 되면, 그 장소는 '공관'이 되어, 빈객이 필요로 하는 것들을 지급하게 된다. 또한 '공관'은 궁중에 있는 건물을 가리키기도 하며, 궁실의 건물과 떨어져 있는 별도의 건물을 뜻하기도 한다.

◎ 공사(公士) : '공사'는 제후의 조정에 속한 사이다. 제후의 조정 및 관부를 '공가(公家)'라고 부르기 때문에, '공사'라고 부른다.

◎ 공유사(公有司) : '공유사'는 사(士)가 맡았던 직책으로, 군주에게 특명을 받은 유사(有司)이다. '유사'는 실무 담당자를 뜻한다.

◎ 광아(廣雅) : 『광아(廣雅)』는 위(魏)나라 때 장읍(張揖)이 지은 자전(字典)이다. 『박아(博雅)』라고도 부른다. 『이아』의 체제를 계승하고, 새로운 내용을 보충하여, 경전(經典)에 기록된 글자들을 해석한 서적이다. 본래 상·중·하 3권으로 구성되어 있었지만, 수(隋)나라 조헌(曹憲)이 재차 10권으로 편집하였다. 한편 '광(廣)'자가 수나라 양제(煬帝)의 시호였기 때문에, 피휘를 하여, 『박아』라고 부르게 되었다.

◎ 교감기(校勘記) : 『교감기(校勘記)』는 완원(阮元)이 학자들을 모아서 편차했던 『십삼경주소교감기(十三經註疏校勘記)』를 뜻한다.

◎ 교기(校記) : 『교기(校記)』는 손이양(孫詒讓)이 지은 『십삼경주소교기(十三經注疏校記)』를 뜻한다.

◎ **교야(郊野)** : '교야'는 도성(都城) 밖의 외곽지역을 범범하게 지칭하는 용어이다. 한편 주(周)나라 때에는 왕성(王城)의 경계로부터 사방 100리(里)까지를 '교(郊)'라고 불렀으며, 300리 떨어진 지점까지를 '야(野)'라고 불렀다. 따라서 이 공간 안에 포함된 땅을 통칭하여 '교야'라고 불렀다.

◎ **구부(九賦)** : '구부'는 주(周)나라 때 거둬들인 아홉 종류의 세금을 뜻한다. 방중지부(邦中之賦), 사교지부(四郊之賦), 방전지부(邦甸之賦), 가삭지부(家削之賦), 방현지부(邦縣之賦), 방도지부(邦都之賦), 관시지부(關市之賦), 산택지부(山澤之賦), 폐여지부(幣餘之賦)를 뜻한다. 방중지부는 국성에 사는 백성들에게 거두는 세금이다. 사교지부는 국성으로부터 사방 100리(里) 이내에 살고 있는 백성들에게 거두는 세금이다. 방전지부는 국성으로부터 사방 100리(里)에서 200리(里) 사이에 살고 있는 백성들에게 거두는 세금이다. 가삭지부는 국성으로부터 사방 200리(里)에서 300리(里) 사이에 살고 있는 백성들에게 거두는 세금이다. 방현지부는 국성으로부터 사방 300리(里)에서 400리(里) 사이에 살고 있는 백성들에게 거두는 세금이다. 방도지부는 국성으로부터 사방 400리(里)에서 500리(里) 사이에 살고 있는 백성들에게 거두는 세금이다. 관시지부는 관문과 시장에서 거두는 세금이다. 산택지부는 산림과 하천에서 거두는 세금이다. 폐여지부는 공인에게서 거두는 세금이다. 『주례』「천관(天官)·대재(大宰)」편에는 ""以九賦斂財賄. 一曰邦中之賦, 二曰四郊之賦, 三曰邦甸之賦, 四曰家削之賦, 五曰邦縣之賦, 六曰邦都之賦, 七曰關市之賦, 八曰山澤之賦, 九曰幣餘之賦."라는 기록이 있고, 이에 대한 정현의 주에서는 "邦中在城郭者, 四郊去國百里, 邦甸二百里, 家削三百里, 邦縣四百里, 邦都五百里, 此平民也. 關市·山澤謂占會百物, 幣餘謂占賣國中之斥幣, 皆末作當增賦者."라고 풀이했다.

◎ **궁현(宮縣)** : '궁현'은 악기를 설치할 때 4방면으로 설치하는 것을 뜻한다. 천자는 4방면에 모두 악기를 설치하는데, 이것을 '궁현'이라고 부른다. 참고적으로 제후가 악기를 설치하는 방식은 헌현(軒縣)이라고 하며, 3면에 악기들을 설치하는 것이고, 경(卿)이나 대부(大夫)가 악기를 설치하는 방식은 판현(判縣)이라고 하며, 2면에 악기들을 설치하는 것이고, 대부(大夫) 또는 사(士)가 악기를 설치하는 방식을 (特縣)이라고 부른다.

◎ **귀신(貴臣)** : '귀신'은 본래 공(公)·경(卿)·대부(大夫)들의 가신(家臣)들 중 가장 높은 자를 지칭하던 용어로, 중신(衆臣)과 상대되는 용어였다. 후대에는 대신(大臣)들을 가리키는 용어로 사용되었다.

◎ **귀첩(貴妾)** : '귀첩'은 처(妻)가 시집을 오면서 함께 데려왔던 일가붙이가 되는 여자와 자식의 첩(妾) 등을 지칭하는 말이다.

◎ **금화응씨(金華應氏, ?~?)** : =응용(應鏞)·응씨(應氏)·응자화(應子和). 이름은 용(鏞)이다. 자(字)는 자화(子和)이다. 『예기찬의(禮記纂義)』를 지었다.

◎ **기배(奇拜)** : '기배'는 구배(九拜) 중 하나로, 절하는 횟수를 홀수로 하는 것을 뜻하기도 하며, 한쪽 무릎만 굽히고 하는 절이나 손에 쥐고 있는 물건 등에 의지해서 절하는 것을 뜻하기도 하고, 한 번 절하는 것을 뜻하기도 한다.

◎ **길복(吉服)** : '길복'에는 두 가지 뜻이 있다. 첫 번째는 제사 때 입는 복장인 제복(祭服)을 뜻한다. 제사(祭祀)는 길례(吉禮)에 해당하므로, 그 때 착용하는 복장을 '길복'이라고 부르는 것이다. 두 번째는 예의를 갖출 때 입는 예복(禮服)을 범칭하는 말이다.

ㄴ

◎ **남송석경(南宋石經)** : 『남송석경(南宋石經)』은 송(宋)나라 고종(高宗) 때 돌에 새긴 『십삼경주소(十三經注疏)』의 판본이다. 그러나 『예기(禮記)』에 대해서는 「중용(中庸)」 1편만을 기록하고 있다.

◎ **남전여씨(藍田呂氏, A.D.1040~A.D.1092)** : =여대림(呂大臨)·여씨(呂氏)·여여숙(呂與叔). 북송(北宋) 때의 학자이다. 이름은 대림(大臨)이고, 자(字)는 여숙(與叔)이며, 호(號)는 남전(藍田)이다. 장재(張載) 및 이정(二程)형제에게서 수학하였다. 저서로는 『남전문집(藍田文集)』 등이 있다.

◎ **내명부(內命婦)** : '내명부'는 천자의 비(妃), 빈(嬪), 세부(世婦), 여어(女御) 등을 지칭하는 말이다. 『예기』「상대기(喪大記)」편에는 "夫人坐于西方, 內命婦姑姊妹子姓, 立于西方."이라는 용례가 있고, 『주례』「천관(天官)·내재(內宰)」편에는 "佐后使治外內命婦."라는 기록이 있는데, 이에 대한 정현의 주에는 "內命婦, 謂九嬪, 世婦, 女御."라고 풀이하였다.

◎ **내자(內子)** : '내자'는 경과 대부의 본처를 지칭하는 용어이다.

◎ **노거(路車)** : '노거'는 천자 및 제후 등이 타는 수레이다. 후대에는 귀족들이 타는 수레까지도 지칭하는 용어로 사용되었다. '노거'의 '노(路)'자는 그 뜻이 크다[大]는 의미이다. 따라서 군주가 이용하거나 머무는 장소에 '노'자를 붙여서 부르게 된 것이다. 『춘추좌씨전』「환공(桓公) 2년」편에는 "大路越席."이라는 기록이 있는데, 이에 대한 공영달(孔穎達)의 소(疏)에서는 "路, 訓大也. 君之所在以大爲號, 門曰路門, 寢曰路寢, 車曰路車, 故人君之車, 通以路爲名也."라고 풀이했다.

◎ **노계(露紒)** : '노계'는 좌(髽)를 트는 방식 중 하나이다. 좌(髽)를 틀 때 마(麻)를 이용하는 경우도 있고 포(布)를 이용하는 경우도 있는데, '노계'는 이 두 방식을 총칭하는 명칭이다. 또한 '노계'는 마(麻)나 포(布)를 사용하는 좌(髽)의 방식과 구별되어, 별도로 좌(髽)를 트는 방식 중 하나라고도 주장한다.

◎ **노식(盧植, A.D.159?~A.D.192)** : =노씨(盧氏). 후한(後漢) 때의 유학자이다. 자(字)는 자간(子幹)이다. 어려서 마융(馬融)을 스승으로 섬겼다. 영제(靈帝)의 건녕(建寧) 연간(A.D.168~A.D.172)에 박사(博士)가 되었다. 채옹(蔡邕) 등과 함께 동관(東觀)에서 오경(五經)을 교정했다. 후에 동탁(董卓)이 소제(少帝)를 폐위시키자, 은거하며 『상서장구(尙書章句)』, 『삼례해고(三禮解詁)』를 저술했지만, 남아 있지 않다.

◎ **노씨(盧氏)** : =노식(盧植)

◎ **노침(路寢)** : '노침'은 천자나 제후가 정무를 처리하던 정전(正殿)이다. 『시』「노송(魯頌)·민궁(閟宮)」편에는 "松桷有舃, 路寢孔碩."이라는 기록이 있는데, 이에 대한 모전(毛傳)에서는 "路寢, 正寢也."라고 풀이했고, 『문선(文選)』에 수록된 장형(張衡)의 '서경부(西京賦)'에는 "正殿路寢, 用朝群辟."이라는 기록이 있는데, 이에 대한 설종(薛綜)의 주에서는"周曰路寢, 漢曰正殿."이라고 하여, 주(周)나라에서는 '정전'을 '노침'으로 불렀다고 풀이했다.

ㄷ

◎ **단(袒)** : '단'은 상중(喪中)에 남자들이 취하는 복장 방식이다. 상의 중 좌측 어깨 쪽을 드러내는 방법이다. 한편 일반적인 의례절차에서도 단

(袒)의 복장 방식을 취하는 경우가 있다.

◎ **단옥재(段玉裁, A.D.1735~A.D.1815)** : 청(淸)나라 때의 학자이다. 자(字)는 약응(若膺)이고, 호(號)는 무당(懋堂)이다. 저서로는 『설문해자주(說文解字注)』, 『육서음균표(六書音均表)』, 『고문상서찬이(古文尙書撰異)』 등이 있다.

◎ **달관(達官)** : '달관'은 지위가 높고 군주로부터 직접 명령을 받는 대신(大臣)들을 뜻한다.

◎ **담제(禫祭)** : '담제'는 상복(喪服)을 벗을 때 지내는 제사이다.

◎ **대렴(大斂)** : '대렴'은 상례(喪禮) 절차 중 하나이다. 소렴(小斂)을 끝낸 뒤에, 시신을 관에 안치하는 절차이다.

◎ **대상(大祥)** : '대상'은 부모의 상(喪) 및 삼년상 등을 치를 때 그 대상이 죽은 후 만 2년 만에 탈상을 하며 지내는 제사이다.

◎ **대상(大喪)** : '대상'은 천자(天子)·왕후(王后)·세자(世子) 등의 상(喪)을 가리킨다. 이들은 가장 존귀한 자들에 해당하기 때문에, 그들에 대한 상(喪) 또한 '대(大)'자를 붙여서, '대상'이라고 부르는 것이다. 『주례』「천관(天官)·재부(宰夫)」편에는 "大喪小喪, 掌小官之戒令, 帥執事而治之."라는 기록이 있는데, 이에 대한 정현의 주에서는 "大喪, 王·后·世子之喪也."라고 풀이했다. 한편 '대상'은 부모의 상(喪)을 가리키기도 한다. 부모는 자식의 입장에서 가장 중대한 대상에 해당하기 때문에, 부모의 상(喪)을 '대상'이라고 부르는 것이다. 『춘추공양전』「선공(宣公) 1년」편에는 "古者臣有大喪, 則君三年不呼其門."이라는 용례가 있다.

◎ **대침(大寢)** : '대침'은 노침(路寢)을 뜻한다. 천자나 제후가 정무(政務)를 처리하던 곳이다. 『주례』「하관(夏官)·태복(太僕)」편에는 "建路鼓于大寢之門外, 而掌其政."이라는 기록이 있고, 이에 대한 정현의 주에서는 "大寢, 路寢也."라고 풀이했다.

◎ **동뢰(同牢)** : '동뢰'는 고대의 혼례(婚禮) 때 시행된 의식 중 하나이다. 부부가 함께 음식을 먹는 의식이다.

◎ **두예(杜預, A.D.222~A.D.284)** : =두원개(杜元凱). 서진(西晉) 때의 유학자이다. 경조(京兆) 두릉(杜陵) 출신이다. 자(字)는 원개(元凱)이다. 『춘추경전집해(春秋經典集解)』를 저술하였는데, 이 책은 현존하는 『춘추(春秋)』의 주석서 중 가장 오래된 것이며, 『십삼경주소(十三經注疏)』

의 『춘추좌씨전정의(春秋左氏傳正義)』에도 채택되어 수록되었다.

◎ **두원개(杜元凱)** : =두예(杜預)

ㅁ

◎ **마씨(馬氏)** : =마희맹(馬晞孟)

◎ **마언순(馬彥醇)** : =마희맹(馬晞孟)

◎ **마희맹(馬晞孟, ?~?)** : =마씨(馬氏)・마언순(馬彥醇). 자(字)는 언순(彥醇)이다. 『예기해(禮記解)』를 찬술했다.

◎ **맹회(盟會)** : '맹회'는 회맹(會盟)을 뜻하며, 제후들끼리 모여서 서로 조약을 체결하는 것이다.

◎ **면(免)** : '면'은 면포(免布)나 면복(免服)과 같은 뜻이다.

◎ **면복(免服)** : '면복'은 상복(喪服)의 한 종류이다. 면(免)과 최질(衰絰)을 하는 것이며, 친상(親喪)을 처음 당했을 때 착용하는 복장이다.

◎ **면재황씨(勉齋黃氏)** : =황간(黃幹)

◎ **면포(免布)** : '면포'는 상(喪)을 당한 사람이 관(冠)을 벗고 흰 천 등으로 '머리를 묶는 것[括髮]'을 뜻한다.

◎ **명기(明器)** : '명기'는 명기(冥器)라고도 부른다. 장례(葬禮) 때 시신과 함께 매장하는 순장품을 뜻한다.

◎ **명기(冥器)** : =명기(明器)

◎ **명당(明堂)** : '명당'은 일반적으로 고대 제왕이 정교(政教)를 베풀던 장소를 지칭하는 용어로 사용되었다. 이곳에서는 조회(朝會), 제사(祭祀), 경상(慶賞), 선사(選士), 양로(養老), 교학(教學) 등의 국가 주요 업무가 시행되었다. 『맹자』「양혜왕하(梁惠王下)」편에는 "夫明堂者, 王者之堂也."라는 용례가 있고, 『옥태신영(玉台新詠)』「목난사(木蘭辭)」편에도 "歸來見天子, 天子坐明堂."이라는 용례가 있다. '명당'의 규모나 제도는 시대마다 다르다. 또한 '명당'이라는 건물군 중에서 남쪽의 실(室)을 가리키는 용어로도 사용되었다.

◎ **명부(命婦)** : '명부'는 고대 봉호(封號)를 부여받은 여자들을 뜻한다. 궁중에 머물며 비(妃)나 빈(嬪)의 신분을 가진 여자들은 내명부(內命婦)라고 부르고, 신하의 처가 된 자들은 외명부(外命婦)라고 부른다.

◎ **명사(命士)** : '명사'는 사(士) 중에서도 작명(爵命)을 받은 자를 뜻한다.

『예기』「내칙(內則)」편에는 "由命士以上, 父子皆異官, 昧爽而朝, 慈以旨甘."이라는 용례가 나온다.

◎ **모본(毛本)** : 『모본(毛本)』은 명(明)나라 말기 급고각(汲古閣)에서 간행된 『십삼경주소(十三經注疏)』의 판본이다. 급고각은 모진(毛晋)이 지은 장서각이었으므로, 이러한 명칭이 생겼다.

◎ **목록(目錄)** : 『목록(目錄)』은 정현이 찬술했다고 전해지는 『삼례목록(三禮目錄)』을 가리킨다. 『십삼경주소(十三經注疏)』에서 인용되고 있지만, 이 책은 『수서(隋書)』가 편찬될 당시에 이미 일실되어 존재하지 않았다. 『수서』「경적지(經籍志)」편에는 "三禮目錄一卷, 鄭玄撰, 梁有陶弘景注一卷, 亡."이라는 기록이 있다.

◎ **민본(閩本)** : 『민본(閩本)』은 명(明)나라 가정(嘉靖) 연간 때 이원양(李元陽)이 간행한 『십삼경주소(十三經注疏)』 판본이다. 한편 『칠경맹자고문보유(七經孟子考文補遺)』에서는 이 판본을 『가정본(嘉靖本)』으로 지칭하고 있다.

ㅂ

◎ **방각(方慤)** : =엄릉방씨(嚴陵方氏)

◎ **방성부(方性夫)** : =엄릉방씨(嚴陵方氏)

◎ **방씨(方氏)** : =엄릉방씨(嚴陵方氏)

◎ **별록(別錄)** : 『별록(別錄)』은 후한(後漢) 때 유향(劉向)이 찬(撰)했다고 전해지는 책이다. 현재는 일실되어 존재하지 않으며, 『한서(漢書)』「예문지(藝文志)」편을 통해서 대략적인 내용만을 추측해볼 수 있다.

◎ **보의(黼扆)** : '보의'는 부의(斧依) 또는 부의(斧扆)라고도 부른다. 고대에는 제왕의 자리 뒤에 병풍을 설치했는데, 병풍에는 도끼 무늬를 새겼기 때문에 '보의' 또는 '부의'라고 부른다.

◎ **복건(服虔, ?~?)** : 후한대(後漢代)의 유학자이다. 자(字)는 자신(子愼)이다. 초명은 중(重)이었으며, 기(祇)라고도 불렀다. 후에 이름을 건(虔)으로 고쳤다. 『춘추좌씨전(春秋左氏傳)』에 주석을 남겼지만, 산일되어 전해지지 않는다. 현재는 『좌전가복주집술(左傳賈服注輯述)』로 일집본이 편찬되었다.

◎ **부제(祔祭)** : '부제'는 '부(祔)'라고도 한다. 새로이 죽은 자가 있으면, 선

조(先祖)에게 ‘부제’를 올리면서, 신주(神主)를 합사(合祀)하는 것을 말한다. 『주례』「춘관(春官)·대축(大祝)」편에는 “付練祥, 掌國事.”라는 기록이 있고, 이에 대한 정현의 주에서는 “付當爲祔. 祭於先王以祔後死者.”라고 풀이하였다.

◎ **분상(奔喪)** : ‘분상’은 타지에 있다가 상(喪)에 대한 소식을 듣고, 급히 되돌아오는 예법(禮法)을 말한다. 『예기』「분상(奔喪)」편에 대해, 공영달(孔穎達)은 “案鄭目錄云, 名曰奔喪者, 以其居他國, 聞喪奔歸之禮.”라고 풀이했다.

ㅅ

◎ **사변(四弁)** : ‘사변’은 천자가 착용하는 여섯 종류의 변복(弁服)을 가리킨다. 전쟁이나 군대와 관련된 일을 처리할 때에는 위변복(韋弁服)을 착용하는데, 무두질한 가죽으로 변(弁) 및 상의와 하의를 만든 복장이다. 조정에 참관하여 신하들에게 정무를 보고받을 때에는 피변복(皮弁服)을 착용하는데, 가죽으로 만든 변(弁)과 15승(升)의 백색 포(布)로 만든 상의 및 흰색의 옷감에 주름을 잡아 만든 하의를 착용한다. 사냥과 관련된 일을 처리할 때에는 관변복(冠弁服)을 착용하는데, 관변(冠弁)은 위모(委貌)를 뜻하며, 치포(緇布)로 만든 상의와 흰색 옷감에 주름을 잡아 만든 하의를 착용한다. 흉사와 관련된 일에는 복변복(服弁服)을 착용하는데, 복변(服弁)은 상관(喪冠)을 뜻하며, 복장은 참최복(斬衰服)이나 자최복(齊衰服)에 해당한다. 『주례』「춘관(春官)·사복(司服)」편에는 “凡兵事, 韋弁服. 眡朝, 則皮弁服. 凡甸, 冠弁服. 凡凶事, 服弁服.”이라는 기록이 있고, 이에 대한 정현의 주에서는 “韋弁, 以韎韋爲弁, 又以爲衣裳. …… 視朝, 視內外朝之事. 皮弁之服, 十五升白布衣, 積素以爲裳. …… 甸, 田獵也. 冠弁, 委貌, 其服緇布衣, 亦積素以爲裳. …… 服弁, 喪冠也. 其服, 斬衰·齊衰.”라고 풀이했다.

◎ **산음육씨(山陰陸氏, A.D.1042~A.D.1102)** : =육농사(陸農師)·육전(陸佃). 북송(北宋) 때의 유학자이다. 자(字)는 농사(農師)이며, 호(號)는 도산(陶山)이다. 어려서 집안이 매우 가난했다고 전해지며, 왕안석(王安石)에게 수학하였으나 왕안석의 신법에 대해서는 반대하였다. 저서로는 『비아(埤雅)』, 『춘추후전(春秋後傳)』, 『도산집(陶山集)』 등이 있다.

◎ **산의(散衣)** : '산의'는 평상시 착용하는 의복이다.

◎ **삼례도(三禮圖)** : 『삼례도(三禮圖)』는 삼례(三禮)에 나타나는 각종 명물(名物) 등에 대한 도해(圖解)를 한 책이다. 『수서(隋書)』「경적지(經籍志)」를 비롯하여, 각종 사서(史書)에는 각 시대마다 편찬된 『삼례도』에 대한 기록이 나오지만, 현재는 전해지지 않는다. 현재 남아있는 『삼례도』는 송대(宋代) 섭숭의(聶崇義)의 『삼례도』 20권과 명대(明代) 유적(劉績)의 『삼례도』 4권이다.

◎ **삼산황씨(三山黃氏)** : =황간(黃幹)

◎ **상공(上公)** : '상공'은 주(周)나라 제도에 있었던 관직 등급이다. 본래 신하의 관직 등급은 8명(命)까지이다. 주나라 때에는 태사(太師), 태부(太傅), 태보(太保)와 같은 삼공(三公)들이 8명의 등급에 해당했다. 그런데 여기에 1명을 더하게 되면 9명이 되어, 특별직인 '상공'이 된다. 『주례』「춘관(春官)·전명(典命)」편에는 "上公九命爲伯, 其國家宮室車旗衣服禮儀, 皆以九爲節."이라는 기록이 있고, 이에 대한 정현의 주에서는 "上公, 謂王之三公有德者, 加命爲二伯. 二王之後亦爲上公."이라고 풀이하였다. 즉 '상공'은 삼공 중에서도 유덕(有德)한 자에게 1명을 더해주어, 제후들을 통솔하는 '두 명의 백(伯)[二伯]'으로 삼았다.

◎ **상제(喪祭)** : '상제'는 장례(葬禮)를 치른 이후에 지내는 제사들을 지칭하는 말이다.

◎ **상축(商祝)** : '상축'은 상(商)나라 즉 은(殷)나라 때의 예법을 익혀서, 제사를 돕는 자를 뜻한다. 『예기』「악기(樂記)」편에는 "商祝辨乎喪禮, 故後主人."이라는 기록이 있는데, 이에 대한 공영달(孔穎達)의 소(疏)에서는 "商祝, 謂習商禮而爲祝者."라고 풀이했다.

◎ **서모(庶母)** : '서모'는 부친의 첩(妾)들을 뜻한다. 『의례』「사혼례(士昏禮)」편에는 "庶母及門內施鞶, 申之以父母之命."이라는 기록이 있는데, 이에 대한 정현의 주에서는 "庶母, 父之妾也."라고 풀이했다. 한편 '서모'는 부친의 첩들 중에서도 아들을 낳은 여자를 뜻하기도 한다. 『주자전서(朱子全書)』「예이(禮二)」편에는 "庶母, 自謂父妾生子者."라는 기록이 있다.

◎ **석(裼)** : '석'은 고대에 의례를 시행할 때 하는 복장 방식 중 하나이다. 좌측 소매를 걷어 올려서, 안에 입고 있는 석의(裼衣)를 드러내는 것이다. 한편 '석'은 비교적 성대하지 않은 의식 때 시행하는 복장 방식으로

도 사용되어, 좌측 소매를 걷어 올려서 공경의 뜻을 표하기도 했다.

◎ 석(石) : '석'은 용량을 재는 단위이다. 지역 및 각 시대마다 다소 차이를 보이는데, 고대에는 10두(斗)를 1석(石)으로 여겼다.

◎ 석경(石經) : 『석경(石經)』은 당(唐)나라 개성(開成) 2년(A.D.714)에 돌에 새긴 『십삼경주소(十三經注疏)』의 판본이다. 당나라 국자학(國子學)의 비석에 새겨졌다는 판본이 바로 이것을 가리킨다.

◎ 석량왕씨(石梁王氏, ?~?) : 자세한 이력이 남아 있지 않다.

◎ 석의(裼衣) : '석의'는 고대에 의례를 시행할 때 입는 옷이다. 가죽옷이나 갈옷 위에 걸쳤던 외투 중 하나이다. '석의' 위에는 습의(襲衣)를 걸쳤기 때문에, 중간에 입는 옷이라는 뜻에서 '중의(中衣)'라고도 부른다.

◎ 석채(釋菜) : '석채'는 본래 국학(國學)에서 거행되었던 전례(典禮) 중 하나이다. 희생물 없이 소채 등으로 간소하게 차려놓고, 선성(先聖)과 선사(先師)에게 지내는 제사이다. 또한 희생물 없이 간소하게 지내는 제사를 지칭하기도 한다.

◎ 석최(錫衰) : '석최'는 가는 베로 만든 옷으로, 일종의 상복(喪服)에 해당한다. 천자의 경우, 삼공(三公)이나 육경(六卿)의 상(喪)에 착용했던 복장이다.

◎ 설문(說文) : =설문해자(說文解字)

◎ 설문해자(說文解字) : 『설문해자(說文解字)』는 후한(後漢) 때의 학자인 허신(許愼)이 찬(撰)했다고 전해지는 자서(字書)이다. 『설문(說文)』이라고도 칭해진다. A.D.100년경에 완성되었다고 전해진다. 글자의 형태, 뜻, 음운(音韻)을 수록하고 있다.

◎ 섭주(攝主) : '섭주'는 제주(祭主) 및 상주(喪主)의 일을 대신 맡아보는 자이다. 정식 제주 및 상주는 종법제(宗法制)에 따라서, 종주(宗主)가 담당을 하였는데, 그에게 사정이 생겨서, 그 일을 주관하지 못할 때, '섭주'가 대신 그 일을 담당했다. 군주의 경우에는 재상이 담당하기도 하였으며, 나머지의 경우에는 제주 및 상주와 항렬이 같은 자들 중에서 담당을 하기도 했다.

◎ 성복(成服) : '성복'은 상례(喪禮)에서 대렴(大斂) 이후, 죽은 자와의 관계에 따라, 각각 규정에 맞는 상복(喪服)을 갖춰 입는다는 뜻이다.

◎ 소렴(小斂) : '소렴'은 상례(喪禮) 절차 중 하나이다. 죽은 자의 시신을 목욕시키고, 의복을 착용시키며, 그 위에 이불 등으로 감싸는 절차를

뜻한다.

◎ 소묘(小廟) : '소묘'는 태묘(太廟)와 상대되는 말이다. 제왕의 고조(高祖)로부터 그 이하의 조상들에 대한 묘(廟)를 뜻한다.

◎ 소상(小祥) : '소상'은 본래 부모 및 군주의 상(喪)에서, 부모가 죽은 지 만 1년 만에 지내는 제사이다. 이 제사가 끝나면, 자식은 3년상을 지낼 때의 복장과 생활방식을 조금씩 덜어내게 된다. 또한 '소상'은 친족 및 타인의 상에서 1년이 지났을 때를 가리키기도 한다.

◎ 소이아(小爾雅) : 『소이아(小爾雅)』는 고대에 편찬되었던 자전 중 하나이다. 찬자(撰者)에 대해서는 알려진 것이 없다. 『한서(漢書)』「예문지(藝文志)」편에는 "小爾雅一篇, 古今字一卷."이라고 하여, 찬자 미상의 『소이아』 1권이 존재했었다고 기록되어 있다. 또한 『수서(隋書)』「경적지(經籍志)」 및 『당서(唐書)』「예문지(藝文志)」편에도 이궤(李軌)의 주가 달린 『소이아』 1권이 있었다고 기록되어 있지만, 현재는 모두 전해지지 않는다. 다만 현재 전해지는 『소이아』는 『공총자(孔叢子)』에 기록된 일부 내용들을 편집하여, 편찬한 것이다.

◎ 소조(小祖) : '소조'는 시조(始祖) 및 태조(太祖)를 제외한 고조(高祖)로부터 그 이하의 조상을 가리키며, 또 그 조상들의 신위가 있는 묘(廟)를 뜻한다.

◎ 소침(小寢) : '소침'은 '연침(燕寢)'을 뜻한다. '연침'은 천자 및 제후들이 휴식을 취하던 장소를 가리킨다. 천자에게는 6개의 침(寢)이 있었는데, 앞쪽에 있는 1개의 침은 정전(正寢)으로 노침(路寢)이라고 부르며, 뒤쪽에 있는 다섯 개의 침을 통칭하여 '연침'이라고 부른다.

◎ 소최(疏衰) : '소최'는 자최복(齊衰服)이다.

◎ 손장명(孫鏘鳴, A.D.1817~A.D.1901) : 청(淸)나라 때의 학자이다. 자(字)는 소보(紹甫)이고, 호(號)는 거전(蕖田)·지암(止庵)이다. 손희단(孫希旦)의 『예기집해(禮記集解)』를 편찬하였다.

◎ 수(銖) : '수'는 용량을 재는 단위이다. 24분의 1양(兩)이다.

◎ 순거(簨簴) : '순거'는 종(鍾)이나 경(磬)을 매다는 도구이다. 가로로 받치는 것을 순(簨)이라고 부르며, 비늘을 가진 짐승으로 장식을 한다. 세로로 받치는 것을 거(簴)라고 부르며, 털이 짧은 짐승이나 깃털을 가진 짐승으로 장식을 한다. 순(簨)은 큰 나무판으로 만들게 되어, '업(業)'이라고도 부른다. 『예기』「명당위(明堂位)」편에는 "夏后氏之龍簨

簴, 殷之崇牙, 周之壁翣."이라는 기록이 있고, 이에 대한 정현의 주에서는 "簨虡, 所以縣鍾・磬也. 橫曰簨, 飾之以鱗屬; 植曰虡, 飾之以贏屬・羽屬. 簨以大版爲之, 謂之業."이라고 풀이했다.

◎ 습(襲) : '습'은 시신에 옷을 입히는 의식 절차이다. 한편 시신에 입히는 옷 자체도 '습'이라고 불렀다.

◎ 습(襲) : '습'은 고대에 의례를 시행할 때 하는 복장 방식 중 하나이다. 겉옷으로 안에 입고 있던 옷들을 완전히 가리는 방식이다. 한편 '습'은 비교적 성대한 의식 때 시행하는 복장 방식으로도 사용되어, 안에 입고 있는 옷을 드러내지 않음으로써, 공경의 뜻을 표하기도 했다.

◎ 습(褶) : '습'은 안감과 겉감이 있지만 솜 등을 덧대는 것이 없는 옷을 뜻한다.

◎ 승(升) : '승'은 용량을 재는 단위이다. 지역 및 각 시대마다 다소 차이를 보이는데, 고대에는 10합(合)을 1승(升)으로 여겼고, 10승(升)을 1두(斗)로 여겼다. 『한서(漢書)』「율력지상(律曆志上)」편에는 "合龠爲合, 十合爲升."이라는 기록이 있다.

◎ 시최(緦衰) : '시최'는 석최(錫衰)와 비슷한 재질로 만든 옷으로, 일종의 상복(喪服)에 해당한다. 천자의 경우, 제후의 상(喪)에 착용했던 복장이다.

◎ 신거(蜃車) : '신거'는 관(棺)을 싣는 상거(喪車)를 뜻한다. 관을 싣는 수레에는 유(柳)를 싣고, 네 바퀴가 지면과 가까이 닿은 상태에서 이동하게 되는데, 그 모습이 이무기[蜃]와 닮았기 때문에, 이 수레를 '신거'라고 부르는 것이다. 『주례』「지관(地官)・수사(遂師)」편에는 "大喪, 使帥其屬以幄帟先, 道野役及窆, 抱磨, 共丘籠及蜃車之役."이라는 기록이 있는데, 이에 대한 정현의 주에서는 "蜃車, 柩路也, 柩路載柳, 四輪迫地而行, 有似於蜃, 因取名焉."이라고 풀이했다.

◎ 실로(室老) : '실로'는 가신(家臣) 중의 우두머리를 뜻한다.

◎ 심상(心喪) : '심상'은 죽음에 대해 애도함이 상을 치르는 것과 같지만, 실제적으로 상복을 입지 않는 것을 뜻한다. 주로 스승이 죽었을 때, 제자들이 치르는 상을 가리킨다. 『예기』「단궁상(檀弓上)」편에서는 "事師無犯無隱, 左右就養無方, 服勤至死, 心喪三年."이라는 기록이 있고, 이에 대한 정현의 주에서는 "心喪, 戚容如父而無服也."라고 풀이했다.

◎ 심의(深衣) : '심의'는 일반적으로 상의와 하의가 서로 연결된 옷을 뜻한

다. 제후, 대부(大夫), 사(士)들이 평상시 집안에 거처할 때 착용하던 복장이기도 하며, 서인(庶人)에게는 길복(吉服)에 해당하기도 한다. 순색에 채색을 가미하기도 했다.

ㅇ

◎ **악본(岳本)** : 『악본(岳本)』은 송(頌)나라 악가(岳珂)가 간행한 『십삼경주소(十三經注疏)』의 판본이다.

◎ **악실(堊室)** : '악실'은 상중(喪中)에 임시로 거처하던 가옥으로, 네 벽면에 흰색의 회칠을 하였다.

◎ **안사고(顔師古, A.D.581~A.D.645)** : 당(唐)나라 때의 학자이다. 자(字)는 주(籒)이다. 안지추(顔之推)의 손자이다. 훈고학(訓詁學)에 뛰어났다. 오경(五經)의 문자를 교정하여, 『오경정본(五經定本)』을 찬술하기도 하였다.

◎ **약(籥)** : '약'은 약(龠)이라고도 부른다. 용량을 재는 단위이다. 합(合)의 2분의 1을 1약(籥)이라고 한다. 한편 10약(籥)을 1합(合)이라고도 한다.

◎ **양(兩)** : '양'은 용량을 재는 단위이다. 고대의 제도에서 24수(銖)는 1양(兩)이 되고, 16양(兩)은 1근(斤)이 된다.

◎ **엄릉방씨(嚴陵方氏, ?~?)** : =방각(方慤)·방씨(方氏)·방성부(方性夫). 송대(宋代)의 유학자이다. 이름은 각(慤)이다. 자(字)는 성부(性夫)이다. 『예기집해(禮記集解)』를 지었고, 『예기집설대전(禮記集說大全)』에는 그의 주장이 많이 인용되고 있다.

◎ **여대림(呂大臨)** : =남전여씨(藍田呂氏)

◎ **여씨(呂氏)** : =남전여씨(藍田呂氏)

◎ **여여숙(呂與叔)** : =남전여씨(藍田呂氏)

◎ **연궤(燕几)** : '연궤'는 휴식을 취할 때 몸을 기댈 수 있도록 만든 안석이다.

◎ **연의(緣衣)** : '연의'는 단의(褖衣)를 뜻한다. '단의'는 흑색의 천으로 상의와 하의를 만들고, 붉은색으로 가장자리에 단을 댄 옷이다. 『의례』「사상례(士喪禮)」편에는 '단의'가 기록되어 있는데, 이에 대한 정현의 주에서는 "黑衣裳赤緣謂之褖."이라고 풀이했다.

◎ **연침(燕寢)** : '연침'은 본래 천자 및 제후들이 휴식을 취하던 장소를 가리킨다. 천자에게는 6개의 침(寢)이 있었는데, 앞쪽에 있는 1개의 침은

정전(正寢)으로, 이것을 노침(路寢)이라고 부르며, 뒤쪽에 있는 다섯 개의 침을 통칭하여, '연침'이라고 부른다. 『예기』「곡례하(曲禮下)」편에는 "天子有后, 有夫人"이라는 기록이 있는데, 이에 대한 공영달(孔穎達)의 소(疏)에서는 "周禮王有六寢, 一是正寢, 餘五寢在後, 通名燕寢." 이라고 풀이하였다.

◎ **염(斂)** : '염'은 시신에 옷을 입혀서 관에 안치하는 것을 뜻한다.

◎ **예기은의(禮記隱義)** : 『예기은의(禮記隱義)』는 『예기』에 대한 주석서로 하윤(何胤, A.D.446~A.D.531)의 저작이다.

◎ **예사(禮食)** : '예사'는 본래 군주가 신하들에게 음식을 베풀며 예(禮)로 대접을 해주는 것으로, 일종의 연회이다. 『의례』「공사대부례(公食大夫禮)」에 기록된 의례 절차들이 '예사'에 해당한다.

◎ **오계공(敖繼公, ?~?)** : 원(元)나라 때의 학자이다. 자(字)는 군선(君善)·군수(君壽)이다. 이름이 계옹(繼翁)이었다고 하기도 한다. 저서로는 『의례집설(儀禮集說)』 등이 있다.

◎ **오복(五服)** : '오복'은 죽은 자와 친하고 소원한 관계에 따라 입게 되는 다섯 가지 상복(喪服)을 뜻한다. 참최복(斬衰服), 자최복(齊衰服), 대공복(大功服), 소공복(小功服), 시마복(緦麻服)을 가리킨다. 『예기』「학기(學記)」편에는 "師無當於五服, 五服弗得不親."이라는 기록이 있는데, 이에 대한 공영달(孔穎達)의 소(疏)에서는 "五服, 斬衰也, 齊衰也, 大功也, 小功也, 緦麻也."라고 풀이했다. 또한 '오복'에 있어서는 죽은 자와 가까운 관계일수록 중대한 상복을 입고, 복상(服喪) 기간도 늘어난다. 위의 '오복' 중 참최복이 가장 중대한 상복에 속하며, 그 다음은 자최복이고, 대공복, 소공복, 시마복 순으로 내려간다.

◎ **오유청(吳幼淸)** : =오징(吳澄)

◎ **오징(吳澄, A.D.1249~A.D.1333)** : =임천오씨(臨川吳氏)·오유청(吳幼淸). 송원대(宋元代)의 유학자이다. 이름은 징(澄)이다. 자(字)는 유청(幼淸)이다. 저서로 『예기해(禮記解)』가 있다.

◎ **옹희(饔餼)** : '옹희'는 빈객(賓客)과 상견례(相見禮)를 하고 나서 성대하게 음식을 마련해 접대하는 것을 뜻한다. 『주례』「추관(秋官)·사의(司儀)」편에는 "致飧如致積之禮."라는 기록이 있는데, 이에 대한 정현의 주에서는 "小禮曰飧, 大禮曰饔餼."라고 풀이하였다. 즉 '옹희'와 '손'은 모두 빈객 등을 접대하는 예법들인데, '옹희'는 성대한 예법에 해당하

여, '손'보다도 융숭하게 대접하는 것이다.

◎ **왕념손(王念孫, A.D.1744~A.D.1832)** : 청(淸)나라 때의 학자이다. 자(字)는 회조(懷祖)이고, 호(號)는 석구(石臞)이다. 부친은 왕안국(王安國)이고, 아들은 왕인지(王引之)이다. 대진(戴震)에게 학문을 배웠다. 저서로는 『독서잡지(讀書雜志)』 등이 있다.

◎ **왕인지(王引之, A.D.1766~A.D.1834)** : 청(淸)나라 때의 훈고학자이다. 자(字)는 백신(伯申)이고, 호(號)는 만경(曼卿)이며, 시호(謚號)는 문간(文簡)이다. 왕념손(王念孫)의 아들이다. 대진(戴震), 단옥재(段玉裁), 부친과 함께 대단이왕(戴段二王)이라고 일컬어졌다. 『경전석사(經傳釋詞)』, 『경의술문(經義述聞)』 등의 저술이 있다.

◎ **왕후(王后)** : '왕후'는 천자의 본부인을 뜻한다. 후대에는 황후(皇后)라고 부르기도 하였다. 고대에는 천자(天子)를 왕(王)이라고 불렀기 때문에, 천자의 부인을 '왕후'라고 부른 것이다.

◎ **외문(外門)** : '외문'은 대문(大門)을 뜻한다. 대문이 그 건물의 가장 바깥쪽에 있기 때문에, 대문을 또한 '외문'이라고도 부르는 것이다.

◎ **우제(虞祭)** : '우제'는 장례(葬禮)를 치르고 난 뒤에 지내는 제사를 뜻한다.

◎ **원준(袁準, ?~?)** : =서진(西晉) 때의 학자이다. 자(字)는 효니(孝尼)이다. 부친은 원환(袁渙)이다. 저서로는 『상복경(喪服經)』·『시전(詩傳)』·『주관전(周官傳)』·『주역전(周易傳)』 등이 있다.

◎ **유규(劉逵, A.D.1061~A.D.1110)** : 북송(北宋) 때의 사람이다. 자(字)는 공달(公達)·공로(公路)이다.

◎ **유사(有司)** : '유사'는 관리를 뜻하는 용어이다. '사(司)'자는 담당한다는 뜻이다. 관리들은 각자 담당하고 있는 업무가 있었으므로, 관리를 '유사'라고 불렀던 것이다. 일반적으로 하위관료들을 지칭하여, 실무자를 뜻하는 용어로 많이 사용된다. 그러나 때로는 고위관료까지도 지칭하는 용어로 사용되기도 한다.

◎ **웅씨(熊氏)** : =웅안생(熊安生)

◎ **웅안생(熊安生, ?~A.D.578)** : =웅씨(熊氏). 북조(北朝) 때의 경학자이다. 자(字)는 식지(植之)이다. 『주례(周禮)』, 『예기(禮記)』, 『효경(孝經)』 등 많은 전적에 의소(義疏)를 남겼지만, 모두 산일되어 남아 있지 않다. 현재 마국한(馬國翰)의 『옥함산방집일서(玉函山房輯佚書)』에 『예기웅씨의소(禮記熊氏義疏)』 4권이 남아 있다.

◎ **유창종(劉昌宗, ?~?)** : 자세한 이력은 남아 있지 않다. 동진(東晋) 때의 학자이다. 삼례(三禮)에 대한 주를 달아서 이름을 떨쳤다.

◎ **육농사(陸農師)** : =산음육씨(山陰陸氏)

◎ **육덕명(陸德明, A.D.550~A.D.630)** : =육원랑(陸元朗). 당대(唐代)의 경학자이다. 이름은 원랑(元朗)이고, 자(字)는 덕명(德明)이다. 훈고학에 뛰어났으며, 『경전석문(經典釋文)』 등을 남겼다.

◎ **육면(六冕)** : '육면'은 천자가 착용하는 여섯 종류의 면복(冕服)을 가리킨다. 호천(昊天) 및 오제(五帝)에게 제사지낼 때에는 대구(大裘)를 입고 면류관[冕]을 쓰며, 선왕(先王)에게 제사지낼 때에는 곤면(袞冕)을 착용하고, 선공(先公)에 대한 제사 및 향사례(饗射禮)를 시행할 때에는 별면(鷩冕)을 착용하며, 산천(山川) 등에 제사지낼 때에는 취면(毳冕)을 착용하고, 사직(社稷) 등에 제사지낼 때에는 희면(希冕: =絺冕)을 착용하며, 기타 여러 제사에는 현면(玄冕)을 착용한다. 『주례』「춘관(春官)·사복(司服)」편에는 "掌王之吉凶衣服, 辨其名物, 辨其用事. 王之吉服, 祀昊天上帝, 則服大裘而冕, 祀五帝亦如之. 享先王則袞冕. 享先公, 饗射則鷩冕. 祀四望山川則毳冕. 祭社稷五祀則希冕. 祭群小祀則玄冕."이라는 기록이 있다.

◎ **육원랑(陸元朗)** : =육덕명(陸德明)

◎ **육전(陸佃)** : =산음육씨(山陰陸氏)

◎ **은전(殷奠)** : '은전'은 성대하게 지내는 전제사[奠祭]를 뜻한다. 『의례』「사상례(士喪禮)」편에는 "月半不殷奠."이라는 기록이 있다. 즉 사(士)의 경우에는 매월 보름에는 은전을 지내지 않는다는 뜻인데, 이 기록에 대한 정현의 주에서는 "殷, 盛也. 士月半不復如朔盛奠, 下尊者."라고 풀이했다. 즉 '은(殷)'은 성대하다는 뜻이고, 사의 경우에는 보름마다 초하루처럼 융성한 전제사를 지내지 못한다. 그 이유는 자신보다 신분이 높은 대부(大夫)에 대한 禮法보다 낮추기 때문이다.

◎ **응씨(應氏)** : =금화응씨(金華應氏)

◎ **응용(應鏞)** : =금화응씨(金華應氏)

◎ **응자화(應子和)** : =금화응씨(金華應氏)

◎ **의복(義服)** : '의복'은 본래 친속관계가 성립되지 않아서, 상복(喪服)을 착용해야만 하는 관계가 아닌데도, 도리에 따라 상복을 착용하는 것을 말한다.

◎ 익실(翼室) : '익실'은 노침(路寢)의 좌우측에 있는 방을 뜻한다.

◎ 일(溢) : '일'은 한 손에 담을 수 있는 양을 뜻한다. 『소이아(小爾雅)』「광량(廣量)」편에는 "一手之盛謂之溢."이라는 기록이 있다.

◎ 임천오씨(臨川吳氏) : =오징(吳澄)

◎ 잉작(媵爵) : '잉작'은 술을 따라주는 예법 절차 중 하나이다. 연례(燕禮)를 실시할 때, 술을 따라주는 절차가 끝나면, 재차 명령을 하여, 군주에게 술을 따르도록 시키는데, 이것을 '잉작'이라고 부른다. 또한 '잉작'의 시점을 서로 술을 따라서 주고받는 절차의 시작으로 삼기도 한다. 『의례』「연례(燕禮)」편에는 "小臣自阼階下, 請媵爵者, 公命長."이라는 기록이 있고, 호배휘(胡培翬)의 『정의(正義)』에서는 "李氏如圭云: 媵爵者, 獻酬禮成, 更擧酒於公, 以爲旅酬之始"라고 풀이했다.

ㅈ

◎ 장락황씨(長樂黃氏) : =황간(黃幹)

◎ 전제(奠祭) : '전제'는 죽은 자 및 귀신들에게 음식을 헌상하는 제사이다. 상례(喪禮)를 치를 때, 빈소를 차리고 나면, 매일 아침과 저녁에 음식을 바치며 제사를 지내게 되는데, '전제'는 주로 이러한 제사를 뜻한다.

◎ 정강성(鄭康成) : =정현(鄭玄)

◎ 정경원(鄭慶元) : =정원경(鄭元慶)

◎ 정색(正色) : '정색'은 간색(間色)과 대비되는 말로, 청색(青色)·적색(赤色)·황색(黃色)·백색(白色)·흑색(黑色) 등 순일한 다섯 종류의 색깔을 뜻한다.

◎ 정씨(鄭氏) : =정현(鄭玄)

◎ 정원경(鄭元慶, A.D.1660~A.D.1730) : =정경원(鄭慶元). 청(淸)나라 때의 학자이다. 자(字)는 자여(子余)·지휴(芷畦)이다. 부친 정준손(鄭駿孫)의 영향으로 어려서부터 역학(易學)과 예학(禮學)을 연구하였다. 금석문(金石文)에도 정통하였다. 모기령(毛奇齡)·주이존(朱彝尊) 등과 교유하였다. 저서로는 『예기집설참동(禮記集說參同)』·『주례집설(周禮集說)』 등이 있다.

◎ 정의(正義) : 『정의(正義)』는 『예기정의(禮記正義)』 또는 『예기주소(禮記注疏)』를 뜻한다. 당(唐)나라 때에는 태종(太宗)이 공영달(孔穎達)

등을 시켜서 『오경정의(五經正義)』를 편찬하였는데, 이때 『예기정의』에는 정현(鄭玄)의 주(注)와 공영달의 소(疏)가 수록되었다. 송대(宋代)에는 『오경정의』와 다른 경전(經典)에 대한 주석서를 포함한 『십삼경주소(十三經注疏)』가 편찬되어, 『예기주소』라는 명칭이 되었다.

◎ **정침(正寢)** : '정침'은 노침(路寢)과 같은 말이다. 또한 정전(正殿)이라고도 불렀다. 군주가 정무를 처리하던 장소이다. 천자에게는 6개의 침(寢)이 있었는데, 가장 앞쪽에 있는 1개의 침이 바로 정침(正寢)이 되고, 나머지는 5개의 침은 연침(燕寢)이 된다.

◎ **정현(鄭玄, A.D.127~A.D.200)** : =정강성(鄭康成)·정씨(鄭氏). 한대(漢代)의 유학자이다. 자(字)는 강성(康成)이다. 『주역(周易)』, 『상서(尙書)』, 『모시(毛詩)』, 『주례(周禮)』, 『의례(儀禮)』, 『예기(禮記)』, 『논어(論語)』, 『효경(孝經)』 등에 주석을 하였다.

◎ **제주(題湊)** : '제주'는 고대에 천자(天子)의 빈소를 만들 때 사용하던 방법이다. 나무를 포개서 곽(槨)을 두르게 되는데, 나무의 머리 쪽이 모두 내부를 향하도록 설치하여, 곽(槨)의 덮개처럼 씌운다. 나무를 쌓은 전체적인 모습은 위는 뾰족하게 되고 밑은 사각형으로 퍼지게 되니, 마치 지붕을 네 방면으로 빗물이 흐르도록 만들었던 것과 유사하다. 그래서 '제주'라고 부르는 것이다.

◎ **제현(齊玄)** : '제현'은 재계를 할 때 착용하는 검은색의 복장이다.

◎ **조묘(朝廟)** : '조묘'는 종묘(宗廟)에 전제(奠祭)를 지낸다는 뜻이다. 또 『춘추』「문공(文公) 6년」 경문(經文)에는 "閏月不告月, 猶朝于廟."라는 기록이 있고, 이에 대한 두예(杜預)의 주에서는 "諸侯每月必告朔聽政, 因朝宗廟."라고 풀이했다. 즉 제후들은 매월 반드시 고삭(告朔)을 하며 정사(政事)를 돌보게 되는데, 이것에 연유하여 종묘에서 전제사를 지낸다. 또한 '조묘'는 상례(喪禮)를 치르며 영구를 조묘로 이동시켜서, 장차 장지로 떠나게 됨을 아뢰는 의식이기도 하다.

◎ **조복(朝服)** : '조복'은 군주와 신하가 조회를 열 때 착용하는 복장을 뜻한다. 중요한 의식을 치를 때 착용하는 예복(禮服)을 가리키기도 한다.

◎ **조빙(朝聘)** : '조빙'은 본래 제후가 주기적으로 천자를 찾아뵙는 것을 뜻한다. 고대에는 제후가 천자에 대해서 매년 1번씩 소빙(小聘)을 했고, 3년에 1번씩 대빙(大聘)을 했으며, 5년에 1번씩 조(朝)를 했다. '소빙'은 제후가 직접 찾아가지 않았고, 대부(大夫)를 대신 파견하였으며,

'대빙' 때에는 경(卿)을 파견하였다. '조'에서만 제후가 직접 찾아갔는데, 이것을 합쳐서 '조빙'이라고 부른다. 춘추시대(春秋時代) 때에는 진(晉)나라 문공(文公)과 같은 패주(覇主)에게 '조빙'을 하기도 하였다. 『예기』「왕제(王制)」편에는 "諸侯之於天子也, 比年一小聘, 三年一大聘, 五年一朝."라는 기록이 있고, 이에 대한 정현의 주에서는 "比年, 每歲也. 小聘, 使大夫, 大聘, 使卿, 朝, 則君自行. 然此大聘與朝, 晉文霸時所制也."라고 풀이했다. 후대에는 서로 찾아가서 만나보는 것을 '조빙'이라고 범칭하기도 했다.

◎ 졸곡(卒哭) : '졸곡'은 우제(虞祭)를 지낸 뒤에 지내는 제사이다. 이 제사를 지내게 되면, 수시로 곡(哭)하던 것을 멈추고, 아침과 저녁때에만 한 번씩 곡을 하게 된다. 그렇기 때문에 '졸곡'이라고 부르게 된 것이다.

◎ 종모(從母) : '종모'는 모친의 자매인 이모를 뜻한다.

◎ 중(重) : '중'은 나무에 구멍을 뚫어서 만든 것으로, 신주(神主)를 만들기 전에, 구멍이 뚫린 나무를 세워서 이것을 신주 대신으로 삼아 제사를 지냈다. 『예기』「단궁하(檀弓下)」편에는 "重, 主道也."라는 기록이 있고, 이에 대한 정현의 주에서는 "始死未作主, 以重主其神也."라고 풀이했다.

◎ 중문(中門) : '중문'은 내(內)와 외(外) 사이에 있는 문을 뜻한다. 궁(宮)에 있어서는 혼문(閽門)을 뜻하기도 한다. 또 천자(天子)의 궁성(宮城)에는 다섯 개의 문이 있었다고 전해지는데, 가장 밖에 있는 문부터 순차적으로 나열해보면, 고문(皐門), 치문(雉門), 고문(庫門), 응문(應門), 노문(路門)이다. 이러한 다섯 개의 문들 중 노문(路門)은 가장 안쪽에 있으므로, 내문(內門)로 여기고, 고문(皐門)은 가장 밖에 있으므로, 외문(外門)으로 여긴다. 따라서 나머지 치문(雉門), 고문(庫門), 응문(應門)은 내외(內外)의 사이에 있으므로, 이 세 개의 문을 '중문'으로 여기기도 한다. 『주례』「천관(天官)·혼인(閽人)」편에는 "掌守王宮之中門之禁."이라는 기록이 있는데, 이에 대한 손이양(孫詒讓)의 『정의(正義)』에서는 "此中門實不專屬雉門. 當兼庫·雉·應三門言之. 蓋五門以路門爲內門, 皐門爲外門, 餘三門處內外之間, 故通謂之中門."이라고 풀이했다. 한편 정중앙에 있는 문을 '중문'이라고도 부른다.

ㅊ

◎ **참(參)** : '참'은 용량을 재는 단위이다. 10분의 1수(銖)이다.

◎ **철의(綴衣)** : '철의'는 고대 제왕이 사용하던 장막을 뜻한다. 제왕의 자리 위에 설치를 했으며, 임종 때 사용하기도 했다.

◎ **치격(絺綌)** : '치격'은 갈포(葛布)로 만든 옷을 총칭하는 말이다. 갈(葛) 중에서도 가는 것을 '치(絺)'라고 바르며, 성근 것을 '격(綌)'이라고 부른다. 따라서 이러한 뜻에서 '치격'을 갈포로 만든 옷을 가리키는 용어로 사용하는 것이다.

◎ **침문(寢門)** : '침문'은 침문(寑門)이라고도 부른다. 노문(路門)을 가리킨다. '노문'은 궁실(宮室)의 건축물 중에서도 가장 안쪽에 있었던 정문을 뜻하는데, 여러 문들 중에서도 노침(路寢)과 가장 가까운 위치에 있었기 때문에, '노문'이라는 명칭이 생겼다. '침문'이라는 용어 또한 '노침'에 가까이 있었기 때문에 붙여진 명칭이다. 한편 가장 안쪽에 있었던 정문이었으므로, '침문'을 내문(內門)이라고도 부른다.

◎ **칭(稱)** : '칭'은 수량을 나타내는 양사(量詞)이다. 즉 짝을 지어 갖추는 일련의 의복 등을 헤아리는 단위이다. 예를 들어 포(袍)라는 옷에는 반드시 겉에 걸치는 옷이 있어야 하며, 홑옷으로 입어서는 안 되고, 상의에는 반드시 그에 맞는 하의가 있어야 하는데, 이처럼 포(袍)에 겉옷을 갖추고, 상의에 맞게 하의까지 갖추는 것을 1칭(稱)이라고 부른다. 『예기』「상대기(喪大記)」편에는 "袍必有表不禪, 衣必有裳, 謂之一稱."이라는 기록이 있다.

ㅍ

◎ **팔음(八音)** : '팔음'은 여덟 가지의 악기들을 뜻한다. 여덟 종류의 악기에는 8종류의 서로 다른 재질이 사용되기 때문에, 붙여진 이름이다. 여기에서 여덟 가지 재질이란 통상적으로 쇠[金], 돌[石], 실[絲], 대나무[竹], 박[匏], 흙[土], 가죽[革], 나무[木]를 가리킨다. 『서』「우서(虞書)・순전(舜典)」편에는 "三載, 四海遏密八音."이란 기록이 있는데, 이에 대한 공안국(孔安國)의 전(傳)에서는 "八音, 金石絲竹匏土革木."이

라고 풀이하였다. 또한 여덟 가지 재질에 따른 악기에 대해서 설명하자면, 금(金)에는 종(鐘)과 박(鎛)이 있고, 석(石)에는 경(磬)이 있으며, 토(土)에는 훈(塤)이 있고, 혁(革)에는 고(鼓)와 도(鼗)가 있으며, 사(絲)에는 금(琴)과 슬(瑟)이 있고, 목(木)에는 축(柷)과 어(敔)가 있으며, 포(匏)에는 생(笙)이 있고, 죽(竹)에는 관(管과 소(簫)가 있다. 『주례』「춘관(春官)·대사(大師)」편에는 "皆播之以八音, 金石土革絲木匏竹."이라는 기록이 있는데, 이에 대한 정현의 주에서는 "金, 鐘鎛也. 石, 磬也. 土, 塤也. 革, 鼓鼗也. 絲, 琴瑟也. 木, 柷敔也. 匏, 笙也. 竹, 管簫也."라고 풀이하였다.

◎ 포(袍) : '포'는 오래된 솜을 넣어서 만든 옷을 뜻한다.

◎ 포(袍) : '포'는 상의와 하의가 연결된 옷으로, 평상시에 입던 옷을 뜻한다. 한(漢)나라 이후에는 이 옷을 조복(朝服)으로 사용하기도 했다. 상의와 하의가 연결되어 옷의 길이가 길었으므로, 장의(長衣) 중 하나인데, 발까지는 내려오지 않았다. '포' 위에는 외투를 걸치기도 했다.

ㅎ

◎ 하창(賀瑒, A.D.452~A.D.510) : 남조(南朝) 때의 학자이다. 남조의 제(齊)나라와 양(梁)나라에서 각각 활동하였다. 자(字)는 덕연(德璉)이다. 『예기신의소(禮記新義疏)』 등을 찬술하였다.

◎ 하휴(何休, A.D.129~A.D.182) : 전한(前漢) 때의 금문경학자(今文經學者)이다. 자(字)는 소공(邵公)이다. 『춘추공양전해고(春秋公羊傳解詁)』를 지었으며, 『효경(孝經)』, 『논어(論語)』 등에 대해서도 주를 달았고, 『춘추한의(春秋漢議)』를 짓기도 하였다.

◎ 함(含) : '함'은 부의를 보낸다는 뜻이며, 또한 부의로 보내는 특정 물건을 가리키기도 하다. '함'은 시신과 함께 매장하게 될 주옥(珠玉)을 부의로 보내는 것이다. 『예기』「문왕세자(文王世子)」편에는 "族之相爲也, 宜弔不弔, 宜免不免, 有司罰之. 至于賵賻承含, 皆有正焉."이라는 기록이 있는데, 이에 대한 진호(陳澔)의 『집설(集說)』에서는 "含以珠玉."이라고 풀이했다. 또 '함'은 시신의 입에 곡식이나 화패 등을 넣는 것을 의미하기도 한다.

◎ 합(合) : '합'은 용량을 재는 단위이다. 10분의 1승(升)이다. 『손자산경

(孫子算經)』에서는 "十抄爲一勺, 十勺爲一合, 十合爲一升."이라고 했다. 즉 10초(抄)는 1작(勺)이 되고, 10작(勺)은 1합(合)이 되며, 10합(合)은 1승(升)이 된다는 뜻이다. 또 유향(劉向)의 『설원(說苑)』「변물(辨物)」편에서는 "千二百黍爲一龠, 十龠爲一合, 十合爲一升."이라고 했다. 즉 서(黍) 1,250개의 알갱이는 1약(龠)이 되고, 10약(龠)은 1합(合)이 되며, 10합(合)은 1승(升)이 된다는 뜻이다.

◎ **현초의(玄綃衣)** : '현초의'는 생사를 검은색으로 염색하여 만든 옷이다.

◎ **황간(皇侃, A.D.488~A.D.545)** : =황씨(皇氏). 남조(南朝) 때 양(梁)나라의 경학자이다. 『주례(周禮)』, 『의례(儀禮)』, 『예기(禮記)』 등에 해박하여, 『상복문구의소(喪服文句義疏)』, 『예기의소(禮記義疏)』, 『예기강소(禮記講疏)』 등을 지었지만, 현재는 전해지지 않는다. 그 일부가 마국한(馬國翰)의 『옥함산방집일서(玉函山房輯佚書)』에 수록되어 있다.

◎ **황간(黃幹, A.D.1152~A.D.1221)** : =면재황씨(勉齋黃氏)・삼산황씨(三山黃氏)・장락황씨(長樂黃氏)・황면재(黃勉齋)・황직경(黃直卿). 남송(南宋) 때의 학자이다. 자(字)는 직경(直卿)이고, 호(號)는 면재(勉齋)이다. 주자(朱子)에게서 수학하였으며, 주자의 사위였다. 저서로는 『오경통의(五經通義)』 등이 있다.

◎ **황면재(黃勉齋)** : =황간(黃幹)

◎ **황씨(皇氏)** : =황간(皇侃)

◎ **황직경(黃直卿)** : =황간(黃幹)

◎ **회맹(會盟)** : =맹회(盟會)

번역 참고문헌

- 『禮記』, 서울 : 保景文化社, 초판 1984 (5판 1995) / 저본으로 삼은 책이다.
- 『禮記正義』 1~4(전4권, 『十三經注疏 整理本』 12~15), 北京 : 北京大學出版社, 초판 2000 / 저본으로 삼은 책이다.
- 朱彬 撰, 『禮記訓纂』 上・下(전2권), 北京 : 中華書局, 초판 1996 (2쇄 1998) / 저본으로 삼은 책이다.
- 孫希旦 撰, 『禮記集解』 上・中・下(전3권), 北京 : 中華書局, 초판 1989 (4쇄 2007) / 저본으로 삼은 책이다.
- 服部宇之吉 評點, 『禮記』, 東京 : 富山房, 초판 1913 (증보판 1984) / 鄭玄 注 번역에 대해 참고했던 서적이다.
- 竹內照夫 著, 『禮記』 上・中・下(전3권), 東京 : 明治書院, 초판 1975 (3판 1979) / 經文에 대한 이해에 참고했던 서적이다.
- 市原亨吉 외 2명 著, 『禮記』 上・中・下(전3권), 東京 : 集英社, 초판 1976 (3쇄 1982) / 經文에 대한 이해에 참고했던 서적이다.
- 陳澔 注, 『禮記集說』, 北京 : 中國書店, 초판 1994 / 『集說』에 대한 번역에 참고했던 서적이다.
- 王文錦 譯解, 『禮記譯解』 上・下(전2권), 北京 : 中華書局, 초판 2001 (4쇄 2007) / 經文 및 주석 번역에 참고했던 서적이다.
- 錢玄・錢興奇 編著, 『三禮辭典』, 南京 : 江蘇古籍出版社, 초판 1998 / 용어 및 器物 등에 대해 참고했던 서적이다.
- 張撝之 外 主編, 『中國歷代人名大辭典』 上・下권(전2권), 上海 : 上海古籍出版社, 초판 1999 / 인명에 대해 참고했던 서적이다.
- 呂宗力 主編, 『中國歷代官制大辭典』, 北京 : 北京出版社, 초판 1994 (2쇄 1995) / 관직명에 대해 참고했던 서적이다.
- 中國歷史大辭典編纂委員會 編纂, 『中國歷史大辭典』 上・下(전2권), 上海 : 上海辭書出版社, 초판 2000 / 용어 및 인명에 대해 참고했던 서적이다.
- 羅竹風 主編, 『漢語大詞典』 1~12(전12권), 上海 : 漢語大詞典出版社, 초판 1988 (4쇄 1995) / 용어에 대해 참고했던 서적이다.

- 王思義 編集,『三才圖會』上·中·下(전3권), 上海 : 上海古籍出版社, 초판 1988 (4쇄 2005) / 器物 등에 대해 참고했던 서적이다.
- 聶崇義 撰,『三禮圖集注』(四庫全書 129책) / 器物 등에 대해 참고했던 서적이다.
- 劉績 撰,『三禮圖』(四庫全書 129책) / 器物 등에 대해 참고했던 서적이다.

역자 **정병섭(鄭秉燮)**

- 1979년 출생
- 2002년 성균관대학교 유교철학과 졸업
- 2004년 성균관대학교 대학원 유학과 석사
- 2013년 성균관대학교 대학원 유학과 철학박사
- 역서 『譯註 禮記集說大全 - 王制, 附 鄭玄注』(학고방, 2009)
  『譯註 禮記集說大全 - 月令, 附 鄭玄注』(학고방, 2010)
  『譯註 禮記集說大全 - 曾子問, 附 正義·訓纂·集解』(학고방, 2011)
  『譯註 禮記集說大全 - 文王世子, 附 正義·訓纂·集解』(학고방, 2012)
  『譯註 禮記集說大全 - 曲禮上, 附 正義·訓纂·集解』 1~2(전2권, 학고방, 2012)
  『譯註 禮記集說大全 - 曲禮下, 附 正義·訓纂·集解』(학고방, 2012)
  『譯註 禮記集說大全 - 禮運, 附 正義·訓纂·集解』(학고방, 2012)
  『譯註 禮記集說大全 - 禮器, 附 正義·訓纂·集解』(학고방, 2012)
  『譯註 禮記集說大全 - 檀弓上, 附 正義·訓纂·集解』 1~2(전2권, 학고방, 2013)
  『譯註 禮記集說大全 - 檀弓下, 附 正義·訓纂·集解』 1~2(전2권, 학고방, 2013)
  『譯註 禮記集說大全 - 郊特牲, 附 正義·訓纂·集解』 1~2(전2권, 학고방, 2013)
  『譯註 禮記集說大全 - 內則, 附 正義·訓纂·集解』(학고방, 2013)
  『譯註 禮記集說大全 - 玉藻, 附 正義·訓纂·集解』 1~2(전2권, 학고방, 2013)
  『譯註 禮記集說大全 - 明堂位, 附 正義·訓纂·集解』(학고방, 2013)
  『譯註 禮記集說大全 - 喪服小記, 附 正義·訓纂·集解』(학고방, 2014)
  『譯註 禮記集說大全 - 大傳, 附 正義·訓纂·集解』(학고방, 2014)
  『譯註 禮記集說大全 - 少儀, 附 正義·訓纂·集解』(학고방, 2014)
  『譯註 禮記集說大全 - 學記, 附 正義·訓纂·集解』(학고방, 2014)
  『譯註 禮記集說大全 - 樂記, 附 正義·訓纂·集解』 1~2(전2권, 학고방, 2014)
  『譯註 禮記集說大全 - 雜記上, 附 正義·訓纂·集解』(전2권, 학고방, 2014)
  『譯註 禮記集說大全 - 雜記下, 附 正義·訓纂·集解』(전2권, 학고방, 2014)
  (공역) 『효경주소』(문사철, 2011)

예기집설대전 목록

제1편 곡례 상❶❷
제2편 곡례 하
제3편 단궁 상❶❷
제4편 단궁 하❶❷
제5편 왕제
제6편 월령
제7편 증자문
제8편 문왕세자
제9편 예운
제10편 예기
제11편 교특생❶❷
제12편 내칙
제13편 옥조❶❷
제14편 명당위
제15편 상복소기
제16편 대전
제17편 소의
제18편 학기
제19편 악기❶❷
제20편 잡기上
제21편 잡기下
제22편 상대기
제23편 제법
제24편 제의
제25편 제통
제26편 경해
제27편 애공문
제28편 중니연거
제29편 공자한거
제30편 방기
제31편 중용
제32편 표기
제33편 치의
제34편 분상
제35편 문상
제36편 복문
제37편 간전
제38편 삼년문
제39편 심의
제40편 투호
제41편 유행
제42편 대학
제43편 관의
제44편 혼의
제45편 향음주의
제46편 사의
제47편 연의
제48편 빙의
제49편 상복사제

譯註

禮記集說大全 喪大記

編 陳澔(元)

附 正義·訓纂·集解

초판 인쇄 2015년 6월 01일
초판 발행 2015년 6월 10일

역 자 | 정 병 섭
펴 낸 이 | 하 운 근
펴 낸 곳 | 學古房

주 소 | 서울시 은평구 대조동 213-5 우편번호 122-843
전 화 | (02)353-9908 편집부(02)356-9903
팩 스 | (02)6959-8234
홈페이지 | http://hakgobang.co.kr/
전자우편 | hakgobang@naver.com, hakgobang@chol.com

등록번호 | 제311-1994-000001호

ISBN 978-89-6071-527-1 94150
978-89-6071-267-6 (세트)

값 : 40,000원

이 도서의 국립중앙도서관 출판시도서목록(CIP)은 서지정보유통지원시스템 홈페이지(http://seoji.nl.go.kr)와 국가자료공동목록시스템(http://www.nl.go.kr/kolisnet)에서 이용하실 수 있습니다.
(CIP제어번호: CIP2015015092)